AF642106

Das große STRICK-MUSTER-BUCH

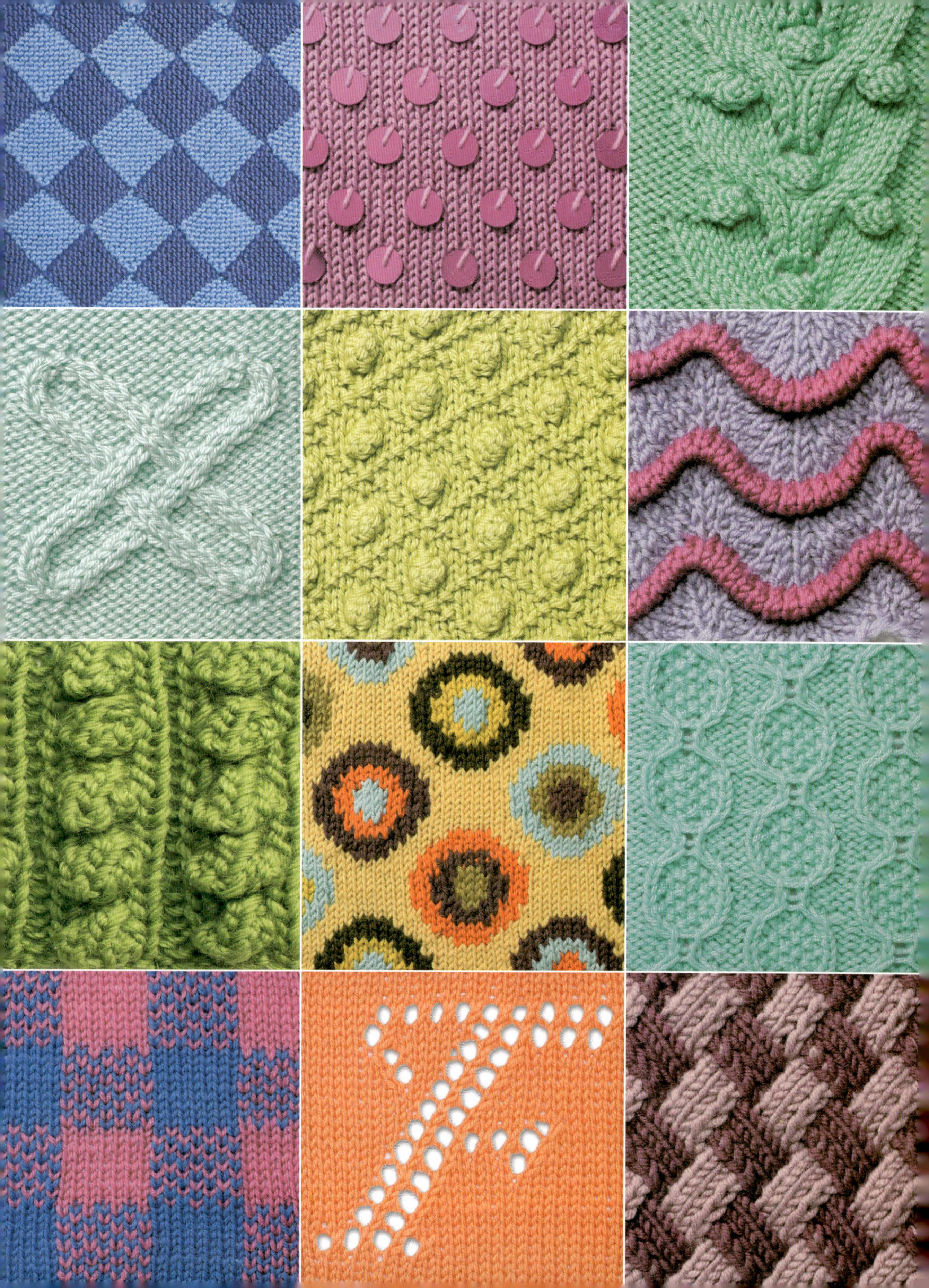

Lesley Stanfield
und Melody Griffiths

Das große STRICK-MUSTER-BUCH

300 tolle Designs, die man einfach haben muss

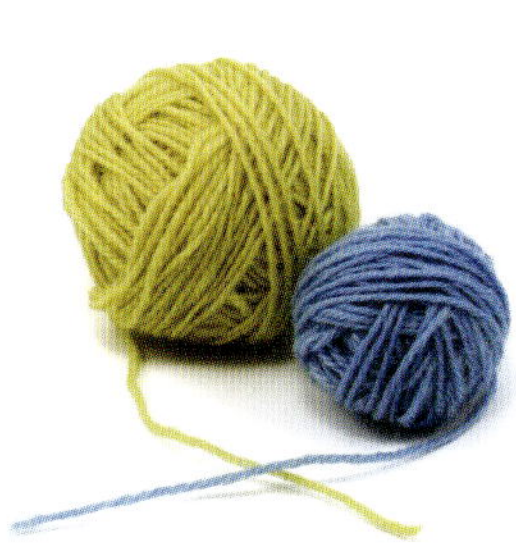

Impressum

Projektleitung: Julia Strohbach
Übersetzung und Lektorat: Helene Weinold, Violau
Umschlaggestaltung: Petra Theilfarth
Druck und Bindung: 1010 Printing International Limited,
Hong Kong

Materialangaben und Arbeitsweisen in diesem Buch wurden von den Autorinnen und den Mitarbeitern des Verlags sorgfältig geprüft. Eine Garantie wird jedoch nicht übernommen. Autorinnen und Verlag können für eventuell auftretende Fehler oder Schäden nicht haftbar gemacht werden. Das Werk und die darin gezeigten Modelle sind urheberrechtlich geschützt. Die Vervielfältigung und Verbreitung ist, außer für private Zwecke, untersagt und wird zivil- und strafrechtlich verfolgt. Dies gilt insbesondere für die Verbreitung des Werkes durch Fotokopien, Film, Funk und Fernsehen, elektronische Medien und Internet sowie für eine gewerbliche Nutzung der gezeigten Modelle. Bei Verwendung im Unterricht und in Kursen ist auf dieses Werk hinzuweisen.

© der deutschen Ausgabe 2023 frechverlag GmbH, Dieselstraße 5, 70839 Gerlingen, einem Unternehmen der Penguin Random House Verlagsgruppe GmbH, München

Titel der Originalausgabe: The essential stitch collection
© 2010 by Quarto Inc.
The Old Brewery, 6 Blundell Street,
London N7 9BH

Überarbeitete Neuauflage von TOPP 6720
2. Auflage 2024

ISBN 978-3-7358-7085-8 • Best.-Nr. 27085
Printed in China

MIX
Papier | Fördert gute Waldnutzung
FSC® C016973

Penguin Random House Verlagsgruppe
FSC® N001967

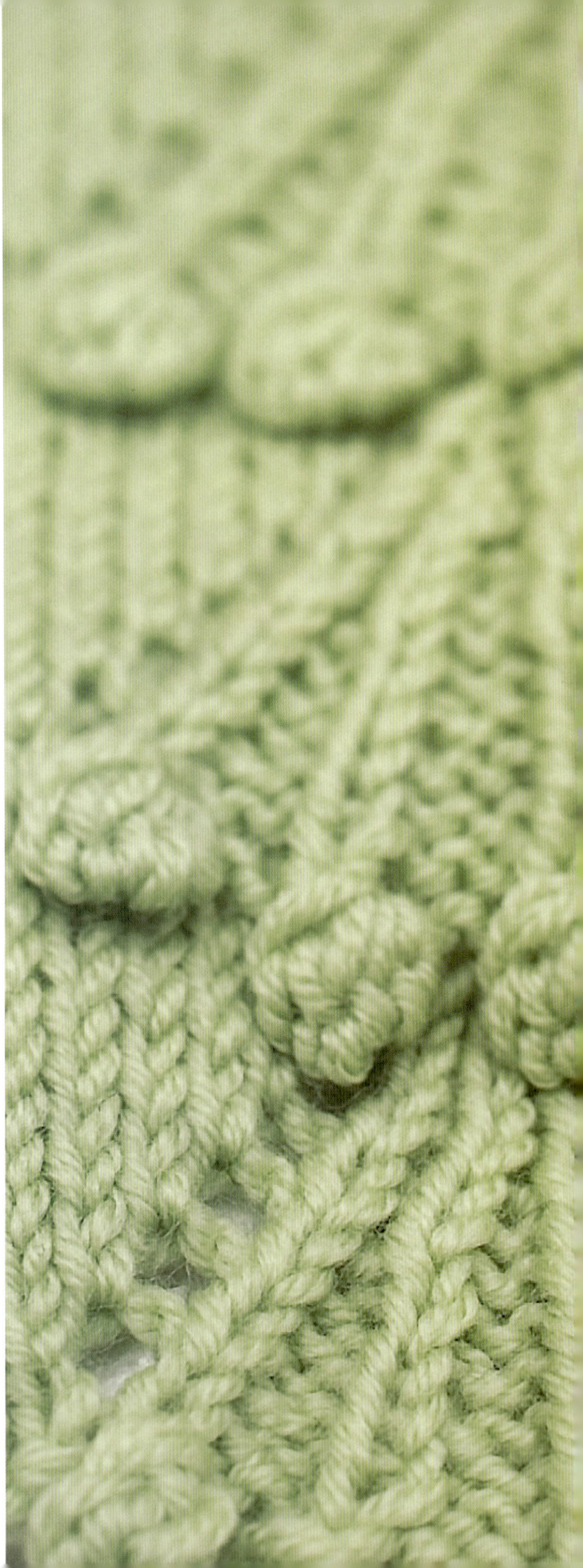

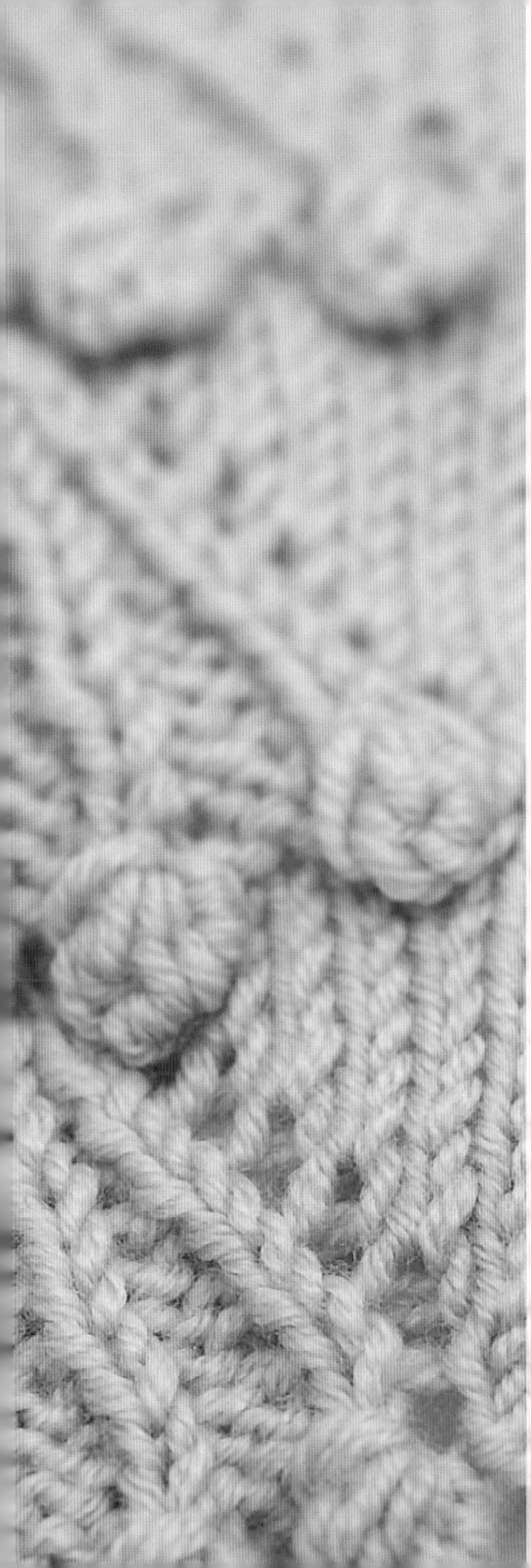

Inhalt

Vorwort

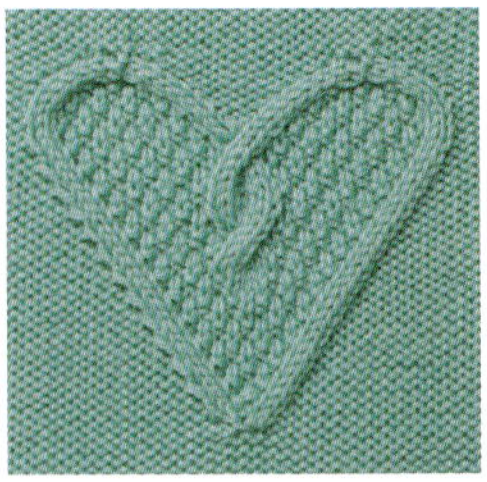

Unsere Sammlung von 300 Strickmustern wendet sich an Strickerinnen von der Anfängerin bis zur Expertin, denn sie enthält einfache Muster, die als Grundlage für andere Muster dienen und aus denen sich aufwendigere und schwierigere Ideen entwickeln. Was am Stricken so faszinierend ist, lässt sich nur schwer erklären – besonders jemandem, der nicht selbst strickt –, und der Weg zur Meisterstrickerin ist zugegebenermaßen manchmal steinig. Aber wenn Sie erst einmal die technische Seite der Maschenbildung beherrschen, haben Sie das Zeug zur Designerin. Sie können Farben zusammenstellen, Garne auswählen, Muster kombinieren und gleichermaßen anspruchsvoll und kreativ sein.

Wenn Sie gern in geselliger Runde stricken, werden Sie sich vielleicht an die einfacheren Muster halten, von denen Sie eine große Bandbreite in dieser Sammlung finden. Raffiniertere Muster erfordern oft mehr Geduld als Können. Haben Sie Mut zu experimentieren, denn nichts ist so befriedigend wie etwas in Angriff zu nehmen, was einem zunächst weit jenseits der eigenen Möglichkeiten erscheint, und festzustellen, dass es eigentlich gar nicht so schwierig ist.

Wir haben einige alte, fast vergessene Strickmuster wieder ausgegraben und mit großem Spaß an der Sache viele neue entworfen. Nun hoffen wir, dass der Funke unserer Begeisterung für das Stricken überspringt.

Viel Freude mit der magischen Verbindung von Garn und Nadeln!

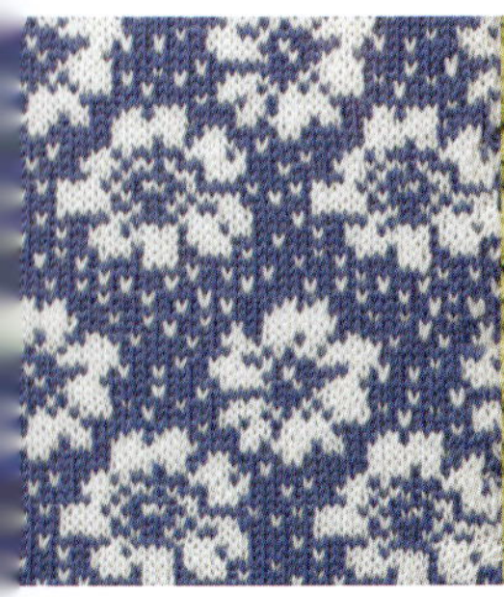
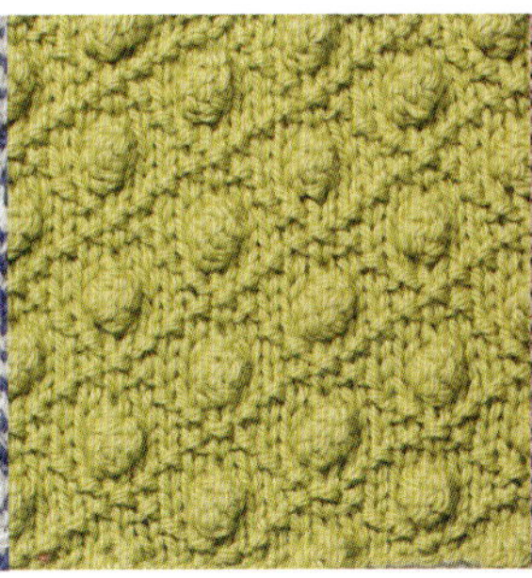
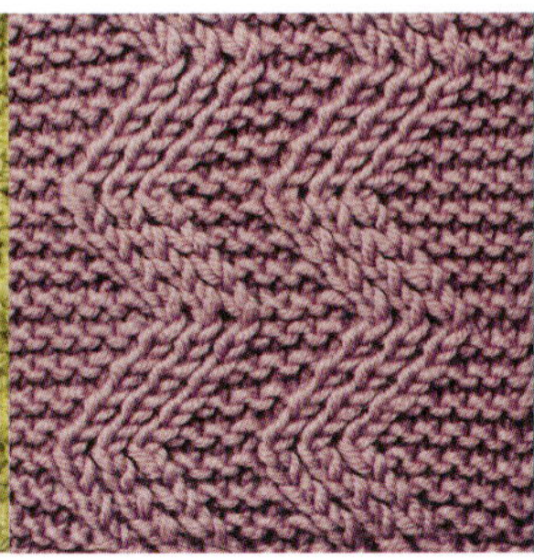
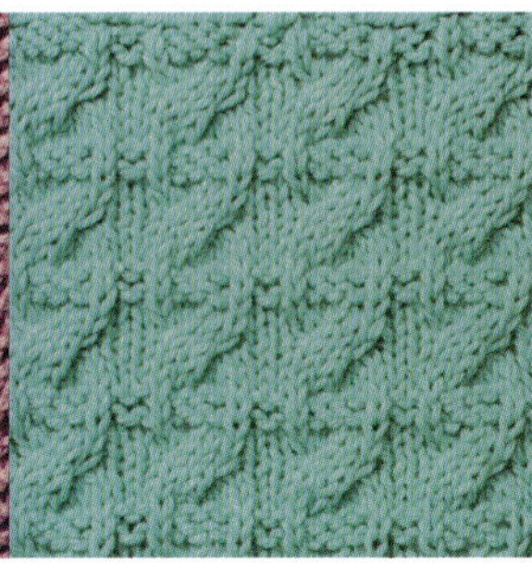
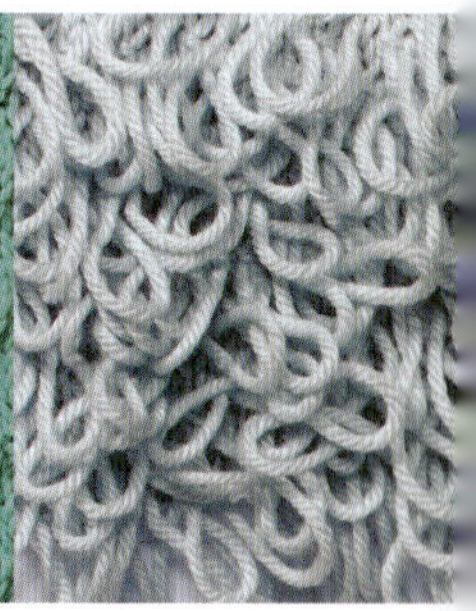

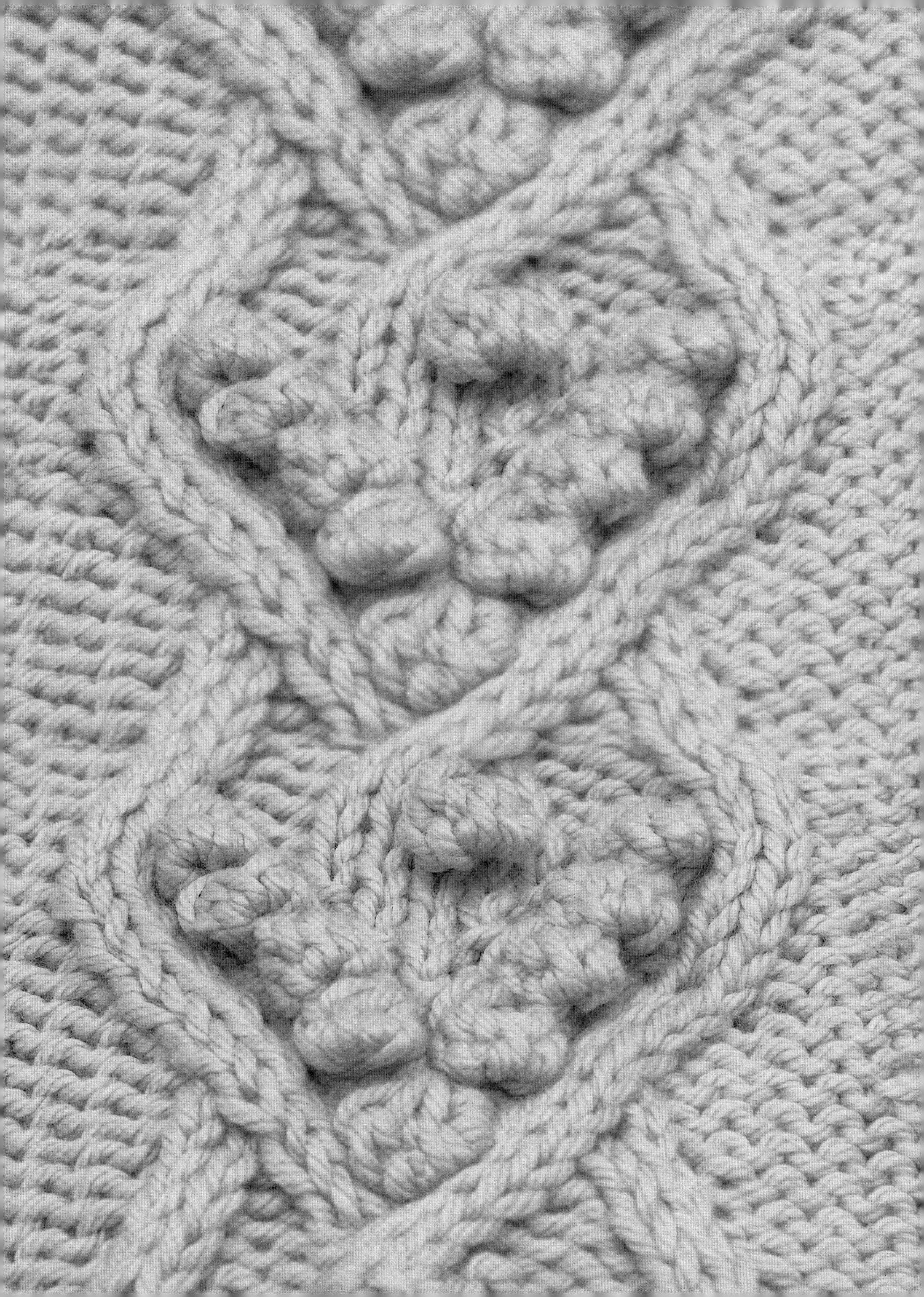

Über dieses Buch

In diesem Buch sind 300 Strickmuster in acht Kapitel untergliedert, die jeweils in einer Farbe gehalten sind, sodass Sie leicht finden, was Sie suchen. Den Anfang machen einfache Muster aus rechten und linken Maschen; darauf folgt eine Fülle von Arbeitsproben und Mustern einschließlich einiger außergewöhnlicher Techniken. Im Anhang erfahren Sie, wie Sie die Muster für eigene Modelle verwenden. Dort können Sie außerdem die wichtigsten Stricktechniken nachschlagen.

GALERIE DER MUSTER

Muster-Übersicht

Am Beginn jedes Kapitels finden Sie auf einer Doppelseite Abbildungen aller Muster, sodass Sie die einzelnen Vorschläge gut miteinander vergleichen können.

Arbeitsproben und Anleitungen

Die Abbildungen der Strickmuster (Arbeitsproben) und die Anleitungen sind in acht Kapitel untergliedert: Muster aus rechten und linken Maschen, Zugmaschenmuster, Zopfmuster, Lochmuster, Noppen und Blätter, Jacquard- und Intarsienmuster, außergewöhnliche Techniken, Buchstaben und Zahlen.

ALLERLEI WISSENSWERTES

So verwenden Sie die Muster

Seite 184–191: Viele Strickerinnen verfügen über eine riesige Auswahl an Mustern, wissen aber nicht, wie sie diesen Musterschatz einsetzen können. Hier erfahren Sie, wie Sie eigene Modelle entwerfen und Ihre Lieblingsmuster aus diesem Buch verwenden können – seien es nun Flächenmuster mit Rapport oder einzelne Musterstreifen oder Motive.

Grundtechniken

Seite 194–199: Dieses Kapitel umfasst alle wichtigen Techniken – vom Maschenanschlag bis hin zu schwierigeren Themen wie Zu- und Abnahmen und der Frage, welche Methode für das von Ihnen gewählte Muster die beste ist.

Strickschriften und Zählmuster lesen

Seite 200–203: In diesem Abschnitt wird erklärt, wie Sie mit Zählmustern und Strickschriften umgehen und so rundum von diesem Buch profitieren können.

Abkürzungen und Stricksymbole

Seite 204–205: Hier werden die häufigsten in diesem Buch verwendeten Abkürzungen und Stricksymbole gezeigt und erläutert. Alle weniger gebräuchlichen Abkürzungen und Symbole, die sich auf ein bestimmtes Muster beziehen, werden als „besondere Zeichen" bzw. „besondere Abkürzungen" bei der jeweiligen Anleitung erklärt. Auf einer ausklappbaren Seite im hinteren Teil des Buches (bei Seite 207) finden Sie eine Liste der wichtigsten Abkürzungen und ihrer Bedeutung.

Muster-Übersicht
Hier sind alle Muster des jeweiligen Kapitels auf einer Doppelseite abgebildet, sodass Sie Ihr Lieblingsmuster ganz einfach auswählen können.

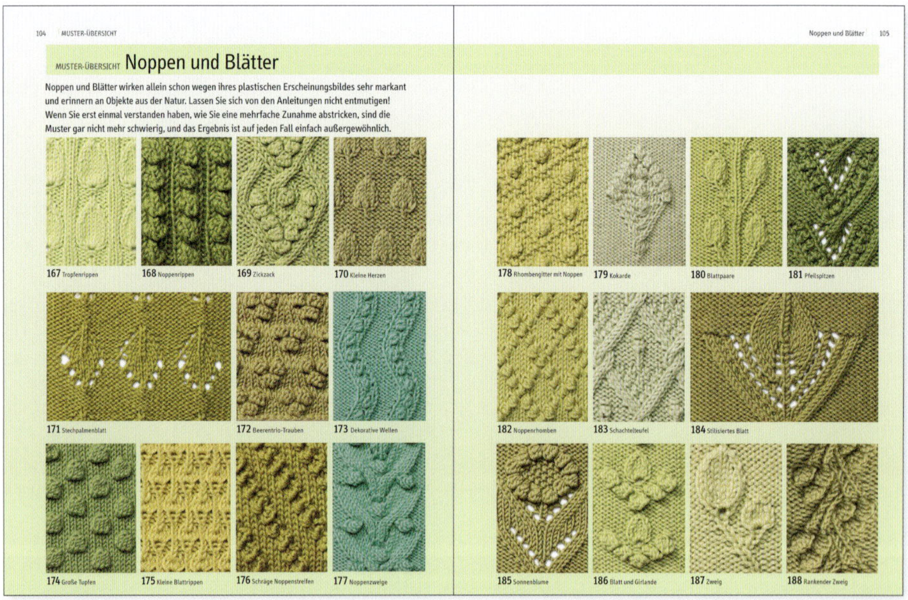
104 MUSTER-ÜBERSICHT

MUSTER-ÜBERSICHT Noppen und Blätter

Noppen und Blätter wirken allein schon wegen ihres plastischen Erscheinungsbildes sehr markant und erinnern an Objekte aus der Natur. Lassen Sie sich von den Anleitungen nicht entmutigen! Wenn Sie erst einmal verstanden haben, wie Sie eine mehrfache Zunahme abstricken, sind die Muster gar nicht mehr schwierig, und das Ergebnis ist auf jeden Fall einfach außergewöhnlich.

167 Tropfenrippen
168 Noppenrippen
169 Zickzack
170 Kleine Herzen
171 Stechpalmenblatt
172 Beerentrio-Trauben
173 Dekorative Wellen
174 Große Tupfen
175 Kleine Blattrippen
176 Schräge Noppenstreifen
177 Noppenzweige

Noppen und Blätter 105

178 Rhombengitter mit Noppen
179 Kokarde
180 Blattpaare
181 Pfeilspitzen
182 Noppenrhomben
183 Schachtelteufel
184 Stilisiertes Blatt
185 Sonnenblume
186 Blatt und Girlande
187 Zweig
188 Rankender Zweig

Arbeitsproben und Anleitungen
Jedes Kapitel beginnt mit einigen einfachen Mustern für Einsteiger, die jeweils Reihe für Reihe beschrieben und in einer Strickschrift dargestellt werden.

Schwierigkeitsgrad
Die Muster sind nach Schwierigkeitsgraden von 1 bis 3 eingeteilt, wobei 1 „für Einsteiger" bedeutet.

Verwendete Garne
Die Arbeitsproben sind mit glatten Garnen gestrickt, bei denen die Maschen deutlich erkennbar sind.

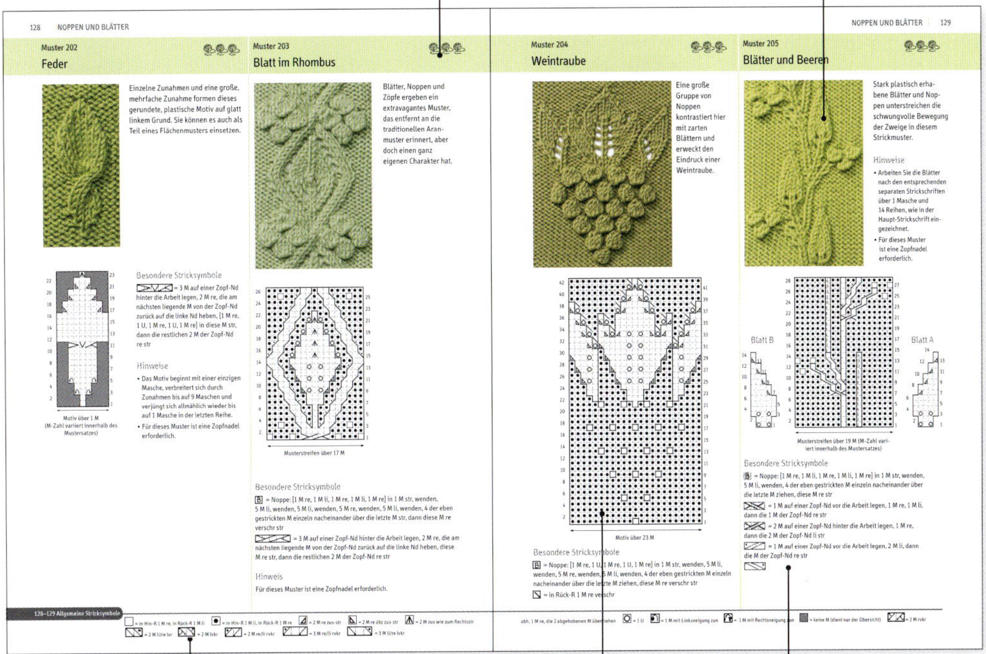

Allgemeine Stricksymbole
Die grundlegenden Stricksymbole werden am Fuß der Seite erklärt.

Komplexe Muster
Aufwendigere Muster werden nur durch eine Strickschrift dargestellt, sofern nicht um klarer Verständlichkeit willen eine Anleitung Reihe für Reihe erforderlich ist.

Besondere Symbole
Ungewöhnliche oder nur selten verwendete Maschensymbole werden neben der entsprechenden Strickschrift und dem Muster erklärt.

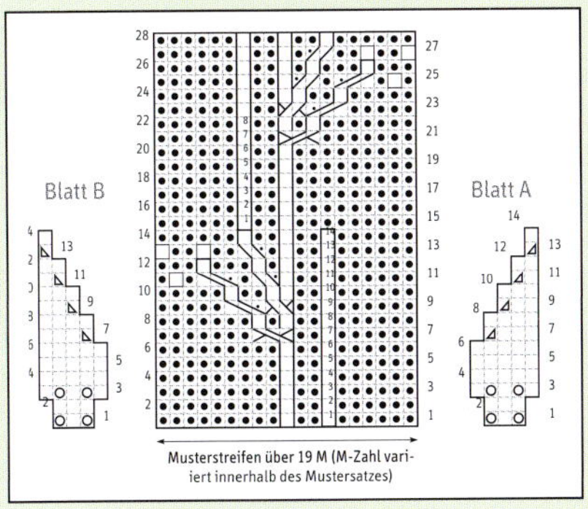

Strickschriften kopieren
Die Strickschriften sind in Schwarz-Weiß gedruckt: So können Sie die Diagramme kopieren oder einscannen, um sie nach Belieben zu vergrößern. Das empfiehlt sich besonders, wenn Sie schlecht sehen, in einer schlecht beleuchteten Ecke handarbeiten oder unterwegs stricken.

Ausklappseite
Im Anschluss an Seite 207 finden Sie eine ausklappbare Seite mit den gängigen Abkürzungen und einer Umrechnungstabelle für die Nadelstärken.

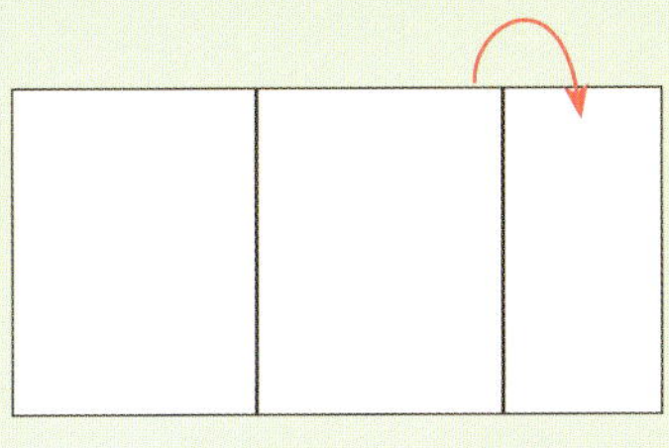

Galerie der Muster

In diesem Teil des Buches finden Sie 300 Muster, untergliedert in acht Kapitel. Jedem Kapitel ist eine Leitfarbe zugeordnet. Auf einer Doppelseite am Beginn jedes Kapitels sind alle Muster abgebildet, sodass Sie rasch finden, was Sie suchen. Die Mustersammlung beginnt mit einfachen Strukturmustern aus rechten und linken Maschen und reicht über eine Vielfalt verschiedener Strickmuster bis zu einem Abschnitt über ungewöhnliche Stricktechniken.

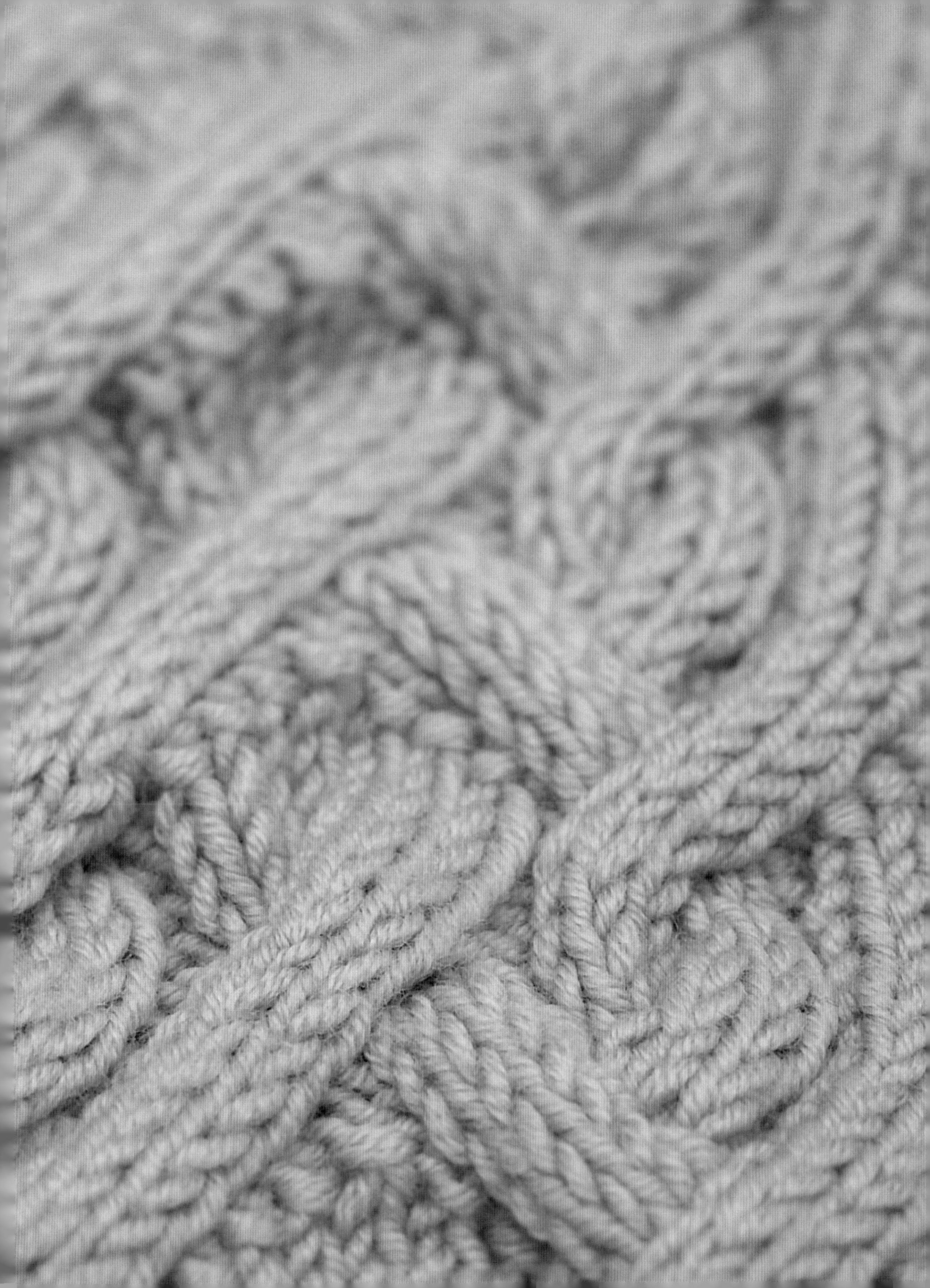

MUSTER-ÜBERSICHT Muster aus rechten und linken Maschen

Rechte und linke Maschen sind die Bausteine jeder Strickarbeit: Mit ihnen wird glatt rechts und glatt links gestrickt, sie sind aber auch die Basis vieler Rippen- und Strukturmuster. Die Erkenntnis, dass das glatte „V“ der rechten Maschen sein Gegenstück im runden „Buckelchen“ der linken Maschen hat, ist der Schlüssel zu den folgenden Mustern.

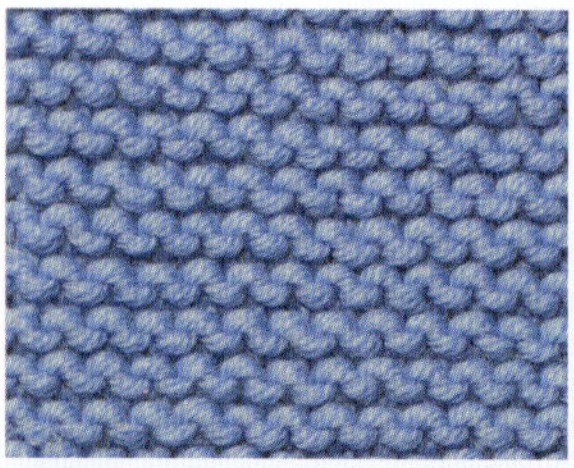

001 Kraus rechts

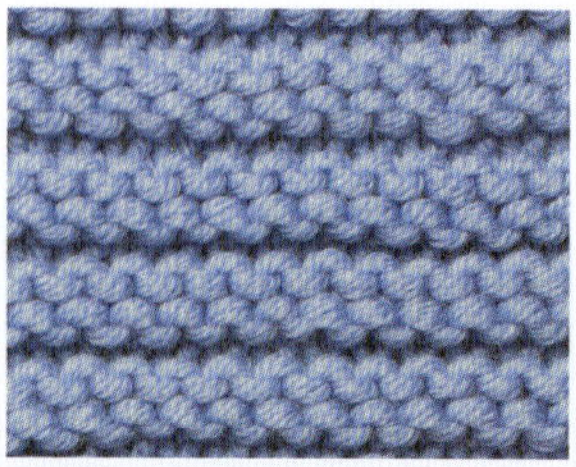

002 Querrippen über 4 Reihen

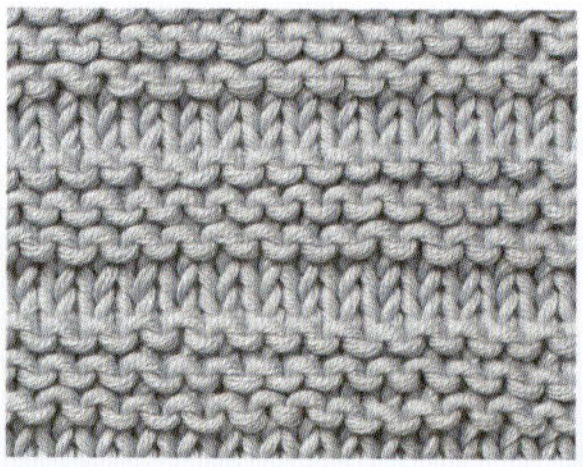

003 Breite Krausrippen

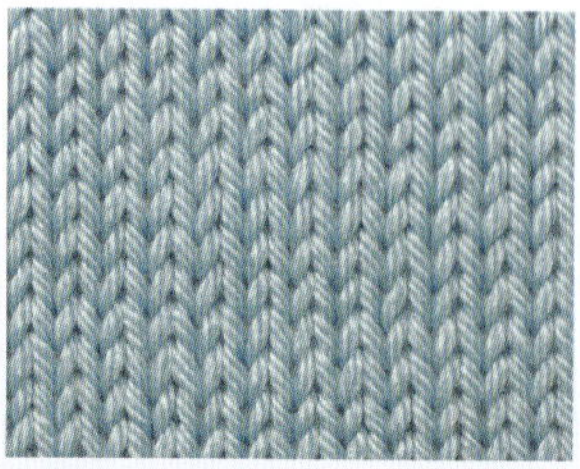

004 Glatt rechts

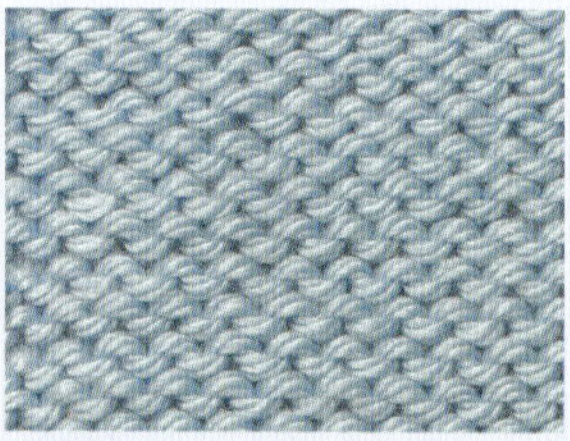

005 Glatt links

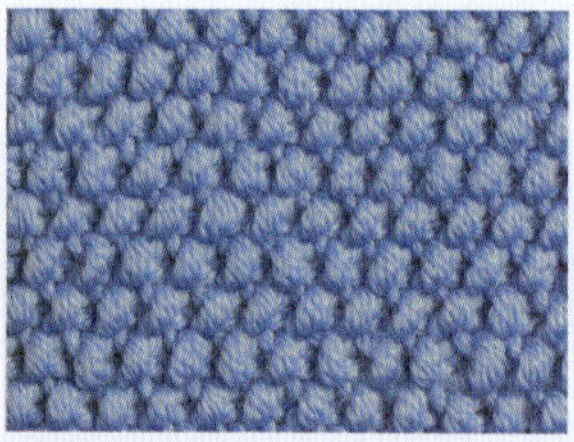

006 Perlmuster

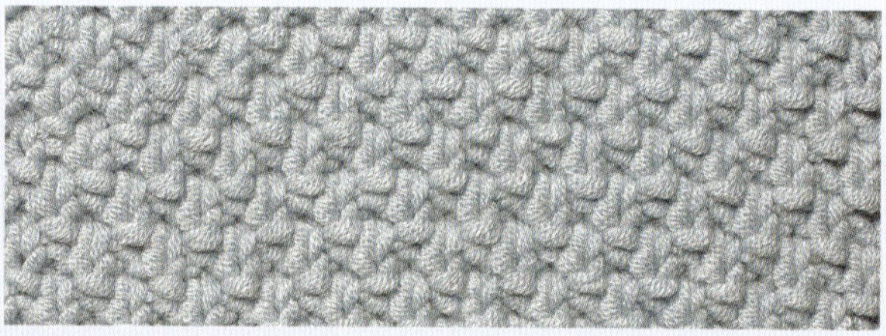

007 Großes Perlmuster

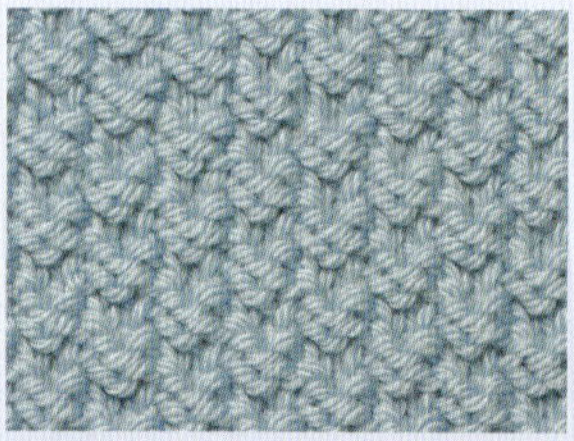

008 Kleines Karomuster

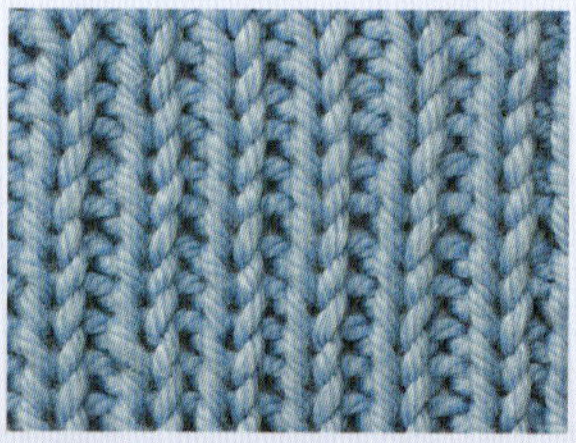

009 Rippenmuster 1/1

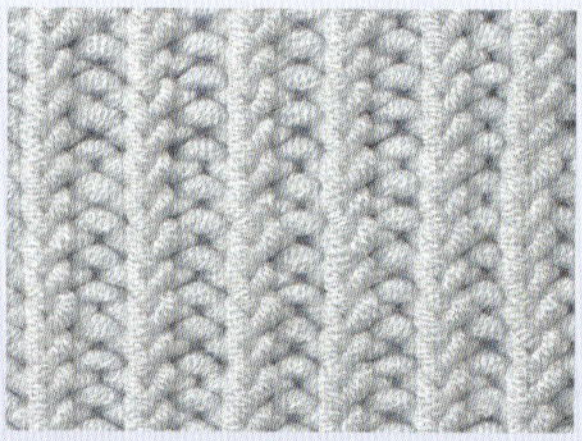

010 Rippenmuster mit verschränkten Maschen

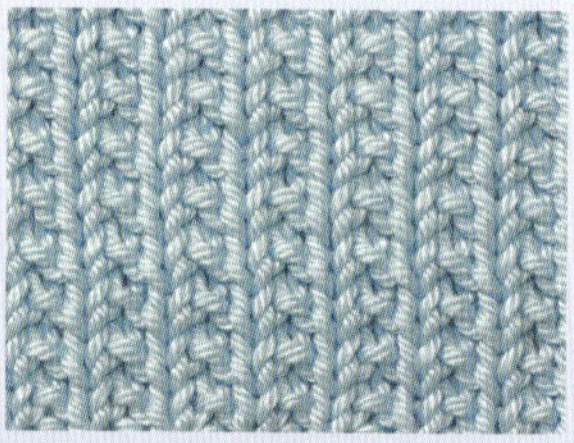

011 Unterbrochenes Rippenmuster 1/1

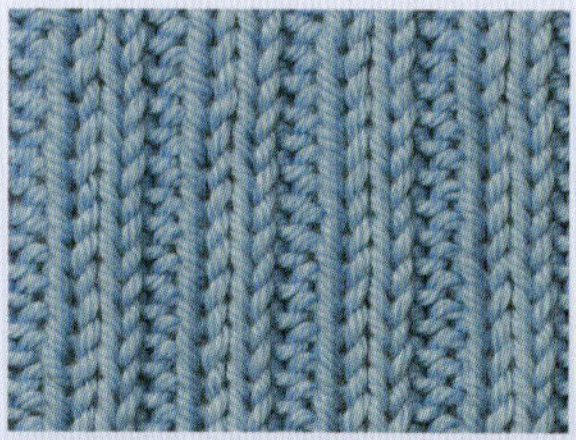

012 Rippenmuster 2/2

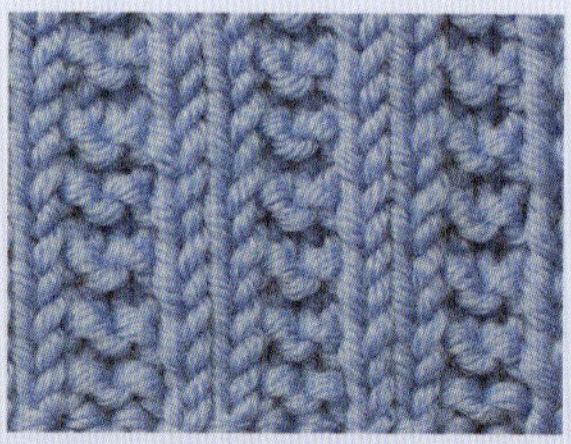

013 Unterbrochenes Rippenmuster 2/2

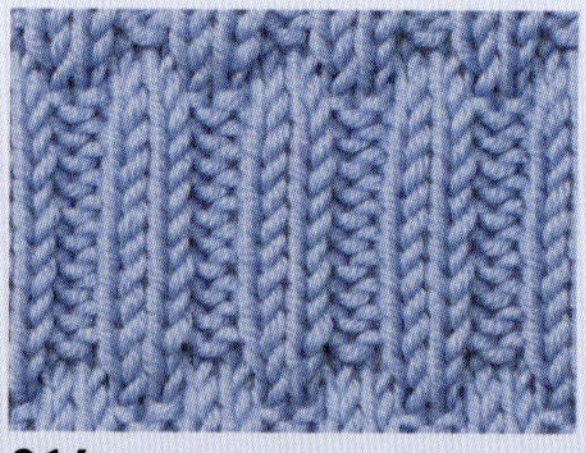

014 Versetzte Rippen

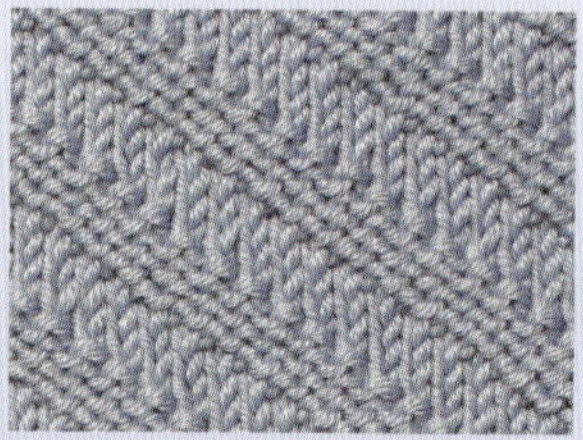

015 Schrägrippen aus rechten und linken Maschen

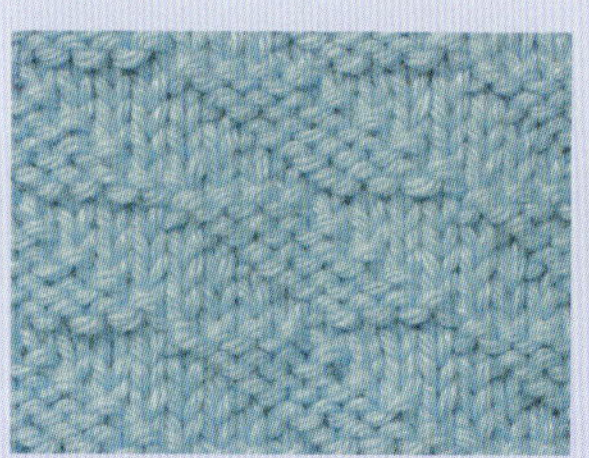

016 Parallelogramme

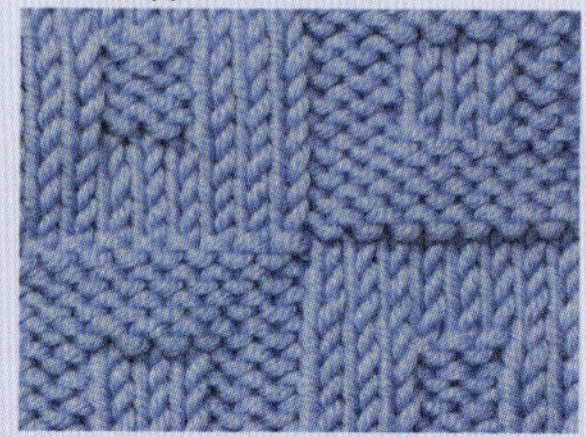

017 Quadrat im Quadrat

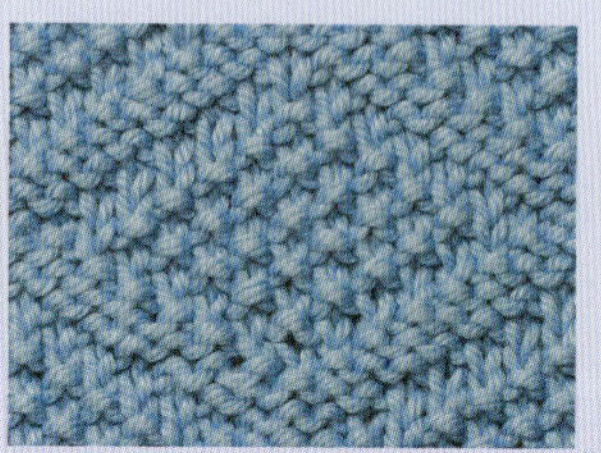

018 Perlmuster-Rhomben 1

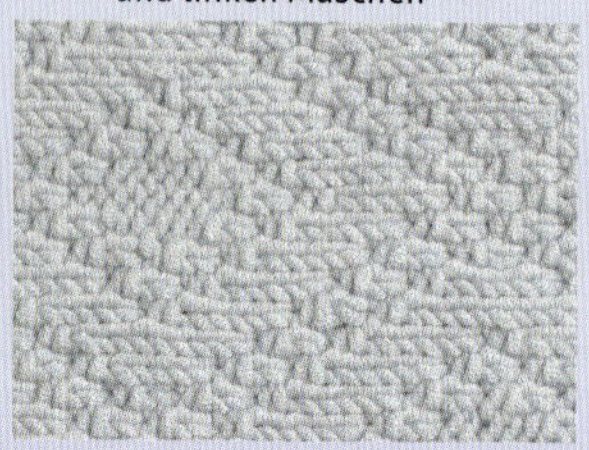

019 Perlmuster-Rhomben 2

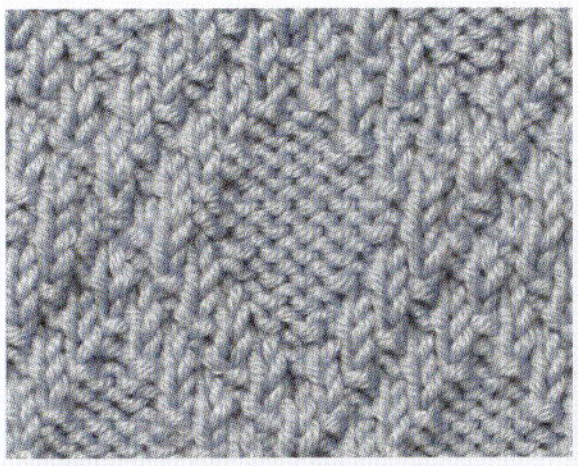
020 Plastische Rhomben

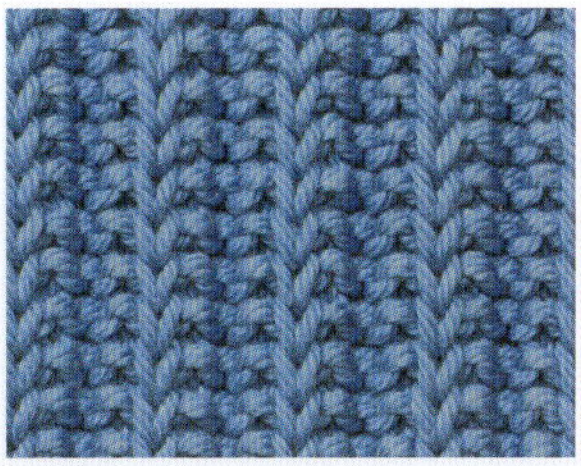
021 Patronengurt-Rippen

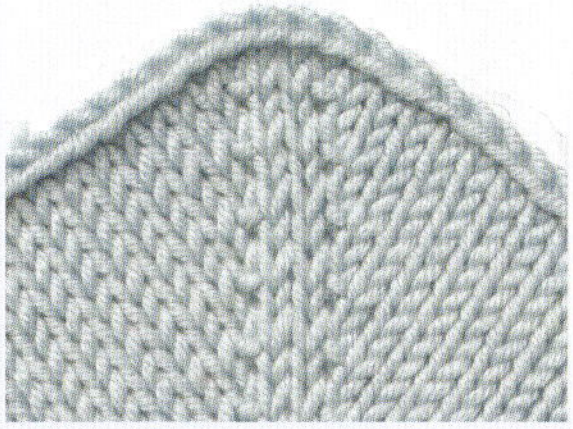
022 Glatt rechte Zacken

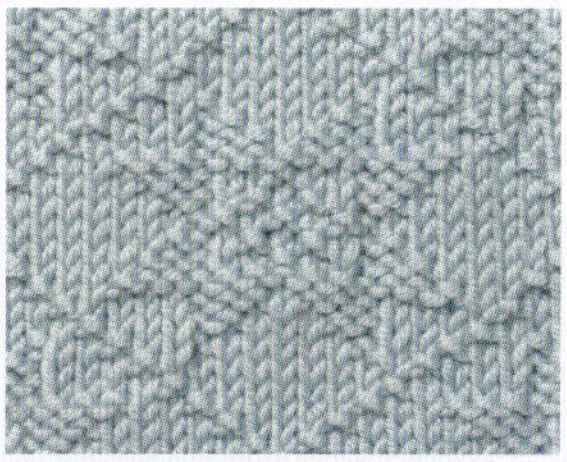
023 Plastische Sterne

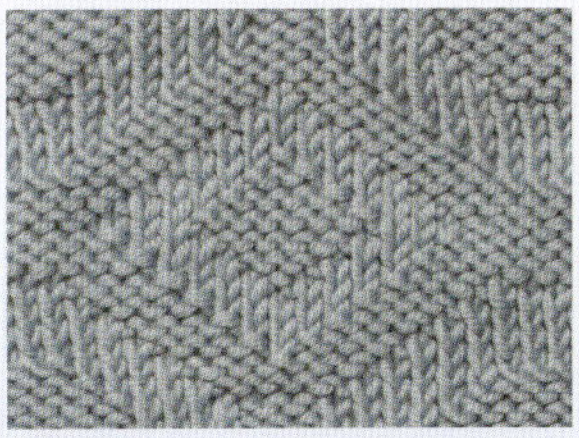
024 Plastische Sechsecke

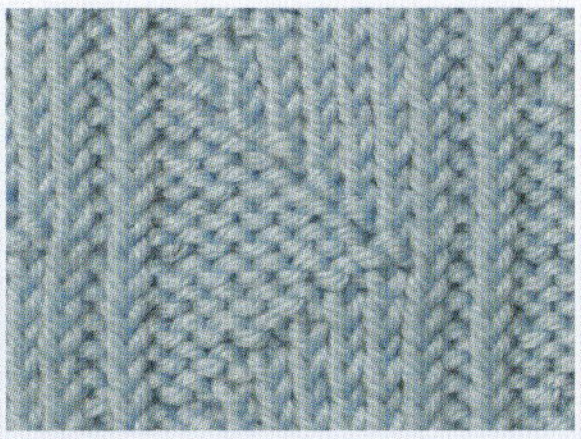
025 Plastische Wimpel

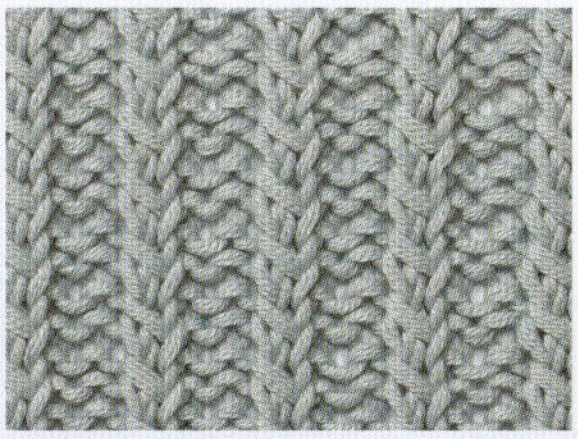
026 Kordelrippen

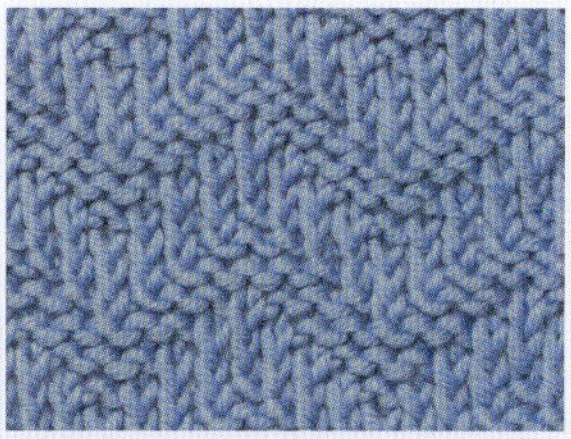
027 Plastisches Zickzackmuster

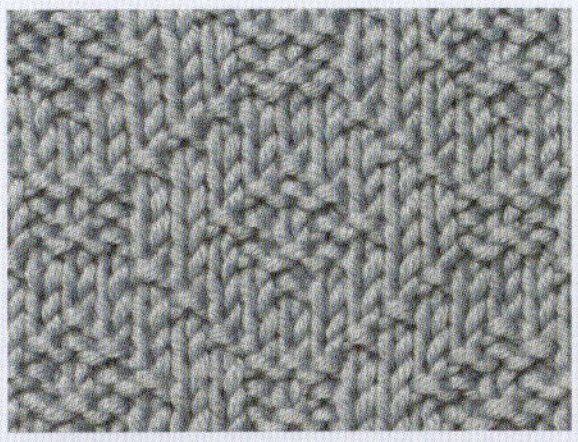
028 Brokat-Raster

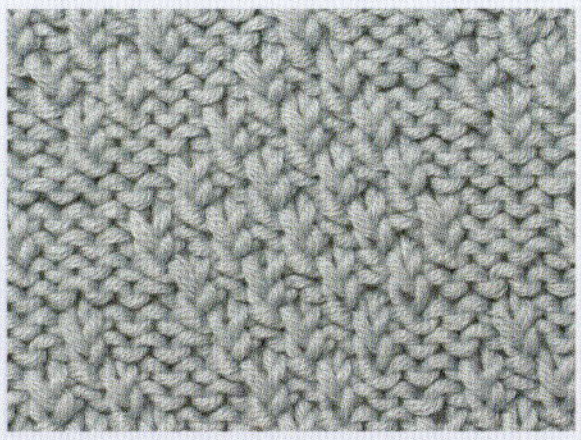
029 Plastische Perlmuster-Rhomben

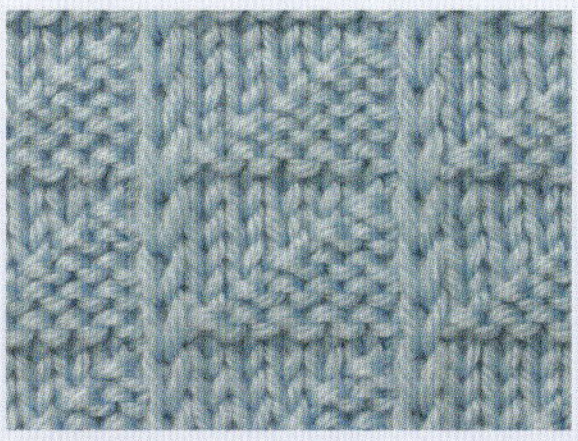
030 Dreiecksrippen

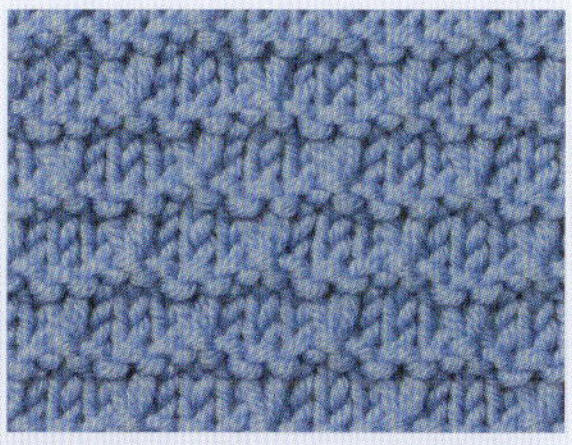
031 Kleine Hebemaschenkaros

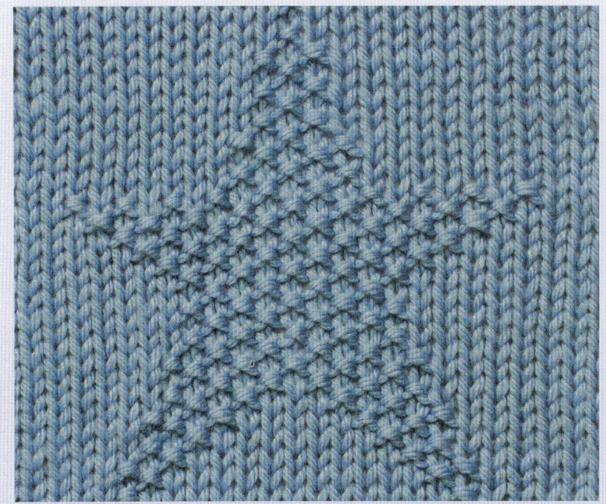
032 Fünfzackiger Stern

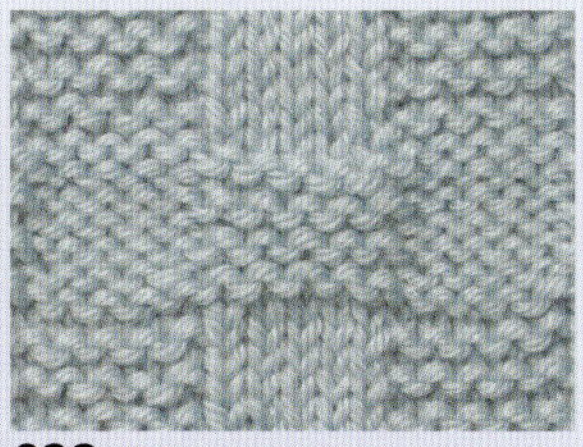
033 Plastisches Webmuster

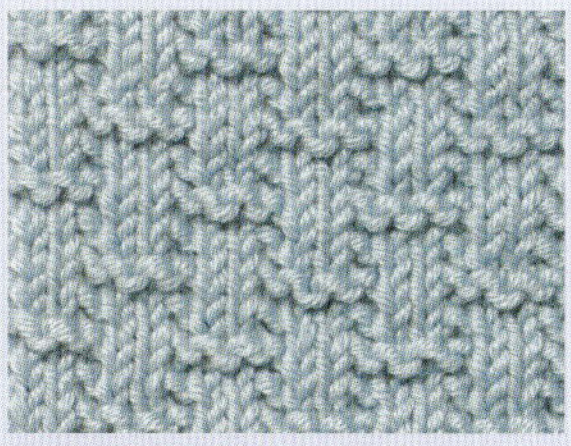
034 Flechtmuster aus unterbrochenen Rippen

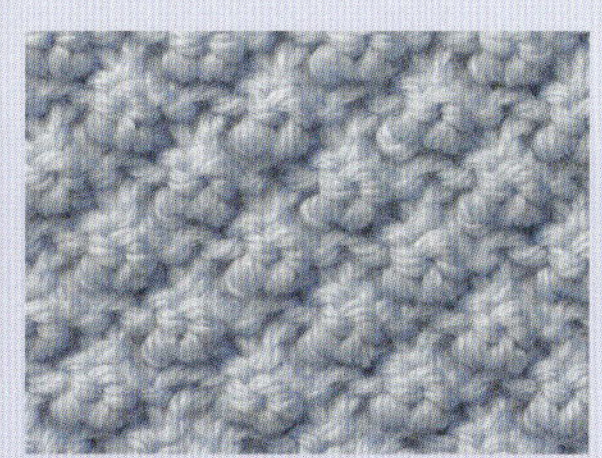
035 Brombeermuster (Dornröschenmuster)

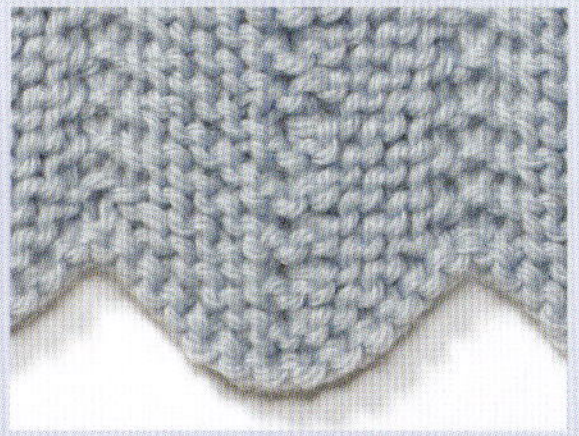
036 Kraus rechtes Zackenmuster

Muster 001

Kraus rechts

Das kraus rechte Muster ist besonders einfach zu arbeiten, weil jede Reihe rechts gestrickt wird. Das Gestrick sieht auf beiden Seiten gleich aus und rollt sich an den Kanten nicht ein. Daher eignet sich das Muster gut für Blenden und Kanten. Durch die Krausrippen dehnt sich die Arbeit leicht in der Breite und zieht sich in der Höhe etwas zusammen, sodass die Maschenprobe in der Breite etwa so viele Maschen wie Reihen in der Höhe hat. Denken Sie beim Abzählen der Reihen immer daran, dass zwischen jedem Krausrippenpaar auf der rechten Seite eine Rückreihe liegt. Das gleiche Muster entsteht, wenn man jede Reihe links strickt.

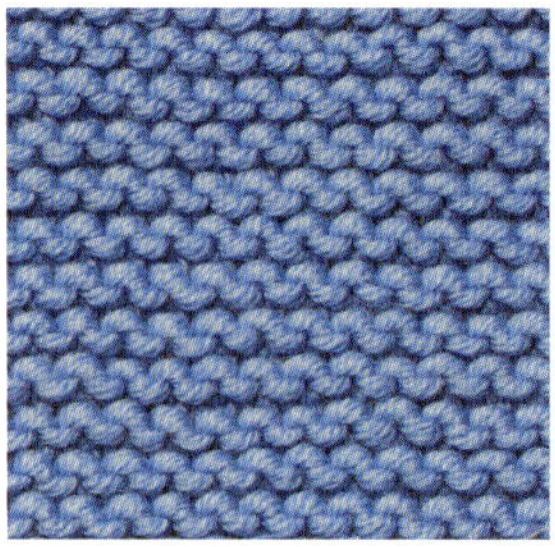

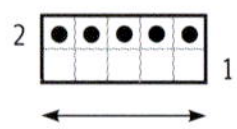

Beliebige M-Zahl (hier 5 M)

Anleitung

1. Reihe (Hin-R): Re M str.

2. Reihe: Re M str.

Die 1. und 2. R stets wdh.

Muster 002

Querrippen über 4 Reihen

Querrippen entstehen durch eine Kombination aus rechts und links gestrickten Reihen, die Krausrippen mit „Furchen" dazwischen bilden. Das Muster dehnt sich leicht in der Breite und kann über jede beliebige Maschenzahl gearbeitet werden. Diese Version über 4 Reihen ist vermutlich die einfachste.

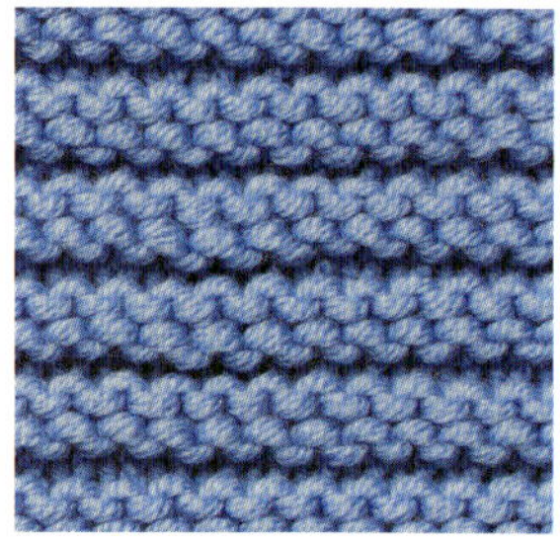

Anleitung

1. Reihe (Hin-R): Re M str.

2. Reihe Li M str.

3. Reihe Li M str.

4. Re M str.

Die 1.–4. R stets wdh.

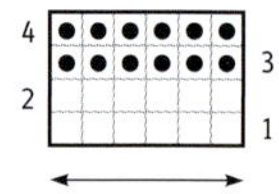

Beliebige M-Zahl (hier 5 M)

Muster 003

Breite Krausrippen

7 der 8 Reihen dieses Musters werden rechts gestrickt. Dadurch entsteht eine plastischere und weichere Struktur als bei anderen Querrippenmustern.

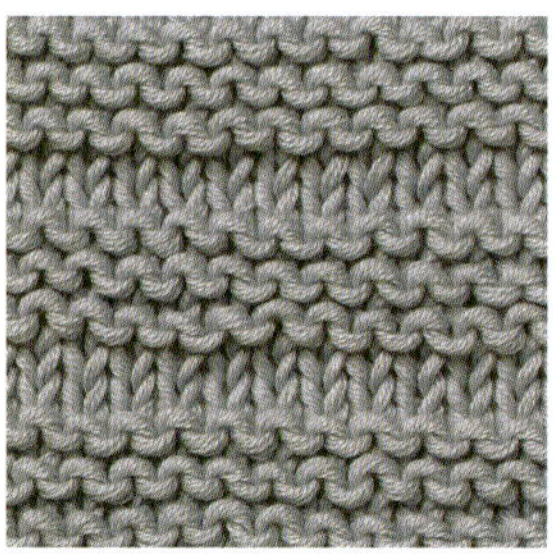

Anleitung

1. Reihe (Hin-R): Re M str.

2. Reihe: Li M str.

3.–8. Reihe: Re M str.

Die 1.–8. R stets wdh.

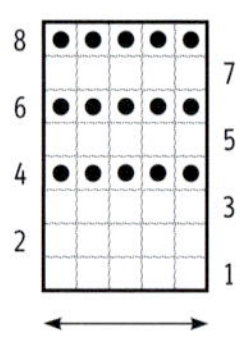

Beliebige M-Zahl (hier 5 M)

Muster 004

Glatt rechts

Strickt man alle Hinreihen rechts und alle Rückreihen links, entsteht ein glattes Gestrick. „Glatt rechts" ist das wohl bekannteste und am häufigsten verwendete Strickmuster überhaupt.

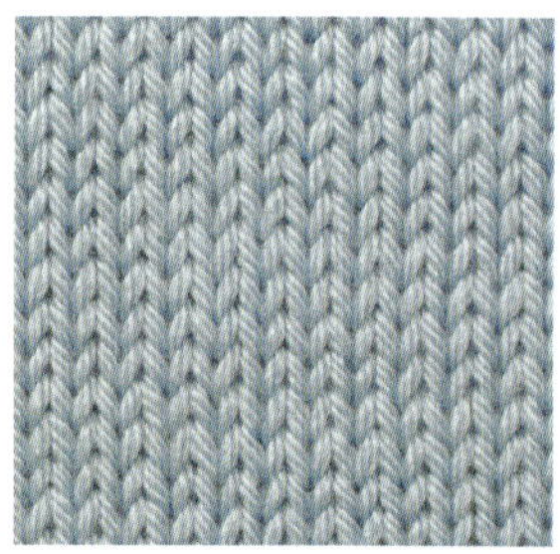

Anleitung

1. Reihe (Hin-R): Re M str.

2. Reihe: Li M str.

Die 1. und 2. R stets wdh.

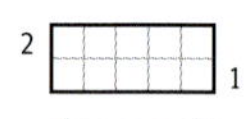

Beliebige M-Zahl (hier 5 M)

□ = in Hin-R 1 M re, in Rück-R 1 M li ● = in Hin-R 1 M li, in Rück-R 1 M re

Muster 005

Glatt links

Weniger häufig eingesetzt als „glatt rechts“, aber ebenso charakteristisch ist das glatt linke Gestrick, quasi das Gegenstück zum glatt rechten. Wenn alle Hinreihen links und alle Rückreihen rechts gestrickt werden, sind auf der rechten Seite der Arbeit die linken Maschen als Wellenlinien zu sehen.

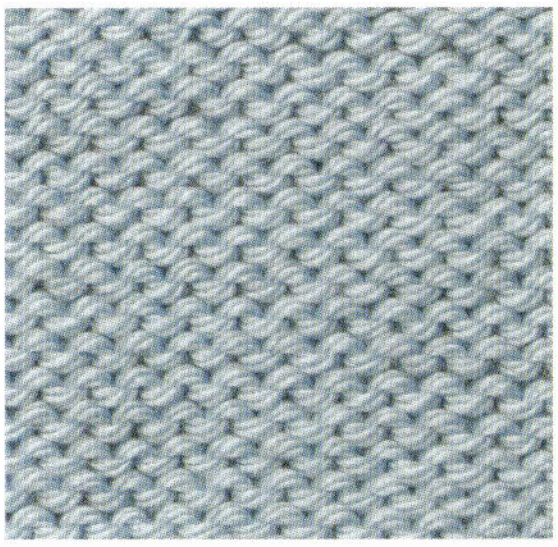

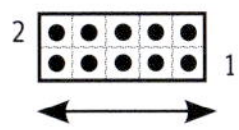

Beliebige M-Zahl (hier 5 M)

Anleitung

1. Reihe (Hin-R): Li M str.

2. Reihe: Re M str.

Die 1. und 2. R stets wdh.

Muster 006

Perlmuster

Das Perlmuster ist eines der einfachsten, aber auch ansprechendsten Strukturmuster. Wie kraus rechtes Gestrick dehnt sich auch das Perlmuster leicht in der Breite und zieht sich in der Höhe etwas zusammen, sodass Maschen- und Reihenzahl der Maschenprobe einander etwa entsprechen. Beim Perlmuster werden rechte und linke Maschen im Wechsel gestrickt.

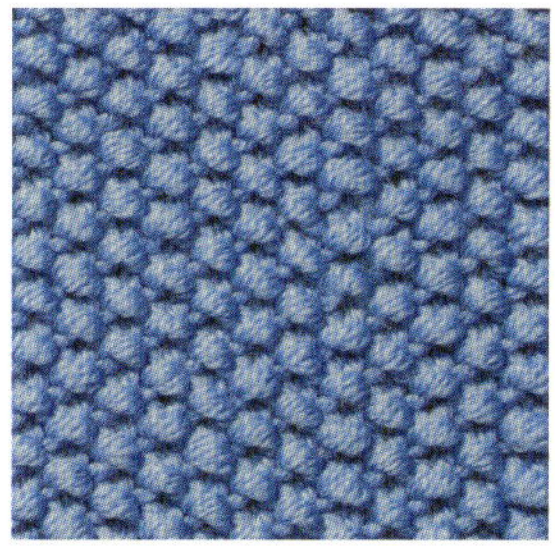

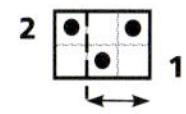

M-Zahl teilbar durch 2 + 1 M

Anleitung

1. Reihe (Hin-R): * 1 M re, 1 M li; ab * fortlfd wdh bis zur letzten M, 1 M re.

2. Reihe: Wie die 1. R str.

Die 1. und 2. R stets wdh.

Hinweis

Bei einer geraden M-Zahl arbeiten Sie in der 1. Reihe [1 M re, 1 M li] und in der 2. Reihe [1 M li, 1 M re] jeweils im Wechsel bis zum R-Ende.

Muster 007

Großes Perlmuster

Diese Mustervariante über 4 Reihen, die bisweilen auch als irisches Perlmuster bezeichnet wird, neigt weniger dazu, sich in der Höhe zusammenzuziehen, als das Perlmuster über 2 Reihen. Wie beim Perlmuster kann man nach Belieben mit einer rechten oder linken Masche beginnen und muss anschließend nur auf den richtigen Maschenrhythmus achten.

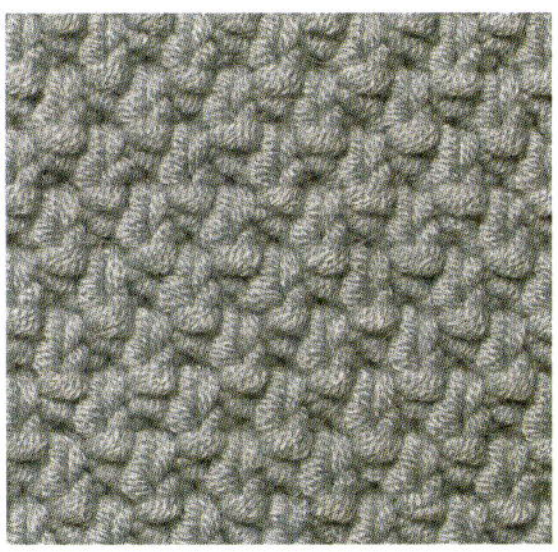

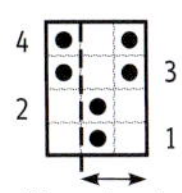

M-Zahl teilbar durch 2 + 1 M

Anleitung

1. Reihe (Hin-R): * 1 M re, 1 M li; ab * fortlfd wdh bis zur letzen M, 1 M re.

2. Reihe: * 1 M li, 1 M re; ab * fortlfd wdh bis zur letzten M, 1 M li.

3. Reihe: * 1 M li, 1 M re; ab * fortlfd wdh bis zur letzten M, 1 M li.

4. Reihe: * 1 M re, 1 M li; ab * fortlfd wdh bis zur letzten M, 1 M re.

Die 1.–4. R stets wdh.

Muster 008

Kleines Karomuster

Dieses Muster hat wie das große Perlmuster einen Rapport von 4 Reihen. Das Ergebnis ist ein ganz anderes, aber ebenso einfaches Strukturmuster, das zeigt, wie sich Karos aufbauen lassen.

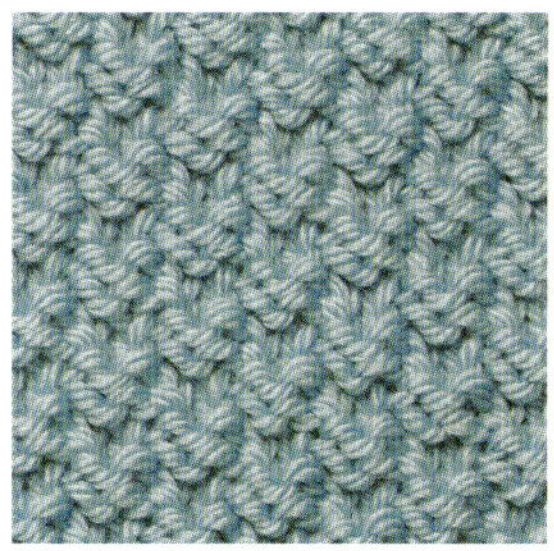

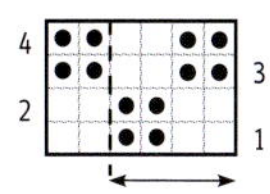

M-Zahl teilbar durch 4 + 2 M

Anleitung

1. Reihe (Hin-R): * 2 M re, 2 M li; ab * fortlfd wdh bis zu den letzten 2 M, 2 M re.

2. Reihe: * 2 M li, 2 M re; ab * fortlfd wdh bis zu den letzten 2 M, 2 M li.

3. Reihe: * 2 M li, 2 M re; ab * fortlfd wdh bis zu den letzten 2 M, 2 M li.

4. Reihe: * 2 M re, 2 M li bis zu den letzten 2 M, 2 M re.

Die 1.–4. R stets wdh.

Muster 009

Rippenmuster 1/1

Wechselt man innerhalb der Reihe stets zwischen rechten und linken Maschen, so entsteht ein elastisches, schmales Rippenmuster, das sich vielfältig einsetzen lässt. Man kann es über eine gerade Maschenzahl arbeiten, üblicherweise strickt man es aber symmetrisch über eine ungerade Maschenzahl.

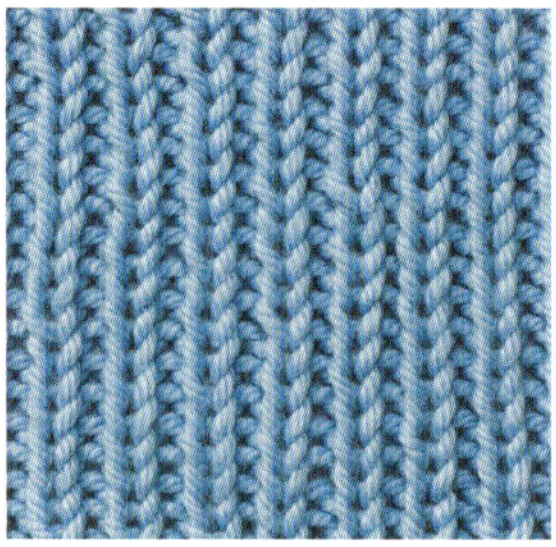

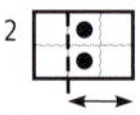

Hier über eine ungerade M-Zahl gezeigt; M-Zahl teilbar durch 2 + 1 M

Anleitung

1. Reihe (Hin-R): * 1 M re, 1 M li; ab * fortlfd wdh bis zur letzten M, 1 M re.

2. Reihe: * 1 M li, 1 M re; ab * fortlfd wdh bis zur letzten M, 1 M li.

Die 1. und 2. R stets wdh.

Hinweis

Bei einer geraden M-Zahl arbeiten Sie in der 1. Reihe [1 M re, 1 M li] im Wechsel und stricken die 2. Reihe genauso.

Muster 010

Rippenmuster mit verschränkten Maschen

Dies ist eine Variante des Rippenmusters 1/1, die zwar weniger elastisch ist, aber sehr klar und plastisch wirkt. Die rechten Maschen auf der rechten Seite und die linken Maschen auf der Rückseite werden verschränkt gestrickt.

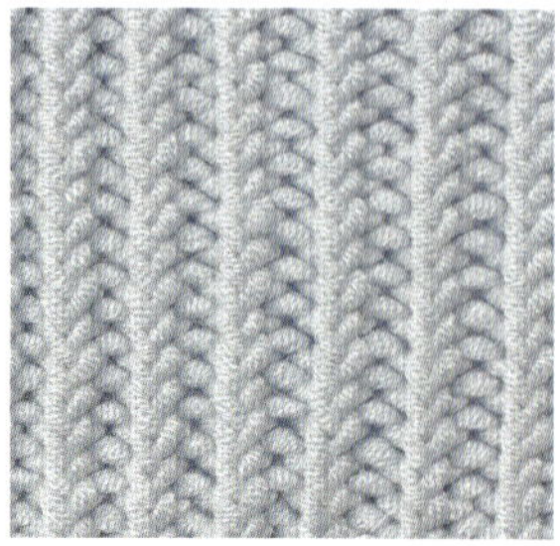

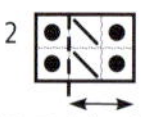

M-Zahl teilbar durch 2 + 1 M

Anleitung

1. Reihe (Hin-R): * 1 M li, 1 M re verschr; ab * fortlfd wdh bis zur letzten M, 1 M li.

2. Reihe: * 1 M re, 1 M li verschr; ab * fortlfd wdh bis zur letzten M, 1 M re.

Die 1. und 2. R stets wdh.

Muster 011

Unterbrochenes Rippenmuster 1/1

Wenn man in Hinreihen abwechselnd 1 Masche rechts, 1 Masche links strickt und die Rückreihen komplett links arbeitet, entsteht ein recht plastisches, aber wenig elastisches Muster.

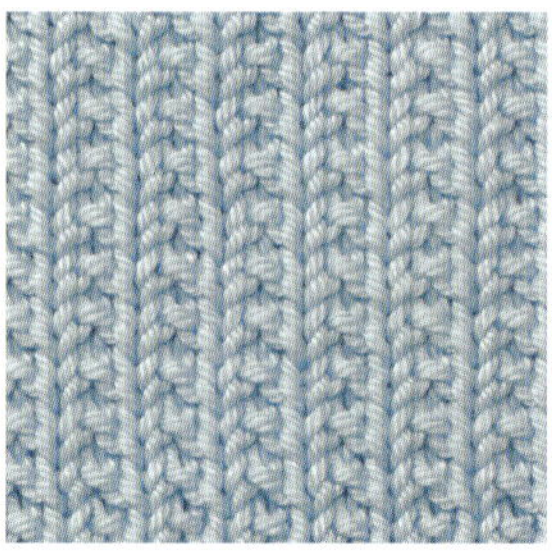

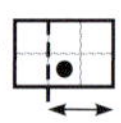

M-Zahl teilbar durch 2 + 1 M

Anleitung

1. Reihe (Hin-R): * 1 M re, 1 M li; ab * fortlfd wdh bis zur letzten M, 1 M re.

2. Reihe: Li M str.

Die 1. und 2. R stets wdh.

Muster 012

Rippenmuster 2/2

Dieses klassische doppelseitige Gestrick ist vermutlich das plastischste aller Rippenmuster. Manchmal wird es auch als doppeltes oder breites Rippenmuster bezeichnet. Man kann es für Bündchen und Blenden, aber auch für ganze Kleidungsstücke einsetzen.

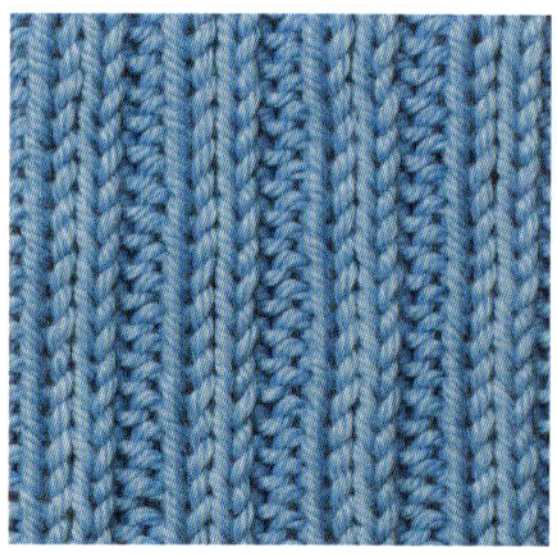

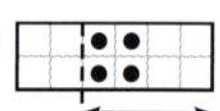

M-Zahl teilbar durch 4 + 2 M

Anleitung

1. Reihe (Hin-R): * 2 M re, 2 M li; ab * fortlfd wdh bis zu den letzten 2 M, 2 M re.

2. Reihe: * 2 M li, 2 M re; ab * fortlfd wdh bis zu den letzten 2 M, 2 M li.

Die 1. und 2. R stets wdh.

16–17 Allgemeine Stricksymbole

□ = in Hin-R 1 M re, in Rück-R 1 M li   ● = in Hin-R 1 M li, in Rück-R 1 M re   ⧅ = in Hin-R 1 M re verschr, in Rück-R 1 M li verschr

Muster 013

Unterbrochenes Rippenmuster 2/2

Dadurch, dass die Rückreihen dieses breiten Rippenmusters stets links gestrickt werden, entstehen kurze horizontale Krausrippen zwischen den vertikalen Rippen. Dadurch wird das Rippenmuster flacher, bekommt aber eine feste Struktur.

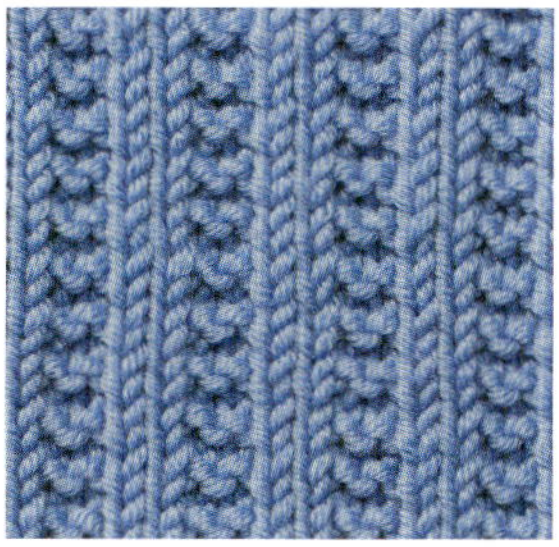

Anleitung

1. Reihe (Hin-R): * 2 M re, 2 M li; ab * fortlfd wdh bis zu den letzten 2 M, 2 M re.

2. Reihe: Li M str.

Die 1. und 2. R stets wdh.

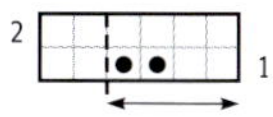

M-Zahl teilbar durch 4 + 2 M

Muster 014

Versetzte Rippen

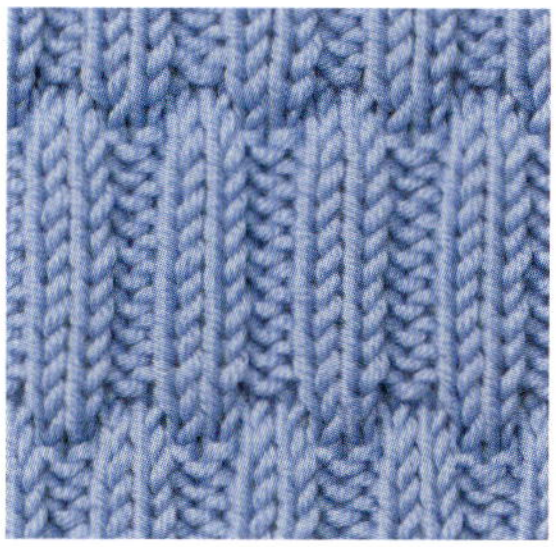

Wenn man ein breites Rippenmuster alle paar Reihen versetzt und jeweils 2 Reihen glatt rechts dazwischen strickt, bekommt das Gestrick eine deutliche Reliefstruktur, die sich vom einfachen Rippenmuster stark unterscheidet.

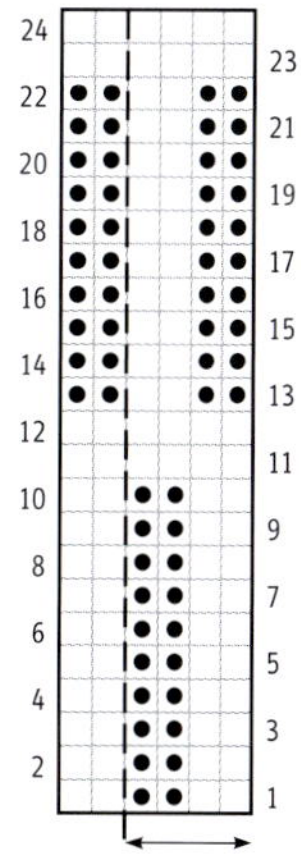

M-Zahl teilbar durch 4 + 2 M

Muster 015

Schrägrippen aus rechten und linken Maschen

Versetzt man Gruppen rechter und linker Maschen von Reihe zu Reihe, ergeben sich deutlich erkennbare Diagonalen.

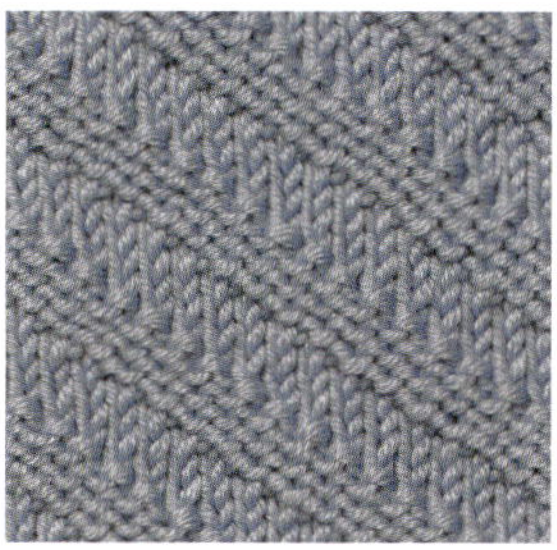

Anleitung

1. Reihe (Hin-R): * 4 M re, 4 M li; ab * fortlfd wdh bis R-Ende.

2. Reihe: * 3 M re, 4 M li, 1 M re; ab * fortlfd wdh bis R-Ende.

3. Reihe: * 2 M li, 4 M re, 2 M li; ab * fortlfd wdh bis R-Ende.

4. Reihe: * 1 M re, 4 M li, 3 M re; ab * fortlfd wdh bis R-Ende.

5. Reihe: * 4 M li, 4 M re; ab * fortlfd wdh bis R-Ende.

6. Reihe: * 3 M li, 4 M re, 1 M li; ab * fortlfd wdh bis R-Ende.

7. Reihe: * 2 M re, 4 M li, 2 M re; ab * fortlfd wdh bis R-Ende.

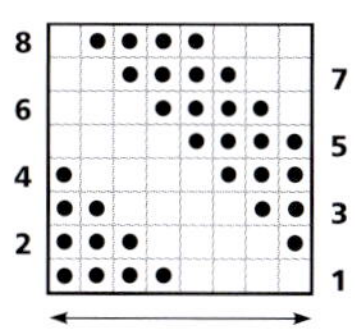

M-Zahl teilbar durch 8

8. Reihe: * 1 M li, 4 M re, 3 M li; ab * fortlfd wdh bis R-Ende.

Die 1.–8. R stets wdh.

Muster 016

Parallelogramme

Durch das Aufbrechen der Diagonalen aus rechten und linken Maschen entsteht ein Muster mit völlig anderer Optik.

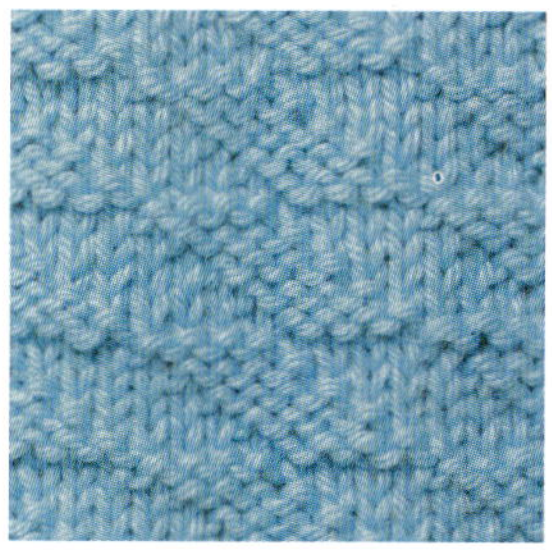

Anleitung

1. Reihe (Hin-R): * 4 M li, 4 M re; ab * fortlfd wdh bis R-Ende.

2. Reihe: * 3 M li, 4 M re, 1 M li; ab * fortlfd wdh bis R-Ende.

3. Reihe: * 2 M re, 4 M li, 2 M re; ab * fortlfd wdh bis R-Ende.

4. Reihe: * 1 M li, 4 M re, 3 M li; ab * fortlfd wdh bis R-Ende.

Nach der Strickschrift weiterstricken bis zum Ende der 10. R.
Die 1.–10. R. stets wdh.

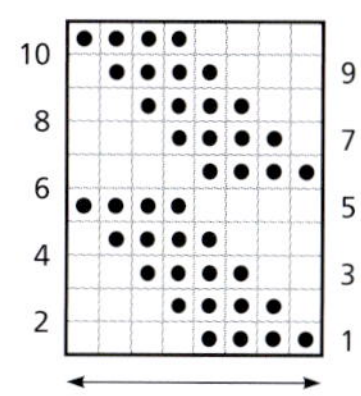

M-Zahl teilbar durch 8

Muster 017

Quadrat im Quadrat

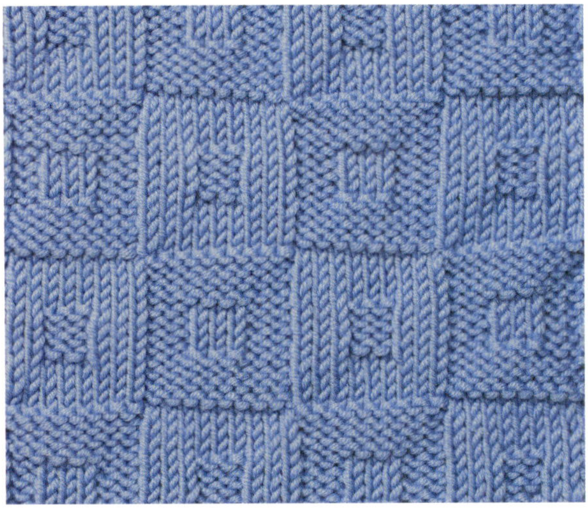

Quadrate aus rechten und linken Maschen im Wechsel ergeben an sich schon eine deutliche Reliefstruktur, die durch zusätzliche kleinere Quadrate noch interessanter wirkt. Achtung! Ein Quadrat hat mehr Reihen in der Höhe als Maschen in der Breite!

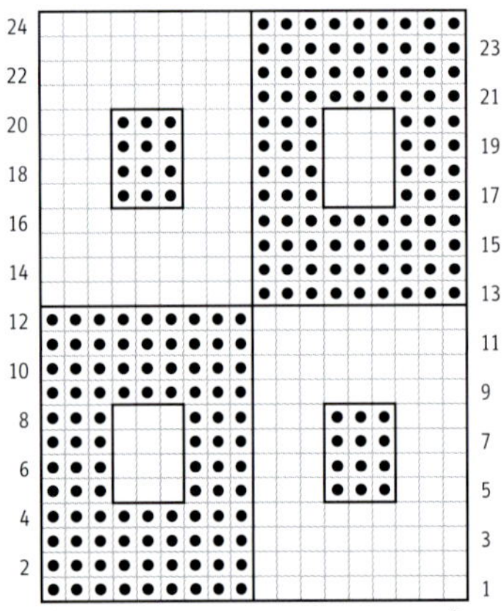

M-Zahl teilbar durch 18

Muster 018

Perlmuster-Rhomben 1

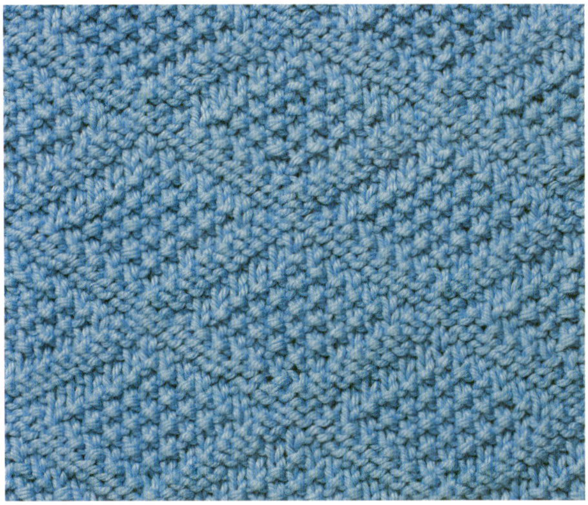

Ein diagonales Raster aus 2 glatt links gestrickten Maschen fasst die Perlmusterflächen ein. Das Ergebnis ist ein sehr plastisches Muster aus liegenden Rhomben.

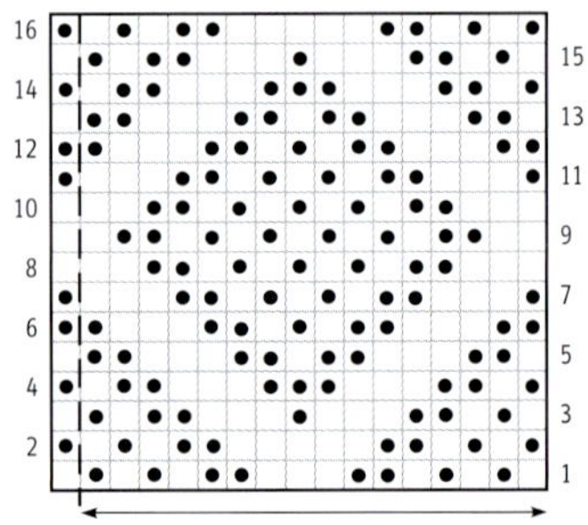

M-Zahl teilbar durch 16 + 1 M

☐ = in Hin-R 1 M re, in Rück-R 1 M li ⦿ = in Hin-R 1 M li, in Rück-R 1 M re

Muster 019

Perlmuster-Rhomben 2

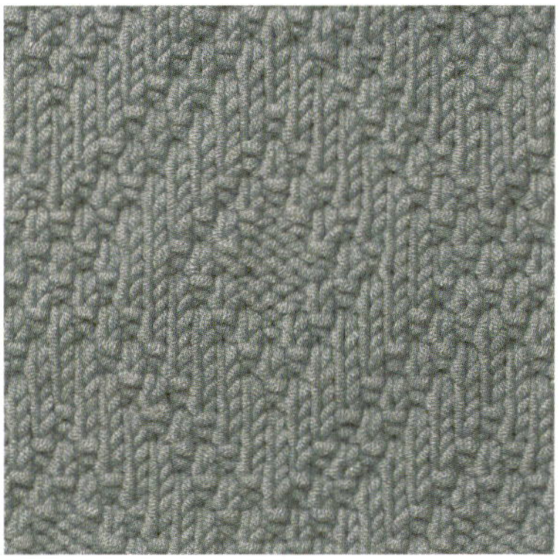

Diese ineinander verschachtelten Rhomben werden im Perlmuster auf glatt rechts gestricktem Grund gearbeitet. Die mittleren Rhomben umrahmen jeweils ein glatt links gestricktes Feld.

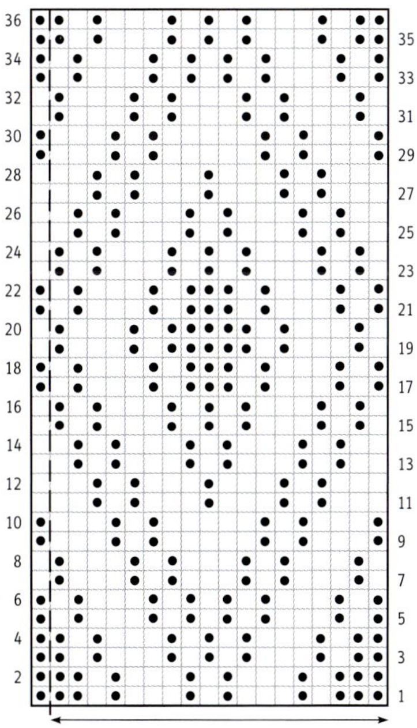

M-Zahl teilbar durch 18 + 1 M

Muster 020

Plastische Rhomben

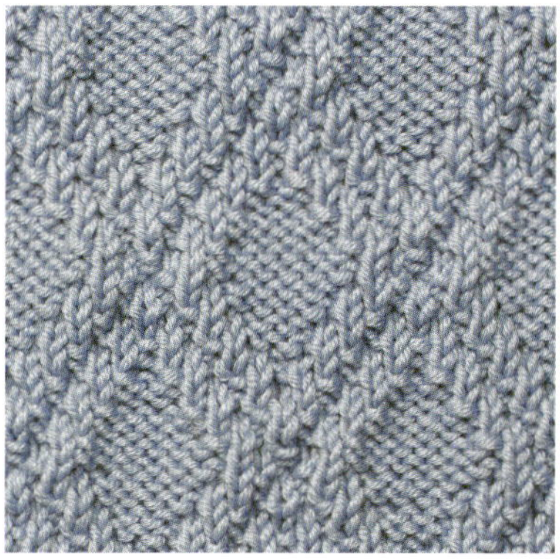

Das Muster aus glatt links gestrickten Rhomben mit einem Rahmen aus 2 glatt rechts gestrickten Maschen wirkt wie abgesteppt – ein raffinierter Effekt bei einer einfachen Kombination aus rechten und linken Maschen.

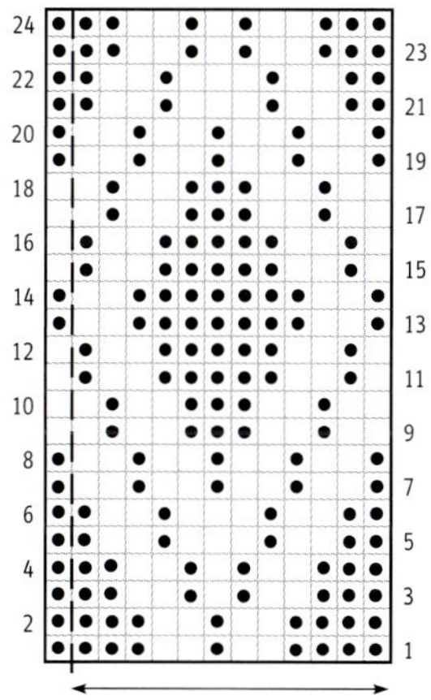

M-Zahl teilbar durch 12 + 1 M

Muster 021

Patronengurt-Rippen

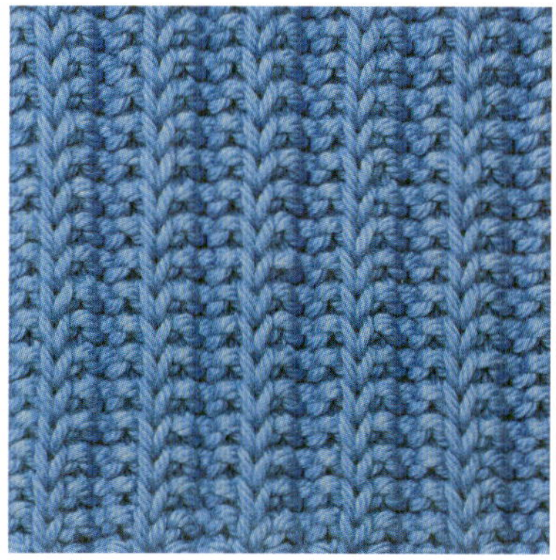

Dieses klassische Rippenmuster hat den Vorteil, doppelseitig verwendbar zu sein. Die tiefen „Furchen" und die plastischen Rechtsmaschen-Rippen entstehen durch Hebemaschen. Ansonsten handelt es sich um einen einfachen 2-reihigen Rapport ohne linke Maschen.

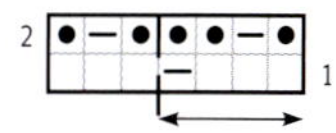

M-Zahl teilbar durch 4 + 3 M

Besonderes Stricksymbol

⊟ = 1 M li abh (Fv)

Anleitung

1. Reihe (Hin-R): 3 M re, * 1 M li abh, 3 M re; ab * fortlfd wdh bis R-Ende.

2. Reihe: 1 M re, * 1 M li abh, 3 M re; ab * fortlfd wdh bis zu den letzten 2 M, 1 M li abh, 1 M re.

Die 1. und 2. R stets wdh.

Muster 022

Glatt rechte Zacken

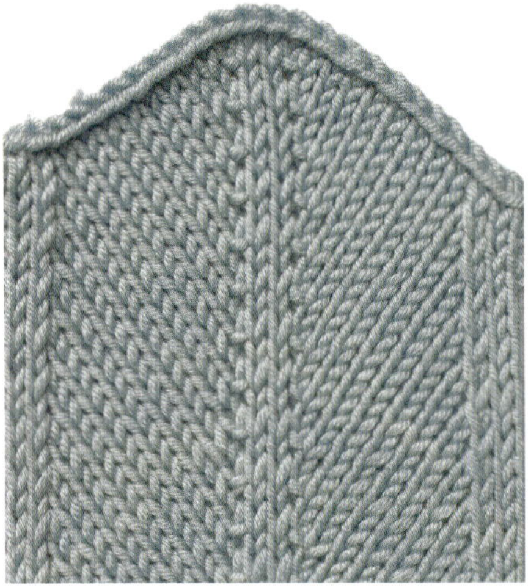

Wenn man gleichmäßige Paare von Zu- und Abnahmen arbeitet, verläuft das glatt rechte Muster schräg, und das Gestrick bekommt eine Wellenkante. Zwischen den Zu- und Abnahmen können Sie beliebig viele Maschen arbeiten. Wenn Sie Zu- und Abnahmen dicht nebeneinander platzieren, entstehen Zacken. Sie können aber auch je eine Zu- bzw. Abnahme an den Kanten arbeiten, um die Strickarbeit abzuschrägen.

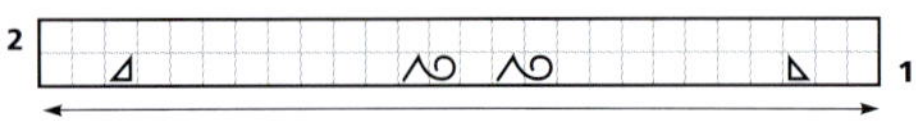

Über 26 M gezeigt

Besonderes Stricksymbol

[Symbol] = [1 M re, 1 M re verschr] in 1 M der Vor-R str

Anleitung

1. Reihe (Hin-R): 2 M re, 2 M re übz zus-str, 7 M re, [1 M re, 1 M re verschr] in die nächste M str, 1 M re, [1 M re, 1 M re verschr] in die nächste M str, 8 M re, 2 M re zus-str, 2 M re.

2. Reihe: Li M str.

Die 1. und 2. R stets wdh.

Muster 023

Plastische Sterne

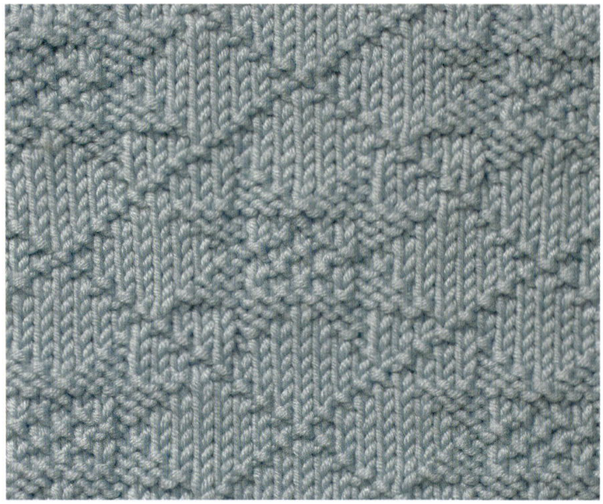

Hier umrahmt ein Raster aus erhabenen Maschen kleine, achtzackige Sterne. Das Muster wirkt raffiniert, entsteht aber nur aus rechten und linken Maschen und ist daher leicht zu stricken.

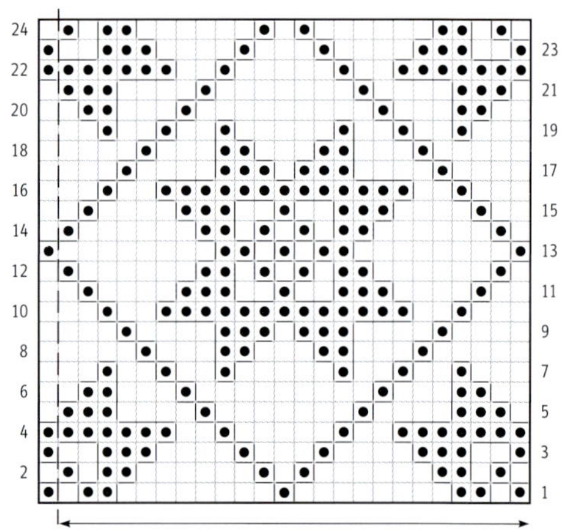

M-Zahl teilbar durch 24 + 1 M

[ ] = in Hin-R 1 M re, in Rück-R 1 M li
[•] = in Hin-R 1 M li, in Rück-R 1 M re
[\] in Hin-R 1 M re verschr, in Rück-R 1 M li verschr
[◿] = 2 M re zus-str

Muster 024

Plastische Sechsecke

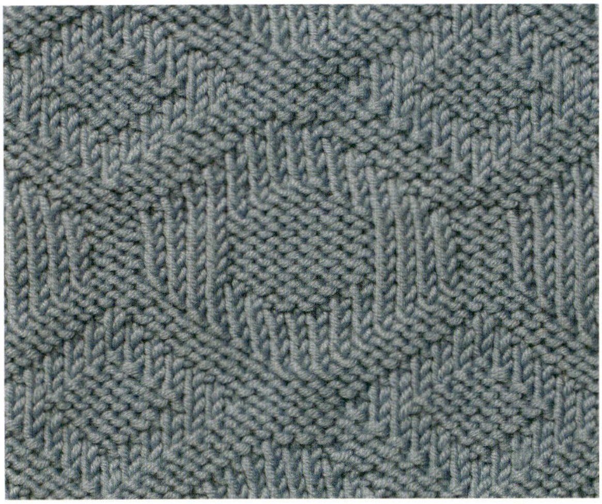

Diese reizvolle Anordnung von rechten und linken sowie einigen rechts verschränkten Maschen wirkt wie ein Patchworkmuster.

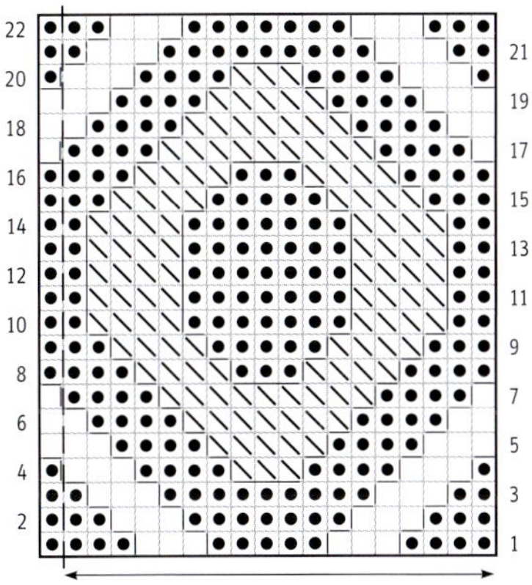

M-Zahl teilbar durch 18 + 1 M

Muster 025

Plastische Wimpel

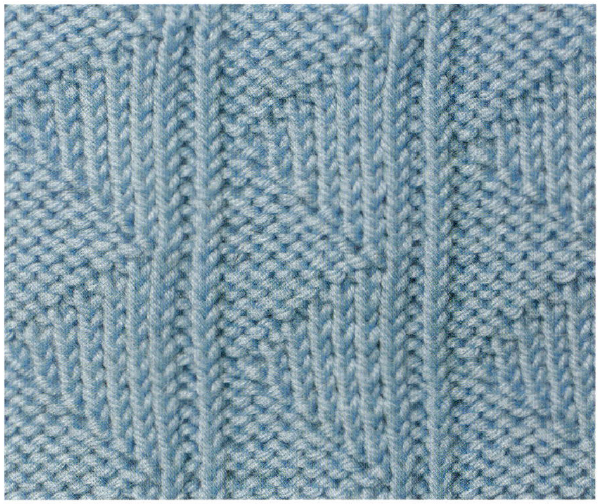

Einfache Strickmuster dieser Art arbeitet man am besten nach einer Strickschrift, denn obwohl Hin- und Rückreihen gemustert werden, sehen Sie stets genau, wo Sie gerade sind. Eine besonders raffinierte Struktur bekommt das Muster durch den Kontrast zwischen den rechts verschränkt gestrickten Maschen und dem glatt links gestrickten Grund.

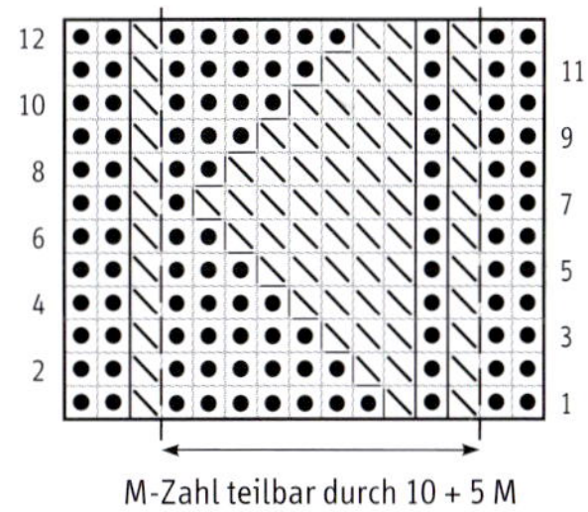

M-Zahl teilbar durch 10 + 5 M

= 2 M re übz zus-str (1 M re abh, 1 M re, die abgehobene M darüberziehen)

Muster 026

Kordelrippen

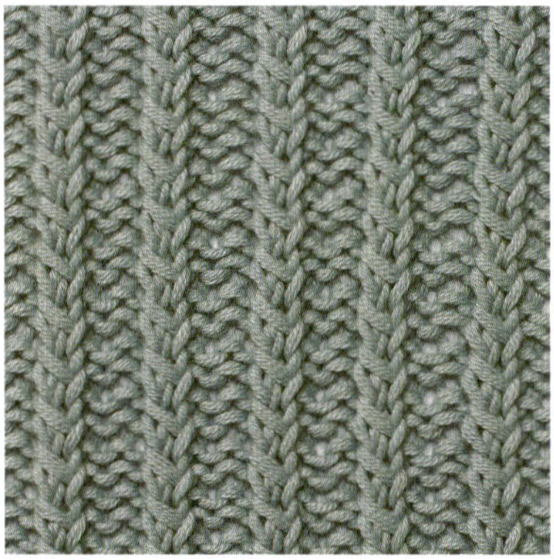

Diese interessante Variante des Rippenmusters 2/2 ist leicht zu stricken und ergibt eine charakteristische Struktur.

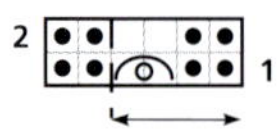

M-Zahl teilbar durch 4 + 2 M

Besonderes Stricksymbol

 = Fh, 1 M li abh, 1 U, 1 M re, die abgehobene M und den U übz

Muster 027

Plastisches Zickzackmuster

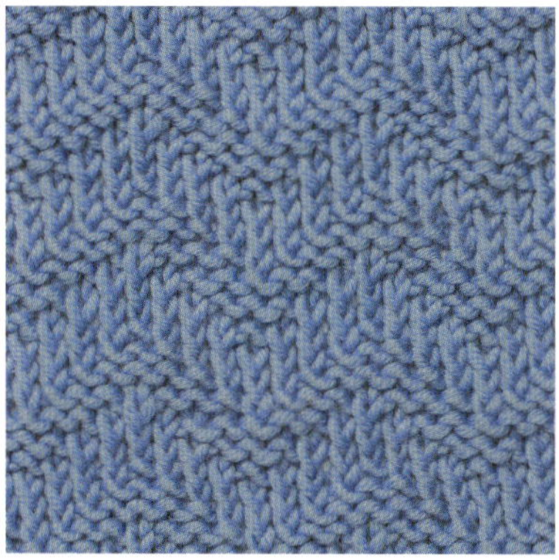

Strickt man die Maschen für jede 2. Zackenreihe nicht rechts, sondern rechts verschränkt, so bekommt das Muster mehr Struktur und wirkt raffinierter.

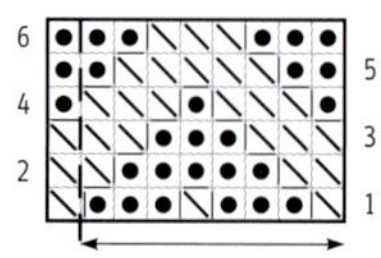

M-Zahl teilbar durch 8 + 1 M

Muster 028

Brokat-Raster

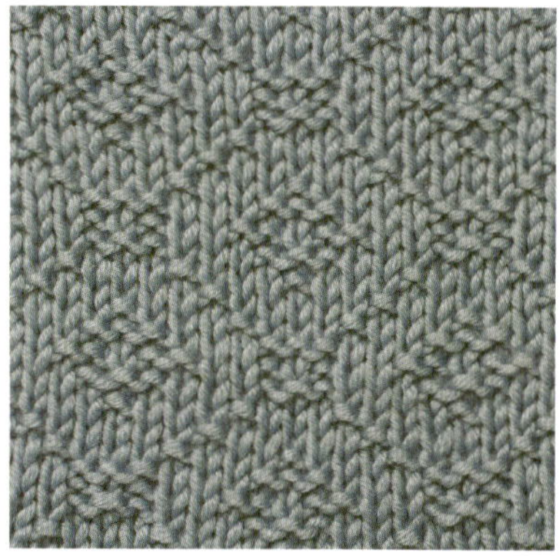

Geschickt angeordnete Linien aus erhabenen Maschen bilden hier ein Netz aus Rhomben, das an elegante Bettwäsche aus dem 19. Jahrhundert erinnert. Die Rückseite sieht zwar anders, aber nicht minder attraktiv aus.

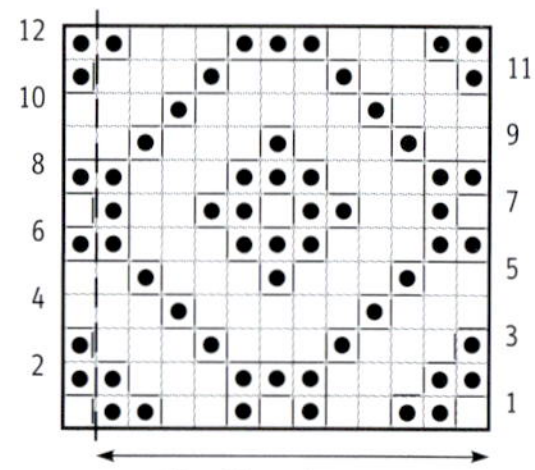

M-Zahl teilbar durch 12 + 1 M

 = in Hin-R 1 M re, in Rück-R 1 M li  = in Hin-R 1 M li, in Rück-R 1 M re  = in Hin-R 1 M re verschr, in Rück-R 1 M li verschr

Muster 029

Plastische Perlmuster-Rhomben

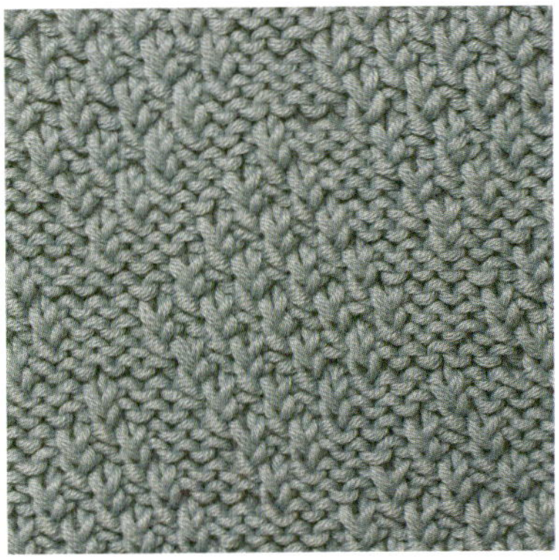

Wenn man jede 2. Masche des großen Perlmusters verschränkt strickt, wirkt das Ergebnis noch plastischer. Die Rückseite der Arbeit sieht zwar nicht gleich aus, ist aber ebenfalls sehr attraktiv, sodass sich die Strickarbeit beidseitig verwenden lässt.

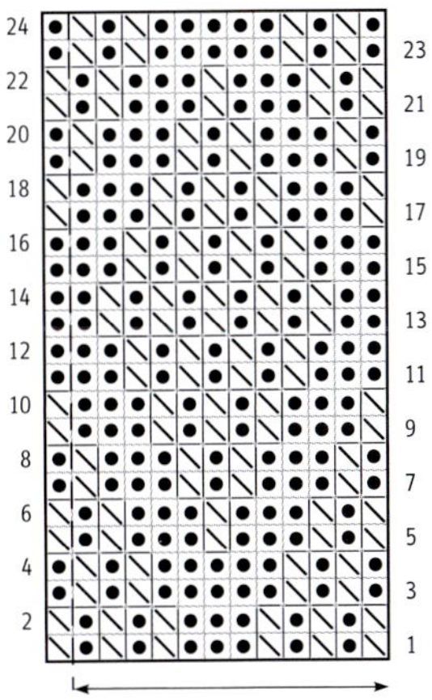

M-Zahl teilbar durch 12 + 1 M

Muster 030

Dreiecksrippen

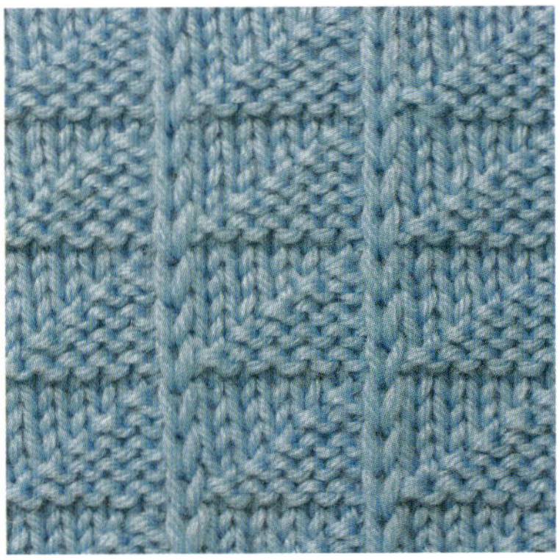

Hebemaschen betonen die vertikalen Linien zwischen den Dreiecksstreifen. Die abgebildete Arbeitsprobe wurde gedämpft, sodass sie flach liegt. Einen stärker plisseeartigen Effekt erzielen Sie mit einem elastischen Garn aus reiner Wolle und durch Verzicht auf das Dämpfen.

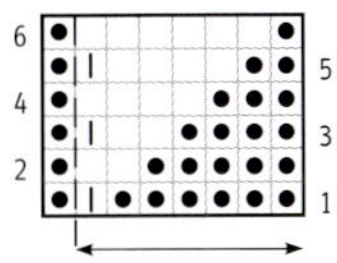

M-Zahl teilbar durch 7 + 1 M

Muster 031

Kleine Hebemaschenkaros

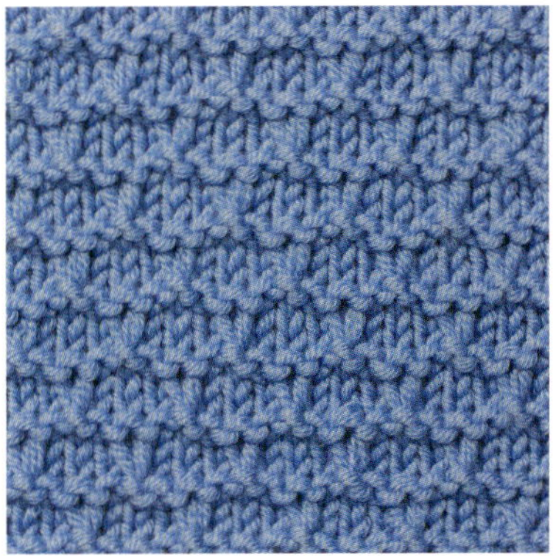

Hier wird in den Reihen zwischen den Krausrippen jede 2. Masche abgehoben. Dadurch ergibt sich eine reizvolle Reliefstruktur.

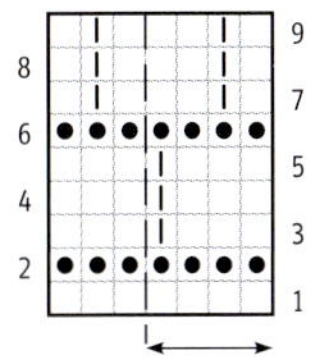

M-Zahl teilbar durch 4 + 3 M

Besonderes Stricksymbol

[I] = in Hin-R 1 M li abh (Fh), in Rück-R 1 M li abh (Fv)

Hinweis

1 x die 1.–9. R str, dann die 2.–9 R stets wdh.

Muster 032

Fünfzackiger Stern

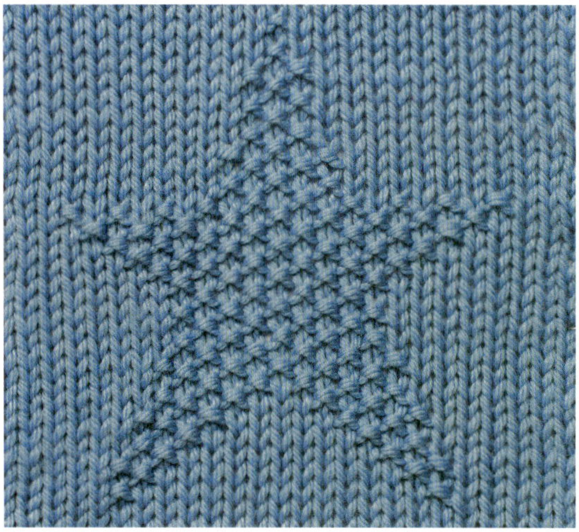

Ein plastisches Motiv wie dieser Stern hebt sich gut vom glatt rechts gestrickten Hintergrund ab. Wenn Sie das Zählmuster mit der gestrickten Arbeitsprobe vergleichen, werden Sie feststellen, dass das Perlmuster sich in der Höhe stark zusammenzieht.

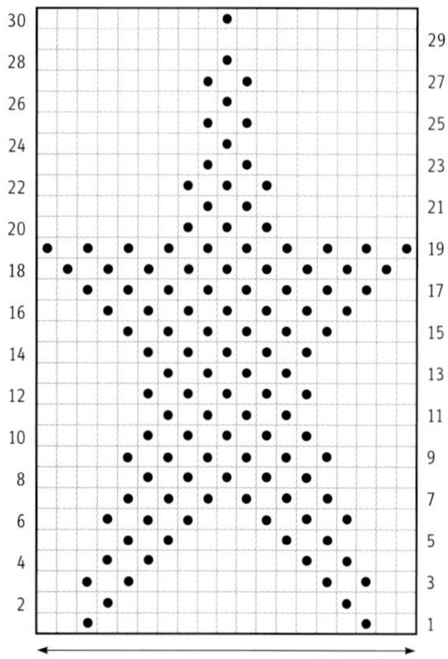

Motiv über 19 M

Muster 033

Plastisches Webmuster

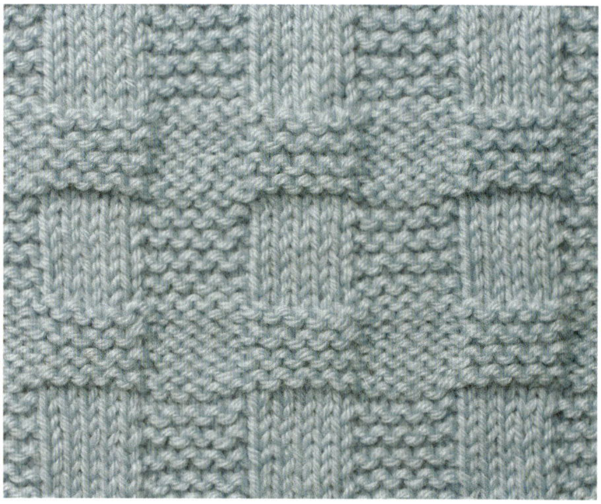

Kraus rechts, glatt rechts und glatt links gestrickte Blöcke sind hier zu einem außergewöhnlichen Muster kombiniert, das aussieht, als wäre es gewebt.

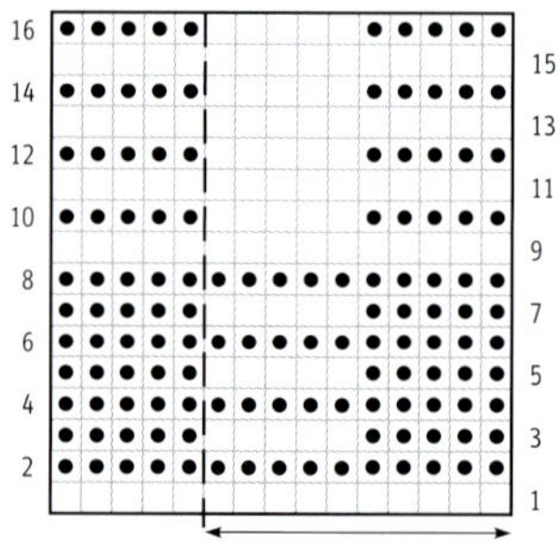

M-Zahl teilbar durch 10 + 5 M

☐ = in Hin-R 1 M re, in Rück-R 1 M li   ⊡ = in Hin-R 1 M li, in Rück-R 1 M re   ◿ = 2 M re zus-str   ◺ = 2 M re übz zus-str

Muster 034

Flechtmuster aus unterbrochenen Rippen

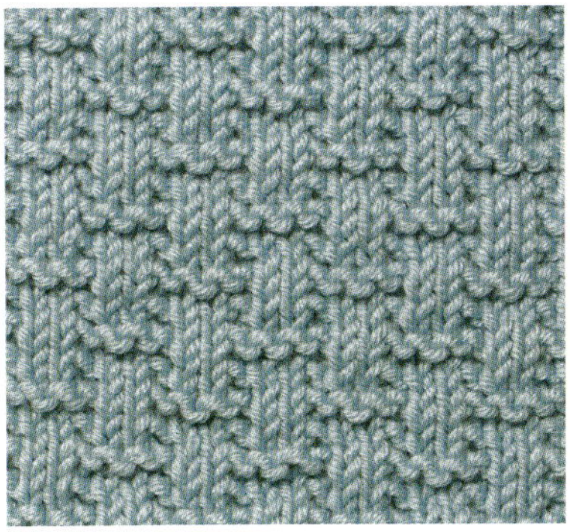

Dadurch, dass alle Rückreihen links gestrickt und in Hinreihen die vertikalen Rippen durch Linksmaschen-Gruppen unterbrochen werden, bekommt ein einfaches Rippenmuster die interessante Optik eines geflochtenen Korbes.

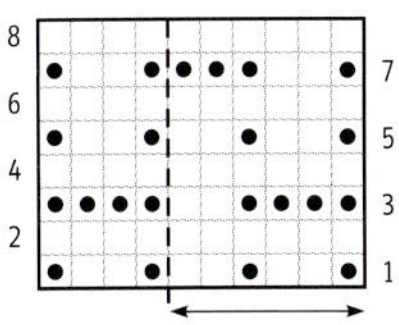

M-Zahl teilbar durch 6 + 4 M

Anleitung

1. Reihe (Hin-R): * 1 M li, 2 M re; ab * fortlfd wdh bis zur letzten M, 1 M li.

2. Reihe und alle folgenden Rück-R: Li M str.

3. Reihe: * 4 M li, 2 M re; ab * fortlfd wdh bis zu den letzten 4 M, 4 M li.

5. Reihe: Wie die 1. R str.

7. Reihe: * 1 M li, 2 M re, 3 M li; ab * fortlfd wdh bis zu den letzten 4 M, 1 M li, 2 M re, 1 M li.

8. Reihe: Li M str.

Die 1.–8. R stets wdh.

Muster 035

Brombeermuster

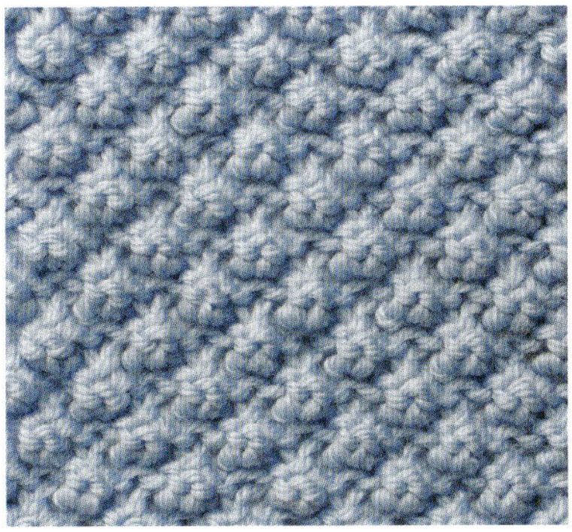

Bei diesem Muster, das auch als Dornröschen- oder Dreifaltigkeitsmuster bekannt ist, werden in Rückreihen im Wechsel Maschen zu- und abgenommen. Dadurch entsteht auf der Vorderseite der Arbeit ein wunderhübsches plastisches Muster.

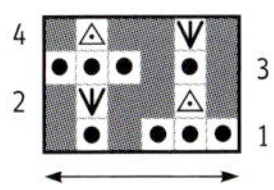

M-Zahl teilbar durch 4

Anleitung

1. Reihe (Hin-R): Li M str.

2. Reihe: * [1 M re, 1 M li, 1 M re] in die nächste M, 3 M li zus-str; ab * fortlfd wdh bis R-Ende.

3. Reihe: Li M str.

4. Reihe: * 3 M li zus-str, [1 M re, 1 M li, 1 M re] in die nächste M; ab * fortlfd wdh bis R-Ende.

Die 1.–4. R stets wdh.

Besondere Stricksymbole

△ = 3 M li zus-str

V = [1 M re, 1 M li, 1 M re] in 1 M str

Muster 036

Kraus rechtes Zackenmuster

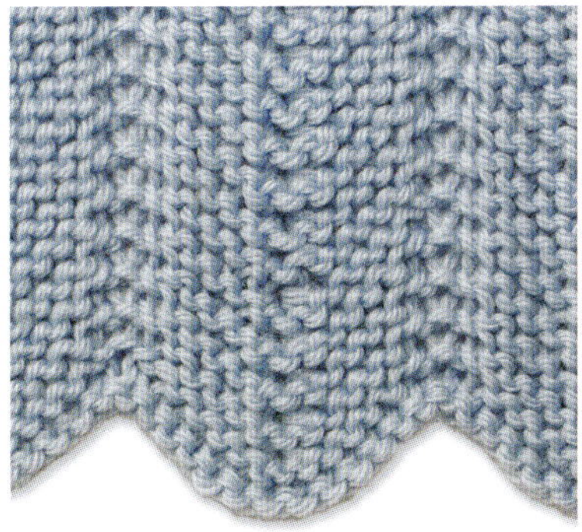

Paarweise Zu- und Abnahmen bilden hier klar erkennbare Zacken, und die Krausrippen betonen diesen Effekt noch. Wenn die Abkettreihe ebenso wie die Anschlagreihe Zackenform haben soll, müssen Sie die Maschen in einer 3. Musterreihe und nicht in einer der rechts gestrickten Reihen abketten.

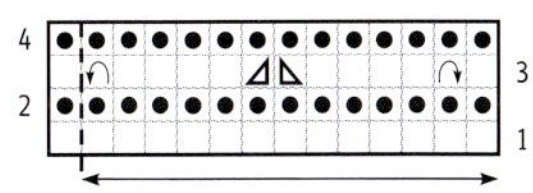

M-Zahl teilbar durch 13 + 1 M

Anleitung

1. Reihe (Hin-R): Re M str.

2. Reihe: Re M str.

3. Reihe: * 1 M re, 1 MR zun, 4 M re, 2 M re übz zus - str, 4 M re, 1 ML zun; ab * fortlfd noch bis zur letzten M, 1 M re.

4. Reihe: Re M str.

Hinweis

1 x die 1.–4. R str, dann die 3. und 4. R stets wdh.

■ = keine M, dient nur der Übersicht ∩ = 1 MR zun (1 M mit Rechtsneigung zunehmen) ∩ = 1 ML zun (1 M mit Linksneigung zunehmen)

MUSTER-ÜBERSICHT Zugmaschenmuster

Maschen ohne Zopfnadel zu verkreuzen ist eine Methode, Maschen in eine neue Richtung laufen zu lassen. Auf diese Weise kann man sie bündeln oder schräg über die Oberfläche der Strickarbeit schicken. Verwenden Sie Zugmaschen für Flächenmuster, Einzelmotive oder Musterstreifen. Das Ergebnis erinnert an Zopfmuster, hat aber einen ganz eigenen Charakter.

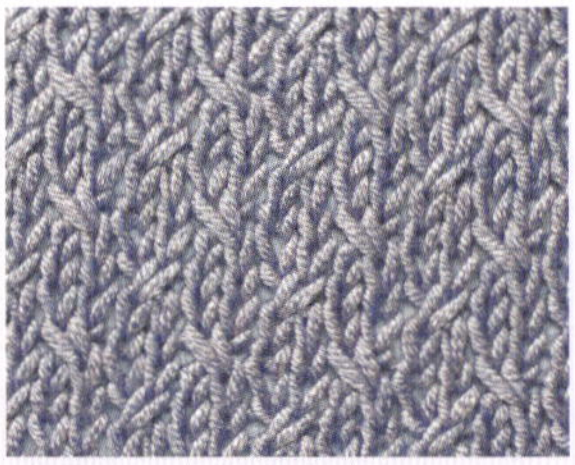

037 Leicht verdreht

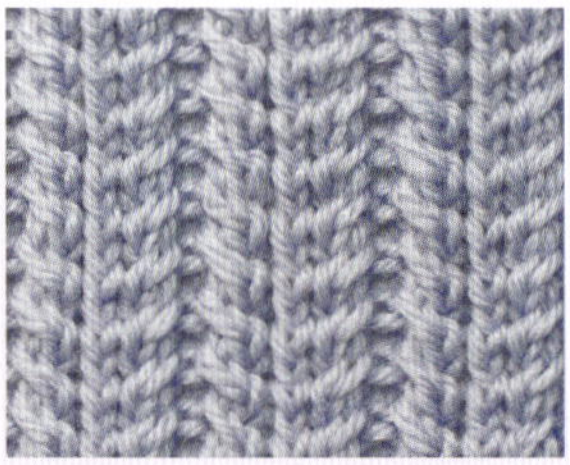

038 Ährenrippen

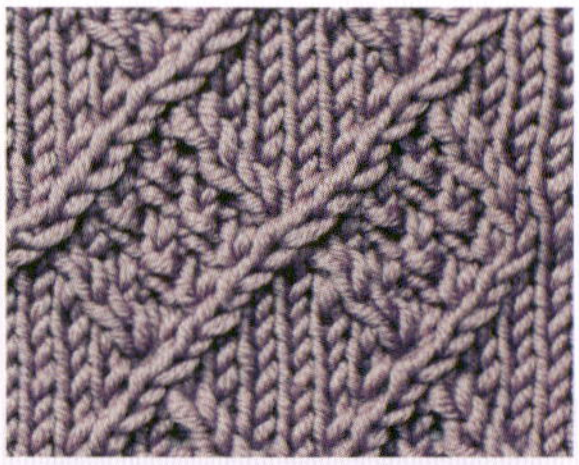

039 Plastisches Gitter

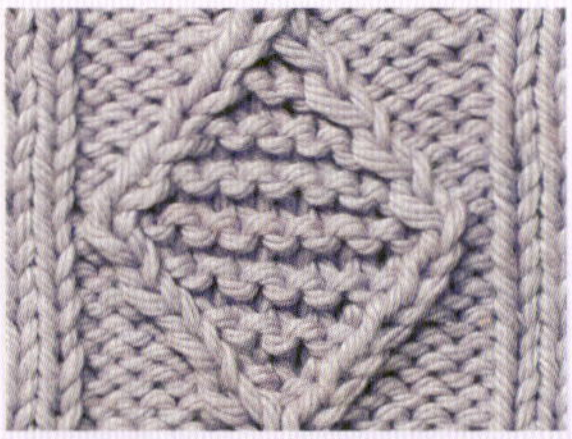

040 Krausrippen-Rhomben

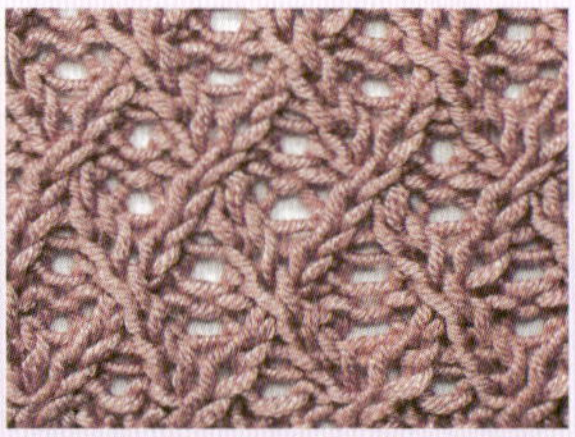

041 Kleines Gitter

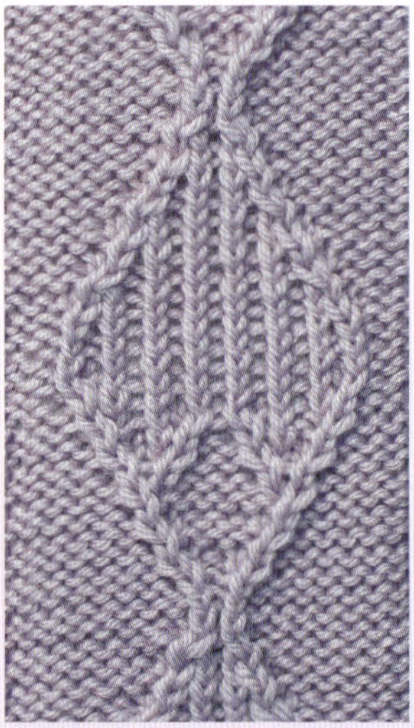

042 Palmblatt

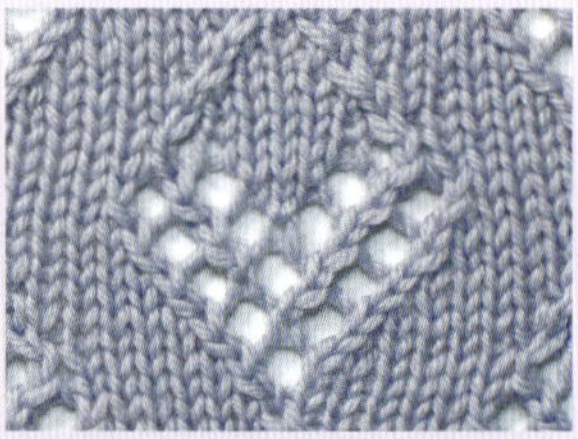

043 Raketenspur

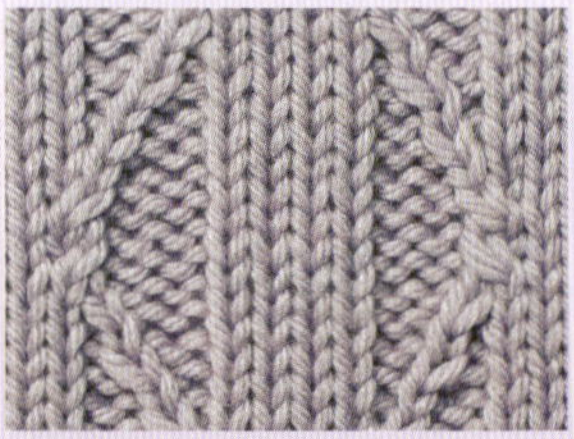

044 Verbundene Rippen

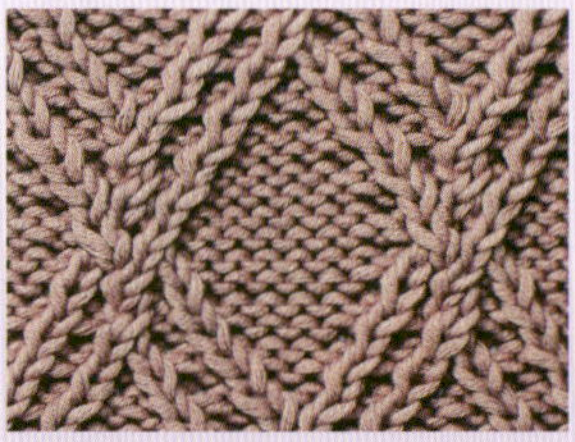

045 Doppelt verflochtenes Gitter

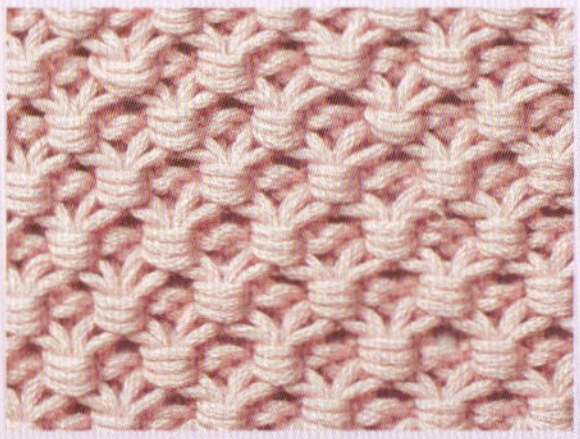

046 Falsches Smok-Muster

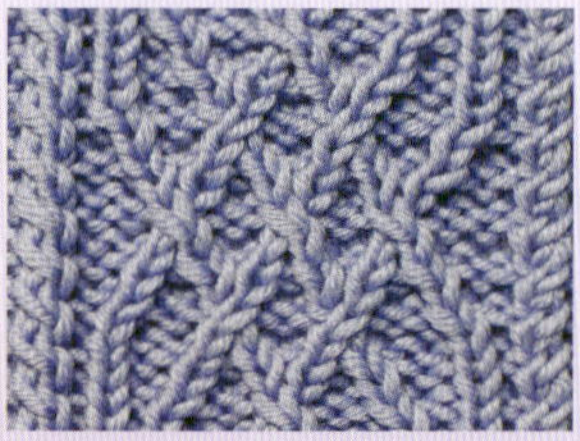

047 Gitterflechtmuster

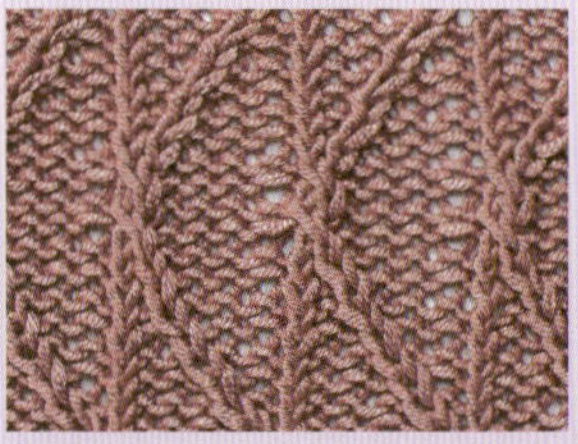

048 Vertikales Wellenmuster

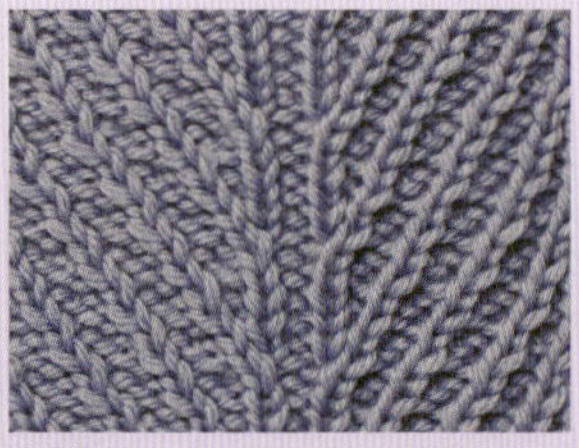

049 Schräges Zugmaschenmuster

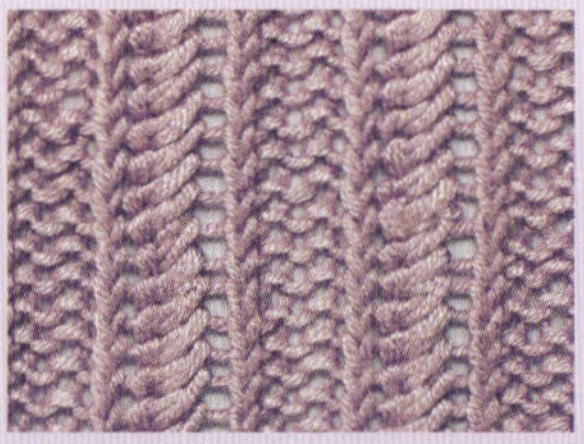

050 Zugmaschenrippen über 3 Maschen

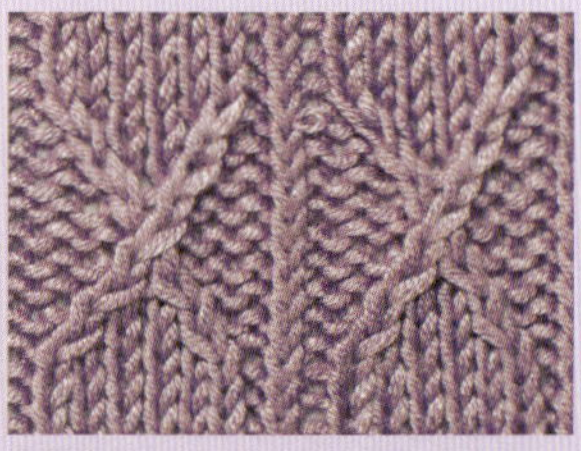

051 Falsches Zopfmuster mit Zugmaschen

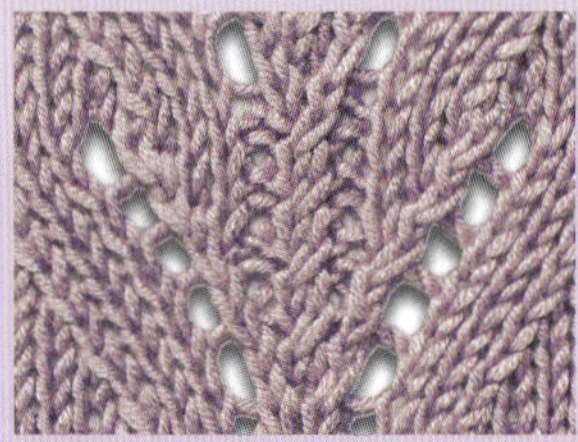

052 Belaubter Zweig

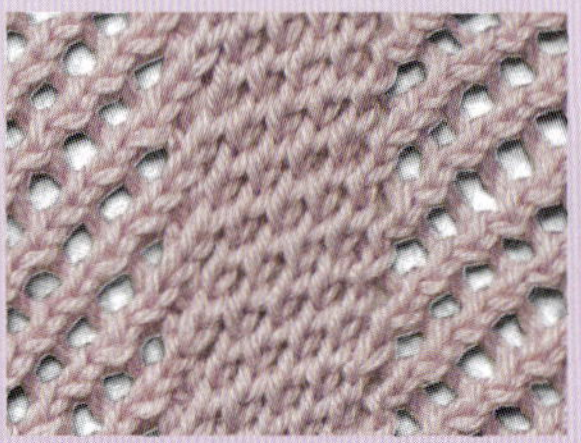

053 Offene und geschlossene Diagonalen

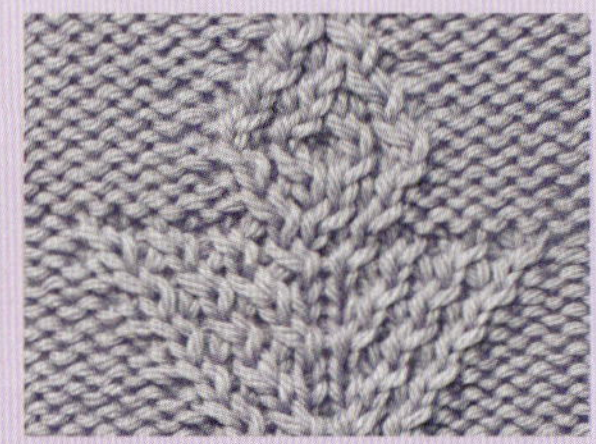

054 Stilisierte Blume

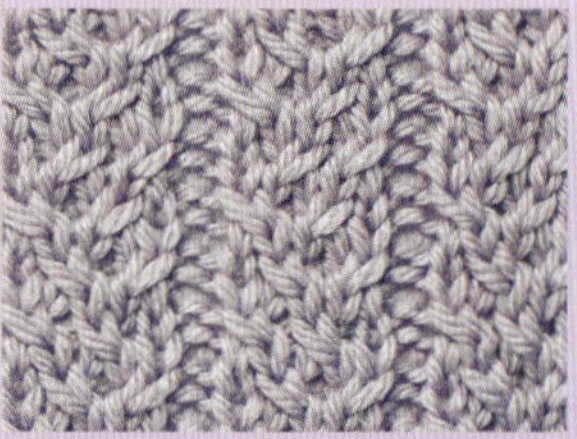

055 Zopfrippen

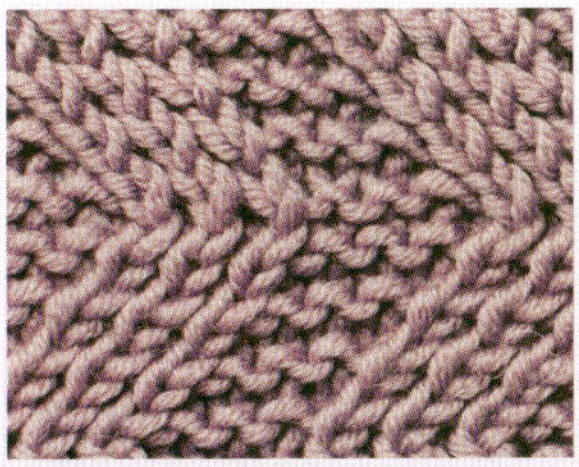

056 Blitzmuster

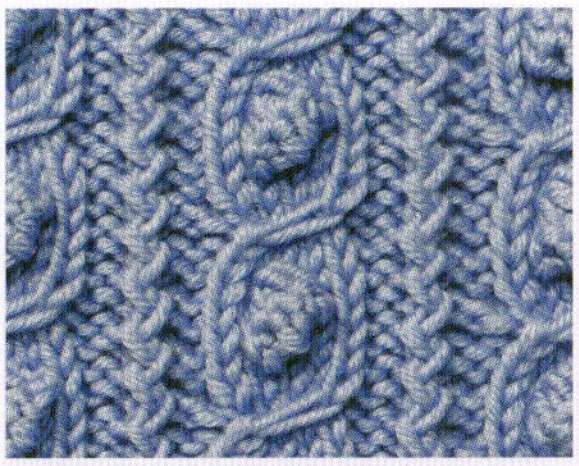

057 Zackenlitze und Noppenzöpfe

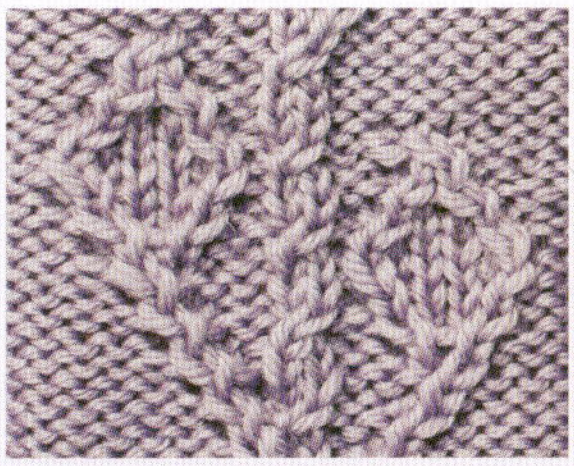

058 Blattpaare

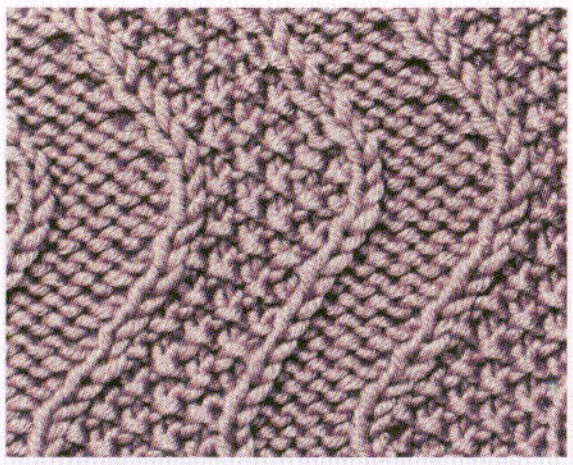

059 Plastische Wellen

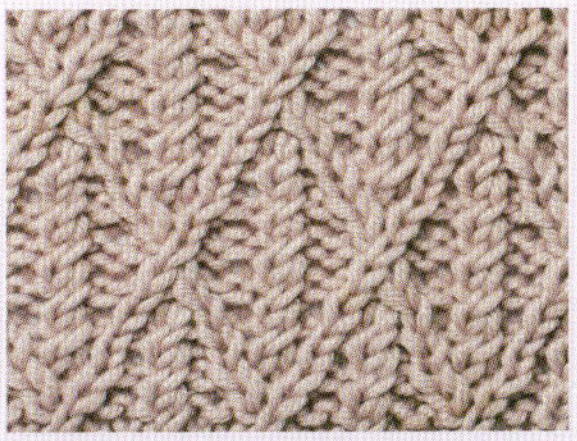

060 Kleines Gitter aus Zugmaschenzöpfen

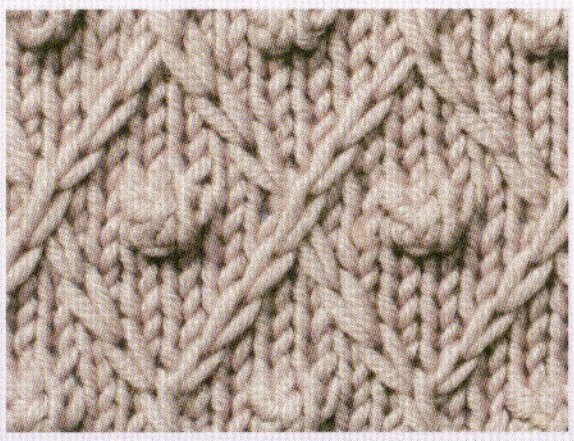

061 Noppengitter

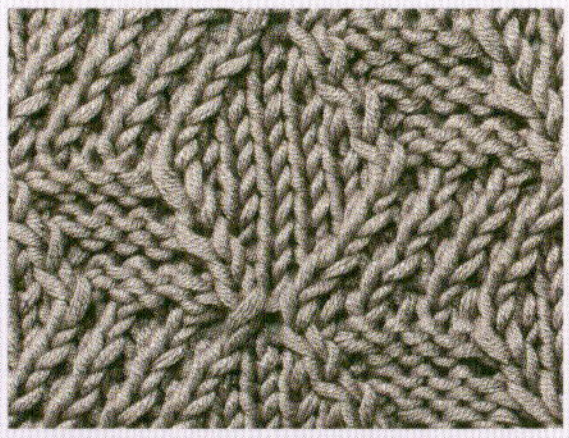

062 Illusion

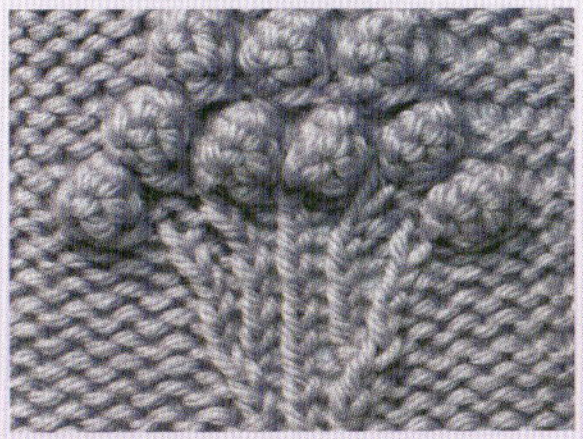

063 Distel

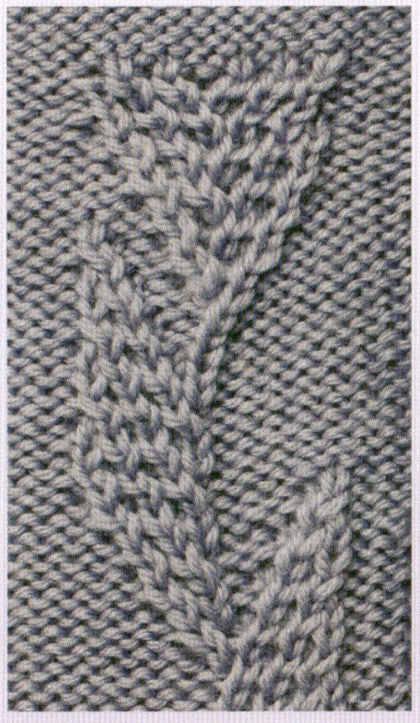

064 Schilf

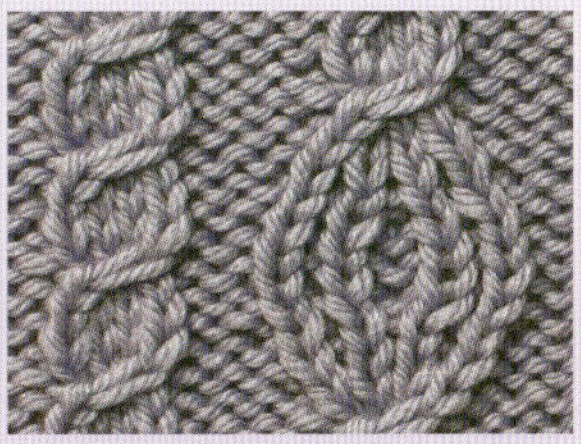

065 Schmale und breite Zugmaschenzöpfe

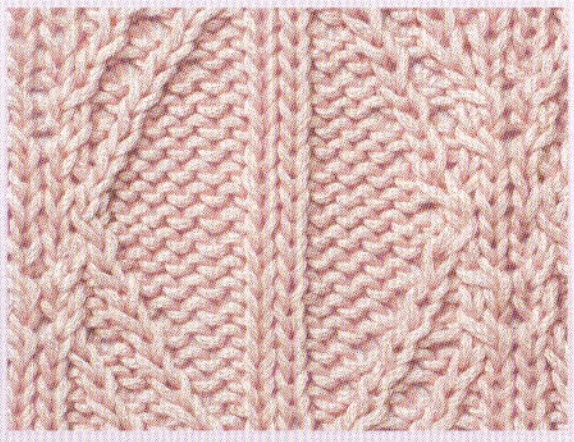

066 Doppelt verzweigtes Rippenmuster

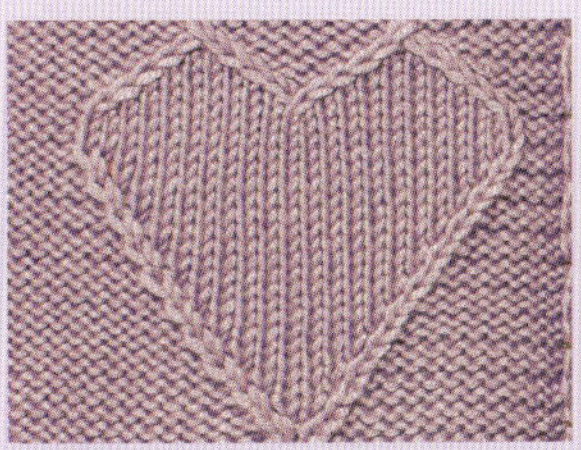

067 Konturiertes Herz

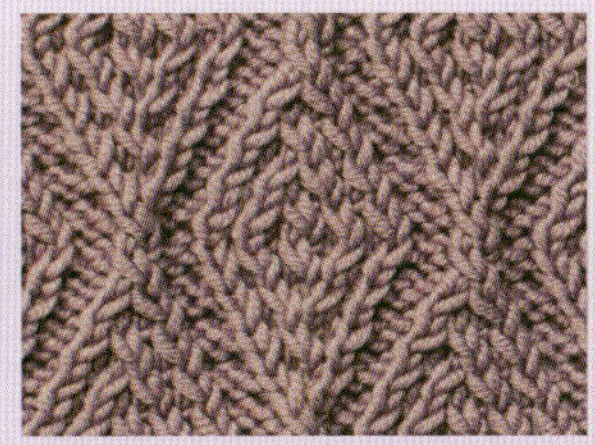

068 Geprägte Rhomben

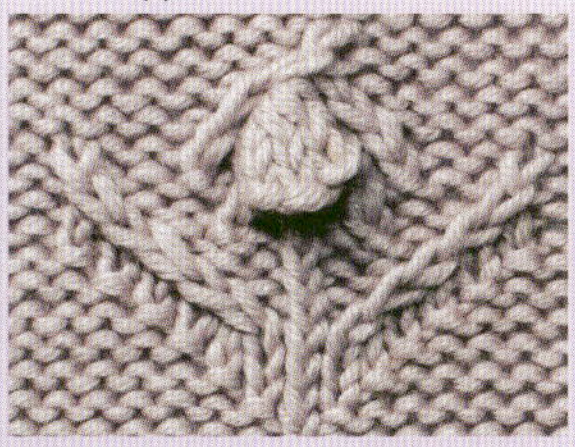

069 Orchidee

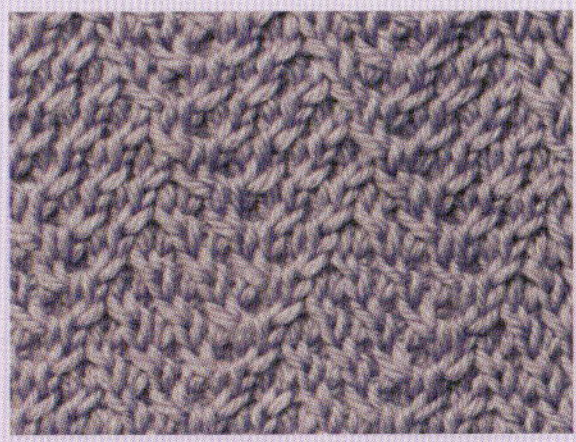

070 Durchflochtene Rhomben

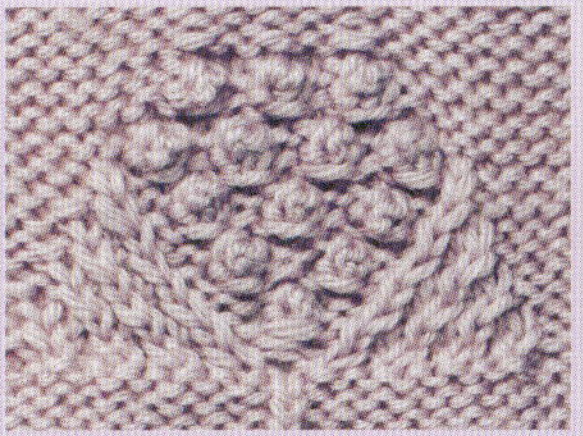

071 Zierlauch

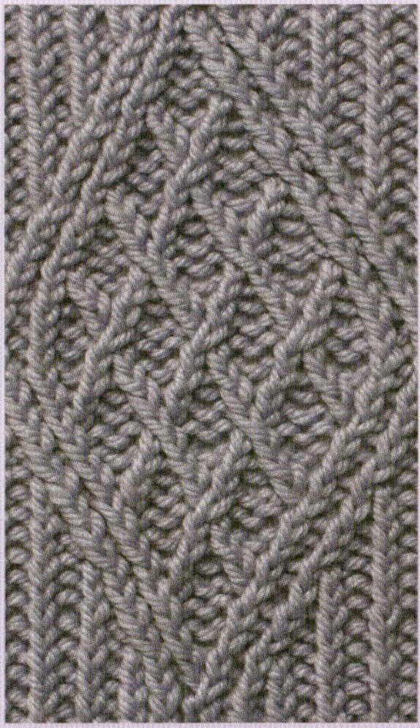

072 Rhombengitter aus Zugmaschen

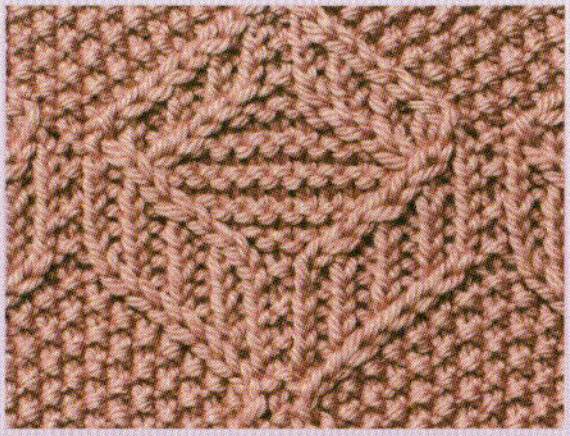

073 Perspektivische Kästen

Muster 037

Leicht verdreht

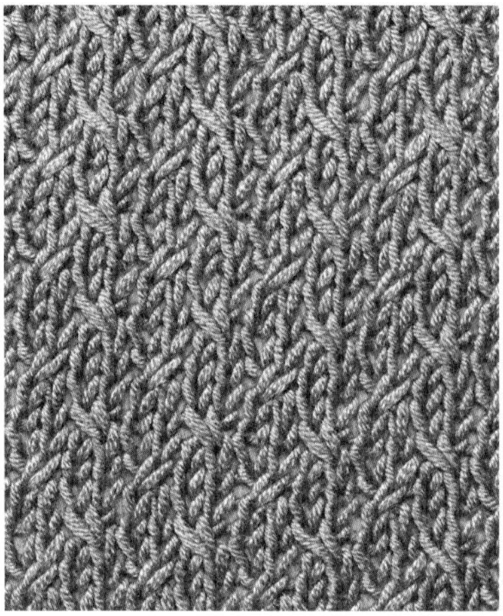

Dieses kleine Muster mit seinen Streifen aus abwechselnd nach links und rechts gedrehten Zöpfen ist sehr einfach zu arbeiten. Bei der Drehung nach links ist die schräge, oben liegende Masche klarer erkennbar als bei einer Drehung nach rechts. Um das auszugleichen, können Sie leicht an der oberen Masche jeder Rechtsdrehung ziehen, um sie zu lockern.

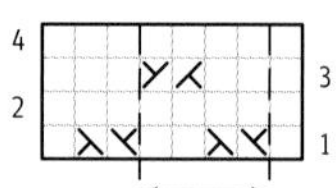

M-Zahl teilbar durch 4 + 4 M

Anleitung

1. Reihe (Hin-R): 1 M re, * 2 M ldr, 2 M re; ab * fortlfd wdh bis zu den letzten 3 M, 2 M ldr, 1 M re.

2. Reihe: Li M str.

3. Reihe: 1 M re, * 2 M re, 2 M rdr; ab * fortlfd wdh bis zu den letzten 3 M, 3 M re.

4. Reihe: Li M str.

Die 1.–4. R stets wdh.

Muster 038

Ährenrippen

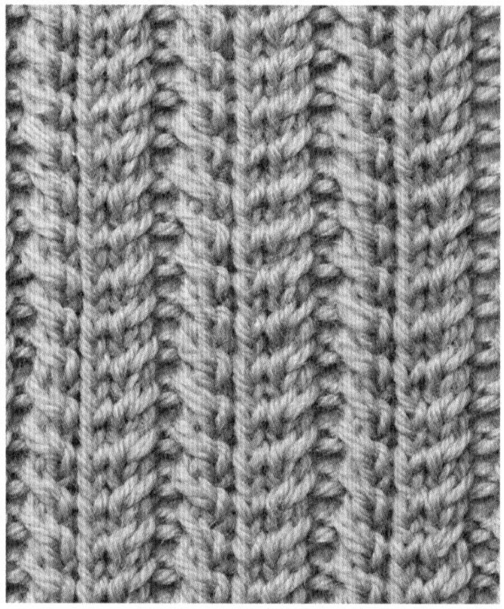

Bei diesem Muster bilden Rechts- und Linksdrehungen, getrennt durch eine einzelne verschränkte Masche, ein festes, voluminöses Rippenmuster, das die Form gut hält.

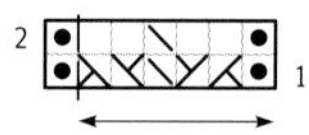

M-Zahl teilbar durch 8 + 7 M

Anleitung

1. Reihe (Hin-R): * 1 M li, 2 M rdr, 1 M re verschr, 2 M ldr; ab * fortlfd wdh bis zur letzten M, 1 M li.

2. Reihe: 1 M re, * 2 M li, 1 M li verschr, 2 M li, 1 M re; ab * fortlfd wdh bis R-Ende.

Die 1. und 2. R stets wdh.

Muster 039

Plastisches Gitter

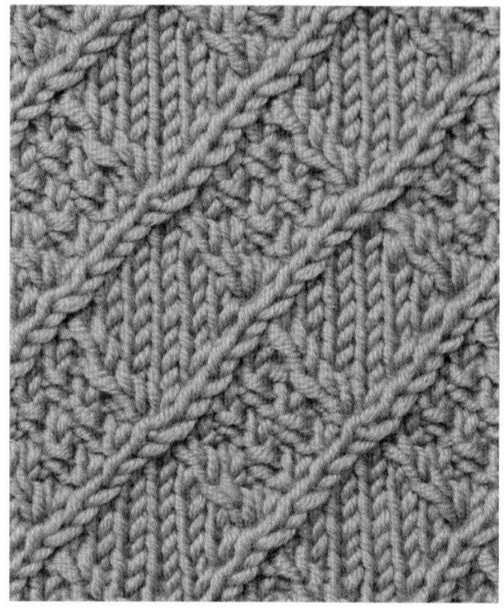

Die Hälfte der Rhomben dieses einfachen Gittermusters ist im großen Perlmuster ausgefüllt, um die Fläche noch interessanter zu gestalten.

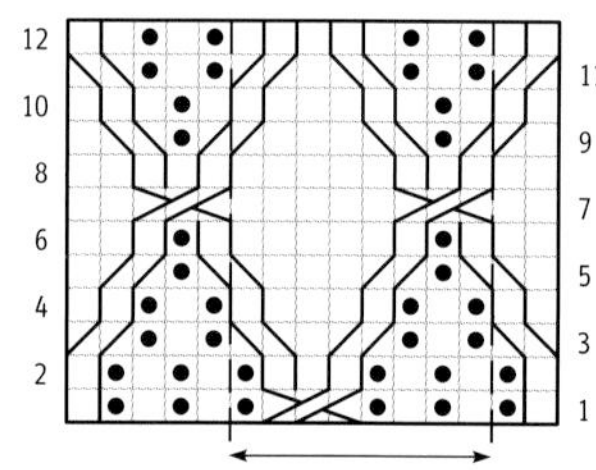

M-Zahl teilbar durch 8 + 7 M

Besonderes Stricksymbol

[Symbol] = nacheinander die 3., 2. und 1. M auf der linken Nd re str, dann alle 3 M von der linken Nd gleiten lassen.

28–29 Allgemeine Stricksymbole

[Symbol] = in Hin-R 1 M re, in Rück-R 1 M li [Symbol] = in Hin-R 1 M li, in Rück-R 1 M re [Symbol] = in Hin-R 1 M re verschr, in Rück-R 1 M li verschr [Symbol] = 2 M rdr

Muster 040

Krausrippen-Rhomben

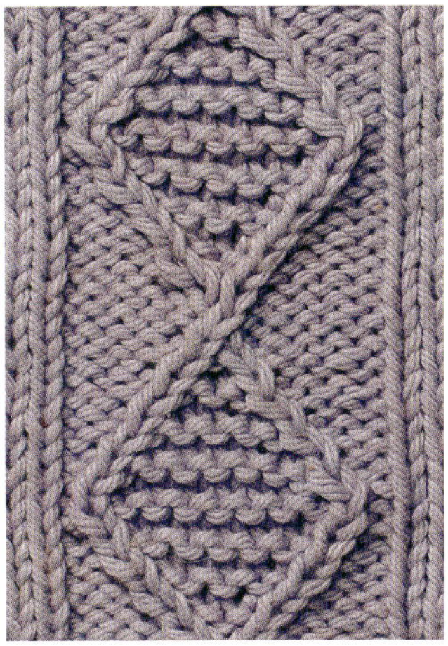

Bei der oben abgebildeten Arbeitsprobe umrahmen Zugmaschen kraus rechts gestrickte Rhomben und verleihen dem Muster so klare Konturen.

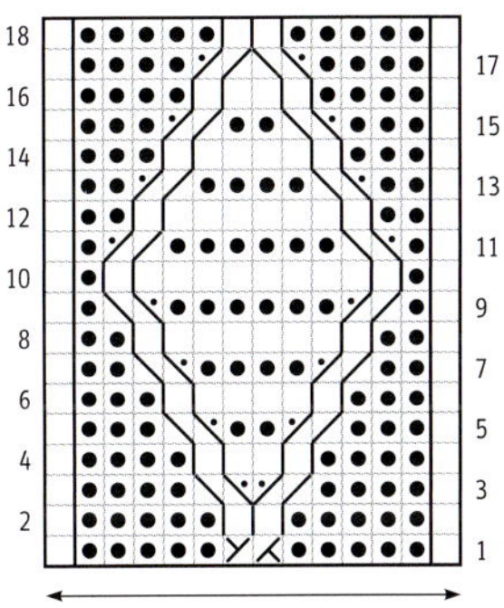

Musterstreifen über 14 M

Muster 041

Kleines Gitter

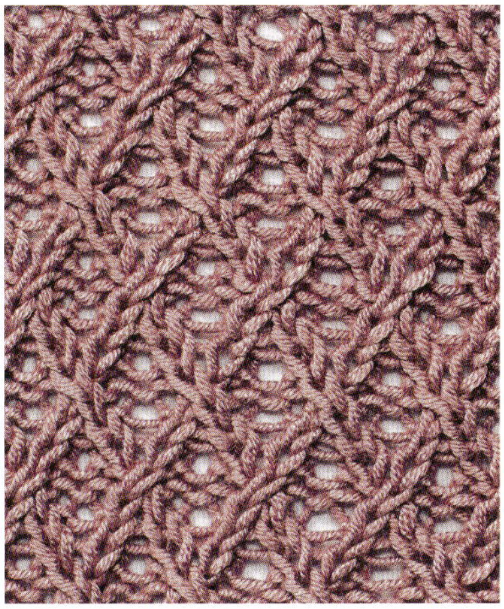

Bei diesem Muster behalten Sie leicht den Überblick, weil die Richtung der Zugmaschen in jeder Hinreihe wechselt.

Anleitung

1. Reihe (Hin-R): 2 M li, * 2 M rdr, 2 M li; ab * fortlfd wdh bis R-Ende.

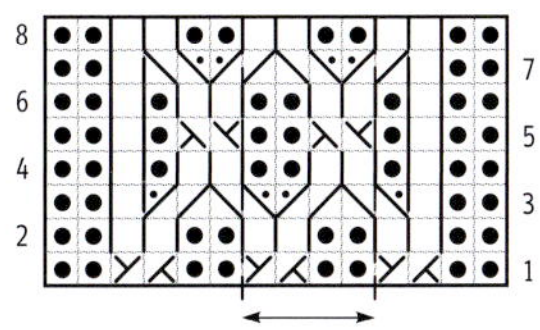

M-Zahl teilbar durch 4 + 10 M

2. Reihe: 2 M re, * 2 M li, 2 M re; ab * fortlfd wdh bis R-Ende.

3. Reihe: 2 M li, 1 M re, * 2 M li/re ldr, 2 M re/li rdr; ab * fortlfd wdh bis zu den letzten 3 M, 1 M re, 2 M li.

4. Reihe: 2 M re, 1 M li, 1 M re, * 2 M li, 2 M re; ab * fortlfd wdh bis zu den letzten 6 M, 2 M li, 1 M re, 1 M li, 2 M re.

5. Reihe: 2 M li, 1 M re, 1 M li, * 2 M ldr, 2 M li; ab * fortlfd wdh bis zu den letzten 6 M , 2 M ldr, 1 M li, 1 M re, 2 M li.

6. Reihe: Wie die 4. R str.

7. Reihe: 2 M li, 1 M re, * 2 M re/li rdr, 2 M li/re ldr; ab * fortlfd wdh bis zu den letzten 3 M, 1 M re, 2 M li.

8. Reihe: Wie die 2. R str.

Die 1.–8. R stets wdh.

Muster 042

Palmblatt

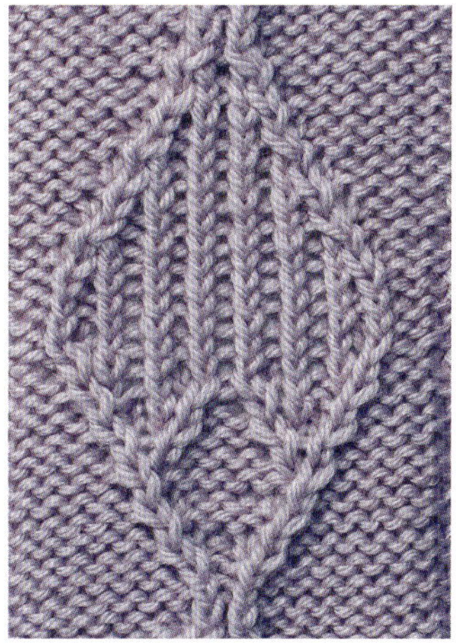

Diese Blattform, die von Zugmaschen umrandet und mit einem Rippenmuster mit verschränkten Maschen ausgefüllt ist, lässt sich als Musterstreifen ebenso einsetzen wie als Flächenmuster.

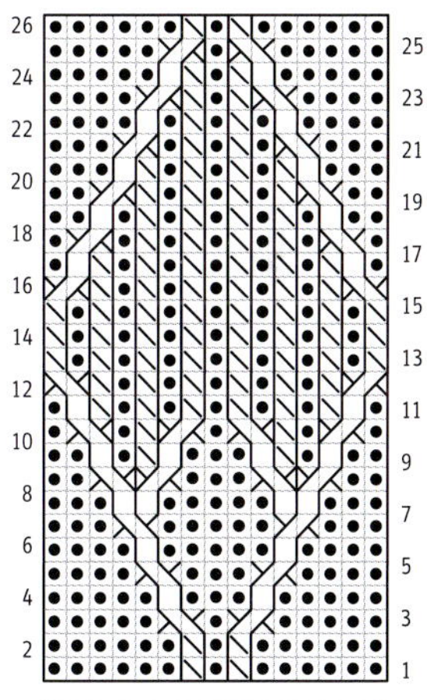

Musterstreifen über 15 M

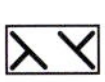 = 2 M ldr 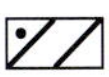 = 2 M re/li rdr 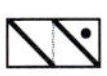 = 2 M li/re ldr

Muster 043

Raketenspur

Nur einige wenige Zugmaschen setzen bei diesem Muster die Linien der Abnahmen fort, die die Löchlein bilden. Ein einzelner Rapport lässt sich gut als Musterstreifen verwenden.

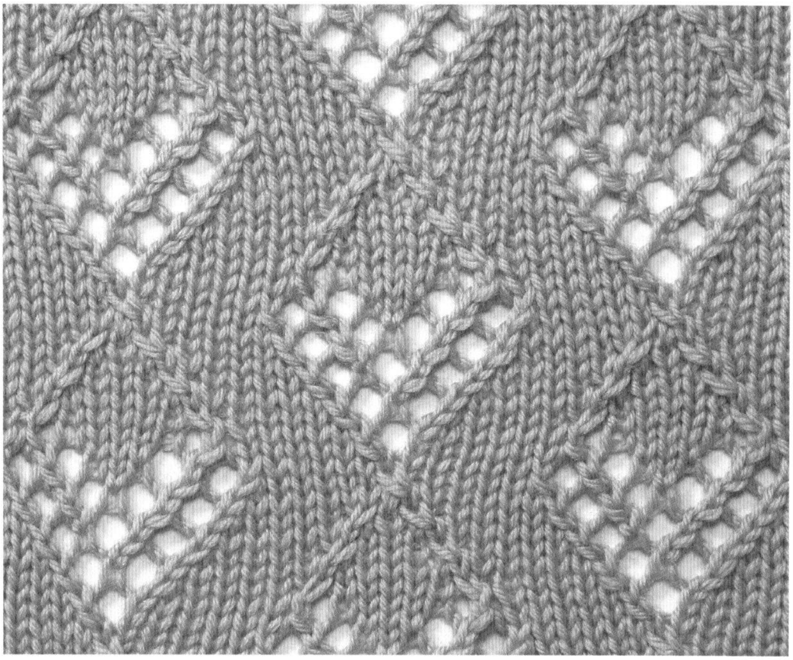

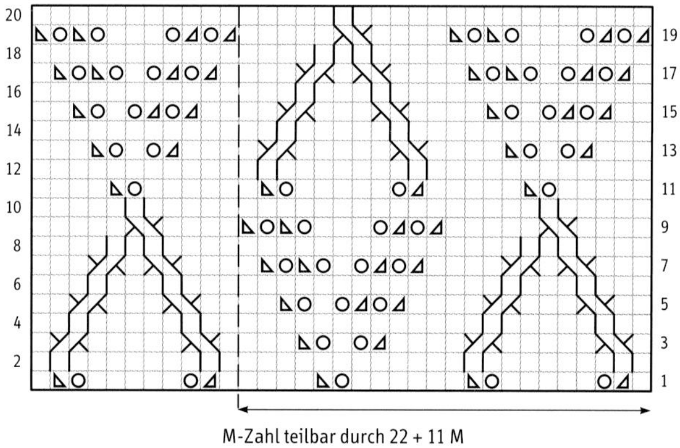

30–31 Allgemeine Stricksymbole

□ = in Hin-R 1 M re, in Rück-R 1 M li
● = in Hin-R 1 M li, in Rück-R 1 M re
◿ = 2 M re zus-str
◺ = 2 M re überz zus-str
○ = 1 U

Muster 044

Verbundene Rippen

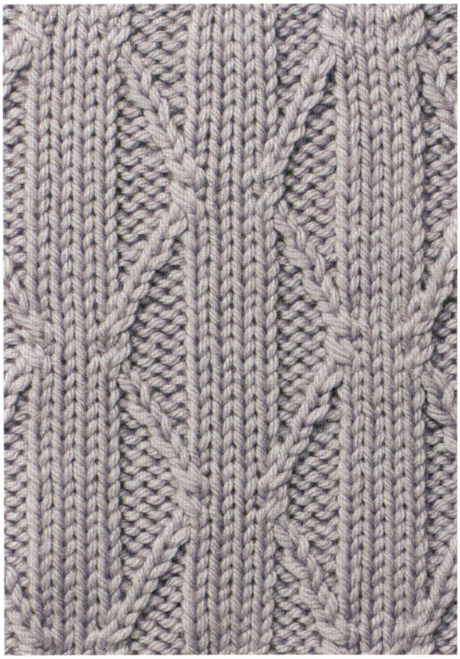

Bei diesem Muster werden breite Rippen durch lange Zackenlinien aus Zugmaschen verbunden. Den Rapport von 16 Maschen können Sie auch einzeln als Musterstreifen mit Rhombenmotiven stricken.

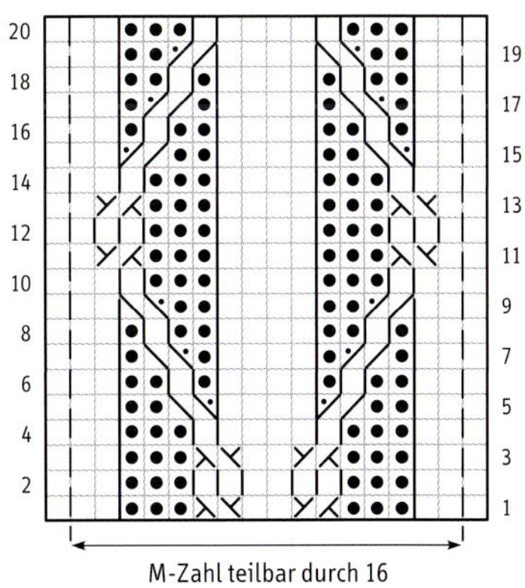

Muster 045

Doppelt verflochtenes Gitter

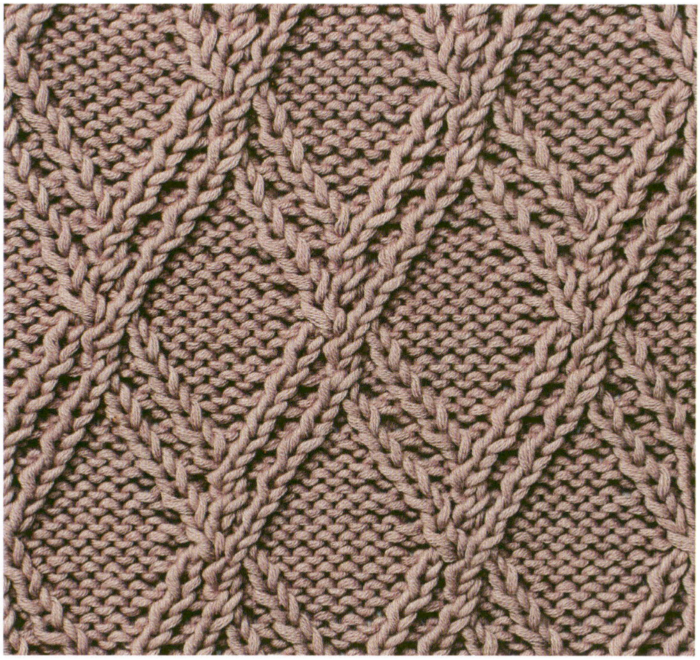

Paare von Zugmaschen, die über- und untereinander verflochten werden, ergeben hier ein großes Gittermuster. Die 12 Maschen des Rapports können Sie zusammen mit den Randmaschen (siehe Strickschrift) für einen Musterstreifen mit Rhombenmotiven einsetzen.

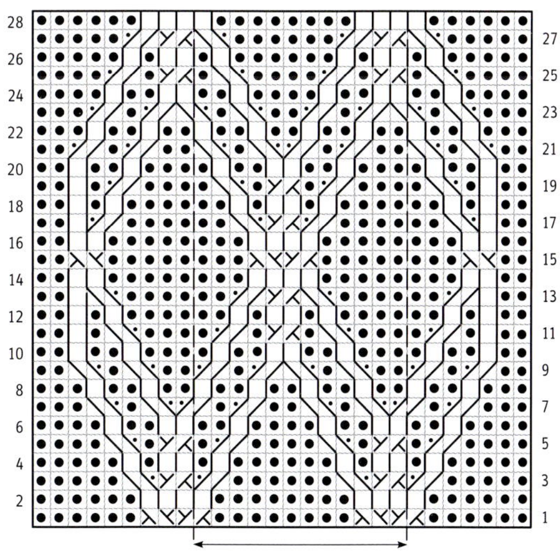

= 2 M rdr = 2 M ldr = 2 M re/li rdr = 2 M li/re ldr

Muster 046

Falsches Smok-Muster

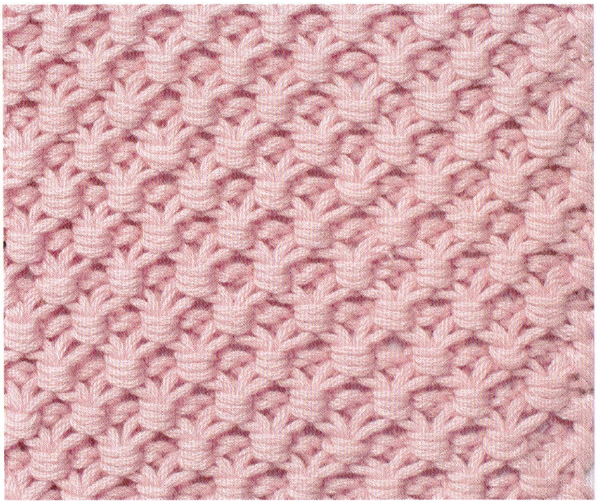

Dieses Muster ist ähnlich aufgebaut wie das Muster „Kleines Gitter“ (siehe Seite 29), wirkt aber ganz anders. Es ist zwar nicht schwer zu stricken, erfordert aber etwas Geduld, weil in jeder Rückreihe Maschen umwickelt werden müssen.

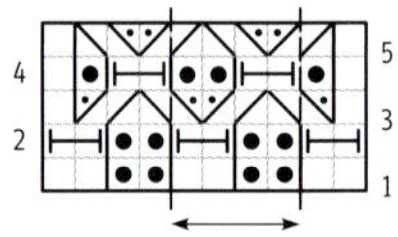

M-Zahl teilbar durch 4 + 6 M

Besonderes Stricksymbol

[⊢⊣] = 2 Maschen umwickeln (2 M umw): 3 x [2 M li abh, Fv, die 2 M auf die linke Nd zurückheben, Fh], 2 M li abh

Anleitung

1. Reihe (Hin-R): 2 M re, * 2 M li, 2 M re; ab * fortlfd wdh bis R-Ende.

2. Reihe: 2 M umw, * 2 M re, 2 M umw; ab * fortlfd wdh bis R-Ende.

3. Reihe: 1 M re, * 2 M li/re ldr, 2 M re/li rdr; ab * fortlfd wdh bis zur letzten M, 1 M re.

4. Reihe: 1 M li, 1 M re, 2 M umw, * 2 M re, 2 M umw; ab * fortlfd wdh bis zu den letzten 2 M, 1 M re, 1 M li.

5. Reihe: 1 M re, * 2 M re/li rdr, 2 M li/re ldr; ab * fortlfd wdh bis zur letzten M, 1 M re.

1 x die 1.–5. R str, dann die 2.–5. R stets wdh.

Hinweise

- Beim Umwickeln der Maschen den Faden fest anziehen, damit die Wicklungen die Maschen zusammenziehen und die Wickelfäden sauber übereinanderliegen.
- 1 x die 1.–5. R str, dann die 2.–5. R stets wdh.

Muster 047

Gitterflechtmuster

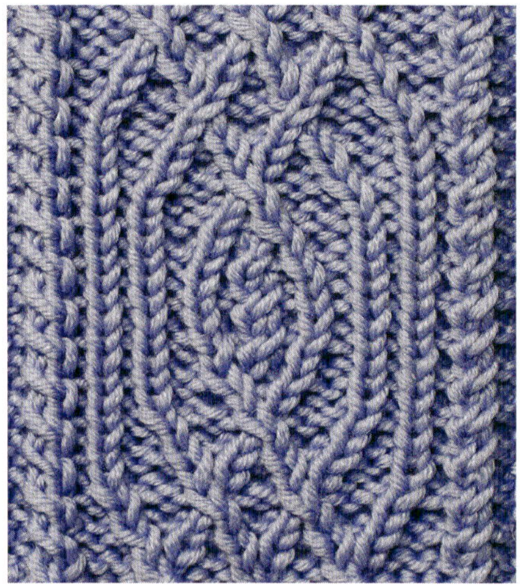

Ein Rippenmuster entwickelt und verflicht sich hier zu einem eleganten Musterstreifen, der von Mini-Zöpfen aus 2 Maschen gerahmt wird. Das Ergebnis wirkt fantastisch, ist aber leicht zu erzielen, denn die Zugmaschen werden nur in Hinreihen gearbeitet.

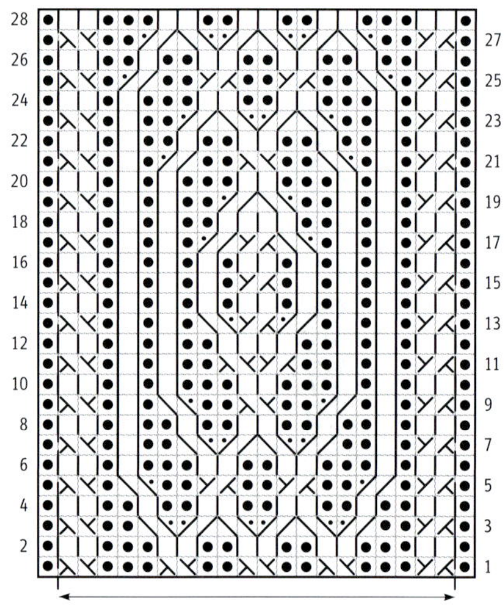

Musterstreifen über 20 M

☐ = in Hin-R 1 M re, in Rück-R 1 M li | ● = in Hin-R 1 M li, in Rück-R 1 M re | ⧹ = in Hin-R 1 M re verschr, in Rück-R 1 M li verschr | ⋎⋌ = 2 M rdr

Muster 048

Vertikales Wellenmuster

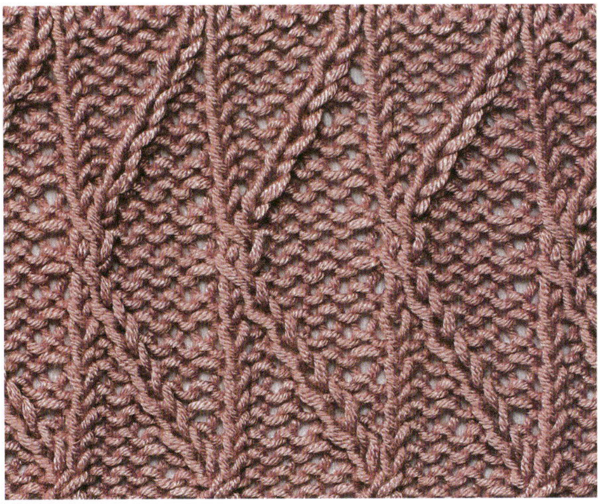

Rippen über eine einzige Masche begeben sich bei diesem Muster auf Wanderschaft, verflechten sich mit der Nachbarrippe und kehren wieder zurück. Alle 21 Maschen der Strickschrift ergeben einen breiten Musterstreifen; für ein Flächenmuster wiederholen Sie den Rapport von 6 Maschen innerhalb der Reihe.

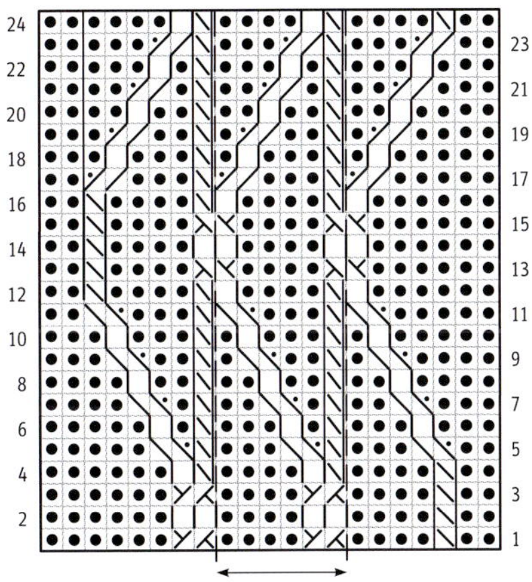

M-Zahl teilbar durch 6 + 15 M

Muster 049

Schräges Zugmaschenmuster

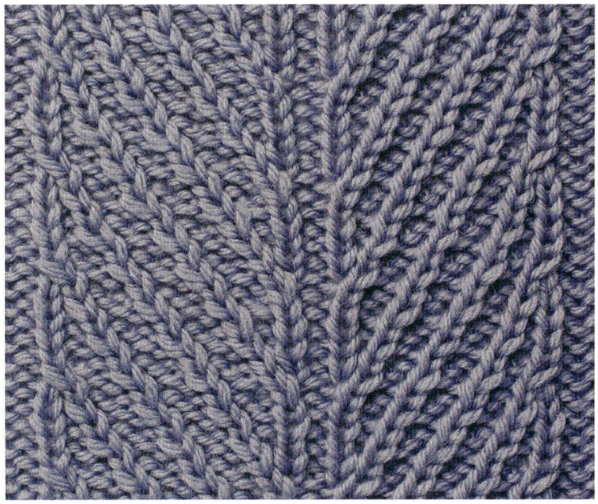

Dieses Strickmuster wirkt fast wie ein Zopfmuster, ist aber leichter zu arbeiten und hat eine weniger stark strukturierte Oberfläche. In unserem Beispiel liegen der Streifen mit den nach links geneigten Zugmaschen und der mit den nach rechts geneigten direkt nebeneinander, wobei jeder Streifen über 11 Maschen gestrickt wird. Sie können aber zwischen den beiden Streifen auch andere Musterstreifen einfügen oder die Streifenbreite verändern – ja, Sie könnten jeden der beiden Streifen sogar auf die komplette Hälfte einer Pullover-Vorderseite verbreitern.

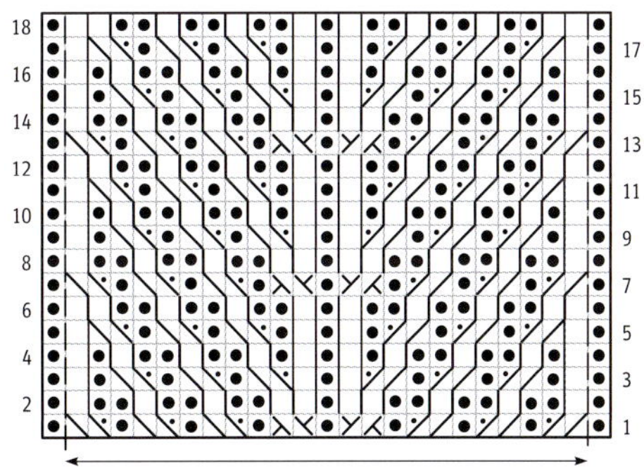

Musterstreifen über 23 M

= 2 M ldr   = 2 M re/li rdr   = 2 M li/re ldr

Muster 050

Zugmaschenrippen über 3 Maschen

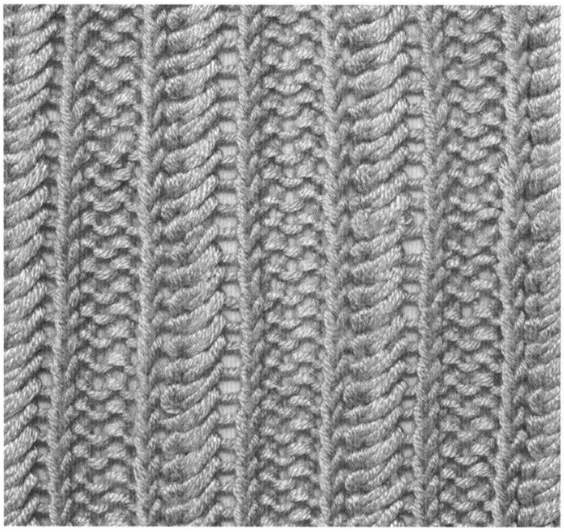

Wenn man dieses Muster mit einem elastischen Garn und relativ dünnen Nadeln strickt, zieht es sich wie ein echtes Rippenmuster zusammen, wenn Sie aber ein flaches, weiches Garn verwenden und das Muster bügeln, öffnen sich die Rippen zu einem interessanten Streifendekor.

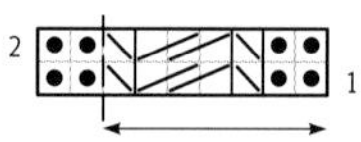

M-Zahl teilbar durch
7 + 2 M

Besonderes Stricksymbol

= 3 M rdr: In Hin-R die 3. M auf der linken Nd re str, dann die 1. M re str und schließlich die 2. M re str, alle 3 M von der linken Nd gleiten lassen; in Rück-R die 2. M auf der linken Nd li str, dann die 3. und schließlich die 1. M re str, alle 3 M von der linken Nd gleiten lassen

Anleitung

1. Reihe (Hin-R): 2 M li, * 1 M re verschr, 3 M rdr, 1 M re verschr, 2 M li; ab * fortlfd wdh bis R-Ende.

2. Reihe: 2 M re, * 1 M li verschr, 3 M rdr, 1 M li verschr, 2 M re; ab * fortlfd wdh bis R-Ende.

Die 1. und 2. R stets wdh.

Muster 051

Falsches Zopfmuster mit Zugmaschen

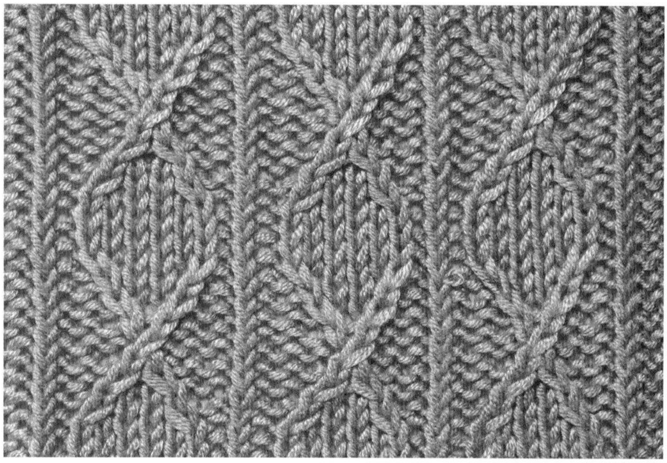

Zugmaschen umrahmen ovale, glatt rechts gestrickte Felder, sodass der Eindruck flacher Zöpfe entsteht. In unserem Beispiel werden die Zopfstreifen nur durch eine einzelne Rippe aus verschränkten Maschen voneinander getrennt. Sie können das Muster aber abwandeln, indem Sie andere Rippenmuster einfügen oder zwischen den Reihen mit Zugmaschen mehr gerade gestrickte Reihen einfügen.

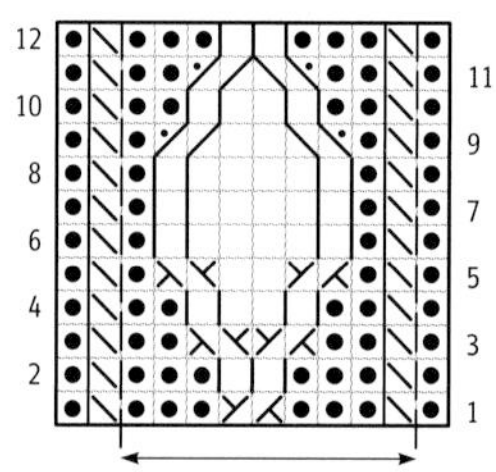

M-Zahl teilbar durch
9 + 3 M

Anleitung

1. Reihe (Hin-R): 1 M li, * 1 M re verschr, 3 M li, 2 M rdr, 3 M li; ab * fortlfd wdh bis zu den letzten 2 M, 1 M re verschr, 1 M li.

2. Reihe: 1 M re, * 1 M li verschr, 3 M re, 2 M li, 3 M re; ab * fortlfd wdh bis zu den letzten 2 M, 1 M li verschr, 1 M re.

3. Reihe: 1 M li, * 1 M re verschr, 2 M li, 2 M rdr, 2 M ldr, 2 M li; ab * fortlfd wdh bis zu den letzten 2 M, 1 M re verschr, 1 M li.

4. Reihe: 1 M re, * 1 M li verschr, 2 M re, 4 M li, 2 M re; ab * fortlfd wdh bis zu den letzten 2 M, 1 M li verschr, 1 M re.

5. Reihe: 1 M li, * 1 M re verschr, 1 M li, 2 M rdr, 2 M re, 2 M ldr, 1 M li; ab * fortlfd wdh bis zu den letzten 2 M, 1 M re verschr, 1 M li.

6. und 8. Reihe: 1 M re, * 1 M li verschr, 1 M re, 6 M li, 1 M re; ab * fortlfd wdh bis zu den letzten 2 M, 1 M li verschr, 1 M re.

7. Reihe: 1 M li, * 1 M re verschr, 1 M li, 6 M re, 1 M li; ab * fortlfd wdh bis zu den letzten 2 M, 1 M re verschr, 1 M li.

9. Reihe: 1 M li, * 1 M re verschr, 1 M li, 2 M li/re ldr, 2 M re, 2 M re/li rdr, 1 M li; ab * fortlfd wdh bis zu den letzten 2 M, 1 M re verschr, 1 M li.

10. Reihe: Wie die 4. R str.

11. Reihe: Reihe: 1 M li, * 1 M re verschr, 2 M li, 2 M li/re ldr, 2 M re/li rdr, 2 M li; ab * fortlfd wdh bis zu den letzten 2 M, 1 M re verschr, 1 M li.

12. Reihe: Wie die 2. R str.

Die 1.–12. R stets wdh.

☐ = in Hin-R 1 M re, in Rück-R 1 M li ● = in Hin-R 1 M li, in Rück-R 1 M re ⧅ = in Hin-R 1 M re verschr, in Rück-R 1 M li verschr ◿ = 2 M re zus-str

Muster 052

Belaubter Zweig

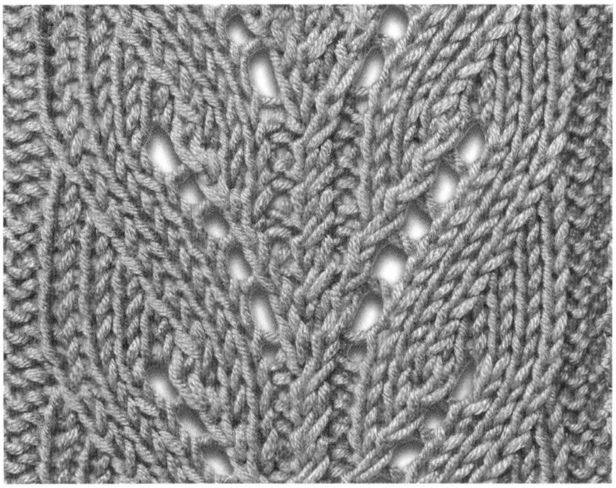

Hier verleihen die Zugmaschen einem Musterstreifen aus anmutig wirbelnden Blättern seinen besonderen Charakter.

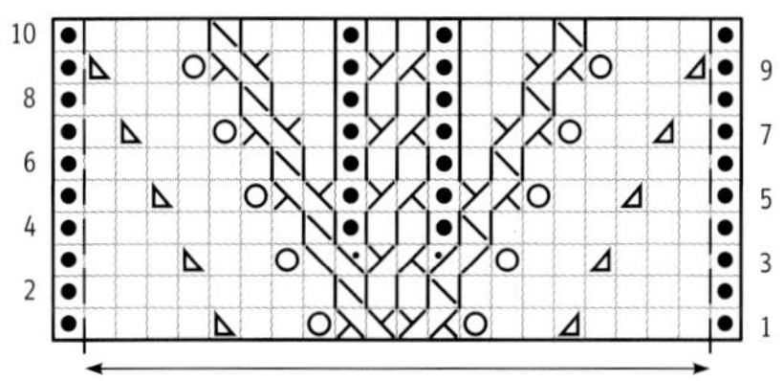

Musterstreifen über 20 M

Muster 053

Offene und geschlossene Diagonalen

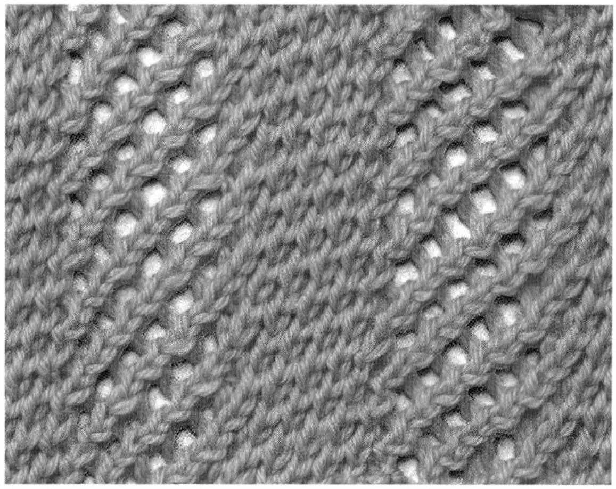

Transparente Lochmusterstreifen und dicht gearbeitete Streifen aus Zugmaschen gehen bei diesem Muster weich ineinander über. Anschlag- und Abkettkante verlaufen in Wellenform.

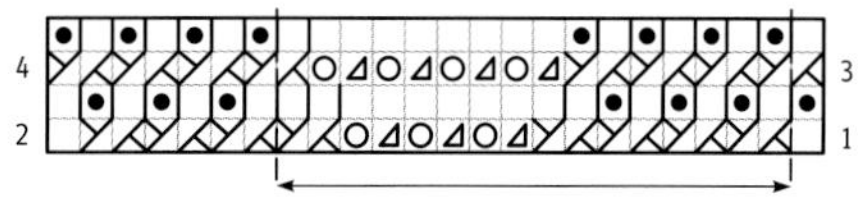

M-Zahl teilbar durch 16 + 8 M

= 2 M re übz zus-str = 1 U = 2 M rdr = 2 M ldr = 2 M re/li rdr = 2 M li/re ldr

Muster 054

Stilisierte Blume

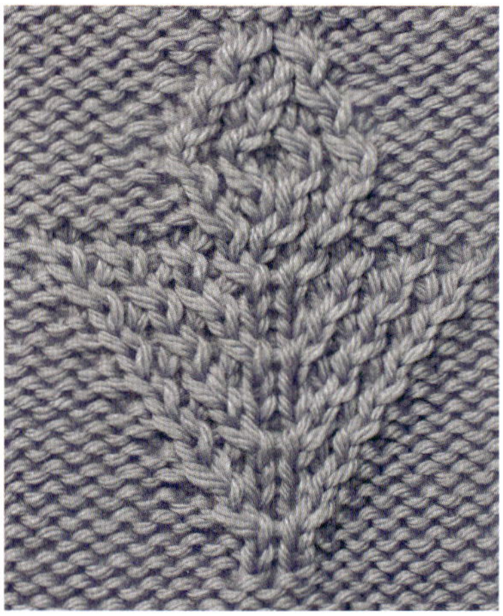

Diese einfache, bewusst schlicht gehaltene Blume kann einzeln als Motiv eingesetzt werden wie hier, eignet sich aber auch für ein großes Flächenmuster.

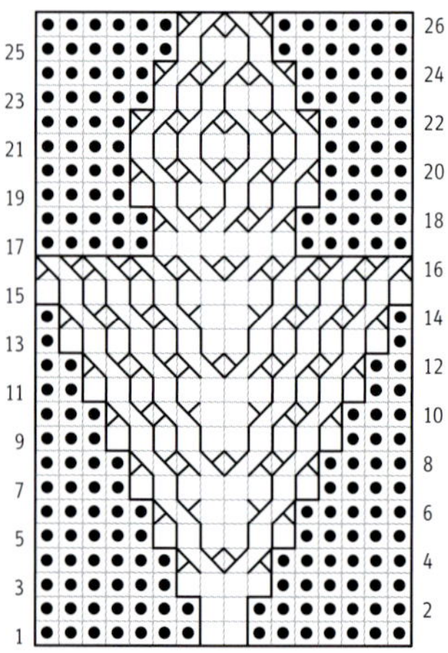

Musterstreifen über 16 M

Hinweis

Das Muster beginnt mit einer Rückreihe.

Muster 055

Zopfrippen

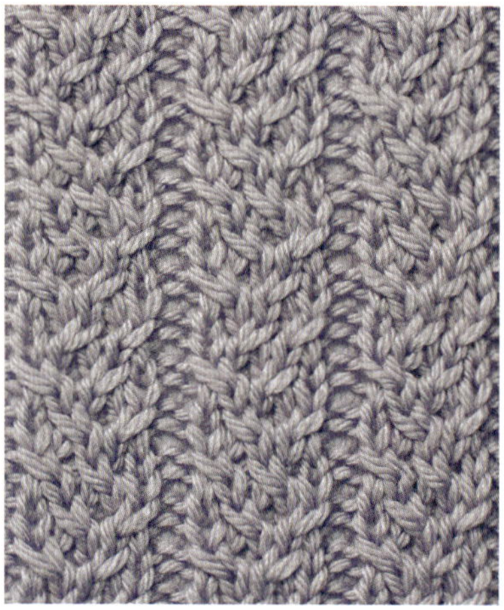

Paarweise gedrehte Zugmaschen erwecken hier den Eindruck eines breiten Zopfes. Das Muster ergibt ein festes, flaches Rippengestrick, das sich nicht zusammenzieht.

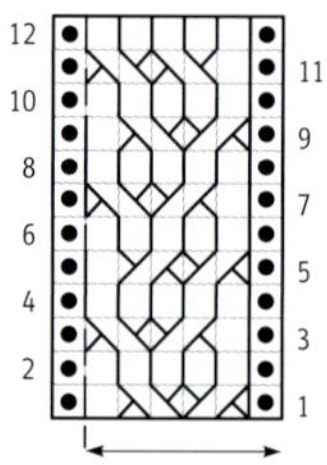

M-Zahl teilbar durch 6 + 1 M

Muster 056

Blitzmuster

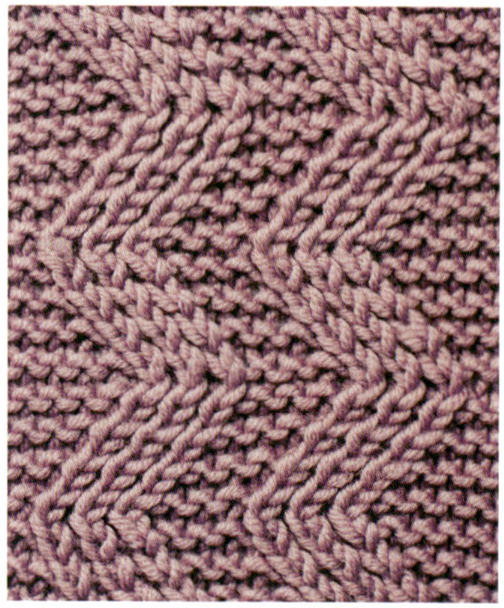

Krausrippen kontrastieren hier mit glatten, akzentuierten Zickzacklinien aus Zugmaschen. Das Muster ergibt ein festes, dichtes Gestrick.

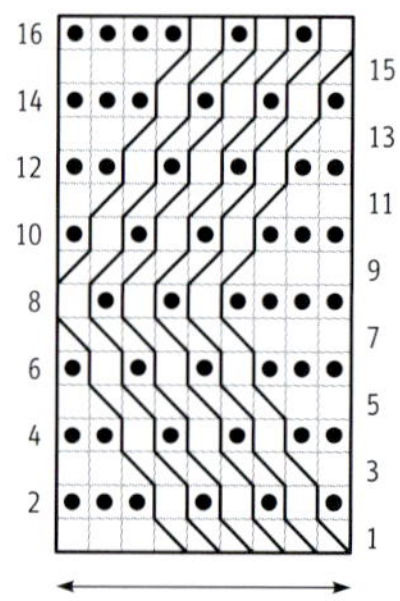

M-Zahl teilbar durch 9

36–37 Allgemeine Stricksymbole

□ = in Hin-R 1 M re, in Rück-R 1 M li ● = in Hin-R 1 M li, in Rück-R 1 M re ╱╲ = 2 M rdr ╲╱ = 2 M ldr

Muster 057

Zackenlitze und Noppenzöpfe

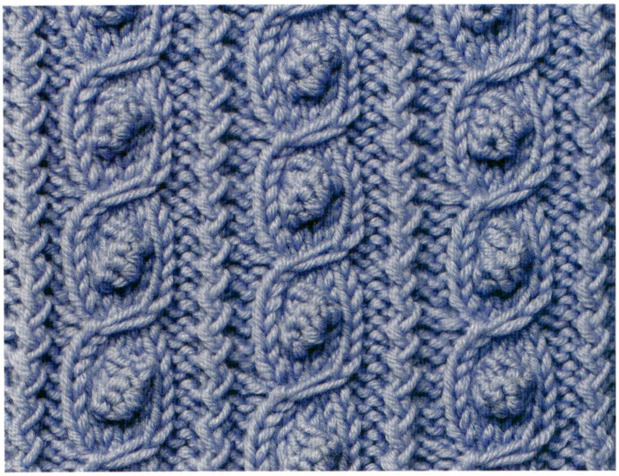

Dieses hübsche Muster vereinigt zwei einfache Elemente. Die „Zackenlitze“ entsteht dadurch, dass in jeder Reihe 2 Maschen den Platz tauschen, und bei den Noppenzöpfen erweckt eine Kombination aus fünf Zugmaschen den Eindruck eines echten Zopfs – aber mit deutlich weniger Aufwand.

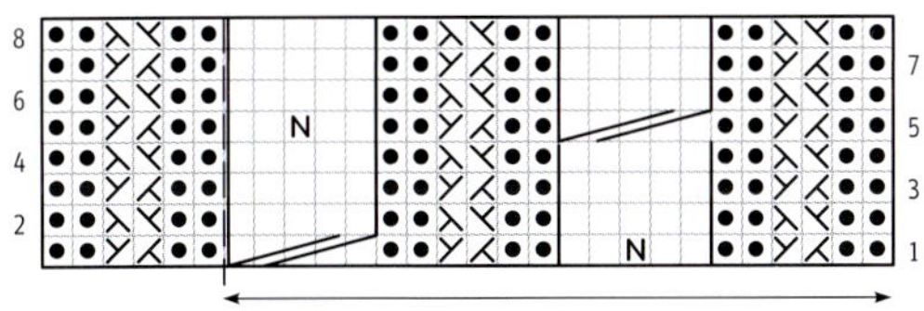

M-Zahl teilbar durch 22 + 6 M

Besondere Stricksymbole

= in Rück-R die Nd von hinten zwischen der 1. und 2. M einstechen, das vordere M-Glied der 2. M erfassen und nach hinten durchziehen, die 2. M li str, dann die 1. M li str; beide M von der linken Nd gleiten lassen

= die 5. M re str, dann nacheinander die 1., 2., 3. und 4. M re str; alle 5 M von der linken Nd gleiten lassen

N = 1 Noppe (N): [1 M re, 1 U, 1 M re, 1 U, 1 M re] in die entsprechende M str, 2 x [wenden, 5 M re], dann die 4., 3., 2. und 1. M nacheinander über die 5. M und von der Nd ziehen

Muster 058

Blattpaare

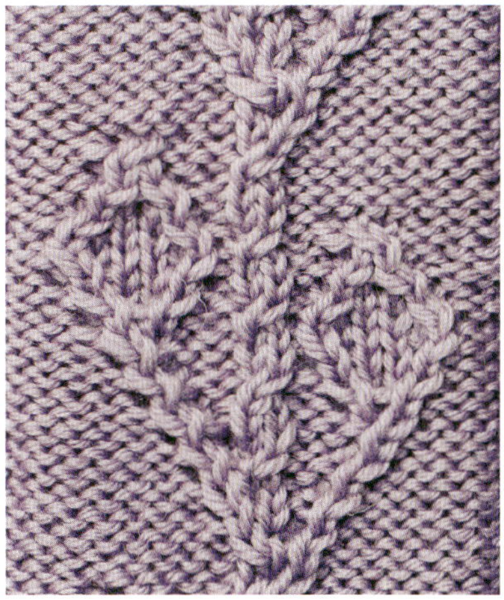

Die Blattpaare sind leicht versetzt, sodass dieses stark grafische Muster einen reizvollen Rhythmus bekommt.

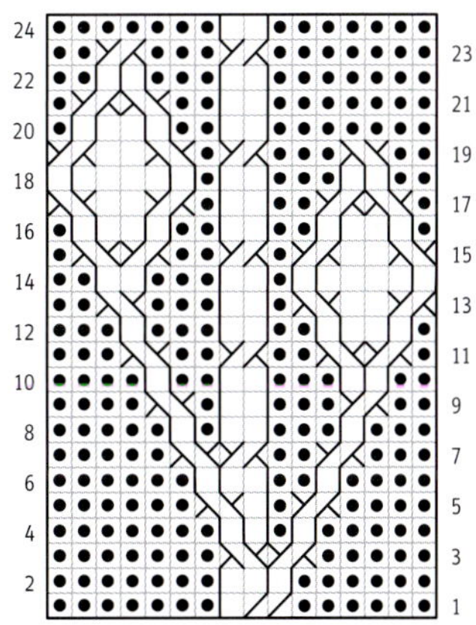

Musterstreifen über 16 M

Muster 059

Plastische Wellen

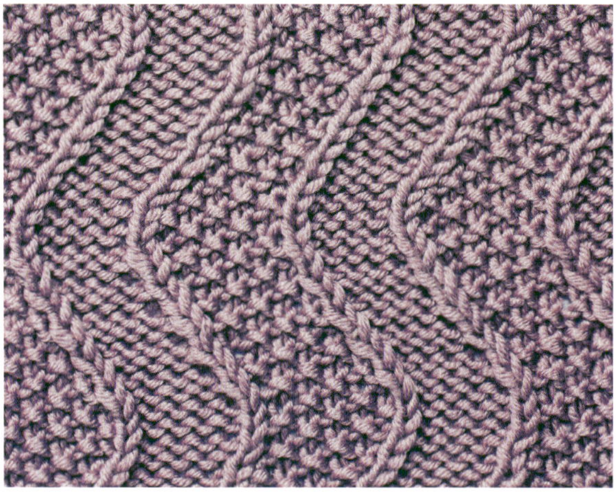

Glatt links gestrickte Wellenstreifen wechseln hier mit solchen im Perlmuster ab und werden durch Konturen aus Zugmaschen voneinander getrennt. Für eine einzelne Welle im Perlmuster arbeiten Sie nur die 12 Maschen des Rapports.

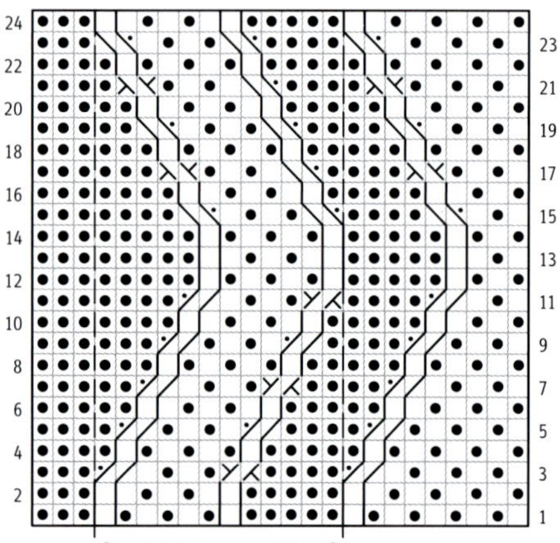

M-Zahl teilbar durch
12 + 12 M

Muster 060

Kleines Gitter aus falschen Zöpfen

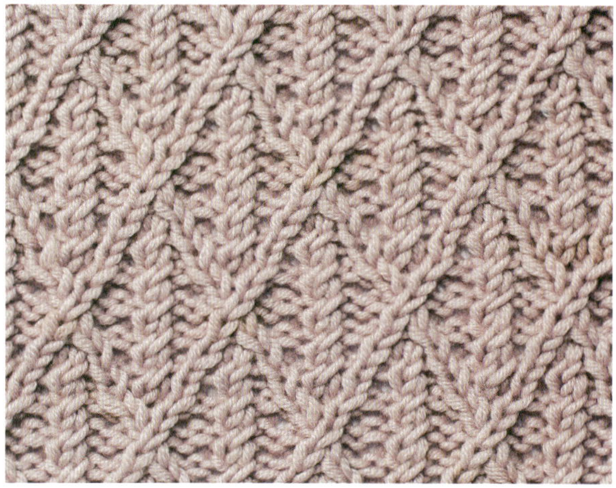

Mini-Zöpfe aus 2 miteinander verdrehten Maschen bilden hier vertikale Säulen, über die sich ein rhombenförmiges Gitter aus Zugmaschen legt, sodass ein sehr effektvolles Flächenmuster entsteht.

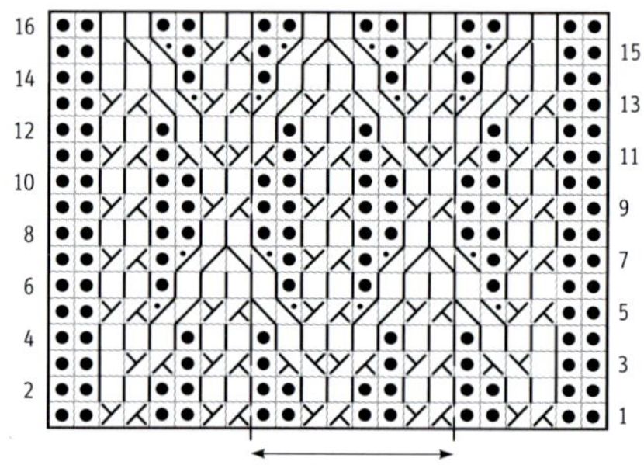

M-Zahl teilbar durch
8 + 14 M

38–39 Allgemeine Stricksymbole

= in Hin-R 1 M re, in Rück-R 1 M li   = in Hin-R 1 M li, in Rück-R 1 M re   = 2 M rdr   = 2 M ldr

Muster 061

Noppengitter

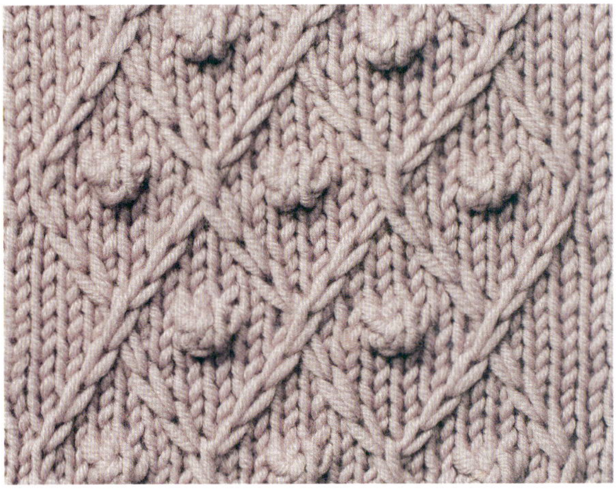

Dadurch, dass die Zugmaschen in den Rückreihen abgehoben werden, entsteht ein glattes, klar erkennbares Gitter, in dem die Noppen – eigentlich winzige Biesen über 2 Maschen – deutlich hervortreten.

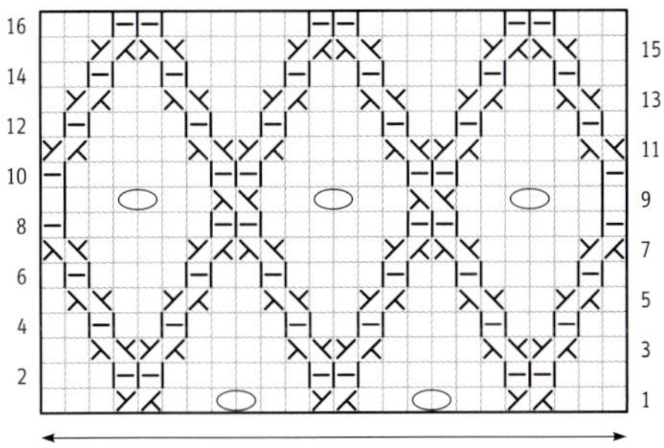

Musterstreifen über 24 M

Besondere Stricksymbole

= in Rück-R 1 M li abh

= die Nd von hinten zwischen der 1. und 2. M einstechen, das vordere M-Glied der 2. M erfassen und zur Rückseite durchziehen, die 2. M re str, dann die 1. M re str; beide M von der linken Nd gleiten lassen

= die 2. M re str, dann die 1. M re str; beide M von der linken Nd gleiten lassen.

= 1 Noppe (N): 2 x [2 M re, wenden, 2 M li, wenden], jede M mit dem hinteren M-Glied der entsprechenden M 4 R weiter unten re zus-str

Muster 062

Illusion

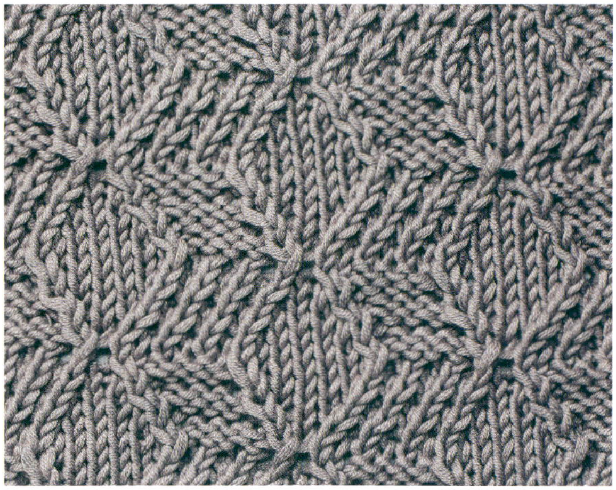

Plastische Maschen und Rhomben aus Zickzacklinien verleihen diesem geometrischen Muster ein hohes Maß an Bewegung.

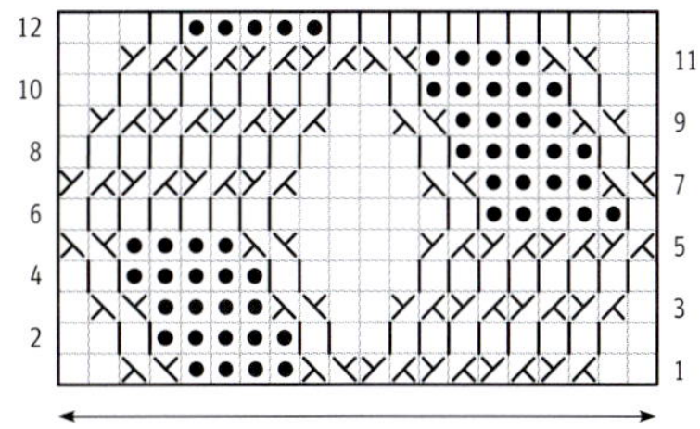

M-Zahl teilbar durch 20

= 2 M re/li rdr = 2 M li/re ldr

Muster 063

Distel

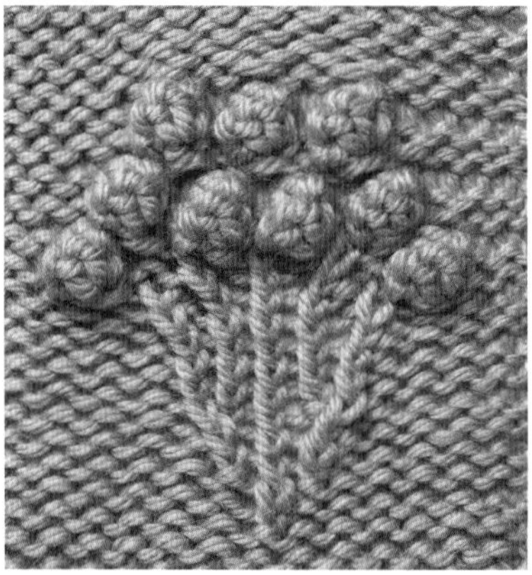

Zugmaschen, Noppen und verschränkte Maschen sind hier zu einem hübschen kleinen Distelmotiv kombiniert. Verteilen Sie es gleichmäßig über die Strickfläche oder arbeiten Sie es in vertikalen oder horizontalen Streifen, um Ihrer Arbeit Struktur zu verleihen.

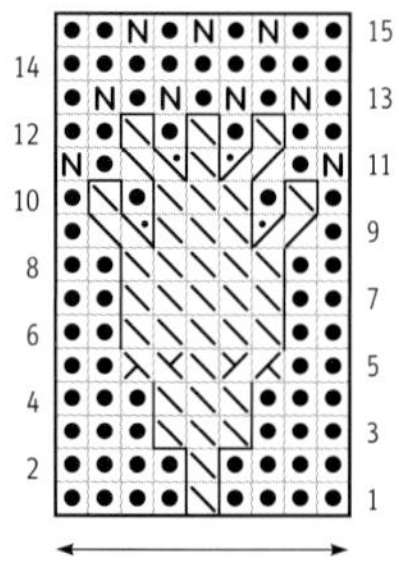

Motiv über 9 M

Besonderes Stricksymbol

N = 1 Noppe (N): [1 M re, 1 U, 1 M re, 1 U, 1 M re] in 1 M str, wenden, 3 x [5 M re, wenden], 4 x 1 M re abh, 1 M re, dann die abgehobenen M einzeln über die re M ziehen

Muster 064

Schilf

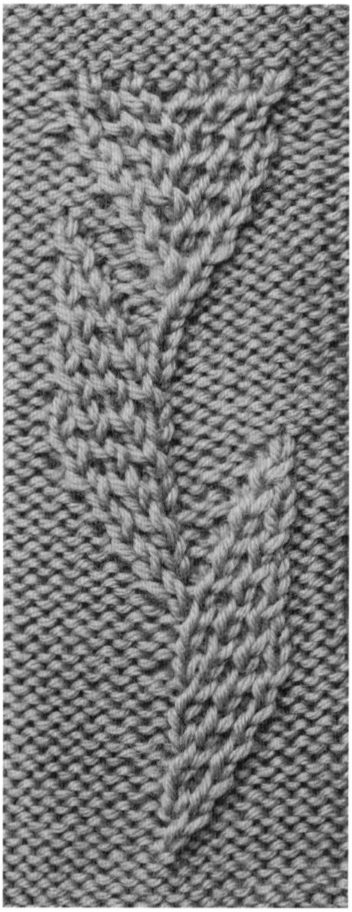

Dicht an dicht gearbeitete verschränkte Zugmaschen ergeben hier lanzettförmige Blätter und einen stilisierten Samenstand.

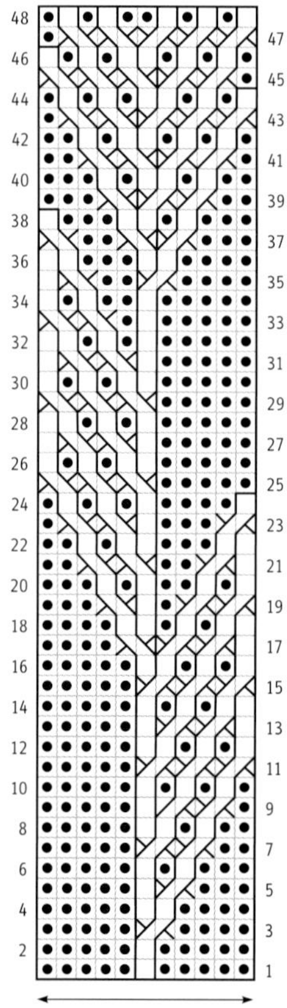

Musterstreifen über 11 M

40–41 Allgemeine Stricksymbole

☐ = in Hin-R 1 M re, in Rück-R 1 M li
● = in Hin-R 1 M li, in Rück-R 1 M re
⧅ = in Hin-R 1 M re verschr, in Rück-R 1 M li verschr
⧅⧄ = 2 M rdr

Muster 065

Schmale und breite Zugmaschenzöpfe

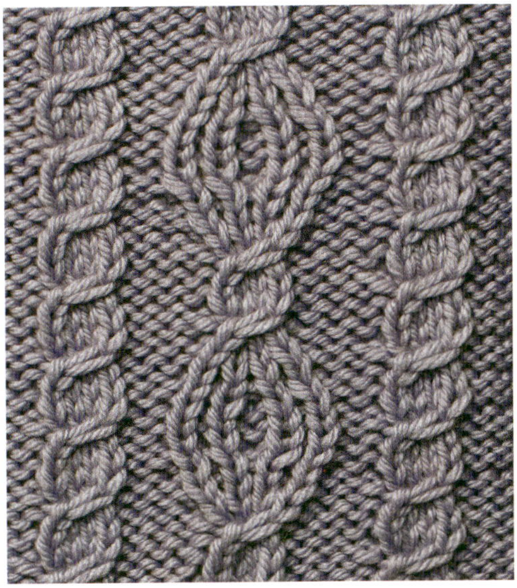

Beim Mittelmotiv dieses Musterstreifens wechseln Rippenmuster und jeweils 4 verkreuzte Maschen ab. Diese Verkreuzung wird bei den beiden äußeren Streifen wieder aufgenommen und ergibt den Zopf-Effekt.

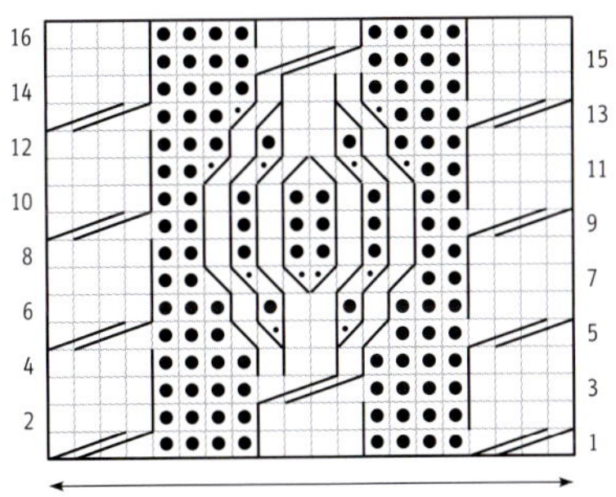

Musterstreifen über 20 M

Besonderes Stricksymbol

= die 4. M auf der linken Nd re str, anschließend nacheinander die 1., 2. und 3. M re str; alle 4 M von der linken Nd gleiten lassen

Muster 066

Doppelt verzweigtes Rippenmuster

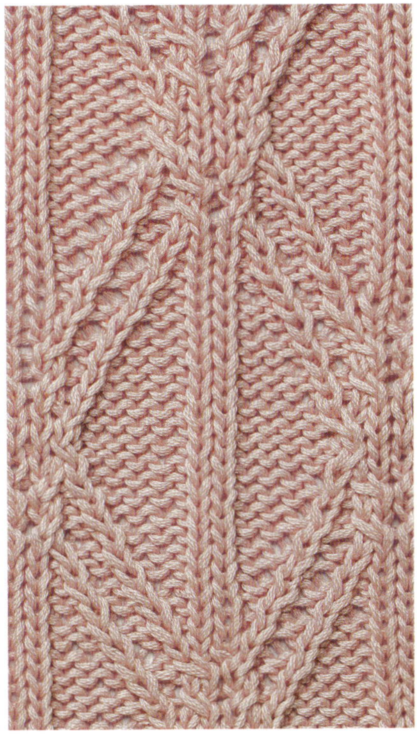

Dieses Muster wird von Zugmaschenpaaren dominiert, die sich zu einem Rhombengitter formieren. Dieses Gitter wird von 2 Maschen breiten Rippen durchflochten.

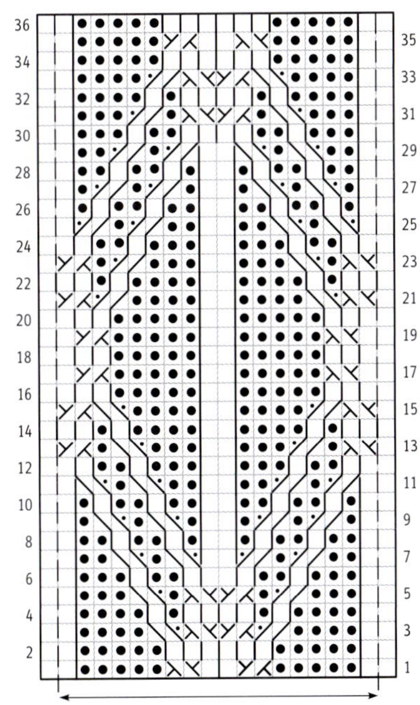

M-Zahl teilbar durch 18 + 2

= 2 M li/re ldr
= 2 M ldr
= 2 M re/li rdr

Muster 067

Konturiertes Herz

Dieses Motiv können Sie auf vielerlei Weise verwenden: Setzen Sie ein einzelnes Herz auf einen glatt links gestrickten Hintergrund, wechseln Sie Herzen und glatt rechts gestrickte Quadrate auf einer Tagesdecke ab oder arbeiten Sie horizontale oder vertikale Reihen von Herzen auf einem Kleidungsstück.

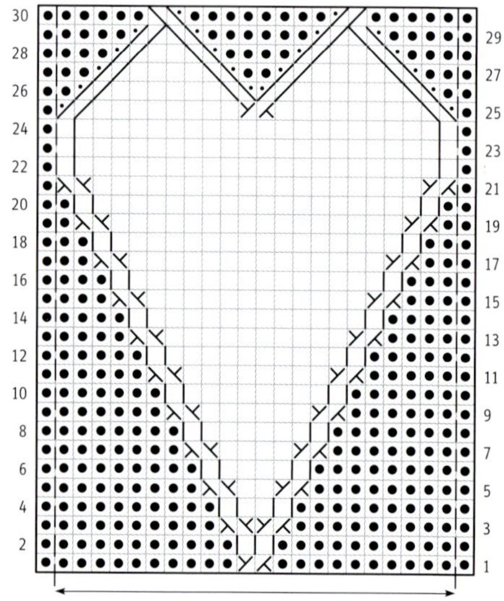

Motiv über 22 M

Besondere Stricksymbole

= in Hin-R die 2. M auf der linken Nd li verschr str, die 1. M re str, dann beide M von der linken Nd gleiten lassen; in Rück-R die rechte Nd von hinten zwischen der 1. und 2. M einstechen, das vordere M-Glied der 2. M erfassen und nach hinten durchziehen, die 2. M li str, dann die 1. M re str

= in Hin- und Rück-R die 2. M re str, dann die 1. M li str, beide M von der linken Nd gleiten lassen

= in Hin-R 1 M re, in Rück-R 1 M li
= in Hin-R 1 M li, in Rück-R 1 M re
= 2 M rdr
= 2 M ldr

Muster 068

Geprägte Rhomben

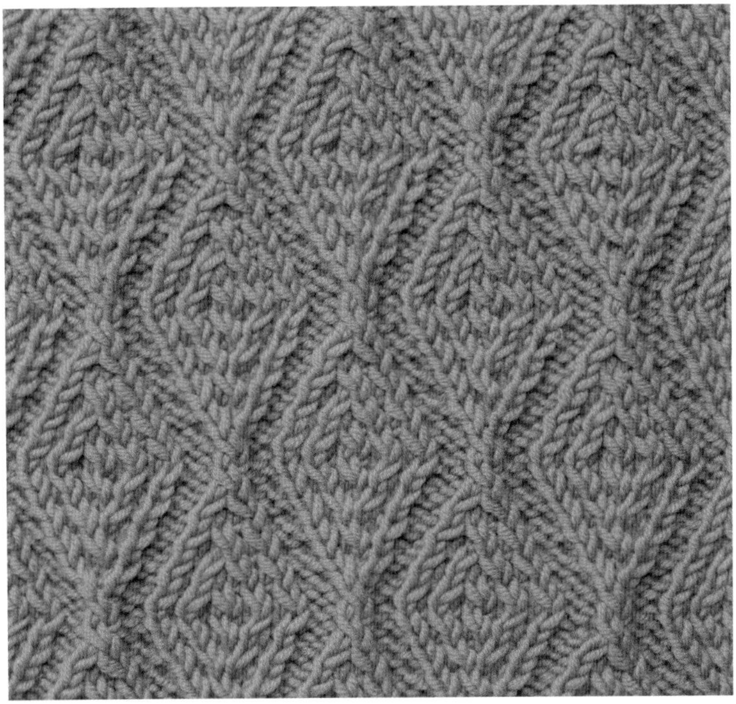

Zugmaschen öffnen und schließen sich zu einer Rhombenform; daneben entstehen jeweils weitere Rhomben aus Zugmaschen. Dazwischen zeigt sich ein glatt links gestrickter Grund, sodass ein Flächenmuster entsteht. Wenn Sie lieber einen breiten Musterstreifen arbeiten, stricken Sie nur die 36 M der Strickschrift.

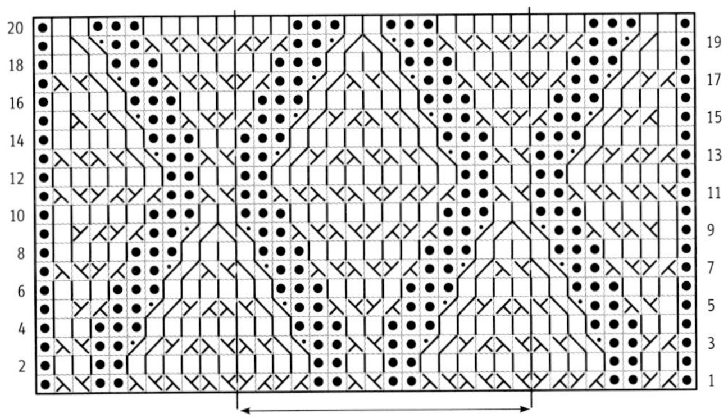

M-Zahl teilbar durch 16 + 20 M

= 2 M li/re ldr = 2 M re/li rdr

Muster 069

Orchidee

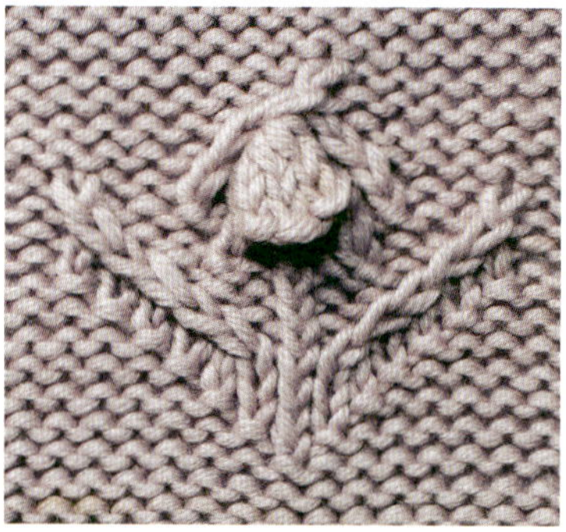

Bei diesem kleinen Motiv werden Zugmaschen mit einer Noppe zu einem reizenden Blütenmotiv kombiniert, das solo eingesetzt, für einen vertikalen Musterstreifen verwendet oder gleichmäßig über eine größere Fläche verteilt werden kann.

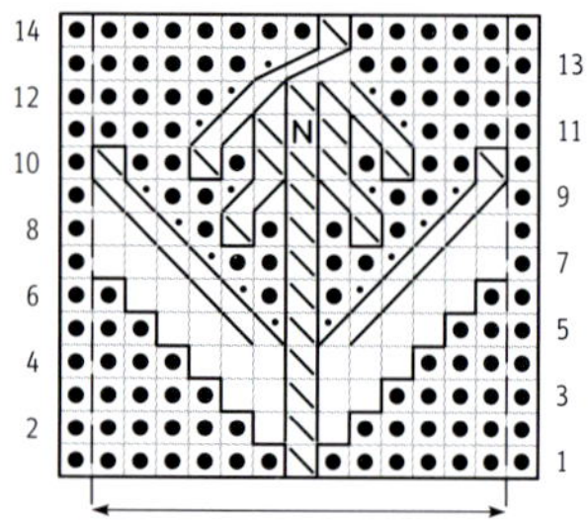

Motiv über 13 M

Besondere Stricksymbole

= in Hin- und Rückr die 2. M auf der linken Nd li verschr str, die 1. M re str, dann beide M von der linken Nd gleiten lassen

= in Hin-R die 2. M re str, die 1. M li str, dann beide M von der linken Nd gleiten lassen; in Rück-R die 2. M re str, dann die 1. M li verschr str, beide M von der linken Nd gleiten lassen

N 1 Noppe (N): [1 M re, 1 U, 1 M re, 1 U, 1 M re] in 1 M str, wenden, 2 x [5 M re, wenden], 5 M li, wenden, nacheinander einzeln 4 M re abh, 1 M re str, die abgehobenen M überziehen

= die 3. M auf der linken Nd re str, die 1. M li str, diese M von der linken Nd gleiten lassen, dann die 2. M li str und beide M von der Nd gleiten lassen

Muster 070

Durchflochtene Rhomben

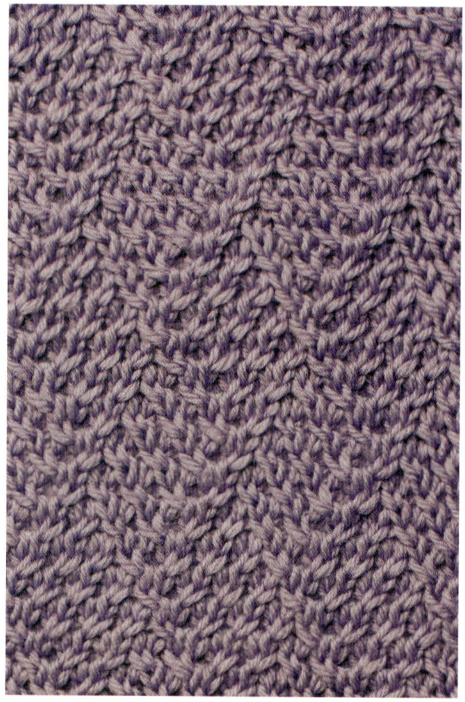

Nach rechts und nach links geneigte Zugmaschen füllen die Fläche hier mit Rhombenformen. Das Muster ergibt ein dickes, dicht strukturiertes Gestrick.

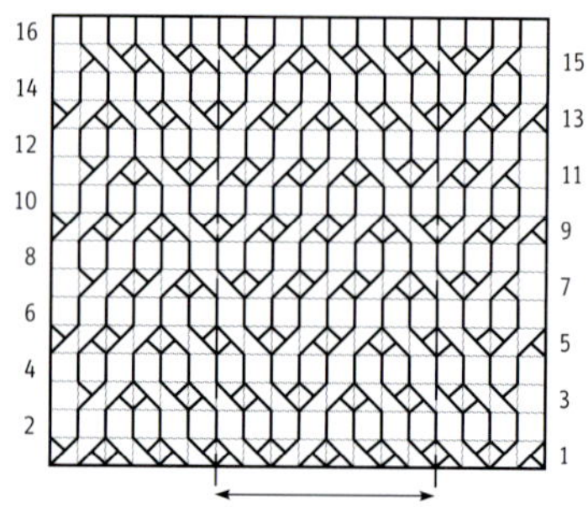

M-Zahl teilbar durch 8 + 10 M

□ = in Hin-R 1 M re, in Rück-R 1 M li ● = in Hin-R 1 M li, in Rück-R 1 M re ╲ = in Hin-R 1 M re verschr, in Rück-R 1 M li verschr ╳ = 2 M rdr

Muster 071

Zierlauch

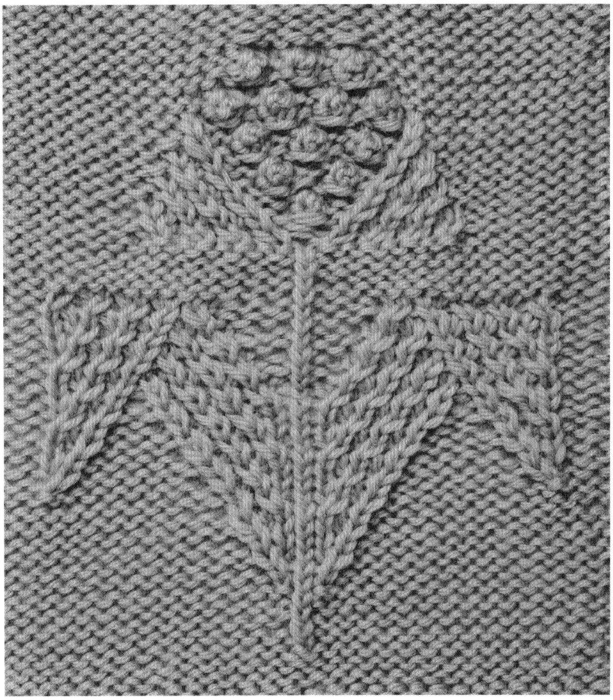

Dieses Arrangement aus Blättern und Blüte in dicht gearbeiteten Zugmaschen und einer einzelnen Rippe aus verschränkten Maschen wird von einer Traube aus kleinen Noppen gekrönt, die den Samenstand symbolisiert und dem Motiv eine besonders plastische Wirkung verleiht.

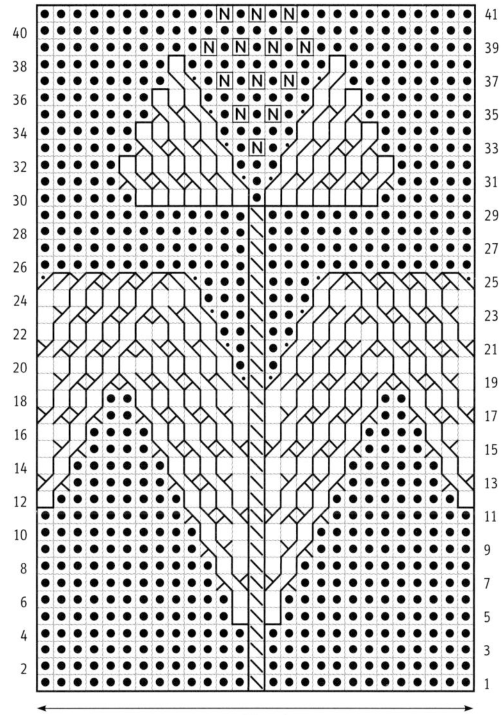

Musterstreifen über 27 M

Besonderes Stricksymbol

N = 1 Noppe (N): [1 M re, 1 M li, 1 M re] in 1 M str, wenden, 3 M re, wenden, dann die 2. und 3. M über die 1. M ziehen, diese M re verschr str

 = 2 M ldr = 2 M re/li rdr = 2 M li/re ldr

Muster 072

Rhombengitter aus Zugmaschen

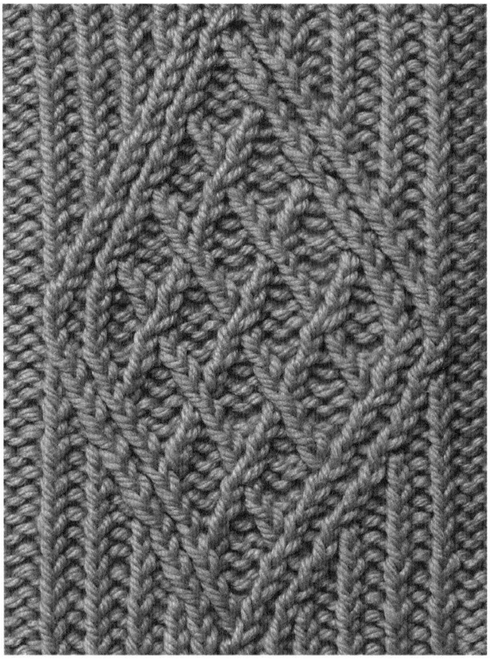

Hier wird nach Herzenslust verschränkt und verdreht: Die Maschen für das Rippenmuster des Hintergrunds werden ebenso wie die Zugmaschenpaare verschränkt gestrickt. Die verschränkten Zugmaschen nach links zu arbeiten ist ganz einfach, doch die nach rechts geneigten Zugmaschen erfordern eine Zopfnadel.

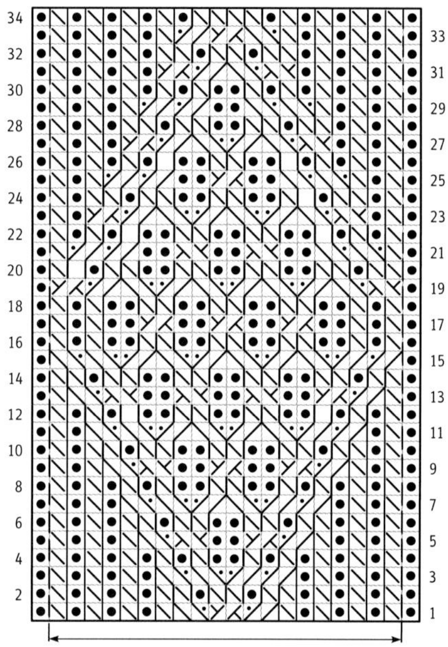

Musterstreifen über 20 M

Besondere Stricksymbole

= die 2. M auf der linken Nd re verschr str, dann die 1. M re verschr str und beide M von der linken Nd gleiten lassen

= die 2. M auf der linken Nd li verschr str, dann die 1. M re verschr str und beide M von der linken Nd gleiten lassen

= 1 M auf der Zopf-Nd hinter die Arbeit legen, 1 M re verschr, dann die M der Zopf-Nd re verschr str

= 1 M auf einer Zopf-Nd hinter die Arbeit legen, 1 M re verschr, dann die M der Zopf-Nd li verschr str

Hinweis

Für dieses Muster ist eine Zopfnadel erforderlich.

= in Hin-R 1 M re, in Rück-R 1 M li   = in Hin-R 1 M li, in Rück-R 1 M re   = in Hin-R 1 M re verschr, in Rück-R 1 M li verschr

Muster 073

Perspektivische Kästen

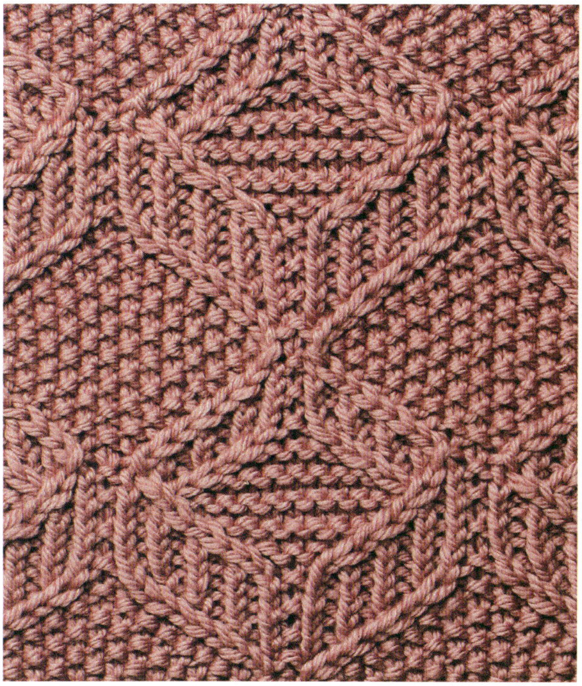

Dadurch, dass die Struktur der Strickflächen, die durch Bänder von Zugmaschen umrahmt werden, wechselt, entsteht der Eindruck, man blicke nach unten in Kästen oder Schachteln. Wenn Sie lieber eine einzelne Zickzack-Bordüre arbeiten wollen, stricken Sie nur die 1.–11. Masche der Strickschrift.

Besondere Stricksymbole

= in Hin-R die rechte Nd von hinten zwischen der 1. und 2. M einstechen, das vordere M-Glied der 2. M erfassen und nach hinten durchziehen, die 2. M re str, dann die 1. M re str und beide M von der linken Nd gleiten lassen; in Rück-R die Nd von hinten in die 2. M auf der linken Nd einstechen, das vordere M-Glied der 2. M erfassen und nach hinten durchziehen, die 2. M li str, dann die 1. M li str und beide M von der linken Nd gleiten lassen

= in Hin- und Rück-R die Nd von hinten in die 2. M einstechen, das vordere M-Glied der 2. M ergreifen und nach hinten durchziehen, die 2. M li str, dann die 1. M re str und beide M von der linken Nd gleiten lassen

= in Hin-R die 2. M auf der linken Nd re str, die 1. M re str; in Rück-R die 2. M li str, dann die 1. M li str und beide M von der linken Nd liegen lassen

= in Hin- und Rück-R die 2. M li str, die 1. M li str und beide M von der linken Nd gleiten lassen

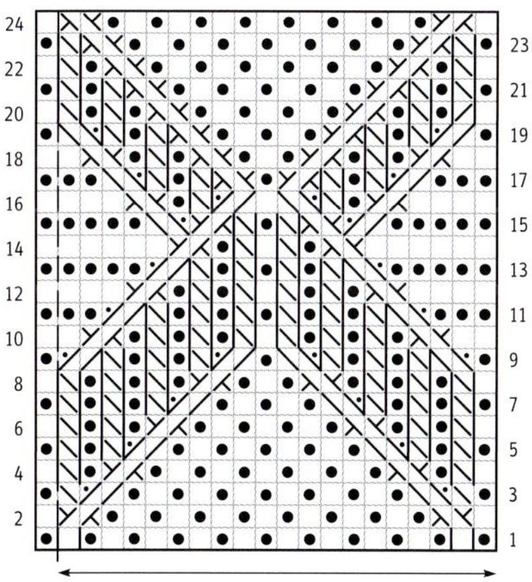

M-Zahl teilbar durch 20 + 1 M

MUSTER-ÜBERSICHT Zopfmuster

Mithilfe einer Zopf- oder Hilfsnadel lässt sich die Abfolge ganzer Maschengruppen verändern, sodass plastische Muster mit Kordeln und Zöpfen im Aran-Stil entstehen. Beginnen Sie mit einfachen Rapporten und trainieren Sie an anspruchsvolleren Mustern, bevor Sie sich an einen keltischen Knoten oder ein figürliches Motiv wagen.

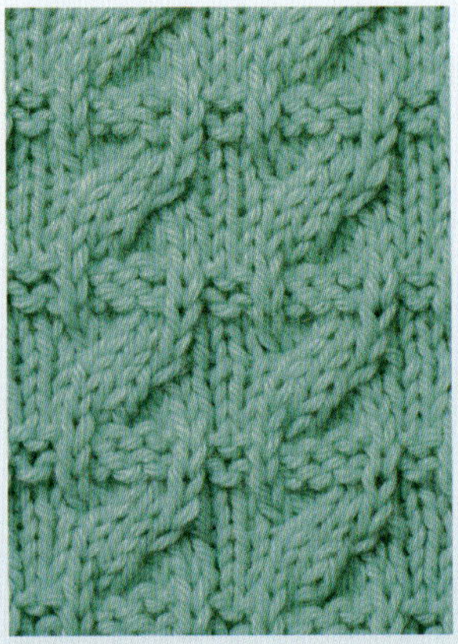

074 Webzopf

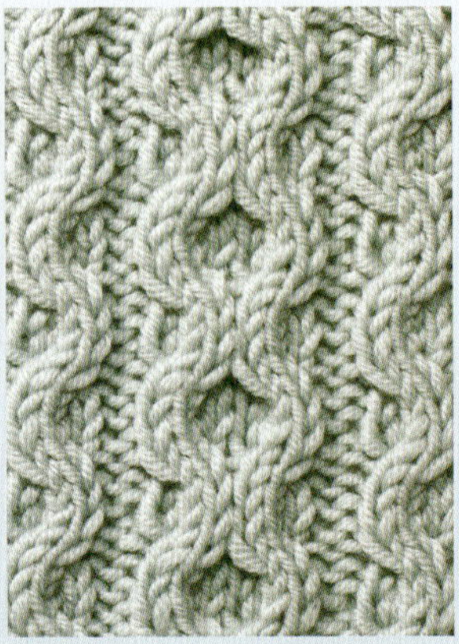

075 Wellen und Kette

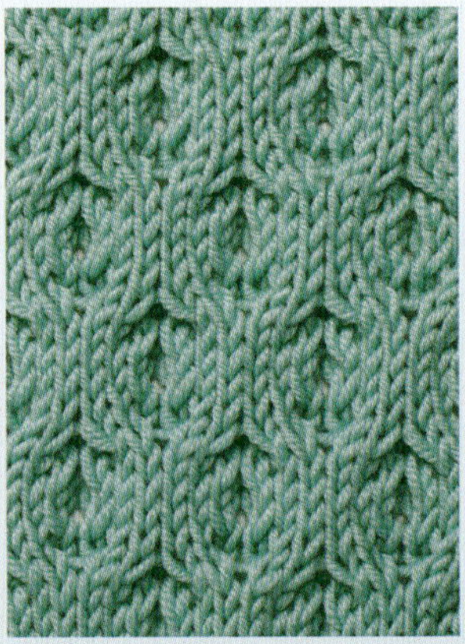

076 Doppelte Bienenwaben

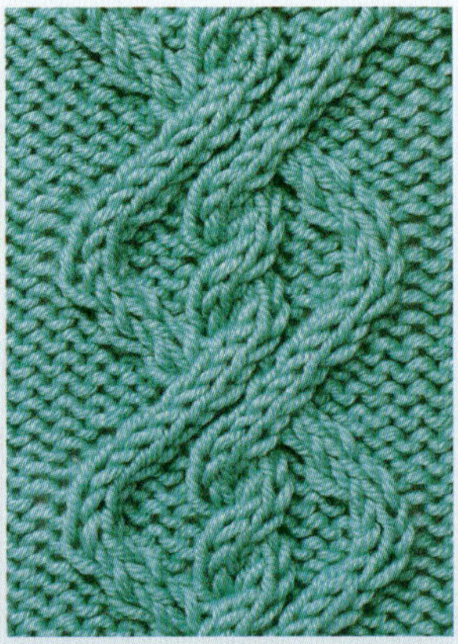

077 Seil und Reifen

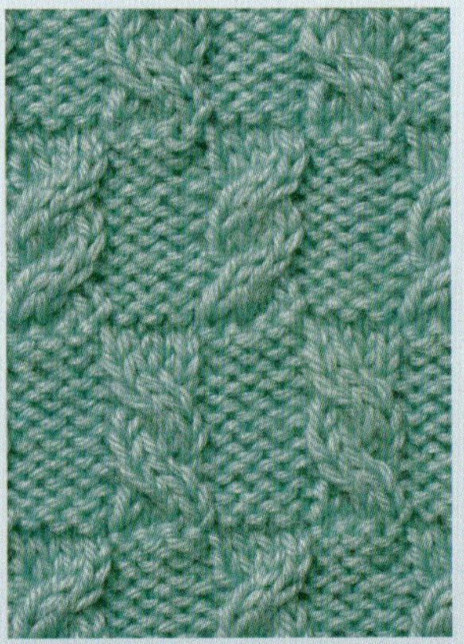

078 Zopfkaros

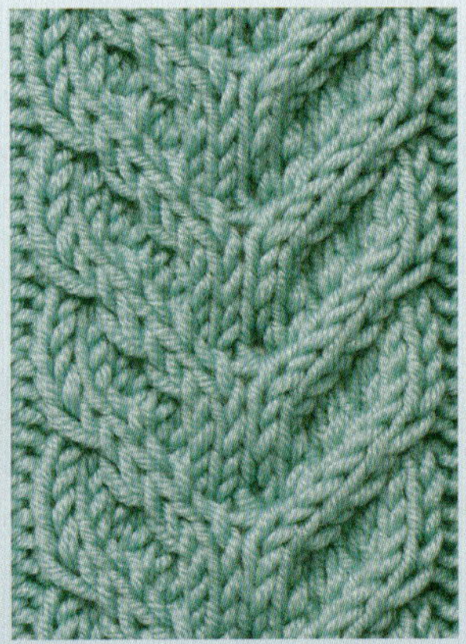

079 Geweihzopf und Kordeln

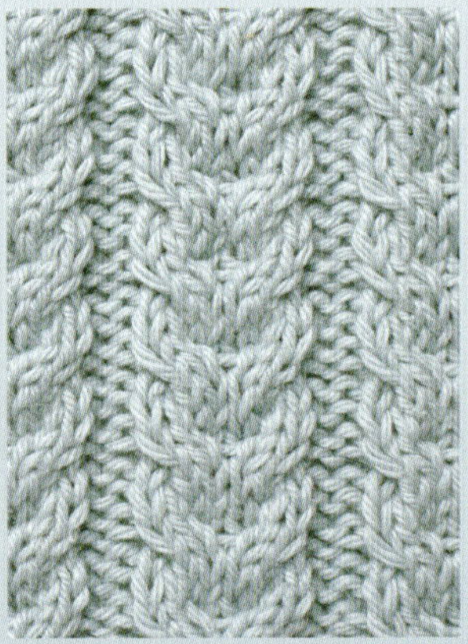

080 Tulpenzopf

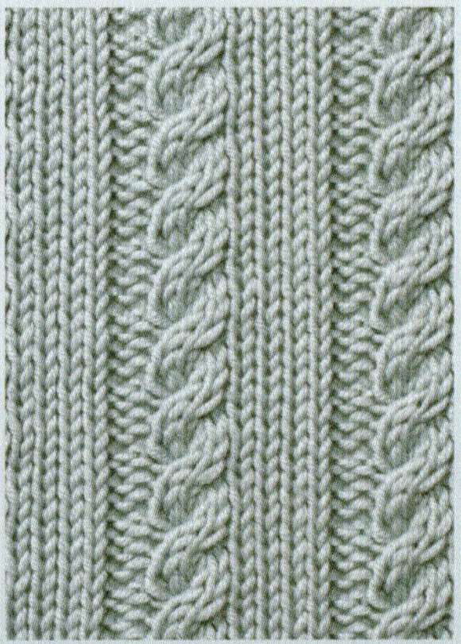

081 Asymmetrischer Zopf

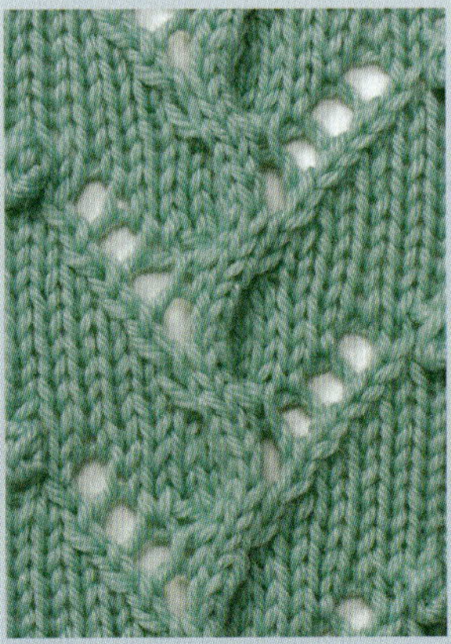

082 Verzweigter Zopf

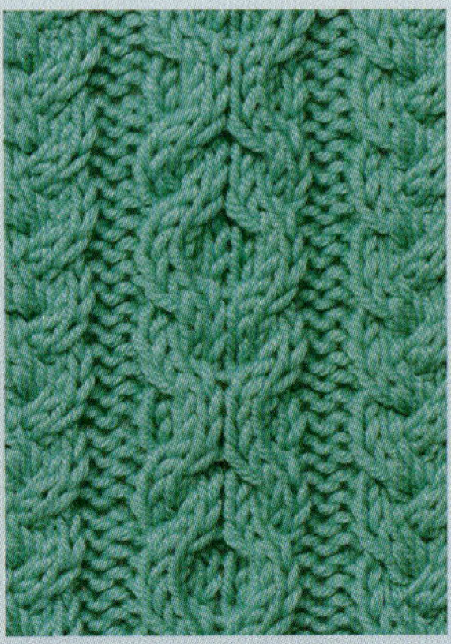

083 Verflochtene und verschlungene Zöpfe

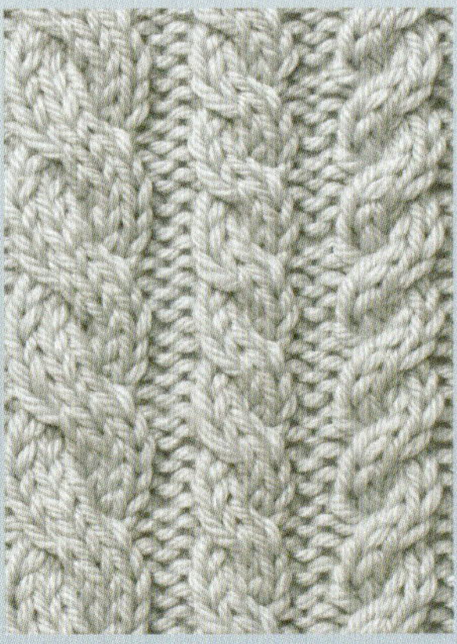

084 Seile

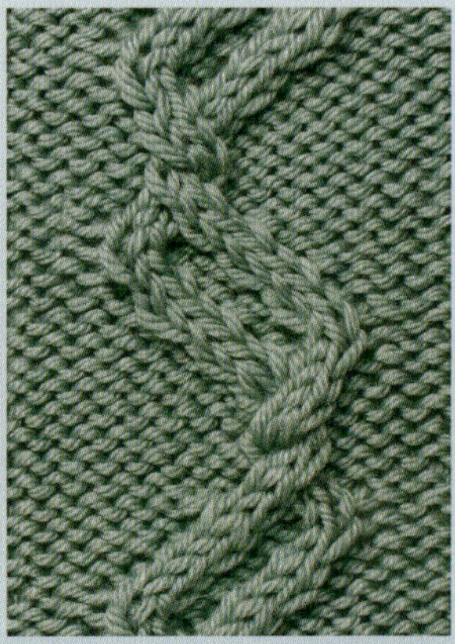

085 Verschlungene Diagonalen

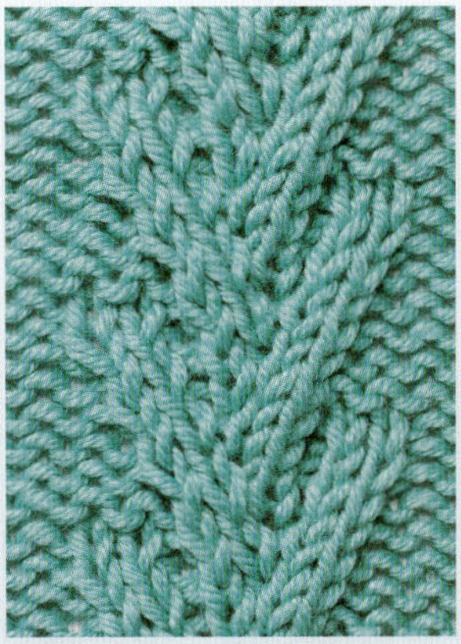

086 Zickzack-Zweige

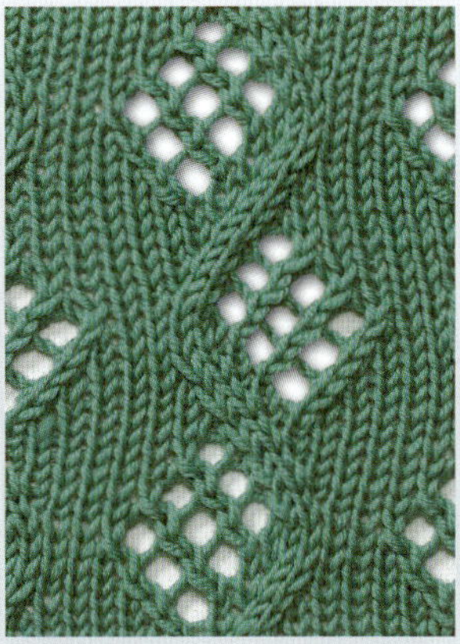

087 Zickzack-Linie mit Fenstern

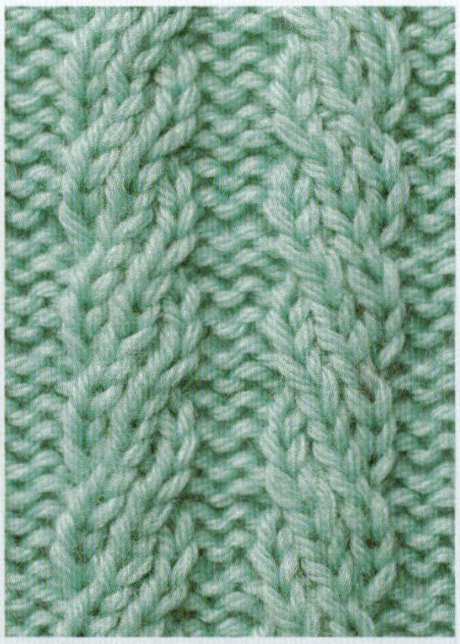

088 Zuckerstangen

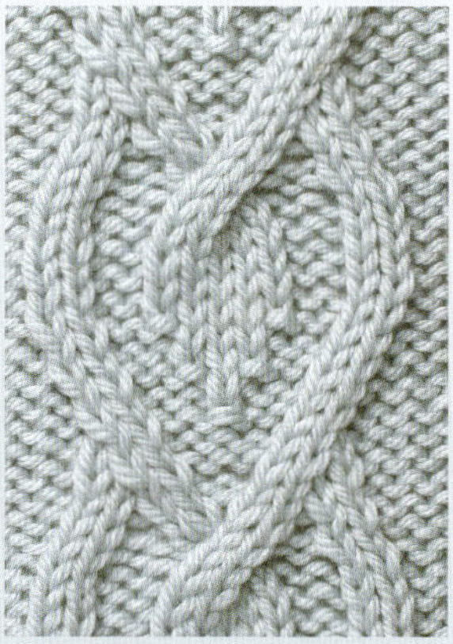

089 Tränenzopf

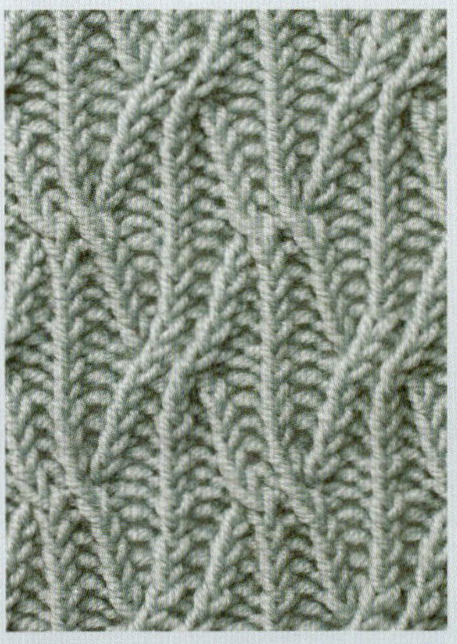

090 Verkreuzte Rippen

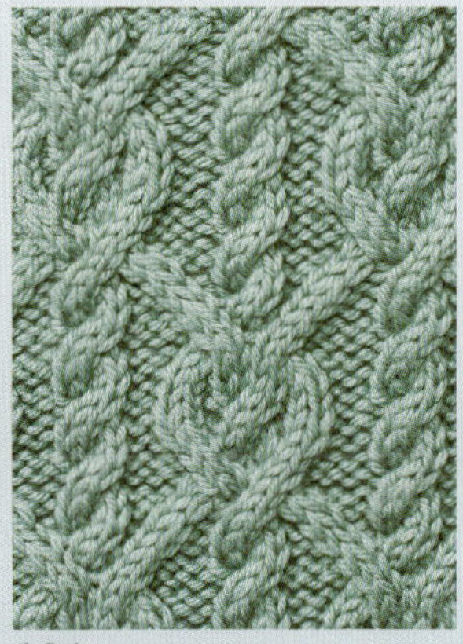

091 Netz aus Zöpfen

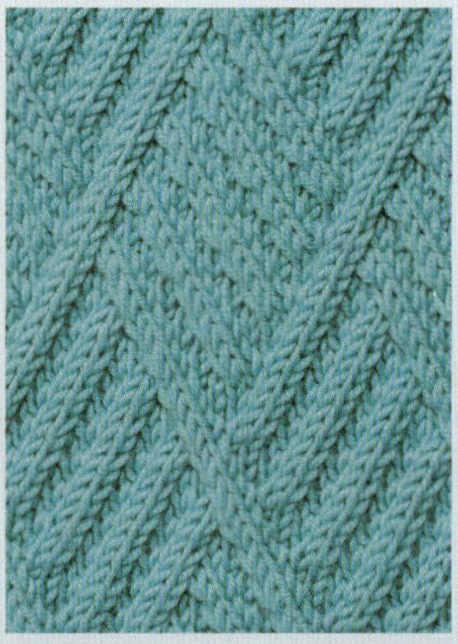

092 Gitter aus schräg gestreiften Rhomben

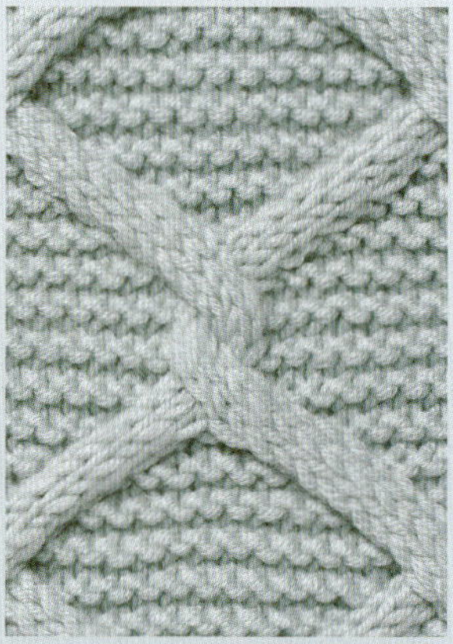

093 Zopfgitter auf krausem Rhombengrund

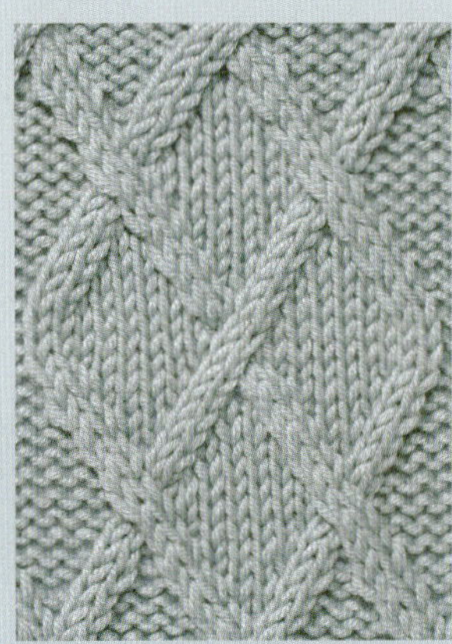

094 Großes Rhombengitter

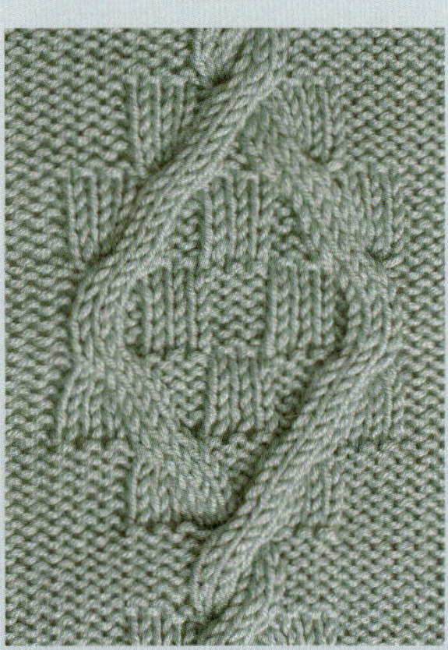

095 Zöpfe und Karos

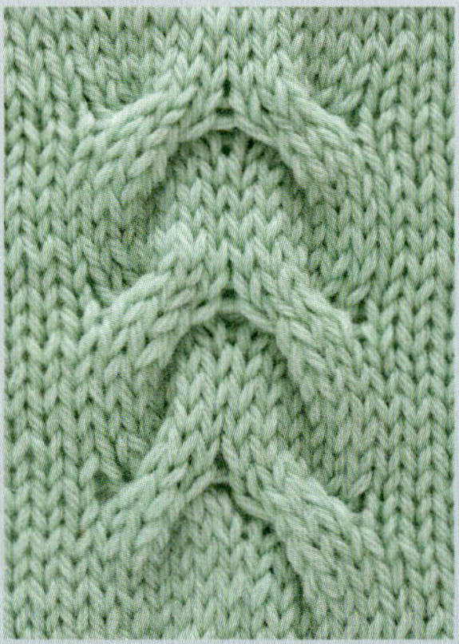

096 Gegenläufige Zöpfe

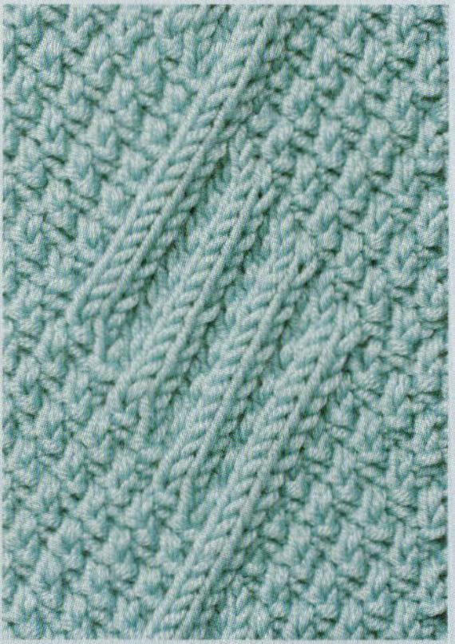

097 Schräg gestreifte Rhomben

ZOPFMUSTER – FORTSETZUNG

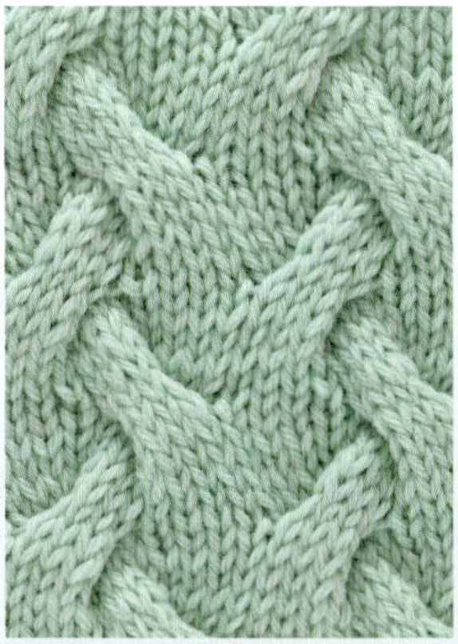

098 Meereswellen

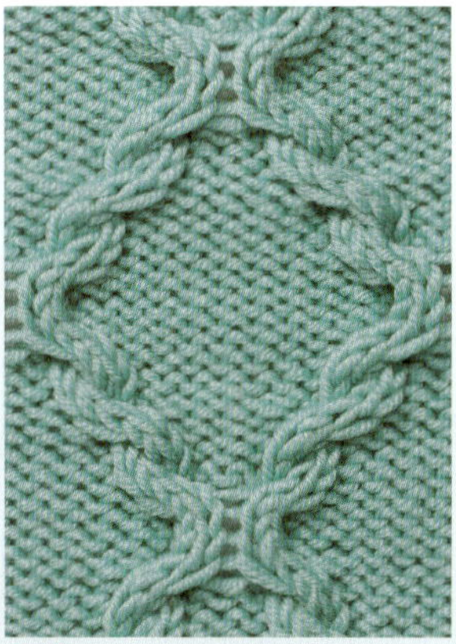

099 Schnörkelzopf

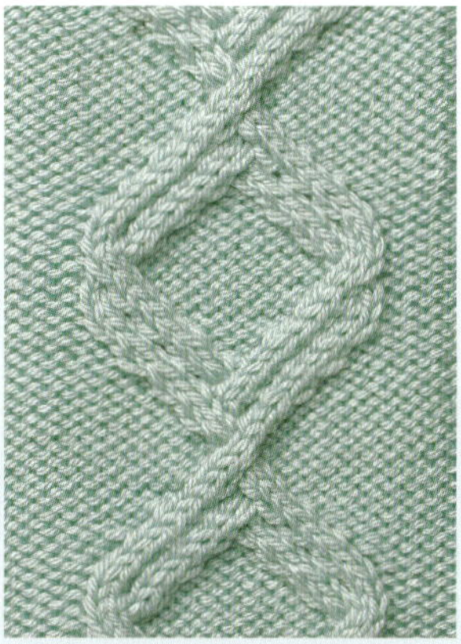

100 Doppelter Rhombenstreifen

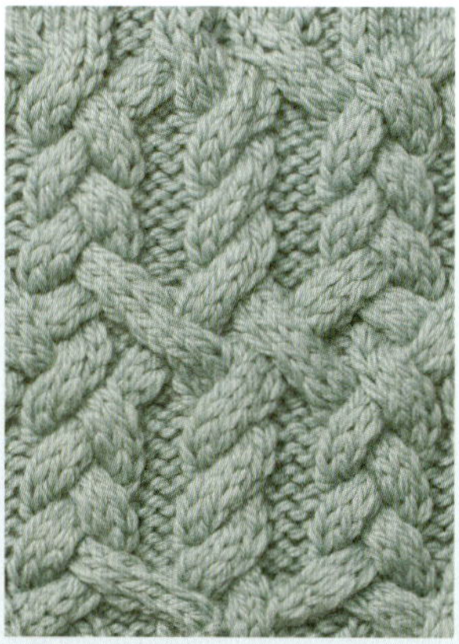

101 Verschlungene Kordeln und Zöpfe

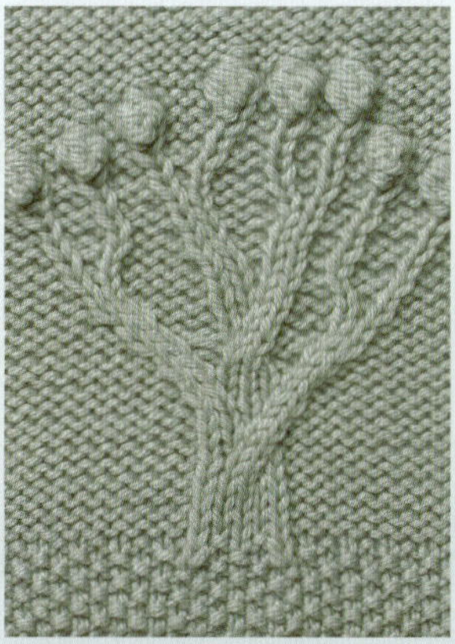

102 Verzweigter Baum

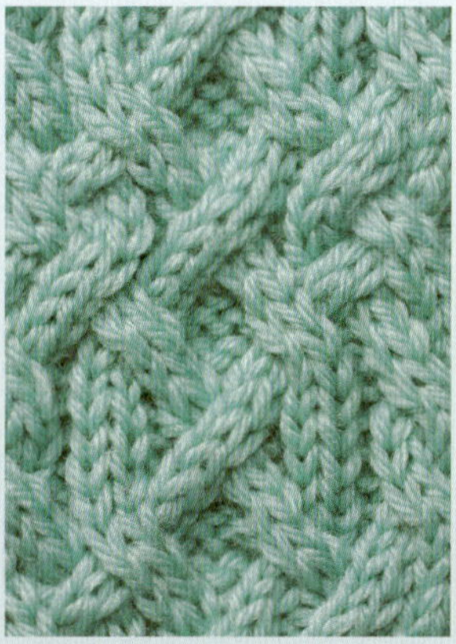

103 Fantasiezopf

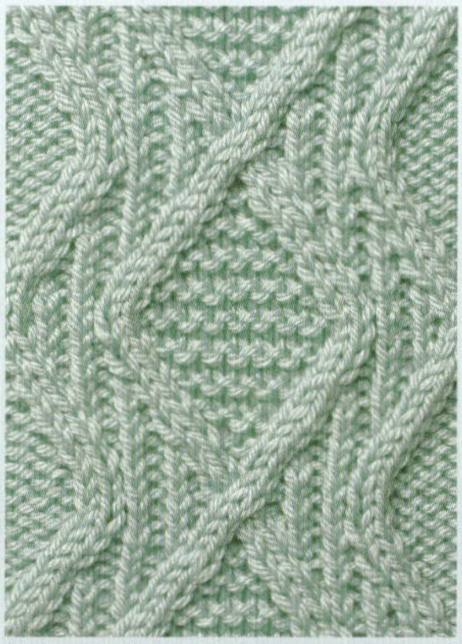

104 Gerahmte Rhomben

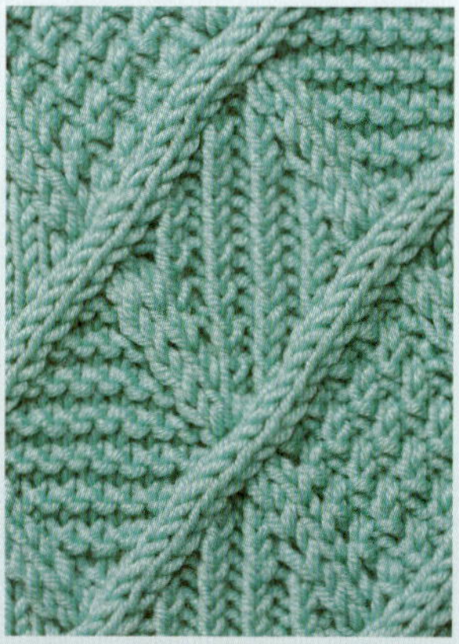

105 Patchwork

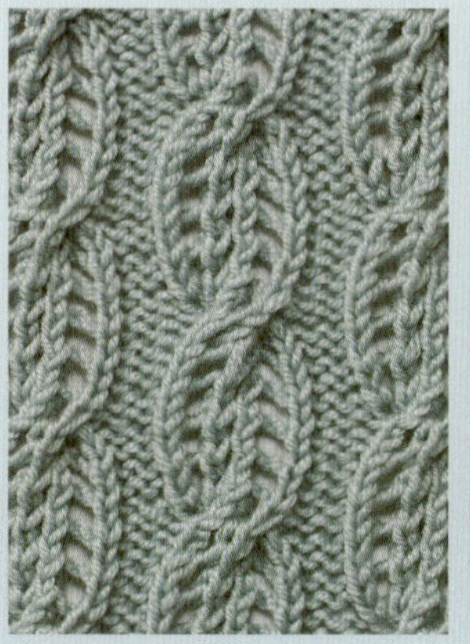

106 Leiterzopf

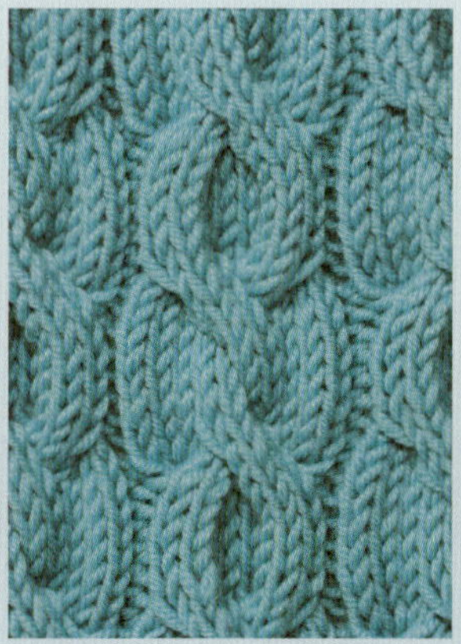

107 Ketten und Kordeln

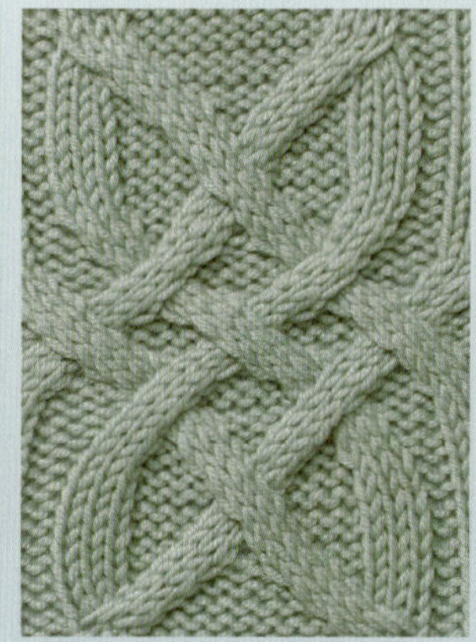

108 Keltischer Knoten

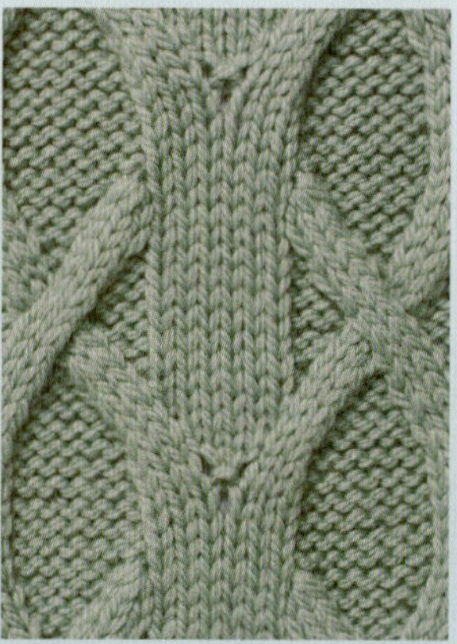

109 Keltische Ringe

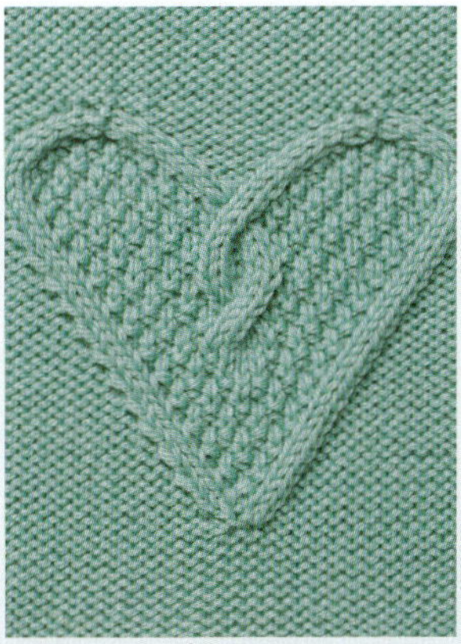

110 Herzanhänger

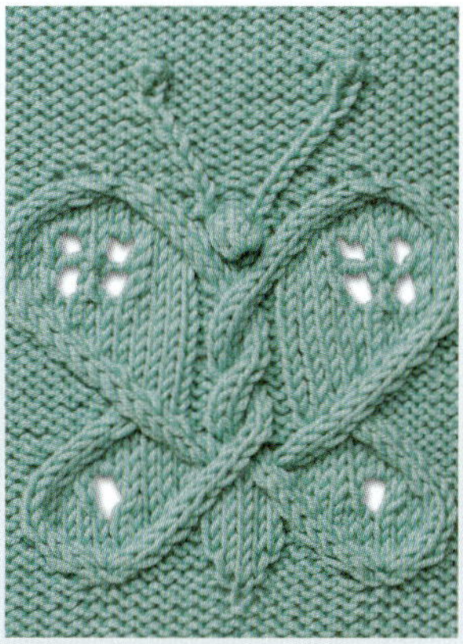

111 Getupfter Schmetterling

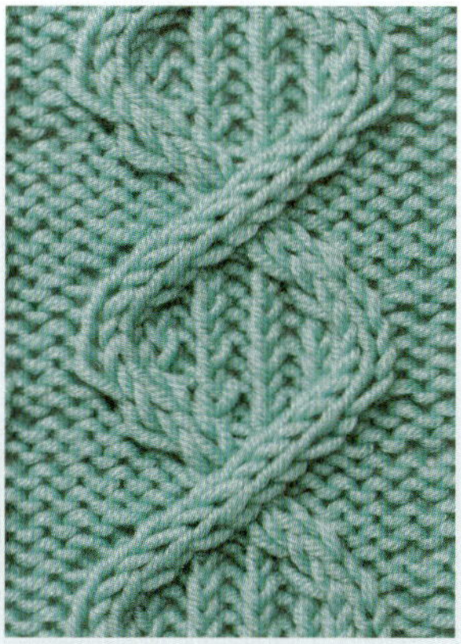

112 Gerippte Seile und Ringe

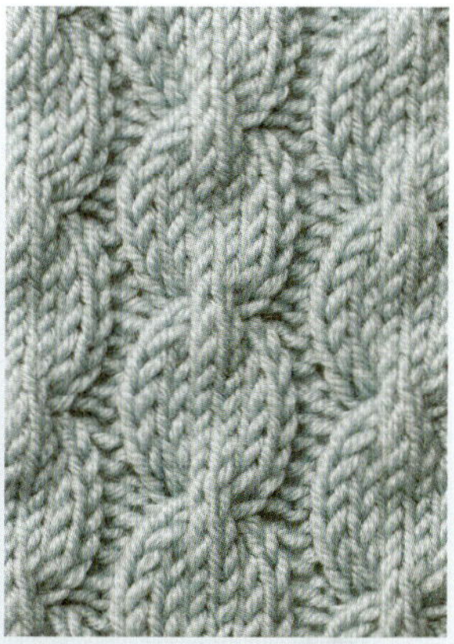

113 Plastischer Kettenzopf

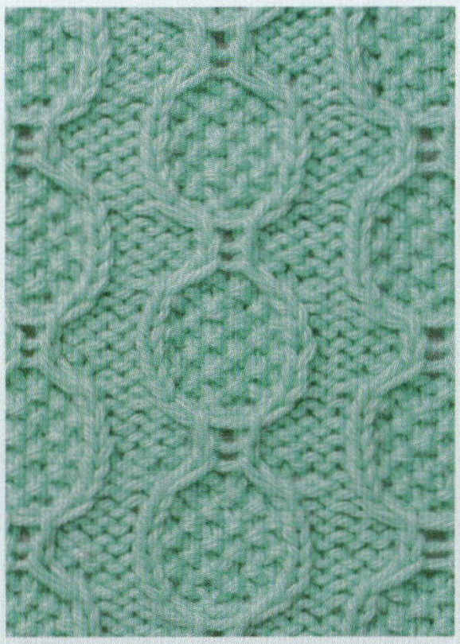

114 Ringe

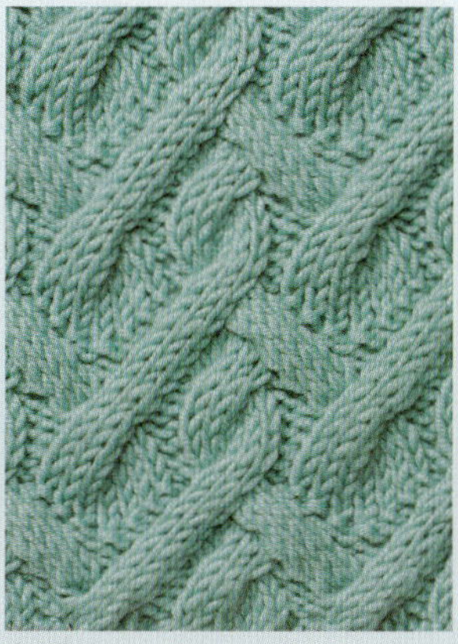

115 Kunstvolles Flechtwerk

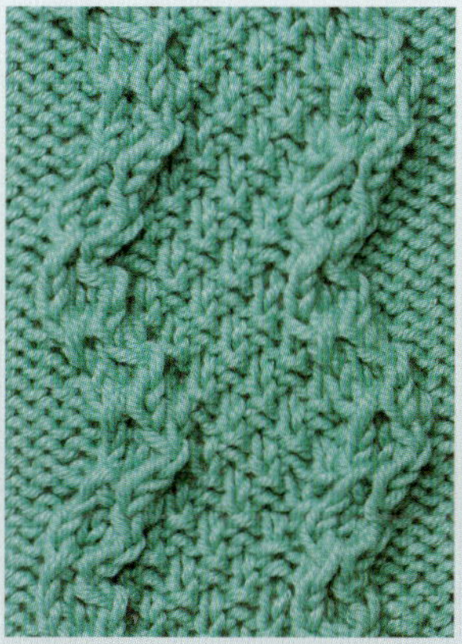

116 Geprägtes Zickzack-Muster

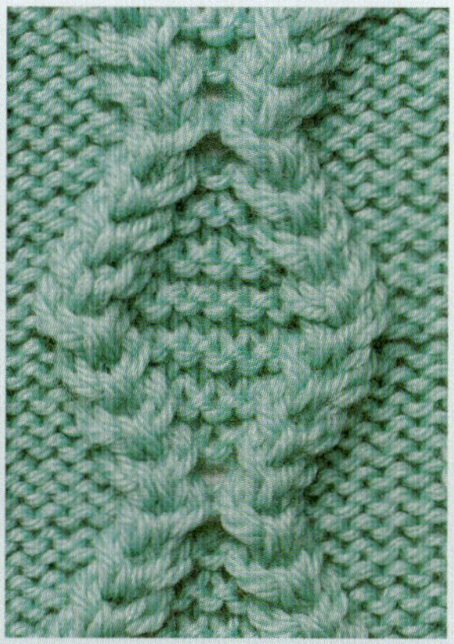

117 Geprägte Rhomben und dünne Zweige

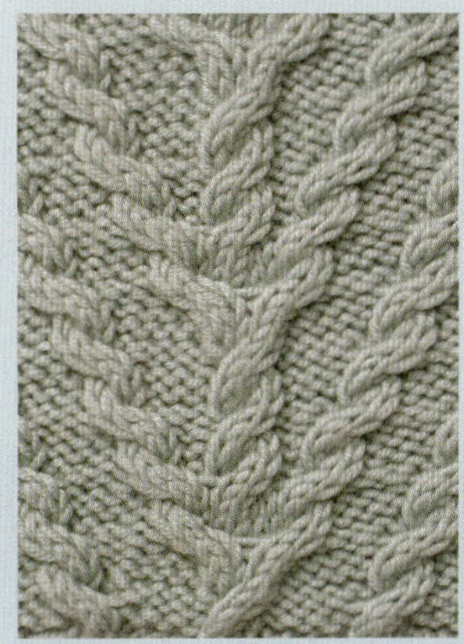

118 Wandernde Zöpfe

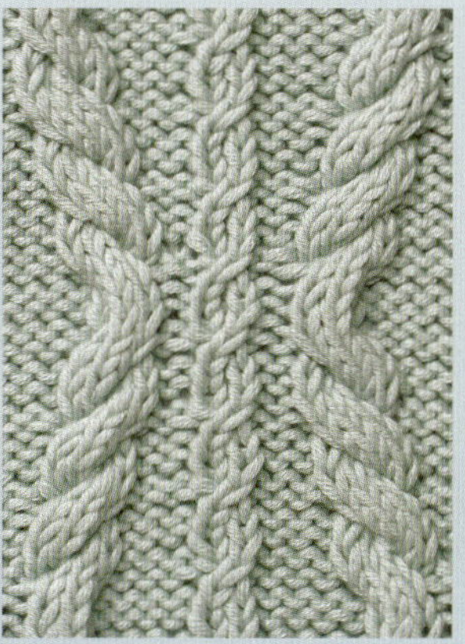

119 Wellenzöpfe

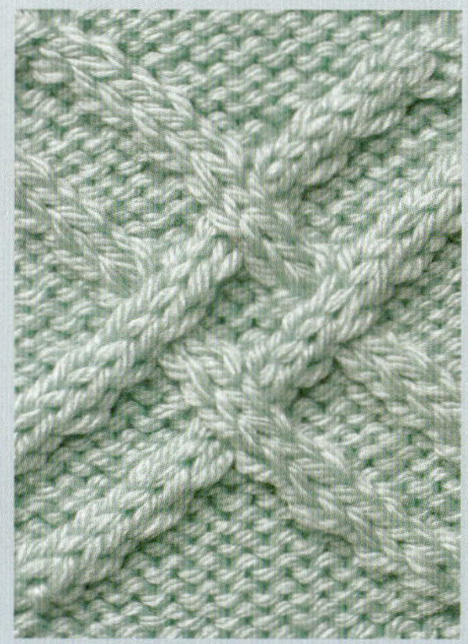

120 Flechtkreuz

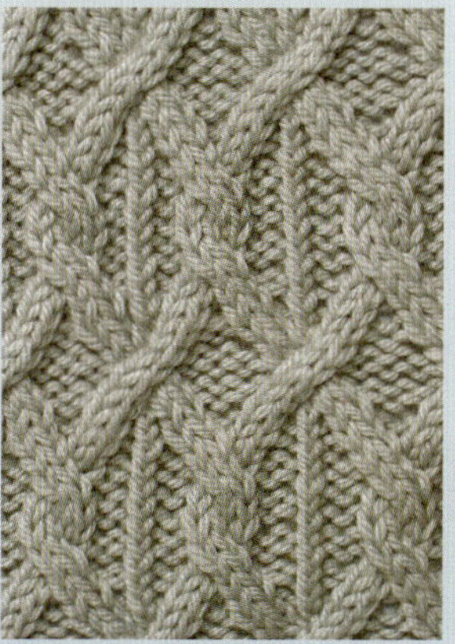

121 Flechtgitter

Muster 074

Webzopf

Dieser Zopf über 6 Maschen ist kinderleicht, doch das unterbrochene, glatt links gestrickte Band verleiht dem Muster eine interessante Wirkung.

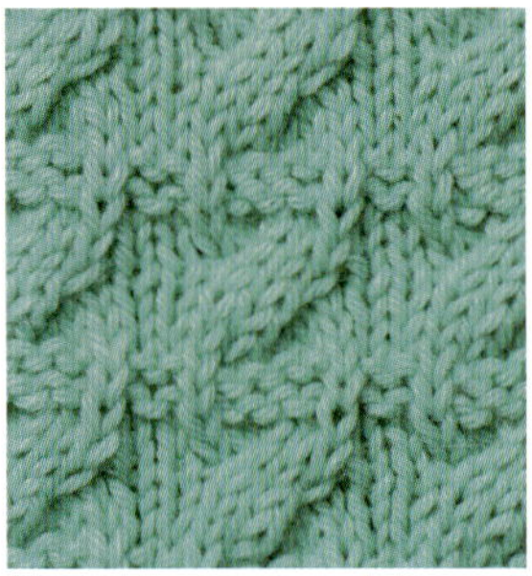

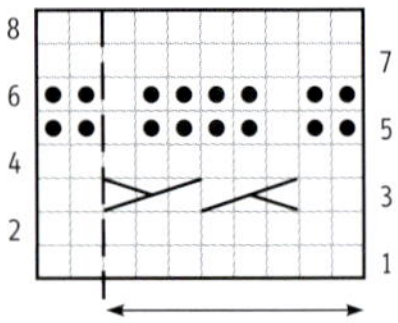

M-Zahl teilbar durch 8 + 2 M

Muster 075

Wellen und Kette

Dies ist eine einfache Kombination aus Zöpfen über 4 Maschen. Durch einfache Verzopfungen entstehen Wellenlinien, durch paarweise nebeneinanderliegende Verzopfungen die Kette in der Mitte.

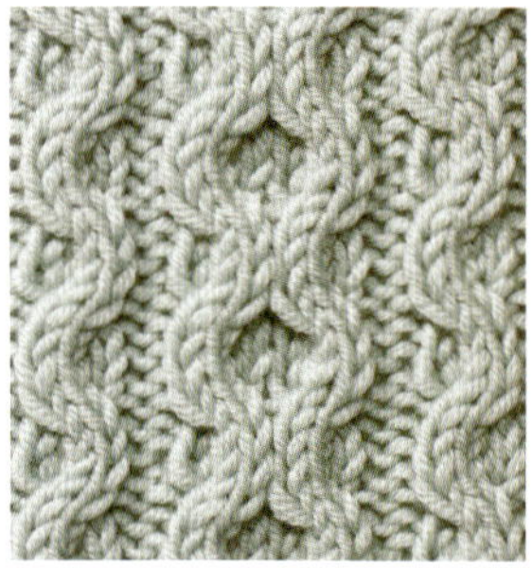

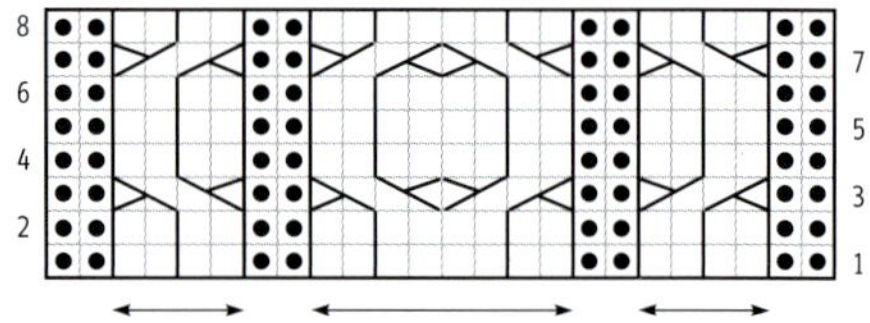

Wellen: Musterstreifen über 4 M — Kette: Musterstreifen über 8 M — Wellen: Musterstreifen über 4 M

Muster 076

Doppelte Bienenwaben

Anders als beim normalen Wabenmuster, das nur aus Verzopfungen über 4 Maschen entsteht, lassen hier zusätzliche Verkreuzungen über 2 Maschen die Vertiefungen noch stärker ins Auge fallen.

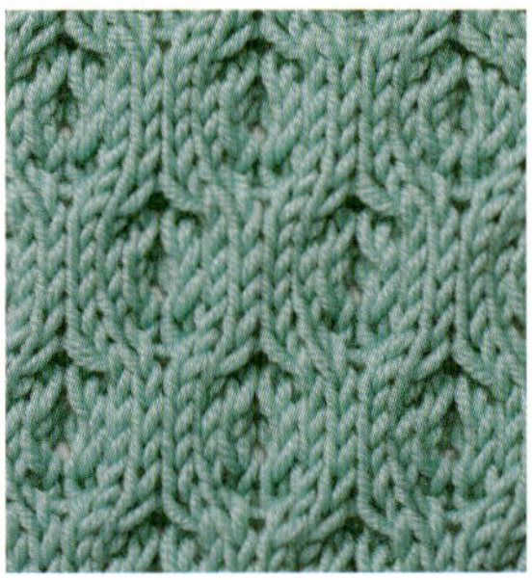

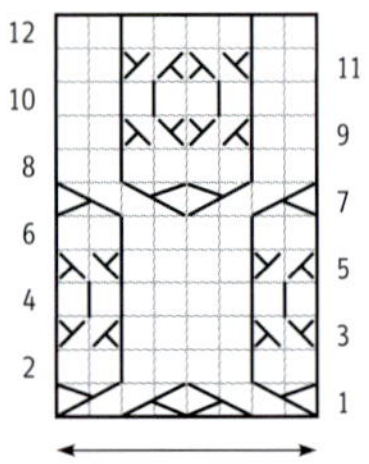

M-Zahl teilbar durch 8

Muster 077

Seil und Reifen

Bei dieser Variante des klassischen Seilmusters werden jeweils 2 x 2 Maschen miteinander verkreuzt.

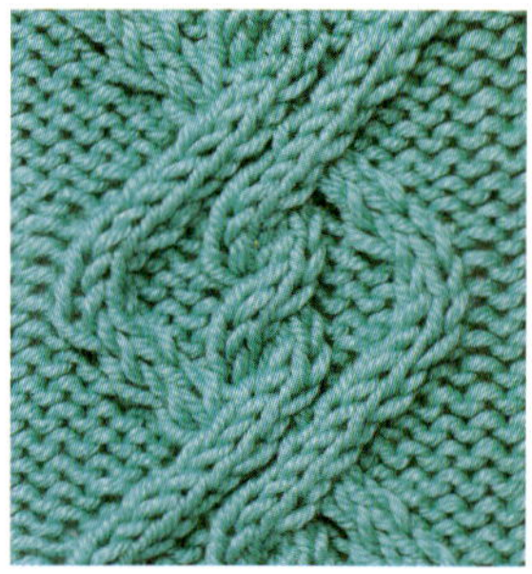

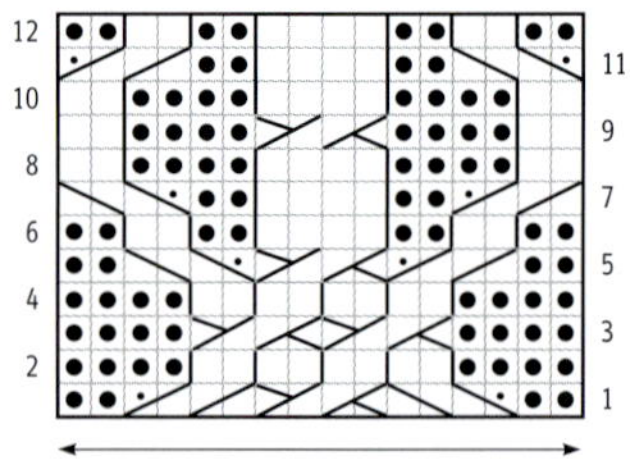

Musterstreifen über 16 M

52–53 Allgemeine Stricksymbole

☐ = in Hin-R 1 M re, in Rück-R 1 M li · ● = in Hin-R 1 M li, in Rück-R 1 M re · = 2 M rvkr · = 2 M lvkr · = 4 M rvkr

Muster 078

Zopfkaros

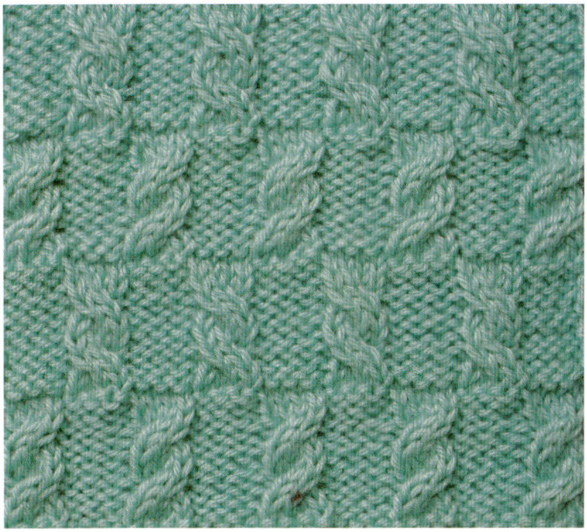

Kurze Zöpfe mit je 2 Verkreuzungen, die aussehen wie Knallbonbons, wechseln hier mit glatt links gestrickten Blöcken ab. Das Muster ist ganz leicht zu stricken.

Hinweis

1 x die 1.–21. R str, dann die 2.–21. R stets wdh; mit der 22. R enden.

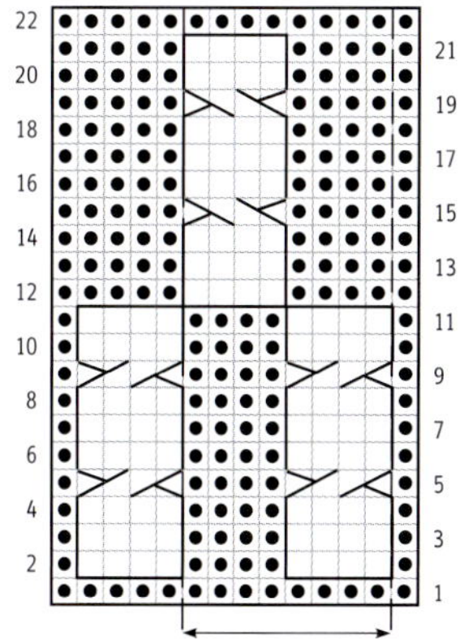

M-Zahl teilbar durch 8 + 6 M

Muster 079

Geweihzopf und Kordeln

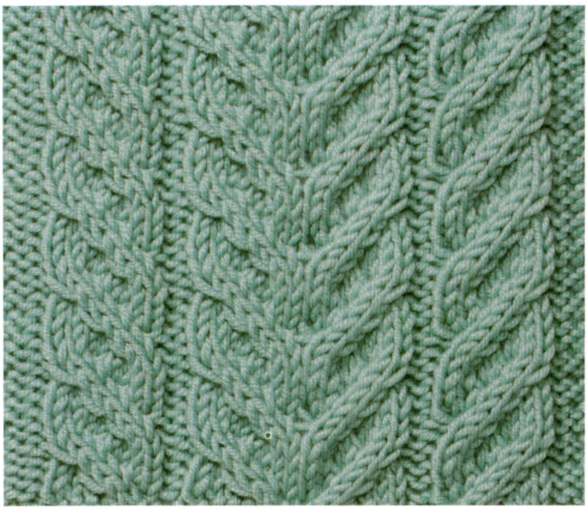

Obwohl diese Zöpfe mit ihren leicht schrägen Verkreuzungen nur einen Rapport von 6 Reihen haben, wirken sie ziemlich kompliziert. Das rührt daher, dass dieselben Verkreuzungen in gleichmäßigen Abständen wiederholt werden.

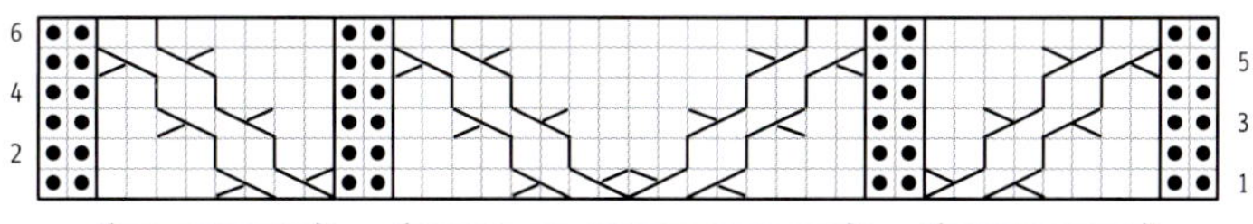

Kordel links: Musterstreifen über 8 M | Geweihzopf: Musterstreifen über 16 M | Kordel rechts: Musterstreifen über 8 M

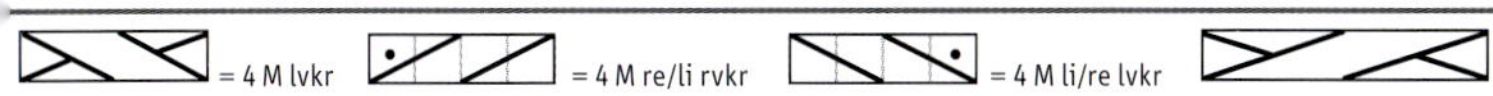

= 4 M lvkr = 4 M re/li rvkr = 4 M li/re lvkr = 6 M rvkr

Muster 080

Tulpenzopf

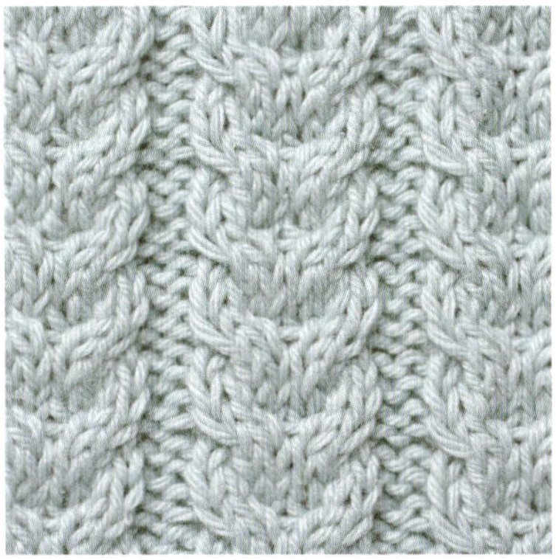

Arbeitet man zwei Zöpfe über 4 Maschen direkt nebeneinander – also eine Verkreuzung nach rechts und sofort anschließend eine Verkreuzung nach links –, so entsteht ein verzweigter Zopf, dessen Elemente entfernt an Tulpenblüten erinnern.

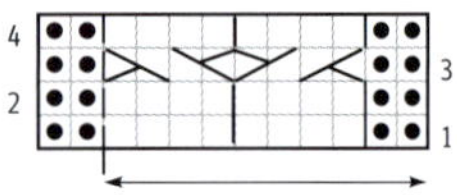

M-Zahl teilbar durch 10 + 2 M

Anleitung

1. Reihe (Hin-R): 2 M li, * 8 M re, 2 M li; ab * fortlfd wdh bis R-Ende.

2. Reihe: 2 M re, * 8 M li, 2 M re; ab * fortlfd wdh bis R-Ende.

3. Reihe: 2 M li, * 4 rvkr, 4 M lvkr, 2 M li; ab * fortlfd wdh bis R-Ende.

4. Reihe: Wie die 2. R str.

Die 1.–4. R stets wdh.

Hinweis

Ein einzelner Zopf lässt sich als Musterstreifen auf glatt linken Grund arbeiten.

Muster 081

Asymmetrischer Zopf

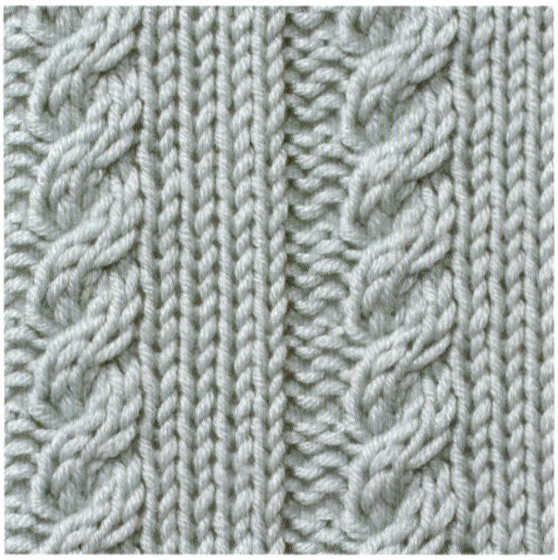

Dieses Muster wird über dieselbe Maschen- und Reihenzahl gearbeitet wie der Tulpenzopf (Muster 080), doch einer der beiden Zöpfe wurde weggelassen und die Verkreuzung nach links durch eine nach rechts ersetzt. Das klingt Ihnen zu kompliziert? Ist es aber nicht, wie Sie mit einem Blick auf die Strickschrift feststellen werden.

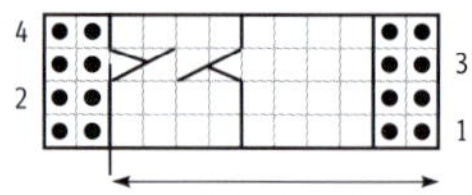

M-Zahl teilbar durch 10 + 2 M

Anleitung

1. Reihe (Hin-R): 2 M li, * 8 M re, 2 M li; ab * fortlfd wdh bis R-Ende.

2. Reihe: Reihe: 2 M re, * 8 M li, 2 M re; ab * fortlfd wdh bis R-Ende.

3. Reihe: 2 M li, * 4 M re, 4 M rvkr, 2 M li; ab * fortlfd wdh bis R-Ende.

4. Reihe: Wie die 2. R str.

Die 1.–4. R stets wdh.

Muster 082

Verzweigter Zopf

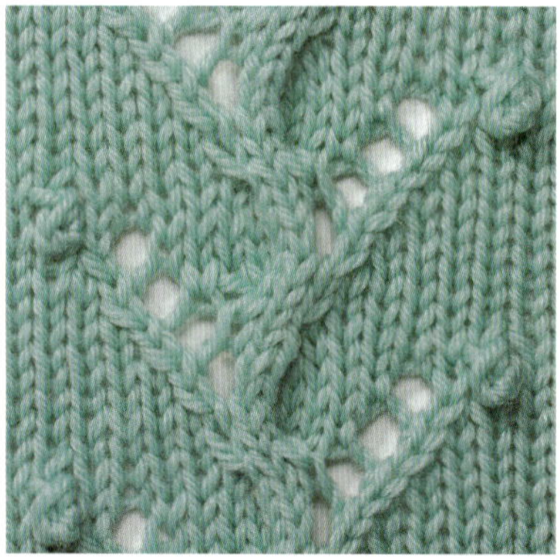

Obwohl dieses Muster auf einem glatt rechts gestrickten Grund gearbeitet wird, hebt es sich doch deutlich ab. Der Hauptast ist verzopft, doch die schräg davon ausgehenden Zweige entstehen durch Abnahmen und Umschläge.

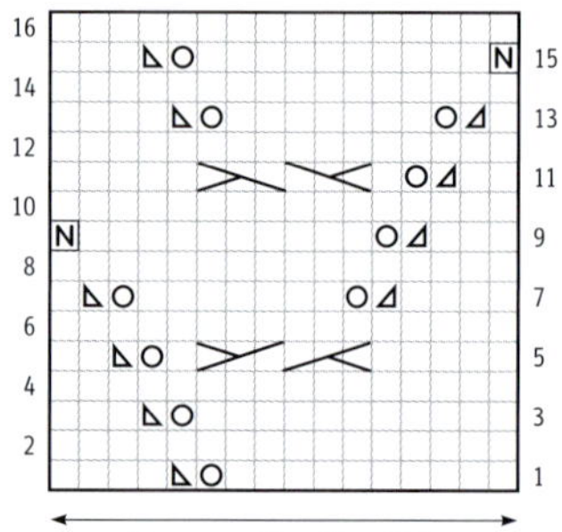

Musterstreifen über 16 M

Besonderes Stricksymbol

N = 1 Noppe (N): [1 M re, 1 M li, 1 M re] in 1 M str, wenden, 3 M li, wenden, die 2. und 3. M über die 1. M ziehen, diese M re verschr str

Hinweis

1 x die 1.–16. R str, dann die 5.–16. R stets wdh.

54–55 Allgemeine Stricksymbole

☐ = in Hin-R 1 M re, in Rück-R 1 M li ● = in Hin-R 1 M li, in Rück-R 1 M re ◿ = 2 M re zus-str ◺ = 2 M re übz zus-str O = 1 U

Muster 083

Verflochtene und verschlungene Zöpfe

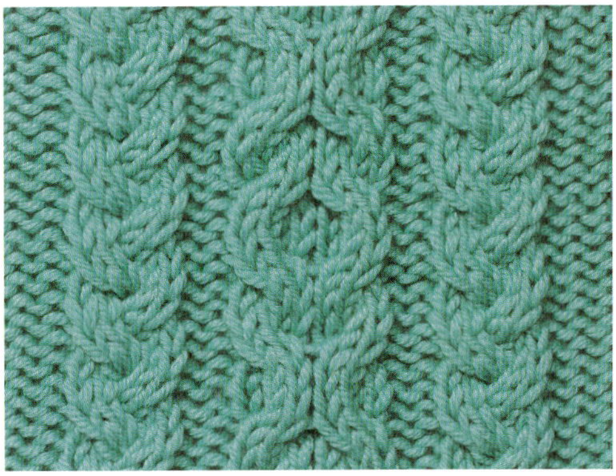

Dies ist ein Beispiel dafür, welch unterschiedliche Mustervarianten mit einfachen Zöpfen über 4 Maschen möglich sind. Der fest verflochtene schmale Zopf hat nur einen Mustersatz von 4 Reihen, während der Mustersatz für den verschlungenen Zopf in der Mitte 16 Reihen umfasst.

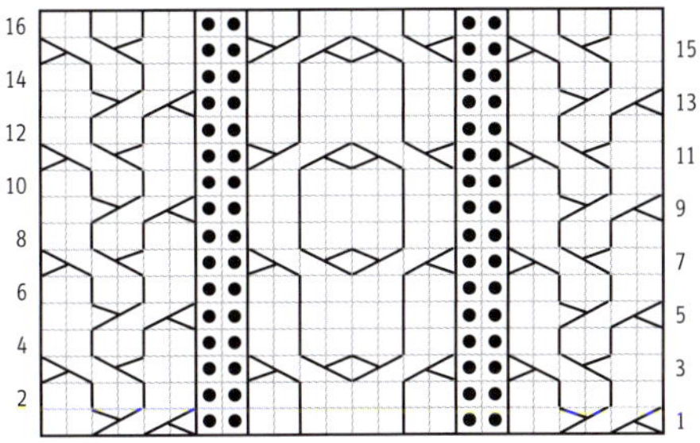

Zopf: Musterstreifen über 6 M — Verschlungener Zopf: Musterstreifen über 8 M — Zopf: Musterstreifen über 6 M

Muster 084

Seile

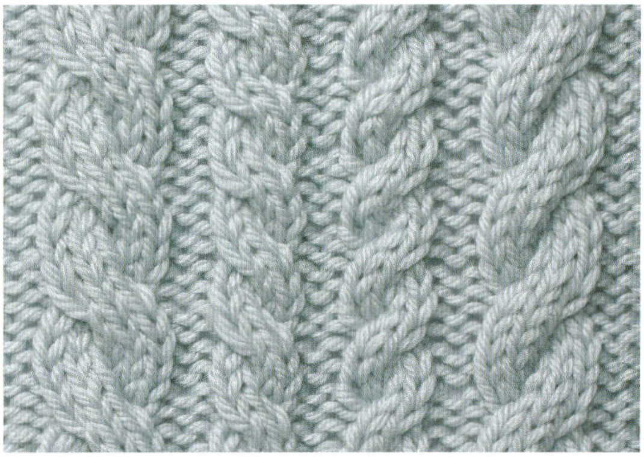

Wenn man die gleiche Verzopfung in regelmäßigen Abständen wiederholt, entsteht ein klassisches Seil oder eine Kordel – ein Musterstreifen, der schon für sich alleine wirkt, aber auch mit anderen Mustern kombiniert werden kann. Hier wurden für die schmalen Seile in jeder 4. Reihe 4 Maschen verkreuzt, während für die breiteren Seile 6 Maschen in jeder 6. Reihe verkreuzt wurden.

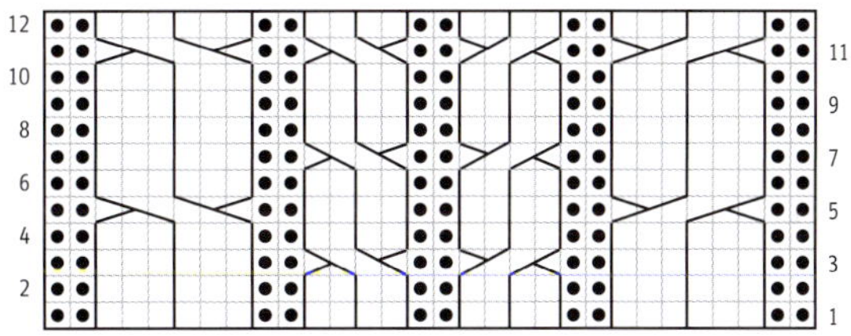

Breites Seil: Musterstreifen über 6 M — Schmale Seile: je 1 Musterstreifen über 4 M — Breites Seil: Musterstreifen über 6 M

Anleitung

SCHMALES SEIL (Mitte rechts)

1. Reihe (Hin-R): Re M str.

2. Reihe: Li M str.

3. Reihe: 4 M rvkr.

4. Reihe: Li M str.

Die 1.–4. R stets wdh.

SCHMALES SEIL (Mitte links)

Wie das rechte Seil arb, jedoch in der 3. R 4 Maschen nach links statt nach rechts verkreuzen (= 4 M lvkr)

BREITES SEIL (rechts)

1. und 3. Reihe (Hin-R): Re M str.

2. und 4. Reihe: Li M str.

5. Reihe: 6 M rvkr.

6. Reihe: Li M str.

Die 1.–6. R stets wdh.

BREITES SEIL (links)

Wie das rechte Seil arb, jedoch in der 5. R 6 Maschen nach links statt nach rechts verkreuzen (= 6 M lvkr).

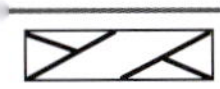 = 4 M rvkr 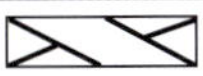 = 4 M lvkr 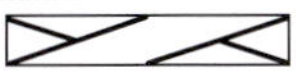 = 6 M rvkr 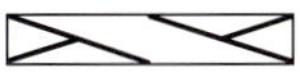 = 6 M lvkr

Muster 085

Verschlungene Diagonalen

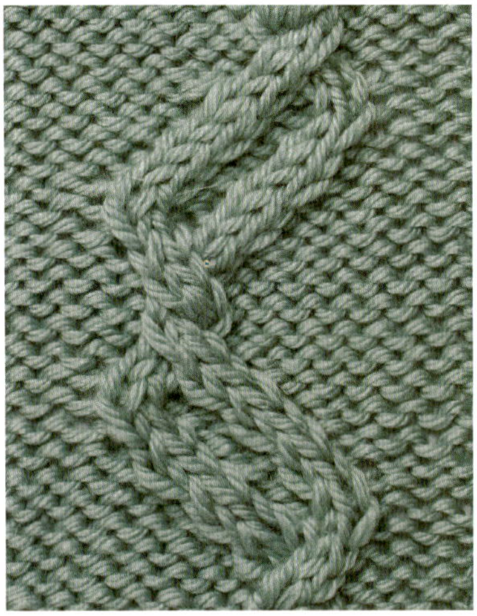

Für alle hier gezeigten Zöpfe werden jeweils lediglich 4 Maschen verkreuzt. Dadurch, dass die Maschen verkreuzt werden, entsteht ein lebendiges, asymmetrisches Muster aus hin- und herschwingenden Diagonalen.

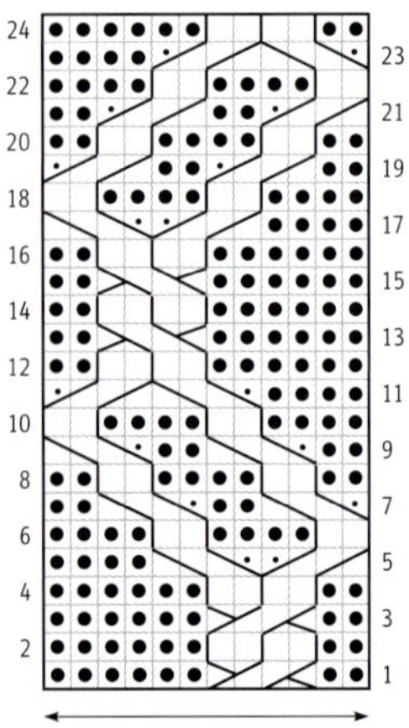

Musterstreifen über 12 M

Muster 086

Zickzack-Zweige

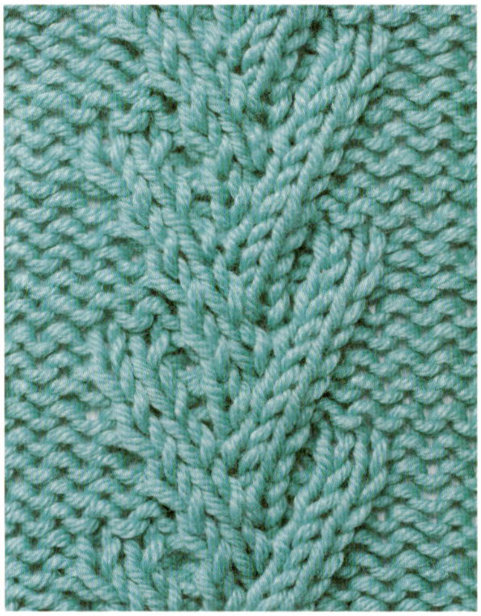

Dieses kompakte und anspruchsvoll wirkende Gebilde aus nach rechts und links abstehenden Zweigen hat einen Mustersatz von gerade einmal 8 Reihen.

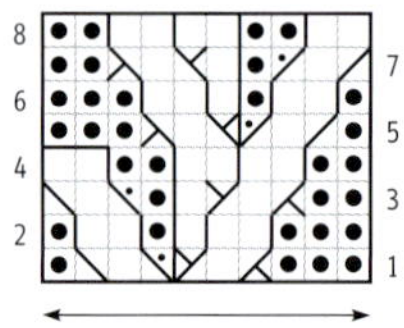

Musterstreifen über 10 M

Muster 087

Zickzack-Linie mit Fenstern

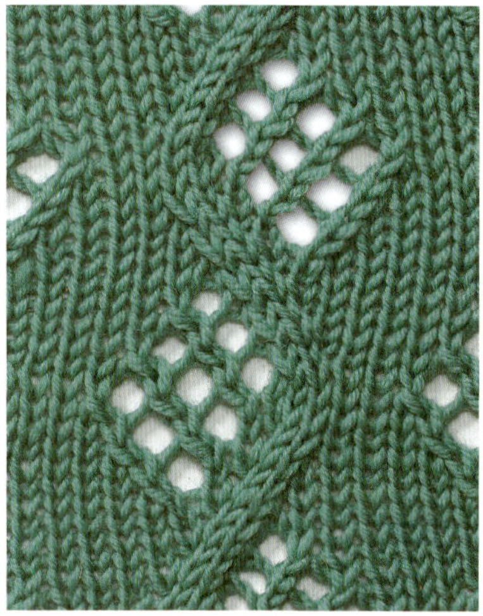

Filigran durchbrochene Blöcke füllen hier die Ecken der Zickzack-Zöpfe aus und verleihen dem Muster zusätzlich Bewegung.

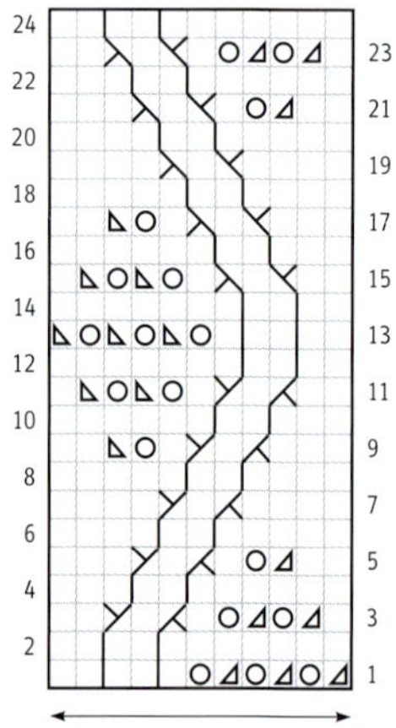

M-Zahl teilbar durch 11

56–57 Allgemeine Stricksymbole

= in Hin-R 1 M re, in Rück-R 1 M li
= in Hin-R 1 M li, in Rück-R 1 M re
= in Hin-R 1 M re verschr, in Rück-R 1 M li verschr
= 2 M re zusstr
= 2 M re übz zus-str
= 1 U
= 3 M rvkr
= 3 M re/li rvkr
= 3 M lvkr

Muster 088

Zuckerstangen

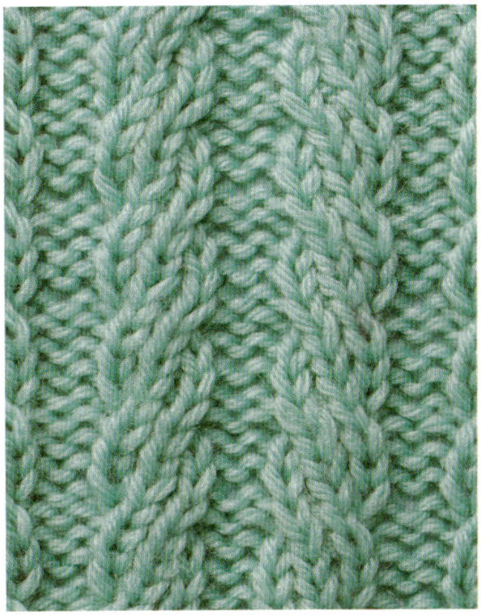

Der Spiraleffekt dieser hübschen Zöpfe entsteht dadurch, dass 3 Rippenmaschen mit zweien verkreuzt werden. Zwar werden die Verkreuzungen in jeder 4. Reihe gearbeitet, trotzdem dauert es 12 Reihen, bis die Rippen wieder an ihrem Ausgangspunkt angekommen sind. Sie können diese Zöpfe einsetzen, wie oben gezeigt, oder sie nach Belieben verwenden.

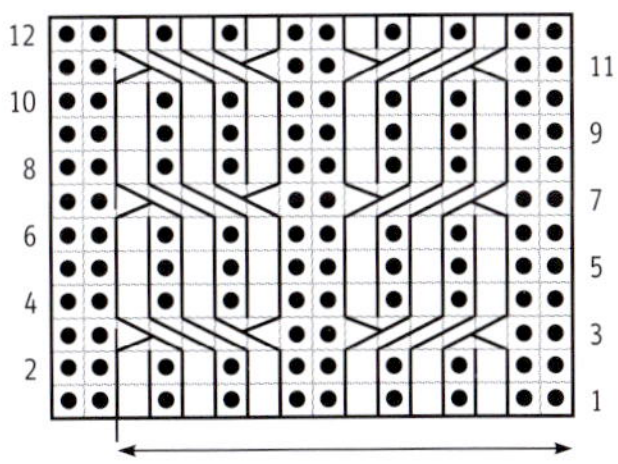

M-Zahl teilbar durch 14 + 2

Besondere Symbole

= 2 M auf einer Zopf-Nd hinter die Arbeit legen, 1 M re, 1 M li, 1 M re, dann 1 M li, 1 M re von der Zopf-Nd str

= 3 M auf einer Zopf-Nd vor die Arbeit legen, 1 M re, 1 M li, dann die M der Hilfs-Nd 1 M re, 1 M li, 1 M re str

Muster 089

Tränenzopf

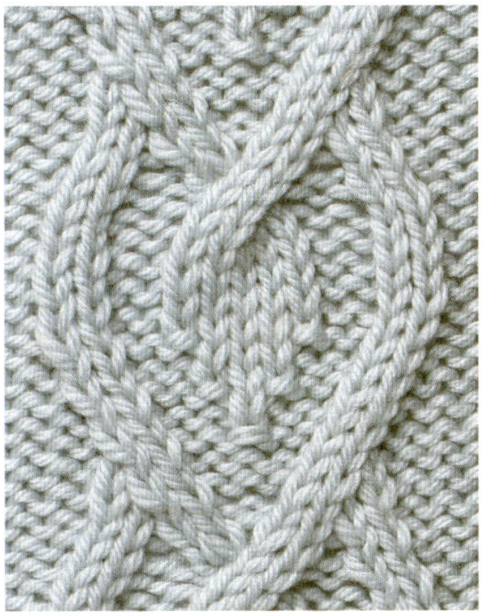

Zopfmuster sehen auf glatt links gestricktem Grund immer gut aus und kommen klar zur Geltung. Hier bekommt das Muster weichere Linien durch eine glatt rechts gestrickte Maschengruppe in der Mitte, die ein tränenartiges Motiv bildet.

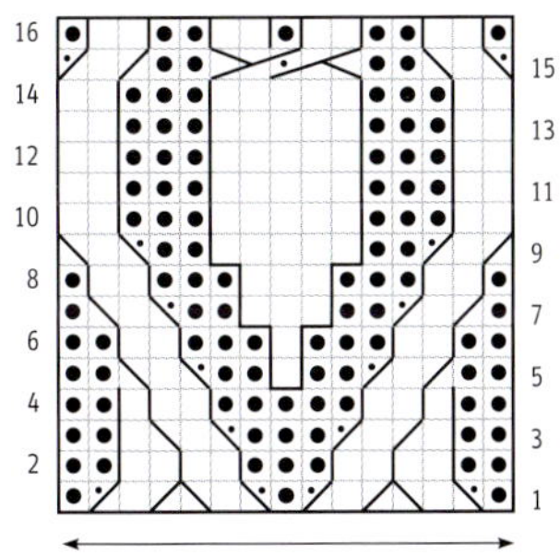

Musterstreifen über 15 M

Besonderes Stricksymbol

= 3 M auf einer Zopf-Nd hinter die Arbeit legen, 2 M re, die am nächsten liegende M von der Zopf-Nd auf die linke Nd heben und li str, dann die verbleibenden 2 M von der Zopf-Nd re str

Muster 090

Verkreuzte Rippen

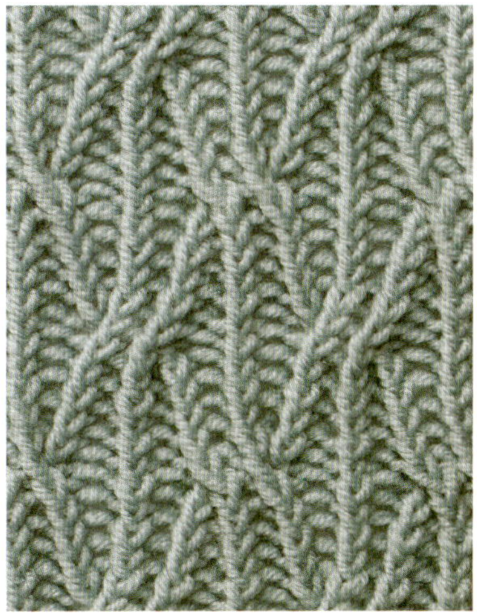

Durch das Verkreuzen von 5 Maschen entsteht dieses Muster aus rhythmisch verkreuzten Rippen aus jeweils 1 verschränkten Masche. Übrigens: Auch die Rückseite der Arbeit sieht attraktiv aus.

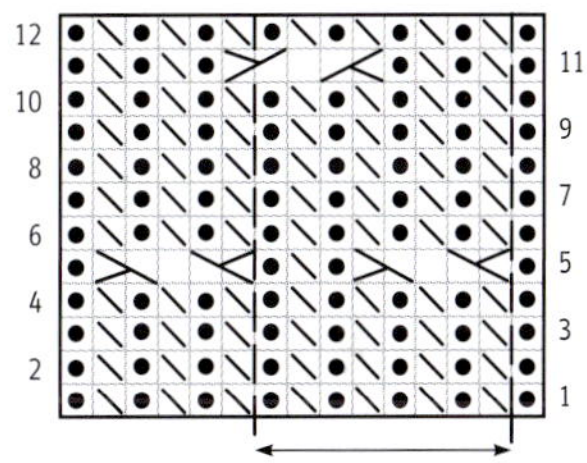

M-Zahl teilbar durch 8 + 7 M

Besondere Stricksymbole

= 3 M auf einer Zopf-Nd vor die Arbeit legen, 1 M re verschr, 1 M li, dann die M der Zopf-Nd 1 M re verschr, 1 M li, 1 M re verschr str

= 2 M auf einer Zopf-Nd hinter die Arbeit legen, 1 M re verschr, 1 M li, 1 M re verschr, dann die M der Zopf-Nd 1 M li, 1 M re verschr str

= 3 M li/re lvkr = 4 M rvkr = 4 M lvkr = 4 M re/li rvkr = 4 M li/re lvkr

Muster 091

Netz aus Zöpfen

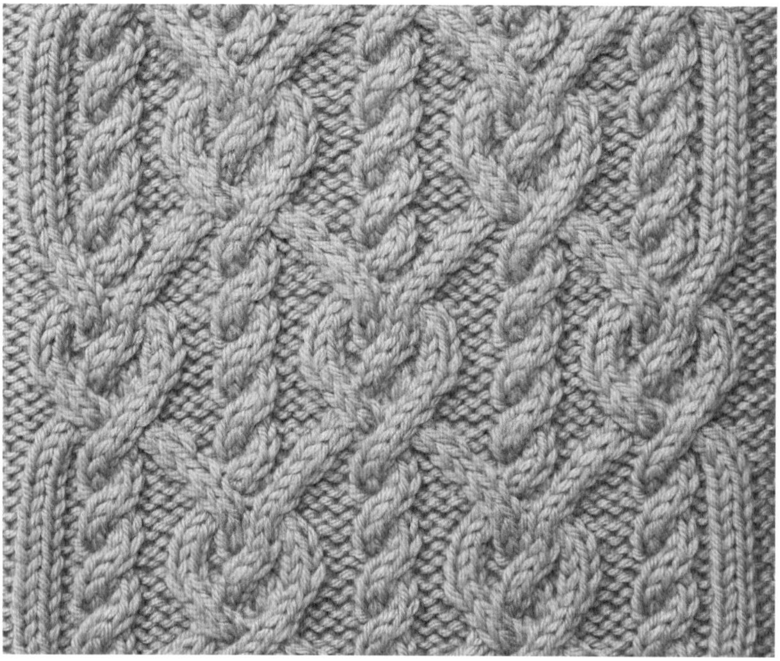

Dies ist ein interessantes Flächenmuster, das sich aber ebenso gut als breiter Zopfmusterstreifen eignet. Arbeiten Sie dafür alle Maschen der Strickschrift, ohne den Rapport zu wiederholen.

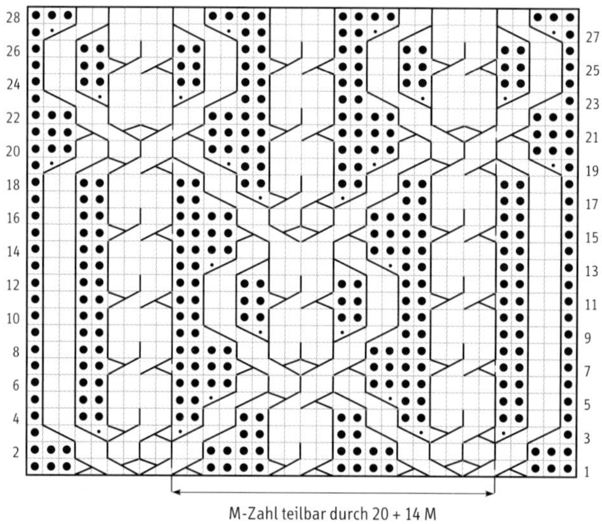

M-Zahl teilbar durch 20 + 14 M

58–59 Allgemeine Stricksymbole

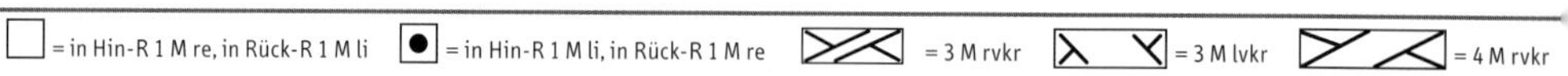

Muster 092

Gitter aus schräg gestellten Rhomben

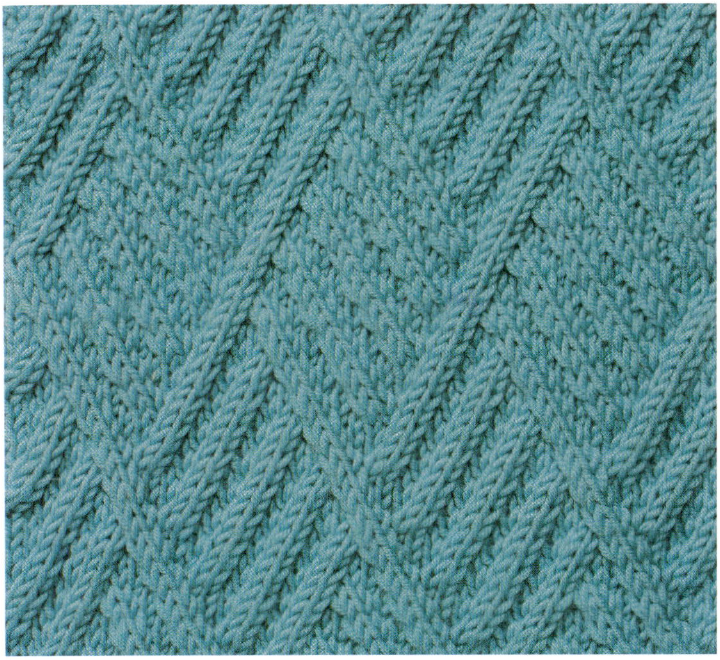

Dieses fantastische, großformatige Flächenmuster entsteht durch gerade einmal zwei kleine Verzopfungen. Es ist einfacher nachzustricken, als es scheint, weil alle Rückreihen ausschließlich links gestrickt werden.

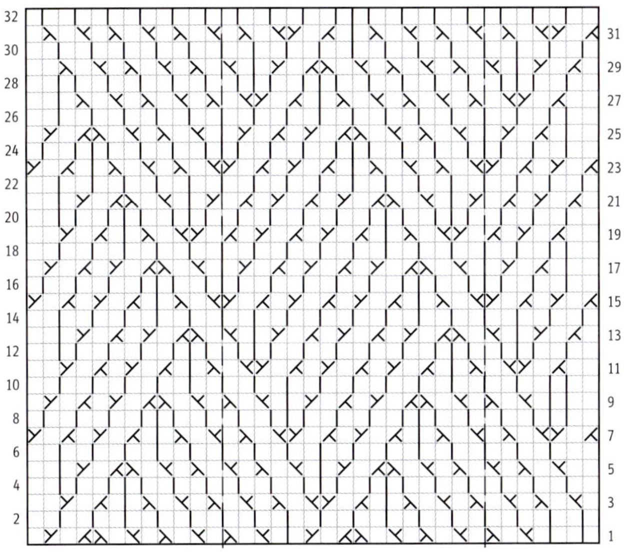

M-Zahl teilbar durch 16 + 19 M

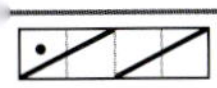 = 4 M re/li rvkr 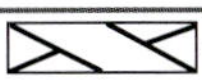 = 4 M lvkr 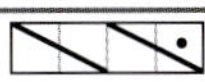 = 4 M li/re lvkr

Muster 093

Zopfgitter auf krausem Rhombengrund

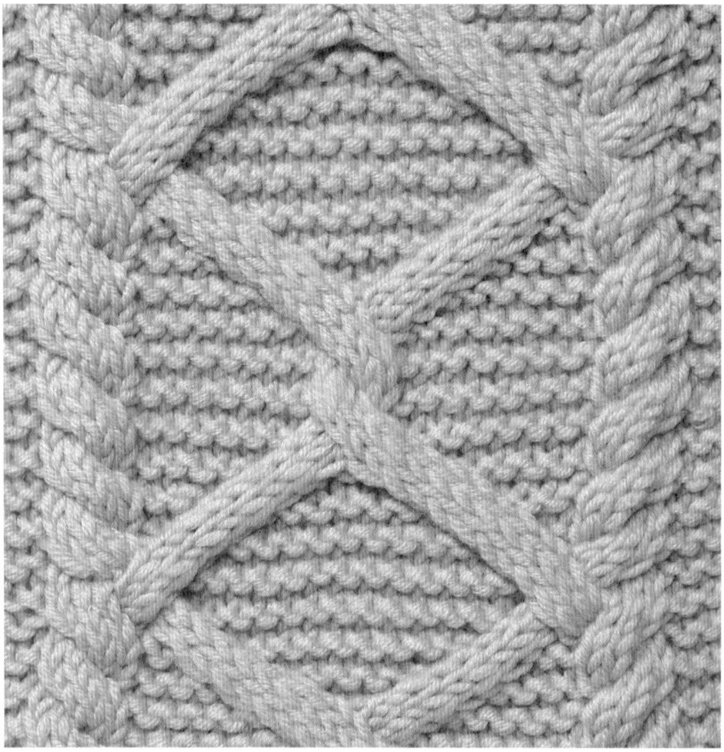

Dieser stark strukturierte, breite Zopfstreifen sieht ziemlich kompliziert aus, ist aber in Wahrheit einfach zu arbeiten, weil alle Rückreihen links gestrickt werden.

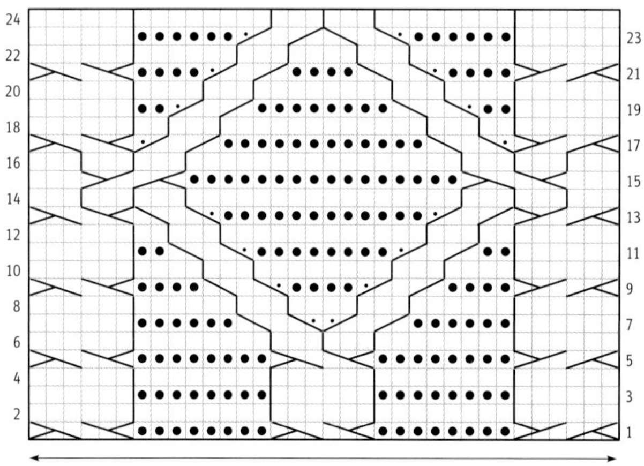

Musterstreifen über 34 M

60–61 Allgemeine Stricksymbole

= in Hin-R 1 M re, in Rück-R 1 M li

= in Hin-R 1 M li, in Rück-R 1 M re

= 3 M rvkr

= 3 M re/li rvkr

= 3 M lvkr

= 6 M lvkr

Muster 094

Großes Rhombengitter

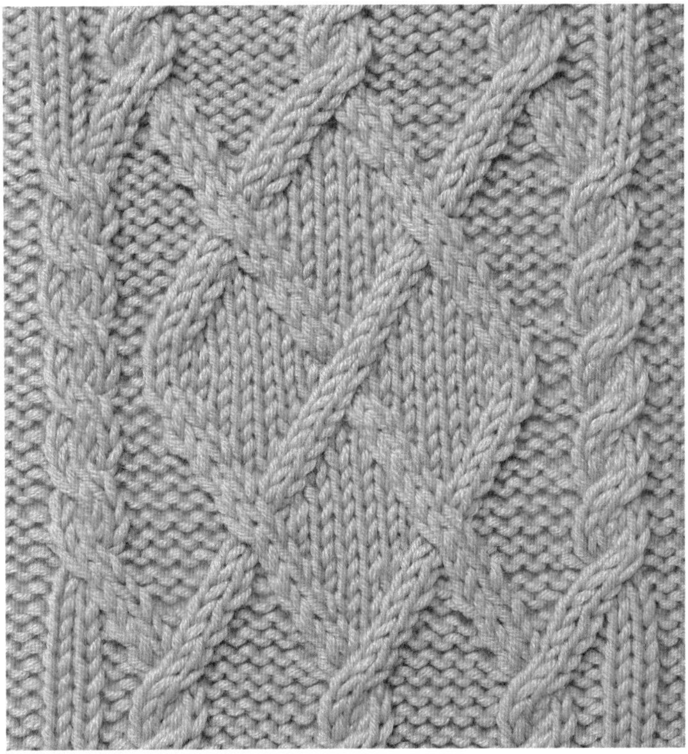

Der mittlere Zopf dieses Musters öffnet sich zu einem Rhombus mit glatt rechts gearbeitetem Grund. Darüber kreuzen die Bänder der Zöpfe beider Seiten einander. Die Gesamtwirkung ist ebenso raffiniert wie beeindruckend.

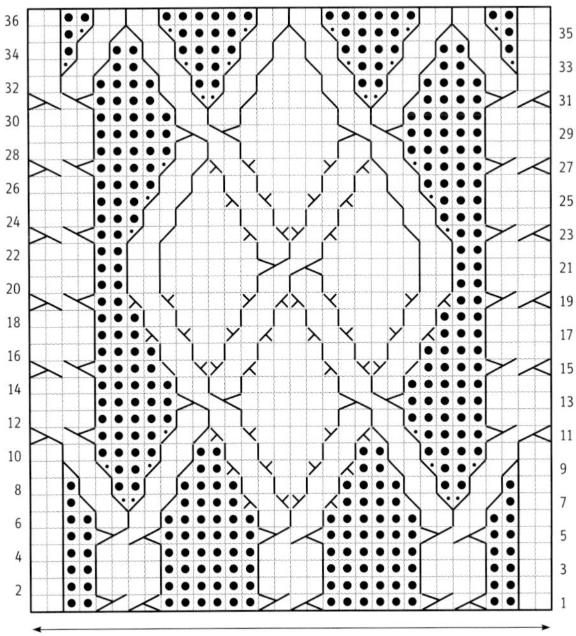

Musterstreifen über 32 M

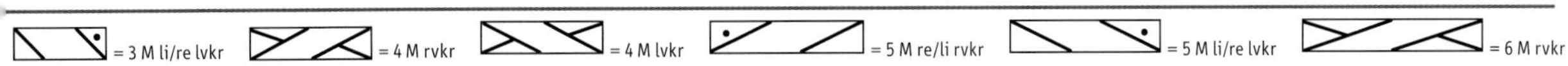

Muster 095

Zöpfe und Karos

Glatt rechts gestrickte Karos bilden den Hintergrund für einen großen Rhombus und gehen in den glatt links gestrickten Grund über.

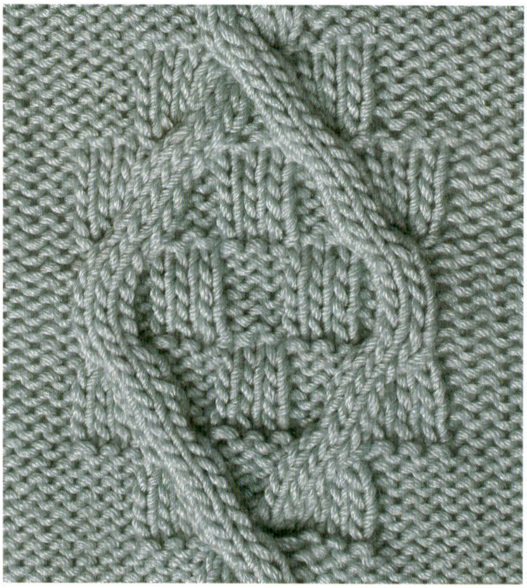

Besonderes Stricksymbol

= 6 M auf einer Zopf-Nd hinter die Arbeit legen, 3 M re, die am nächsten liegenden 3 M von der Zopf-Nd auf die linke Nd heben, 3 M li, dann die verbleibenden 3 M der Zopf-Nd re str

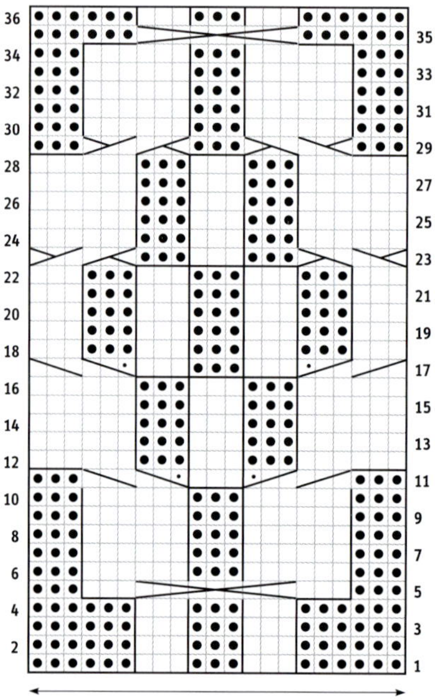

Musterstreifen über 21 M

Muster 096

Gegenläufige Zöpfe

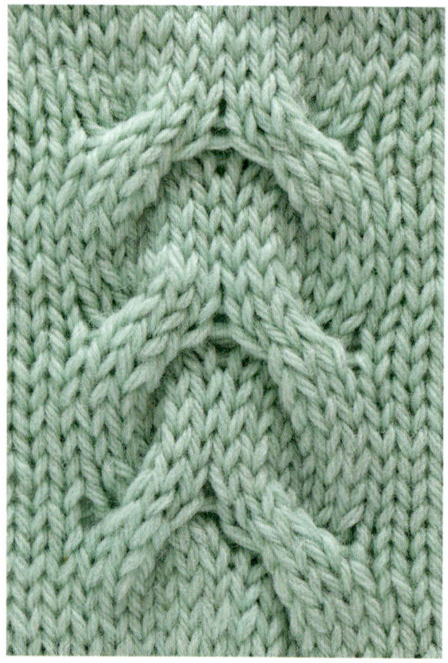

Bei diesem klassisch eleganten Muster entsteht durch Paare von nach links und nach rechts gerichteten Zöpfen ein reizvoller Zopfstreifen. Man kann ihn einzeln als Blickfang verwenden, entlang eines Ärmels oder der Vorderteile einer Jacke laufen lassen oder mit anderen Zopfmustern zu einem ansprechenden Mustermix kombinieren.

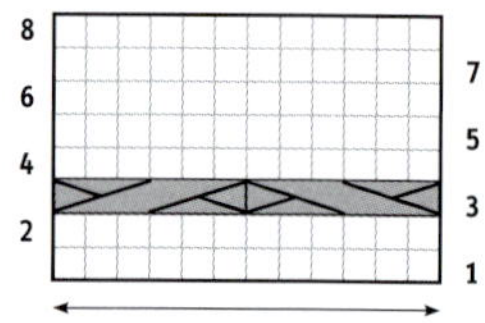

Musterstreifen über 12 M

Besondere Stricksymbole

= 6 M rvkr:
3 M auf einer Zopf-Nd hinter die Arbeit legen, 3 M re, dann die 3 M der Zopf-Nd re str

= 6 M lvkr:
3 M auf einer Zopf-Nd vor die Arbeit legen, 3 M re, dann die 3 M der Zopf-Nd re str

= in Hin-R 1 M re, in Rück-R 1 M li
= in Hin-R 1 M li, in Rück-R 1 M re
= 3 M rvkr
= 3 M re/li rvkr
= 6 M rvkr
= 6 M rvkr
= 6 M lvkr
= 6 M li/re lvkr

Muster 097

Schräg gestreifte Rhomben

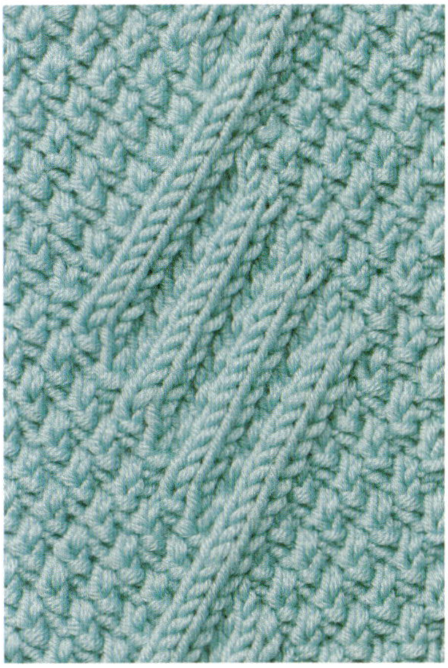

Dicht nebeneinanderliegende Verzopfungen über 4 Maschen auf einem Hintergrund im großen Perlmuster ergeben ein einfaches, aber stark strukturiertes Muster.

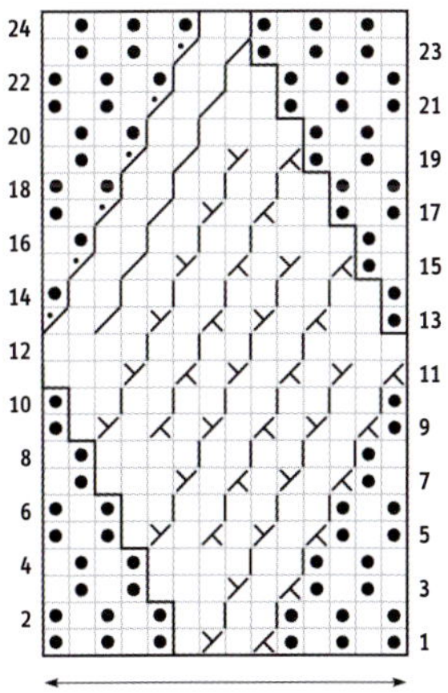

Musterstreifen über 14 M

Muster 098

Meereswellen

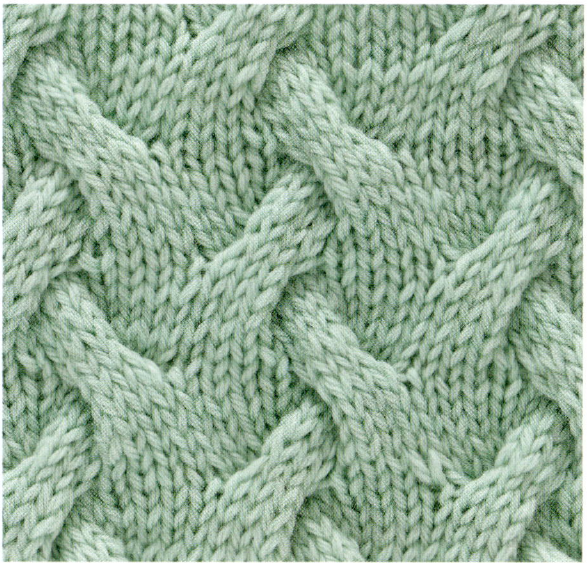

Dies ist ein zart gewelltes Muster, das sich viel einfacher stricken lässt, als es scheinen mag. Zwei einfache Zöpfe, die nur in zwei Reihen des Musters gestrickt werden, ergeben ein stark strukturiertes Muster, das an wirbelnde Wellen in einem stürmischen Ozean erinnert.

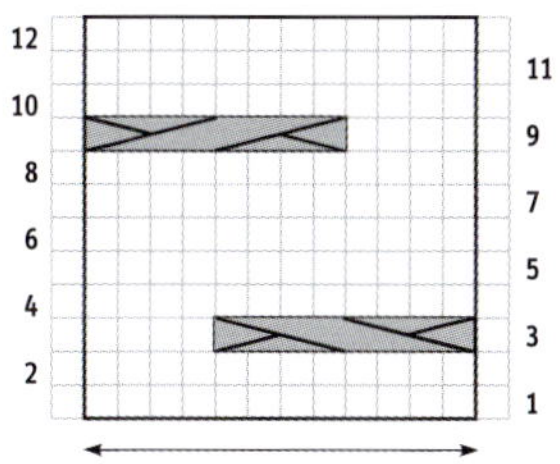

Musterrapport über 12 M

Besondere Stricksymbole

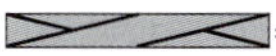 = 8 M rvkr:

4 M auf einer Zopf-Nd hinter die Arbeit legen, 4 M re, dann die 4 M der Zopf-Nd re str

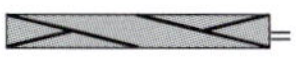 = 8 M lvkr:

4 M auf einer Zopf-Nd vor die Arbeit legen, 4 M re, dann die 4 M der Zopf-Nd re str

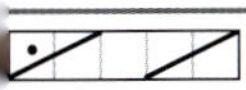 = 5 M re/li rvkr 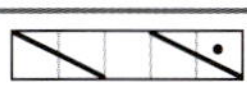 = 5 M li/re lvkr 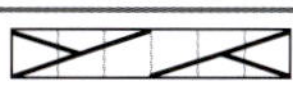 = 6 M lvkr 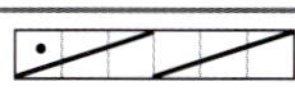 = 6 M rvkr

Muster 099

Schnörkelzopf

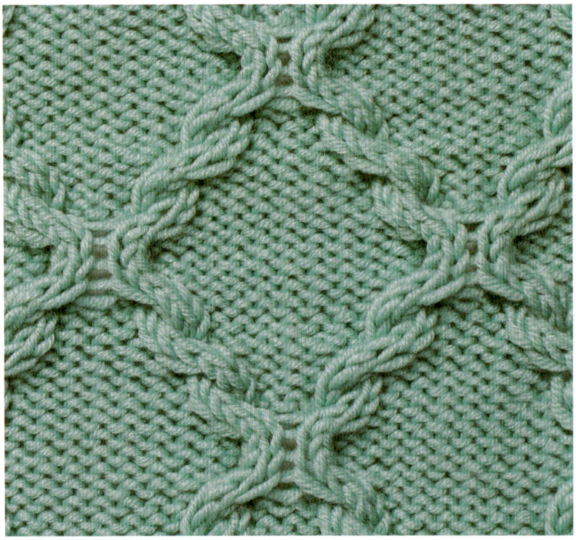

Diese gewundenen Seile bekommen ihren Schwung dadurch, dass sie über 6 Maschen verzopft werden. Das Ergebnis ist ein sehr elegantes Rhombenmuster.

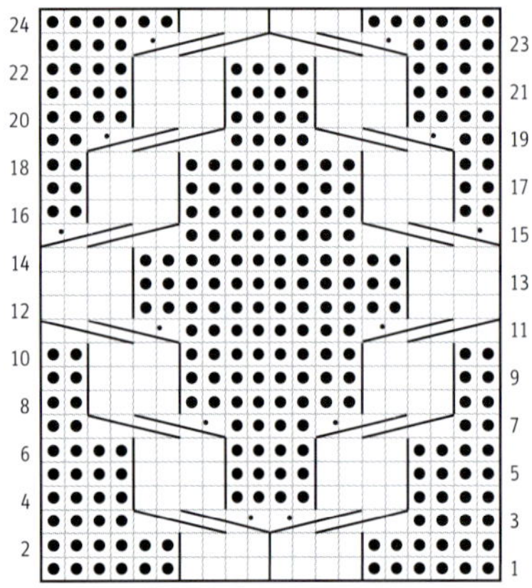

M-Zahl teilbar durch 20

Besondere Stricksymbole

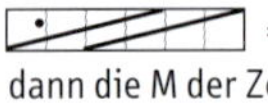 = 4 M auf einer Zopf-Nd hinter die Arbeit legen, 2 M re, dann die M der Zopf-Nd 2 M re, 2 M li str

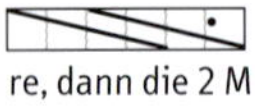 = 2 M auf einer Zopf-Nd vor die Arbeit legen, 2 M li, 2 M re, dann die 2 M der Zopf-Nd re str

Muster 100

Doppelter Rhombenstreifen

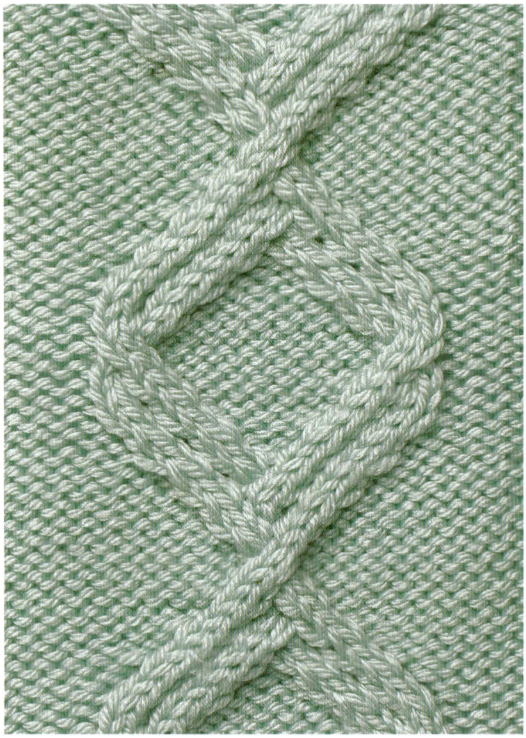

Paarweise parallel geführte Bänder, die immer wieder miteinander verflochten werden, verleihen diesem Muster seine besondere Struktur und eine auffallend plastische Wirkung.

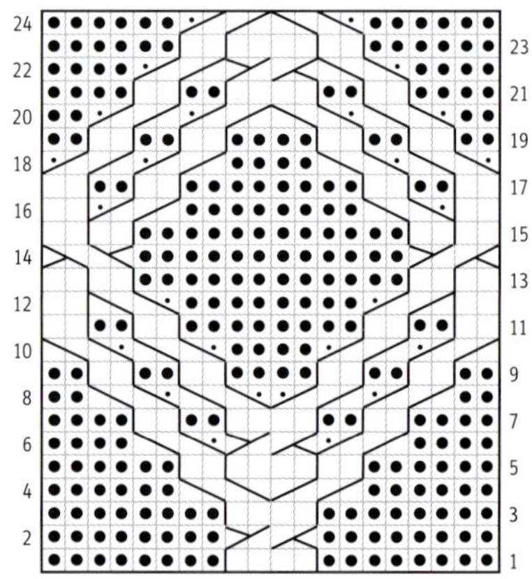

Musterstreifen über 20 M

 = in Hin-R 1 M re, in Rück-R 1 M li  = in Hin-R 1 M li, in Rück-R 1 M re 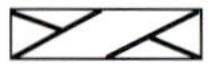 = 4 M rvkr 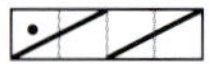 = 4 M re/li rvkr 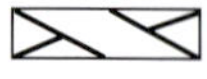

Muster 101

Verschlungene Kordeln und Zöpfe

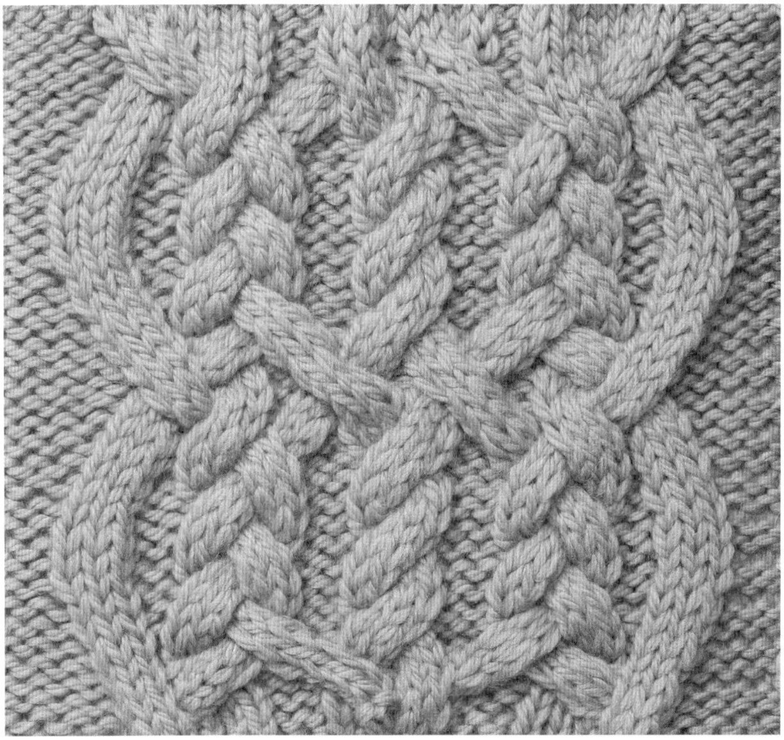

Dieses reizvolle, dynamische Zopfmuster besteht aus zwei einfachen Elementen: einer gedrehten Kordel in der Mitte, die beidseitig von Flechtzöpfen flankiert wird. Auch wenn der Mustersatz nicht sehr viele Reihen umfasst, ist der Effekt beeindruckend.

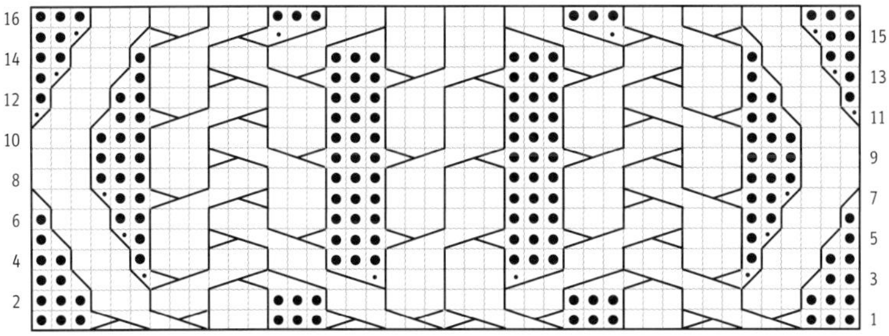

Besondere Stricksymbole

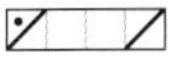 = 1 M auf einer Zopf-Nd hinter die Arbeit legen, 3 M re, dann die M der Zopf-Nd li str

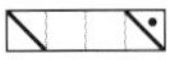 = 3 M auf einer Zopf-Nd vor die Arbeit legen, 1 M li, dann die 3 M der Zopf-Nd re str

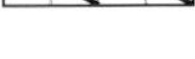

 = 4 M li/re lvkr 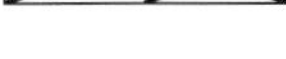 = 6 M rvkr 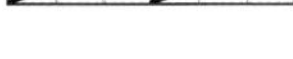 = 6 M re/li rvkr 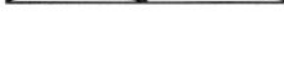 = 6 M lvkr = 6 M li/re lvkr

Muster 102

Verzweigter Baum

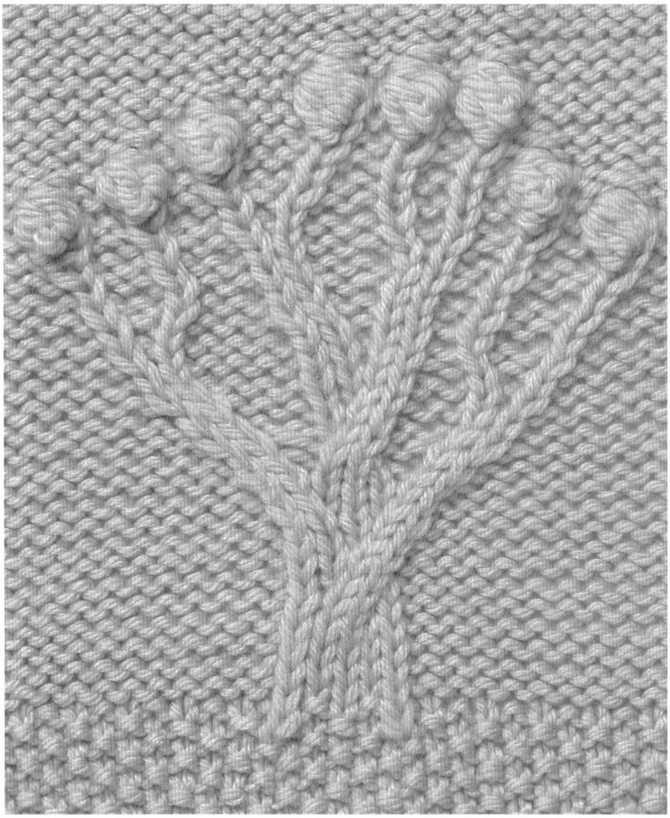

Zöpfe verzweigen sich von einem zentralen Stamm aus zu einem Baum und enden in knubbeligen Noppen.

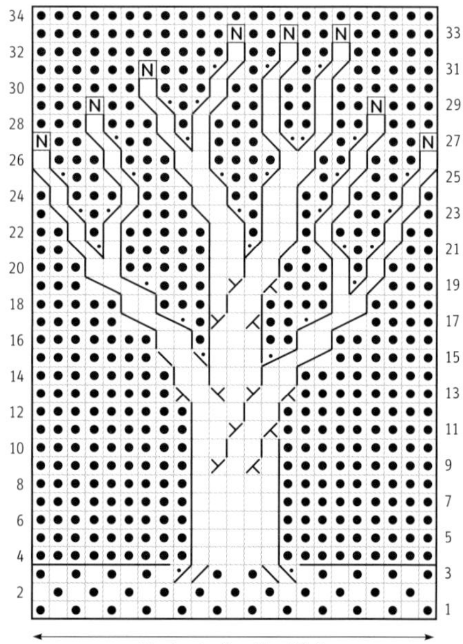

Besonderes Stricksymbol

N = 1 Noppe (N): [1 M re, 1 U, 1 M re, 1 U, 1 M re] in 1 M str, wenden, 5 M li, wenden, 4 M einzeln nacheinander re abh, 1 M re, die abgehobenen M übz

66–67 Allgemeine Stricksymbole

= in Hin-R 1 M re, in Rück-R 1 M li
= in Hin-R 1 M li, in Rück-R 1 M re
= in Hin-R 1 M re verschr, in Rück-R 1 M li verschr
= 2 M li/re lvkr
= 4 M lvkr
= 4 M li/re lvkr

Muster 103

Fantasiezopf

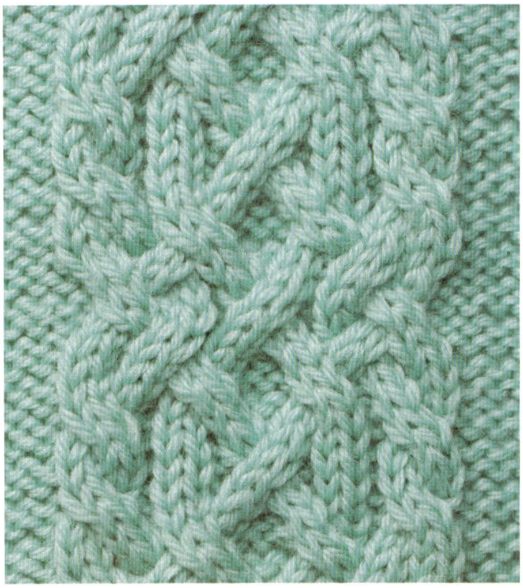

Wenn Sie mehrere Mustersätze dieses Musterstreifens arbeiten, werden Sie die langen, diagonal über- und untereinander verflochtenen Bänder ebenso wie das auffallendere Mittelkreuz erkennen. Obwohl das Muster kompliziert wirkt, basiert der Streifen nur auf vier einfachen Verzopfungen.

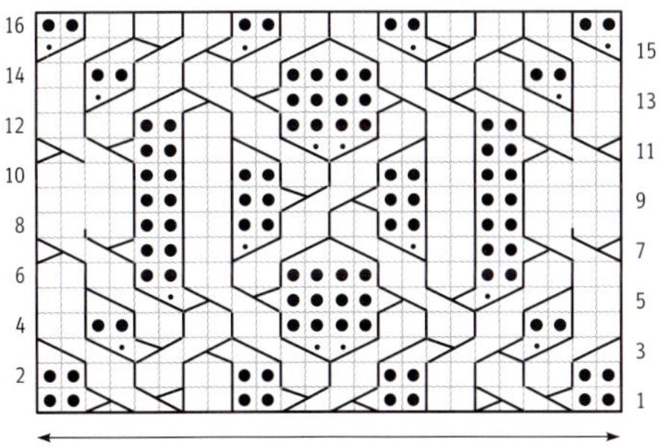

Musterstreifen über 24 M

Muster 104

Gerahmte Rhomben

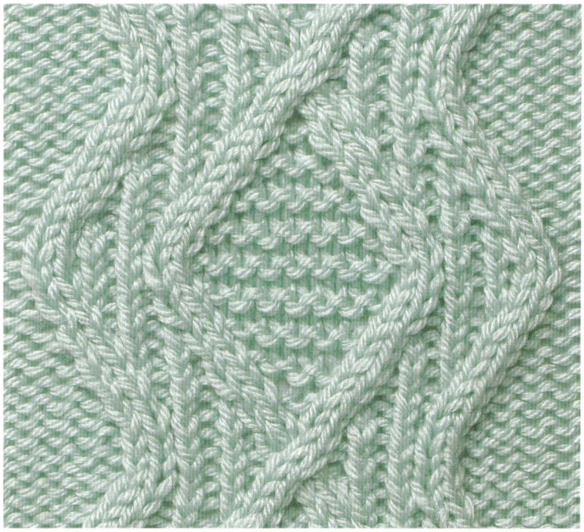

Bei diesem Muster sind schlichte Rhomben von Zickzack-Linien gerahmt und kraus rechts ausgefüllt. Das Ganze ergibt einen großzügigen Struktureffekt.

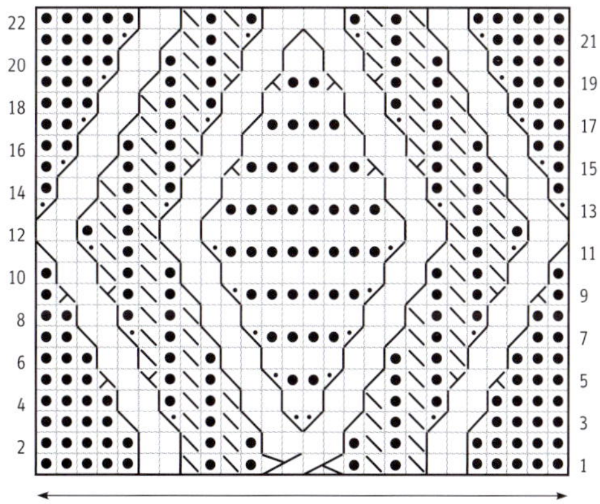

Musterstreifen über 26 M

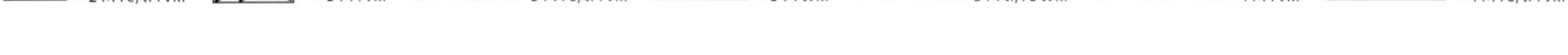

Muster 105

Patchwork

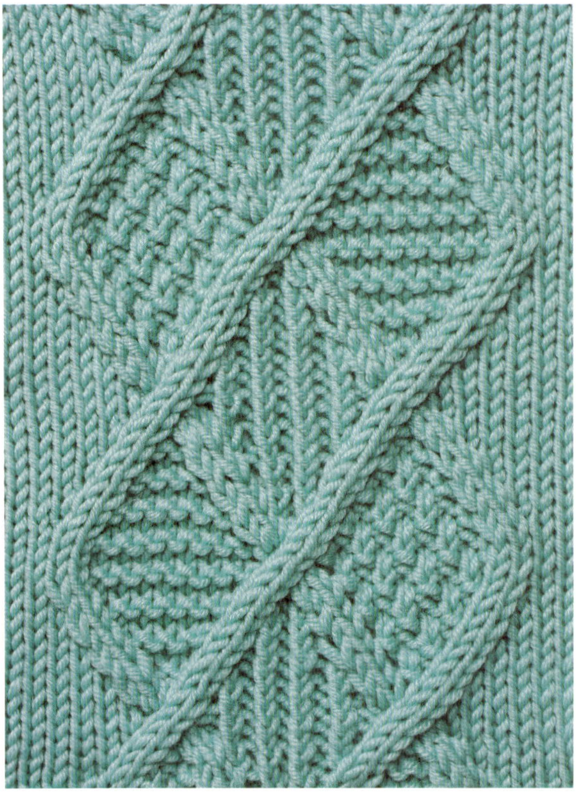

Weil die äußeren Rhomben hier mit unterschiedlichen Mustern ausgefüllt sind, entsteht eher der Eindruck einer Patchwork-Arbeit als der eines gewöhnlichen Mustersatzes.

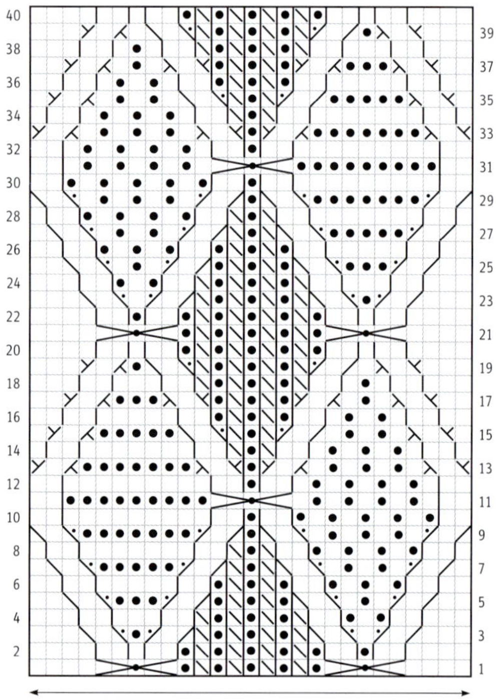

Musterstreifen über 27 M

Besonderes Stricksymbol

= 3 M auf einer Zopf-Nd hinter die Arbeit legen, 2 M re, die am nächsten liegende M von der Zopf-Nd zurück auf die linke Nd heben und li str, dann die verbleibenden 2 M der Zopf-Nd re str

= in Hin-R 1 M re, in Rück-R 1 M li
= in Hin-R 1 M li, in Rück-R 1 M re
= in Hin-R 1 M re verschr, in Rück-R 1 M li verschr
= 2 M re zus-str
= 6 M lvkr

Muster 106

Leiterzopf

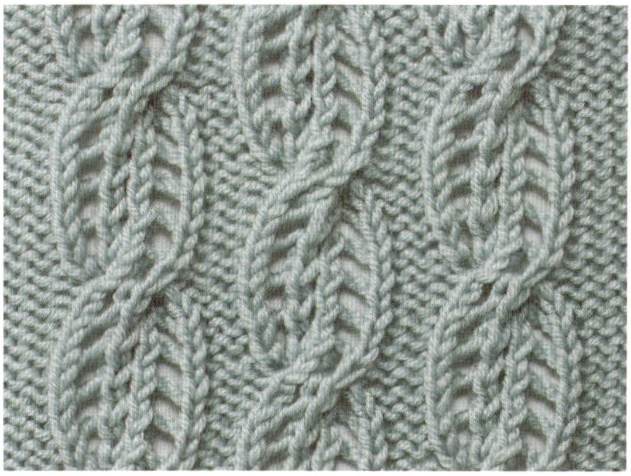

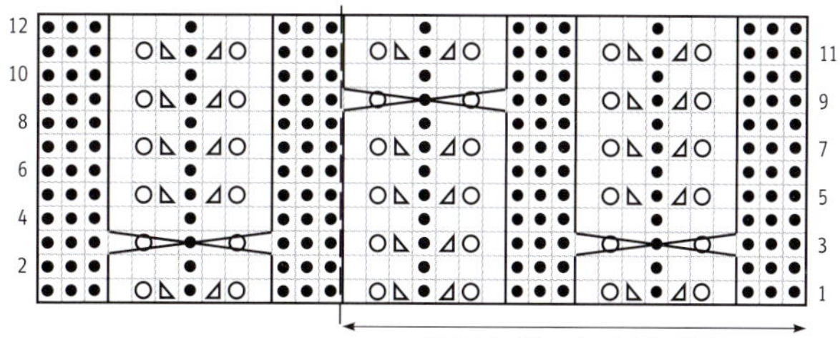

M-Zahl teilbar durch 20 + 13 M

Filigrane Leitern verleihen diesem Zopfmuster seinen individuellen Charakter und dem Gestrick eine luftige Leichtigkeit, die bei einem Zopfmuster eher ungewöhnlich ist.

Besonderes Stricksymbol

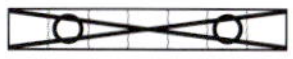 = 4 M auf einer Zopf-Nd hinter die Arbeit legen, 1 M re, 1 U, 2 M re zus-str, die am nächsten liegende M von der Zopf-Nd auf die linke Nd heben und li str, 2 M re übz zus-str, 1 U, dann die übrigen M der Hilfs-Nd str wie folgt: 2 M re übz zus-str, 1 U, 1 M re

Muster 107

Ketten und Kordeln

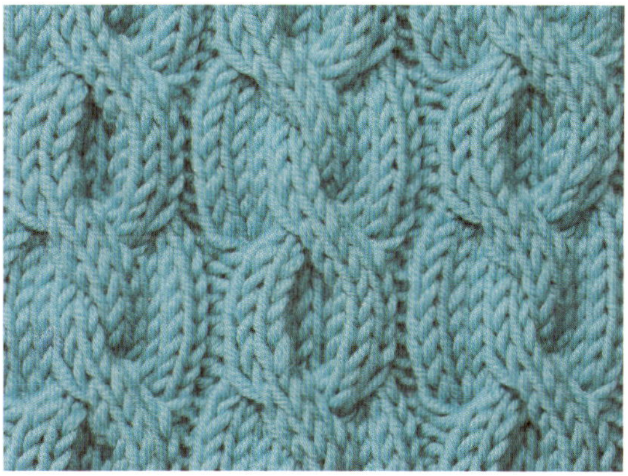

Dadurch, dass jeweils 3 Maschen mit 3 anderen verkreuzt werden, bekommt dieses Zopfmuster seine runden Formen und seine markante Optik.

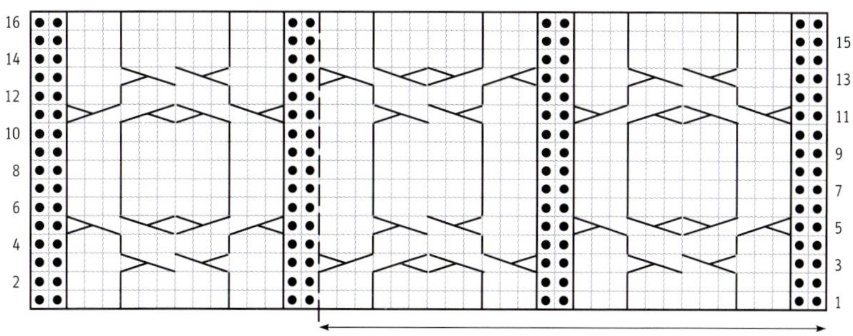

M-Zahl teilbar durch 28 + 16 M

= 2 M re übz zus-str · = 1 U · = 3 M rvkr · = 3 M re/li rvkr · = 3 M lvkr · = 3 M li/re lvkr · = 6 M rvkr

Muster 108

Keltischer Knoten

Hier erzeugen unsichtbare Zu- und Abnahmen die Illusion eines ununterbrochenen Bandes, das zu diesem keltischen Knoten geschlungen ist.

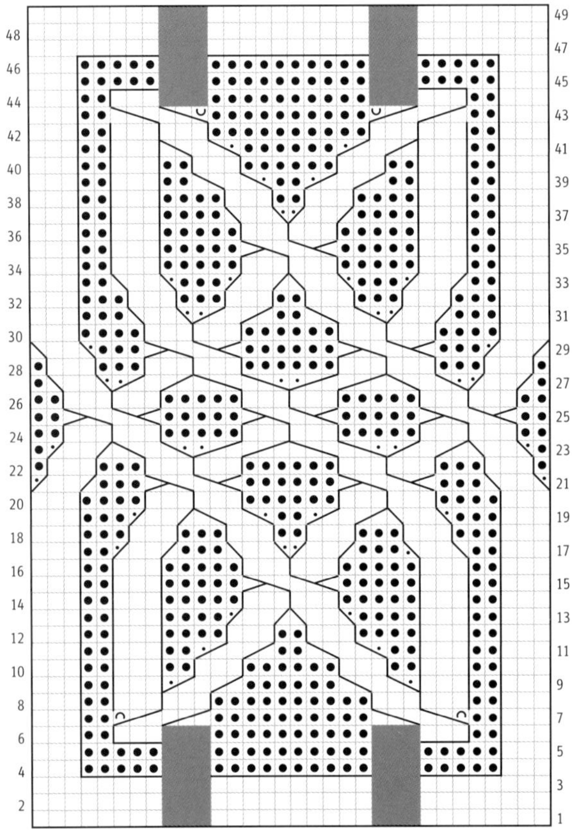

Motiv über 26 M (M-Zahl variiert innerhalb des Mustersatzes)

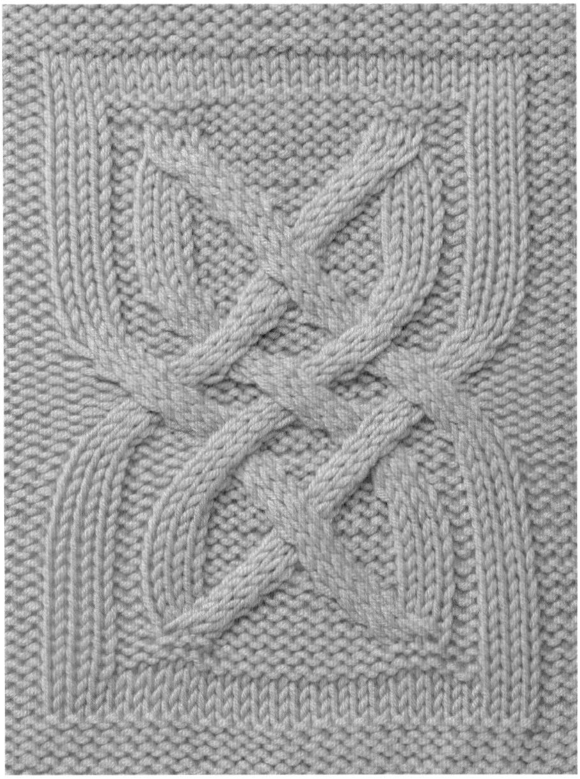

Besondere Stricksymbole

= 1 M auf einer Zopf-Nd hinter die Arbeit legen, 3 M re, dann die M der Zopf-Nd li str

= 3 M auf einer Zopf-Nd vor die Arbeit legen, 1 M li, dann die 3 M der Zopf-Nd re str

= die Zopf-Nd ins obere M-Glied der nächsten 3 M 1 R tiefer einstechen, hinter die Arbeit legen, 3 M re, dann die 3 M der Zopf-Nd re str

= je 1 M re in die nächsten 3 M 1 R tiefer, dann die nächsten 3 M der linken Nd re str

= 3 M auf einer Zopf-Nd hinter die Arbeit legen, 3 x die jeweils nächste M der linken Nd mit der nächsten M der Zopf-Nd re zus-str

= 3 M auf einer Zopf-Nd vor die Arbeit legen, 3 x die jeweils nächste M der Zopf-Nd mit der nächsten M der linken Nd re zus-str

= in Hin-R 1 M re, in Rück-R 1 M li
= in Hin-R 1 M li, in Rück-R 1 M re
= 3 M re zus-str
= keine M (dient nur der Übersicht)
= 6 M li/re lvkr
= 1 M mit Rechtsneigung zunehmen: Den Querfaden zwischen der eben gestrickten und der nächsten M von hinten na

Muster 109

Keltische Ringe

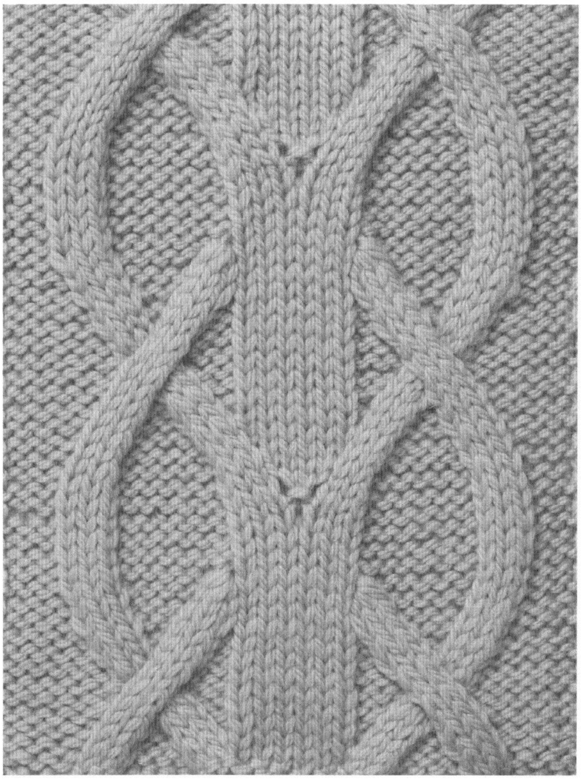

Besondere Stricksymbole

= 1 M auf einer Zopf-Nd hinter die Arbeit legen, 3 M re, dann die M der Zopf-Nd re str

= 3 M auf einer Zopf-Nd vor die Arbeit legen, 1 M re, dann die 3 M der Zopf-Nd re str

= 1 M auf einer Zopf-Nd hinter die Arbeit legen, 3 M re, dann die M der Zopf-Nd li str

= 3 M auf einer Zopf-Nd vor die Arbeit legen, 1 M li, dann die 3 M der Zopf-Nd re str

= die 1. M re abh, dann die 2 M re abh, 1 M re str und die 2 abgehobenen M darüberziehen

= 1 M mit Rechtsneigung und 1 M mit Linksneigung aus demselben Querfaden zwischen den M zun

Dieses Muster basiert auf einer in Stein gehauenen Bordüre. Es entsteht durch Zöpfe, die von einem zentralen Stamm ausgehen und einander zu verschränkten Ringen überlappen.

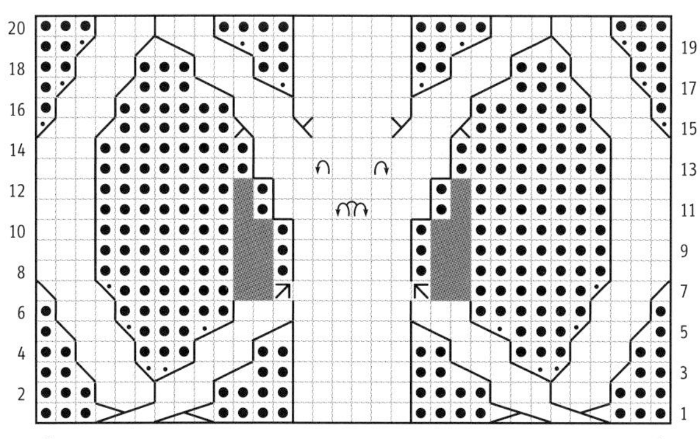

Musterstreifen über 32 M (M-Zahl variiert innerhalb des Mustersatzes)

= 5 M re/li rvkr = 5 M li/re lvkr = 6 M rvkr = 6 M re/li rvkr = 6 M lvkr

auf die linke Nd legen und re str = 1 M mit Linksneigung zunehmen: Den Querfaden zwischen der eben gestrickten und der nächsten M von vorne nach hinten auf die linke Nd legen und re verschr str

Muster 110

Herzanhänger

Abgesehen von den mehrfachen Zunahmen am Beginn und den mehrfachen Abnahmen in der letzten Reihe, erzielt dieses Motiv seine eindrucksvolle Wirkung lediglich mit einigen wenigen Techniken.

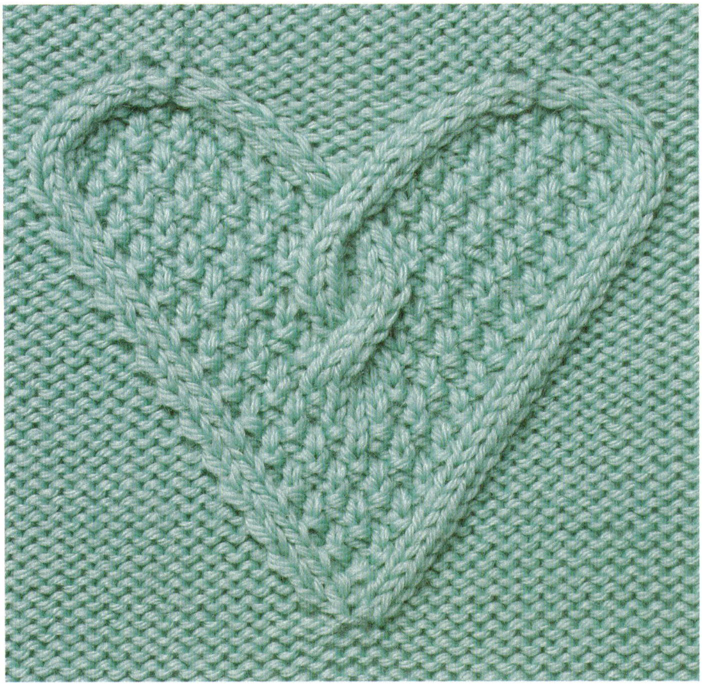

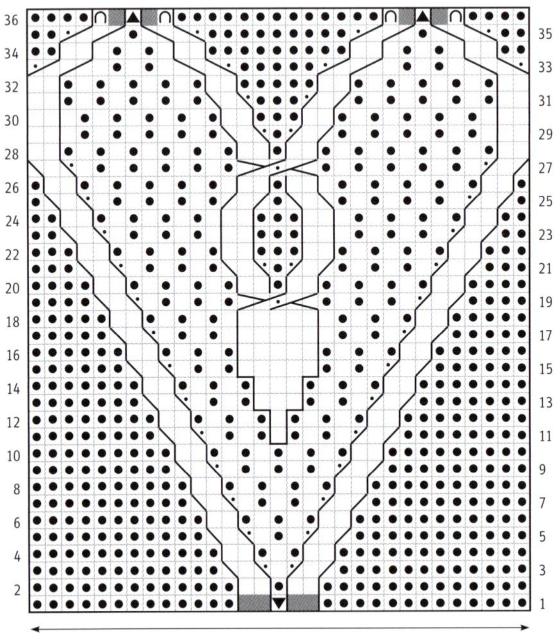

Motiv über 27 M (M-Zahl variiert innerhalb des Mustersatzes)

Besondere Stricksymbole

▼ = 1 M aus dem Querfaden zun, dann 1 M re verschr und 1 M re in die nächste M str, die linke Nd-Spitze hinter dem vertikalen M-Glied zwischen den beiden soeben gestrickten M einstechen und 1 M re str, zuletzt 1 M aus dem Querfaden zun

▲ = Fv, 3 M auf die rechte Nd abh, * auf der rechten Nd die 2. M über die 1. M ziehen, diese M zurück auf die linke Nd heben, die 2. M darüberziehen, ** diese M zurück auf die rechte Nd heben; von * bis ** noch 1 x wdh, sodass 1 M auf der linken Nd übrig bleibt; Fh, dann diese M re str

[Symbol] = 3 M auf einer Zopf-Nd hinter die Arbeit legen, 2 M re, die am nächsten liegende M von der Zopf-Nd auf die linke Nd heben, diese M li str, dann die restlichen 2 M der Zopf-Nd re str

∩ = in der Rück-R 1 M aus dem Querfaden zun

72–73 Allgemeine Stricksymbole

□ = in Hin-R 1 M re, in Rück-R 1 M li
● = in Hin-R 1 M li, in Rück-R 1 M re
[Symbol] = 2 M re zus-str
[Symbol] = 2 M re übz zus-str
[Symbol] = 2 M li zus-str
[Symbol] = 3 M lvkr
[Symbol] = 3 M li/re lvkr
[Symbol] = 4 M rvkr
[Symbol] = 4 M re/li rvkr
[Symbol] = 4 M lvkr

Muster 111

Getupfter Schmetterling

Ein Schmetterling lässt sich durch die Kombination von Verzopfungen mit einigen anderen Techniken gestalten, von denen jede für sich ganz einfach ist. Erst durch die Mischung entsteht ein raffiniertes Muster.

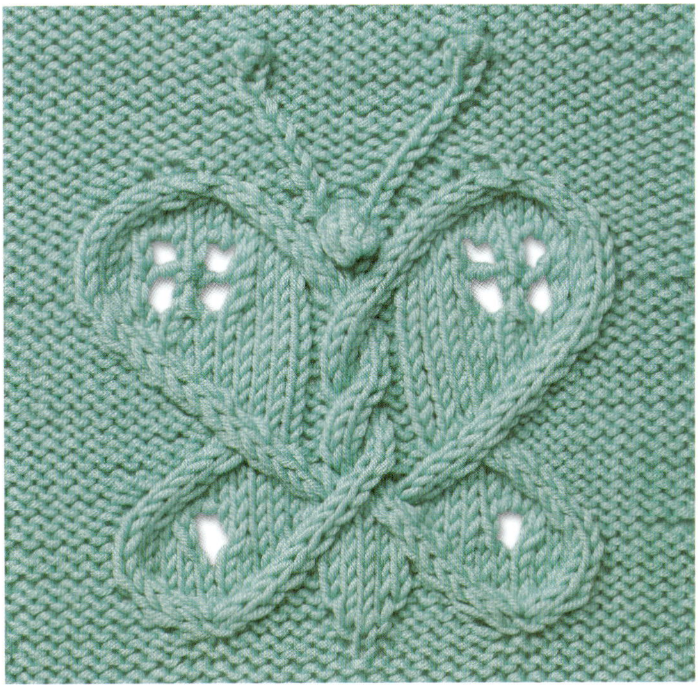

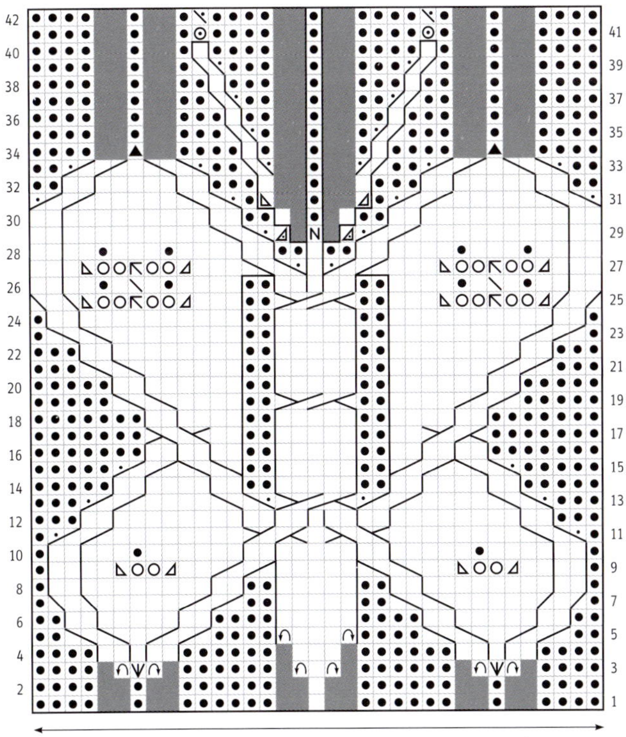

Motiv über 23 M (M-Zahl variiert innerhalb des Mustersatzes)

Besondere Stricksymbole

N = 1 Noppe (N): [1 M re, 1 U, 1 M re, 1 U, 1 M re] in 1 M str, wenden, 5 M li, wenden, 5 M re, wenden, 2 M li zus-str, 1 m li, 2 M li zus-str, wenden, 2 M re übz zus-str

= 1 kleine Noppe: [1 M re, 1 U, 1 M re] in 1 M str, wenden, 3 M re, wenden, 2 M re übz zus-str

= in Rück-R 1 M re verschr str

= in Rück-R 1 M li verschr str

= in Rück-R 1 M aus dem Querfaden zun

= [1 M re verschr, 1 M re] in 1 M str, die linke Nd unter dem Querfaden zwischen den eben gestrickten M einstechen und diesen Querfaden re verschr str (= 3 M aus 1 M herausgestrickt)

= Fv, 3 M auf die rechte Nd abh, * auf der rechten Nd die 2. M über die 1. M ziehen, diese M zurück auf die linke Nd heben, die 2. M darüberziehen; * diese M zurück auf die rechte Nd heben; von * bis ** 1 x wdh, sodass 1 M auf der linken Nd bleibt; Fh, diese M re str

= 3 M auf einer Zopf-Nd hinter die Arbeit legen, 2 M re, die am nächsten liegenden M der Zopf-Nd auf die linke Nd heben, diese M re verschr str, dann die restlichen 2 M der Zopf-Nd re str

= 3 M re übz zus-str; = 1 U; = keine M (dient nur der Übersicht); = 2 M li/re lvkr; = 2 M re/li rvkr; = 3 M rvkr; = 3 M re/li rvkr; = 4 M li/re lvkr; = 1 M mit Rechtsneigung zunehmen (siehe Seite 70/71)

Muster 112

Gerippte Seile und Ringe

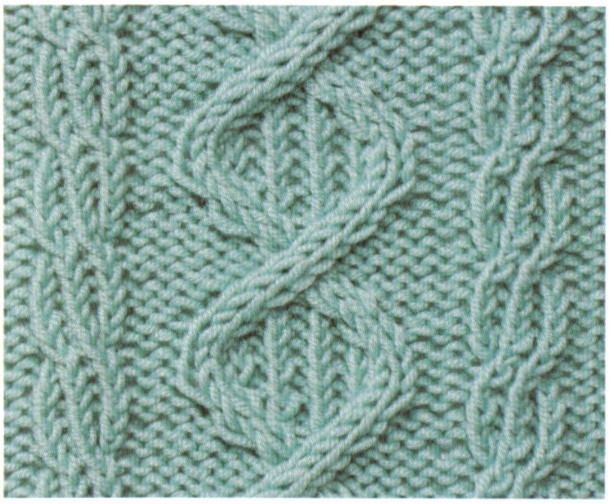

Wenn man 3 Maschen eines Rippenmusters aus verschränkten Maschen mit 2 Maschen dieses Musters verkreuzt, entsteht ein leicht geschwungenes Seil. Das gleiche Rippenmuster aus verschränkten Maschen füllt die nahezu ringförmigen Glieder des zentralen Zopfstreifens aus.

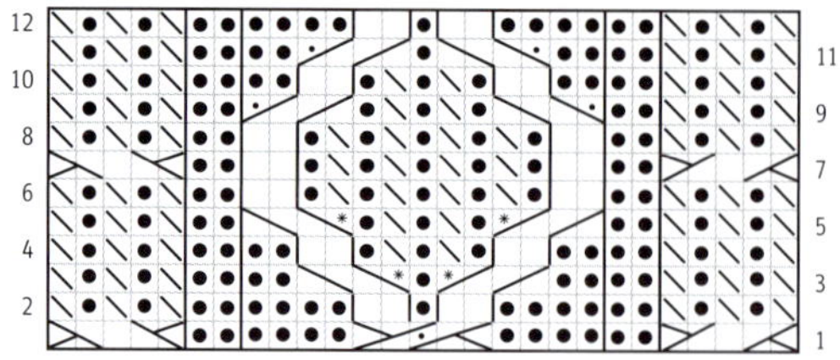

Geripptes Seil: Musterstreifen über 5 M | Gerippter Ring: Musterstreifen über 13 M | Geripptes Seil: Musterstreifen über 5 M

Besondere Stricksymbole

= 2 M auf einer Zopf-Nd hinter die Arbeit legen, 1 M re verschr, 1 M li, 1 M re verschr, dann die 2 M der Zopf-Nd 1 M li, 1 M re str

= 3 M auf einer Zopf-Nd vor die Arbeit legen, 1 M re verschr, 1 M li, dann die 3 M der Zopf-Nd 1 M re verschr, 1 M li, 1 M re verschr str

= 3 M auf einer Zopf-Nd hinter die Arbeit legen, 2 M re, die am nächsten liegende M der Zopf-Nd auf die linke Nd heben, diese M li str, dann die restlichen 2 M der Zopf-Nd re str.

= 2 M auf einer Zopf-Nd hinter die Arbeit legen, 2 M re, dann die 2 M der Zopf-Nd 1 M li, 1 M re verschr str

= 2 M auf einer Zopf-Nd vor die Arbeit legen, 1 M re verschr, 1 M li, dann die 2 M der Zopf-Nd re str

Muster 113

Plastischer Kettenzopf

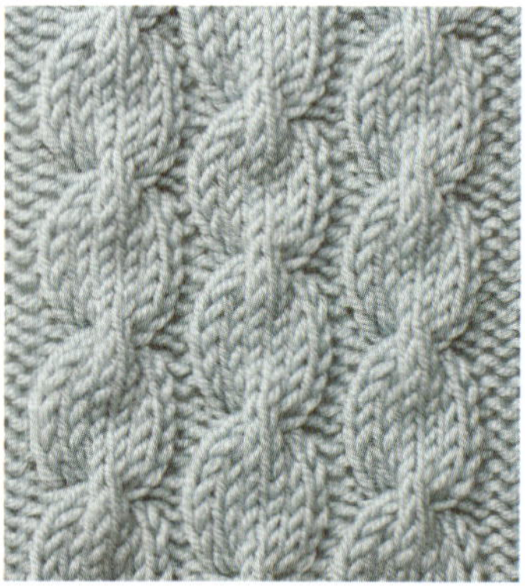

Diese Technik, 6 Maschen mithilfe von 2 Zopfnadeln zu verkreuzen, ergibt einen stark plastischen und dennoch weichen, kettenförmigen Zopfstreifen.

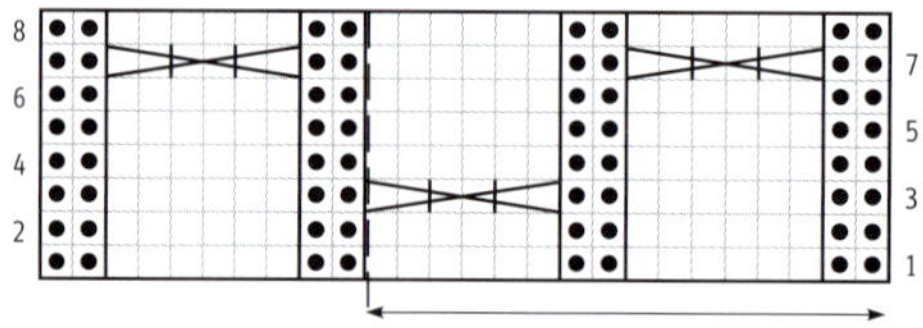

M-Zahl teilbar durch 16 + 10 M

Besondere Stricksymbole

2 M auf der 1. Zopf-Nd hinter die Arbeit legen, 2 M auf der 2. Zopf-Nd vor die Arbeit legen, 2 M re, dann die 2 M der 2. Zopf-Nd re str, zuletzt die 2 M der 1. Zopf-Nd re str

Hinweis

Für dieses Muster sind 2 Zopfnadeln erforderlich.

= in Hin-R 1 M re, in Rück-R 1 M li | = in Hin-R 1 M li, in Rück-R 1 M re | = in Hin-R 1 M re verschr, in Rück-R 1 M li verschr

Muster 114

Ringe

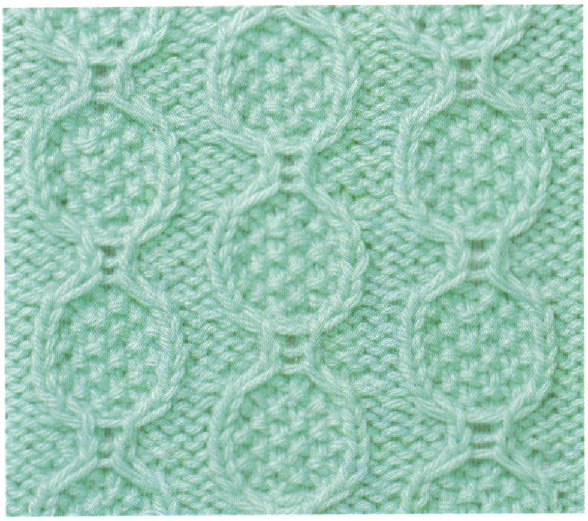

Ein Zopfstreifen mit runden Gliedern entsteht, wenn man die Zugmasche in der Vorreihe abhebt. Die Mitte der Ringe ist im Perlmuster ausgefüllt.

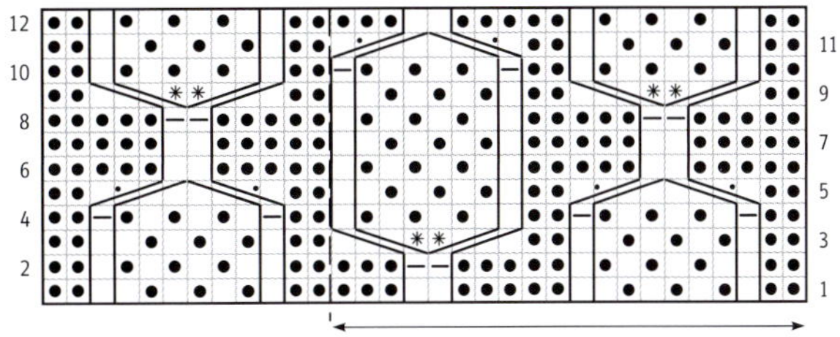

M-Zahl teilbar durch 20 + 12 M

Besondere Stricksymbole

= in Rück-R 1 M li abh (Fv)

= 3 M auf einer Zopf-Nd hinter die Arbeit legen, 1 M re, dann die 3 M der Zopf-Nd 1 M li, 1 M re, 1 m li str

= 1 M auf einer Zopf-Nd vor die Arbeit legen, 1 M re, 1 M li, 1 M re, dann die M der Zopf-Nd re str

= 3 M auf einer Zopf-Nd hinter die Arbeit legen, 1 M re, dann die 3 M der Zopf-Nd li str

= 1 M auf einer Zopf-Nd vor die Arbeit legen, 3 M li, dann die M der Zopf-Nd re str

Muster 115

Kunstvolles Flechtwerk

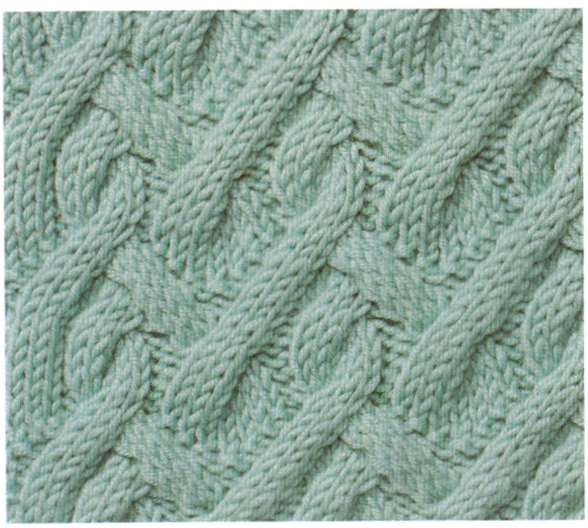

Zwei oder drei Rapporte dieses Musters plus die zusätzlichen Maschen vor und nach dem Rapport (siehe Strickschrift) ergeben einen breiten Zopfmusterstreifen. Für ein spiegelbildliches Gegenstück dieses Musters verkreuzen Sie die Zöpfe in der anderen Richtung.

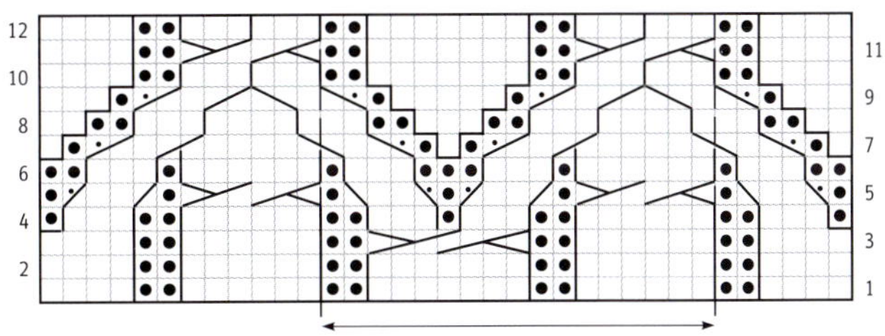

M-Zahl teilbar durch 17 + 18 M

Besondere Stricksymbole

= 1 M auf einer Zopf-Nd hinter die Arbeit legen, 3 M re, dann die M der Zopf-Nd li str

= 3 M auf einer Zopf-Nd vor die Arbeit legen, 1 M li, dann die 3 M der Zopf-Nd re str

= 4 M auf einer Zopf-Nd hinter die Arbeit legen, 3 M re, die End-M der Zopf-Nd auf die linke Nd heben, die Zopf-Nd vor die Arbeit legen, 1 M li, dann die restlichen 3 M der Zopf-Nd re str

= 5 M re/li rvkr   = 5 M li/re lvkr   = 6 M rvkr

Muster 116

Geprägtes Zickzack-Muster

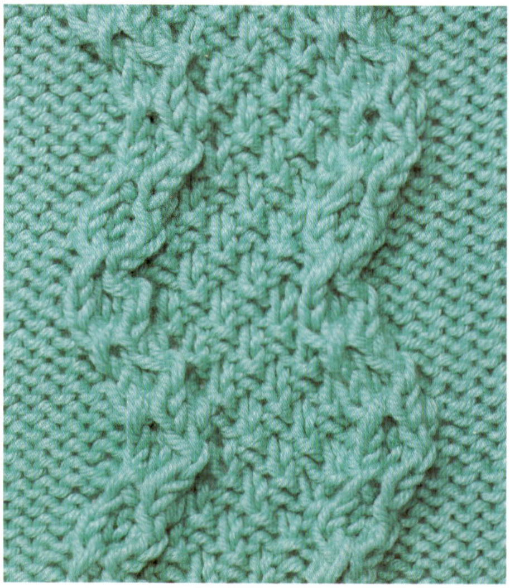

Zwei Zöpfe mit Wabenmuster, zwischen denen ein Streifen im großen Perlmuster liegt, vereinigen sich hier zu einem herrlich plastischen Musterstreifen.

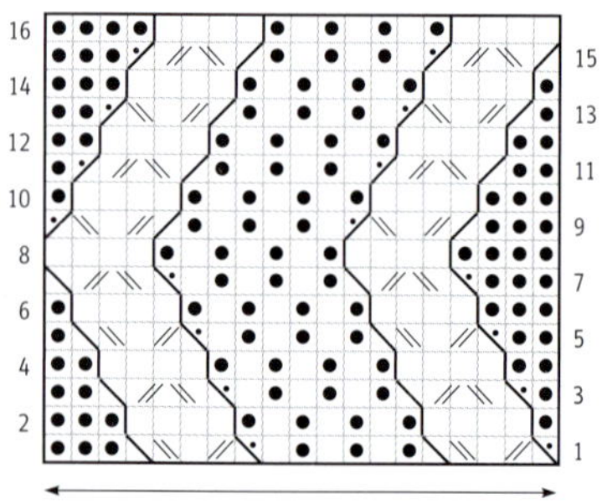

Musterstreifen über 19 M

Besondere Stricksymbole

= 4 M auf einer Zopf-Nd vor die Arbeit legen, 1 M li, dann die M der Zopf-Nd str wie folgt: 2 M rdr, 2 M ldr

4 M auf einer Zopf-Nd vor die Arbeit legen, 1 M li, dann die M der Zopf-Nd str wie folgt: 2 M ldr, 2 M rdr

= 1 M auf einer Zopf-Nd hinter die Arbeit legen, 2 M rdr, 2 M ldr, dann die M der Zopf-Nd li str

= 1 M auf einer Zopf-Nd hinter die Arbeit legen, 2 M ldr, 2 M rdr, dann die M der Zopf-Nd li str

Muster 117

Geprägte Rhomben und dünne Zweige

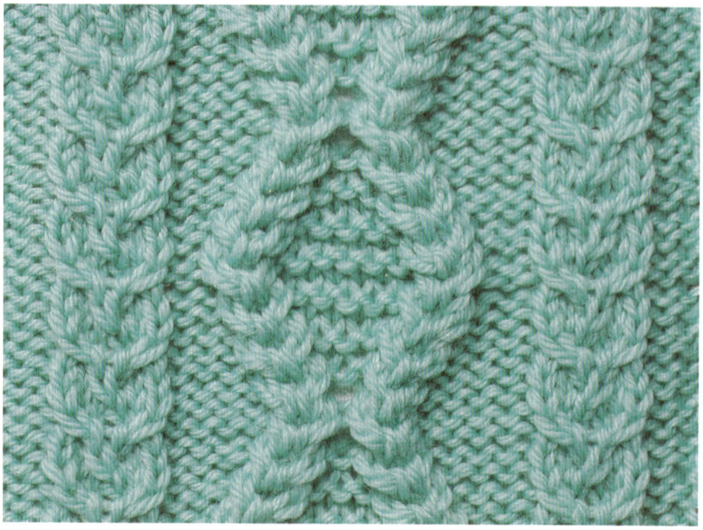

Die Struktur dieser beiden Musterstreifen basiert auf einer einzigen Zugmasche. Für die geprägten Rhomben werden zwei Gruppen verschränkter Maschen als Teil des Zopfstreifens gearbeitet, während bei den dünnen Zweigen die Zugmaschen komplett verzopft werden.

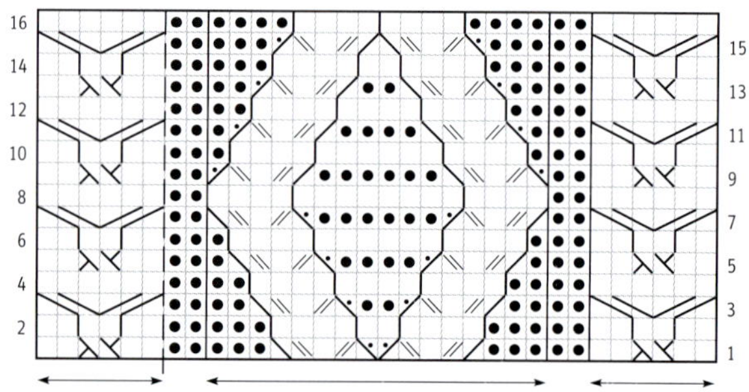

Dünner Zweig: Musterstreifen über 6 M

Geprägter Rhombus: Musterstreifen über 16 M

Dünner Zweig: Musterstreifen über 6 M

Besondere Stricksymbole

= 2 M auf einer Zopf-Nd hinter die Arbeit legen, 1 M re, dann die 2 M der Zopf-Nd re str

= 1 M auf einer Zopf-Nd vor die Arbeit legen, 2 M re, dann die M der Zopf-Nd re str

= 1 M auf einer Zopf-Nd hinter die Arbeit legen, 2 M rdr, 2 M ldr, dann die M der Zopf-Nd li str

= 4 M auf einer Zopf-Nd vor die Arbeit legen, 1 M li, dann die M der Zopf-Nd str wie folgt: 2 M rdr, 2 M ldr

= in Hin-R 1 M re, in Rück-R 1 M li

= in Hin-R 1 M li, in Rück-R 1 M re

= 2 M rvkr

= 2 M lvkr

Muster 118

Wandernde Zöpfe

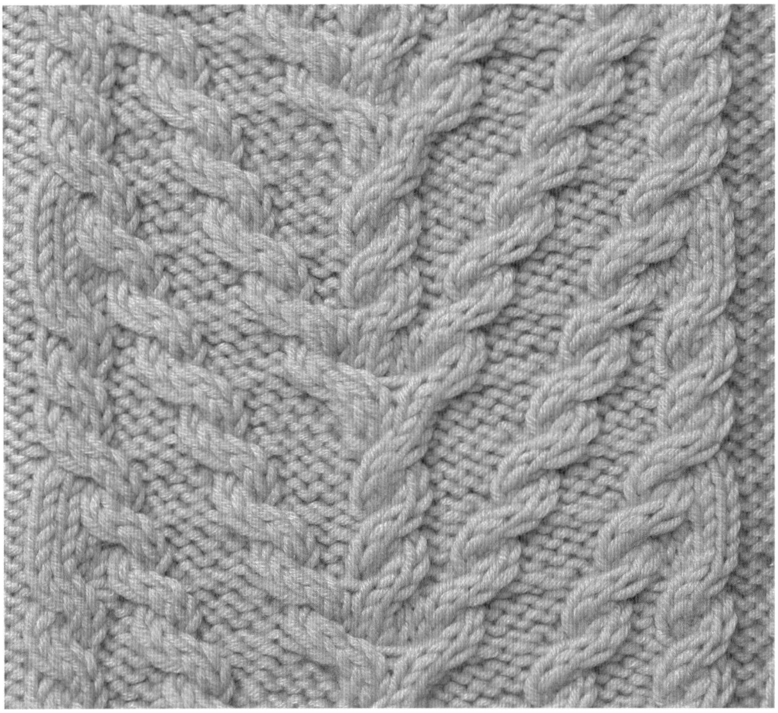

Die wandernden Zöpfe sehen zwar aus wie gedrehte Kordeln aus jeweils 4 Maschen, doch werden jeweils 2 Maschen des Hintergrunds mit eingearbeitet, sodass die Zöpfe nach außen streben und ein dekoratives Zackenmuster entsteht.

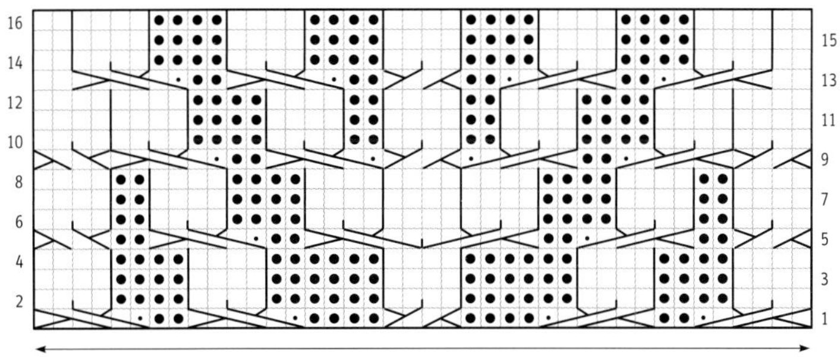

Musterstreifen über 40 M

Besondere Stricksymbole

= 4 M auf einer Zopf-Nd hinter die Arbeit legen, 2 M re, dann die 4 M der Zopf-Nd re str

= 4 M auf einer Zopf-Nd hinter die Arbeit legen, 2 M re, dann die 4 M der Zopf-Nd 2 M re, 2 M li str

= 2 M auf einer Zopf-Nd vor die Arbeit legen, 4 M re, dann die 2 M der Zopf-Nd re str

= 2 M auf einer Zopf-Nd vor die Arbeit legen, 2 M li, 2 M re, dann die 2 M der Zopf-Nd re str

= 4 M rvkr = 4 M lvkr

Muster 119

Wellenzöpfe

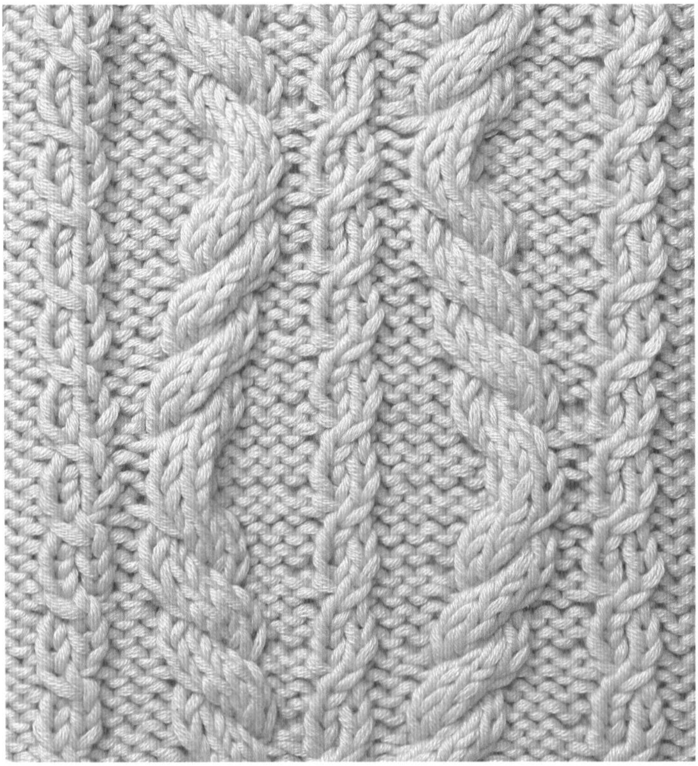

Dadurch, dass man jedes Mal 1 Masche des Hintergrundes einarbeitet, wandern die Zöpfe leicht von einer Seite zur anderen. Für die winzigen Rippenzöpfe zwischen und seitlich neben den Wellenzöpfen brauchen Sie zwei Zopfnadeln.

Besondere Stricksymbole

= 2 M auf einer Zopf-Nd hinter die Arbeit legen, 1 M re, dann die am nächsten liegende M der Zopf-Nd auf die linke Nd heben, die Zopf-Nd vor die Arbeit legen, 1 M li, dann die M der Zopf-Nd re str

1 M auf der 1. Zopf-Nd vor die Arbeit legen, die nächste M auf der 2. Zopf-Nd hinter die Arbeit legen, 1 M re, die M der 2. Zopf-Nd li str, dann die M der 1. Zopf-Nd re str

= 4 M auf einer Zopf-Nd hinter die Arbeit legen, 3 M re, dann die 4 M der Zopf-Nd 3 M re, 1 M li str

= 3 M auf einer Zopf-Nd vor die Arbeit legen, 1 M li, 3 M re, dann die 3 M der Zopf-Nd re str

Hinweis

Dieses Muster erfordert 2 Zopfnadeln.

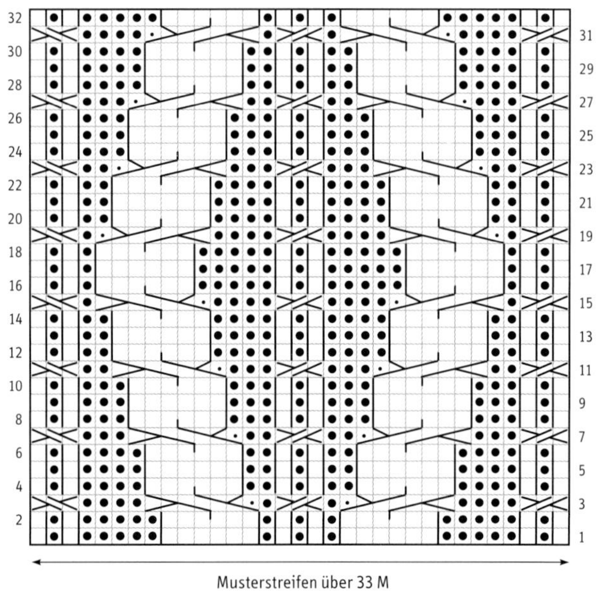

Musterstreifen über 33 M

78–79 Allgemeine Stricksymbole

= in Hin-R 1 M re, in Rück-R 1 M li
= in Hin-R 1 M li, in Rück-R 1 M re
= 3 M re/li rvkr
= 3 M li/re lvkr
= 4 M li/re lvkr
= in Hin-R 1 M re verschr, in Rück-R 1 M li verschr

Muster 120

Flechtkreuz

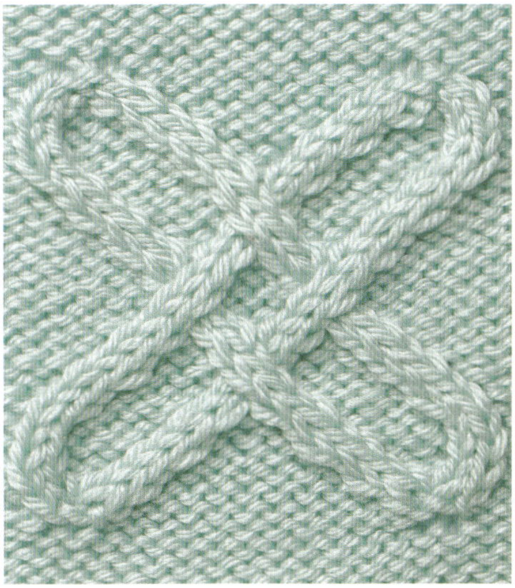

Die schlichte geometrische Form dieses Motivs ist ausgesprochen reizvoll. Die Verzopfungen sind sehr einfach, lediglich die mehrfachen Zu- und Abnahmen sind etwas ungewohnt.

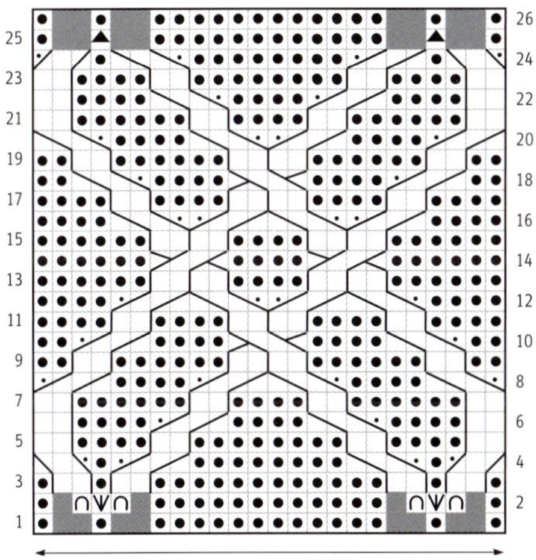

Motiv über 16 M (M-Zahl variiert innerhalb des Mustersatzes)

Besondere Stricksymbole

[V] = [1 M re verschr, 1 M re] in 1 M str, die linke Nd hinter dem vertikalen M-Glied zwischen den eben gestrickten 2 M einstechen, dieses M-Glied re verschr str (= 3 M aus 1 M herausgestrickt)

[▲] = Fv, 3 M auf die rechte Nd abh, * auf der rechten Nd die 2. M über die 1. M ziehen, diese M zurück auf die linke Nd heben, die 2. M darüberziehen, ** diese M zurück auf die rechte Nd heben; von * bis ** noch 1 x wdh, sodass 1 M auf der linken Nd bleibt; diese M re str (Fh)

Hinweis

Dieses Muster beginnt mit einer Rückreihe.

Muster 121

Flechtgitter

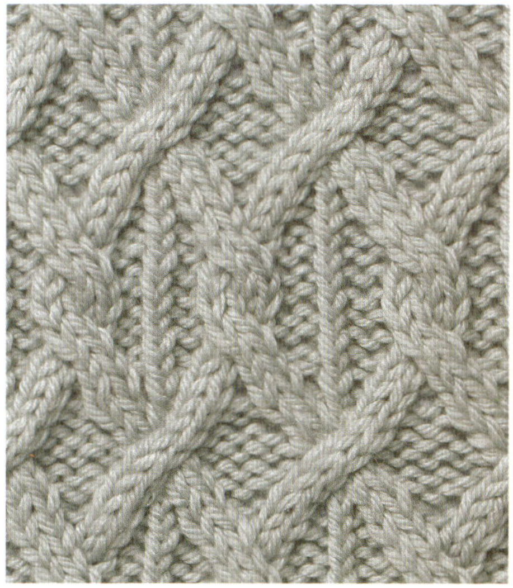

Jeweils 2 Maschen breite, immer wieder verflochtene Stränge ziehen sich diagonal über den glatt linken Untergrund mit den einzelnen Rippen aus verschränkten Maschen.

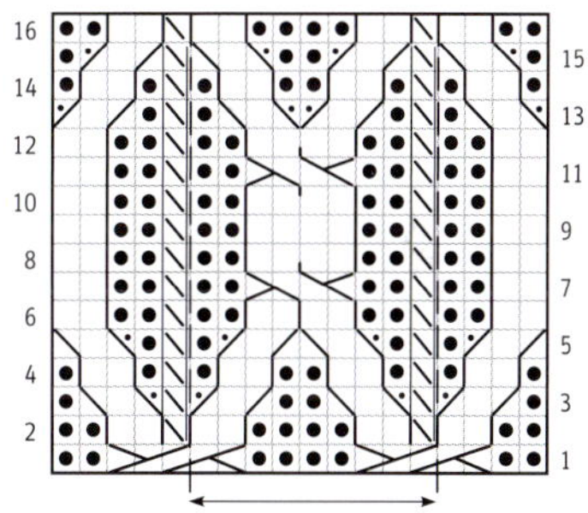

M-Zahl teilbar durch 9 + 9 M

Besondere Stricksymbole

= 3 M auf einer Zopf-Nd hinter die Arbeit legen, 2 M re, die am nächsten liegende M der Zopf-Nd auf die linke Nd heben, die Zopf-Nd vor die Arbeit legen, 1 M re verschr, dann die 2 M der Zopf-Nd re str

Hinweis

Für einen breiten Musterstreifen arbeiten Sie 3 Rapporte plus die zusätzlichen Maschen vor und nach dem Rapport (siehe Strickschrift) .

= 4 M rvkr | = 4 M lvkr | = keine M (dient nur der Übersicht) | = 1 M aus dem Querfaden zun | = 4 M re/li rvkr

MUSTER-ÜBERSICHT Lochmuster

Mit Lochmustern können Sie markante Konturen ebenso gestalten wie duftige Flächenmuster, doch sie alle basieren auf demselben Prinzip von Zunahmen durch Umschläge und entsprechenden Abnahmen. Lochmuster lassen sich gut mit plastischen Strukturmustern kombinieren.

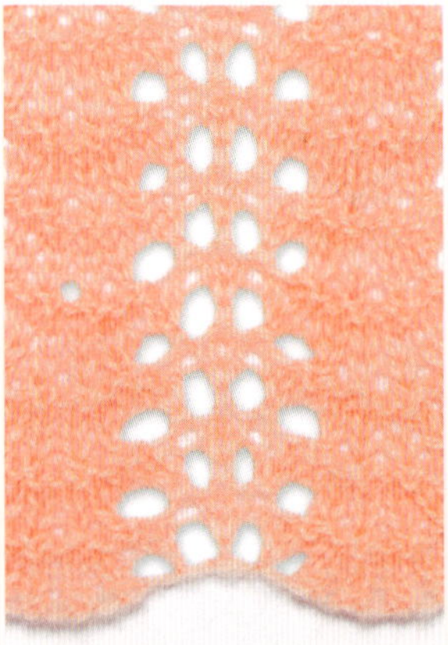

122 Wellenmuster mit Lochreihen

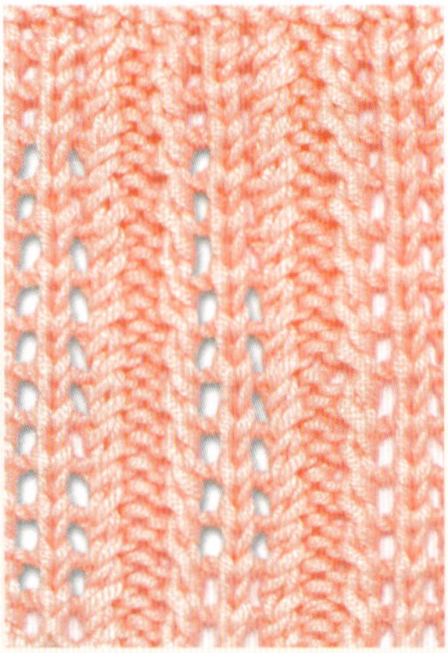

123 Lochrippen

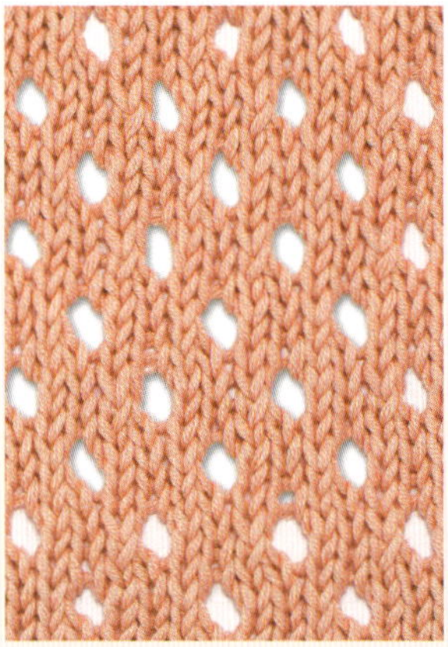

124 Lochgrund

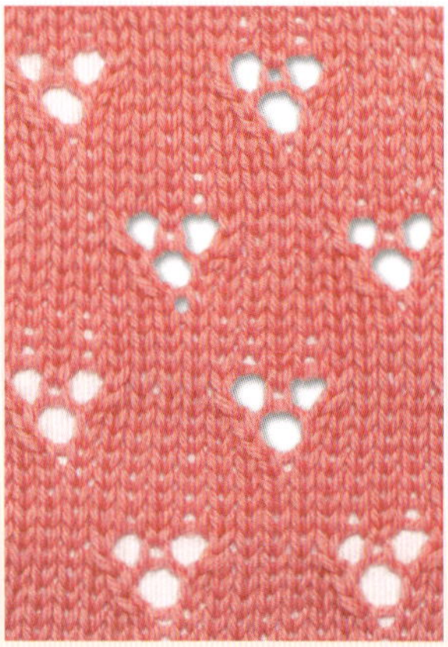

125 Kleeblatt-Streumuster

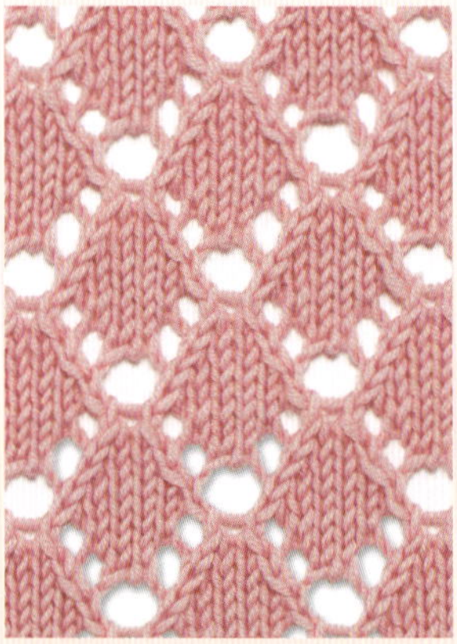

126 Rhomben-Lochmuster

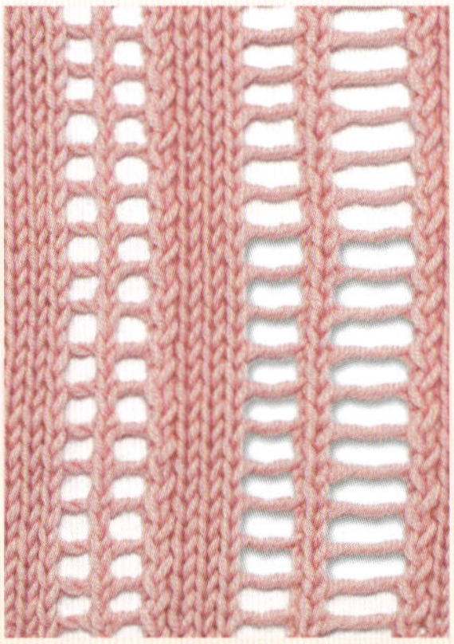

127 Leitermuster

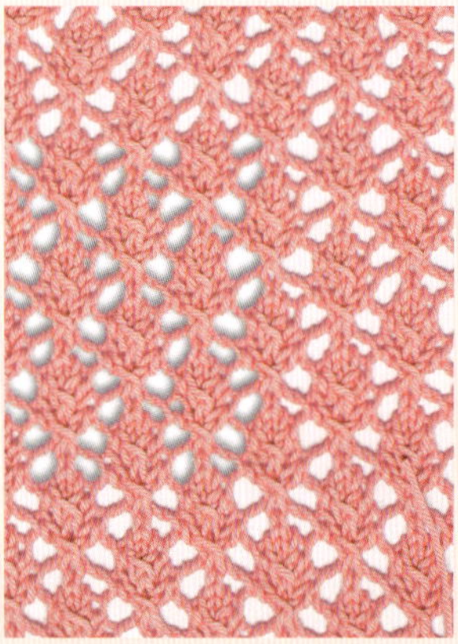

128 Farnblätter

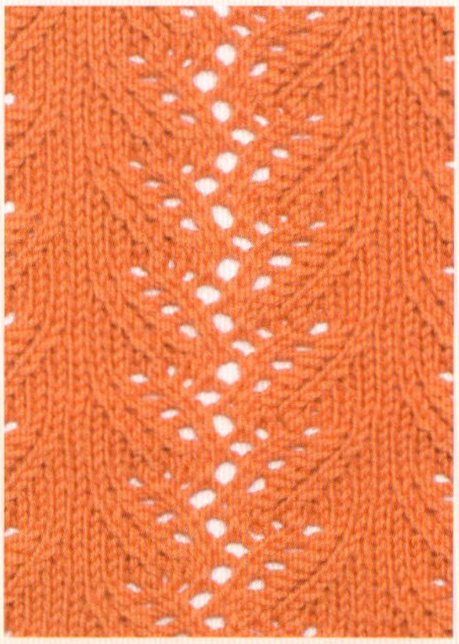

129 Farnzweige

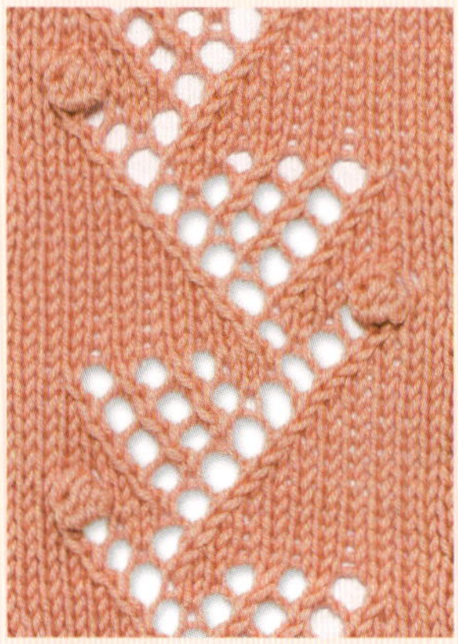

130 Beerenzweige

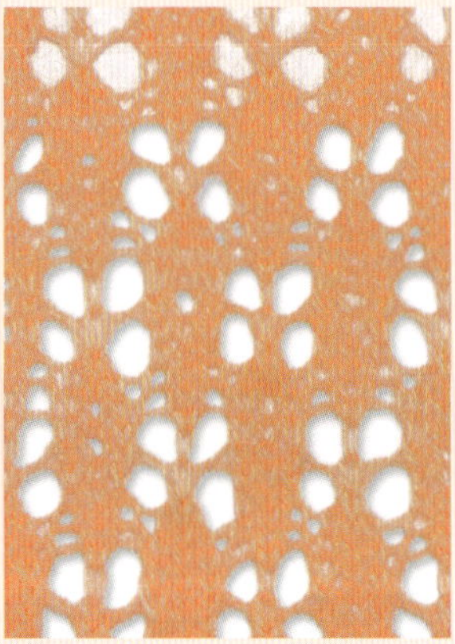

131 Vier-Tupfen-Lochmuster

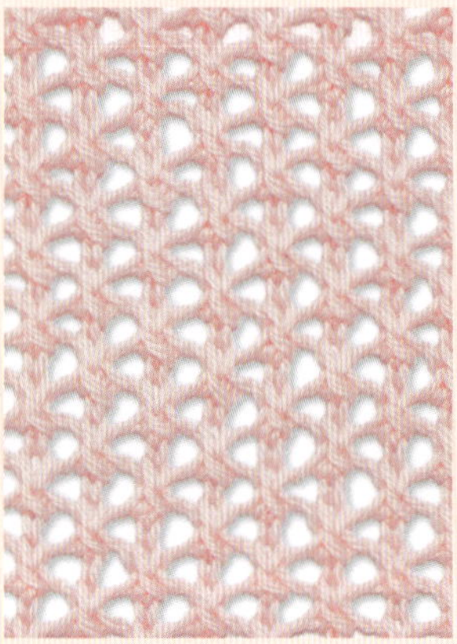

132 Konfetti

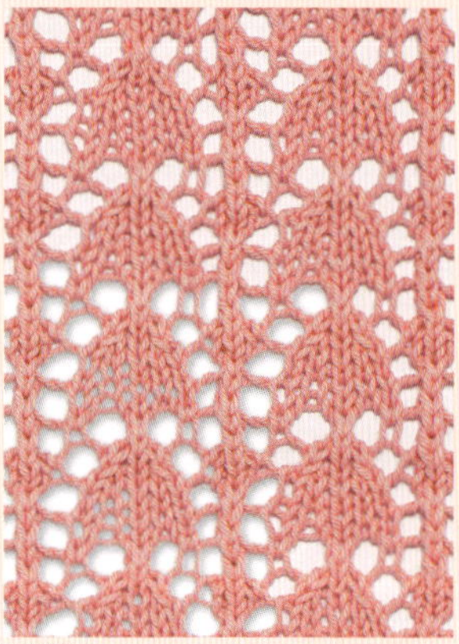

133 Glockenblume

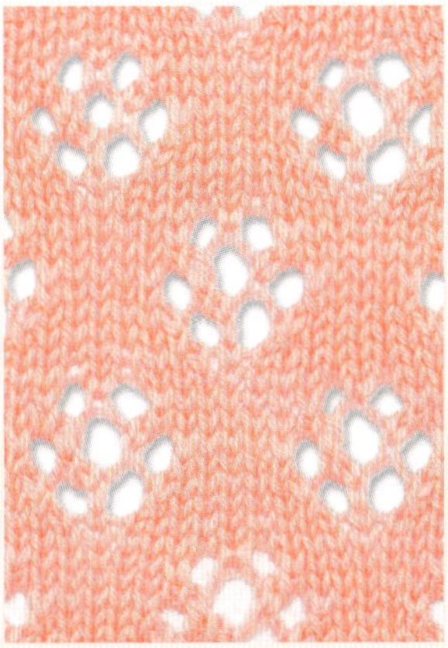

134 Röschen-Lochmuster

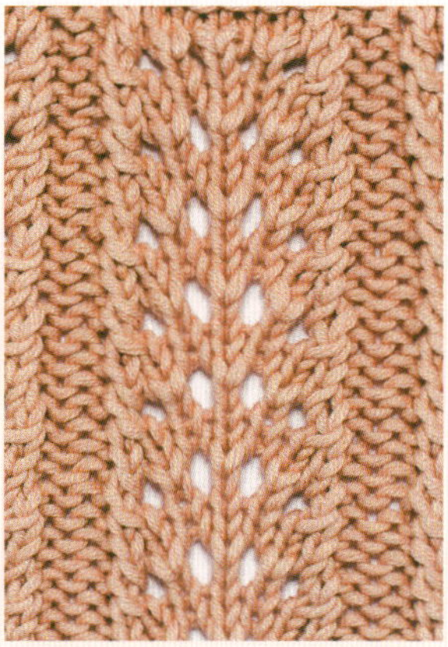

135 Kleines Fächermuster

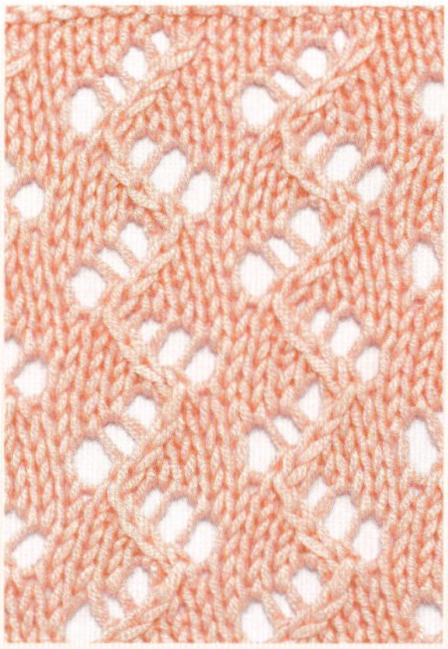

136 Zickzack-Lochmuster

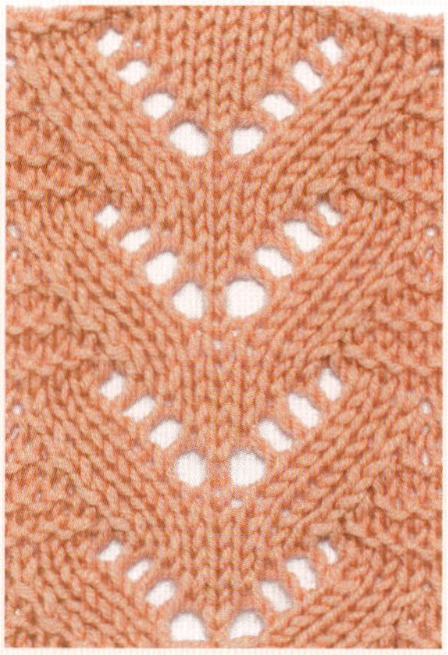

137 Zacken-Lochmuster

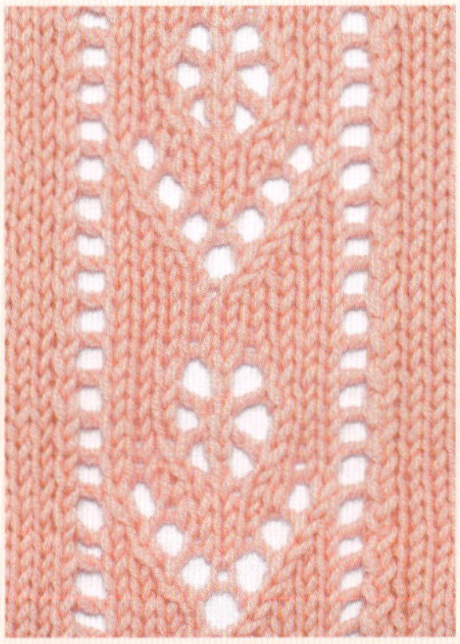

138 Blümchen und Leiter

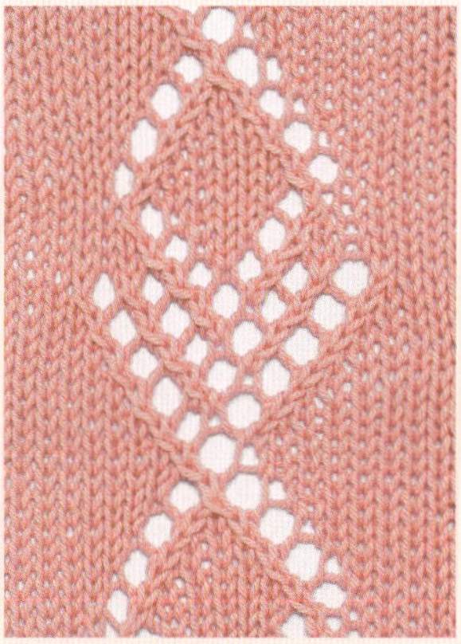

139 Krokus-Muster

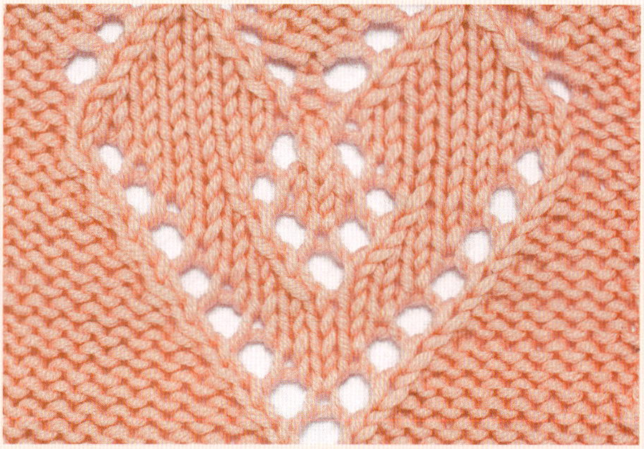

140 Brillantherz

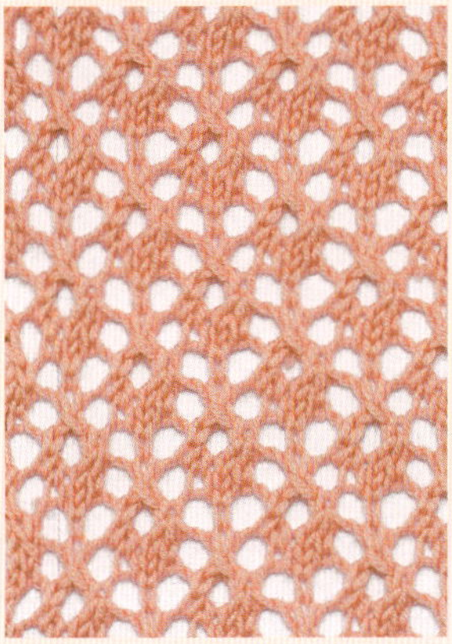

141 Vogelauge

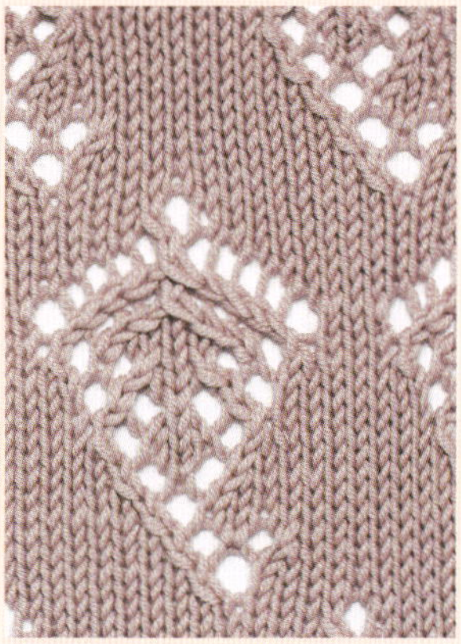

142 Paisley-Lochmuster

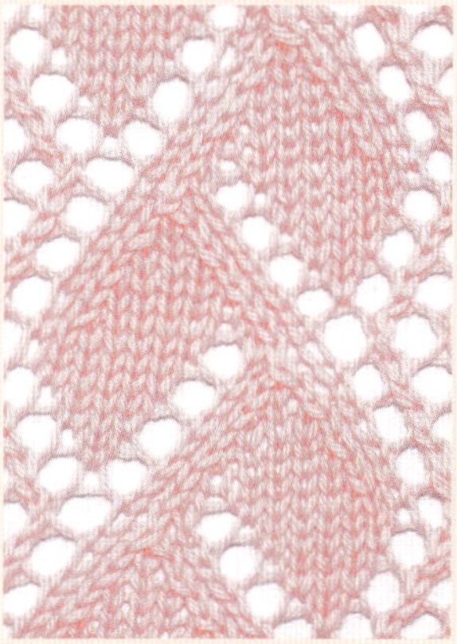

143 Ranken am Spalier

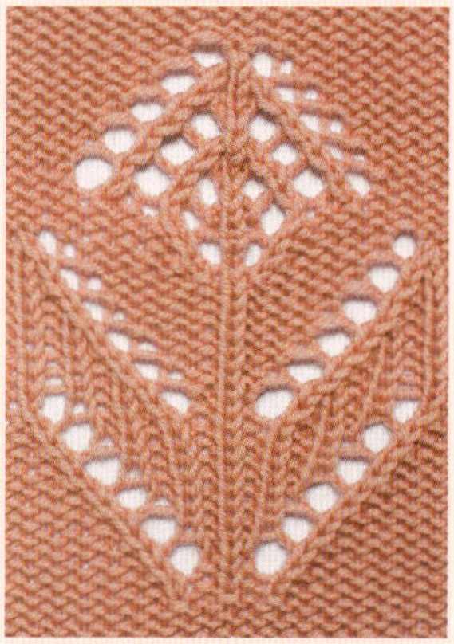

144 Mondwinde

LOCHMUSTER – FORTSETZUNG

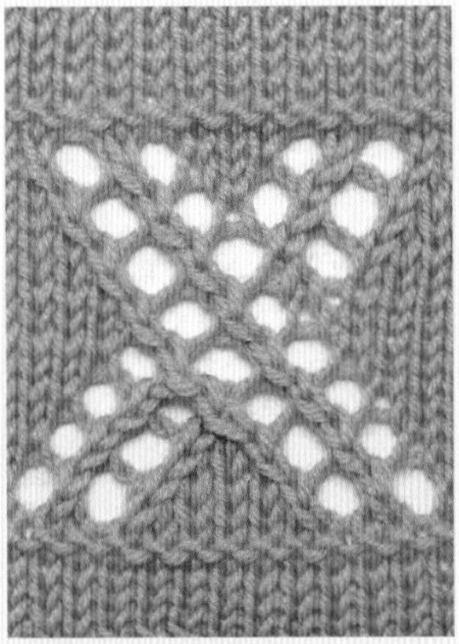

145 Kreuz und quer

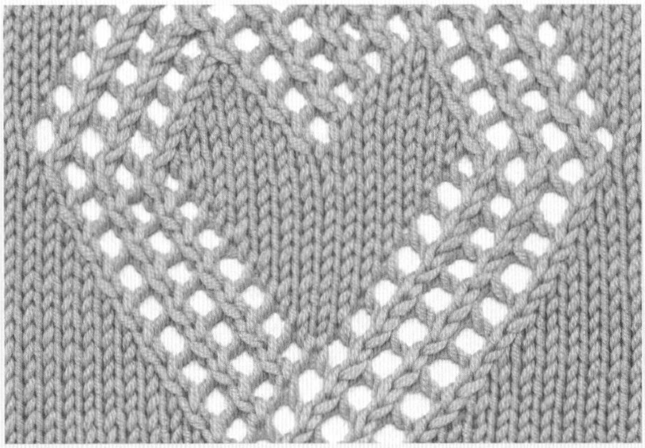

146 Filigranes Herz

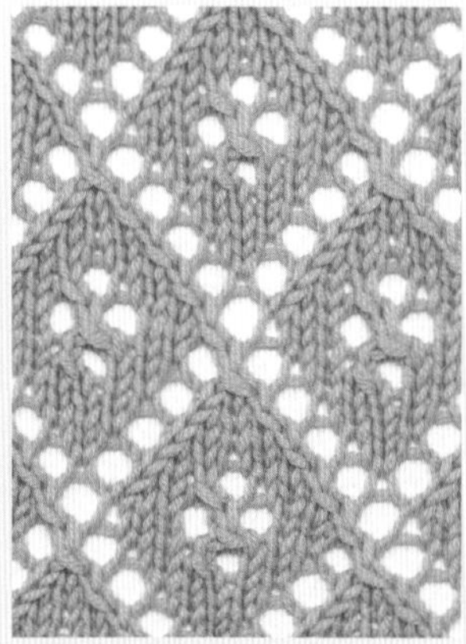

147 Rhomben im Rhombengitter

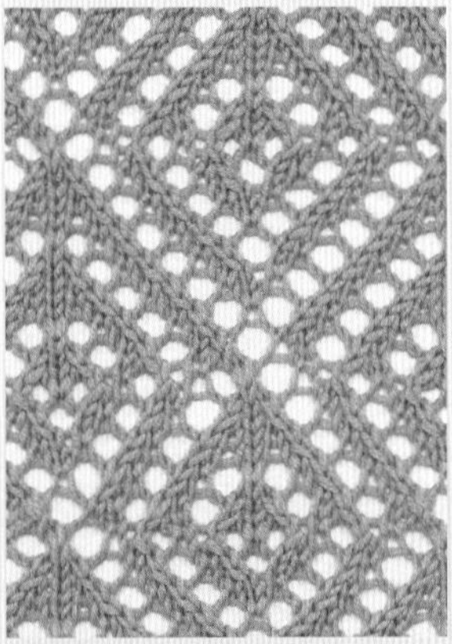

148 Doppelter Rhomben-Lochgrund

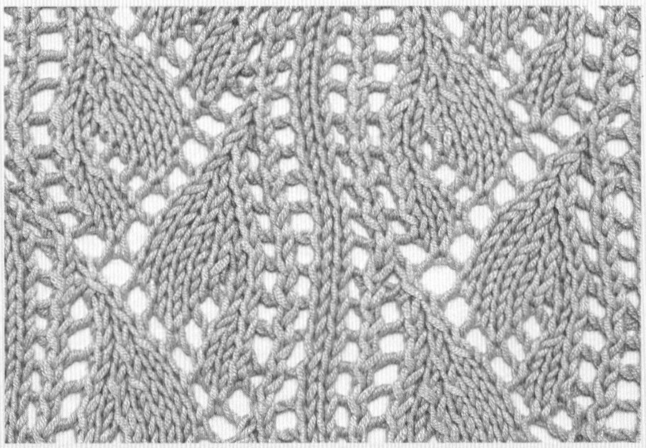

149 Trauerwinde

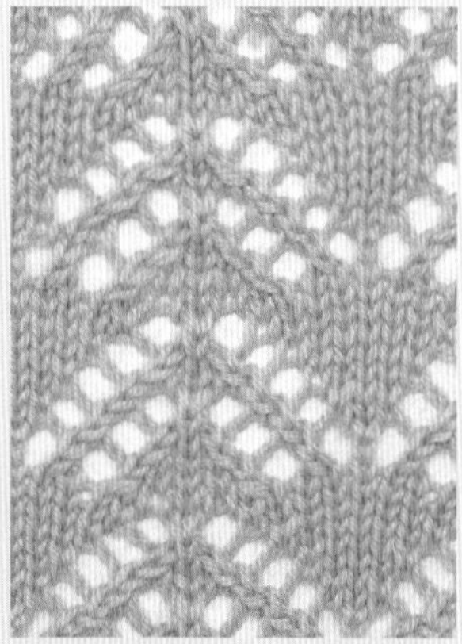

150 Dreiecke

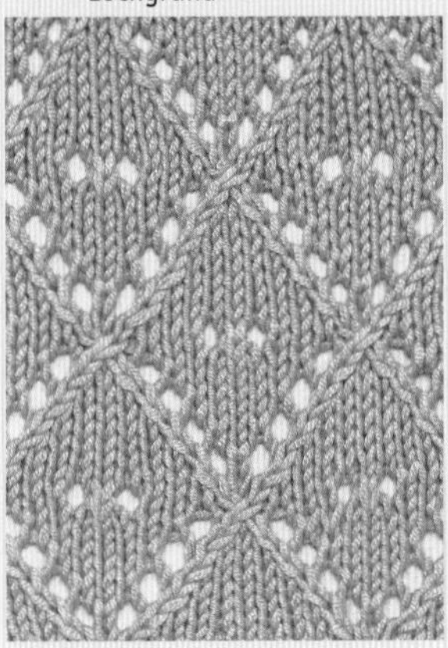

151 Spalier mit Zwillingstupfen

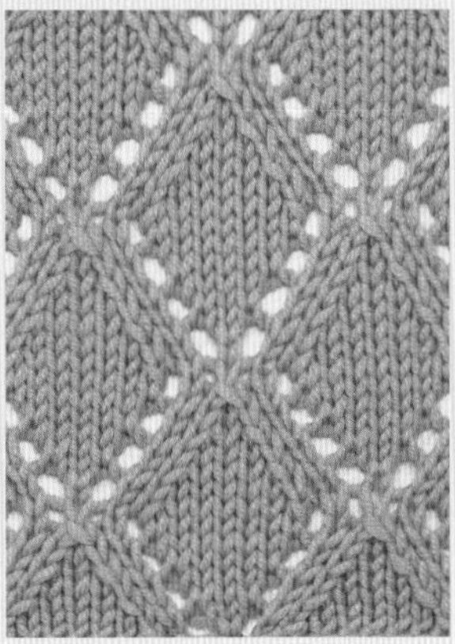

152 Konturierte Rhomben

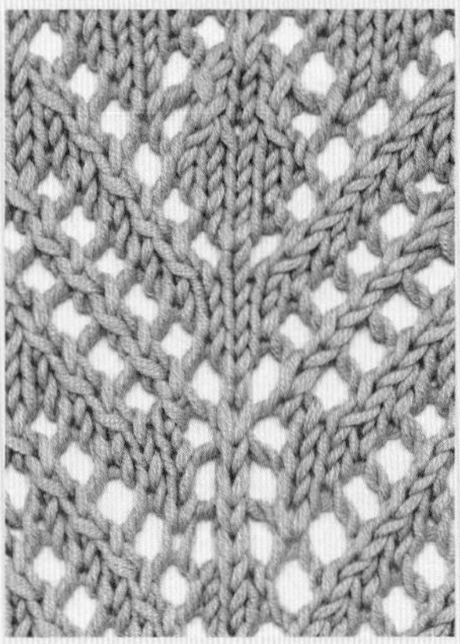

153 Tulpen

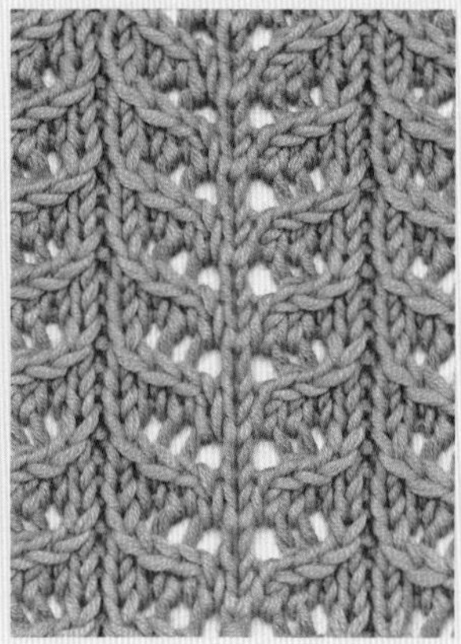

154 Kleine Zweige

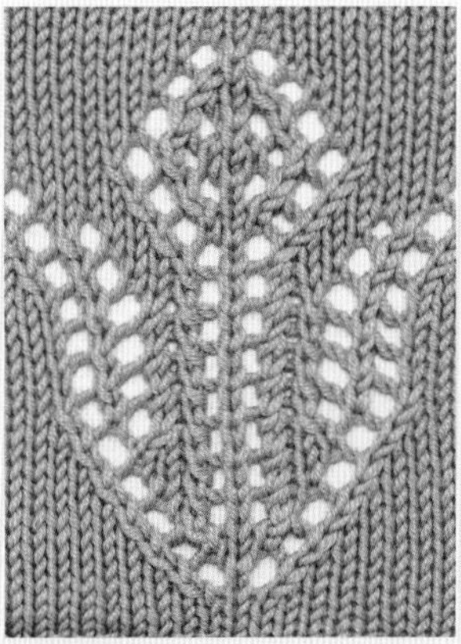

155 Lilie

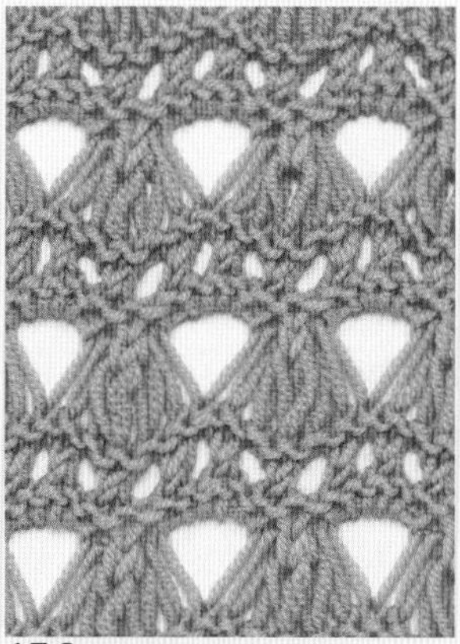

156 Kleine Boote

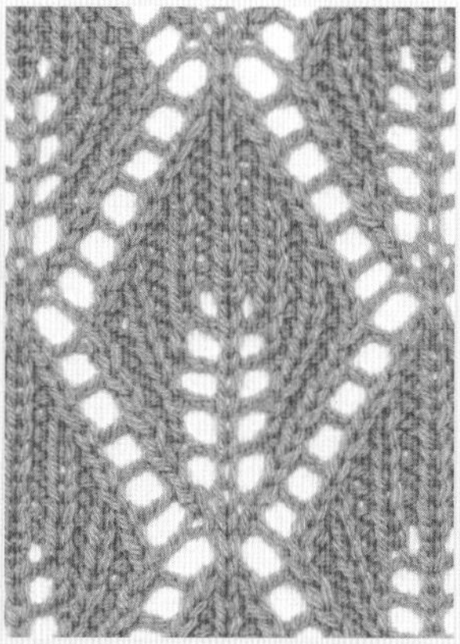

157 Gerippte Blätter

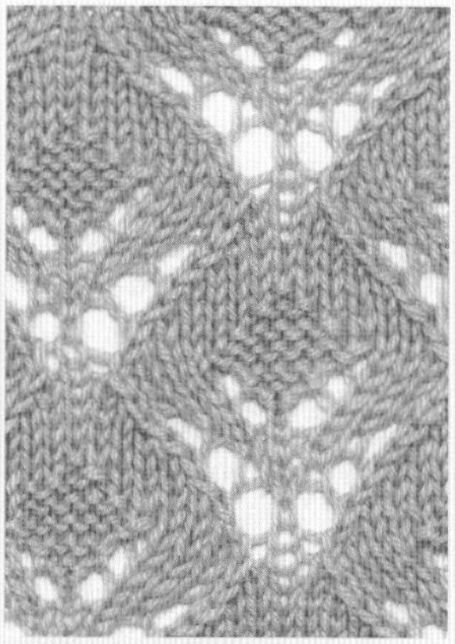

158 Blumengarten

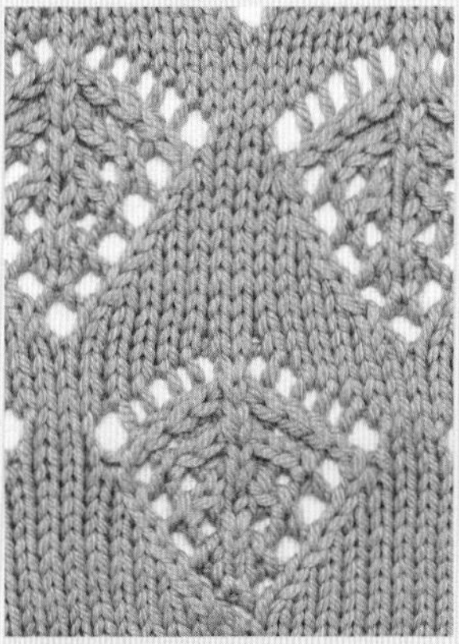

159 Farnmuster

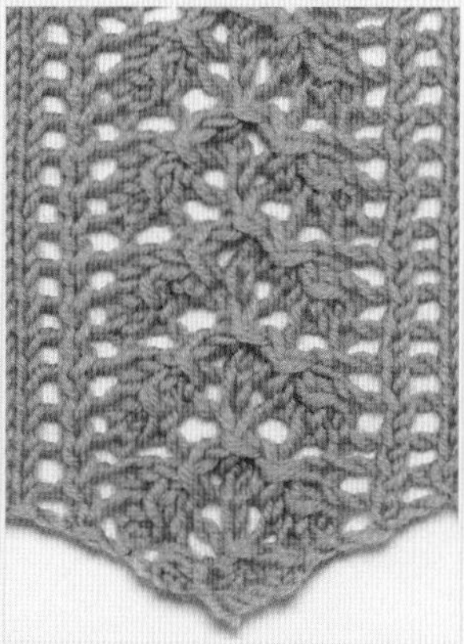

160 Fallende Blätter

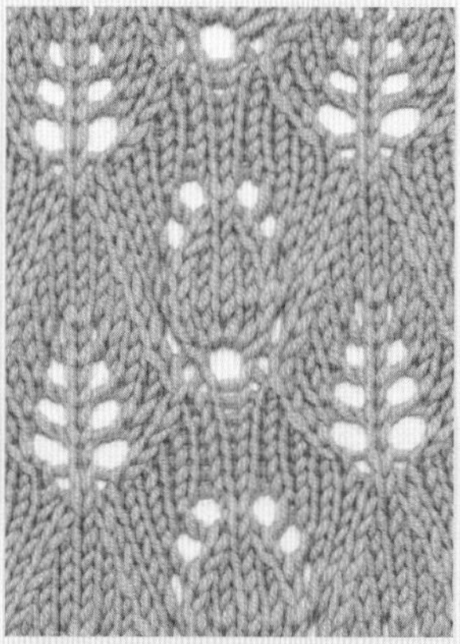

161 Blätter und Knospen

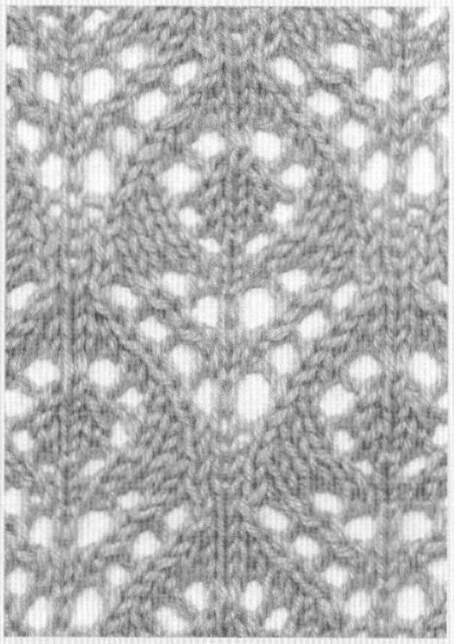

162 Gänseblümchen

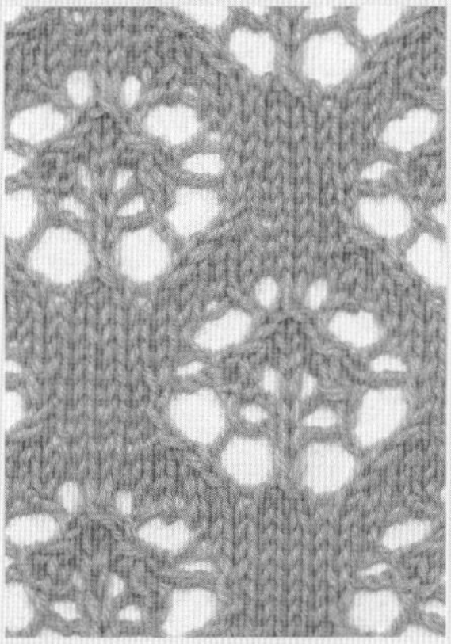

163 Streublümchen

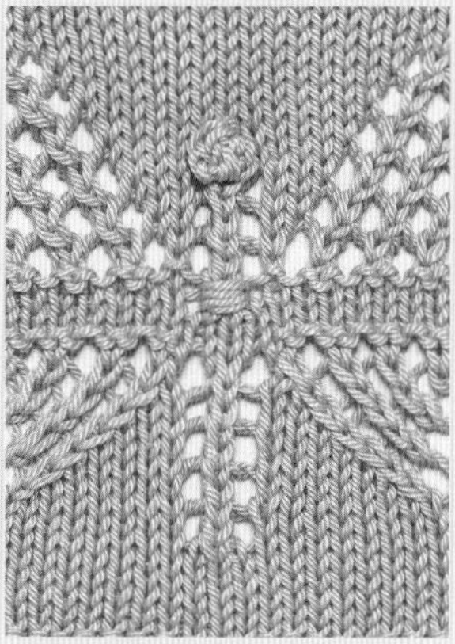

164 Großer Schmetterling

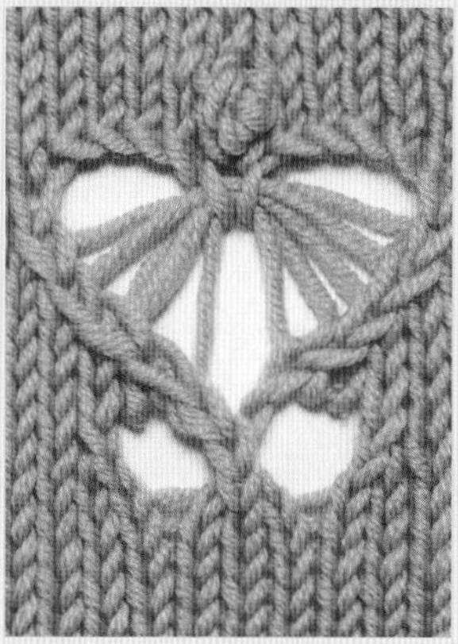

165 Kleiner Schmetterling

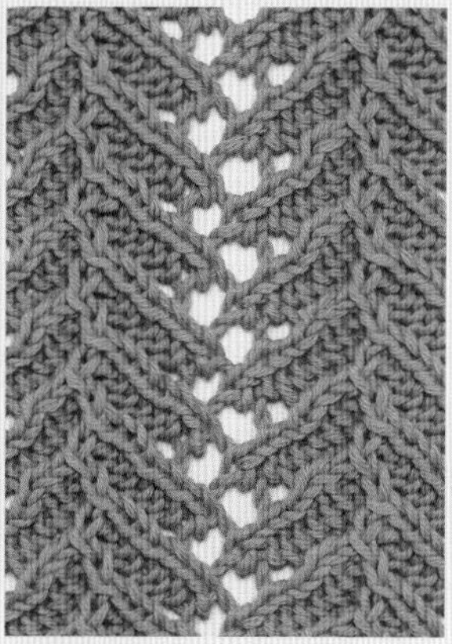

166 Seegras

Muster 122

Wellenmuster mit Lochreihen

Gruppen von Abnahmen und Zunahmen durch Umschläge wechseln hier ab. Auf diese Weise entsteht ein reizvolles Wellenmuster, das eine Miniaturvariante des traditionellen Feder-und-Fächer-Musters (auch: Old Shale) darstellt.

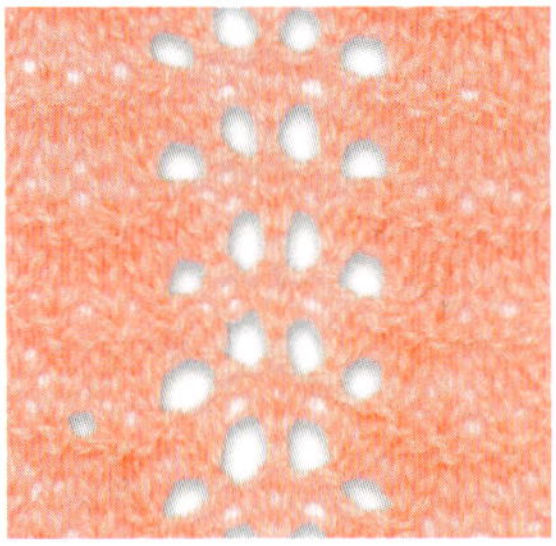

Anleitung

1. Reihe (Hin-R): 1 M re, * 2 x 2 M re zus-str, 3 x [1 U, 1 M re], 1 U, 2 x 2 M re übz zus-str; ab * fortlfd wdh bis zur letzten M, 1 M re.

2. Reihe: Li M str.

3. Reihe: Re M str.

4. Reihe: Re M str.

Die 1.–4. R stets wdh.

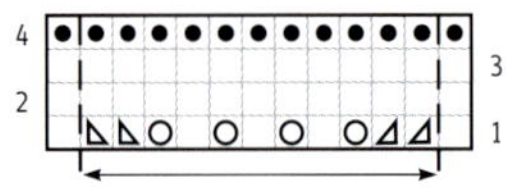

M-Zahl teilbar durch 11 + 2 M

Muster 123

Lochrippen

Paarweise Abnahmen und Umschläge bilden hier vertikale Lochrippen, die mit Säulen aus linken Maschen abwechseln.

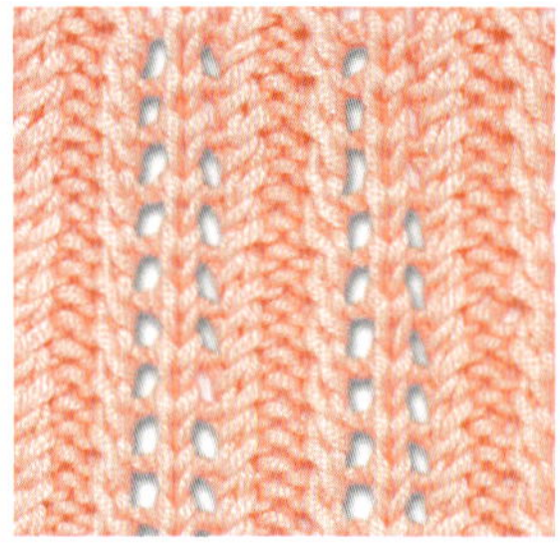

Anleitung

1. Reihe (Hin-R): * 1 M li, 2 M re zus-str, 1 U, 1 M re, 1 U, 2 M re übz zus-str; ab * fortlfd wdh bis zur letzten M, 1 M li.

2. Reihe: * 1 M re, 5 M li; ab * fortlfd wdh bis zur letzten M, 1 M re.

Die 1. und 2. R stets wdh.

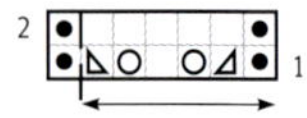

M-Zahl teilbar durch 6 + 1 M

Muster 124

Lochgrund

Dies ist eines der einfachsten Lochmuster überhaupt: Es besteht lediglich aus Loch-Reihen, die zu einem Tupfenmuster angeordnet sind. Ungewöhnlich ist die Arbeitsweise, denn die Löchlein werden abwechselnd in Hin- und Rückreihen gearbeitet.

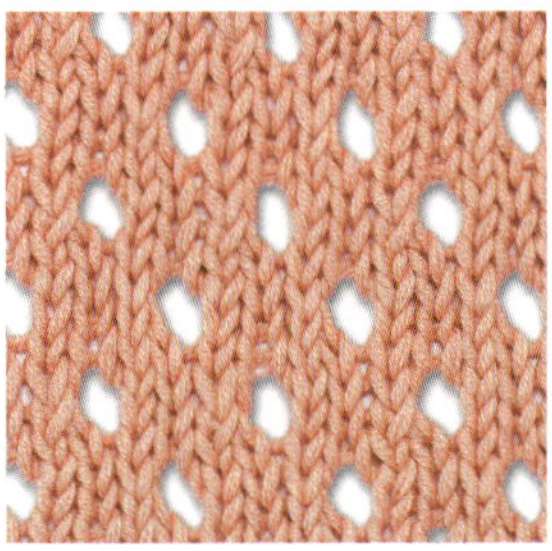

Anleitung

1. Reihe (Hin-R): Re M str.

2. Reihe: Li M str.

3. Reihe: 2 M re, * 1 U, 2 M re zus-str, 2 M re; ab * fortlfd wdh bis zu den letzten 3M, 1 U, 2 M re zus-str, 1 M re

4. Reihe: Li M str.

5. Reihe: Re M str.

6. Reihe: * 3 M li, * 2 M li zus-str, 1 U, 2 M li; ab * fortlfd wdh bis zu den letzten 2 M, 2 M li.

Die 1.–6. R stets wdh.

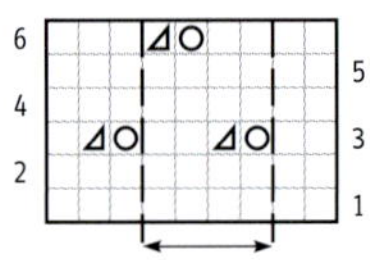

M-Zahl teilbar durch 4 + 5 M

Besonderes Stricksymbol

◿ = in Hin-R 2 M re zus-str, in Rück-R 2 M li zus-str

Muster 125

Kleeblatt-Streumuster

Dieses kleinrapportige Flächenmuster besticht durch seine Schlichtheit. Die Kleeblättchen verleihen dem glatt rechten Gestrick eine charmante Struktur.

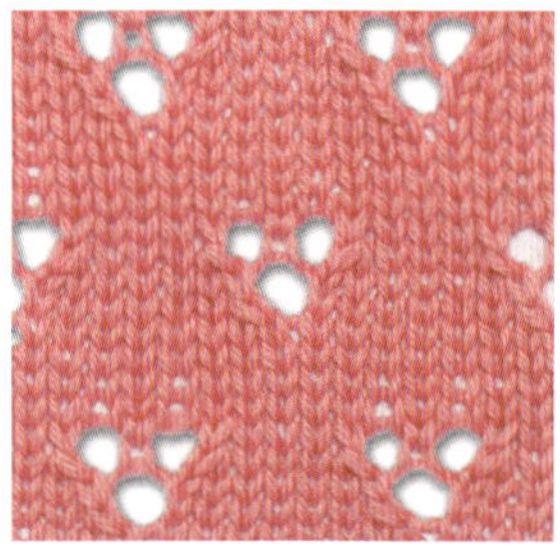

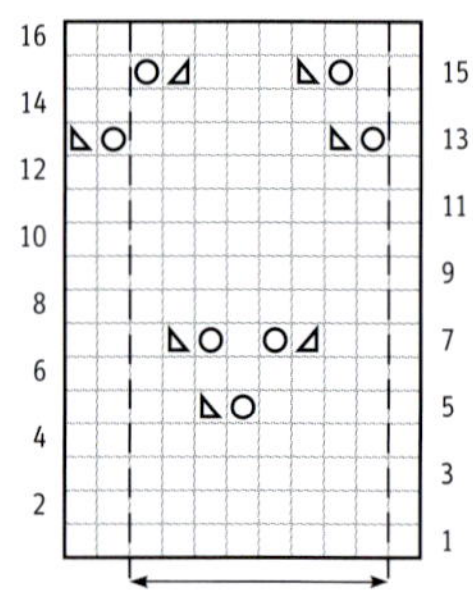

M-Zahl teilbar durch 8 + 3 M

□ = in Hin-R 1 M re, in Rück-R 1 M li ● = in Hin-R 1 M li, in Rück-R 1 M re ◺ = in Hin-R 1 M re verschr, in Rück-R 1 M li verschr ◿ = 2 M re zus-str

Muster 126

Rhomben-Lochmuster

Die Basis jeder dieser Lochmuster-Rauten bildet ein doppelter Umschlag, der einen kräftigen Akzent im Muster setzt und dafür sorgt, dass die durch Abnahmen gebildeten Konturen in sanftem Schwung verlaufen.

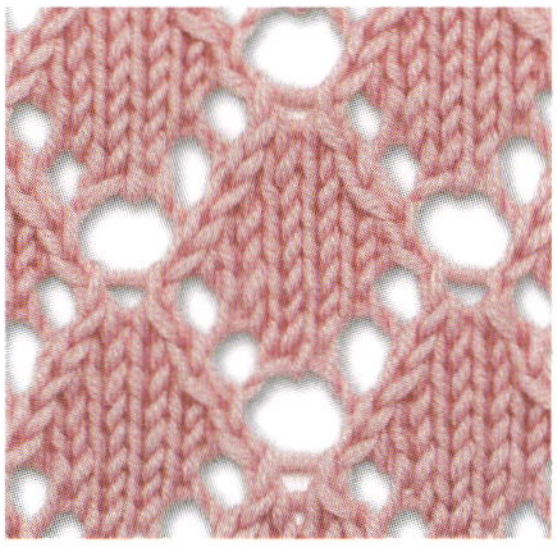

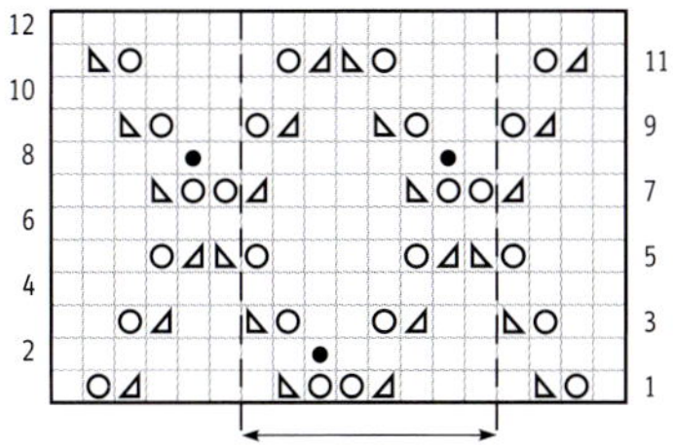

M-Zahl teilbar durch 8 + 10 M

Muster 127

Leitermuster

Lochmuster-Leitern wirken gerade durch ihre Schlichtheit besonders dekorativ. Sie können als Randstreifen für andere Muster verwendet oder für ein Flächenmuster mehrfach wiederholt werden.

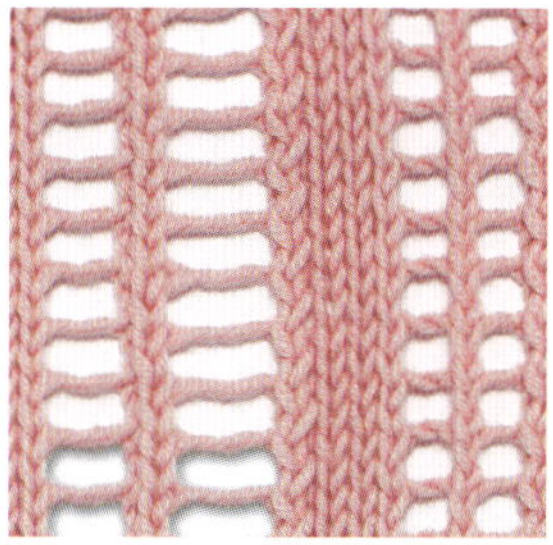

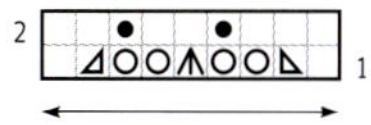

Breites Leitermuster: Musterstreifen über 9 M

Anleitung

1. Reihe (Hin-R): 1 M re, 2 M re übz zus-str, 2 U, 2 M zus wie zum Rechtsstr abh, 1 M re, die 2 Hebe-M überziehen, 2 U, 2 M re zus-str, 1 M re.

2. Reihe: 2 M li, 1 M re, 2 M li, 1 M re, 3 M li. Die 1. und 2. R stets wdh.

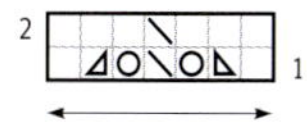

Schmales Leitermuster: Musterstreifen über 7 M

Anleitung

1. Reihe (Hin-R): 1 M re, 2 M re übz zus-str, 1 U, 1 M re verschr, 1 U, 2 M re zus-str, 1 M re.

2. Reihe: 3 M li, 1 M li verschr, 3 M li. Die 1. und 2. R stets wdh.

Muster 128

Farnblätter

Winzige Blättchen vernetzen sich zu einem sehr gleichmäßigen, flächigen Lochmuster. Bis auf die Abnahmen an den Seitenkanten werden stets doppelte Abnahmen gearbeitet.

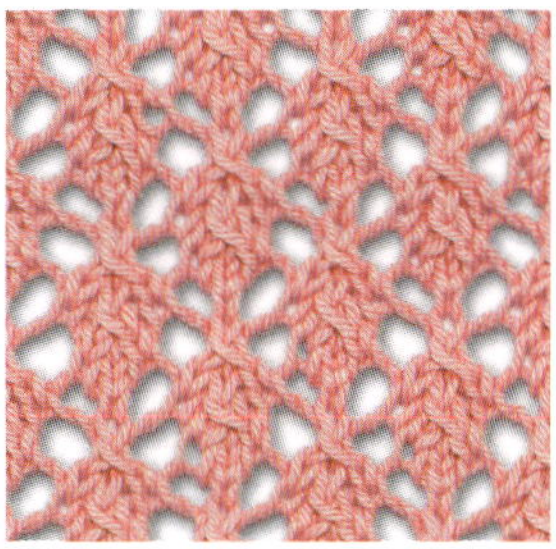

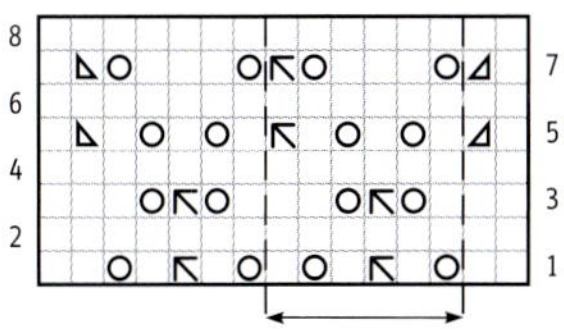

M-Zahl teilbar durch 6 + 9 M

Muster 129

Farnzweige

Die eleganten Kurven lassen dieses Muster komplizierter wirken, als es tatsächlich ist. Der Effekt entsteht durch die Abfolge der Umschläge und Abnahmen.

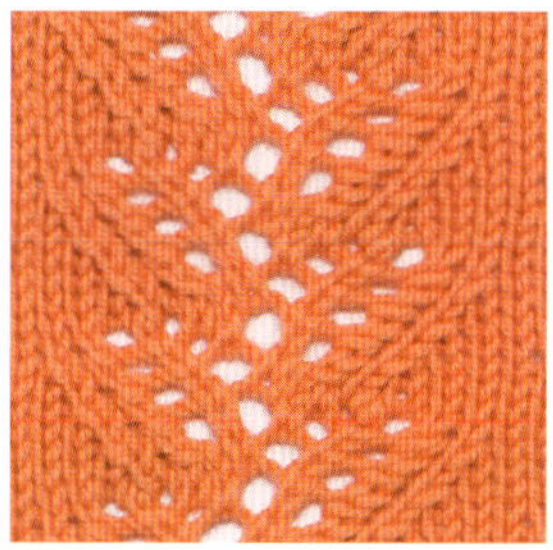

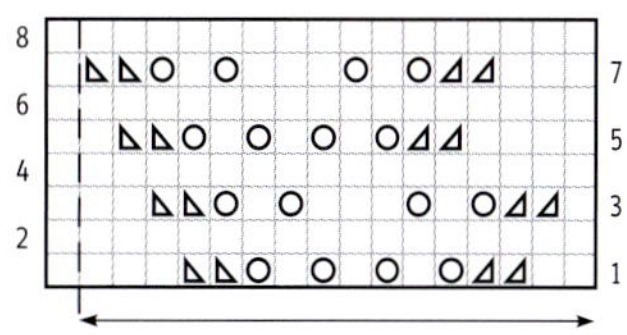

M-Zahl teilbar durch 16 + 1 M

= 2 M re übz zus-str = 2 M zus wie zum Rechtsstr abh, 1 M re, die 2 abgehobenen M überziehen = 1 M re abh, 2 M re zus-str, die abgehobene M überziehen = 1 U

Muster 130

Beerenzweige

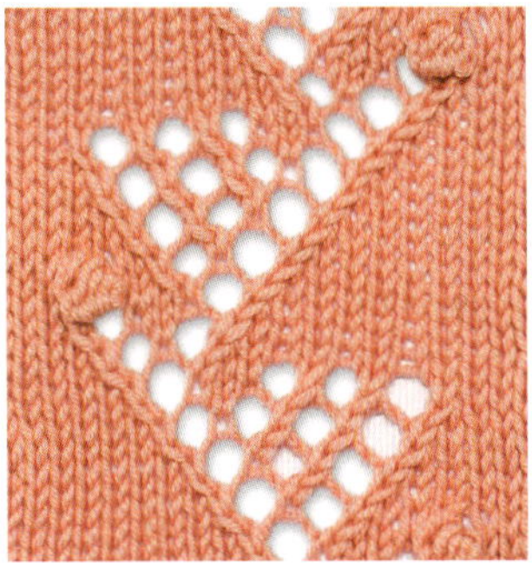

Einzelne Noppen betonen den asymmetrischen Charakter dieses Zickzack-Musters.

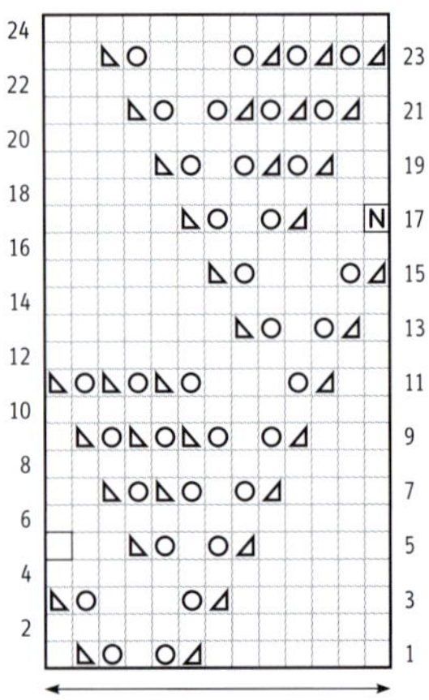

Musterstreifen über 13 M

Besonderes Stricksymbol

N = Noppe: [1 M re, 1M li, 1 M re, 1 M li, 1 M re] in 1 M str, wenden, 5 M li, wenden, die 2., 3., 4. und 5. M über die 1. M ziehen, diese M re verschr str

Muster 131

Vier-Tupfen-Lochmuster

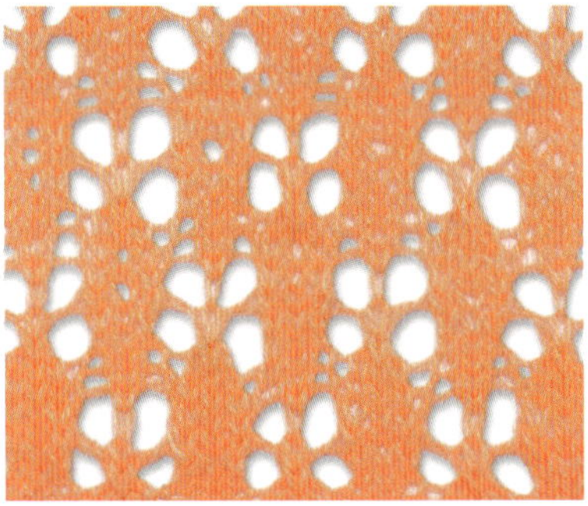

Diese Tupfengruppen sehen aus wie Blüten mit vier Blütenblättern. Die unterschiedliche Größe der Löchlein entsteht dadurch, dass zwischen den Umschlägen doppelte Abnahmen und beidseits der Löchlein gegengleiche Abnahmen gearbeitet werden.

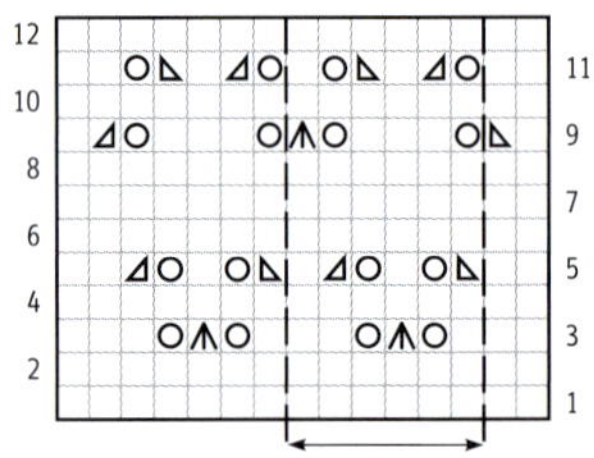

M-Zahl teilbar durch 6 + 9 M

Anleitung

1. Reihe (Hin-R): Re M str. **2. und alle folgenden Rück-R:** Li M str. **3. Reihe:** 3 M re, * 1 U, [2 M zus wie zum Rechtsstr abh, 1 M re, die 2 abgehobenen M überziehen], 1 U, 3 M re; ab * fortlfd wdh bis R-Ende. **5. Reihe:** 2 M re, * 2 M re übz zus-str, 1 U, 1 M re, 1 U, 2 M re zus-str, 1 M re; ab * fortlfd wdh bis zur letzten M, 1 M re.
7. Reihe: Re M str. **9. Reihe:** 1 M re, 2 M re übz zus-str, 1 U, * 3 M re, 1 U, [2 M zus wie zum Rechtsstr abh, 1 M re, die 2 abgehobenen M überziehen]; ab * fortlfd wdh bis zu den letzten 6 M, 3 M re, 1 U, 2 M re zus-str, 1 M re. **11. Reihe:** 2 M re, 1 U, 2 M re zus-str, * 1 M re, 2 M re übz zus-str, 1 U, 1 M re, 1 U, 2 M re zus- str; ab * fortlfd wdh bis zu den letzten 5 M, 1 M re, 2 M re übz zus-str, 1 U, 2 M re. **12. Reihe:** Li M str. Die 1.–12. R stets wdh.

Muster 132

Konfetti

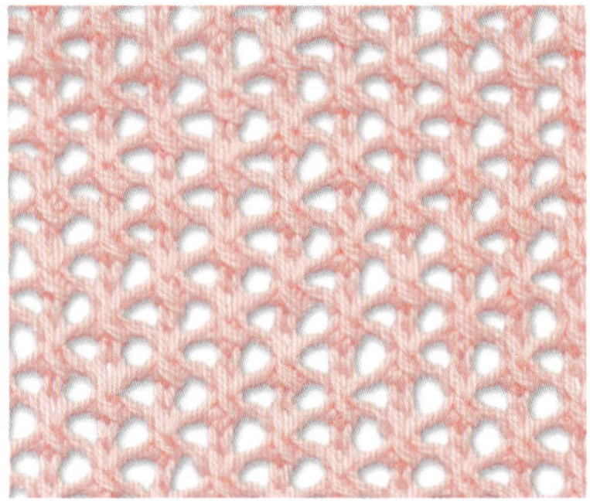

Dieses nostalgische Flächenmuster ist leicht zu stricken und ergibt trotzdem eine interessante Mischung aus luftigem Netz- und plastischem Strukturmuster.

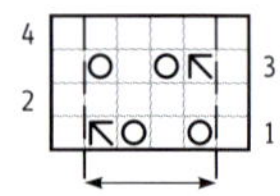

M-Zahl teilbar durch 4 + 2 M

Anleitung

1. Reihe (Hin-R): 1 M re, * 1 U, 1 M re, 1 U, [1 M re abh, 2 M re zus-str, die abgehobene M überziehen]; ab * fortlfd wdh bis zur letzten M, 1 M re.

2. Reihe: Li M str.

3. Reihe: 1 M re, * [1 M re abh, 2 M re zus-str, die abgehobene M überziehen], 1 U, 1 M re, 1 U; ab * fortlfd wdh bis zur letzten M, 1 M re.

4. Reihe: Li M str.

Die 1.–4. R stets wdh.

☐ = in Hin-R 1 M re, in Rück-R 1 M li ◿ = 2 M re zus-str ◺ = 2 M re übz zus-str ⋀ = 2 M zus wie zum Rechtsstr abh, 1 M re, die 2 abgehobenen M

Muster 133

Glockenblume

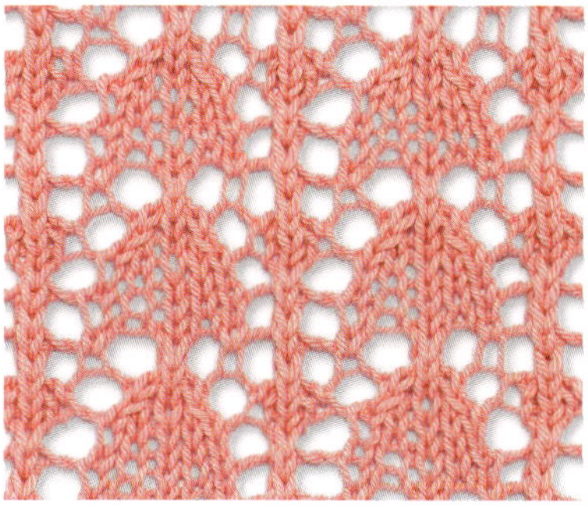

Die Wirkung kleiner, glöckchenartiger Blüten mit einer Lochmuster-Umrandung wird durch eine bestimmte Art der doppelten Abnahme gesteigert, die dem Muster ein besonders gefälliges Erscheinungsbild verleiht.

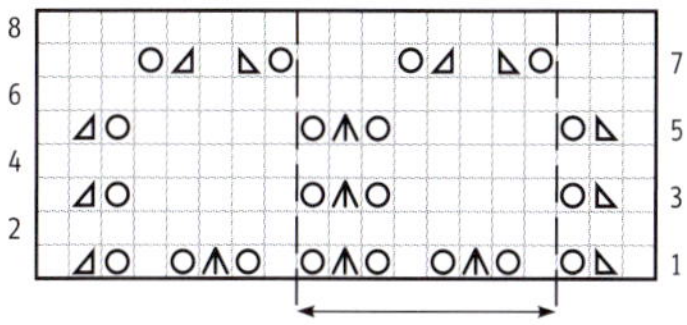

M-Zahl teilbar durch 8 + 11 M

Anleitung

1. Reihe (Hin-R): 1 M re, 2 M re übz zus-str, 1 U, * 1 M re, 1 U, [2 M zus wie zum Rechtsstr abh, 1 M re, die 2 abgehobenen M überziehen], 1 U; ab * fortlfd wdh bis zu den letzten 4 M, 1 M re, 1 U, 2 M re zus-str, 1 M re.

2. Reihe und alle folgenden Rück-R: Li M str.

3. Reihe: 1 M re, 2 M re übz zus-str, 1 U, * 5 M re, 1 U, [2 M zus wie zum Rechtsstr abh, 1 M re, die 2 abgehobenen M überziehen], 1 U; ab * fortlfd wdh bis zu den letzten 8 M, 5 M re, 1 U, 2 M re zus-str, 1 M re.

5. Reihe: Wie die 3. R str.

7. Reihe: 3 M re, * 1 U, 2 M re übz zus-str, 1 M re, 2 M re zus-str, 1 U, 3 M re; ab * fortlfd wdh bis R-Ende.

8. Reihe: Li M str.

Die 1.–8. R stets wdh.

Muster 134

Röschen-Lochmuster

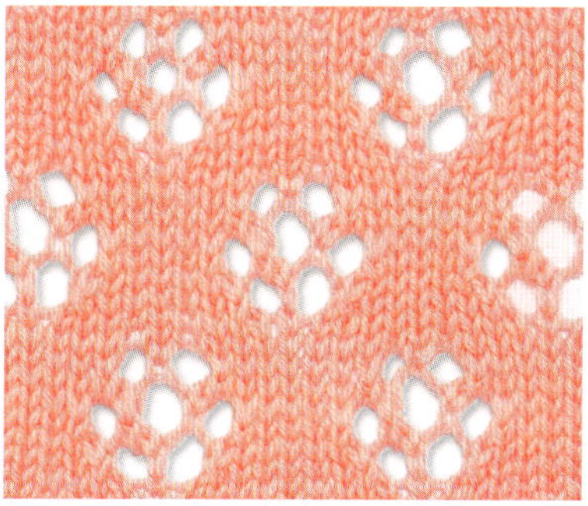

Dieses Tupfenmuster entsteht durch Gruppen von Umschlägen und Abnahmen, die im Stil eines Shetland-Lochmusters zu kleinen Blütenformen angeordnet sind.

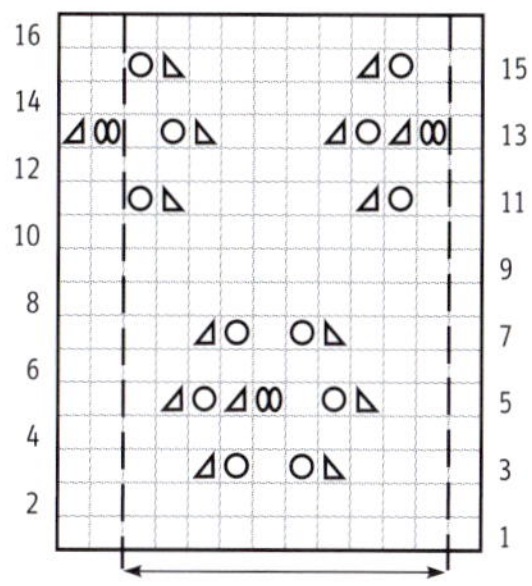

M-Zahl teilbar durch 10 + 3 M

Besonderes Stricksymbol

[OO] = 2 U; einen der 2 U in der folgenden R von der Nd fallen lassen

Anleitung

1. Reihe (Hin-R): Re M str.

2., 4., 8., 10. und 12. Reihe: Li M str.

3. Reihe: 4 M re, * 2 M re übz zus-str, 1 U, 1 M re, 1 U, 2 M re zus-str, 5 M re; ab * fortlfd wdh bis zu den letzten 9 M, 2 M re übz zus-str, 1 U, 1 M re, 1 U, 2 M re zus-str, 4 M re.

5. Reihe: 3 M re, * 2 M re übz zus-str, 1 U, 1 M re, 2 U, 2 M re zus-str, 1 U, 2 M re zus-str, 3 M re; ab * fortlfd wdh bis R-Ende.

6. Reihe: Li M str, dabei jeweils 1 der 2 U der Vor-R von der Nd fallen lassen.

7. Reihe: Wie die 3. R str.

9. Reihe: Re M str.

11. Reihe: 2 M re, 1 U, 2 M re zus-str, * 5 M re, 2 M re übz zus-str, 1 U, 1 M re, 1 U, 2 M re zus-str; ab * fortlfd wdh bis zu den letzten 9 M, 5 M re, 2 M re übz zus-str, 1 U, 2 M re.

13. Reihe: 1 M re, 2 U, 2 M re zus-str, 1 U, 2 M re zus-str, * 3 M re, 2 M re übz zus-tr, 1 U, 1 M re, 2 U, 2 M re zus-str, 1 U, 2 M re zus-str; ab * fortlfd wdh bis zu den letzten 8 M, 3 M re, 2 M re übz zus-str, 1 U, 1 M re, 2 U, 2 M re zus-str.

14. Reihe: Wie die 6. R str.

15. Reihe: Wie die 11. R str.

16. Reihe: Li M str.

Die 1.–16. R stets wdh.

überziehen [K] = 1 M re abh, 2 M re zus-str, die abgehobene M überziehen [O] = 1 U

Muster 135

Kleines Fächermuster

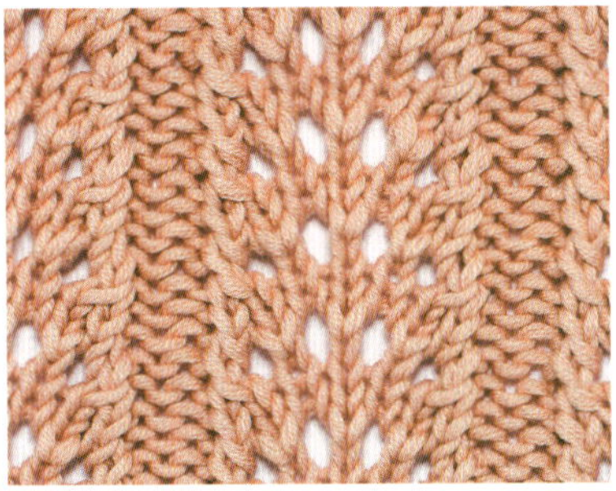

Hier werden die Zunahmen durch Umschläge und die Abnahmen in vertikalen Streifen angeordnet. Zwei der vier Zunahmen, die die leicht gerundeten Lochreihen bilden, werden nicht in derselben Reihe, sondern erst „verspätet" in der folgenden Reihe durch Abnahmen ausgeglichen. Daher variiert die Maschenzahl innerhalb des Mustersatzes.

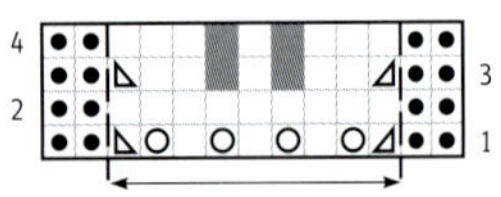

M-Zahl teilbar durch 9 + 2 M (M-Zahl variiert innerhalb des Mustersatzes)

Anleitung

1. Reihe (Hin-R): * 2 M li, 2 M re zus-str, 3 x [1 U, 1 M re], 1 U, 2 M re übz zus-str; ab * fortlfd wdh bis zu den letzten 2 M, 2 M li.

2. Reihe: * 2 M re, 9 M li; ab * fortlfd wdh bis zu den letzten 2 M, 2 M re.

3. Reihe: * 2 M li, 2 M re zus-str, 5 M re, 2 M re übz zus-str; ab * fortlfd wdh bis zu den letzten 2 M, 2 M li.

4. Reihe: * 2 M re, 7 M li; ab * fortlfd wdh bis zu den letzten 2 M, 2 M re.

Die 1.–4. R stets wdh.

Muster 136

Zickzack-Lochmuster

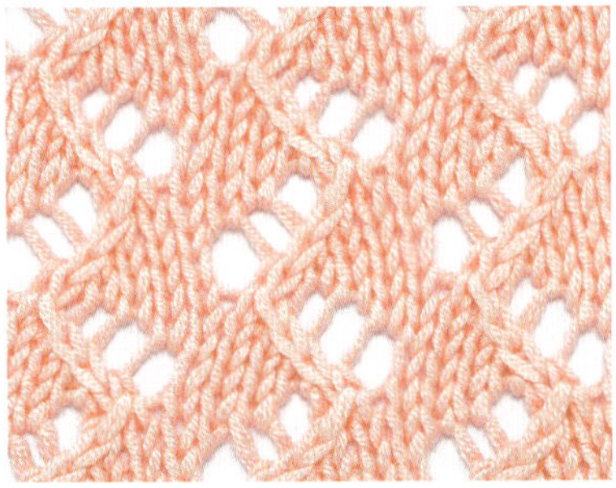

Vertikale Streifen von Abnahmen und Umschlägen ergeben hier ein Zickzack-Lochmuster auf glatt rechtem Grund. Wenn Sie erst einmal die Abnahmen in Rückreihen beherrschen, ist dieses Muster für Sie ganz leicht zu stricken.

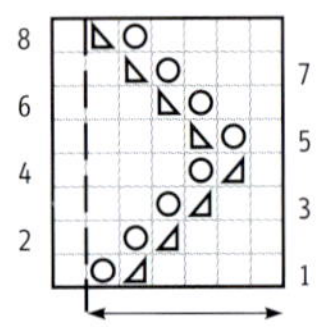

M-Zahl teilbar durch 6 + 1 M

Besondere Stricksymbole

◿ = in Hin-R 2 M re zus-str, in Rück-R 2 M li zus-str

◺ = in Hin-R 2 M re übz zus-str, in Rück-R 2 M li abgeh zus-str wie folgt: nacheinander einzeln wie zum Rechtsstr abh, beide M zurück auf die linke Nd heben die rechte Nd erst in die 2. M, dann in die 1. M einstechen und beide M li zus-str

Anleitung

1. Reihe (Hin-R): * 4 M re, 2 M re zus-str, 1 U; ab * fortlfd wdh bis zur letzten M, 1 M re.

2. Reihe: 2 M li, * 1 U, 2 M li zus-str, 4 M li; ab * fortlfd wdh bis zu den letzten 5 M, 1 U, 2 M li zus-str, 3 M li.

3.–8. Reihe: Gemäß Strickschrift weiterstr.

Die 1.–8. R stets wdh.

Muster 137

Zacken-Lochmuster

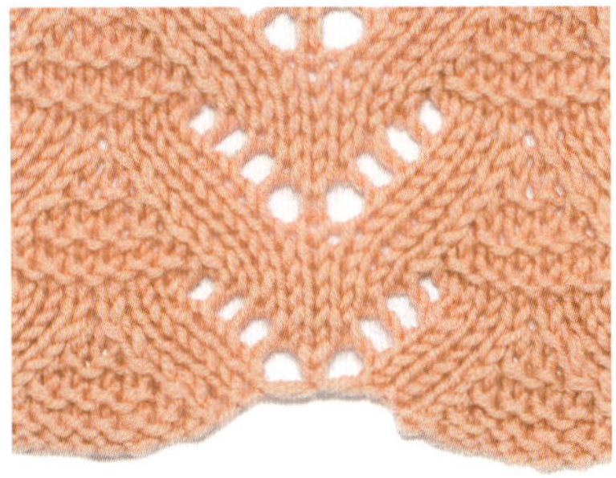

Obwohl dieses Lochmuster mit seinen elegant geschwungenen Linien kompliziert aussieht, ist es sehr leicht zu stricken, weil die Maschenzahl von Reihe zu Reihe konstant bleibt und die Rückreihen immer links gestrickt werden.

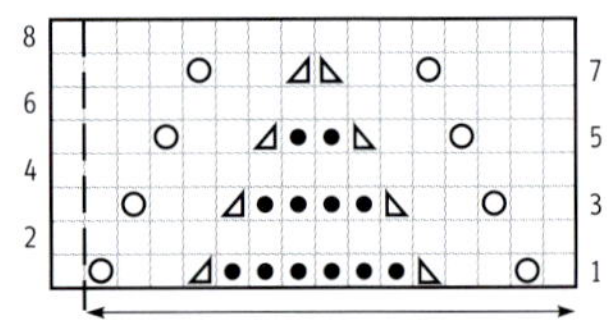

M-Zahl teilbar durch 15 + 1 M

Anleitung

1. Reihe (Hin-R): * 1 M re, 1 U, 2 M re, 2 M re übz zus-str, 6 M li, 2 M re zus-str, 2 M re, 1 U; ab * fortlfd wdh bis zur letzten M, 1 M re.

2. Reihe und alle folgenden Rück-R: Li M str.

3. Reihe: * 2 M re, 1 U, 2 M re, 2 M re übz zus-str, 4 M li, 2 M re zus-str, 2 M re, 1 U, 1 M re; ab * fortlfd wdh bis zur letzten M, 1 M re.

5. Reihe: * 3 M re, 1 U, 2 M re, 2 M re übz zus-str, 2 M li, 2 M re zus-str, 2 M re, 1 U, 2 M re; ab * fortlfd wdh bis zur letzten M, 1 M re.

7. Reihe: * 4 M re, 1 U, 2 M re, 2 M re übz zus-str, 2 M re zus-str, 2 M re, 1 U, 3 M re; ab * fortlfd wdh bis zur letzten M, 1 M re.

Die 1.–8. R stets wdh.

88–89 Allgemeine Stricksymbole

□ = in Hin-R 1 M re, in Rück-R 1 M li   ● = in Hin-R 1 M li, in Rück-R 1 M re   ◹ = in Hin-R 1 M re verschr   ◿ = 2 M re zus-str   ◺ = 2 M re übz zus-str

Muster 138

Blümchen und Leiter

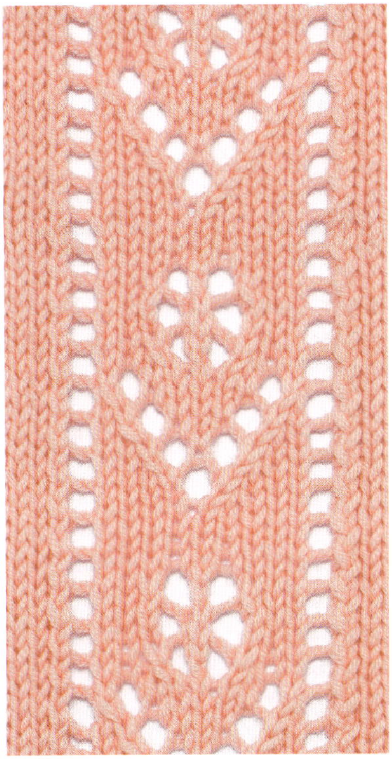

Bei diesem Musterstreifen entsteht durch einfache Umschläge und die entsprechenden Abnahmen der Eindruck von Blüten, Blättern und flankierenden, leiterartigen Lochstreifen.

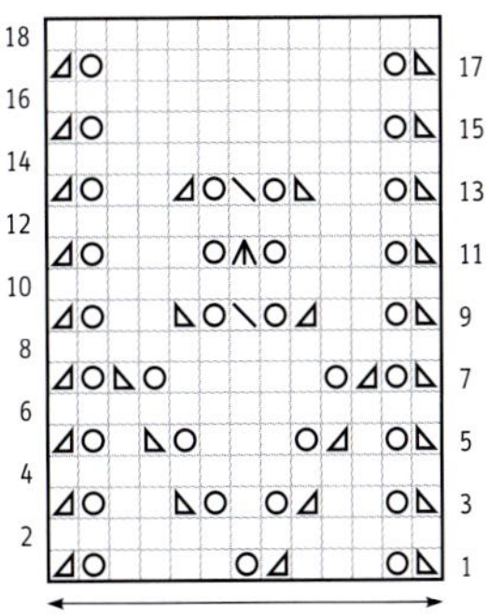

Musterstreifen über 13 M

Muster 139

Krokus-Muster

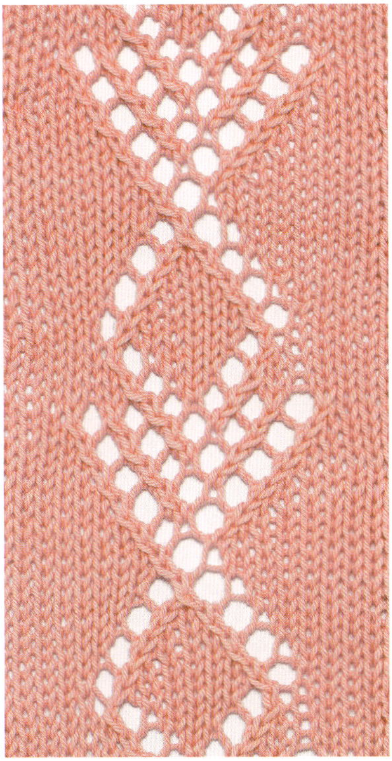

Schräge Linien bilden die stilisierten Blätter und Blüten dieses einfachen Lochmusterstreifens.

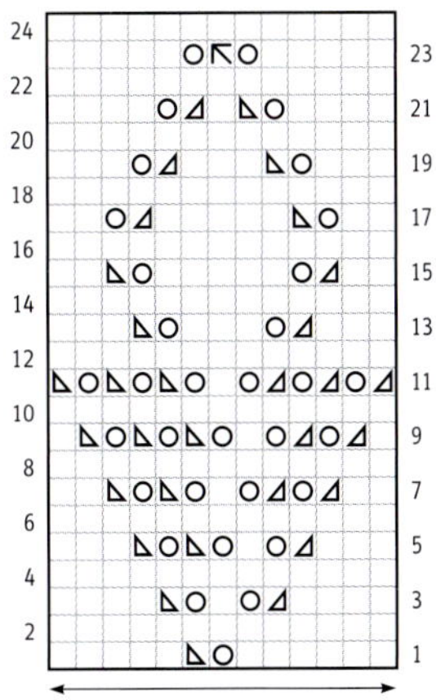

Musterstreifen über 13 M

Muster 140

Brillantherz

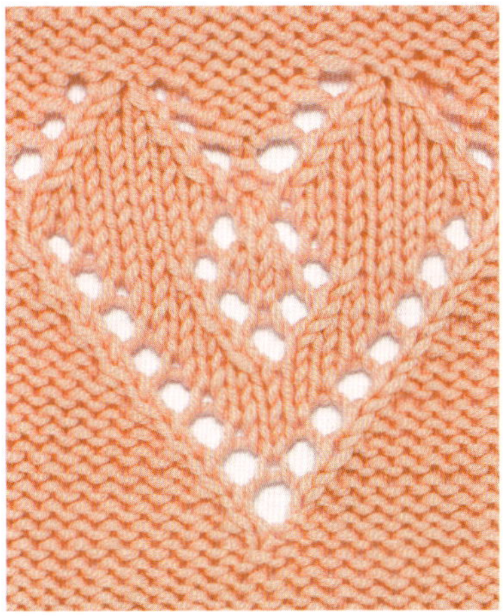

Dieses einfache Herz auf glatt links gestricktem Grund bekommt seine besondere Note durch einen einbeschriebenen Rhombus.

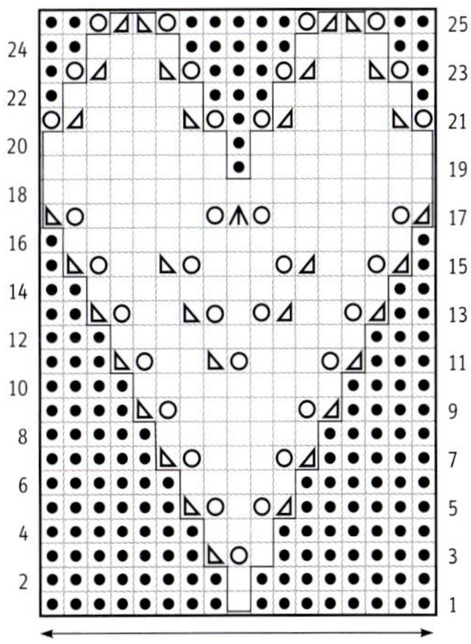

Motiv über 17 M

⋀ = 2 M zus wie zum Rechtsstr abh, 1 M re, die 2 abgehobenen M überziehen ⬉ = 1 M re abh, 2 M re zus-str, die abgehobene M überziehen O = 1 U ■ = keine M (dient nur der Übersicht)

Muster 141

Vogelauge

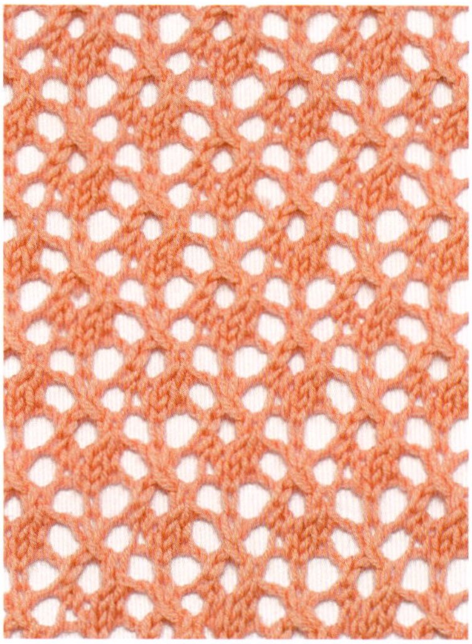

Ohne das zentrale Löchlein in jedem Rapport, das dem Muster seinen Namen gibt, würde es sich um ein kleines Blattmuster handeln.

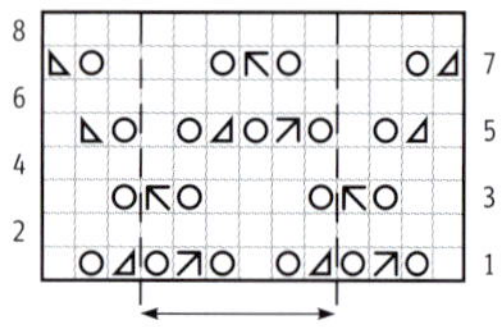

M-Zahl teilbar durch 6 + 7 M

Muster 142

Paisley-Lochmuster

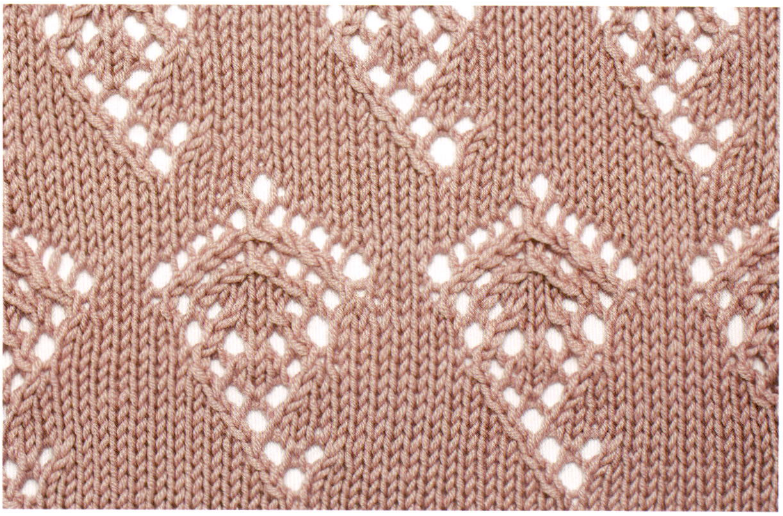

Dieses Lochmuster im Paisley-Stil ist eine der zahlreichen Variationen über das Shetland-Farnmuster. Die Paisley-Motive können auch einzeln verwendet oder als Bordüre (1.–21. Reihe) gearbeitet werden.

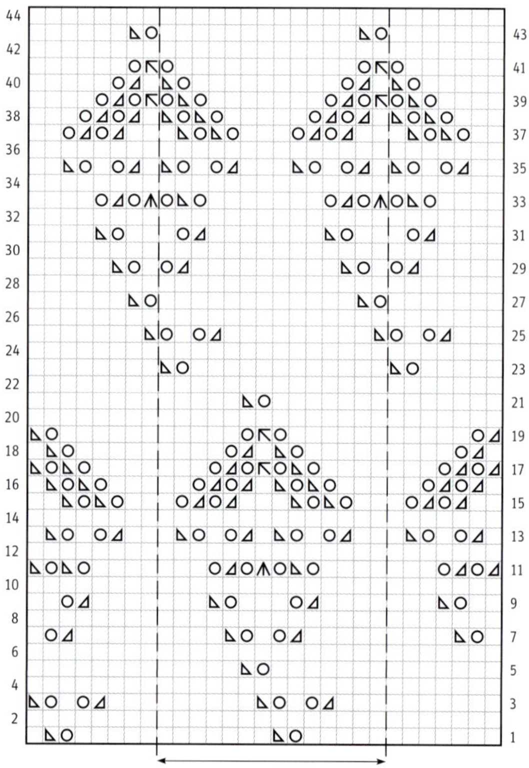

M-Zahl teilbar durch 14 + 15 M

90–91 Allgemeine Stricksymbole

= in Hin-R 1 M re, in Rück-R 1 M li
= in Hin-R 1 M li, in Rück-R 1 M re
= in Hin-R 2 M re zus-str, in Rück-R 2 M li zus-str
= 1 M re abh, 2 M re zus-str, die abgehobene M überziehen
= 3 M re zus-str
= 1 U

Muster 143

Ranken am Spalier

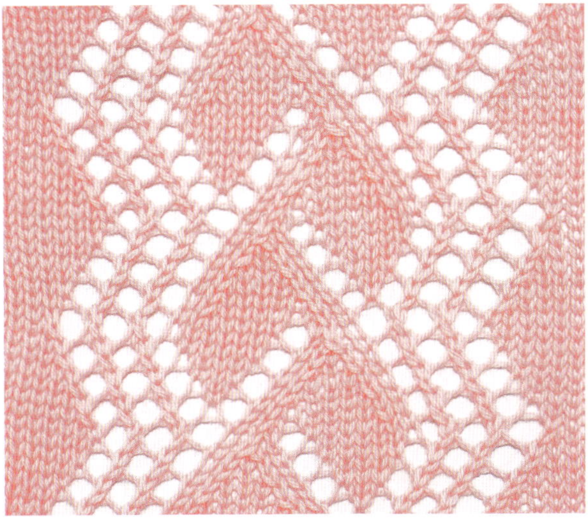

Mit seinen markanten Diagonalen erinnert dieses alte Muster an Blätter und Stängel an einem luftigen Spalier. Hier wird das Muster als vertikaler Streifen eingesetzt; es könnte aber auch mehrfach wiederholt werden und würde dann besonders raffiniert wirken.

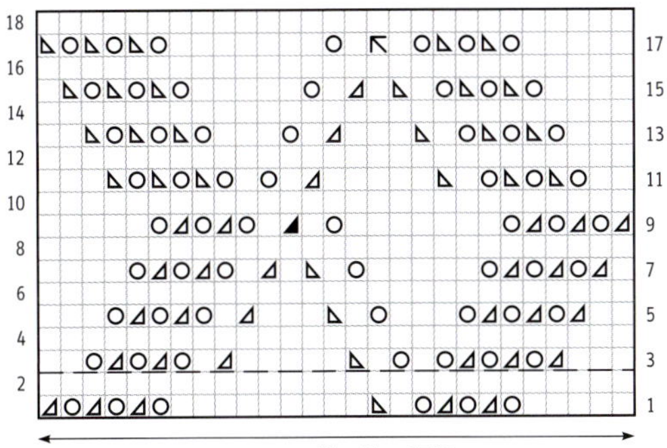

Musterstreifen über 27 M

Besondere Stricksymbole

◢ = 2 M re übz zus-str, die soeben entstandene M auf die linke Nd zurückheben, die nächste M darüberziehen und die M zurück auf die rechte Nd heben.

Hinweis

1 x die 1.–18. R str, dann die 3.–18. R stets wdh.

Muster 144

Mondwinde

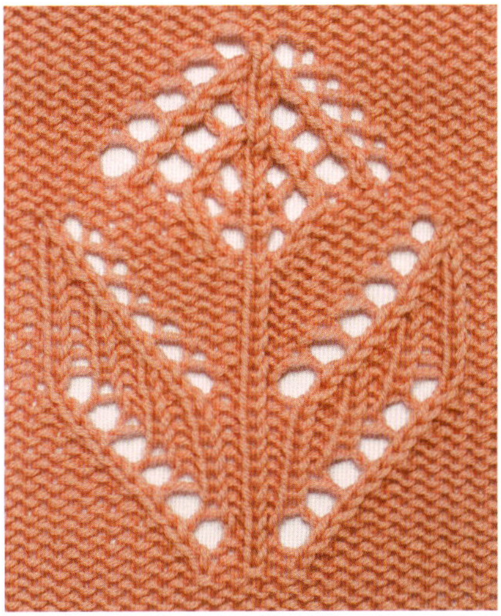

Diese stilisierte Blume mit ihren Blattrippen aus rechten Maschen tritt deutlich hervor.

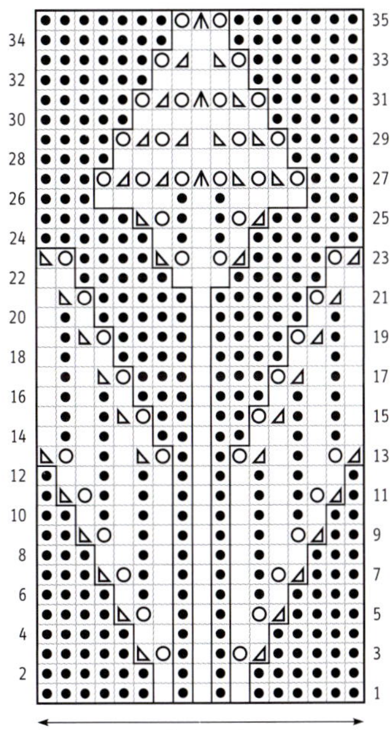

Motiv über 17 M

◺ = in Hin-R 2 M re übz zus-str, in Rück-R 2 M li verschr zus-str ⩚ = 2 M zus wie zum Rechtsstr abh, 1 M re, die 2 abgehobenen M überziehen

Muster 145

Kreuz und quer

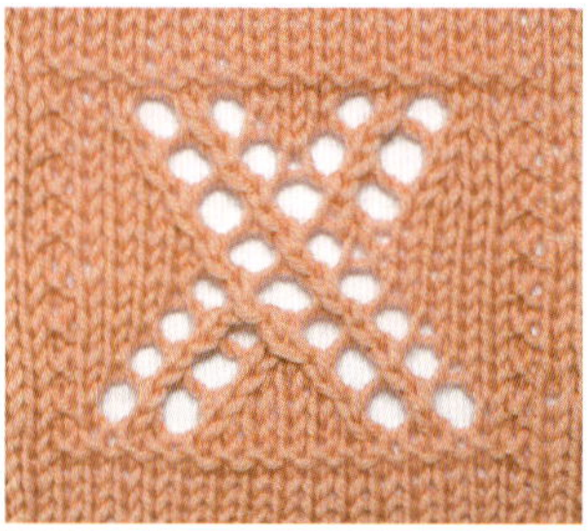

Dadurch, dass nach links bzw. rechts gerichtete Abnahmen gearbeitet werden, bekommt dieses X-Motiv seine markante Wirkung. Sie können es mit Strukturmustern oder mit anderen Lochmustern kombinieren.

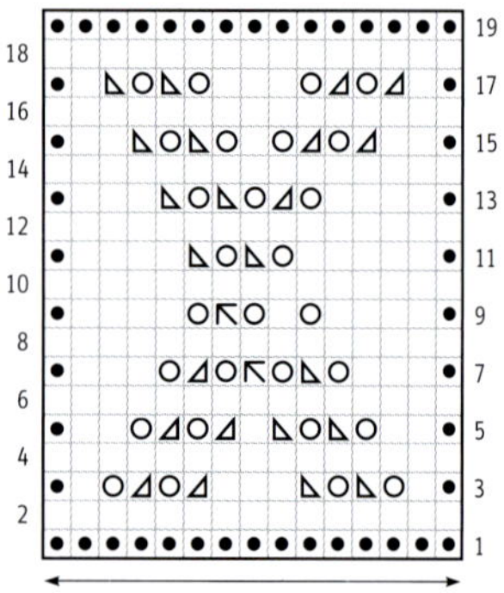

Motiv über 15 M

Muster 146

Filigranes Herz

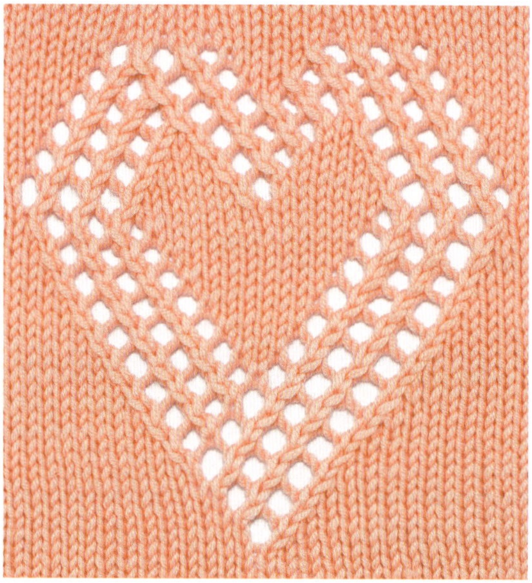

Sie können ein einzelnes Herz in das Vorderteil eines Pullovers einstricken oder das Motiv mehrfach wiederholen – möglicherweise als vertikalen Streifen, flankiert von Rechts-links-Rippen oder Lochrippen.

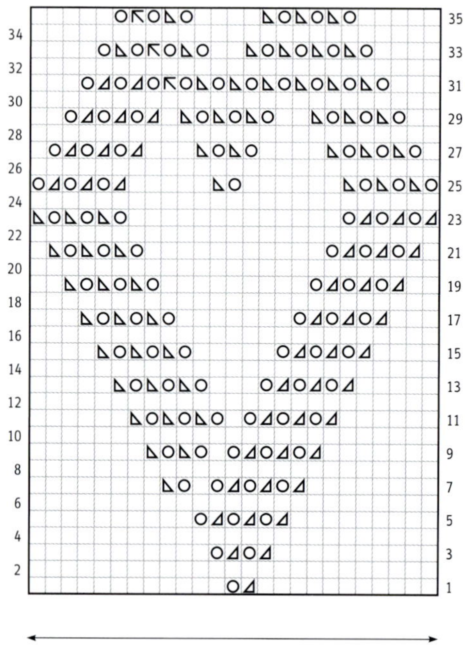

Motiv über 25 M

92–93 Allgemeine Stricksymbole

□ = in Hin-R 1 M re, in Rück-R 1 M li · ● = in Hin-R 1 M li, in Rück-R 1 M re · ◢ = 2 M re zus-str · ◣ = 2 M re übz zus-str · Λ = 2 M zus wie zum

Muster 147

Rhomben im Rhombengitter

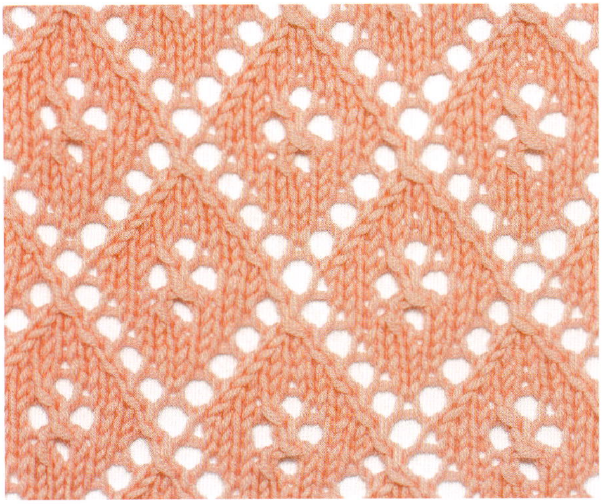

Die Arbeitsschritte für dieses Lochmuster sind einfach nachzuvollziehen und ergeben ein Muster, das komplizierter aussieht, als es eigentlich ist.

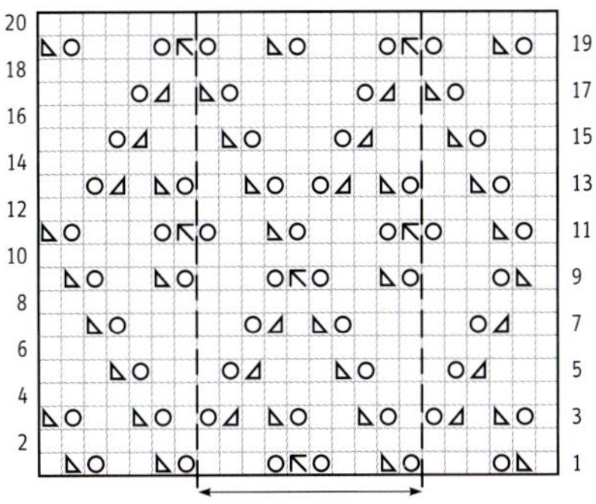

M-Zahl teilbar durch 10 + 13 M

Muster 148

Doppelter Rhomben-Lochgrund

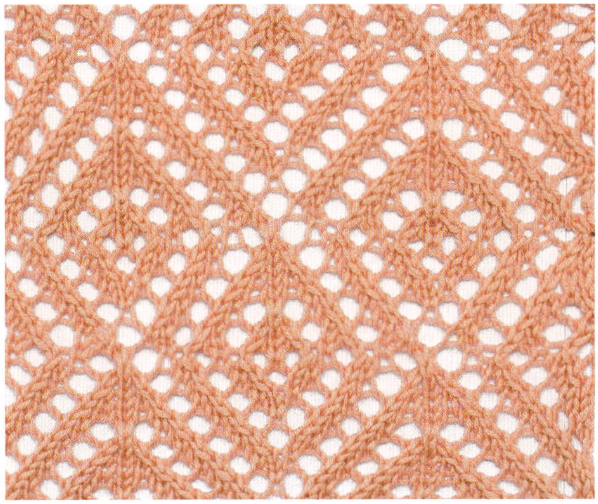

Dieses dynamische Muster mit seinen kleinen Rhomben innerhalb großer Rhomben sieht kompliziert aus, ist aber recht einfach zu stricken, weil die Rückreihen stets links gearbeitet werden.

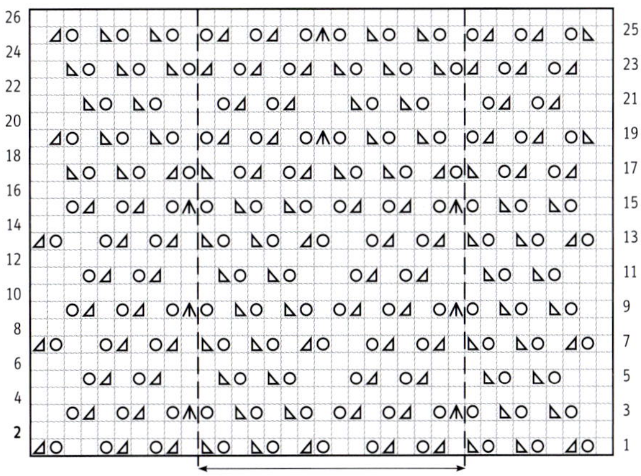

M-Zahl teilbar durch 10 + 13 M

Rechtsstr abh, 1 M re, die 2 abgehobenen M überziehen ◸ = 1 M re abh, 2 M re zus-str, die abgehobene M überziehen ◯ = 1 U

Muster 149

Trauerwinde

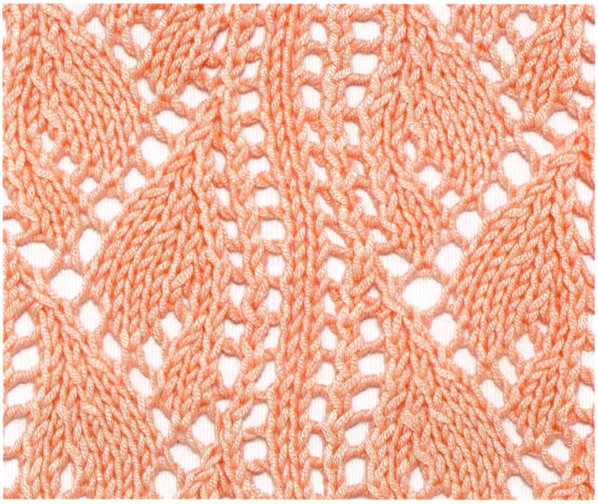

Dieses hübsche Muster kann wie abgebildet als Flächenmuster ständig wiederholt werden. Sie können aber auch nur die mittleren 15 Maschen als Musterstreifen arbeiten. Das Muster basiert auf einer alten Vorlage, bei der die Maschenzahl von Reihe zu Reihe stark wechselt. Diese erweiterte Version ist leicht zu stricken, weil die Maschenzahl in jeder Reihe gleich bleibt.

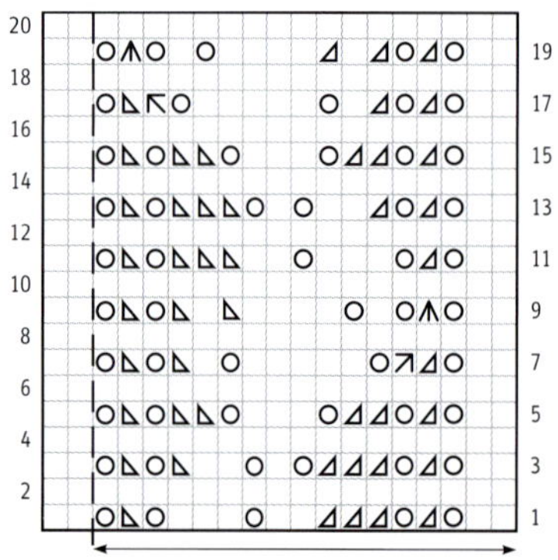

M-Zahl teilbar durch 17 + 2 M

Muster 150

Dreiecke

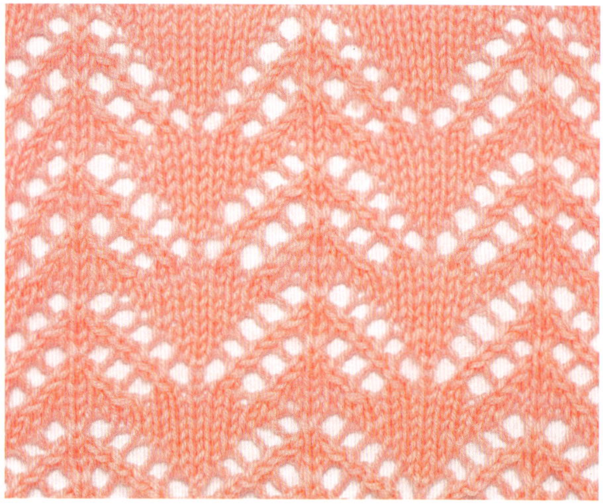

Bei diesem einfachen und doch effektvollen Muster wechseln Lochmuster-Dreiecke mit glatt rechts gestrickten Dreiecken ab.

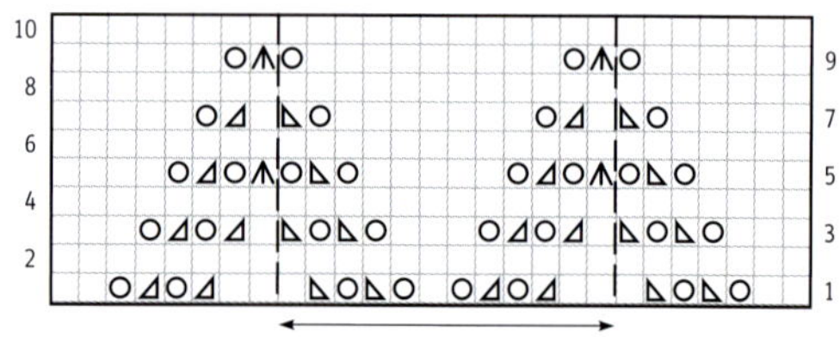

M-Zahl teilbar durch 12 + 15 M

Hinweis

Die 1.–10. R stets wdh.

☐ = in Hin-R 1 M re, in Rück-R 1 M li ◿ = 2 M re zus-str ◺ = 2 M re übz zus-str ⋀ = 2 M zus wie zum Rechtsstr abh, 1 M re, die 2 abgehobenen M über

Muster 151

Spalier mit Zwillingstupfen

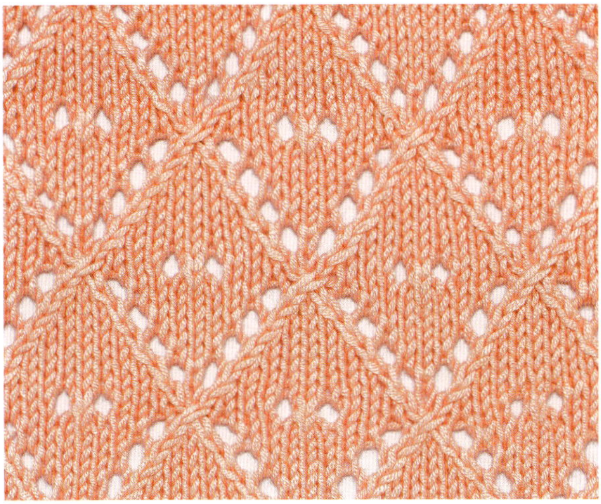

Durch die Verzopfung von 3 Maschen werden die Linien des diagonalen Gittermusters an den Schnittpunkten in die richtige Richtung gelenkt. Die Lochpaare in der Mitte eines jeden Rhombus können Sie auch weglassen: Ignorieren Sie dann einfach die Symbole für die Umschläge und die doppelten Abnahmen in der Strickschrift und arbeiten Sie stattdessen 3 rechte Maschen.

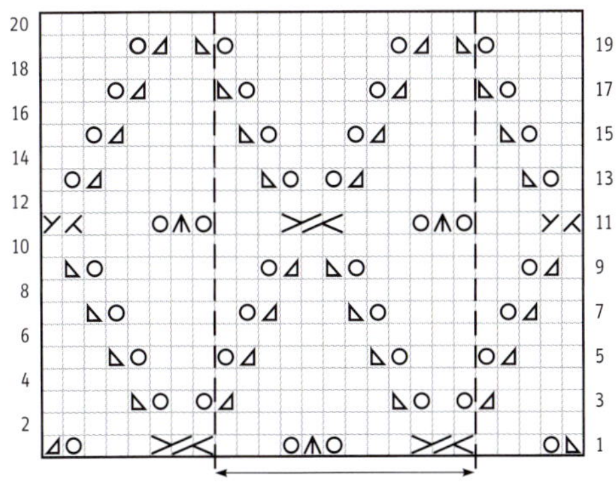

M-Zahl teilbar durch 12 + 13 M

Besonderes Stricksymbol

= 2 M auf einer Zopf-Nd hinter die Arbeit legen, 1 M re, die am nächsten liegende M von der Zopf-Nd auf die linke Nd heben und die Zopf-Nd nach vorne legen, 1 M re, dann die restlichen 2 M der Zopf-Nd re str.

Hinweis

Für dieses Muster ist eine Zopfnadel erforderlich.

Muster 152

Konturierte Rhomben

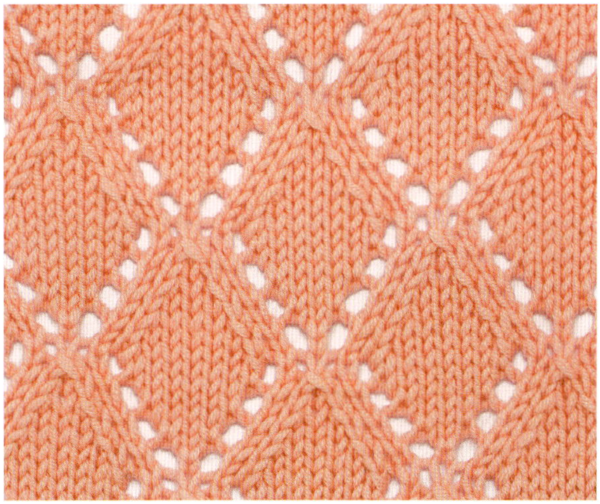

Dadurch, dass die gegengleichen Abnahmen 1 Masche vom entsprechenden Umschlag (= Zunahme) entfernt gearbeitet werden, wirkt dieses Muster wie geprägt. Zusätzliche Struktur bekommt es, wenn Sie die Rhomben mit einem einfachen Muster aus rechten und linken Maschen ausfüllen, statt sie nur glatt rechts zu stricken.

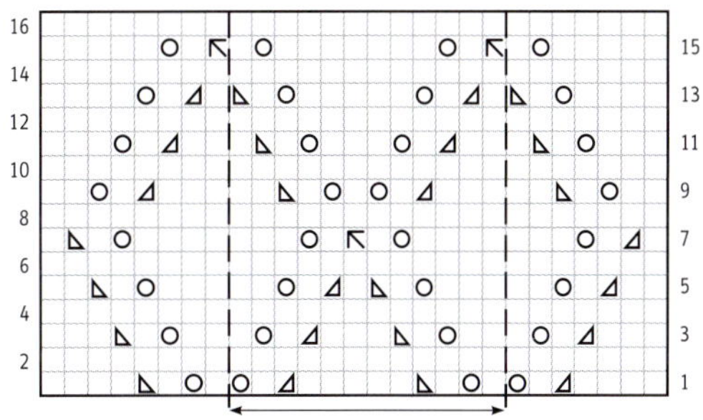

M-Zahl teilbar durch 12 + 15 M

= 3 M re zus-str   = 1 M re abh, 2 M re zus-str, die abgehobene M überziehen   = 1 U   = 2 M rvkr

Muster 153

Tulpen

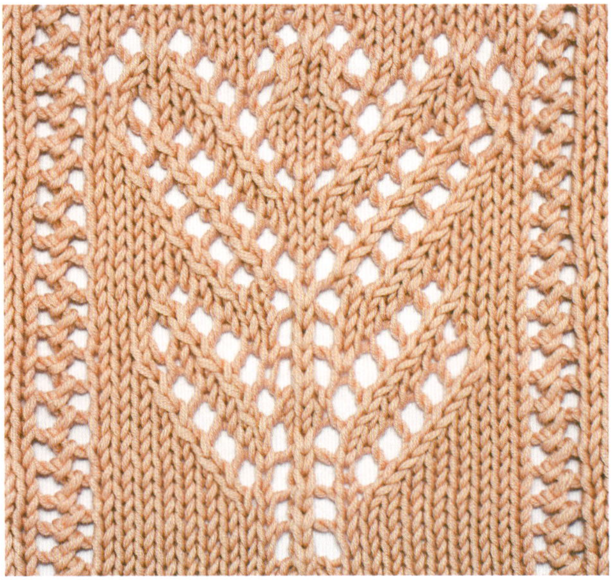

Hier bilden die Löchlein aus Zu- und Abnahmen eine stilisierte Tulpe. Mit dem seitlichen Lochrippenmuster über 2 Maschen können Sie auch ein Strukturmuster auflockern.

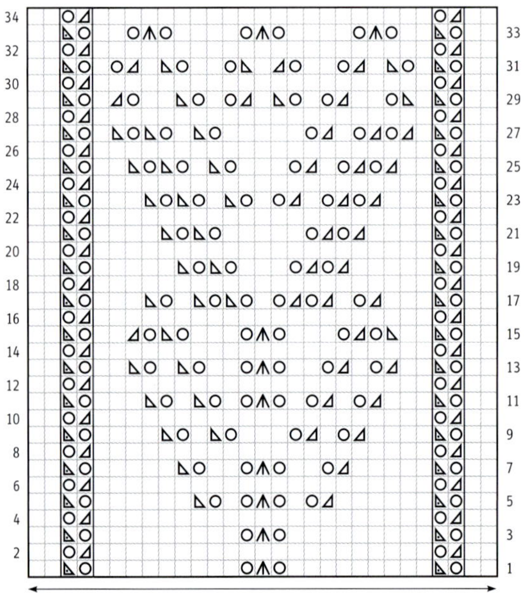

Musterstreifen über 29 M

Besondere Stricksymbole

◿ = in Hin-R 2 M re zus-str, in Rück-R 2 M li zus-str

◺ = in Hin-R 2 M li zus-str

Muster 154

Kleine Zweige

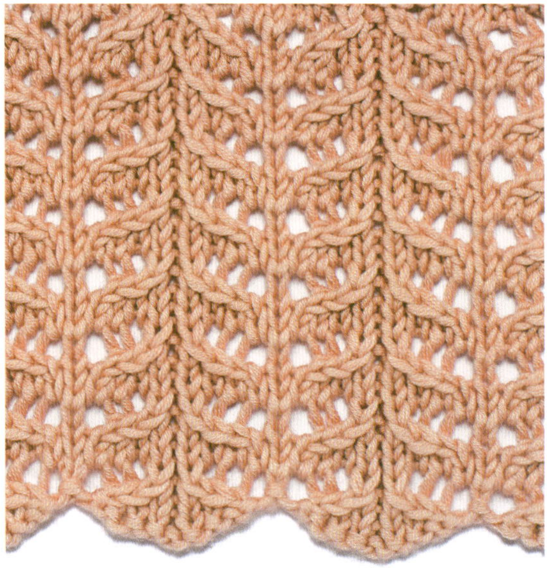

Auch wenn der Mustersatz nur wenige Reihen umfasst, wirkt dieses Muster ziemlich kompliziert, weil sowohl in Hin- als auch in Rückreihen Zu- und Abnahmen gearbeitet werden.

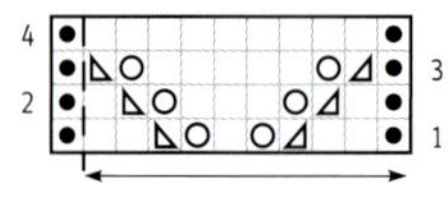

M-Zahl teilbar durch 10 + 1 M

Besondere Stricksymbole

◿ = in Hin-R 2 M re zus-str, in Rück-R 2 M li zus-str

◺ = in Hin-R 2 M re übz zus-str, in Rück-R 2 M li abgeh zus-str wie folgt: nacheinander einzeln wie zum Rechtsstr abh, beide M zurück auf die linke Nd heben (sie sind nun in die andere Richtung gedreht), die rechte Nd erst in die 2. M, dann in die 1. M einstechen und beide M li zus-str

Anleitung

1. Reihe (Hin-R): * 1 M li, 2 M re, 2 M re zus-str, 1 U, 1 M re, 1 U, 2 M re übz zus-str, 2 M re; ab * fortlfd wdh bis zur letzten M, 1 M li.

2. Reihe: * 1 M re, 1 M li, 2 M li abgeh zus-str, 1 U, 3 M li, 1 U, 2 M li zus-str, 1 M li; ab * fortlfd wdh bis zur letzten M, 1 M li.

3. Reihe: * 1 M li, 2 M re zus-str, 1 U, 5 M re, 1 U, 2 M re übz zus-str; ab * fortlfd wdh bis zur letzten M, 1 M li.

4. Reihe: * 1 M re, 9 M li; ab * fortlfd wdh bis zur letzten M, 1 M re.

☐ = in Hin-R 1 M re, in Rück-R 1 M li ● = in Hin-R 1 M li, in Rück-R 1 M re ◿ = 2 M re zus-str ◺ = 2 M re übz zus-str

Muster 155

Lilie

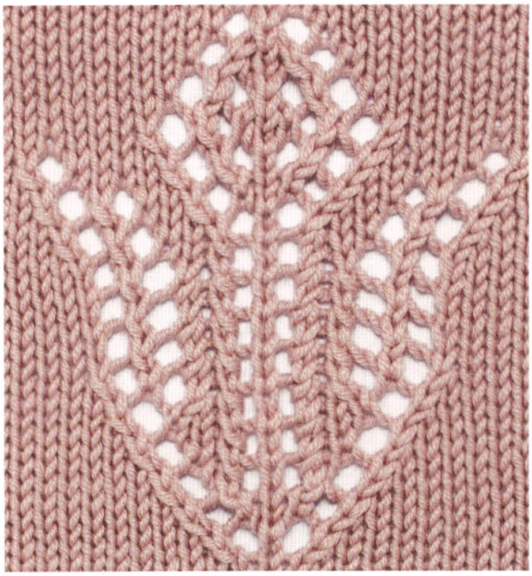

Durch drei unterschiedliche Abnahmetechniken entsteht diese einfache Blume auf einem glatt rechts gestrickten Hintergrund.

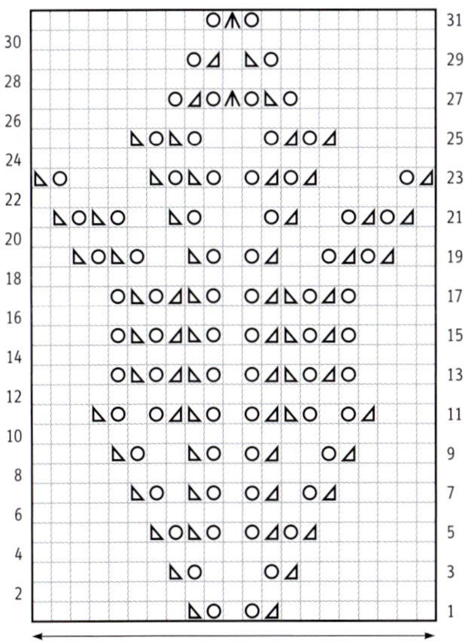

Motiv über 21 M

Muster 156

Kleine Boote

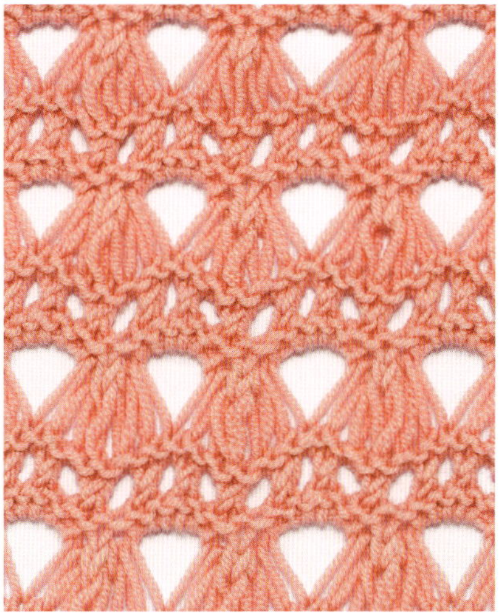

Die transparente Wirkung dieses hübschen Musters kommt durch extra lange Maschen zustande. Sie entstehen, indem man den Faden für jede Masche dreimal um die Nadel wickelt. Das Muster sieht zwar nicht auf beiden Seiten gleich aus, doch ist die Rückseite ebenso dekorativ wie die Vorderseite, sodass sich das Muster für Schals und Umschlagtücher perfekt eignet.

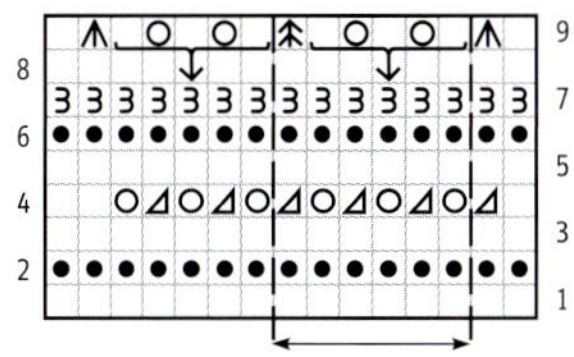

M-Zahl teilbar durch 6 + 9 M

Besondere Stricksymbole

 = in Rück-R 2 M li zus-str.

 = 1 M re str, dabei den Faden für jede M 3 x um die Nd wickeln; die zusätzlichen Umschläge in der nächsten R fallen lassen, damit eine extra lange M entsteht

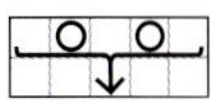 = die von der Klammer zusammengefassten M in die entsprechende M der Vor-R arb

 = 3 M re abh, 2 M re zus-str, die abgehobenen M darüberziehen

Anleitung

1. Reihe (Hin-R): Re M str.

2. Reihe: Re M str.

3. Reihe: Re M str.

4. Reihe: 2 M li, * 1 U, 2 M li zus-str; ab * fortlfd wdh bis zur letzten M, 1 M li.

5. Reihe: Re M str.

6. Reihe: Re M str.

7. Reihe: Re M str, dabei den Faden für jede M 3 x um die Nd wickeln.

8. Reihe: Li M str, dabei die zusätzlichen U fallen lassen, damit überlange M entstehen.

9. Reihe: 1 M re, [2 M zus wie zum Rechtsstr abh, 1 M re, die 2 abgehobenen M überziehen], * [1 M re, 1 U, 1 M re, 1 U, 1 M re] in die nächste M der Vor-R, [3 M re abh, 2 M re zus-str, die abgehobenen M darüberziehen]; ab * fortlfd wdh bis zu den letzten 5 M, [1 M re, 1 U, 1 M re, 1 U, 1 M re] in die nächste M der Vor-R, 2 M zus wie zum Rechtsstr abh, 1 M re, die 2 abgehobenen M überziehen, 1 M re.

1 x die 1.–9. R str, dann die 2.–9. R stets wdh.

 = 2 M zus wie zum Rechtsstr abh, 1 M re, die 2 abgehobenen M überziehen  = 1 M

Muster 157

Gerippte Blätter

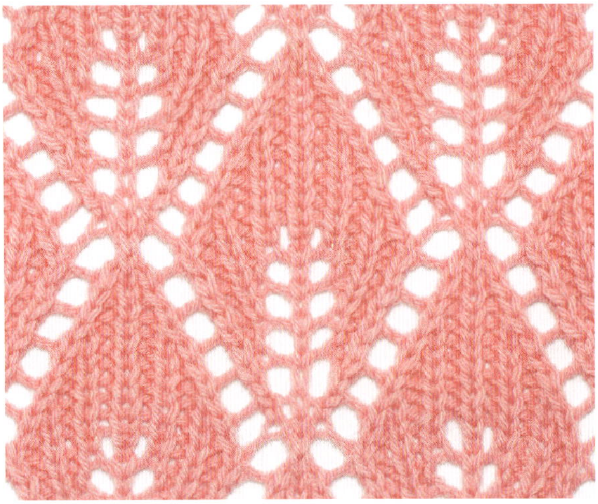

Ungewöhnlich an diesem Muster mit Blättern im Inneren von Rhomben ist die Tatsache, dass die Blätter durch ein Rippenmuster strukturiert werden, das an Blattadern erinnert.

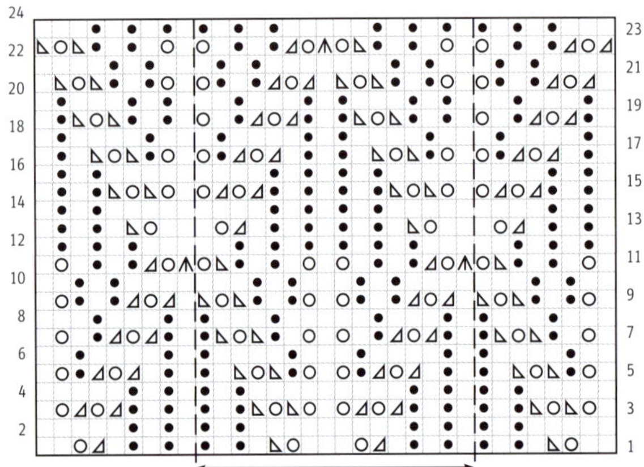

M-Zahl teilbar durch 16 + 17 M

Muster 158

Blumengarten

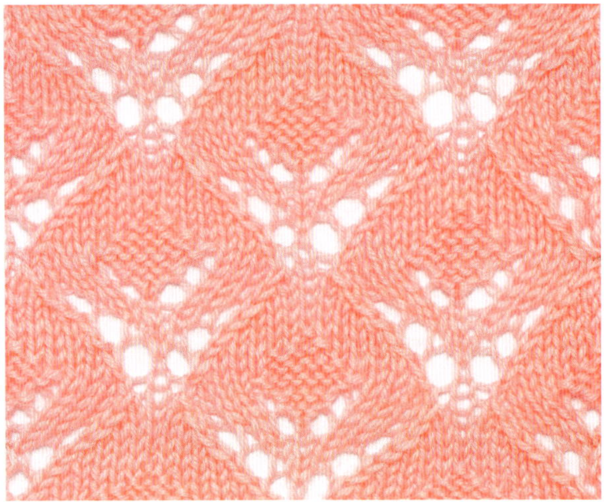

Dadurch, dass hier jede Reihe gemustert wird, bekommt das Design seine sanften Kurven. Für die interessante Struktur sorgt der Wechsel zwischen glatt rechts und glatt links gestrickten Flächen.

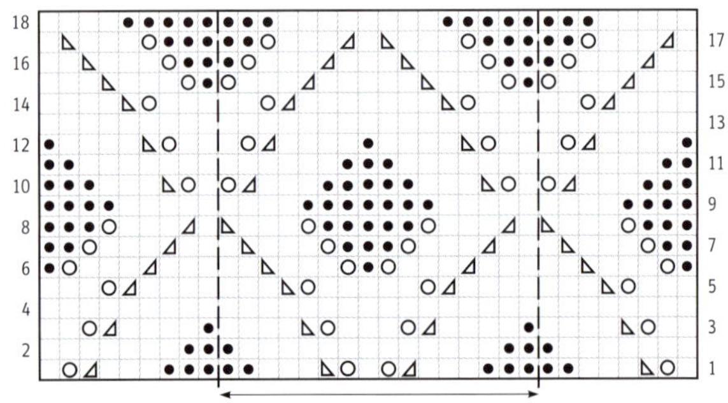

M-Zahl teilbar durch 16 + 17 M

Besondere Stricksymbole

◿ = in Hin-R 2 M re zus-str, in Rück-R 2 M li zus-str

◺ = in Hin-R 2 M re übz zus-str, in Rück-R 2 M li abgeh zus-str wie folgt: 2 M nacheinander einzeln wie zum Rechtsstr abh, beide M zurück auf die linke Nd heben (sie sind nun in die andere Richtung gedreht), die rechte Nd erst in die 2. M, dann in die 1. M einstechen und beide M li zus-str

□ = in Hin-R 1 M re, in Rück-R 1 M li ● = in Hin-R 1 M li, in Rück-R 1 M re ◿ = 2 M re zus-str ◺ = 2 M re übz zus-str

Muster 159

Farnmuster

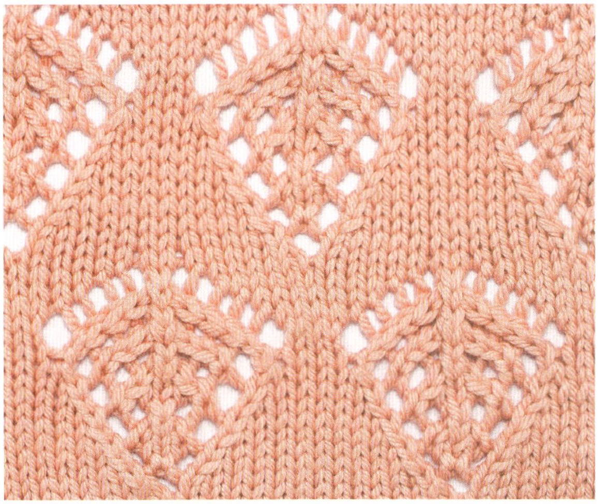

Dieses Muster hat ein Shetland-Lochmuster zum Vorbild, doch durch die gegengleichen Abnahmen bekommt das Motiv klarere Linien. Achten Sie auf die Umschläge und Abnahmen in den Rückreihen im oberen Teil jedes Motivstreifens.

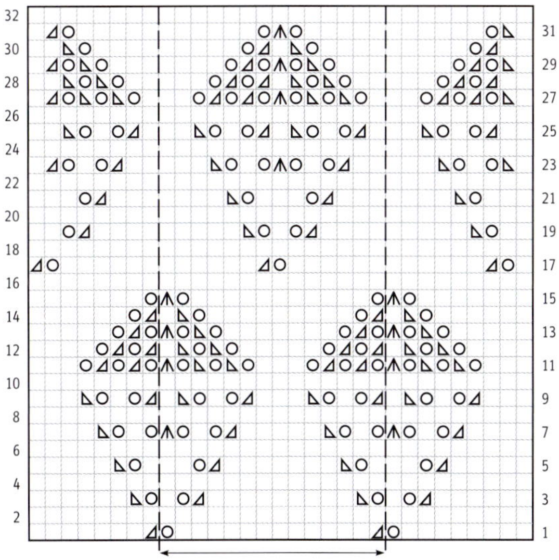

M-Zahl teilbar durch 14 + 17 M

Besondere Stricksymbole

= in Hin-R 2 M re zus-str, in Rück-R 2 M li zus-str

= in Hin-R 2 M re übz zus-str, in Rück-R 2 M li abgeh zus-str wie folgt: 2 M nacheinander einzeln wie zum Rechtsstr abh, beide M zurück auf die linke Nd heben (sie sind nun in die andere Richtung gedreht), die rechte Nd erst in die 2. M, dann in die 1. M einstechen und beide M li zus-str

Muster 160

Fallende Blätter

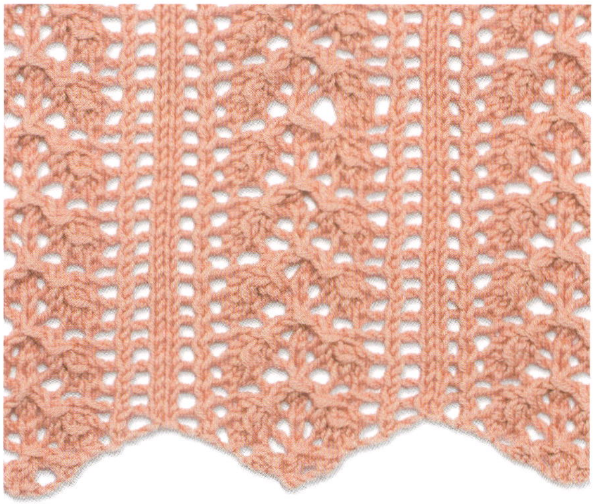

Dieses herrlich altmodische Muster erweckt den Eindruck zweier Blattpaare zwischen Lochmusterstreifen. Es erzeugt außerdem sowohl am Anschlag- als auch am Abkettrand eine dekorative Wellenkante.

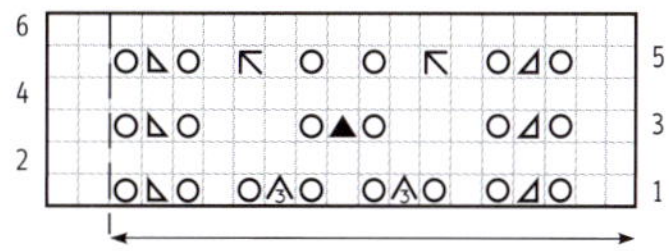

M-Zahl teilbar durch 17 + 2 M

Besondere Stricksymbole

= 1 M abh, 3 M re zus-str, die abgehobene M überziehen

= 1 M abh, 4 M re zus-str, die abgezogene M überziehen.

= 2 M zus wie zum Rechtsstr abh, 1 M re, die 2 abgehobenen M überziehen = 1 M re abh, 2 M re zus-str, die abgehobene M überziehen = 1 U

Muster 161

Blätter und Knospen

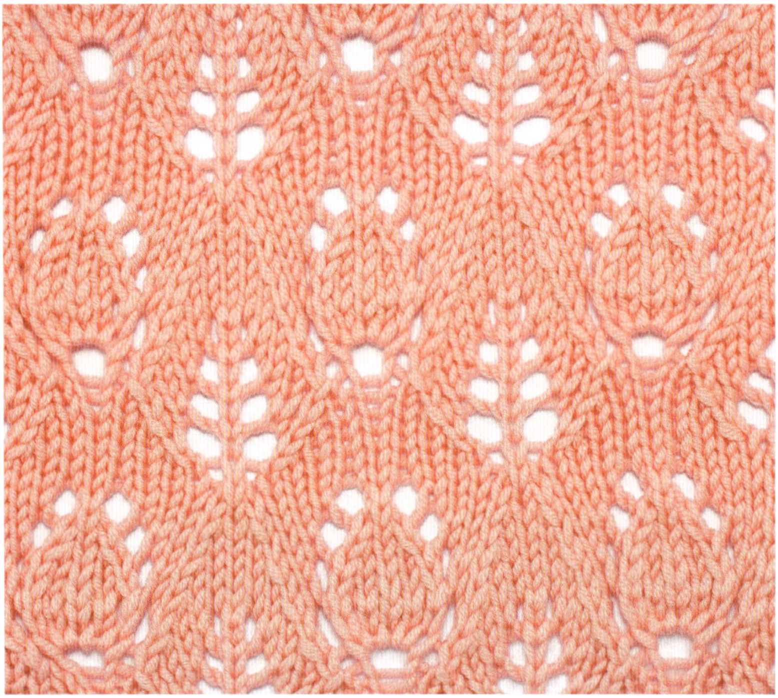

Dieses attraktive Lochmuster hat von allem ein bisschen: Umschläge und gerichtete Abnahmen in den Hinreihen, dazu eine von Reihe zu Reihe wechselnde Maschenzahl für die Knospen zwischen den Blättern (siehe Strickschrift). Doch trotz all dieser Details ist es nicht schwer nachzustricken, denn wenn Sie den ersten Mustersatz geschafft haben, erkennen Sie problemlos, an welcher Stelle des Musters Sie sich gerade befinden.

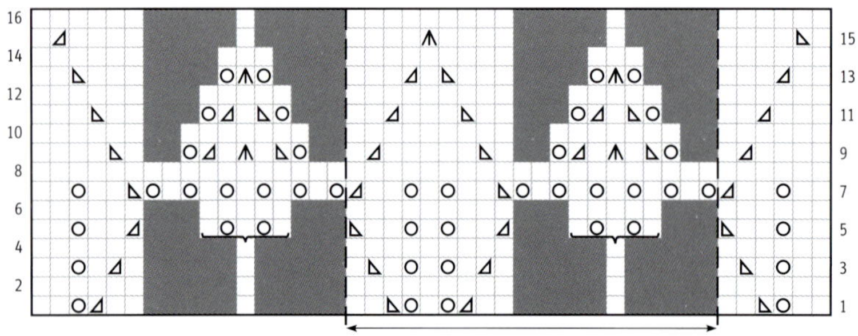

M-Zahl teilbar durch 10 + 13 M (M-Zahl variiert innerhalb des Mustersatzes)

Besonderes Stricksymbol

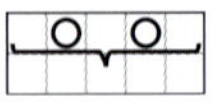

[1 M re, 1 U, 1 M re, 1 U, 1 M re] in die durch die Klammer gekennzeichnete M str

□ = in Hin-R 1 M re, in Rück-R 1 M li · ● = in Hin-R 1 M li, in Rück-R 1 M re · ⧵ = in Hin-R 1 M re verschr · ◿ = 2 M re zus-str · ◺ = 2 M re übz zus-str · ■ = keine M (dient nur der Übersicht)

Muster 162

Gänseblümchen

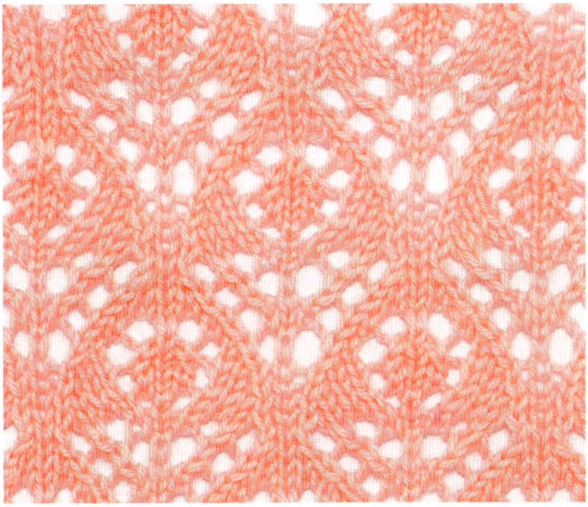

Die unteren Blätter dieser Gänseblümchen umrahmen die darunterliegenden Blüten in einem eleganten Bogen, obwohl nur die Hinreihen gemustert werden.

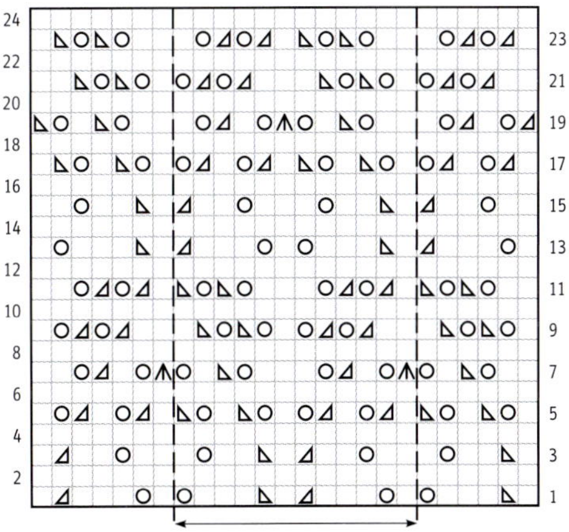

M-Zahl teilbar durch 12 + 13 M

Muster 163

Streublümchen

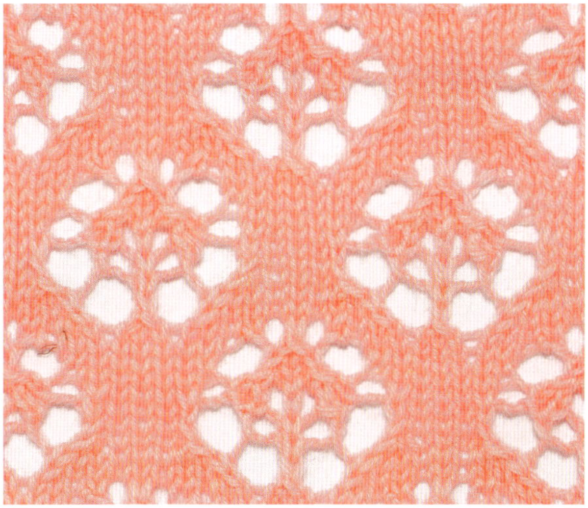

Winzige Blättchen zieren die Mitte dieser filigranen Blüten und bilden so ein Muster innerhalb des Musters.

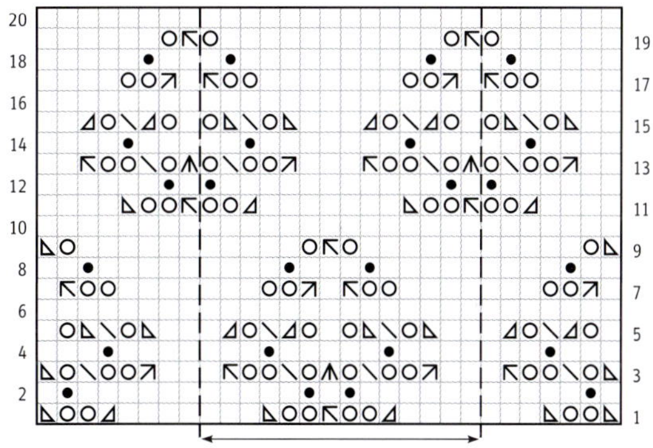

M-Zahl teilbar durch 14 + 15 M

Hinweise

- In Rückreihen den doppelten Umschlag vor der Mitte jedes Motivs [1 M li, 1 M re] und danach [1 M re, 1 M li] abstricken.
- Beachten Sie die drei unterschiedlichen Arten der doppelten Abnahme!

= 2 M zus wie zum Rechtsstr abh, 1 M re, die 2 abgehobenen M überziehen = 3 M re zus-str = 1 M re abh, 2 M re zus-str, die abgehobene M überziehen = 1 U

Muster 164

Großer Schmetterling

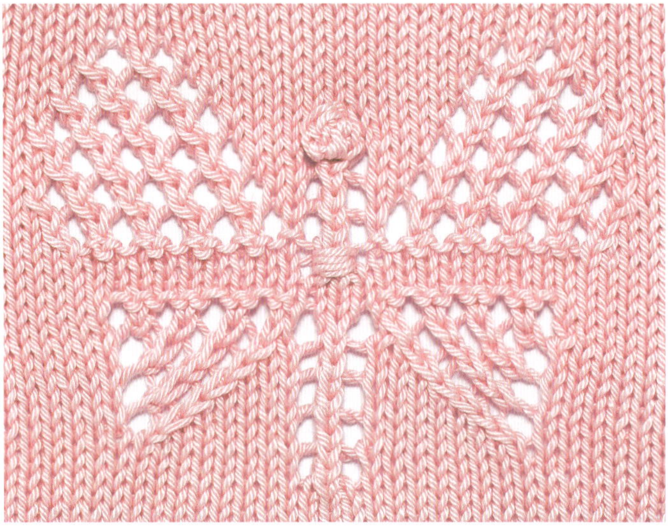

Luftige Maschen und feines Garn lassen diesen Schmetterling besonders zart und filigran wirken und betonen dennoch die Umrisse des Insekts sehr klar. Die unteren Flügel werden in jeder Reihe gemustert, die oberen nur in Hinreihen.

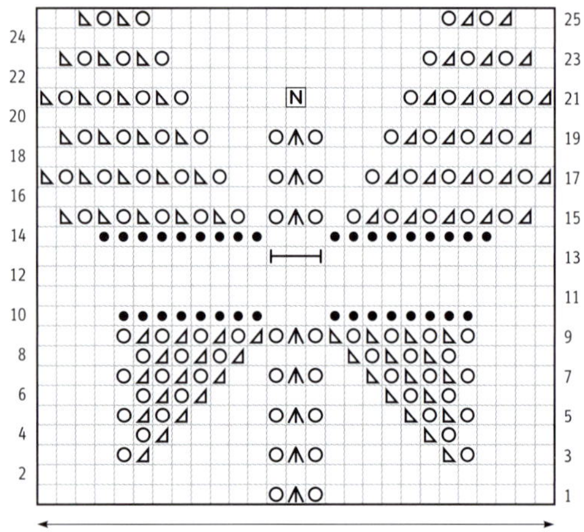

Motiv über 27 M

Besondere Stricksymbole

[N] = Noppe: [1 M re, 1 M li, 1 M re, 1 M li, 1 M re] in 1 M str, wenden, 5 M li, wenden, die 2., 3., 5. und 5. M über die 1. M ziehen, diese M re verschr str

|—| = 3 M re, alle M auf eine Zopf-Nd heben, den Faden 4 x gegen den Uhrzeigersinn (von oben gesehen) um diese M wickeln, auf der Rückseite der Arbeit enden, dann die 3 M zurück auf die rechte Nd heben.

◢ = in Hin-R 2 M re zus-str, in Rück-R 2 M li zus-str

◣ = in Hin-R 2 M re übz zus-str, in Rück-R 2 M li verschr zus-str

Hinweis

Für dieses Muster ist eine Zopfnadel erforderlich.

102–103 Allgemeine Stricksymbole

☐ = in Hin-R 1 M re, in Rück-R 1 M li ● = in Hin-R 1 M li, in Rück-R 1 M re ◢ = 2 M re zus-str ◣ = 2 M re übz zus-str

Muster 165

Kleiner Schmetterling

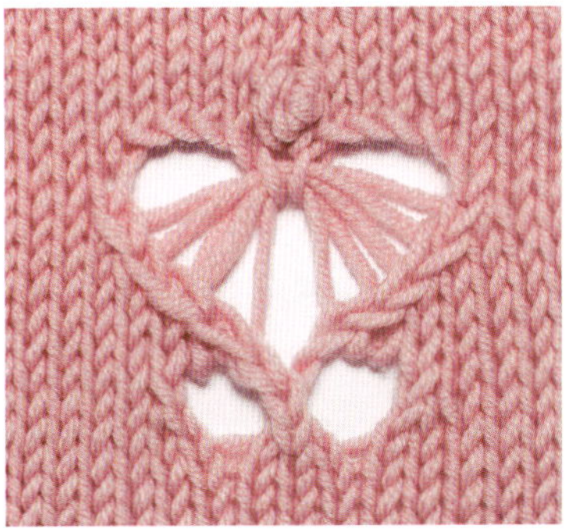

Dies ist die Weiterentwicklung eines alten Musters, das unter dem Namen „Honigbiene" bekannt ist. Hier wird es durch zwei große Löcher als untere Flügel zum Schmetterling ergänzt.

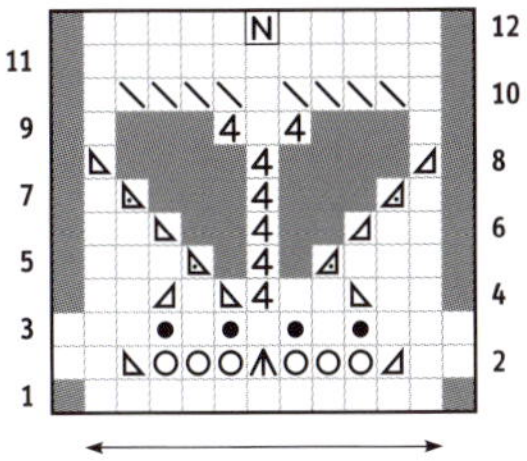

Motiv über 11 M (M-Zahl variiert innerhalb des Mustersatzes)

Besondere Stricksymbole

[4] = 4 U; in der 5.–8. R die U der Vor-R fallen lassen

[\] = den U re verschr str

[P] = die U der Vor-R fallen lassen, 5 lange Faden auf die linke Nd heben und 1 M li str, dabei alle Faden mit einschließen.

[N] = Noppe: [1 M re, 1 M li, 1 M re] in 1 M str, wenden, 3 M li, wenden, die 2. und 3. M über die 1. M ziehen, diese M re verschr str

[◿] = in Rück-R 2 M li zus-str

[◺] = in Rück-R 2 M li verschr zus-str

Hinweis

Das Muster beginnt mit einer Rück-R.

Muster 166

Seegras

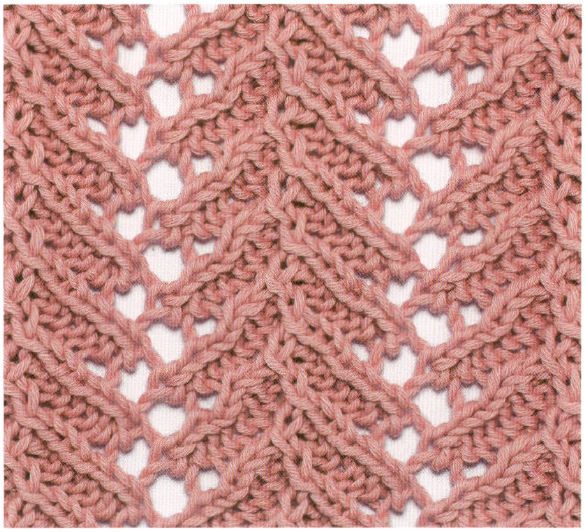

Rippen, die mittig zusammenlaufen verleihen diesem Lochmuster das Erscheinungsbild weicher Pflanzentriebe. Sie müssen es nicht als Flächenmuster stricken: Schon ein Mustersatz von 4 Reihen ergibt eine sehr reizvolle Randbordüre (siehe Seite 186).

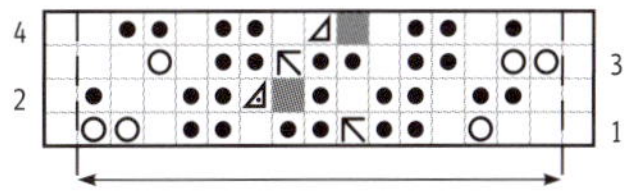

M-Zahl teilbar durch 14 + 2 M (M-Zahl variiert innerhalb des Mustersatzes)

Besondere Stricksymbole

[⇖] = Fh, 1 M re abh, 2 M re zus-str, die abgehobene M überziehen

[◿] = in Rück-R 2 M li zus-str

[◿] = in Rück-R 2 M re zus-str

Hinweis

Die Maschenzahl nimmt in der allerersten Reihe zu und variiert dann von Reihe zu Reihe.

[Λ] = 2 M zus wie zum Rechtsstr abh, 1 M re, die 2 abgehobenen M überziehen [⇖] = 1 M re abh, 2 M re zus-str, die abgehobene M überziehen [O] = 1 U [■] = keine M (dient nur der Übersicht)

MUSTER-ÜBERSICHT Noppen und Blätter

Noppen und Blätter wirken allein schon wegen ihres plastischen Erscheinungsbildes sehr markant und erinnern an Objekte aus der Natur. Lassen Sie sich von den Anleitungen nicht entmutigen! Wenn Sie erst einmal verstanden haben, wie Sie eine mehrfache Zunahme abstricken, sind die Muster gar nicht mehr schwierig, und das Ergebnis ist auf jeden Fall einfach außergewöhnlich.

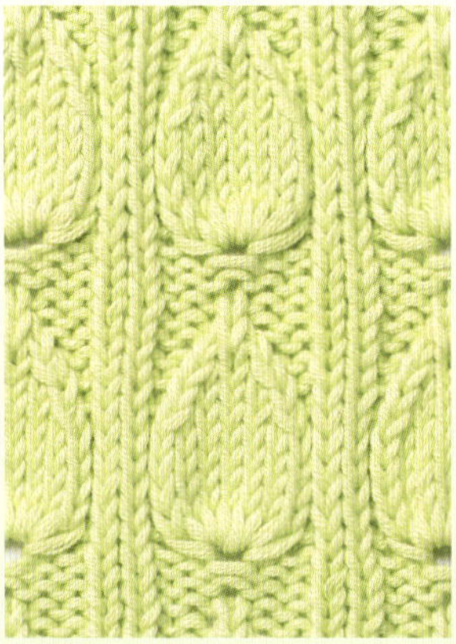

167 Tropfenrippen

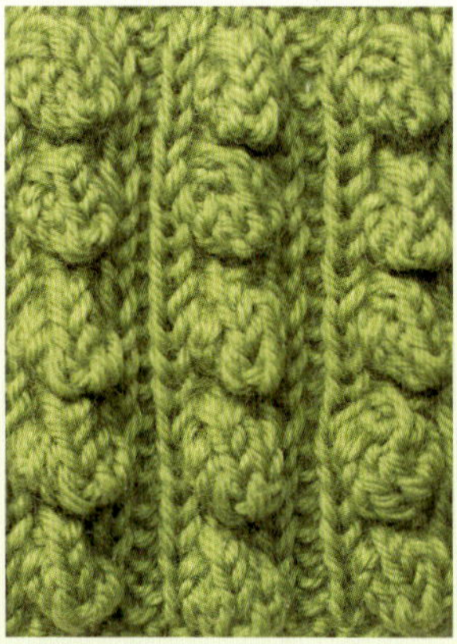

168 Noppenrippen

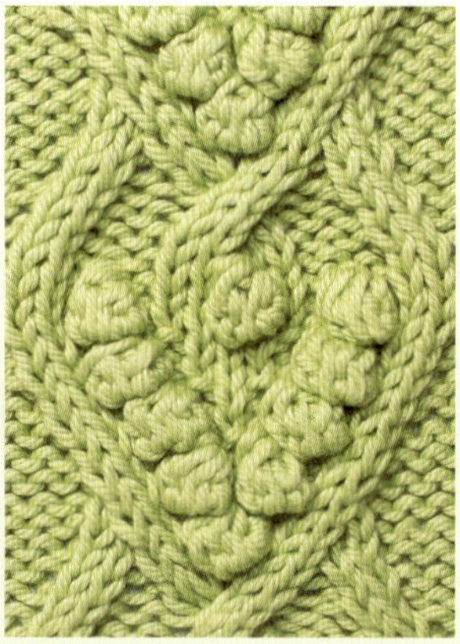

169 Zickzack

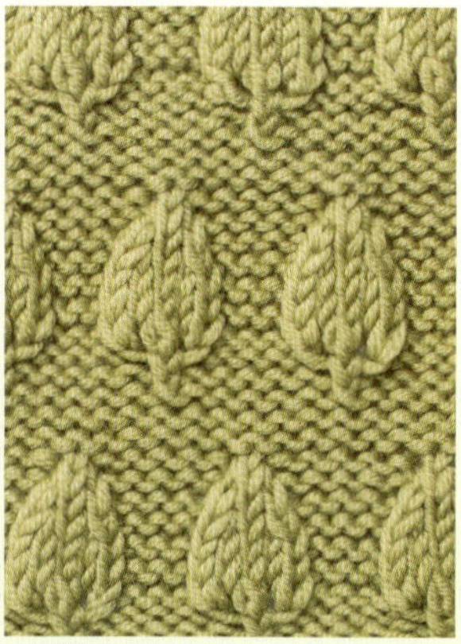

170 Kleine Herzen

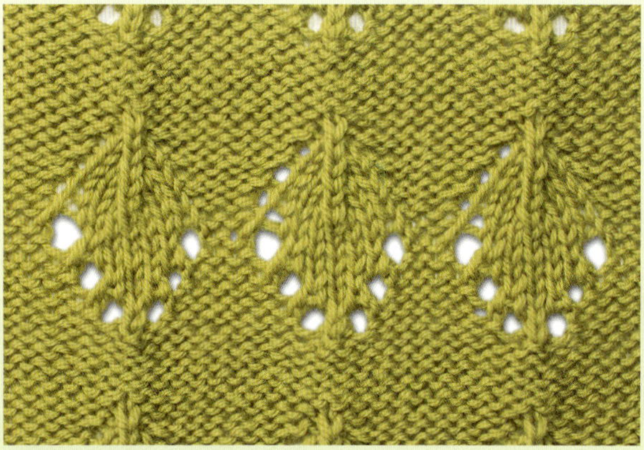

171 Stechpalmenblatt

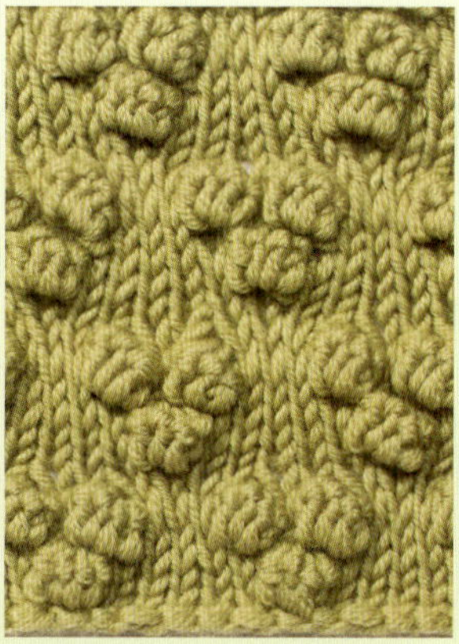

172 Beerentrio-Trauben

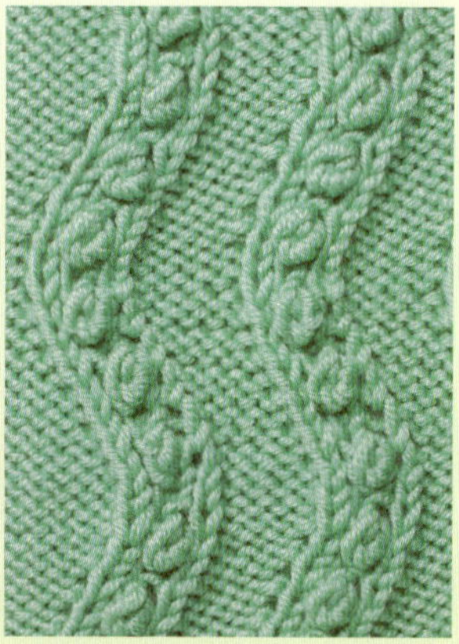

173 Dekorative Wellen

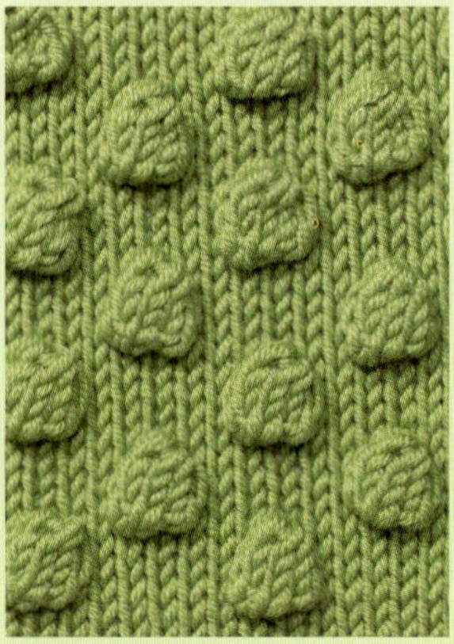

174 Große Tupfen

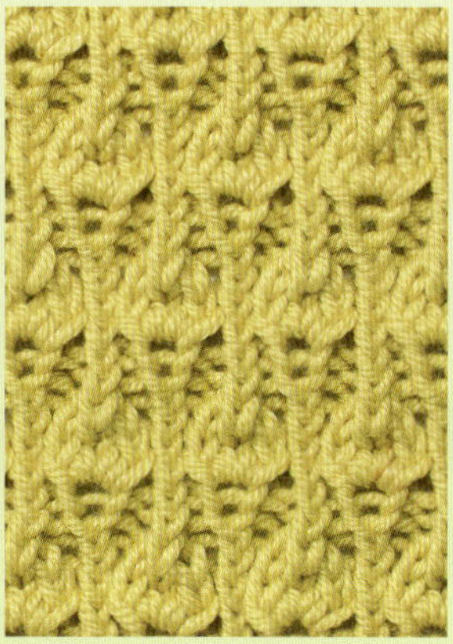

175 Kleine Blattrippen

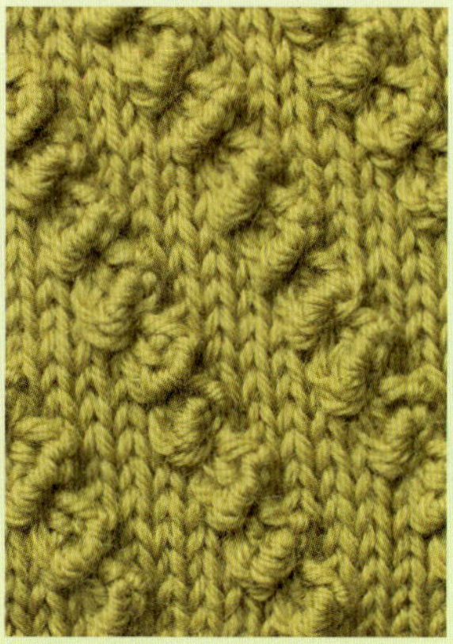

176 Schräge Noppenstreifen

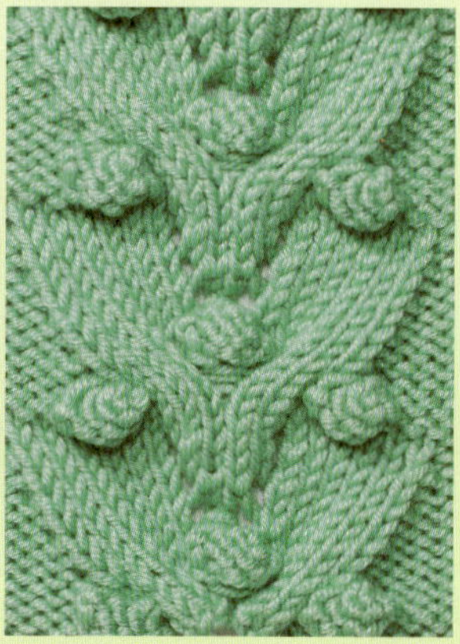

177 Noppenzweige

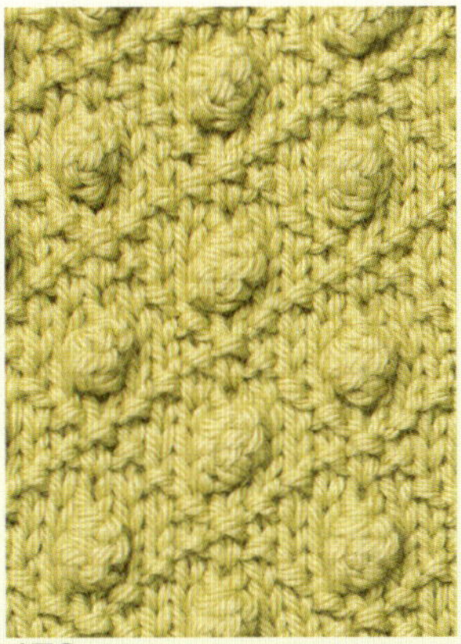

178 Rhombengitter mit Noppen

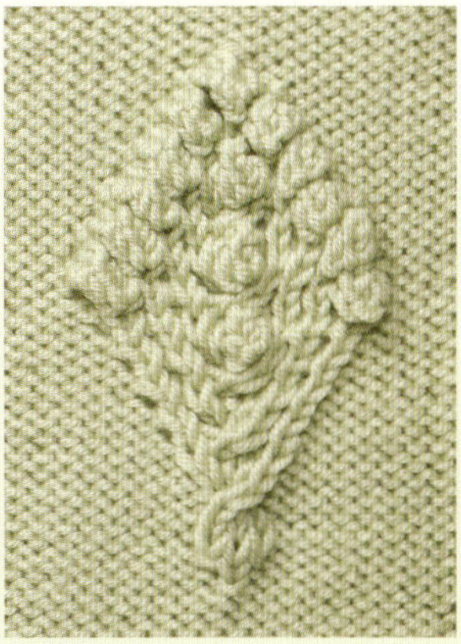

179 Kokarde

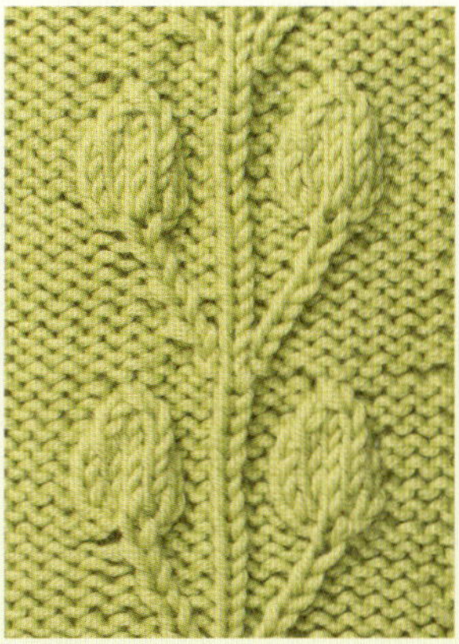

180 Blattpaare

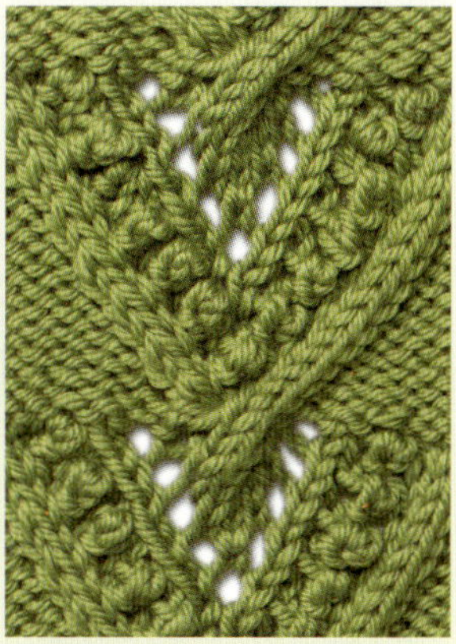

181 Pfeilspitzen

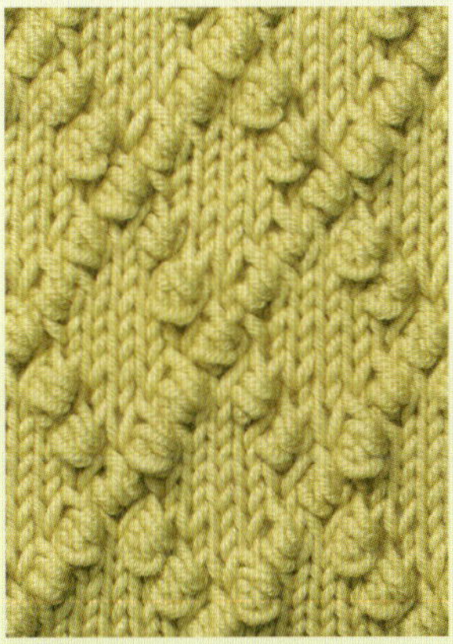

182 Noppenrhomben

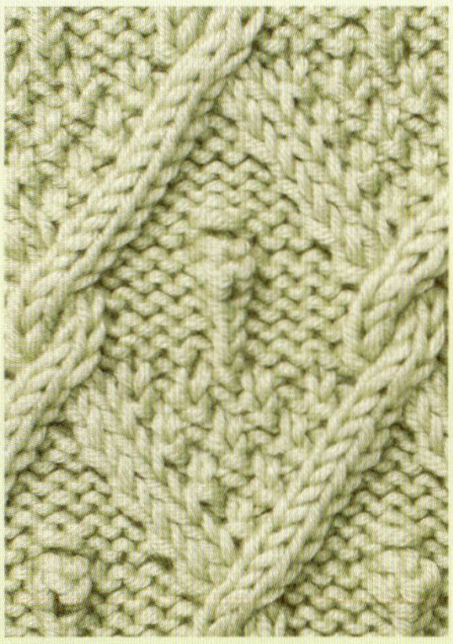

183 Schachtelteufel

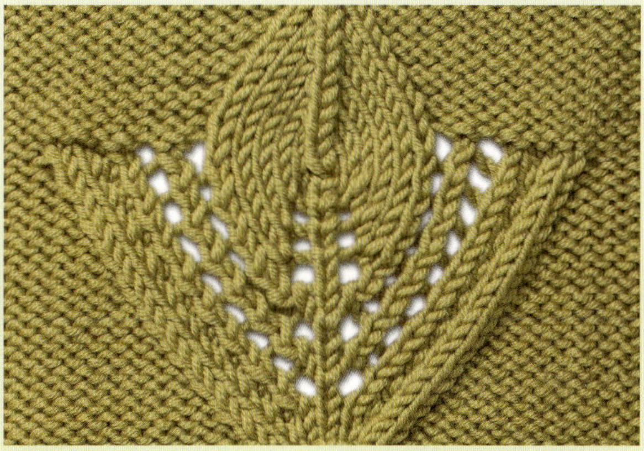

184 Stilisiertes Blatt

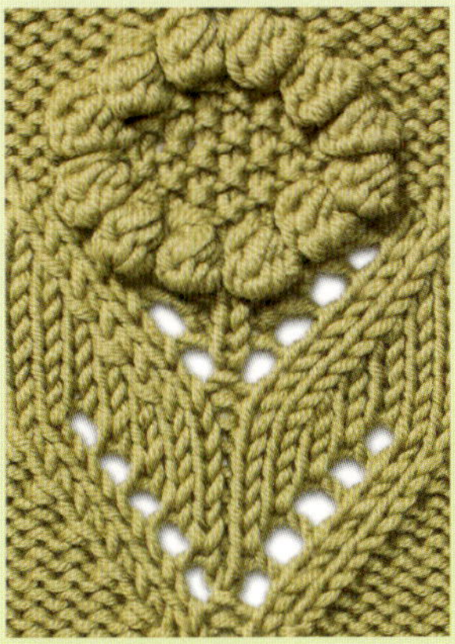

185 Sonnenblume

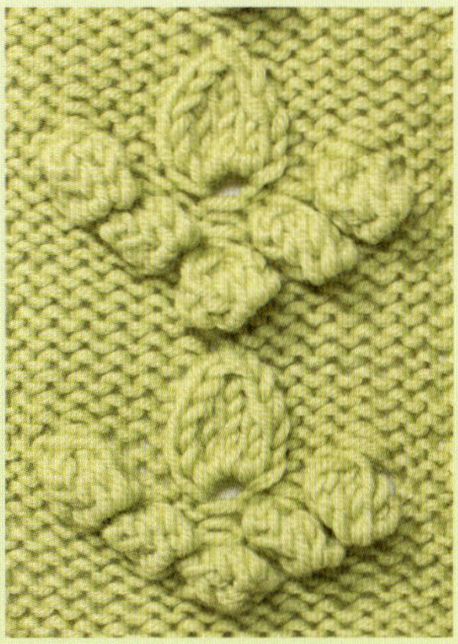

186 Blatt und Girlande

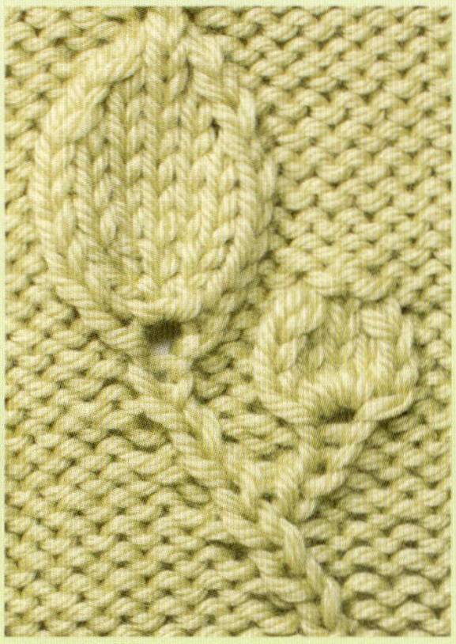

187 Zweig

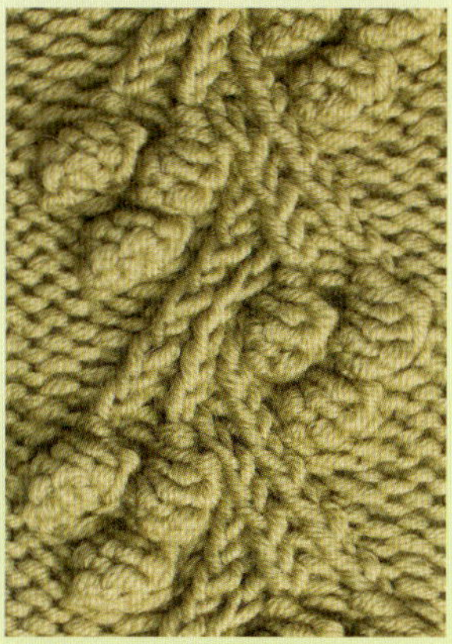

188 Rankender Zweig

NOPPEN UND BLÄTTER – FORTSETZUNG

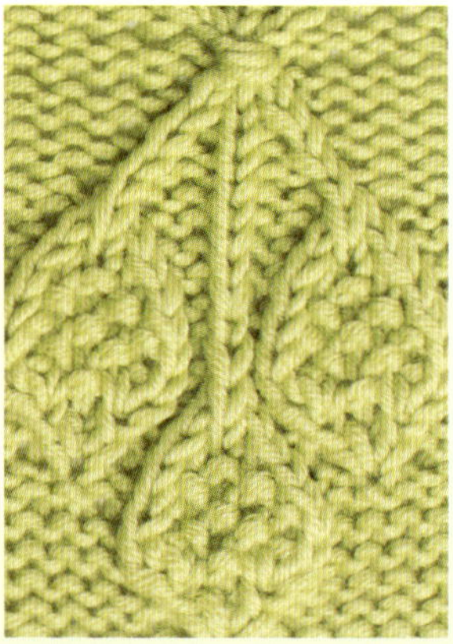

189 Samenstände

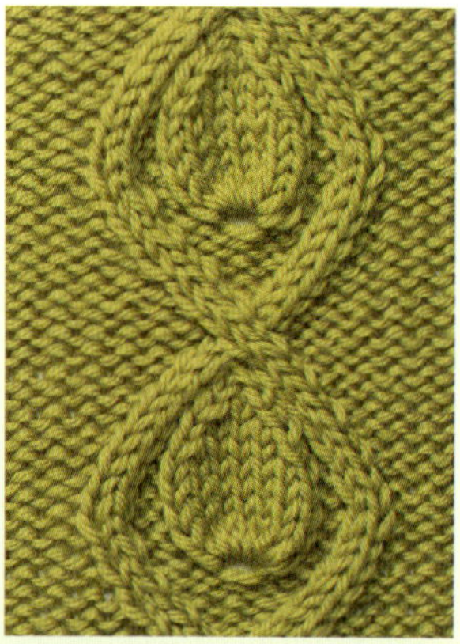

190 Tropfen im Rhombus

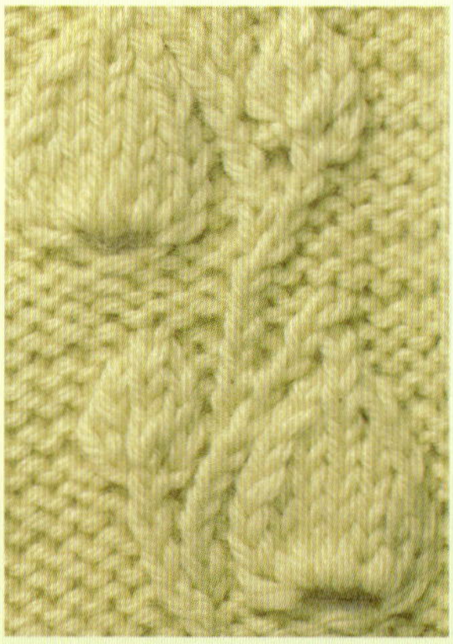

191 Verzweigte Glockenblume

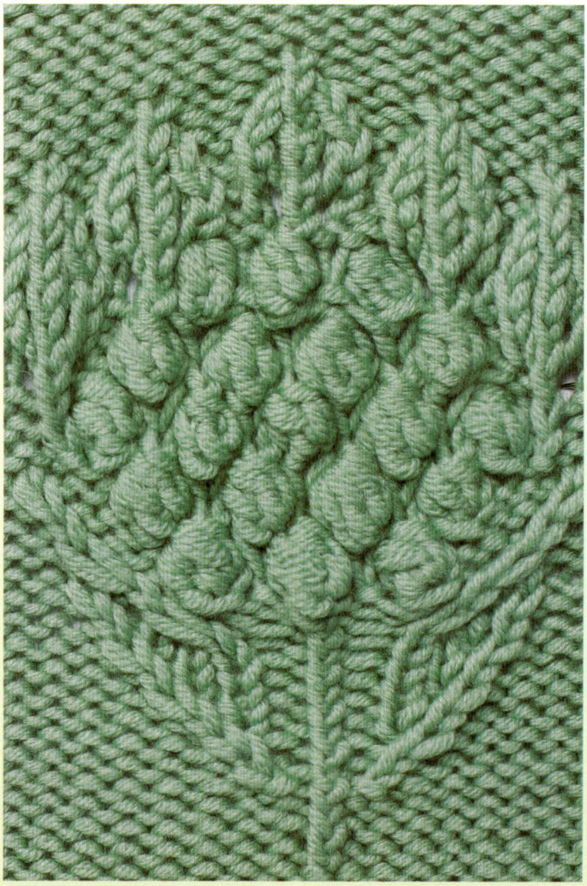

192 Flammenblume

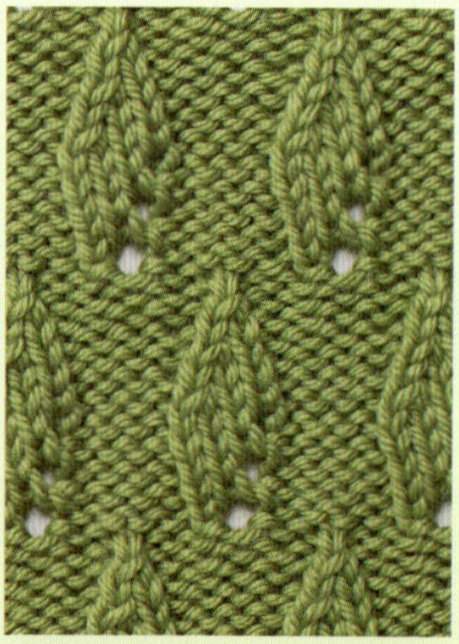

193 Herbstlaub

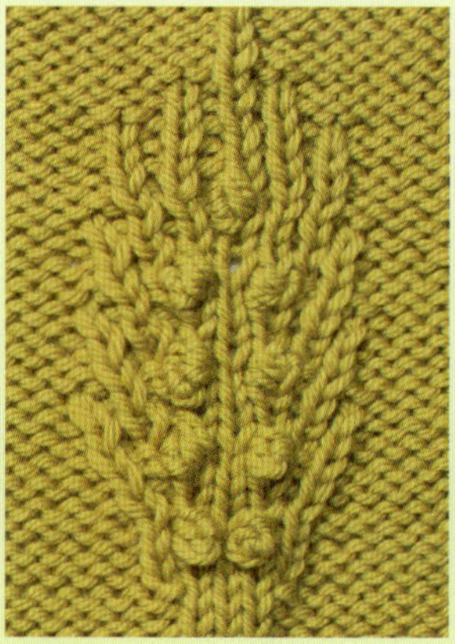

194 Kornähre

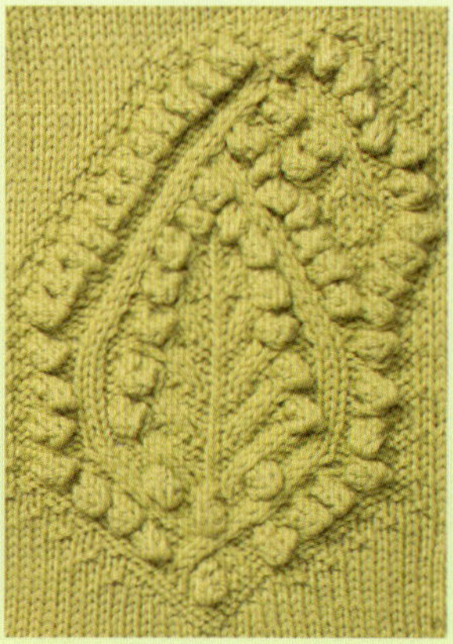

195 Paisley-Motiv

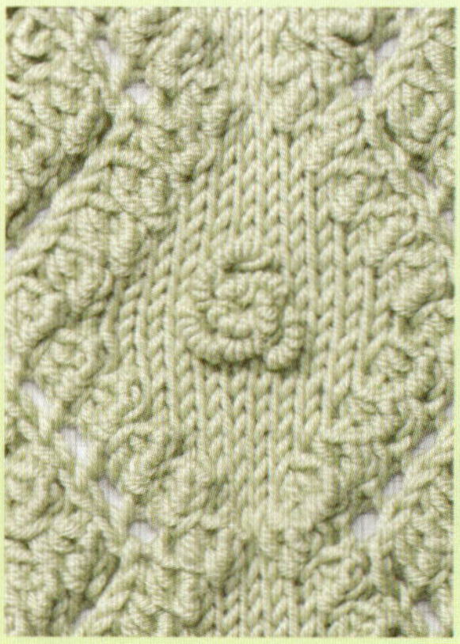

196 Rosen aus Tirol

197 Kirschenbüschel

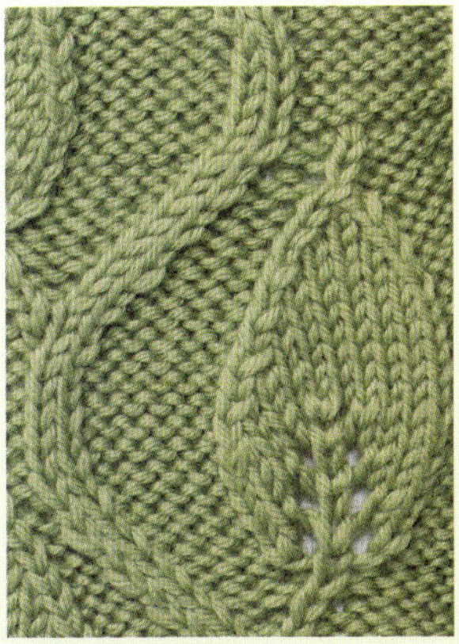

198 Blattranke

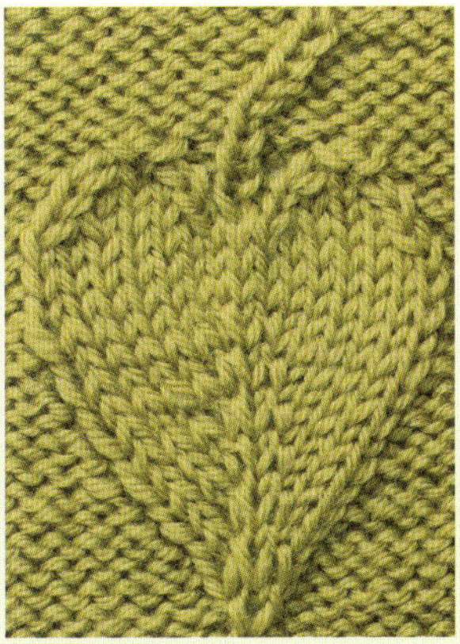

199 Lindenblatt

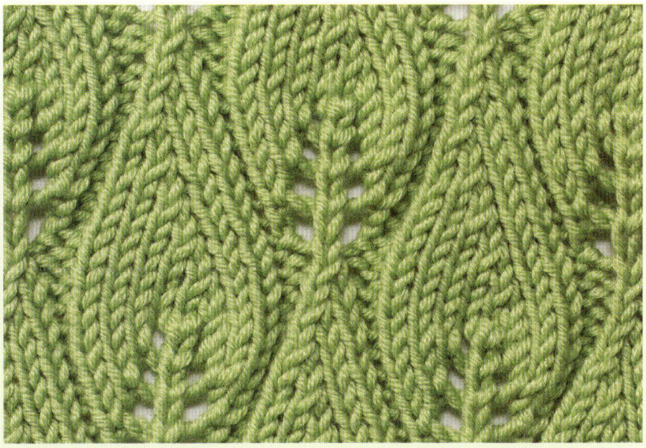

200 Brennende Blätter

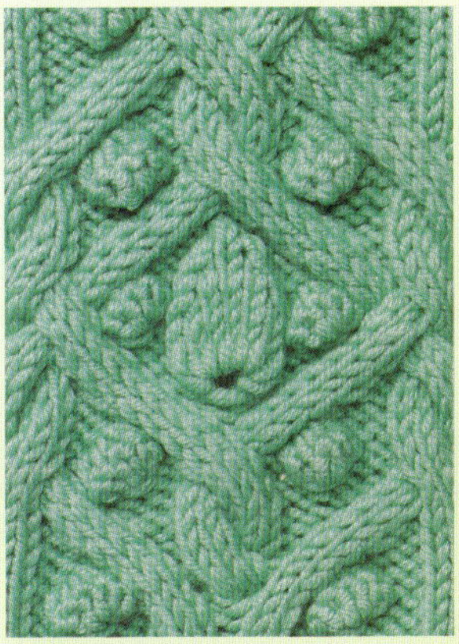

201 Glöckchenzopf

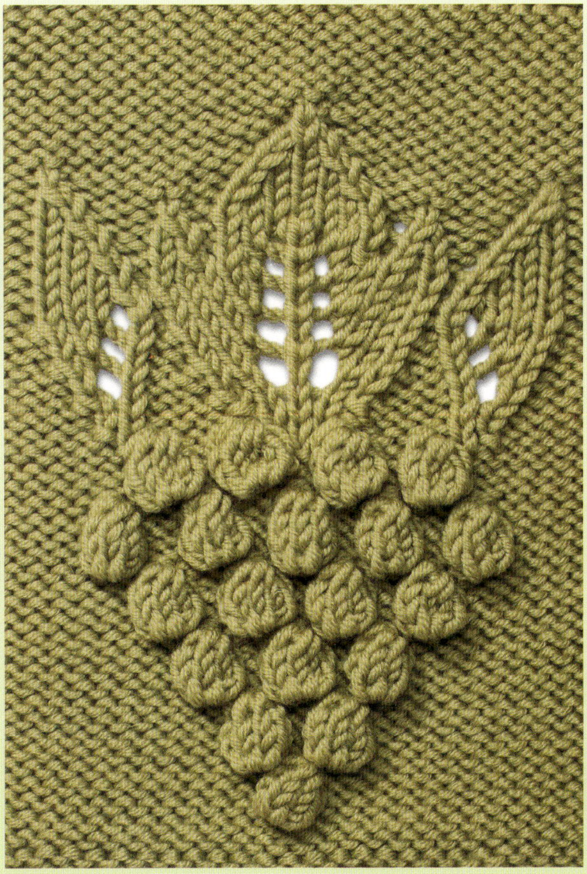

204 Weintraube

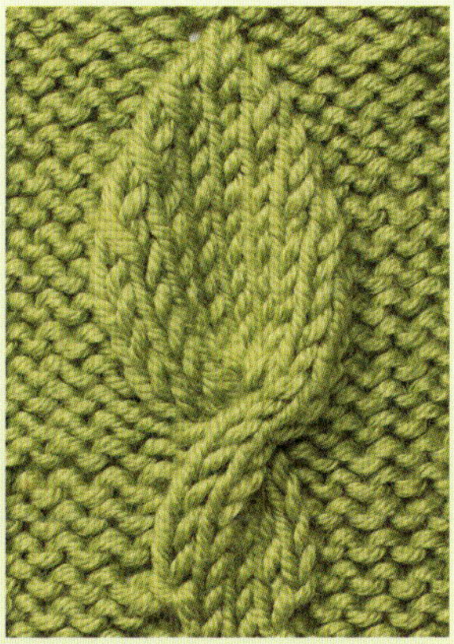

202 Feder

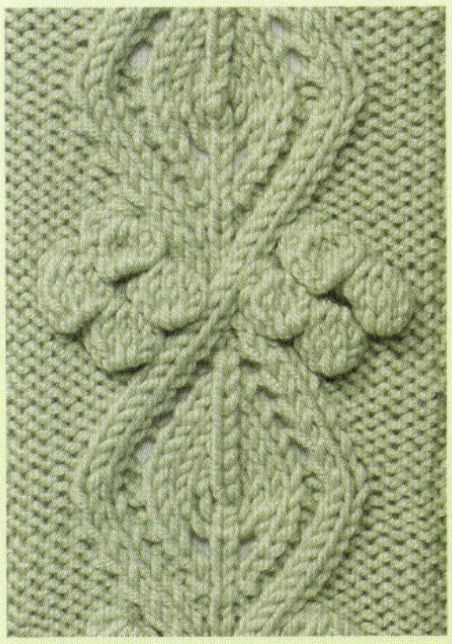

203 Blatt im Rhombus

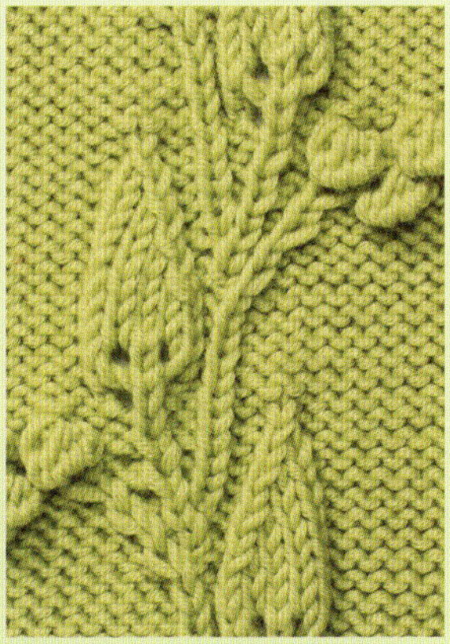

205 Blätter und Beeren

Muster 167

Tropfenrippen

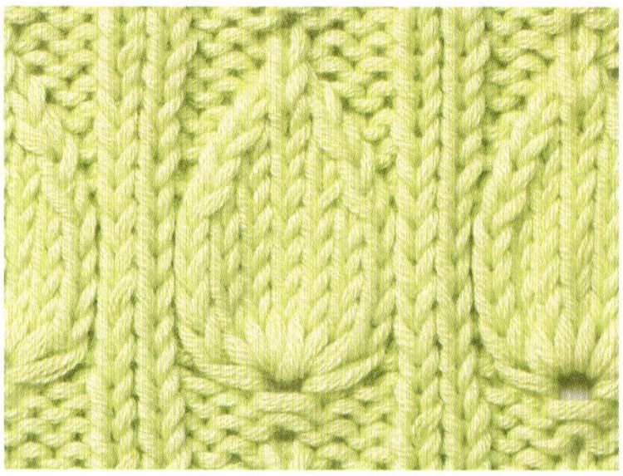

Hier wechseln Streifen mit stilisierten Blättern und glatt rechts gestrickte Rippen miteinander ab. Für einen einzelnen Tropfenstreifen arbeiten Sie die mittleren 5 Maschen der Strickschrift.

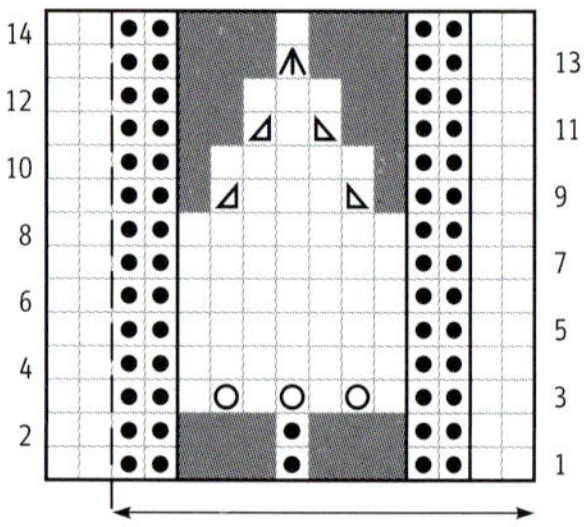

M-Zahl teilbar durch 7 + 2 M (M-Zahl variiert innerhalb des Mustersatzes)

Anleitung

1. Reihe (Hin-R): 2 M re, * 5 M li, 2 M re; ab * fortlfd wdh bis R-Ende.

2. Reihe: 2 M li, * 5 M re, 2 M li; ab * fortlfd wdh bis R-Ende.

3. Reihe: 2 M re, * 2 M li, [1 M re, 1 U, 1 M re, 1 U, 1 M re, 1 U, 1 M re] in die nächste M str, 2 M li, 2 M re; ab * fortlfd wdh bis R-Ende.

4.–14. Reihe: Gemäß Strickschrift weiterstr. Die 1.–14. Reihe stets wdh.

Muster 168

Noppenrippen

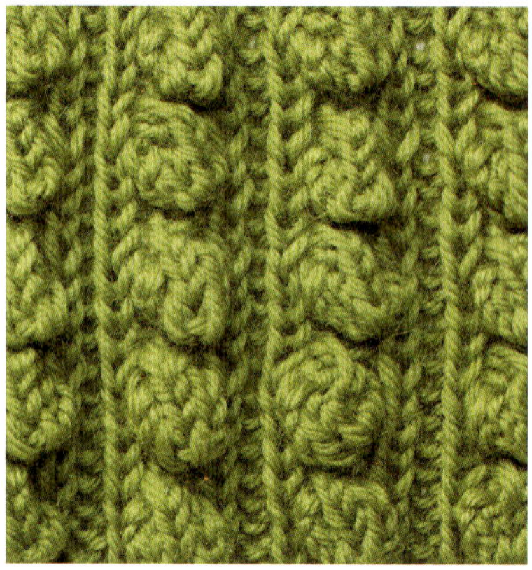

Bei diesem sehr einfachen Muster werden Noppenreihen auf der mittleren Masche eines 3 Maschen rechts, 2 Maschen links gestrickten Rippenmusters platziert. Wenn Sie einen weniger dichten Effekt wünschen, können Sie die Noppen in größerem Abstand zueinander arbeiten oder weitere Rippen einfügen.

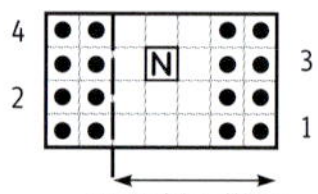

M-Zahl teilbar durch 5 + 2 M

Besondere Stricksymbole

[N] = Noppe (N): [1 M re, 1 U, 1 M re, 1 U, 1 M re] in 1 M str, wenden, 5 M li, wenden, 5 M re, wenden, 5 M li, wenden, 3 M wie zum Rechtsstricken abheben, 2 M re zus-str, die abgehobenen M überziehen.

Anleitung

1. Reihe (Hin-R): 2 M li, * 3 M re, 2 M li; ab * fortlfd wdh bis R-Ende.

2. Reihe: 2 M re, * 3 M li, 2 M re; ab * fortlfd wdh bis R-Ende.

3. Reihe: 2 M li, * 1 M re, 1 N, 1 M re, 2 M li; ab * fortlfd wdh bis R-Ende.

4. Reihe: Wie die 2. R str.

Die 1.–4. R stets wdh.

Muster 169

Zickzack

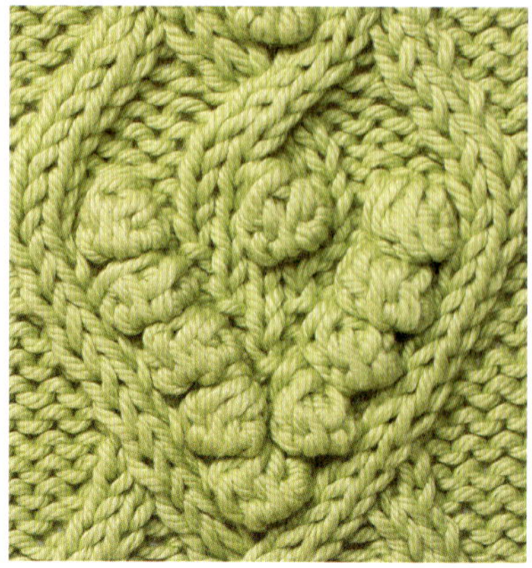

Noppen und Zöpfe lassen sich auf ganz unterschiedliche Weise kombinieren. Hier betonen neun Noppen eine Zacke, und eine markiert das Zentrum des Motivs.

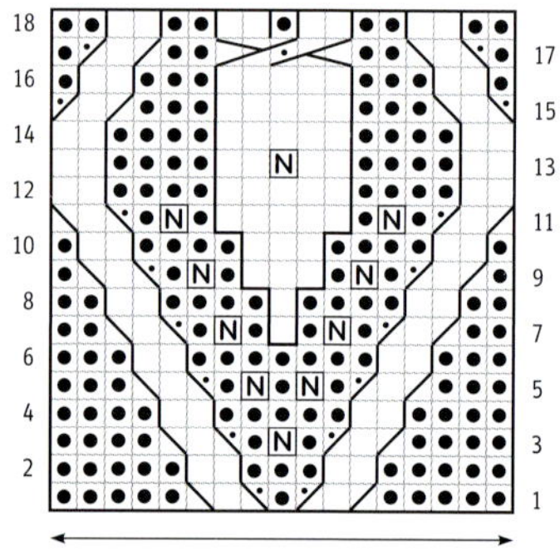

Musterstreifen über 17 M

Besondere Stricksymbole

[N] = Noppe: [1 M re, 1 M li, 1 M re, 1 M li, 1 M re] in 1 M str, wenden, 5 M li, wenden, 4 der soeben gestrickten M einzeln nacheinander über die letzte M ziehen, diese M re verschr str

(Zopfsymbol) = 3 M auf einer Zopf-Nd hinter die Arbeit legen, 2 M re, die am nächsten liegende M von der Zopf-Nd zurück auf die linke Nd heben, 1 M li, dann die restlichen 2 M der Zopf-Nd re str

Hinweis

Für dieses Muster ist eine Zopf-Nd erforderlich.

108–109 Allgemeine Stricksymbole

(leeres Kästchen) = in Hin-R 1 M re, in Rück-R 1 M li
(Kästchen mit Punkt) = in Hin-R 1 M li, in Rück-R 1 M re
(Kästchen mit Schrägstrich) = in Hin-R 1 M re verschr, in Rück-R 1 M li verschr
(Dreieckssymbol) = 2 M re zus-str
(Kreuzungssymbol) = 3 M li/re lvkr
(Bogensymbol) = 1 M mit Linksneigung zun
(Bogensymbol) = 1 M mit Rechtsneigung zun

Muster 170

Kleine Herzen

Dieses vielseitige Muster zeigt versetzte Reihen plastischer Blätter auf glatt links gestricktem Grund. Doch auch wenn die Blattmotive hier versetzt sind, können Sie sie ebenso gut in vertikalen Reihen anordnen, indem Sie die 1. bis 12. Reihe stets wiederholen.

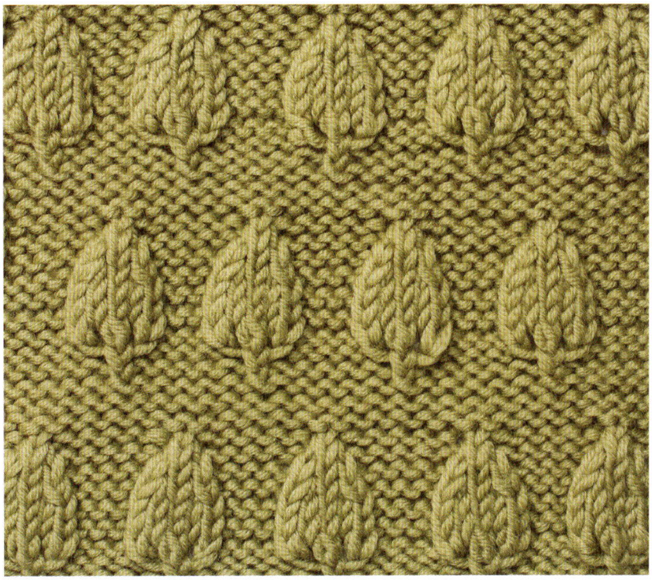

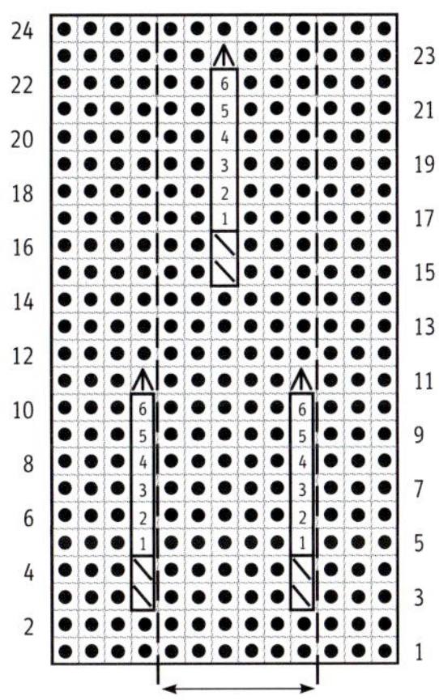

M-Zahl teilbar durch 6 + 7 M (M-Zahl variiert innerhalb des Mustersatzes)

Blatt

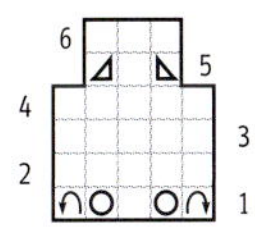

Anleitung

1. Reihe (Hin-R): Li M str.

2. Reihe: Re M str.

3. Reihe: 3 M re, 1 M li verschr, * 5 M re, 1 M li verschr bis zu den letzten 3 M, 3 M re.

4. Reihe: 3 M re, 1 M li verschr. * 5 M re, 1 M li verschr; ab * fortlfd bis zu den letzen 3 M, 3 M re.

5. Reihe: 3 M li, * [1 M mit Rechtsneigung zun, 1 U, 1 M re verschr, 1 U, 1 M mit Linksneigung zun] in die nächste M arb, 5 M li; ab * fortlfd wdh bis zu den letzten 4 M, [1 M mit Rechtsneigung zun, 1 U, 1 M re verschr, 1 U, 1 M mit Linksneigung zun] in die nächste M str, 3 M li.

6. Reihe: 3 M re, 5 M li, * 5 M re, 5 M li; ab * fortlfd wdh bis zu den letzten 3 M, 3 M re.

7. Reihe: 3 M li, 5 M re, 5 M li; ab * fortlfd wdh bis zu den letzten 8 M, 5 M re, 3 M li.

8. Reihe: Wie die 6. R str.

9. Reihe: 3 M li, * 2 M re übz zus-str, 1 M re, 2 M re zus-str, 5 M li; ab * fortlfd wdh bis zu den letzten 8 M, 2 M re übz zus-str, 1 M re, 2 M re zus-str, 3 M li.

10. Reihe: 3 M re, 3 M li, * 5 M re, 3 M li; ab * fortlfd wdh bis zu den letzten 3 M, 3 M re.

11. Reihe: 3 M li, * [2 M zus wie zum Rechtsstr abh, 1 M re, die 2 abgehobenen M überziehen], 5 M li; ab * fortlfd wdh bis zu den letzten 6 M, [2 M zus wie zum Rechtsstr abh, 1 M re, die 2 abgehobenen M überziehen], 3 M li.

12. Reihe: Re M str.

13. Reihe: Li M str.

14. Reihe: Re M str.

15. Reihe: 6 M li, * 1 M re verschr, 5 M li; ab * fortlfd wdh bis zur letzten M, 1 M li.

16. Reihe: 6 M re, * 1 M li verschr, 5 M re; ab * fortlfd wdh bis zur letzten M, 1 M re.

17. Reihe: 6 M li, * [1 M mit Rechtsneigung zun, 1 U, 1 M re verschr, 1 U, 1 M mit Linksneigung zun] in die nächste M, 5 M li; ab * fortlfd wdh bis zur letzten M, 1 M li.

18. Reihe: 6 M re, * 5 M li, 5 M re; ab * fortlfd wdh bis zur letzten M, 1 M re.

19. Reihe: 6 M li, * 5 M re, 5 M li; ab * fortlfd wdh bis zur letzten M, 1 M li.

20. Reihe: Wie die 18. R str.

21. Reihe: 6 M li, * 2 M re übz zus-str, 1 M re, 2 M re zus-str, 5 M li; ab * fortlfd wdh bis zur letzten M, 1 M li.

22. Reihe: 6 M re, * 3 M li, 5 M re; ab * fortlfd wdh bis zur letzten M, 1 M re.

23. Reihe: 6 M li, * [2 M zus wie zum Rechtsstr abh, 1 M re, die 2 abgehobenen M überziehen], 5 M li; ab * fortlfd wdh bis zur letzten M, 1 M li.

24. Reihe: 24. Re M str.

Die 1.–24. R stets wdh.

Hinweis

Arbeiten Sie das Blatt nach der entsprechenden Strickschrift über 1 Masche und 6 Reihen, wie in der Haupt-Strickschrift angegeben.

= 2 M re übz zus-str = 2 M zus wie zum Rechtsstr abh, 1 M re, die 2 abgehobenen M überziehen = 1 U = keine M (dient nur der Übersicht) = 3 M re/li rvkr

Muster 171

Stechpalmenblatt

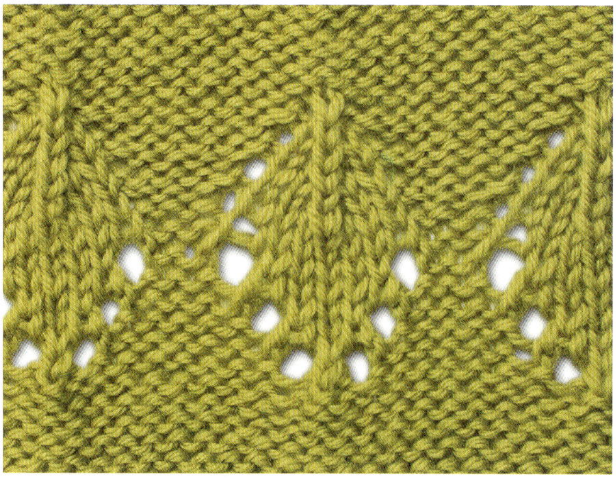

Bei diesem Muster bleibt die Maschenzahl durchgängig gleich. Deshalb liegen die Blätter, obwohl sie klar abgegrenzt sind, nicht plastisch auf dem glatt links gestrickten Hintergrund.

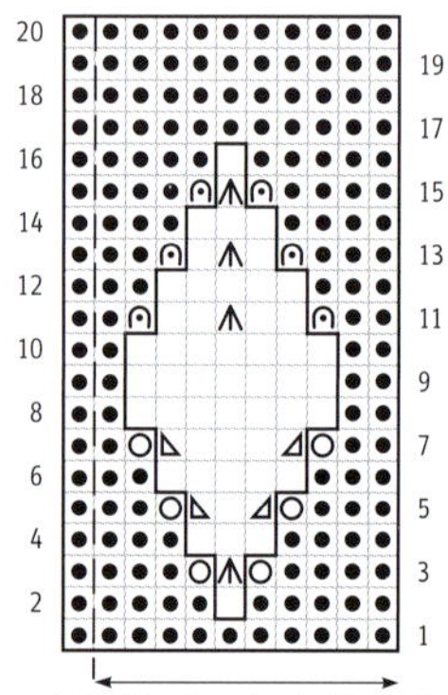

M-Zahl teilbar durch 10 + 1 M

Muster 172

Beerentrio-Trauben

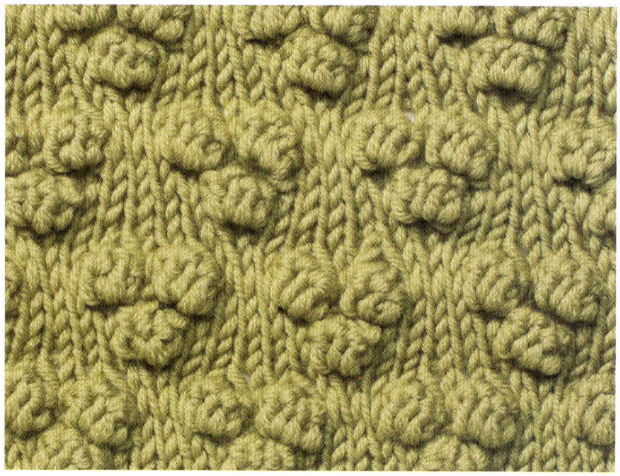

Wenn Sie die Optik von Noppen lieben, aber das ständige Wenden der Arbeit hassen, ist dies das richtige Muster für Sie. Jede der knubbeligen Noppen wird über 2 Reihen gearbeitet: In Hinreihen wird für die Basis jeder Noppe zugenommen, in Rückreihen wieder bis auf 1 Masche abgenommen.

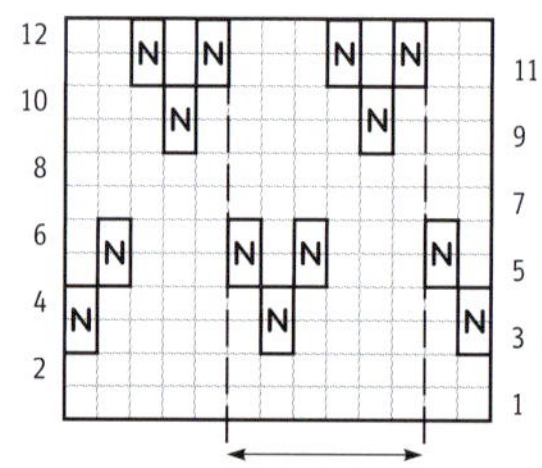

M-Zahl teilbar durch 6 + 7 M
(M-Zahl variiert innerhalb des Mustersatzes)

Besonderes Stricksymbol

[N] = Noppe

Anleitung

1. Reihe (Hin-R): [1 M re, 1 U, 1 M re, 1 U, 1 M re] in 1 M str.

2. Reihe (Rück-R): 5 M re, 4 der eben gestrickten M über die letzte M ziehen

110–111 Allgemeine Stricksymbole

☐ = in Hin-R 1 M re, in Rück-R 1 M li
[●] = in Hin-R 1 M li, in Rück-R 1 M re
[╲] = in Hin-R 1 M re verschr, in Rück-R 1 M li verschr
[◿] = 2 M re zus-str
[ᗜ] = 1 li M zun: mit der linken Nd den Querfaden zwischen den M von vorn aufnehmen und li verschr str

Muster 173

Dekorative Wellen

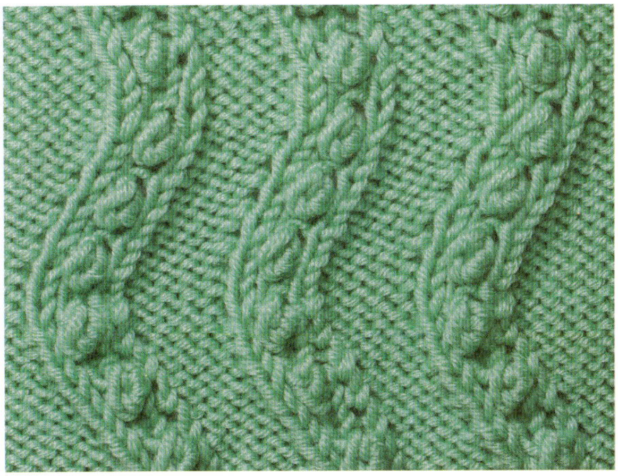

Zunahmen und Abnahmen, keine Verzopfungen oder Zugmaschen, führen zu diesen sanften Kurven. Sie werden mit hübschen, kleinen Noppen verziert.

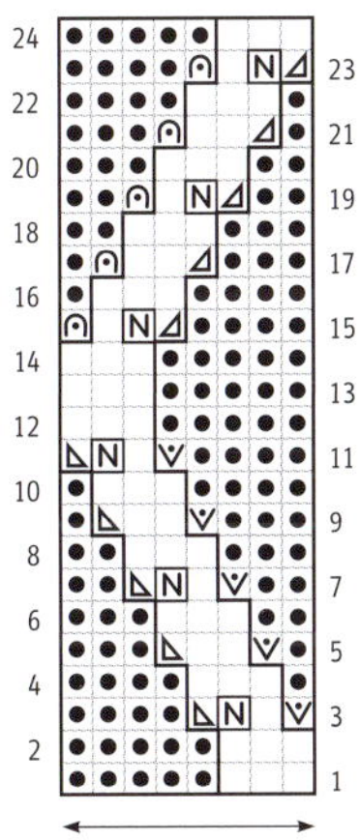

M-Zahl teilbar durch 8 + 2 M

Besondere Stricksymbole

N = Noppe: [1 M re, 1 M li, 1 M re] in 1 M str, wenden, 3 M li, wenden, 2 der eben gestrickten M einzeln nacheinander über die letzte M ziehen, diese M re verschr str

⧅ = in Rück-R 1 M re verschr

Muster 174

Große Tupfen

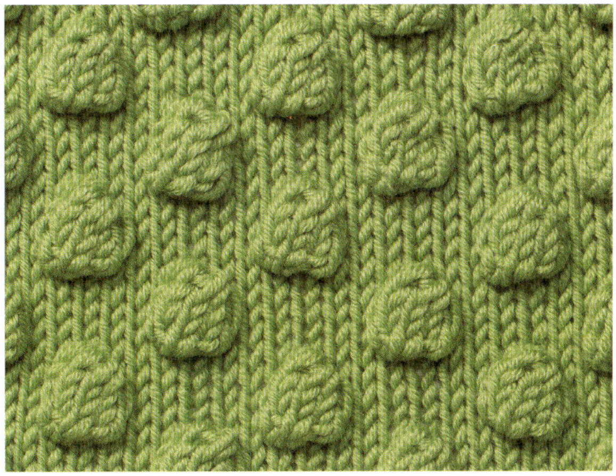

Diese großen Noppen heben sich deutlich ab, obwohl sie glatt rechts gestrickt sind und auf glatt rechtem Grund liegen. Größe und Abstand können passend zu anderen Mustern selbstverständlich verändert werden.

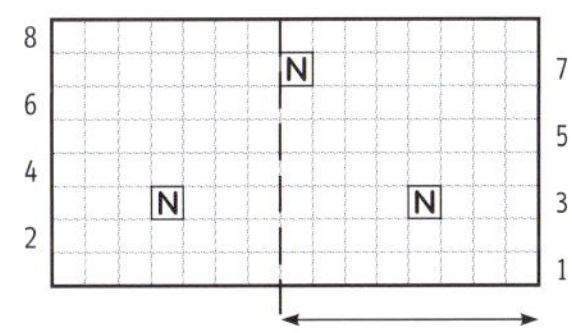

M-Zahl teilbar durch 8 + 7 M

Besonderes Stricksymbol

N Noppe (N): [1 M re, 1 M re verschr, 1 M re, 1 M re verschr, 1 M re] in 1 M str, wenden, 5 M li, wenden, 5 M re, wenden, 5 M li, wenden, 4 der eben gestrickten M einzeln nacheinander über die letzte M ziehen, diese M re verschr str

Anleitung

1. Reihe (Hin-R): Re M str.

2. Reihe und alle folgenden Rück-R: Li M str.

3. Reihe: 3 M re, * 1 N, 7 M re; ab * fortlfd wdh bis zu den letzten 4 M, 1 N, 3 M re.

5. Reihe: Re M str.

7. Reihe: * 7 M re, 1 N; ab * fortlfd wdh bis zu den letzten 7 M, 7 M re.

8. Reihe: Li M str.

Die 1.–8. R stets wdh.

◺ = 2 M re übz zus-str   ⋀ = 2 M zus wie zum Rechtsstr abh, 1 M re, die 2 abgehobenen M überziehen   O = 1 U

Muster 175

Kleine Blattrippen

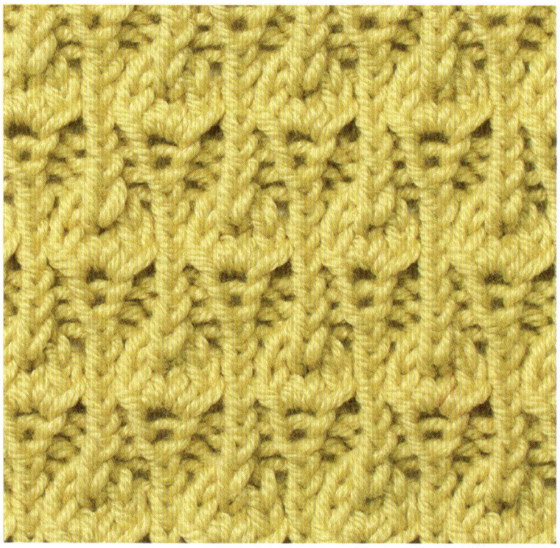

Weil diese Blättchen aus einem 1 Masche rechts, 1 Masche links gestrickten Rippenmuster entstehen, können Sie das Rippenmuster über oder unter diesem Muster weiterführen. Wegen der Blattformen werden nur die 6. und die 12. Reihe tatsächlich komplett im Rippenmuster gearbeitet.

Anleitung

1. Reihe (Hin-R): * 1 M li, [1 M re, 1 U, 1 M re, 1 U, 1 M re] in 1 M str, 1 M li, 1 M re; ab * fortlfd wdh bis zu den letzten 3 M, 1 M li, [1 M re, 1 U, 1 M re, 1 U, 1 M re] in 1 M str, 1 M li.

2. Reihe: * 1 M re, 5 M li, 1 M re, 1 M li; ab * fortlfd wdh bis zu den letzten 7 M, 1 M re, 5 M li, 1 M re.

3. Reihe: * 1 M li, 2 M re übz zus-str, 1 M re, 2 M re zus-str, 1 M li, 1 M re; ab * fortlfd wdh bis zu den letzten 7 M, 1 M li, 2 M re übz zus-str, 1 M re, 2 M re zus-str, 1 M li.

4. Reihe: * 1 M re, 3 M li, 1 M re, 1 M li; ab * fortlfd wdh bis zu den letzten 5 M, 1 M re, 3 M li, 1 M re.

5. Reihe: * 1 M li, [2 M zus wie zum Rechtsstr abh, 1 M re, die 2 abgehobenen M überziehen], 1 M li, 1 M re; ab * fortlfd wdh bis zu den letzten 5 M, 1 M li, [2 M zus wie zum Rechtsstr abh, 1 M re, die 2 abgehobenen M überziehen], 1 M li.

6. Reihe: 1 M re, * 1 M li, 1 M re; ab * fortlfd wdh bis R-Ende.

7. Reihe: * 1 M li, 1 M re, 1 M li, [1 M re, 1 U, 1 M re, 1 U, 1 M re] in die nächste M str; ab * fortlfd wdh bis zu den letzten 3 M, 1 M li, 1 M re, 1 M li.

8. Reihe: * 1 M re, 1 M li, 1 M re, 5 M li; ab * fortlfd wdh bis zu den letzten 3 M, 1 M re, 1 M li, 1 M re.

9. Reihe: * 1 M li, 1 M re, 1 M li, 2 M re übz zus-str, 1 M re, 2 M re zus-str; ab * fortlfd wdh bis zu den letzten 3 M, 1 M li, 1 M re, 1 M li.

10. Reihe: * 1 M re, 1 M li, 1 M re, 3 M li; ab * fortlfd wdh bis zu den letzten 3 M, 1 M re, 1 M li, 1 M re.

11. Reihe: * 1 M li, 1 M re, 1 M li, [2 M zus wie zum Rechtsstr abh, 1 M re, die 2 abgehobenen M überziehen]; ab * fortlfd wdh bis zu den letzten 3 M, 1 M li, 1 M re, 1 M li.

12. Reihe: Wie die 6. R str.

Die 1.–12. R stets wdh.

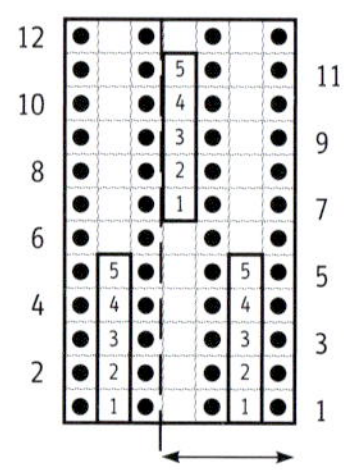

M-Zahl teilbar durch 4 + 3 M (M-Zahl variiert innerhalb des Mustersatzes)

Blatt

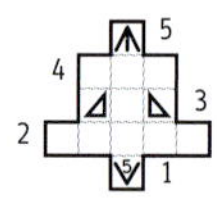

Besonderes Stricksymbol

= [1 M re, 1 U, 1 M re, 1 U, 1 M re] in 1 M str

Hinweis

Arbeiten Sie nach der Strickschrift für das Blatt über 1 Masche und 5 Reihen, wie in der Haupt-Strickschrift angegeben.

Muster 176

Schräge Noppenstreifen

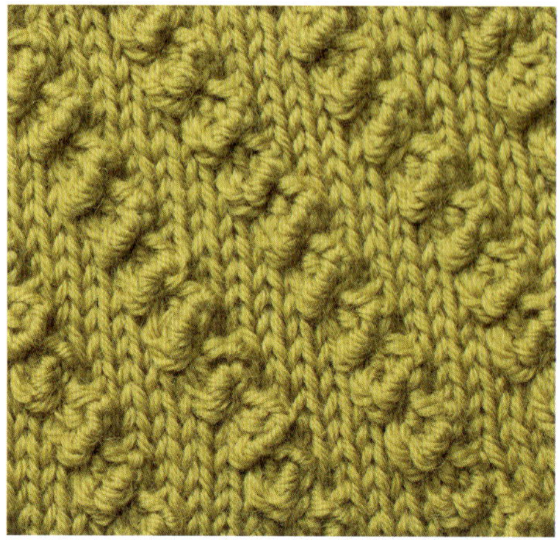

Die natürliche Tendenz dieser Noppen, sich nach einer Seite zu neigen, wird durch ihre Anordnung in Diagonalen noch betont. Die Masche über jeder Noppe wird links verschränkt gestrickt und verleiht dem Muster mehr Stabilität.

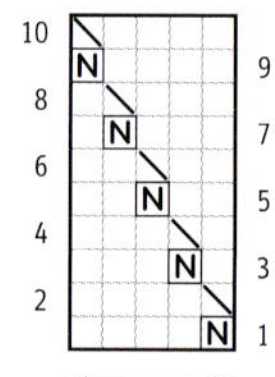

M-Zahl teilbar durch 5

Besonderes Stricksymbol

N = Noppe (N): [1 M re, 1 M li, 1 M re] in 1 M str, wenden, 3 M li, wenden, 3 M re, 2 der eben gestrickten M einzeln nacheinander über die letzte M ziehen

Anleitung

1. Reihe (Hin-R): * 1 N, 4 M re; ab * fortlfd wdh bis R-Ende.

2. Reihe und alle folgenden Rück-R: Li M str, dabei die M über jeder Noppe li verschr str.

3. Reihe: * 1 M re, 1 N, 3 M re; ab * fortlfd wdh bis R-Ende.

5. Reihe: * 2 M re, 1 N, 2 M re; ab * fortlfd wdh bis R-Ende.

7. Reihe: * [3 M re, 1 N, 1 M re; ab * fortlfd wdh bis R-Ende.

9. Reihe: * 4 M re, 1 N; ab * fortlfd wdh bis R-Ende.

10. Reihe: Wie die 2. R str.

Die 1.–10. R stets wdh.

□ = in Hin-R 1 M re, in Rück-R 1 M li | ● = in Hin-R 1 M li, in Rück-R 1 M re | ╲ = in Hin-R 1 M re verschr, in Rück-R 1 M li verschr | ◿ = 2 M re zus-str

Muster 177

Noppenzweige

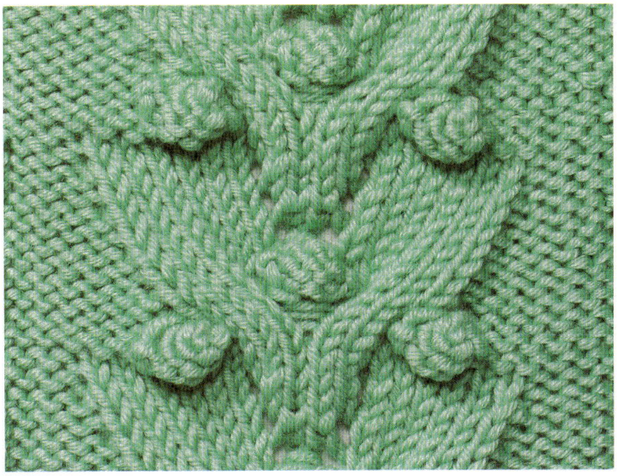

Die Hauptarbeit an diesem Muster beschränkt sich auf eine Reihe, doch wird dieser breite Zopf zusätzlich durch große Noppen lebendig gestaltet.

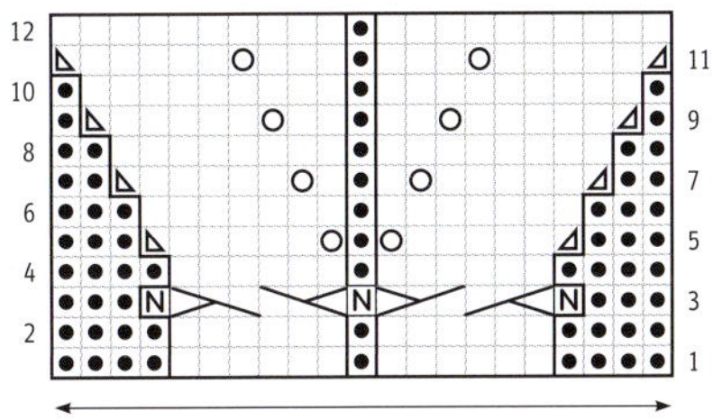

Musterstreifen über 21 M

Besondere Stricksymbole

N = Noppe: [1 M re, 1 U, 1 M re, 1 U, 1 M re] in 1 M str, wenden, 5 M re, wenden, 5 M li, wenden, 5 M re, 4 der eben gestrickten M einzeln nacheinander über die letzte M ziehen, diese M re verschr str

Hinweis

Für dieses Muster ist eine Zopfnadel erforderlich.

Muster 178

Rhombengitter mit Noppen

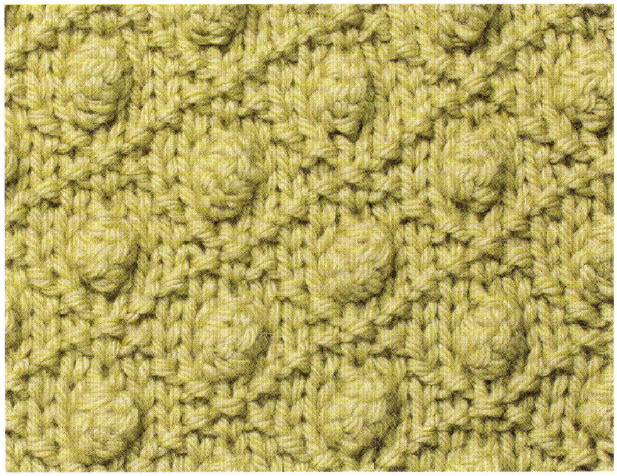

Feste, kleine Noppen sitzen in der Mitte der Rhomben aus linken Maschen auf einem glatt rechts gestrickten Grund. Wenn Sie dieses Muster als Flächenmuster bei einem Pullover einsetzen, sollten Sie die Noppen an den Seiten weglassen, damit die Seitennähte glatt und sauber gelingen.

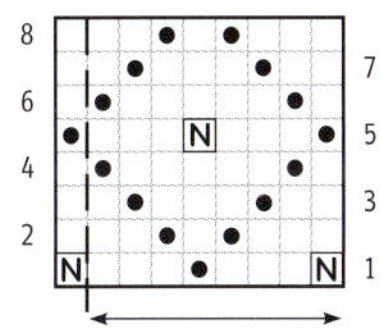

M-Zahl teilbar durch 8 + 1 M

Besonderes Stricksymbol

N = Noppe (N): [1 M re, 1 U, 1 M re, 1 U, 1 M re] in 1 M str, wenden, 5 M re, wenden, 4 x 1 M re abh, 1 M re, die abgehobenen M darüberziehen.

Anleitung

1. Reihe (Hin-R): * 1 N, 3 M re, 1 M li, 3 M re; ab * fortlfd wdh bis zur letzten M, 1 N.

2. Reihe: * 3 M li, 1 M re, 1 M li, 1 M re, 2 M li; ab * fortlfd wdh bis zur letzten M, 1 M li.

3. Reihe: * 2 M re, 1 M li, 3 M re, 1 M li, 1 M re; ab * fortlfd wdh bis zur letzten M, 1 M re.

4. Reihe: * 1 M li, 1 M re, 5 M li, 1 M re; ab * fortlfd wdh bis zur letzten M, 1 M li.

5. Reihe: * 1 M li, 3 M re, 1 N, 3 M re; ab * fortlfd wdh bis zur letzten M, 1 M li.

6. Reihe: Wie die 4. R str.

7. Reihe: Wie die 3. R str.

8. Reihe: Wie die 2. R str.

Die 1.–8. R stets wdh.

= 2 M re übz zus-str | = 2 M zus wie zum Rechtsstr abh, 1 M re, die 2 abgehobenen M überziehen | = 1 U | = 6 M rvkr | = 6 M lvkr

Muster 179

Kokarde

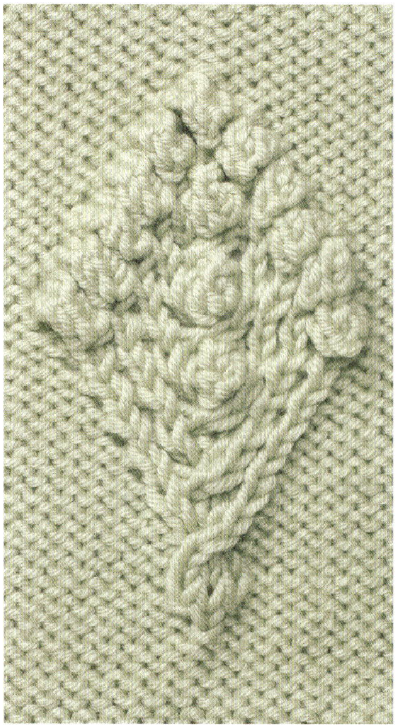

Von einem Punkt in der unteren Mitte aus fächert sich dieses hübsche Motiv mit Zugmaschen auf und wird mit Noppen zusätzlich verziert. Verwenden Sie es einzeln oder in Gruppen.

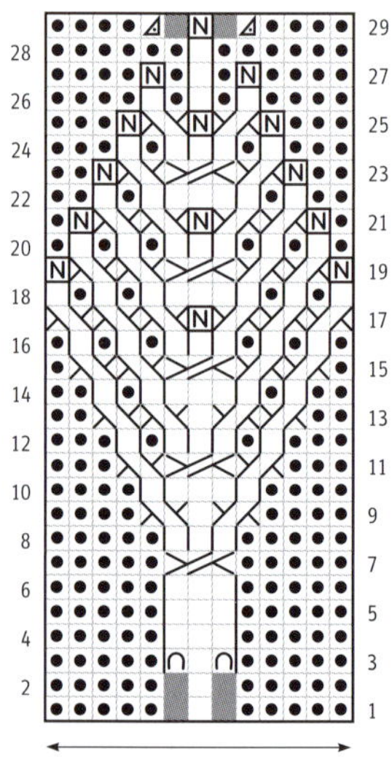

Motiv über 11 M
(M-Zahl variiert innerhalb des Mustersatzes)

Besondere Stricksymbole

N (= Noppe: [1 M re, 1 U, 1 M re] in 1 M str, wenden, 3 M li, wenden, 3 M re, wenden, 3 M li, wenden, 2 M zus wie zum Rechtsstr abh, 1 M re, die 2 abgehobenen M überziehen

= 2 M auf einer Zopf-Nd hinter die Arbeit legen, 1 M re, dann die 2 M der Zopf-Nd re str.

Hinweis

Für dieses Muster ist eine Zopfnadel erforderlich.

Muster 180

Blattpaare

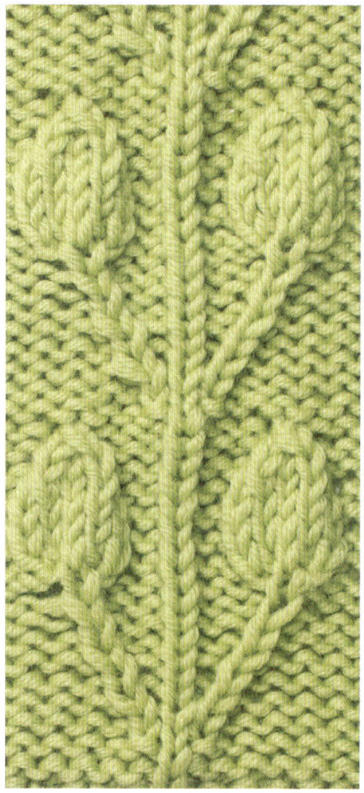

Diese Blattpaare sind zwar recht streng und symmetrisch gestaltet, basieren aber auf Vorbildern aus der Natur. Sie ergeben einen reizvollen vertikalen Musterstreifen.

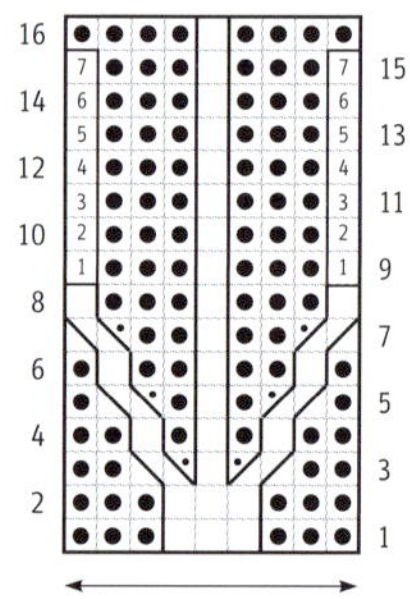

Musterstreifen über 9 M
(M-Zahl variiert innerhalb des Mustersatzes)

Blatt

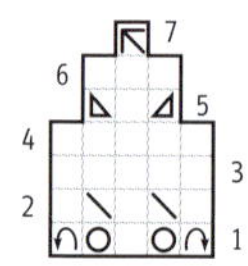

Besonderes Stricksymbol

= in Rück-R 1 M li verschr

Hinweise

- Arbeiten Sie das Blatt nach der separaten Strickschrift über die entsprechend markierten Reihen der Haupt-Strickschrift.
- Für dieses Muster ist eine Zopfnadel erforderlich.

114–115 Allgemeine Stricksymbole

= in Hin-R 1 M re, in Rück-R 1 M li
= in Hin-R 1 M li, in Rück-R 1 M re
= 2 M li zus-str
= 2 M re zus-str
= 2 M re übz zus-str
= 3 M rvkr
= 3 M lvkr
= keine M (dient nur der Übersicht)
= 2 M rdr
= 2 M ldr
= 2 M li/re lvkr

Muster 181

Pfeilspitzen

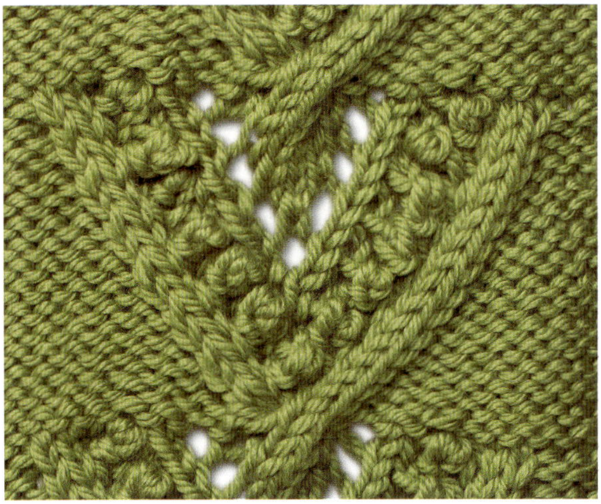

Noppen, Verzopfungen und Löchlein verbinden sich hier zu klar definierten Pfeilspitzen, die in einem zentralen Zopf über 5 Maschen zusammenlaufen.

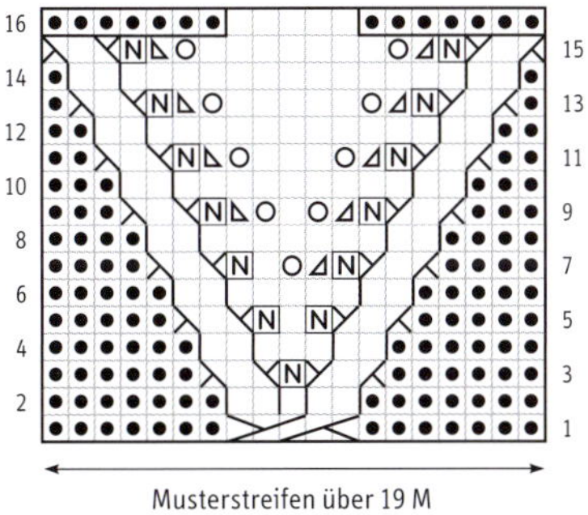

Musterstreifen über 19 M

Besondere Stricksymbole

= 3 M auf einer Zopf-Nd hinter die Arbeit legen, 2 M re, die am nächsten liegende M von der Zopf-Nd zurück auf die linke Nd heben und re str, dann die restlichen 2 M der Zopf-Nd re str

N = Noppe: [1 M re, 1 U, 1 M re] in 1 M str, wenden, 3 M re, wenden, 3 M li, 2 der eben gestrickten M einzeln nacheinander über die letzte M ziehen

Hinweis

Für dieses Muster ist eine Zopfnadel erforderlich.

Muster 182

Noppenrhomben

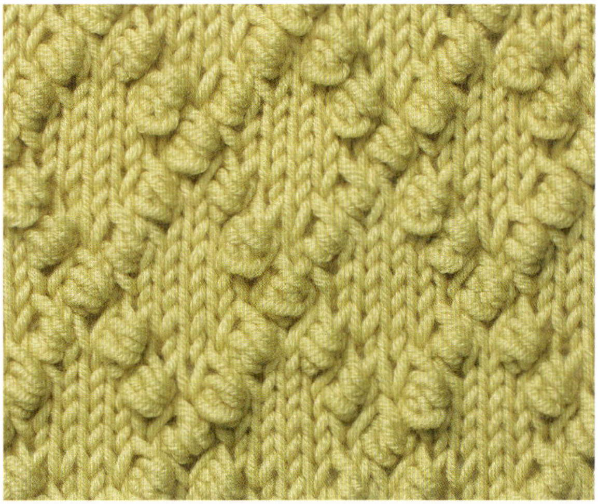

Flache Noppen über 7 M bilden hier ein Rhombengitter aus diagonalen Linien. Die Noppen werden wie üblich gearbeitet, allerdings ohne dass die Arbeit zwischendurch gewendet werden muss.

Besonderes Stricksymbol

N = Noppe (N): [1 M re, 1 U, 1 M re, 1 U, 1 M re, 1 U, 1 M re] in 1 M str, dann die 2., 3., 4., 5. und 6. M über die 1. M ziehen.

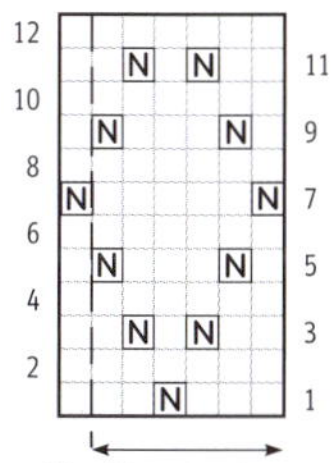

M-Zahl teilbar durch 6 + 1 M

Anleitung

1. Reihe (Hin-R): * 3 M re, 1 N, 2 M re; ab * fortlfd wdh bis zur letzten M, 1 M re.

2. Reihe und alle folgenden Rück-R: Li M str.

3. Reihe: * 1 M re, 1 N, 3 M re, 1 N; ab * fortlfd wdh bis zur letzten M, 1 M re.

5. Reihe: * 1 M re, 1 N, 3 M re, 1 N; ab * fortlfd wdh bis zur letzten M, 1 M re.

7. Reihe: * 1 N, 5 M re; ab * fortlfd wdh bis zur letzten M, 1 N.

9. Reihe: * 1 M re, 1 N, 3 M re, 1 N; ab * fortlfd wdh bis zur letzten M, 1 M re.

11. Reihe: * 2 M re, 1 N, 1 M re, 1 N, 1 M re; ab * fortlfd wdh bis zur letzten M, 1 M re.

12. Reihe: Li M str.

Die 1.–12. R stets wdh.

= 1 M re abh, 2 M re zus-str, die abgehobene M überziehen
= 1 M aus dem Querfaden zun
O = 1 U
= 1 M mit Rechtsneigung zun
= 1 M mit Linksneigung zun
= 2 M re/li rvkr

Muster 183

Schachtelteufel

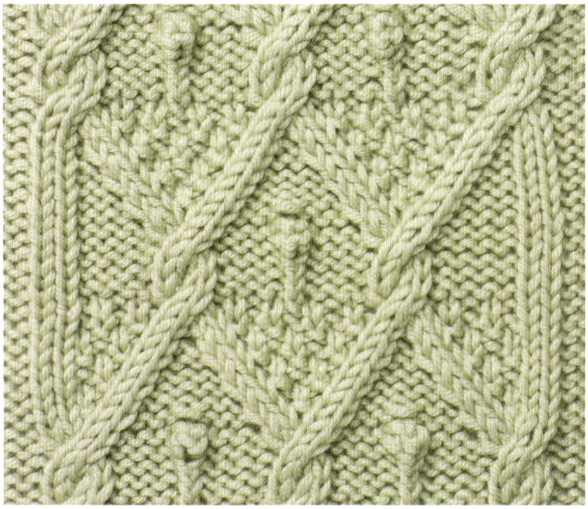

Jeder Rhombus dieses Zopfgitters ist mit Strukturmaschen und einer winzigen Noppe auf einem Stiel gefüllt. Aus dem Musterstreifen lässt sich auch ein Flächenmuster mit einem Rapport von 14 Maschen machen (siehe Strickschrift).

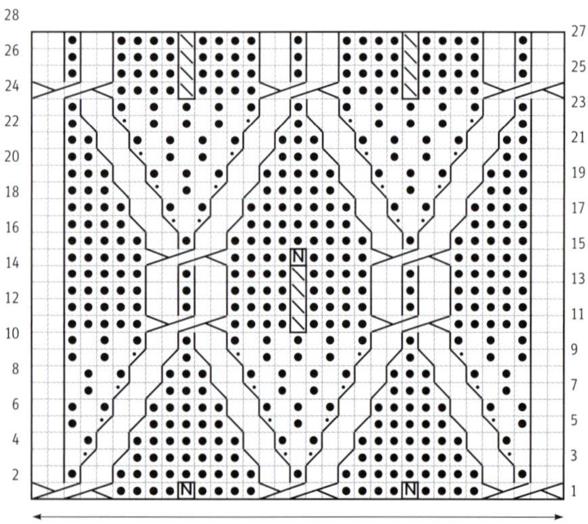

Musterstreifen über 33 M

Besondere Stricksymbole

= 3 M auf einer Zopf-Nd hinter die Arbeit legen, 2 M re, die am nächsten liegende M von der Zopf-Nd auf die linke Nd heben, die Zopf-Nd nach vorne legen, 1 M li, dann die restlichen 2 M der Zopf-Nd re str

N = Noppe: [1 M re, 1 U, 1 M re] in 1 M str, wenden, 3 M li, wenden, 2 M zus wie zum Rechtsstr abh, 1 M re, die 2 abgehobenen M überziehen

Hinweis

Für dieses Muster ist eine Zopfnadel erforderlich.

Muster 184

Stilisiertes Blatt

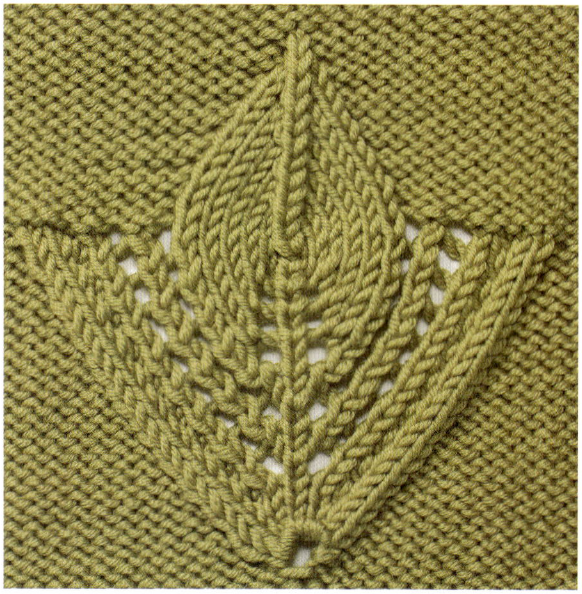

Diagonale und vertikale Lochreihen formen und schmücken dieses einzelne große Blatt.

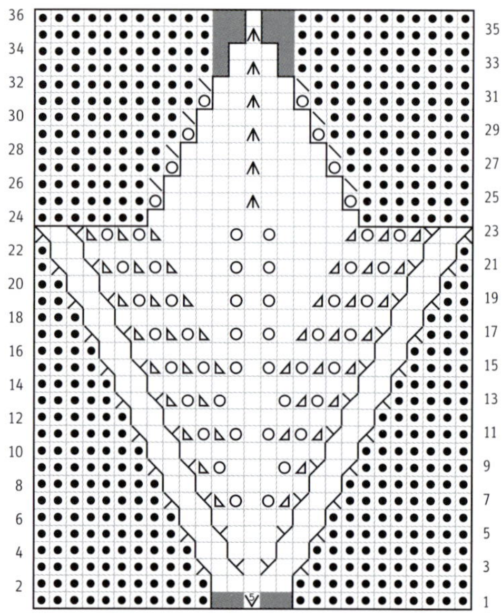

Motiv über 23 M (M-Zahl variiert innerhalb des Mustersatzes)

Besondere Stricksymbole

5 = [1 M re, 1 M li, 1 M re, 1 M li, 1 M re] in 1 M str

= in Rück-R 1 M re verschr

Hinweis

Für dieses Muster ist eine Zopfnadel erforderlich.

116–117 Allgemeine Stricksymbole

= in Hin-R 1 M re, in Rück-R 1 M li
= in Hin-R 1 M li, in Rück-R 1 M re
= in Hin-R 1 M re verschr, in Rück-R 1 M li verschr
= 2 M re zus-str
= keine M (dient nur der Übersicht)
= 3 M rvkr
= 3 M re/li rvkr
= 3 M lvkr
= 3 M li/re lvkr

Muster 185

Sonnenblume

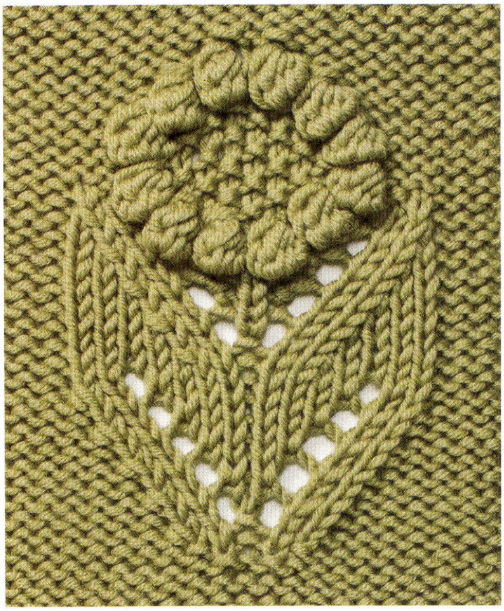

Diese lange, schmale Strickschrift, nach der eine kurze, rundliche Blume entsteht, zeigt, wie sich die Maschenprobe auf ein Muster auswirken kann.

Besonderes Stricksymbol

[N] = Noppe: [1 M re, 1 M li, 1 M re, 1 M li, 1 M re] in 1 M str, wenden, 5 M li, wenden, 4 der eben gestrickten M einzeln nacheinander über die letzte M ziehen, diese M re verschr str

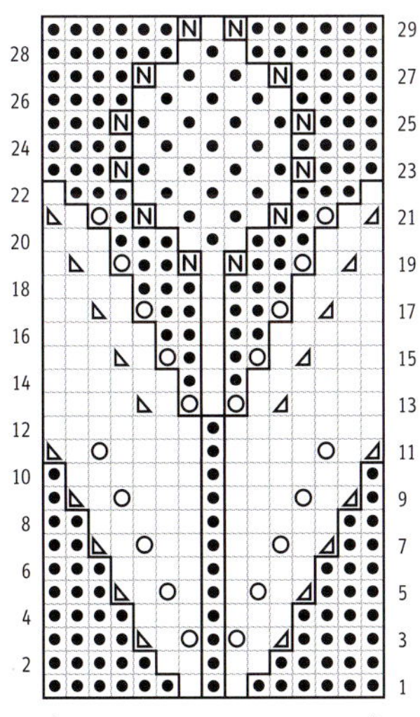

Motiv über 15 M

Muster 186

Blatt und Girlande

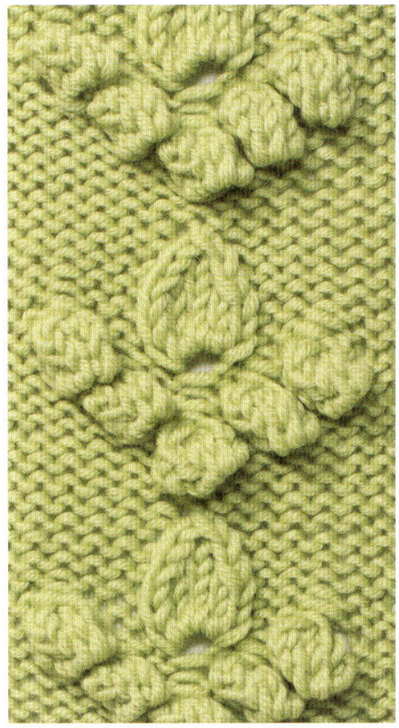

Setzen Sie ein einzelnes Blatt in eine V-Form aus Noppen: So entsteht ein Motiv, das Sie einzeln verwenden oder, wie hier gezeigt, für einen auffallenden Musterstreifen nutzen können.

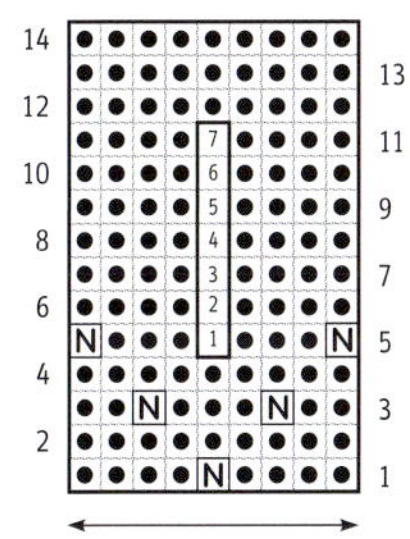

Musterstreifen über 9 M (M-Zahl variiert innerhalb des Mustersatzes)

Blatt

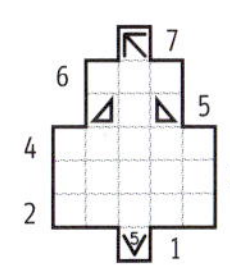

Besondere Stricksymbole

[N] = Noppe: [1 M re, 1 M li, 1 M re, 1 M li, 1 M re] in 1 M str, wenden, 5 M li, wenden, 5 M re, wenden, 2 M li verschr zus-str, 1 M li, 2 M li zus-str, wenden, 1 M re abh, 2 M re zus-str, die abgehobene M überziehen

[5/V] = [1 M re, 1 M li, 1 M re, 1 M li, 1 M re] in 1 M str

Hinweis

Arbeiten Sie das Blatt nach der separaten Strickschrift über die entsprechend markierten Reihen der Haupt-Strickschrift.

[Λ] = 2 M zus wie zum Rechtsstr abh, 1 M re, die 2 abgehobenen M überziehen
[◺] = 2 M re übz zus-str
[O] = 1 U
[◸] = 1 M re abh, 2 M re zus-str, die abgehobene M überziehen

Muster 187

Zweig

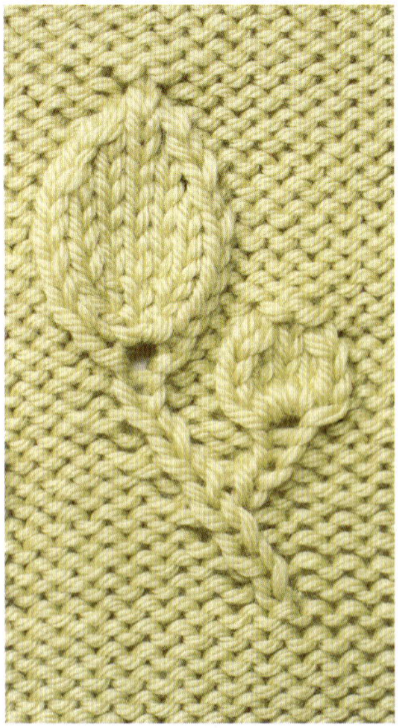

Blatt und Knospe an diesem Stängel werden leicht unterschiedlich gearbeitet. Eine abschließende Abnahme auf der linken Seite der Arbeit verleiht der Knospe ihre rundere Form, während das Blatt durch eine doppelte Abnahme auf der rechten Seite spitzer zuläuft.

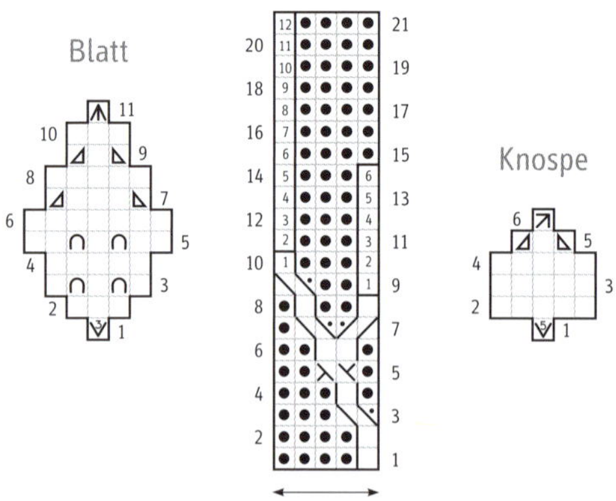

Motiv über 5 M
(M-Zahl variiert innerhalb des Mustersatzes)

Besondere Stricksymbole

[3] = [1 M re, 1 U, 1 M re] in 1 M str

[5] = [1 M re, 1 U, 1 M re, 1 U, 1 M re] in 1 M str

[↗] = in Rück-R 1 M re abh, 2 M re zus-str, die abgehobene M überziehen

Hinweise

- Arbeiten Sie das Blatt nach der separaten Strickschrift (links) über 1 Masche und 11 Reihen, wie in der Haupt-Strickschrift eingezeichnet; die Knospe wird nach der rechts abgebildeten Strickschrift über 1 Masche und 6 Reihen gearbeitet.
- Für dieses Muster ist eine Zopfnadel erforderlich.

Muster 188

Rankender Zweig

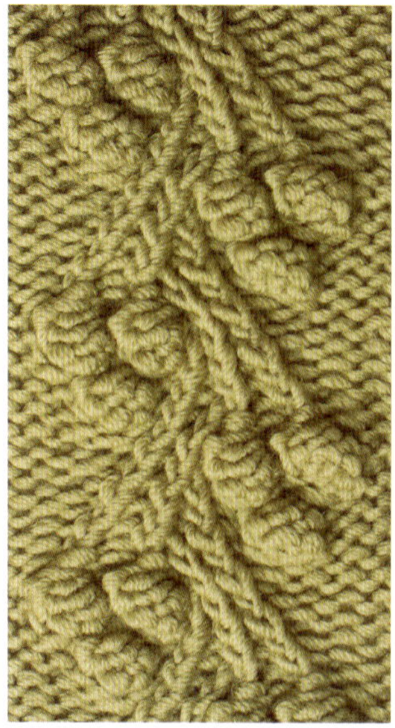

Zugmaschenrippen betonen den Schwung dieser verzopften Zweige, die in dichten Noppentrauben enden.

Besondere Stricksymbole

[N] = Noppe: [1 M re, 1 U, 1 M re, 1 U, 1 M re] in 1 M str, wenden, 5 M re, wenden, 5 M li, 4 der eben gestrickten M einzeln nacheinander über die letzte M ziehen

= 3 M auf einer Zopf-Nd vor die Arbeit legen, 1 M li, dann die M der Zopf-Nd 1 M re verschr, 1 M li, 1 M re verschr str

= 1 M auf einer Zopf-Nd hinter die Arbeit legen, 1 M re verschr, 1 M li, 1 M re verschr, dann die M der Zopf-Nd li str

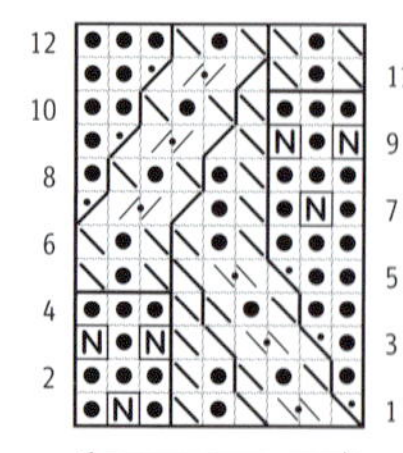

Musterstreifen über 9 M

Hinweis

Für dieses Muster ist eine Zopfnadel erforderlich.

118–119 Allgemeine Stricksymbole

= in Hin-R 1 M re, in Rück-R 1 M li
= in Hin-R 1 M li, in Rück-R 1 M re
= in Hin-R 1 M re verschr, in Rück-R 1 M li verschr
= 2 M re zus-str
= 2 M lvkr
= 2 M re/li rvkr
= 3 M re/li rvkr
= 3 M li/re lvkr
= 1 M aus dem Querfaden zun

Muster 189

Samenstände

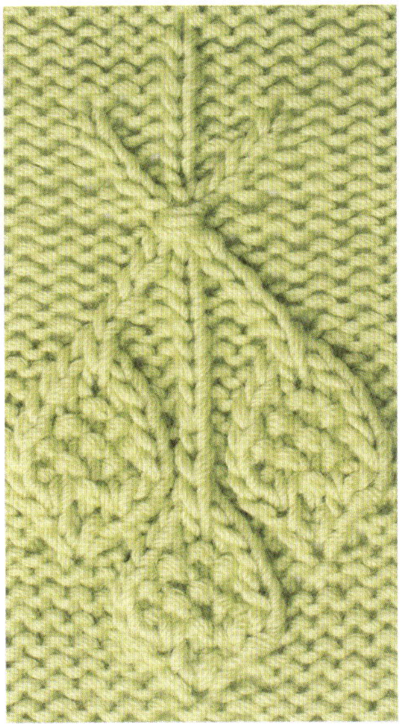

Es sieht aus, als seien diese drei Samenstände zusammengebunden. Dieser Effekt lässt sich ganz einfach erzielen, indem man den Faden mehrere Male um einige Maschen wickelt. Diese Technik eignet sich auch für Smok-Muster.

Besondere Stricksymbole

= 3 M re, diese 3 M auf eine Zopf-Nd heben, den Arbeitsfaden 4 x gegen den Uhrzeigersinn (von oben gesehen) um die M wickeln, auf der Rückseite der Arbeit enden; die 3 M zurück auf die rechte Nd heben

= [1 M re verschr, 1 M re] in 1 M str, dann die linke Nd hinter dem vertikalen Faden zwischen den beiden eben gestrickten M einstechen und diesen Faden re verschr str

Samenkapseln

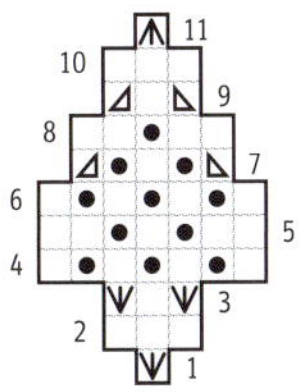

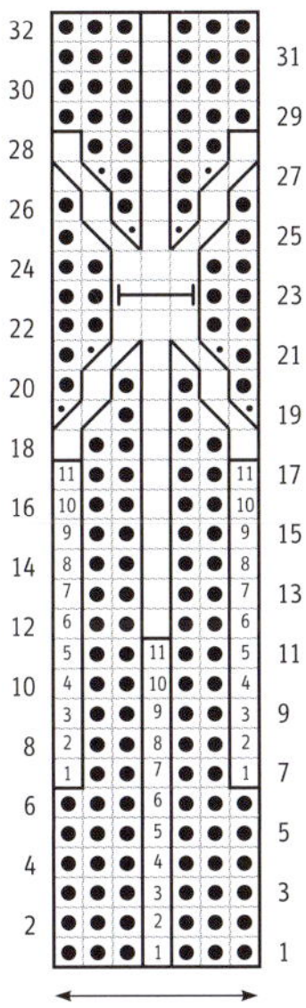

Motiv über 7 M (M-Zahl variiert innerhalb des Mustersatzes)

Hinweise

- Arbeiten Sie die Samenkapseln über 1 Masche und 11 Reihen nach der separaten Strickschrift (siehe Markierung in der Haupt-Strickschrift).
- Für dieses Muster ist eine Zopfnadel erforderlich.

Muster 190

Tropfen im Rhombus

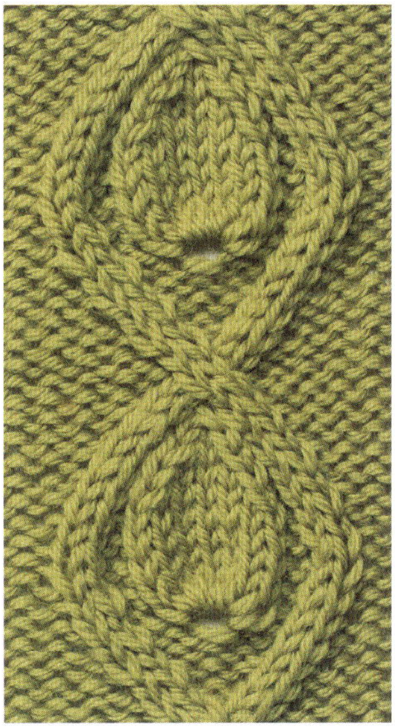

Große Tropfenformen hängen hier in Rhomben, die von Zöpfen gebildet werden, und füllen den Musterstreifen sehr dekorativ aus.

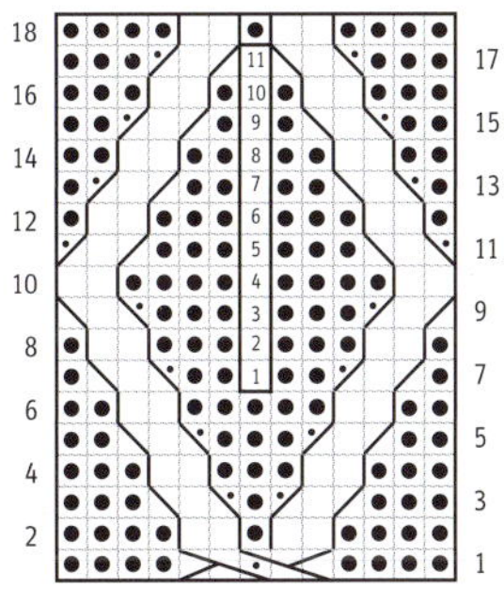

Musterstreifen über 13 M (M-Zahl variiert innerhalb des Mustersatzes)

Tropfen

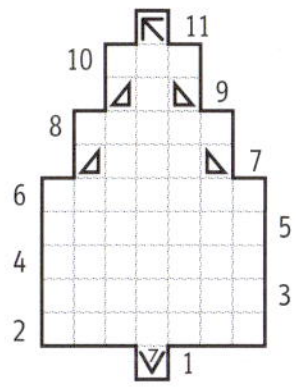

Besondere Stricksymbole

= 2 M auf einer Zopf-Nd vor die Arbeit legen, die nächste M auf einer 2. Zopf-Nd hinter die Arbeit legen, 2 M re, dann die M der 2. Zopf-Nd li str, zuletzte die 2 M der 1. Zopf-Nd re str

= [1 M re, 1 U, 1 M re, 1 U, 1 M re, 1 U, 1 M re] in 1 M str

Hinweise

- Arbeiten Sie die Tropfenform in der 7. Reihe der Haupt-Strickschrift beginnend nach der separaten Strickschrift über 1 Masche und 11 Reihen.
- Für dieses Muster sind 2 Zopfnadeln erforderlich.

= 2 M re übz zus-str | = 2 M zus wie zum Rechtsstr abh, 1 M re, die 2 abgehobenen M überziehen | = 1 M re abh, 2 M re zus-str, die abgehobene M überziehen | = 2 M li/re lvkr

Muster 191

Verzweigte Glockenblume

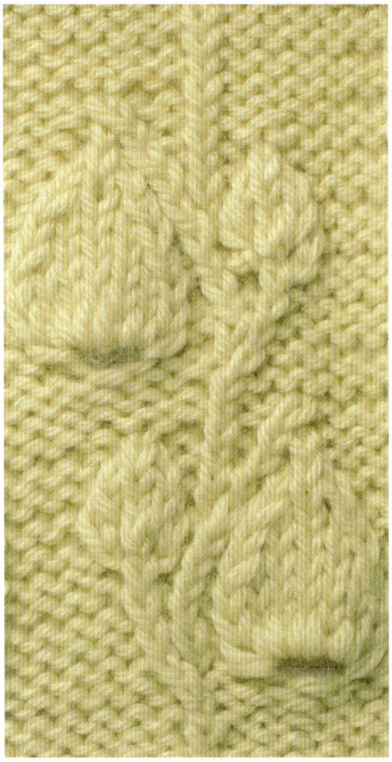

Bei diesem hübschen, kleinen Musterstreifen wechseln einfache, glöckchenförmige Blüten an einem Stängel aus Zugmaschen mit winzigen Blüten ab. Wenn Sie ein einzelnes Motiv arbeiten wollen, stricken Sie nach der 1. bis 14. Reihe der Strickschrift, lassen den doppelten Umschlag in der 14. Reihe weg und stricken statt des mittleren Stängels ab der 9. Reihe glatt links.

Hinweise

- Arbeiten Sie die Blüte nach der separaten Strickschrift über 1 Masche und 9 Reihen (siehe Angaben links und rechts in der Haupt-Strickschrift); das Blättchen stricken Sie über 1 Masche und 5 Reihen nach der separaten Strickschrift, wie in der Haupt-Strickschrift eingezeichnet.
- 1 x die 1.–25. R str, dann die 2.–25. R stets wdh.
- Für dieses Muster ist eine Zopfnadel erforderlich.

Besondere Stricksymbole

= 1 M auf einer Zopf-Nd hinter die Arbeit legen, 1 M re verschr, dann die M der Zopf-Nd re verschr str

= 1 M auf einer Zopf-Nd vor die Arbeit legen, 1 M li, dann die M der Zopf-Nd re str

= 1 M auf einer Zopf-Nd vor die Arbeit legen, 1 M re verschr, dann die M der Zopf-Nd re verschr str

= 1 M auf einer Zopf-Nd hinter die Arbeit legen, 1 M re verschr, dann die M der Zopf-Nd li str

= beim Linksstr dieser M den Faden 2 x um die Nd wickeln; den 2. U in der nächsten R fallen lassen.

Blatt

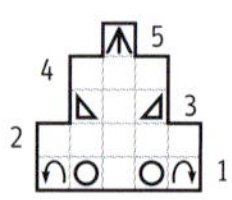

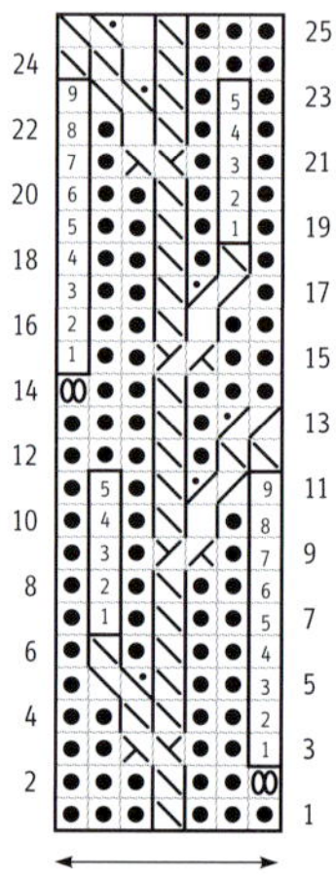

Musterstreifen über 7 M
(M-Zahl variiert innerhalb des Mustersatzes)

Blüte

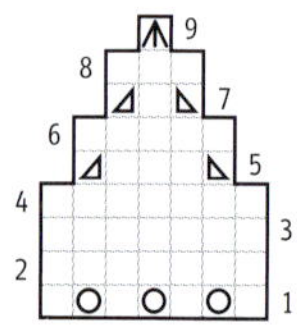

120–121 Allgemeine Stricksymbole

= in Hin-R 1 M re, in Rück-R 1 M li
= in Hin-R 1 M li, in Rück-R 1 M re
= in Hin-R 1 M re verschr, in Rück-R 1 M li verschr
= 2 M re zus-str
= 2 M re/li rvkr
= 1 M mit Rechtsneigung zun
= 1 M mit Linksneigung zun

Muster 192

Flammenblume

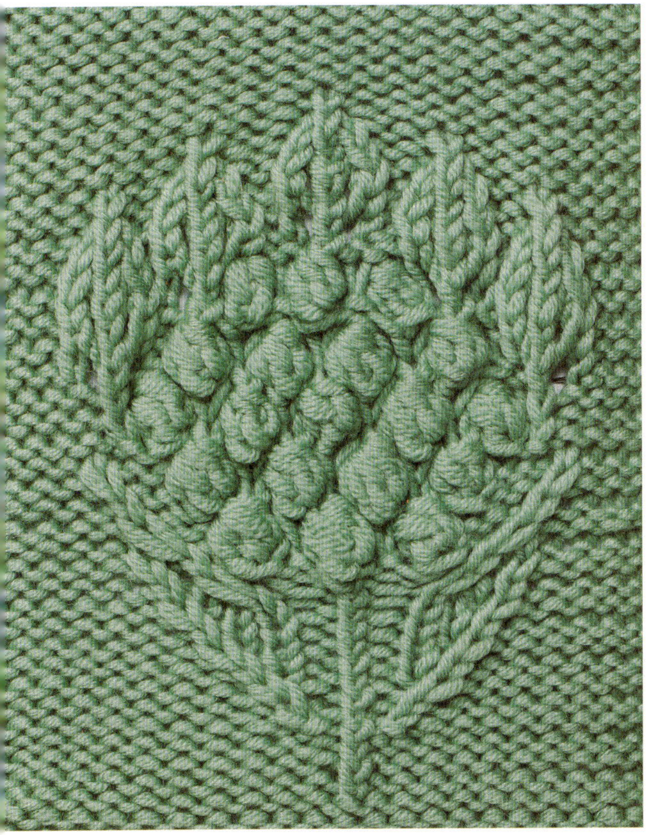

Dieses üppig strukturierte Muster sieht schwieriger aus, als es ist. In den Rückreihen werden nämlich alle Maschen abgestrickt, wie sie erscheinen.

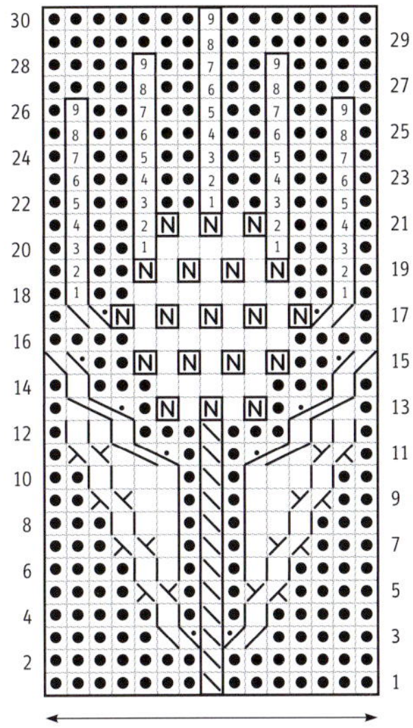

Motiv über 15 M (M-Zahl variiert innerhalb des Mustersatzes)

Blütenblatt

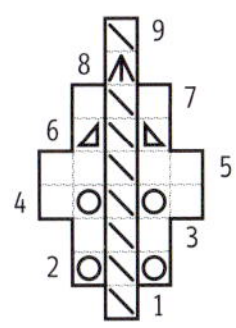

Besondere Stricksymbole

= 2 M auf einer Zopf-Nd hinter die Arbeit legen, 1 M re, dann die M der Zopf-Nd li str

= 1 M auf einer Zopf-Nd vor die Arbeit legen, 2 M li, dann die M der Zopf-Nd re str

N = Noppe: [1 M re, 1 U, 1 M re, 1 U, 1 M re] in 1 M str, wenden, 5 M li, wenden, 4 x 1 M re abh, 1 M re, die abgehobenen M überziehen

Hinweise

- Arbeiten Sie die Blütenblätter jeweils über 1 Masche und 9 Reihen nach der separaten Strickschrift, wie in der Haupt-Strickschrift eingezeichnet.
- Für dieses Muster ist eine Zopfnadel erforderlich.

= 2 M re übz zus-str | = 2 M zus wie zum Rechtsstr abh, 1 M re, die 2 abgehobenen M überziehen | = 1 U | = 2 M rvkr | = 2 M li/re lvkr | = 2 M lvkr

Muster 193

Herbstlaub

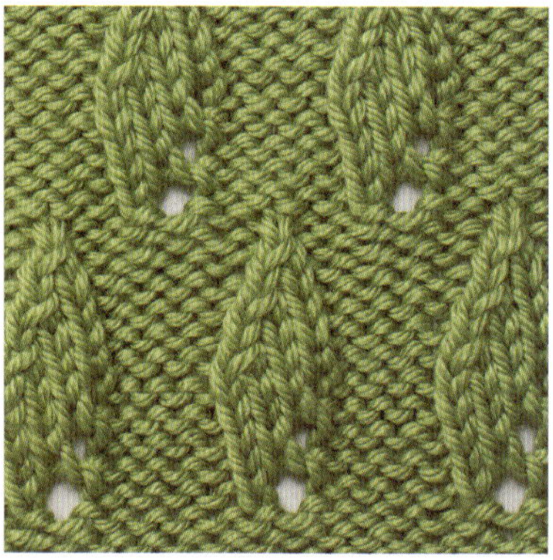

Die Blätter in diesem versetzten Rapport sind sehr einfach zu stricken, denn es wird nur auf jeweils eine Art zu- oder abgenommen. Das lässt sie leicht zusammengerollt erscheinen.

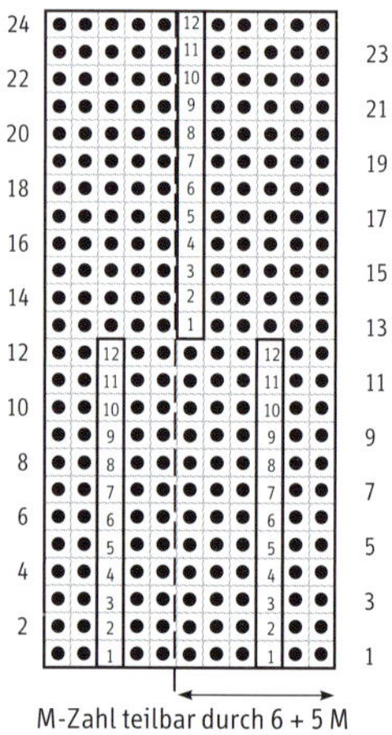

M-Zahl teilbar durch 6 + 5 M (M-Zahl variiert innerhalb des Mustersatzes)

Blatt

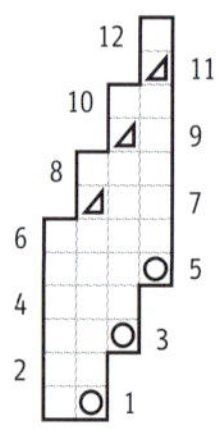

Hinweis

Arbeiten Sie das Blatt nach der separaten Strickschrift über 1 Masche und 12 R, wie in der Haupt-Strickschrift angegeben.

Muster 194

Kornähre

Objekte aus der Natur und Stricken sind erstaunlicherweise immer wieder miteinander verknüpft. Bei diesem Beispiel bilden kleine, feste Knoten und einzelne Zugmaschen eine wunderschön stilisierte Kornähre.

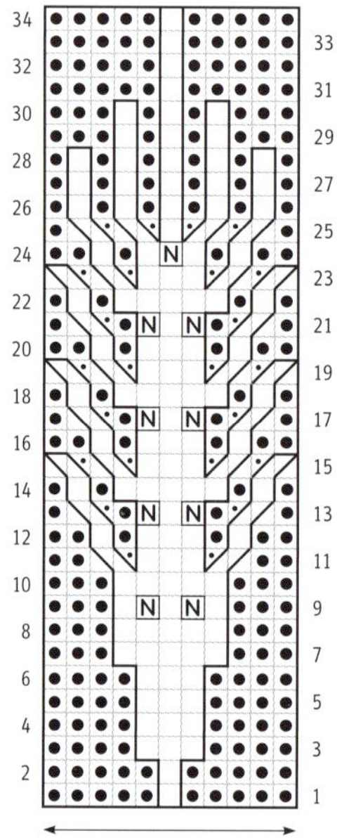

Motiv über 11 M

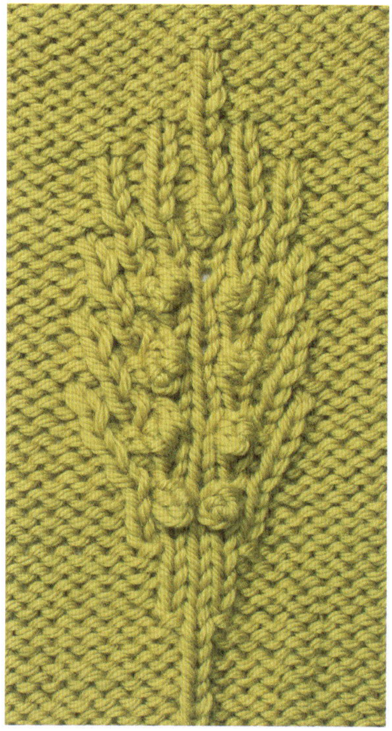

Besonderes Stricksymbol

N = Noppe: [1 M re, 1 M li, 1 M re, 1 M li, 1 M re] in 1 M str, 4 der eben gestrickten M einzeln nacheinander über die letzte M ziehen.

Hinweis

Für dieses Muster ist eine Zopfnadel erforderlich.

122–123 Allgemeine Stricksymbole

□ = in Hin-R 1 M re, in Rück-R 1 M li ● = in Hin-R 1 M li, in Rück-R 1 M re ⧅ = in Hin-R 1 M re verschr, in Rück-R 1 M li verschr ◿ = 2 M re zus-str

Muster 195

Paisley-Motiv

Dieses reich verzierte Motiv wirkt eindrucksvoll, ist aber nicht so schwer zu stricken, wie Sie vielleicht vermuten. Zwar werden auch in einigen Rückreihen Verzopfungen gearbeitet, doch ist das nicht schwieriger als in Hinreihen. In den übrigen Rückreihen werden ausschließlich rechte und linke Maschen gestrickt.

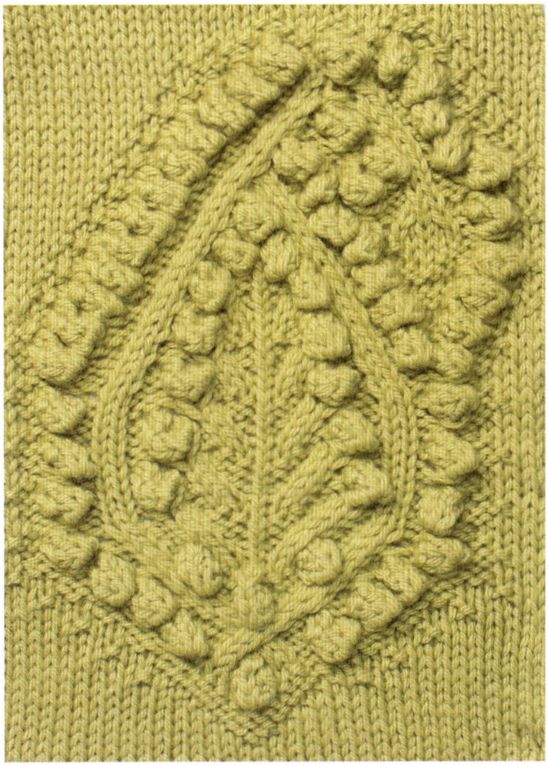

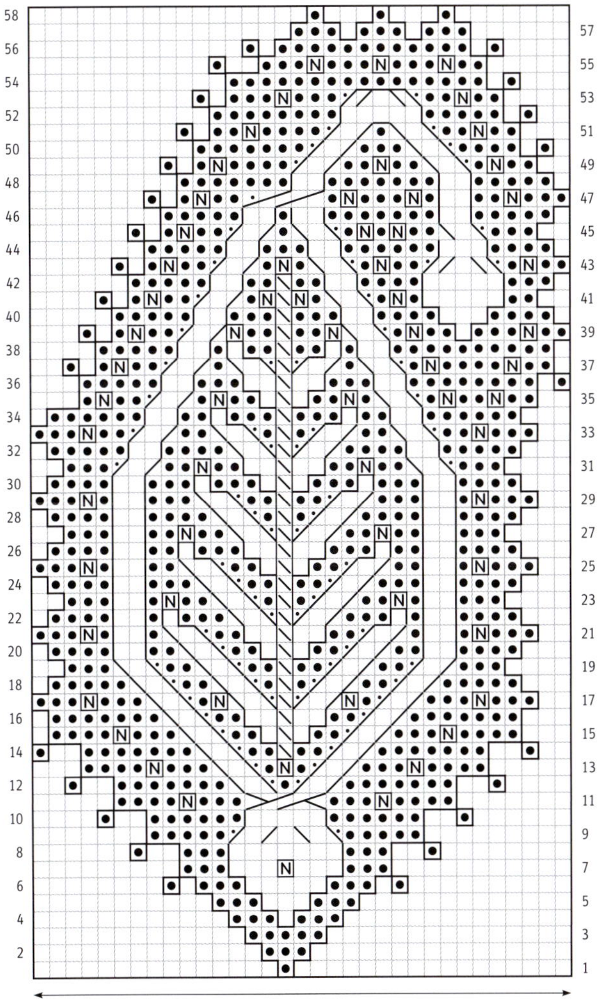

Motiv über 33 M

Besondere Stricksymbole

N = Noppe: [1 M re, 1 M li, 1 M re, 1 M li, 1 M re] in 1 M str, wenden, 5 M li, wenden, 2 M re zus-str, 1 M re, 2 M re übz zus-str, wenden, 3 M li, wenden, 2 M zus wie zum Rechtsstr abh, 1 M re, die 2 abgehobenen M überziehen

= in Hin-R 2 M auf einer Zopf-Nd vor die Arbeit legen, 1 M li, dann die 2 M der Zopf-Nd re str; in Rück-R die nächste M auf einer Zopf-Nd vor die Arbeit legen, 2 M li, dann die M der Zopf-Nd re str

= in Hin-R die nächste M auf einer Zopf-Nd hinter die Arbeit legen, 2 M re, dann die M der Zopf-Nd li str; in Rück-R 2 M auf einer Zopf-Nd hinter die Arbeit legen, 1 M re, dann die 2 M der Zopf-Nd li str

= 3 M auf einer Zopf-Nd hinter die Arbeit legen, 2M re, die am nächsten liegende M von der Zopf-Nd auf die linke Nd heben, die Zopf-Nd vor die Arbeit legen, 1 M li, dann die restlichen 2 M der Zopf-Nd re str

= 3 M auf einer Zopf-Nd hinter die Arbeit legen, 2 M re, dann die 3 M der Zopf-Nd li str

Hinweis

Für dieses Muster ist eine Zopfnadel erforderlich.

Muster 196

Rosen aus Tirol

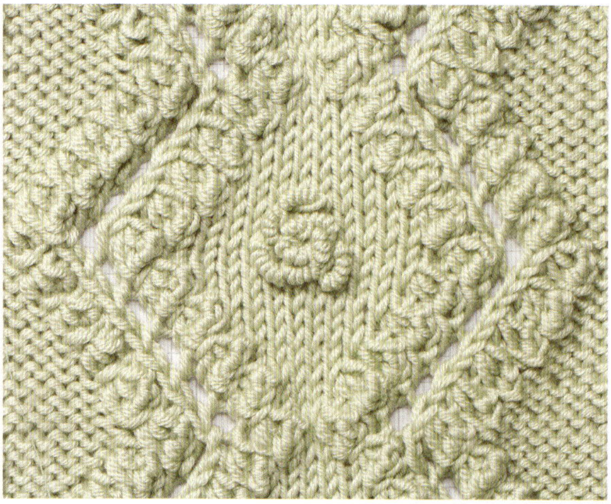

Die Kombination von gestrickten Strukturmustern mit Stickerei war in den 1930er Jahren in Österreich sehr beliebt. Bei dieser modernen Variante des nostalgischen Stils ergänzen im Wickelstich gearbeitete Rosen die plastisch gestrickten Rhomben.

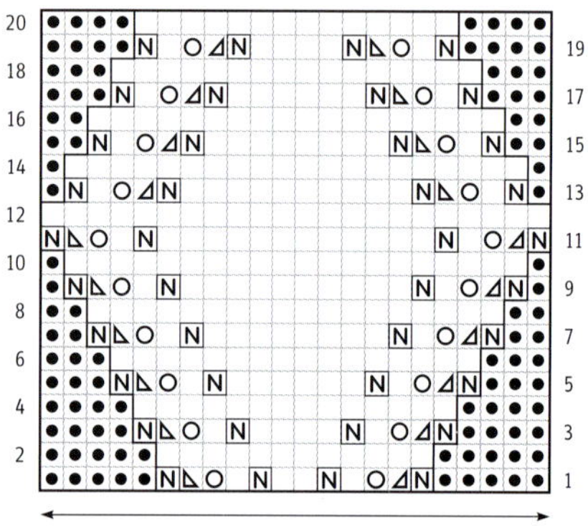

Musterstreifen über 22 M

Besonderes Stricksymbol

N = Noppe: [1 M re, 1 M li, 1 M re] in 1 M str, wenden, 3 M li, wenden, 3 M re, 2 der eben gestrickten M einzeln nacheinander über die letzte M ziehen

Hinweis

Die Wickelstiche sind nicht in die Strickschrift eingezeichnet. Sie werden ganz einfach in die Mitte des Rhombenfeldes gestickt.

Muster 197

Kirschenbüschel

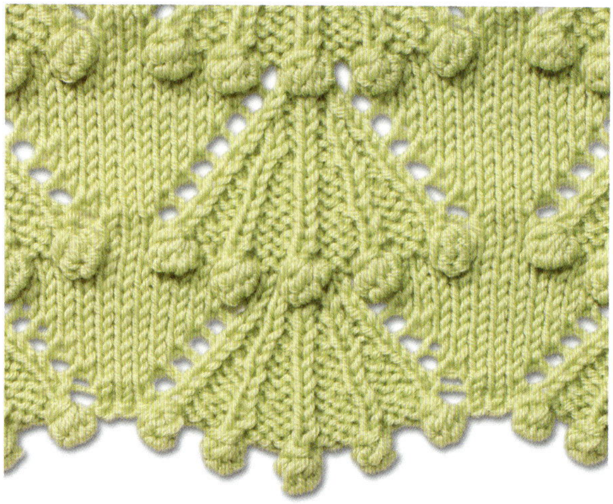

Dieses fantastische Muster beginnt mit einer Noppenkante und besticht durch die mehrschichtige Wirkung von Rippen und Noppen.

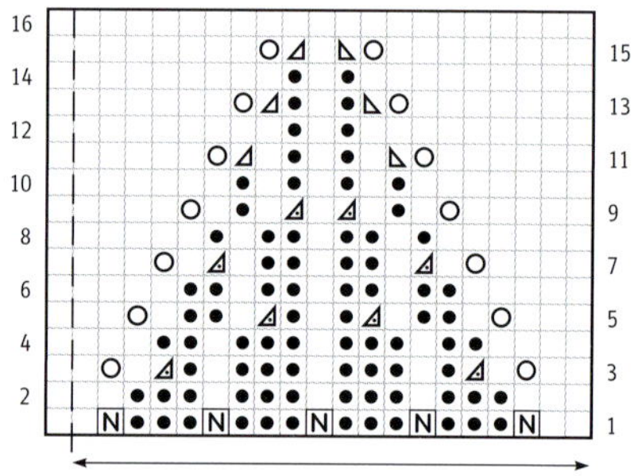

M-Zahl teilbar durch 20 + 1 M

Besonderes Stricksymbol

N = Noppe: [1 M re, 1 M li, 1 M re, 1 M li, 1 M re] in 1 M str, wenden, 5 M li, wenden, 4 der eben gestrickten M einzeln nacheinander über die letzte M ziehen, diese M re verschr str

124–125 Allgemeine Stricksymbole

- = in Hin-R 1 M re, in Rück-R 1 M li
- = in Hin-R 1 M li, in Rück-R 1 M re
- = 2 M re zus-str
- = 2 M re übz zus-str
- = 2 M li zus-str
- = 3 M re/li rvkr
- = 3 M lvkr
- = 3 M li/re lvkr
- = 1 M mit Rechtsneigung zun
- = 1 M mit Linksneigung zun

Muster 198

Blattranke

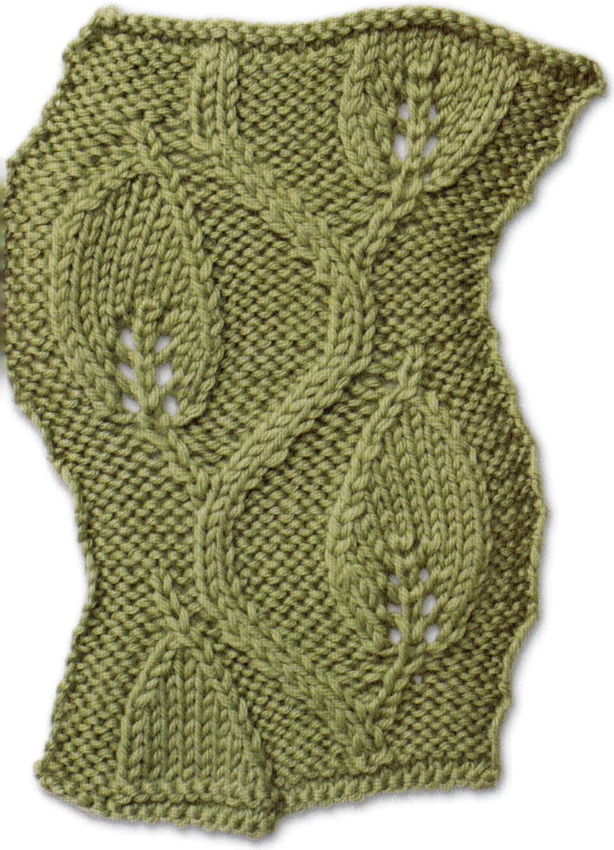

Die graziös geschwungene Ranke entsteht durch einen leicht zu strickenden Zopf über 3 Maschen auf glatt linkem Grund. Durch die separaten Strickschriften für die Blätter bleibt die Haupt-Strickschrift übersichtlich. Wenn Sie diesen Musterstreifen als Rapport wiederholen oder mit anderen Mustern – etwa einem Kordelzopf – kombinieren, sollten Sie zu beiden Seiten der Blattranke zusätzliche Maschen für den glatt linken Hintergrund einplanen.

Hinweis

Arbeiten Sie Blatt A und B jeweils nach den separaten Strickschriften über die in der Haupt-Strickschrift angegebenen Reihen. Beachten Sie beim Anschlagen der Maschen, dass die 9. Reihe von Blatt A 10 Maschen entspricht.

Blatt A

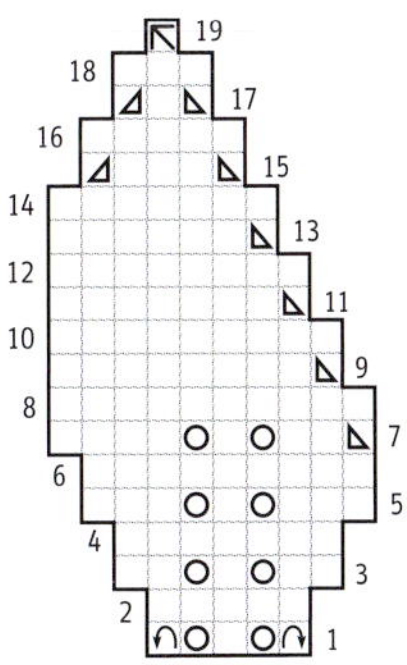

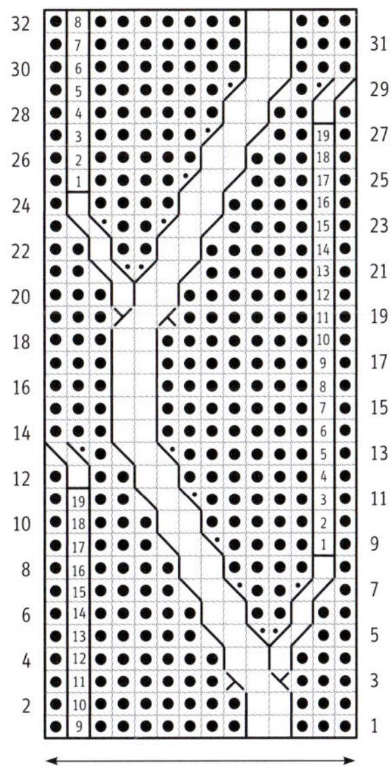

M-Zahl variiert innerhalb des Mustersatzes

Blatt B

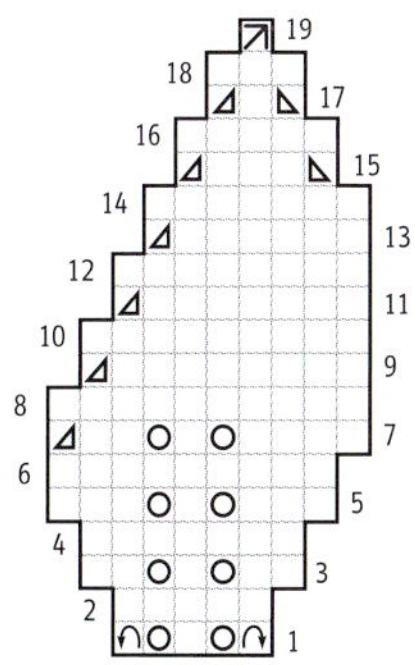

= 3 M re zus-str; = 1 M re abh, 2 M re zus-str, die abgehobene M überziehen; = 1 U; = 2 M li/re lvkr; = 2 M re/li rvkr; = 3 M rvkr

Muster 199

Lindenblatt

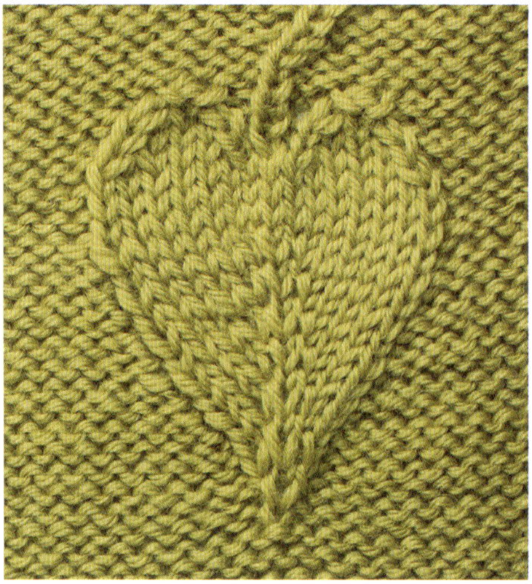

Um dieses bescheidene, herzförmige Blatt zu formen, ist eine überraschend große Zahl unterschiedlicher Zu- und Abnahmen notwendig, aber das Ergebnis lohnt die Mühe.

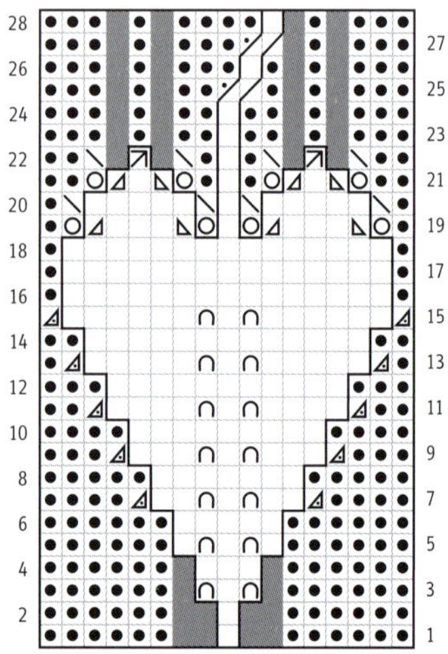

Motiv über 13 M
(M-Zahl variiert innerhalb des Mustersatzes)

Besondere Stricksymbole

= in Rück-R 1 M re verschr

= in Rück-R 1 M re abh, 2 M re zus-str, die abgehobene M überziehen

Hinweis

Für dieses Muster ist eine Zopfnadel erforderlich.

Muster 200

Brennende Blätter

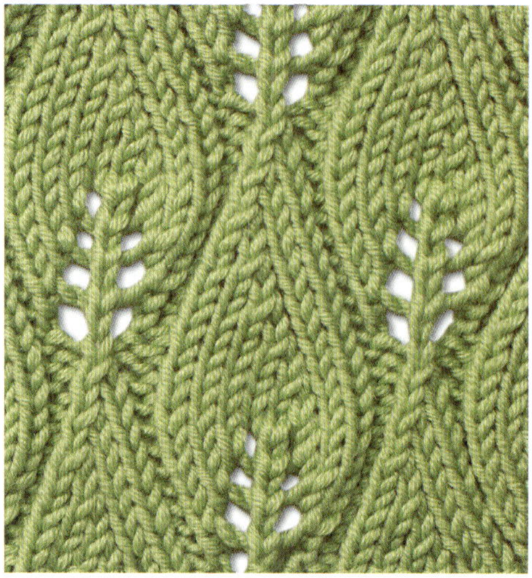

Diese Blätter, die stark an Kerzenflammen erinnern, fließen sehr rhythmisch ineinander. Weil die Motive versetzt gearbeitet werden, beginnt die erste Reihe mit unvollständigen Blättern, doch wenn die logische Abfolge von Zu- und Abnahmen erst einmal eingeteilt ist, lässt sich der Musterfortschritt ganz leicht verfolgen.

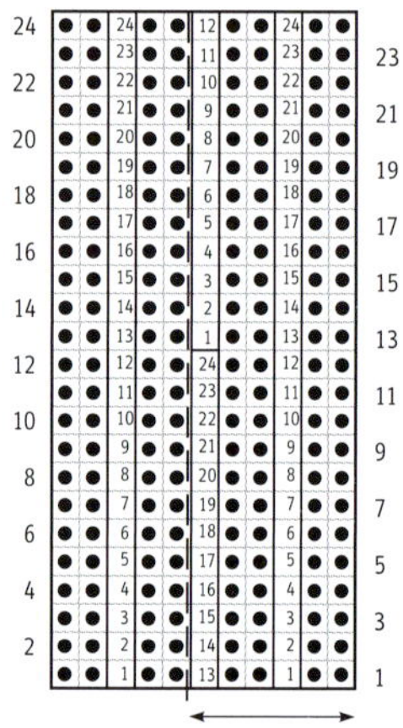

M-Zahl teilbar durch 12 + 5
(M-Zahl variiert innerhalb des Mustersatzes)

Blatt

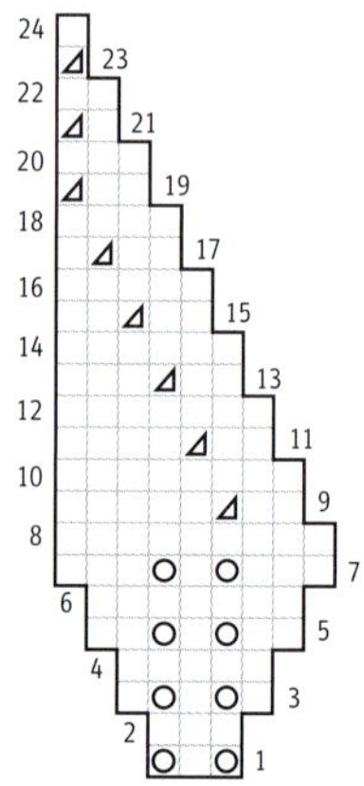

Hinweis

Arbeiten Sie jedes Blatt über 1 Masche und 24 Reihen nach der separaten Strickschrift, wie in der Haupt-Strickschrift eingezeichnet. Achten Sie beim Anschlagen der Maschen darauf, dass die 13. Reihe der Blatt-Strickschrift 7 Maschen umfasst: 5 Maschen plus die 2 Maschen, die für die Abnahme zusammengestrickt werden.

126–127 Allgemeine Stricksymbole

= in Hin-R 1 M re, in Rück-R 1 M li
= in Hin-R 1 M li, in Rück-R 1 M re
= 2 M re zus-str
= 2 M re übz zus-str
= 2 M li zusstr
= 5 M re/li rvkr
= 5 M li/re lvkr
= 6 M rv
= 6 M lvkr

Muster 201

Glöckchenzopf

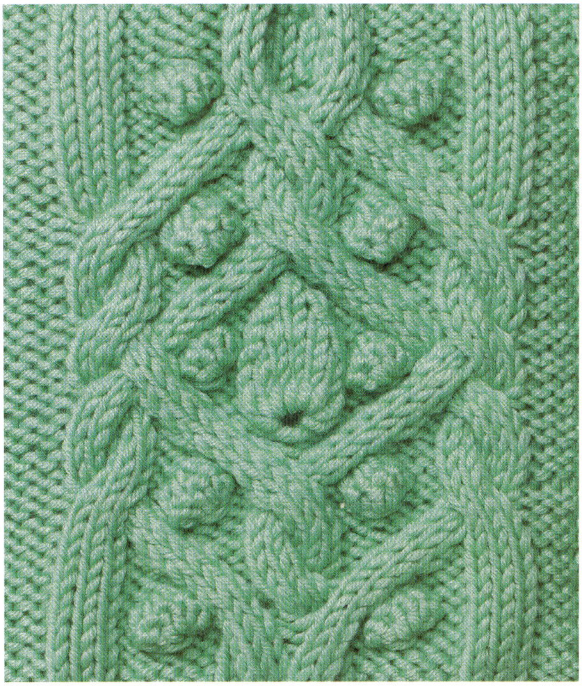

Noppen beleben die glatt links gestrickten Flächen dieses klassischen Zopfstreifens. Den mittleren Rhombus ziert ein Glöckchen.

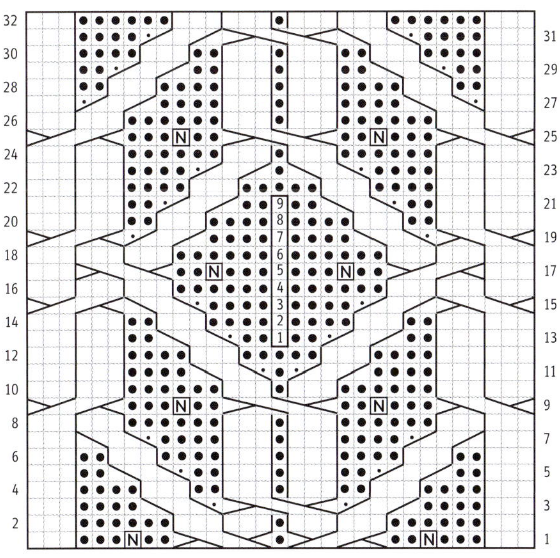

Musterstreifen über 31 M (M-Zahl variiert innerhalb des Mustersatzes)

Besondere Stricksymbole

= 3 M auf einer 1. Zopf-Nd vor die Arbeit legen, die nächste M auf einer 2. Zopf-Nd hinter die Arbeit legen, 3 M re, dann die M der 2. Zopf-Nd li str, zuletzt die 3 M der 1. Zopf-Nd re str

N = Noppe: [1 M re, 1 U, 1 M re, 1 U, 1 M re] in 1 M str, wenden, 2 x [5 M re, wenden], 4 der eben gestrickten M einzeln nacheinander über die letzte M ziehen

Hinweise

- Arbeiten Sie das Glöckchen über 1 Masche und 9 Reihen nach der separaten Strickschrift an der entsprechend gekennzeichneten Stelle der Haupt-Strickschrift.
- Für dieses Muster sind 2 Zopfnadeln erforderlich.

Glöckchen

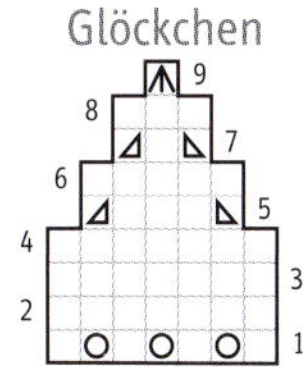

= 2 M zus wie zum Rechtsstr abh, 1 M re, die 2 abgehobenen M überziehen | = 1 M aus dem Querfaden zun | = 1 U | = keine M (dient nur der Übersicht) | = 2 M re/li rvkr

Muster 202

Feder

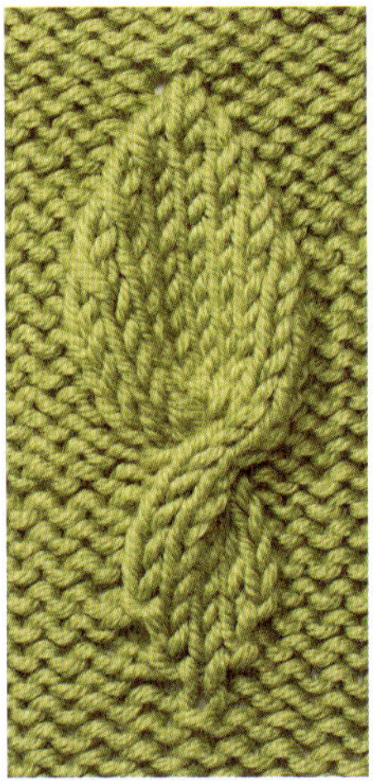

Einzelne Zunahmen und eine große, mehrfache Zunahme formen dieses gerundete, plastische Motiv auf glatt linkem Grund. Sie können es auch als Teil eines Flächenmusters einsetzen.

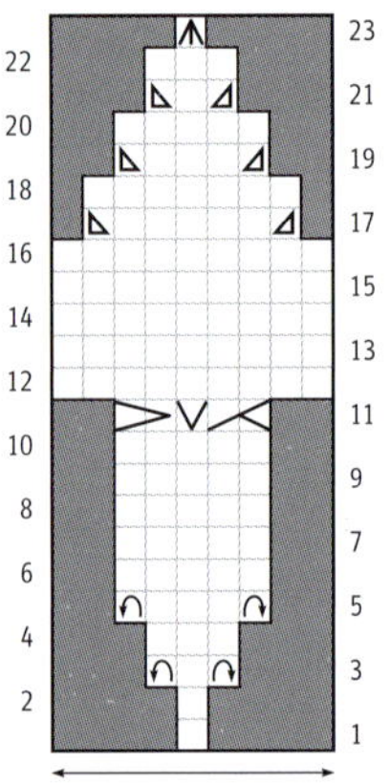

Motiv über 1 M
(M-Zahl variiert innerhalb des Mustersatzes)

Besondere Stricksymbole

= 3 M auf einer Zopf-Nd hinter die Arbeit legen, 2 M re, die am nächsten liegende M von der Zopf-Nd zurück auf die linke Nd heben, [1 M re, 1 U, 1 M re, 1 U, 1 M re] in diese M str, dann die restlichen 2 M der Zopf-Nd re str

Hinweise

- Das Motiv beginnt mit einer einzigen Masche, verbreitert sich durch Zunahmen bis auf 9 Maschen und verjüngt sich allmählich wieder bis auf 1 Masche in der letzten Reihe.
- Für dieses Muster ist eine Zopfnadel erforderlich.

Muster 203

Blatt im Rhombus

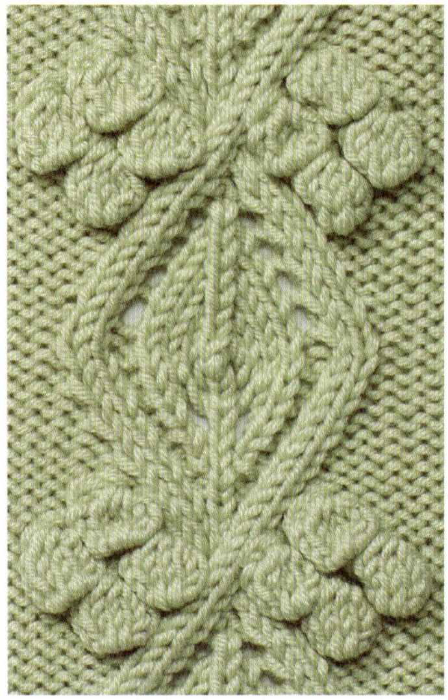

Blätter, Noppen und Zöpfe ergeben ein extravagantes Muster, das entfernt an die traditionellen Aranmuster erinnert, aber doch einen ganz eigenen Charakter hat.

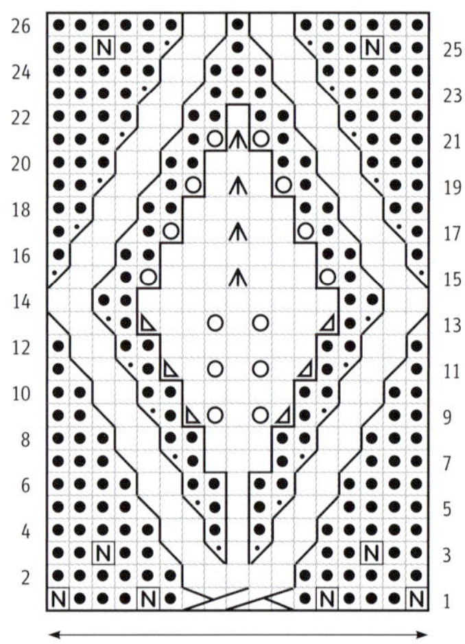

Musterstreifen über 17 M

Besondere Stricksymbole

N = Noppe: [1 M re, 1 M li, 1 M re, 1 M li, 1 M re] in 1 M str, wenden, 5 M li, wenden, 5 M li, wenden, 5 M re, wenden, 5 M li, wenden, 4 der eben gestrickten M einzeln nacheinander über die letzte M str, dann diese M re verschr str

= 3 M auf einer Zopf-Nd hinter die Arbeit legen, 2 M re, die am nächsten liegende M von der Zopf-Nd zurück auf die linke Nd heben, diese M re str, dann die restlichen 2 M der Zopf-Nd re str

Hinweis

Für dieses Muster ist eine Zopfnadel erforderlich.

= in Hin-R 1 M re, in Rück-R 1 M li
= in Hin-R 1 M li, in Rück-R 1 M re
= 2 M re zus-str
= 2 M re übz zus-str
= 2 M zus wie zum Rechts
= 2 M li/re lvr
= 2 M lvkr
= 2 M re/li rvkr
= 3 M re/li rvkr
= 3 M li/re lvkr

Muster 204

Weintraube

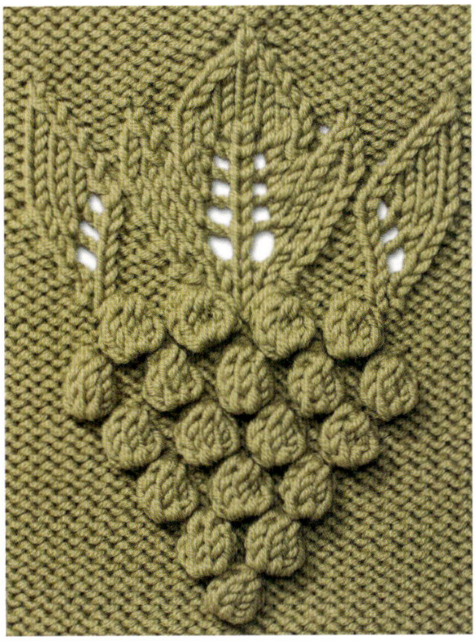

Eine große Gruppe von Noppen kontrastiert hier mit zarten Blättern und erweckt den Eindruck einer Weintraube.

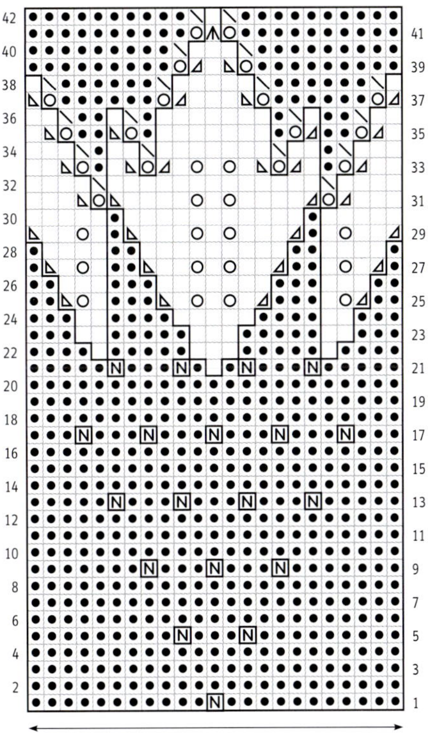

Motiv über 23 M

Besondere Stricksymbole

N = Noppe: [1 M re, 1 U, 1 M re, 1 U, 1 M re] in 1 M str, wenden, 5 M li, wenden, 5 M re, wenden, 5 M li, wenden, 4 der eben gestrickten M einzeln nacheinander über die letzte M ziehen, diese M re verschr str

= in Rück-R 1 M re verschr

Muster 205

Blätter und Beeren

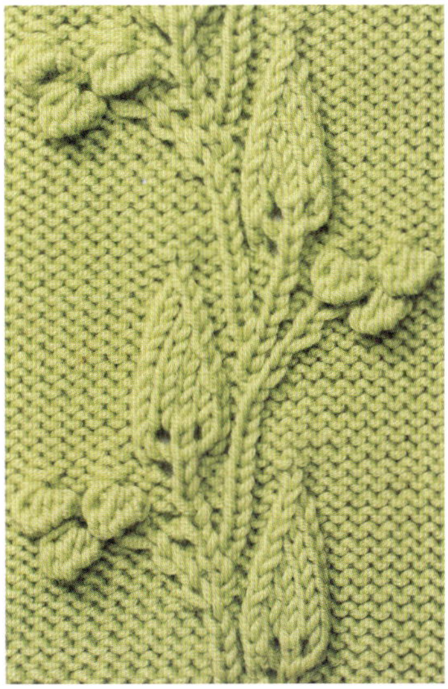

Stark plastisch erhabene Blätter und Noppen unterstreichen die schwungvolle Bewegung der Zweige in diesem Strickmuster.

Hinweise

- Arbeiten Sie die Blätter nach den entsprechenden separaten Strickschriften über 1 Masche und 14 Reihen, wie in der Haupt-Strickschrift eingezeichnet.
- Für dieses Muster ist eine Zopfnadel erforderlich.

Blatt B

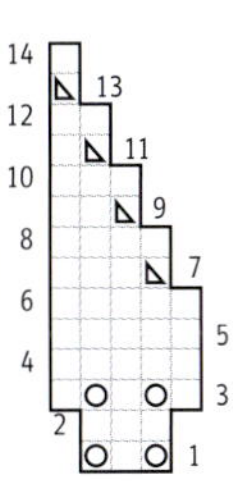

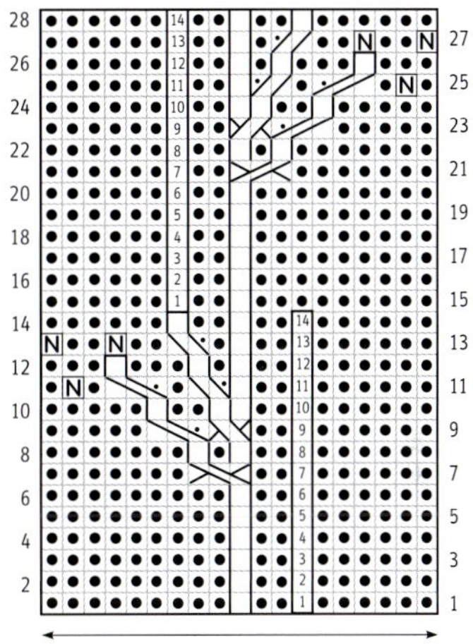

Blatt A

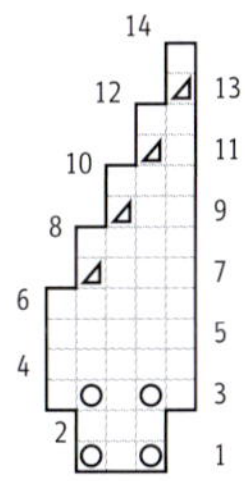

Musterstreifen über 19 M (M-Zahl variiert innerhalb des Mustersatzes)

Besondere Stricksymbole

N = Noppe: [1 M re, 1 M li, 1 M re, 1 M li, 1 M re] in 1 M str, wenden, 5 M li, wenden, 4 der eben gestrickten M einzeln nacheinander über die letzte M ziehen, diese M re str

= 1 M auf einer Zopf-Nd vor die Arbeit legen, 1 M re, 1 M li, dann die 1 M der Zopf-Nd re str

= 2 M auf einer Zopf-Nd hinter die Arbeit legen, 1 M re, dann die 2 M der Zopf-Nd 1 M li, 1 M re str

= 2 M auf einer Zopf-Nd hinter die Arbeit legen, 1 M re, dann die 2 M der Zopf-Nd li str

= 1 M auf einer Zopf-Nd vor die Arbeit legen, 2 M li, dann die 1 M der Zopf-Nd re str

MUSTER-ÜBERSICHT Jacquard- und Intarsienmuster

Farbige Einstrickmuster in glatt rechtem Gestrick haben weltweit eine lange Geschichte. Manche dieser Muster – wie z. B. die Fair-Isle-Muster – sind von traditionellen Vorbildern beeinflusst, manche basieren auf anderen Textilien aus der Vergangenheit, und wieder andere sind einfach bildhaft.

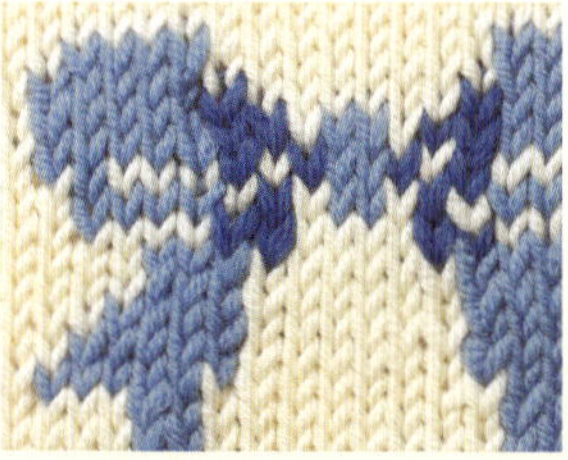

206 Blaue Schleife

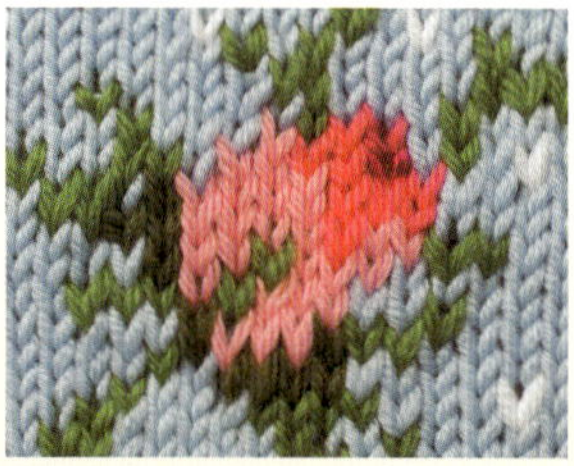

207 Rosenknospe

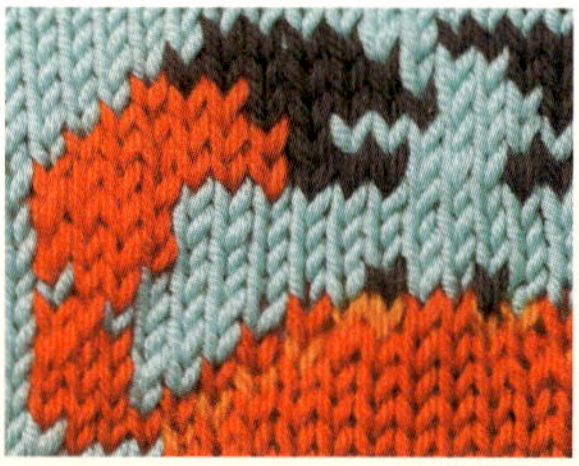

208 Krabbe

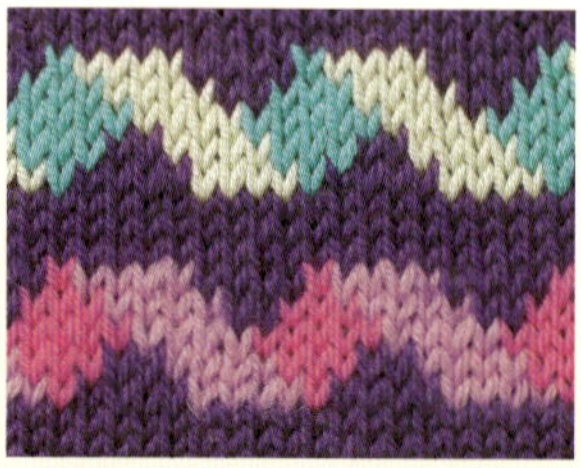

209 Gedrehtes Band

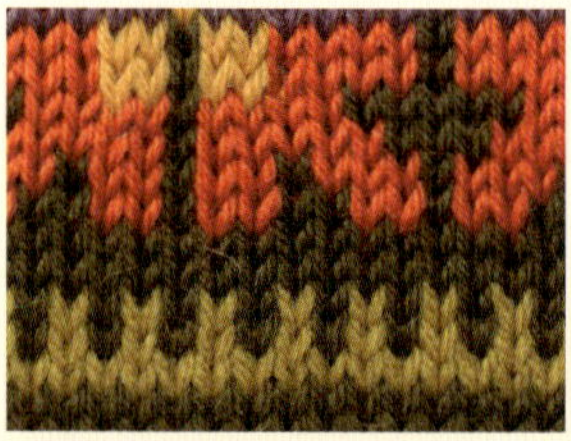

210 Kelim-Bordüre

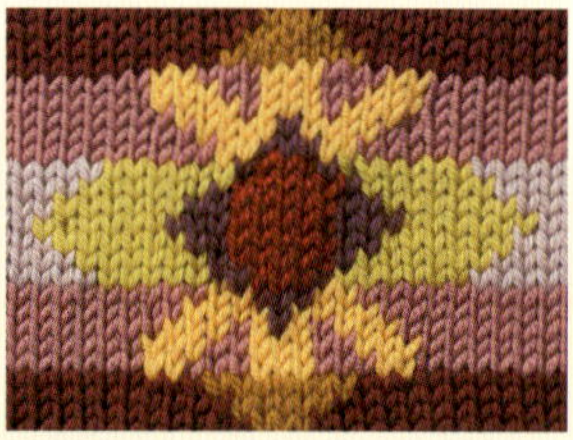

211 Kelim-Stern

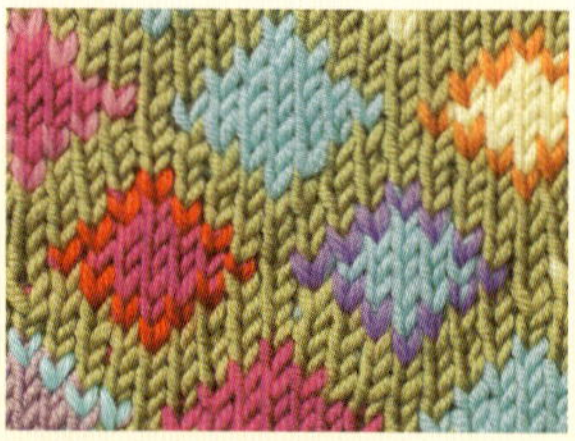

212 Diagonale Rhomben

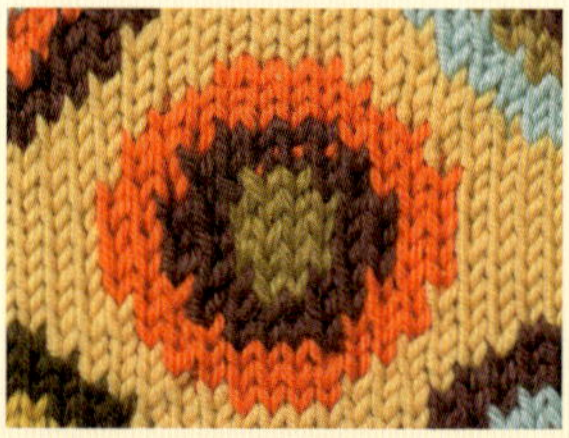

213 Tupfen

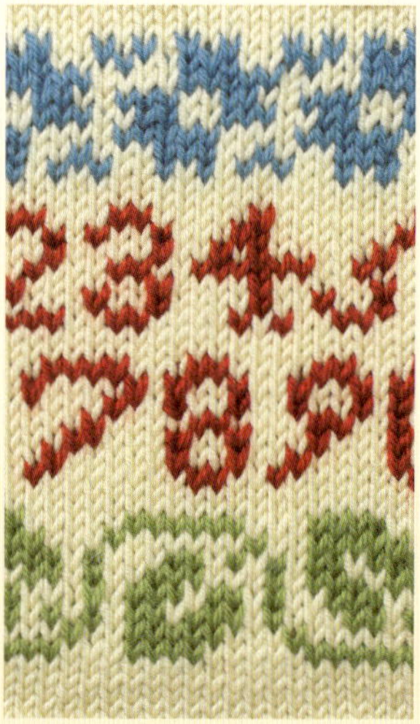

214 Mustertuch

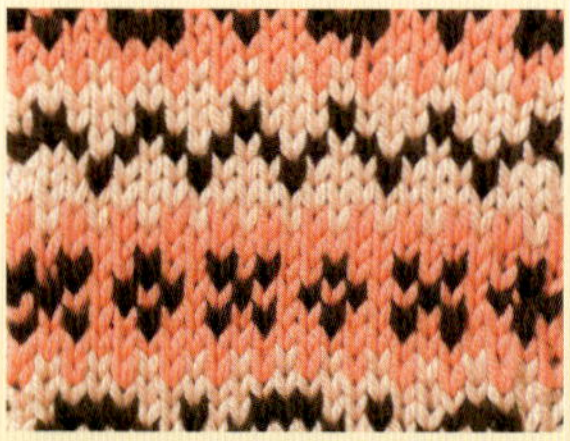

215 Kleine Bordürenmuster

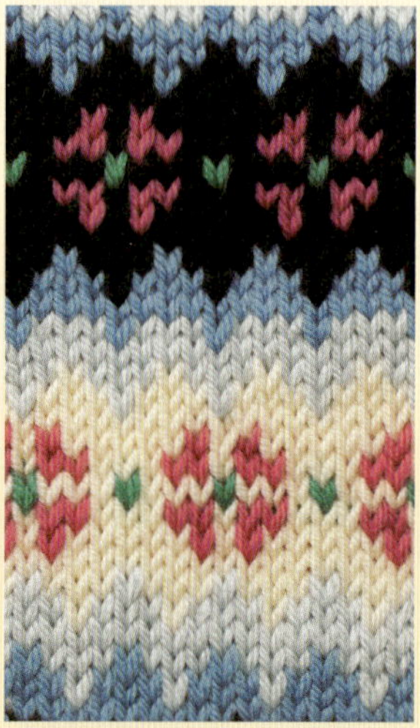

216 Kleine Blüten und Wellen

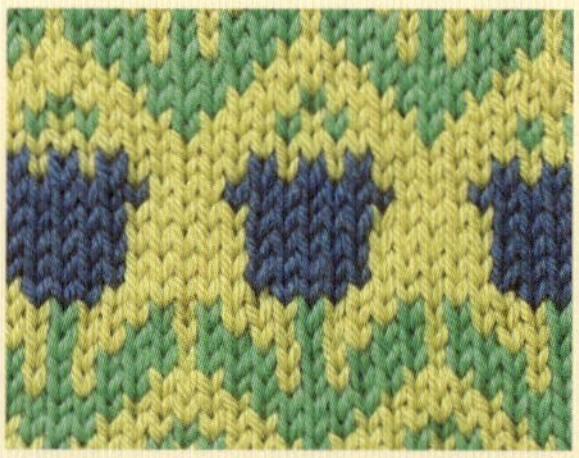

217 Glockenblumen-Bordüre

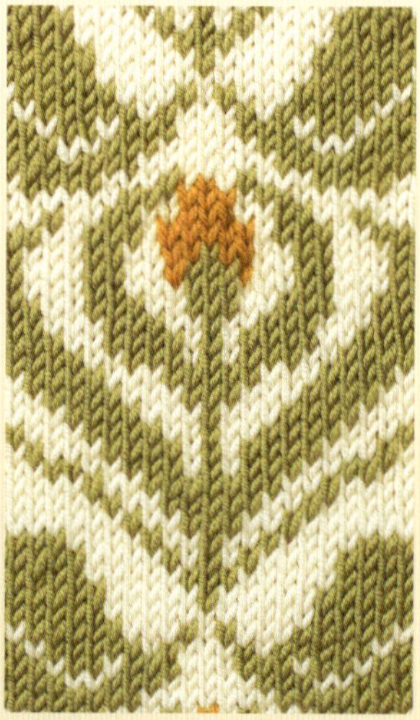

218 Lilie im Art-nouveau-Stil

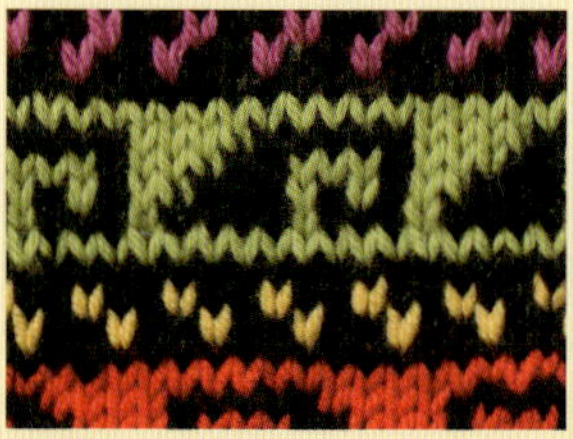

219 Mexikanische Streifen

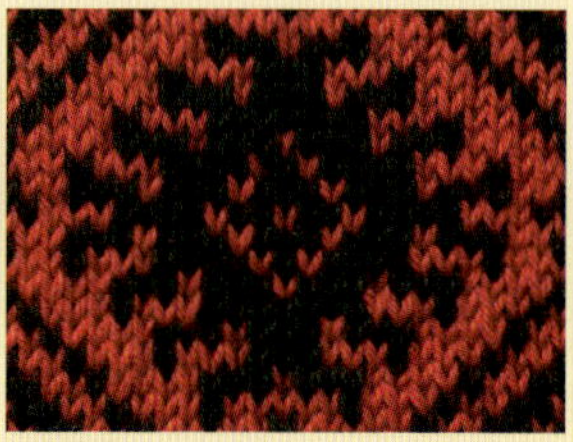

220 Brokat

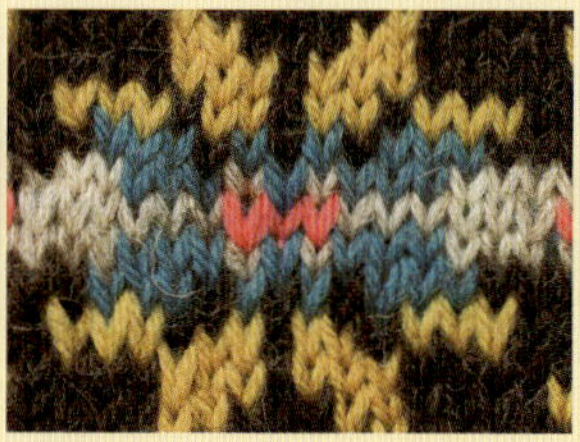

221 Shetland-Stern

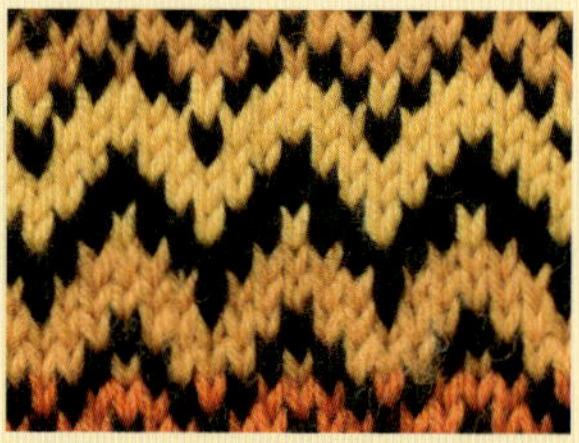

222 Zickzack-Muster mit Schatteneffekt

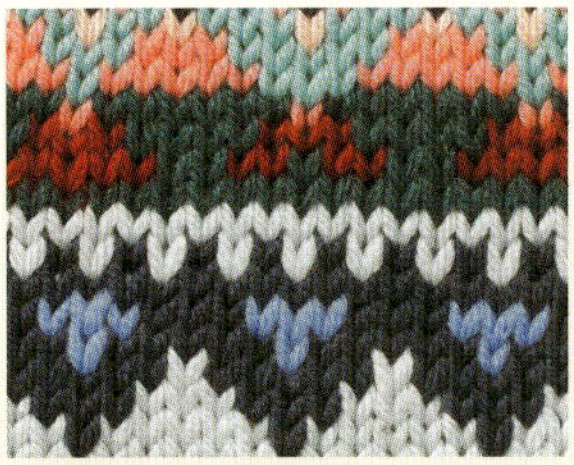
223 Teppichbordüren

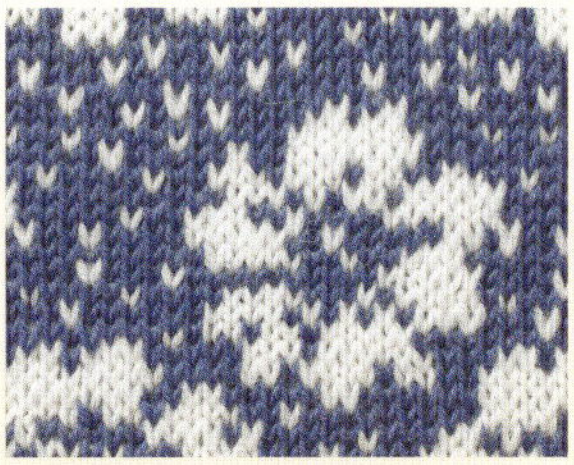
224 Japanische Blüten

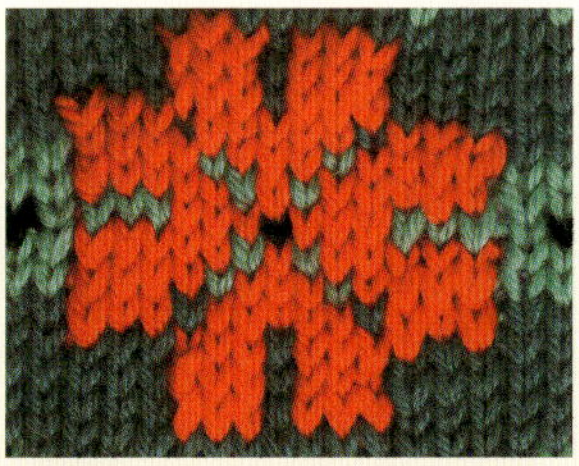
225 Große Blüten und Wellen

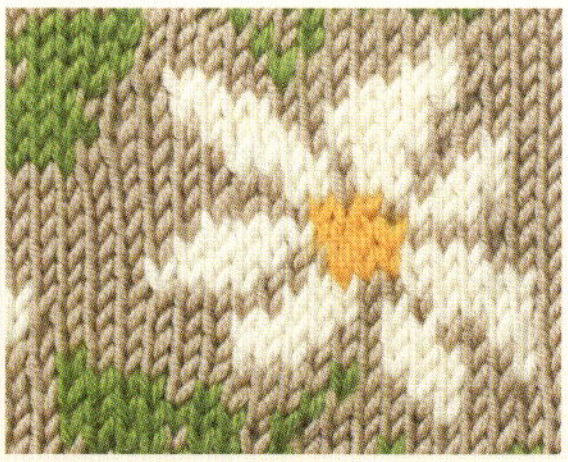
226 Margeriten

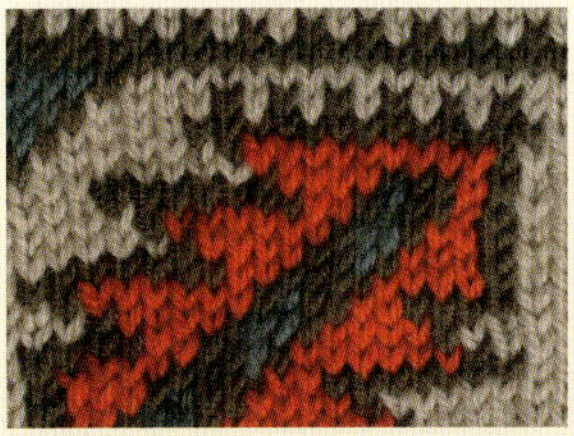
227 Blätter im Orientteppich-Stil

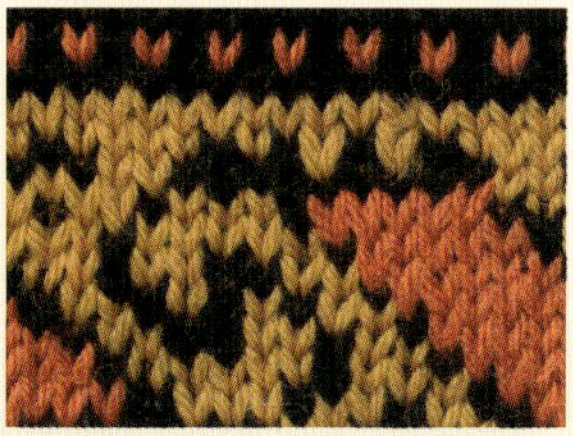
228 Bordüre „Laufender Hund"

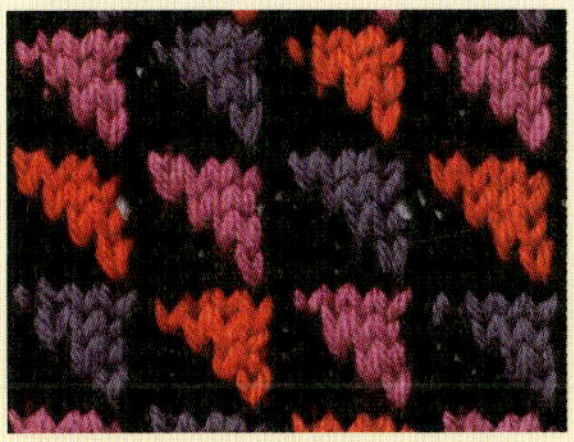
229 Diagonale Dreiecke

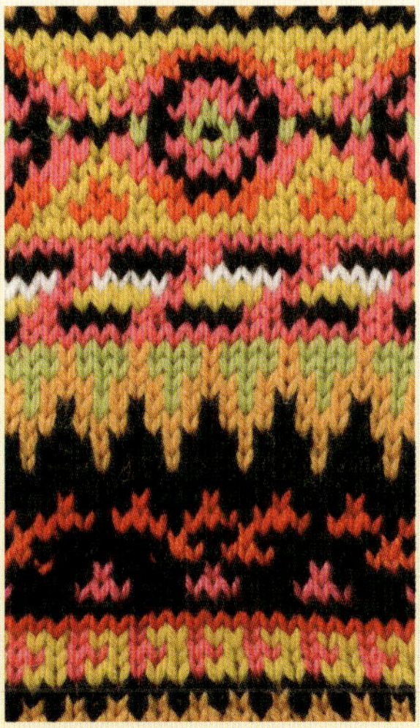
230 Indische Bordüren

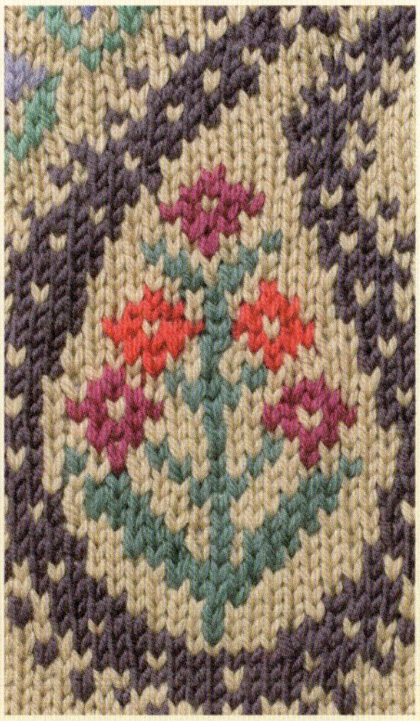
231 Paisley-Motiv mit Blüten

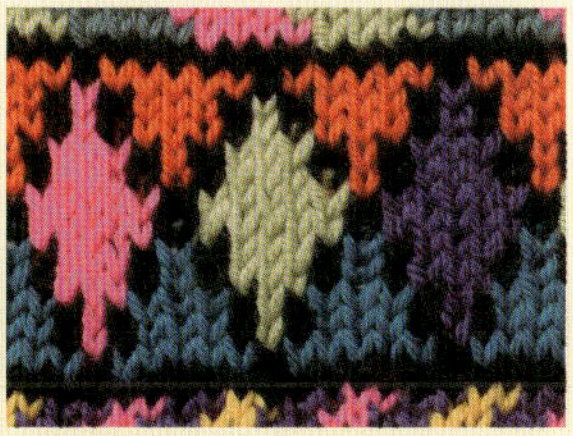
232 Südamerikanische Drachenbordüre

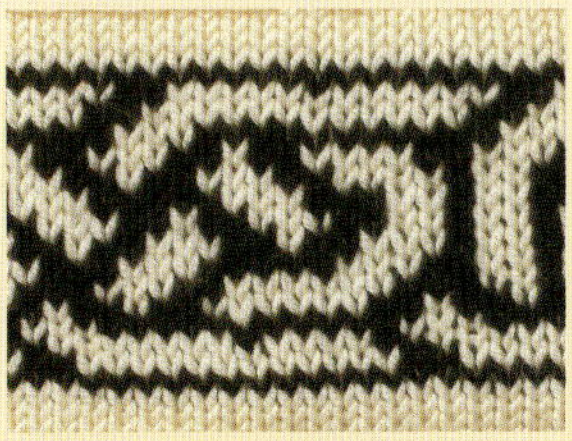
233 Keltische Bordüre

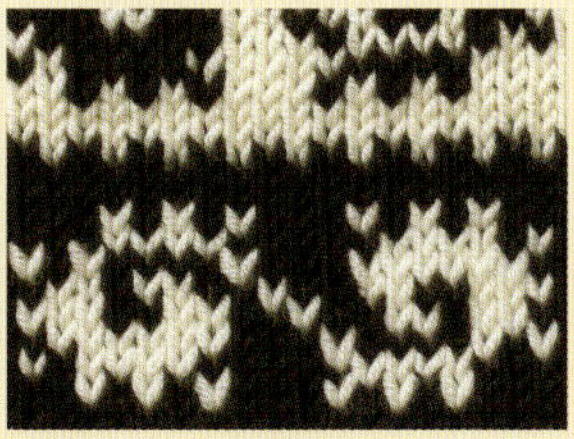
234 Positiv-Negativ

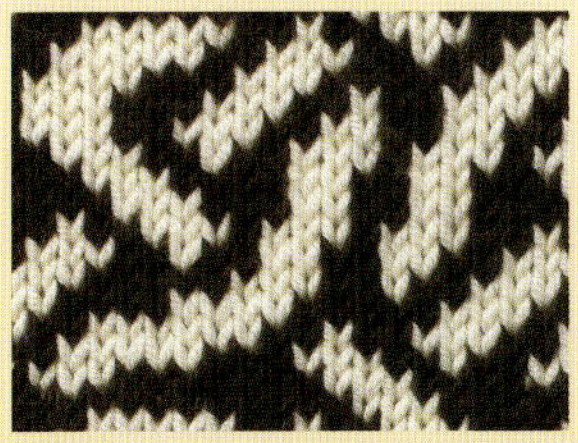
235 Keltischer Knoten

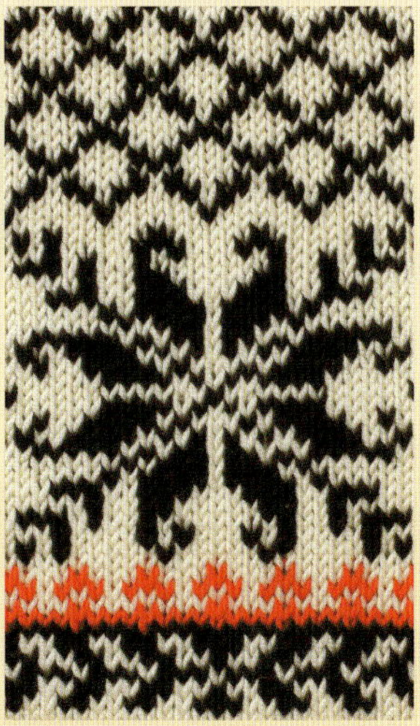
236 Schneeflocke

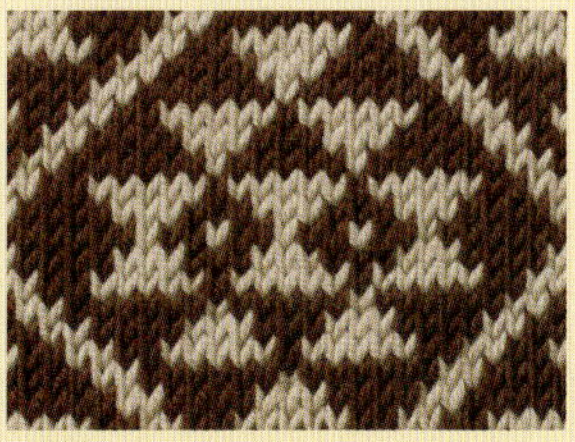
237 Afrikanische Sterne

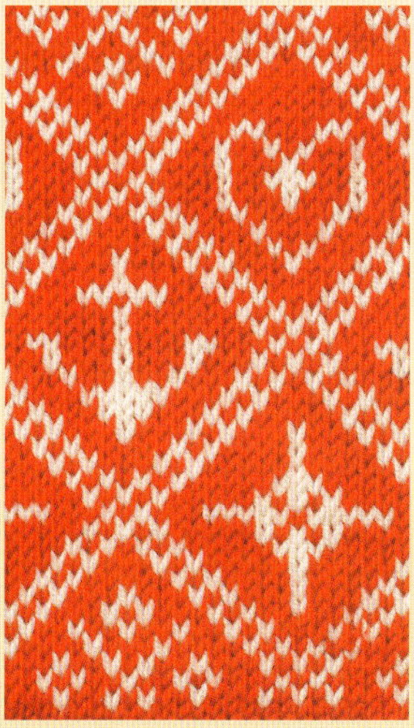
238 Glaube, Hoffnung, Liebe

Muster 206

Blaue Schleife

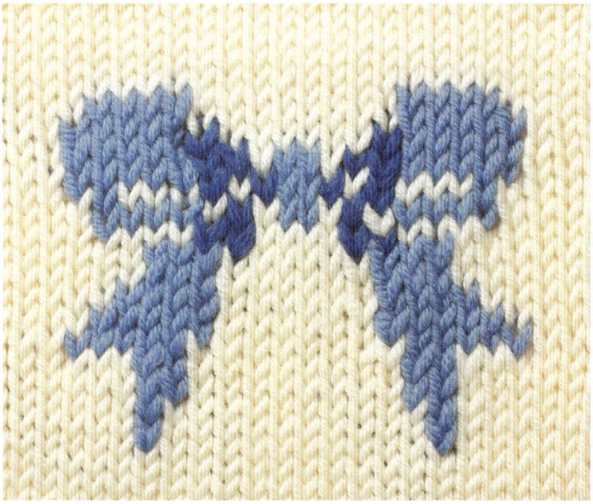

Dieses kleine, vollkommen symmetrische Motiv eignet sich hervorragend für erste Versuche in Intarsientechnik. Einzelne Teile können in Jacquardtechnik gearbeitet werden, aber die Hauptflächen stricken Sie besser mit separaten Garnstücken.

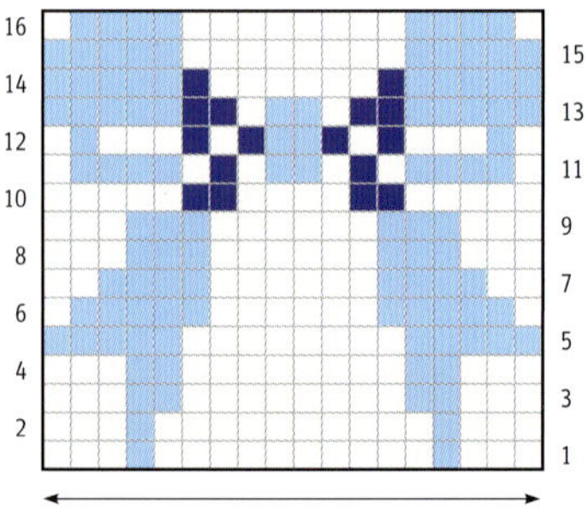

Motiv über 18 M

Farbschlüssel

- ☐ Wollweiß
- ☐ Mittelblau
- ■ Dunkelblau

Muster 207

Rosenknospe

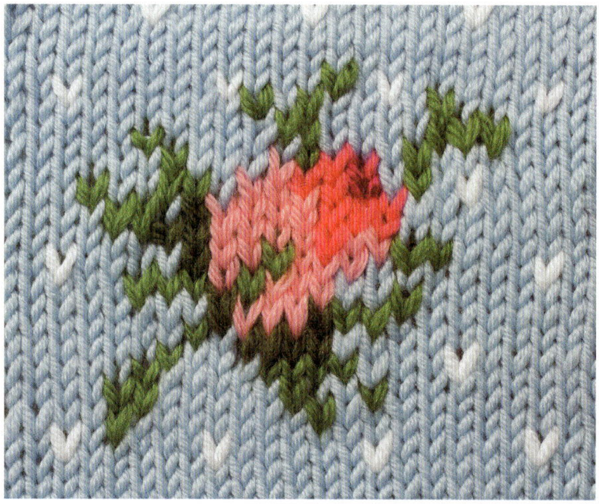

Diese kleine Rosenknospe, die von einem alten, bedruckten Stoff stammt, sollte in natürlichen Farben gestrickt werden; die Hintergrundfarben hingegen können ausgetauscht werden. Gestrickt wird in Intarsien- und Jacquardtechnik.

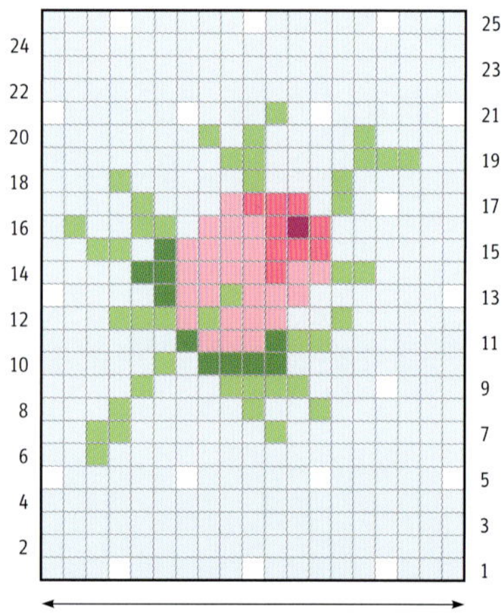

Motiv über 16 M, hier über 19 M gezeigt

Farbschlüssel

- ☐ Eisblau
- ☐ Weiß
- ■ Mittelgrün
- ■ Dunkelgrün
- ■ Hellrosa
- ■ Dunkelrosa
- ■ Magenta

☐ = in Hin-R 1 M re, in Rück-R 1 M li

Muster 208

Krabbe

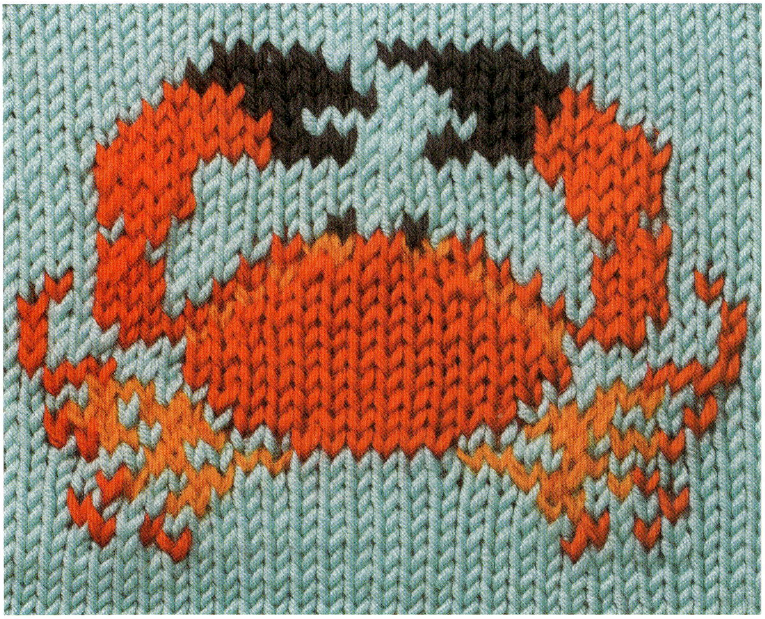

Frisch von der Küste ist die Krabbe in leuchtenden Orangetönen ein hübsches Intarsienmotiv mit einigen Partien in Jacquardtechnik. Bis zu den Scheren wird es symmetrisch gearbeitet, danach empfiehlt es sich, das Zählmuster genau zu beachten.

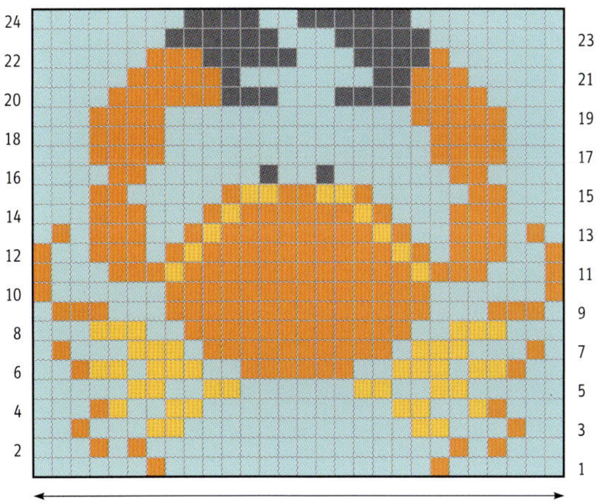

Motiv über 28 M

Farbschlüssel

- Türkis
- Anthrazit
- Orange
- Goldgelb

Muster 209

Gedrehtes Band

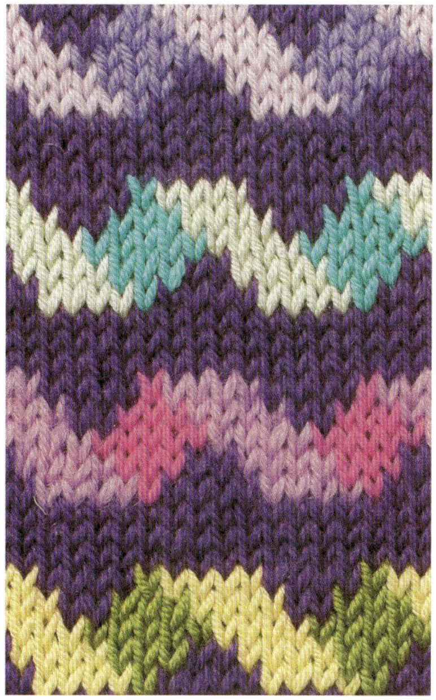

Zwei geometrische Formen erzeugen hier eine optische Illusion, wenn der Rhombus dunkler und das Parallelogramm heller gearbeitet wird. Die Farben können nach Belieben variiert werden. Gestrickt wird einfach in Jacquardtechnik, allerdings mit 3 Farben gleichzeitig.

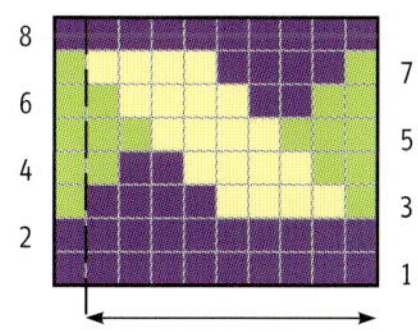

M-Zahl teilbar durch 9 + 1 M

Farbschlüssel

- Aubergine
- Zitronengelb
- Lindgrün

Hinweis

Das Zählmuster zeigt nur eine Farbstellung.

Muster 210

Kelim-Bordüre

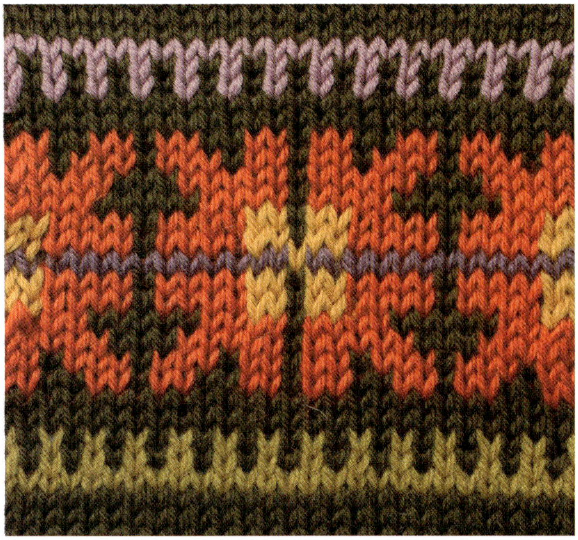

Das Blumenmuster, das hier als Bordüre gezeigt ist, können Sie ebenso gut als Flächenmuster einsetzen oder mit Strukturmustern kombinieren. Das Jacquardmuster ist einfach und geometrisch, allerdings werden 4 Reihen mit 3 statt mit 2 Farben gestrickt.

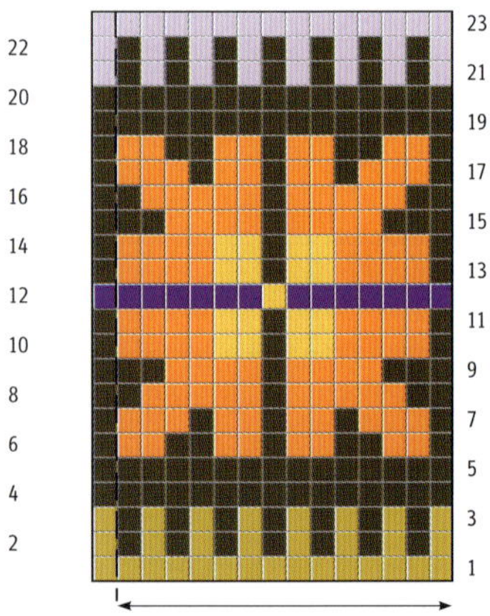

M-Zahl teilbar durch 14 + 1 M

Farbschlüssel

- Senfgelb
- Olivgrün
- Orange
- Goldgelb
- Violett
- Mauve

Muster 211

Kelim-Stern

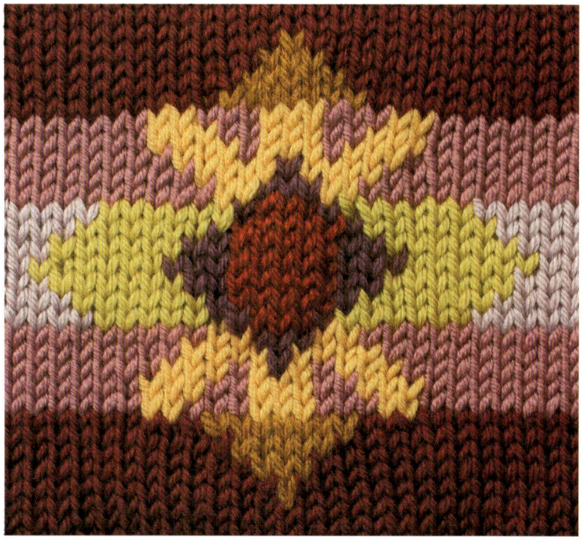

Pflanzenfarben in abgestuften Farbtönen verleihen diesem kantigen Stern seine Wirkung. Er wird überwiegend in Intarsientechnik mit einigen Details in Jacquardtechnik gestrickt.

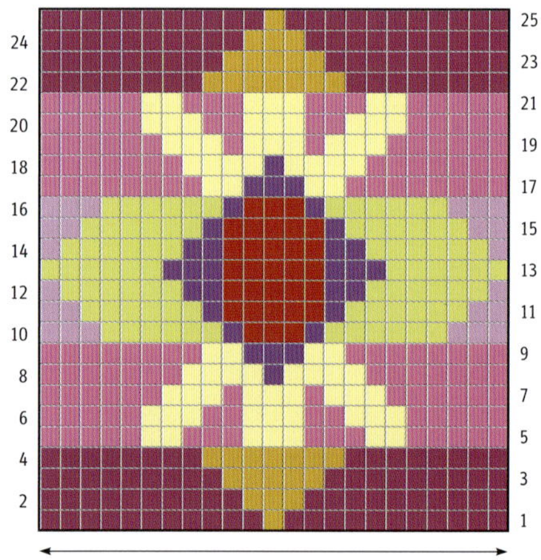

Motiv über 23 M

Farbschlüssel

- Pflaumenblau
- Altrosa
- Hellgrün
- Senfgelb
- Hellgelb
- Mauve
- Aubergine
- Rotbraun

☐ = in Hin-R 1 M re, in Rück-R 1 M li

Muster 212

Diagonale Rhomben

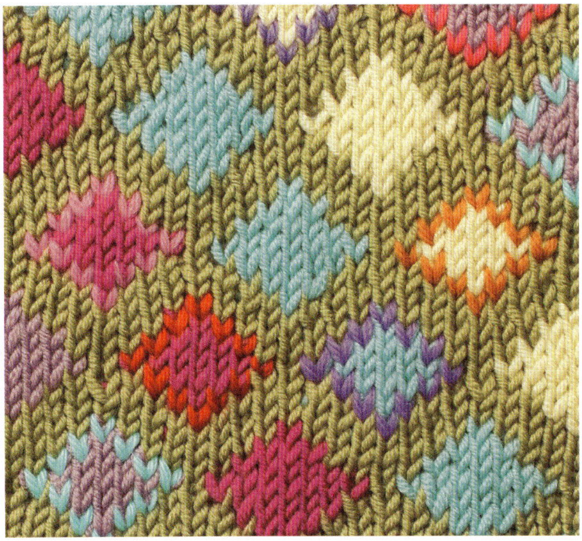

Für diese diagonalen Farbfolgen können in der ersten Reihe zahlreiche Farben eingesetzt und dann nach oben mitgeführt werden, ohne dass viele Fadenenden hängen bleiben würden. Um das Muster noch farbiger zu machen, wurden manche der Rhomben im Maschenstich umstickt.

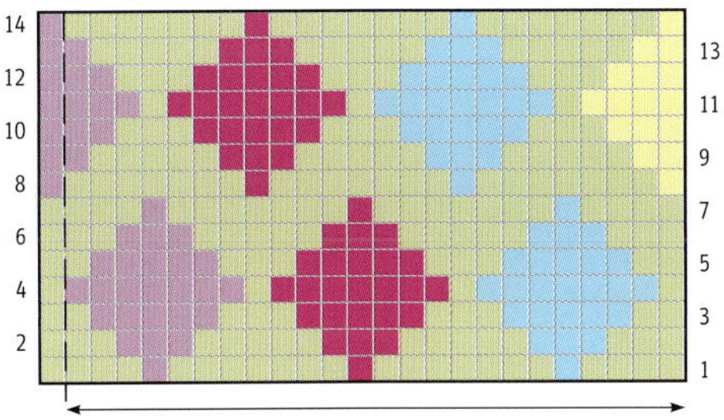

M-Zahl teilbar durch 8 + 1 M,
hier gezeigt über 24 + 1 M

Farbschlüssel

- Khaki
- Mauve
- Magenta
- Türkis
- Zitronengelb

Muster 213

Tupfen

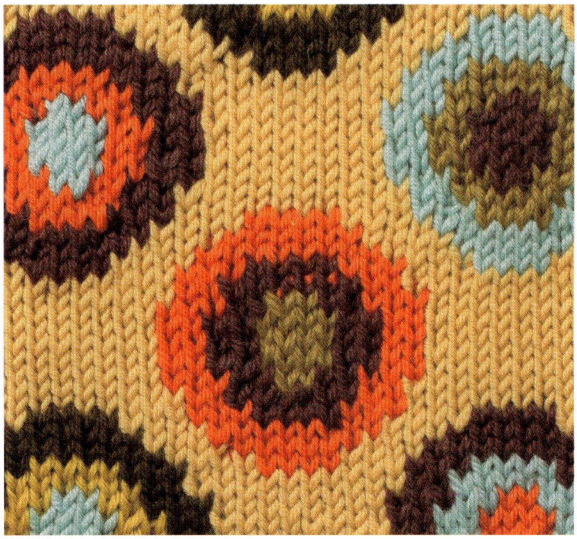

Diese konzentrischen Farbkreise erinnern an die Arbeit der russischen Futuristen des 20. Jahrhunderts, wirken aber zugleich lebendig und modern. Am besten strickt man sie in Intarsientechnik.

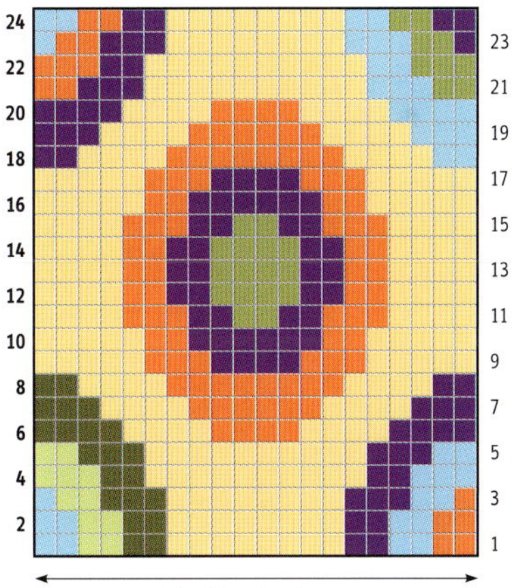

M-Zahl teilbar durch 20

Farbschlüssel

- Sand
- Orange
- Aubergine
- Lindgrün
- Olivgrün
- Türkis
- Dunkles Olivgrün

Hinweis

Das Zählmuster zeigt zwar den Maschenrapport, jedoch nicht den Farbrapport, denn die Farben variieren von einem Tupfen zum nächsten.

Muster 214

Mustertuch

Die Ziffern von einem alten Kreuzstich-Mustertuch können Sie beispielsweise für ein denkwürdiges Datum verwenden. Das ganze Muster wird in Jacquardtechnik mit jeweils 2 Farben pro Reihe gestrickt, erfordert aber ein sorgfältiges Lesen des Zählmusters in Rückreihen.

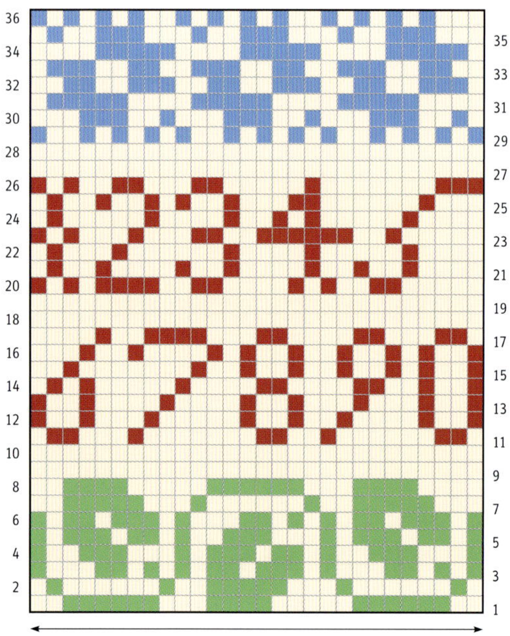

Musterstreifen über 28 M

Farbschlüssel

- ☐ Wollweiß
- ☐ Grün
- ☐ Dunkelrot
- ☐ Blau

☐ = in Hin-R 1 M re, in Rück-R 1 M li

Muster 215

Kleine Bordürenmuster

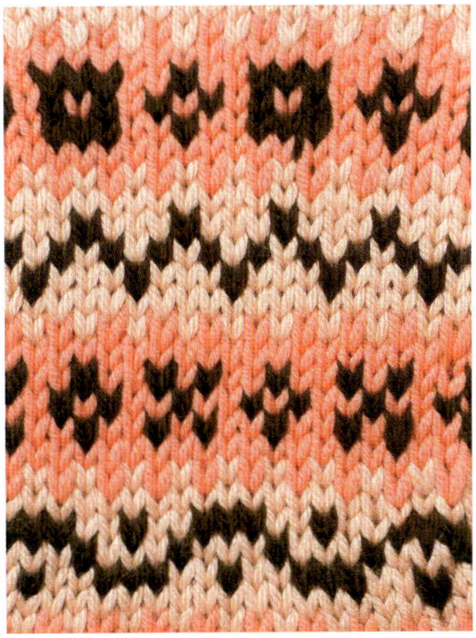

Im Shetland-Dialekt heißen diese Muster „Peerie patterns“ (peerie = klein). Diese klassischen Shetland-Muster können wie hier gemeinsam verwendet werden; Sie können aber auch einzelne Streifen im Wechsel mit anderen Mustern kombinieren.

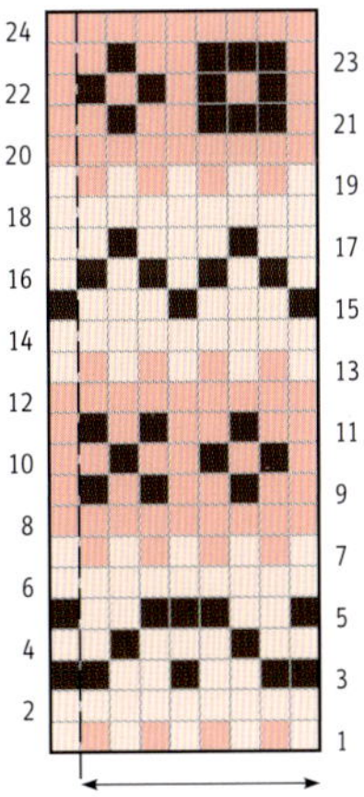

M-Zahl teilbar durch 8 + 1 M

Farbschlüssel

- Hellrosa
- Korallenrosa
- Braun

Muster 216

Kleine Blüten und Wellen

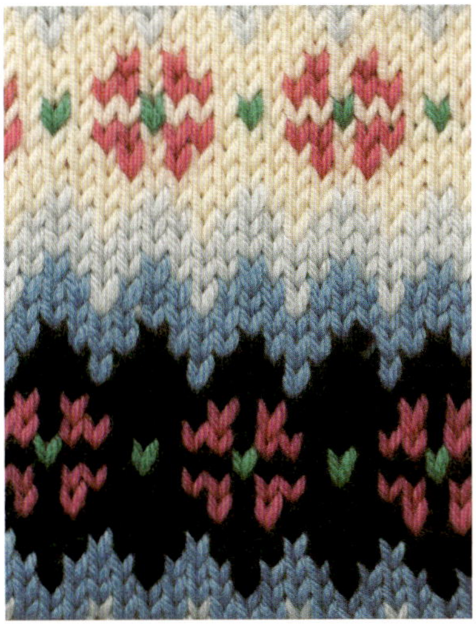

Wellenlinien in abgestuften Farbschattierungen, die ein zentrales Motiv umrahmen, sind ein klassisches Element der Shetland-Muster. Das Ergebnis ist ansprechend und dabei ganz einfach zu erzielen, denn gestrickt wird in schlichter Jacquardtechnik. Die Wellen haben einen Rapport von 4, die Blüten einen von 8 Maschen.

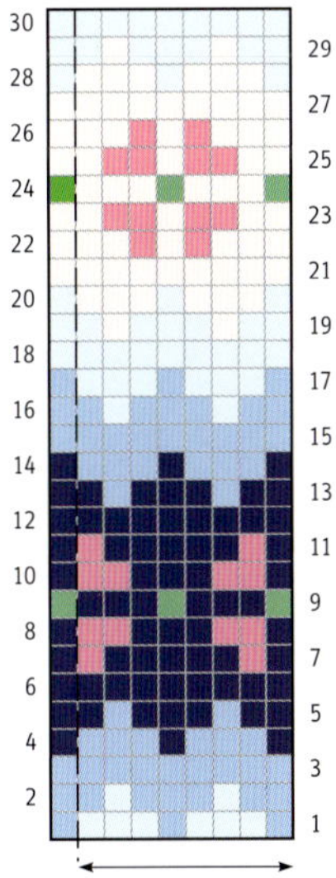

M-Zahl teilbar durch 8 + 1 M

Farbschlüssel

- Wollweiß
- Blau
- Hellblau
- Marineblau
- Rosa
- Grün

Muster 217

Glockenblumen-Bordüre

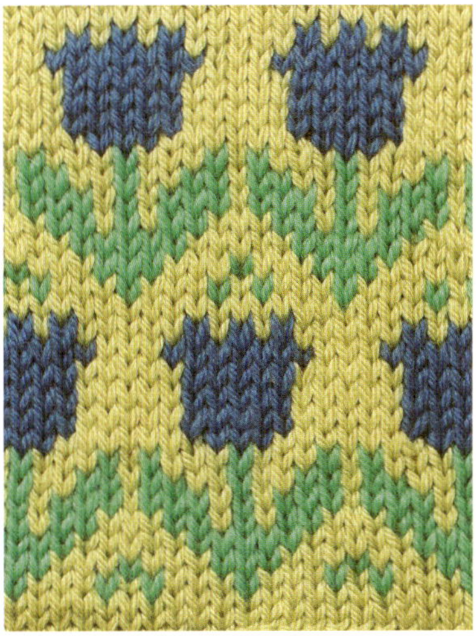

In einfacher Jacquardtechnik mit 2 Farben pro Reihe entsteht ein naives Blumenmuster, für das die Schablonenmuster der Pennsylvania-Deutschen als Vorbild dienten.

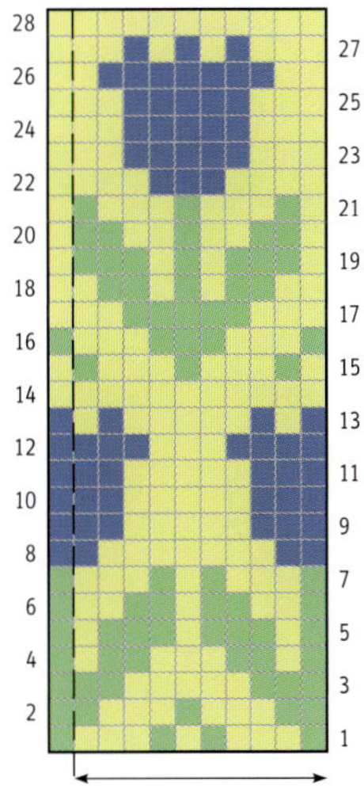

M-Zahl teilbar durch 10 + 1 M

Farbschlüssel

- Helles Viridiangrün
- Helles Lindgrün
- Mittelblau

Muster 218

Lilie im Art-nouveau-Stil

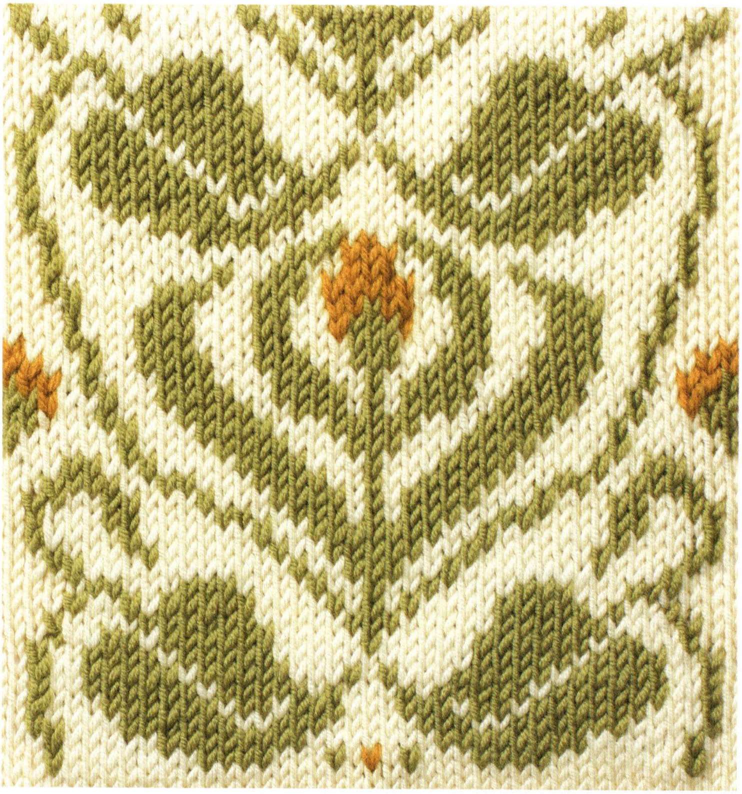

Die Schnörkellinien dieses Musters mit Lilienblüte und Blätter erinnern an den Art-nouveau-Stil, der in den 1890er Jahren groß in Mode war. Das Muster hat zwar einen ziemlich großen Rapport, wird aber überwiegend in einfacher Jacquardtechnik mit 2 Farben gearbeitet. Die Lilienknospe wird mit einem separaten Stück kontrastfarbenem Garn eingestrickt.

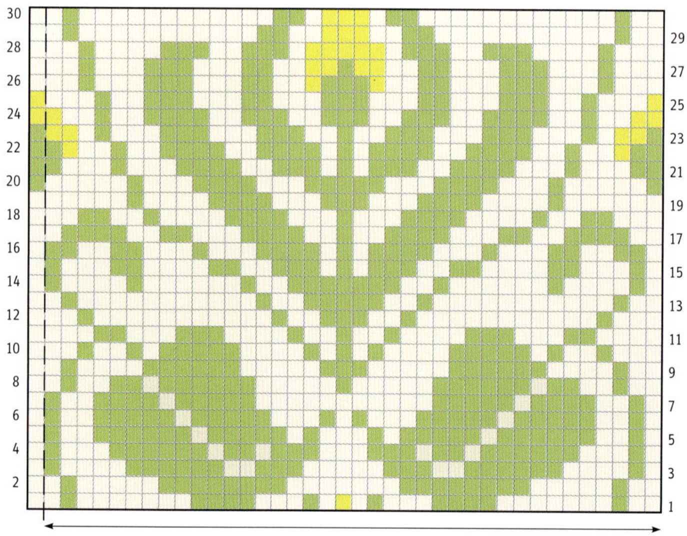

M-Zahl teilbar durch 38 + 1 M

Farbschlüssel

- ☐ Wollweiß
- ☐ Grün
- ☐ Gelb

☐ = in Hin-R 1 M re, in Rück-R 1 M li

Muster 219

Mexikanische Streifen

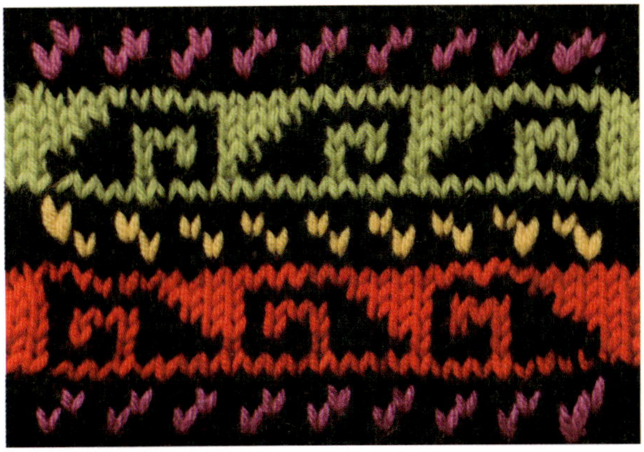

Horizontale Streifen mit geometrischem Muster, mal mit schwarzem Hintergrund, mal mit schwarzer Zeichnung auf farbigem Grund, wirken äußerst dynamisch, auch wenn nur in einfacher Jacquardtechnik mit 2 Farben gestrickt wird.

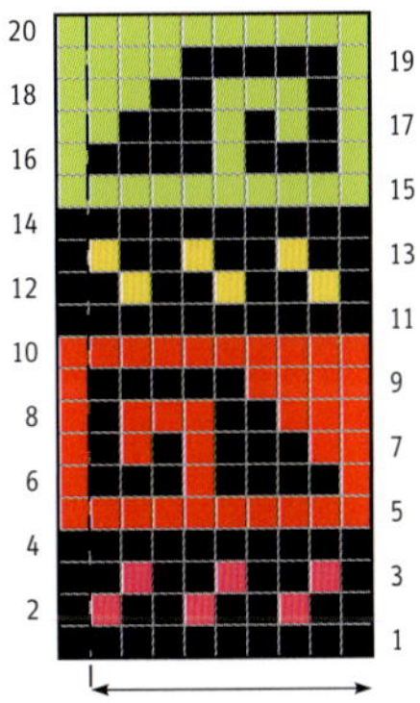

M-Zahl teilbar durch 9 + 1 M

Farbschlüssel

- Schwarz
- Pink
- Rot
- Gelb
- Lindgrün

Muster 220

Brokat

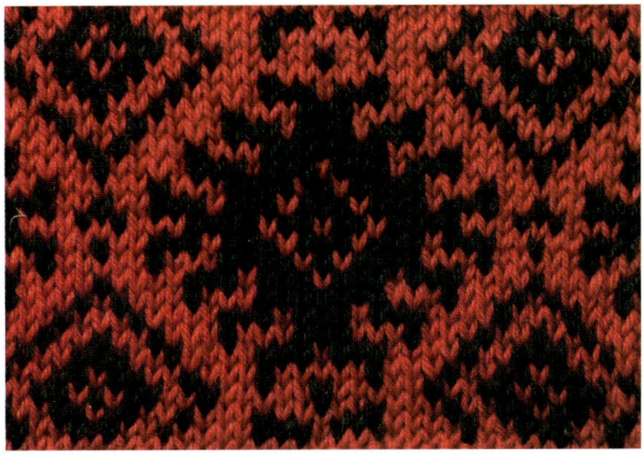

Dieser Typ vielarmiger Medaillons findet sich in Stickereien, Geweben und Teppichen aus Osteuropa und dem östlichen Mittelmeerraum. Hier werden sie mit einem einfachen Rhombus zum Flächenmuster kombiniert. Gestrickt wird nur in Jacquardtechnik mit 2 Farben, daher ist das Muster trotz seines großen Rapports einfach zu stricken.

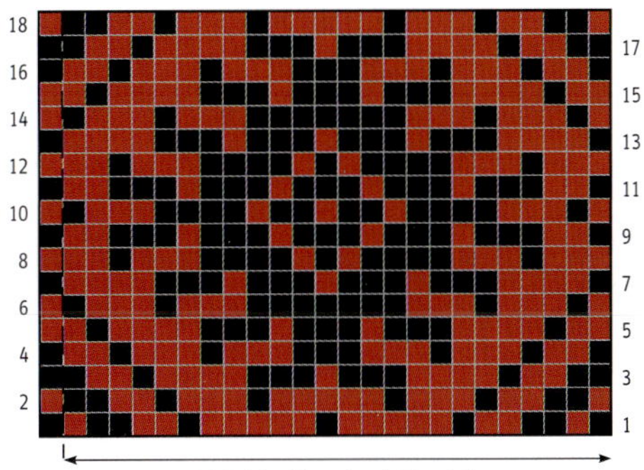

M-Zahl teilbar durch 24 + 1 M

Farbschlüssel

- Schwarz
- Dunkelrot

Muster 221

Shetland-Stern

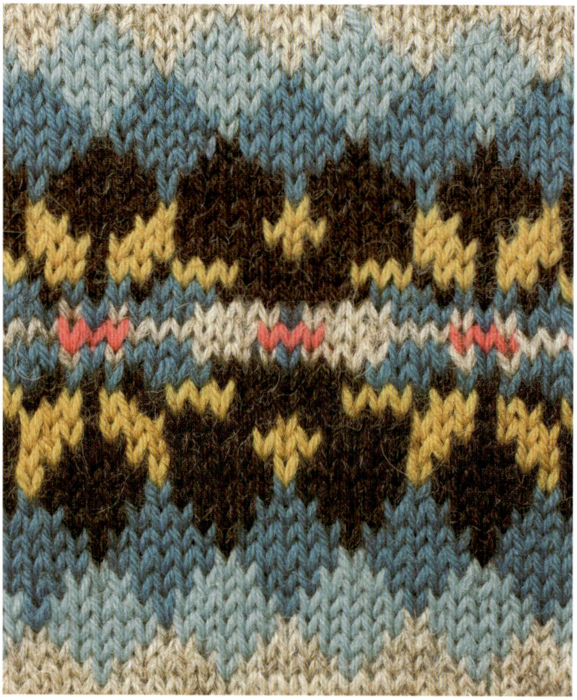

Obwohl diese Bordüre einen größeren Rapport hat als manche anderen Shetland-Muster, wird immer nur mit 2 Farben in Jacquardtechnik gestrickt; daher ist das Muster leicht zu stricken. Die Rhombenformen in verschiedenen Farbschattierungen über und unter dem zentralen Sternmotiv werden als „peaks“ (Spitzen oder Gipfel) bezeichnet. Sie können das Muster abwandeln, indem Sie weitere „peaks“ in Blautönen hinzufügen.

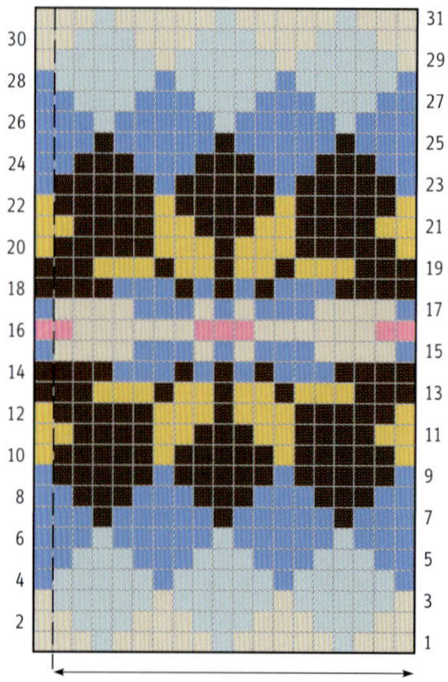

M-Zahl teilbar durch 18 + 1 M

Farbschlüssel

- Natur
- Hellblau
- Blau
- Braun
- Gelb
- Rosa

Muster 222

Zickzack-Muster mit Schatteneffekt

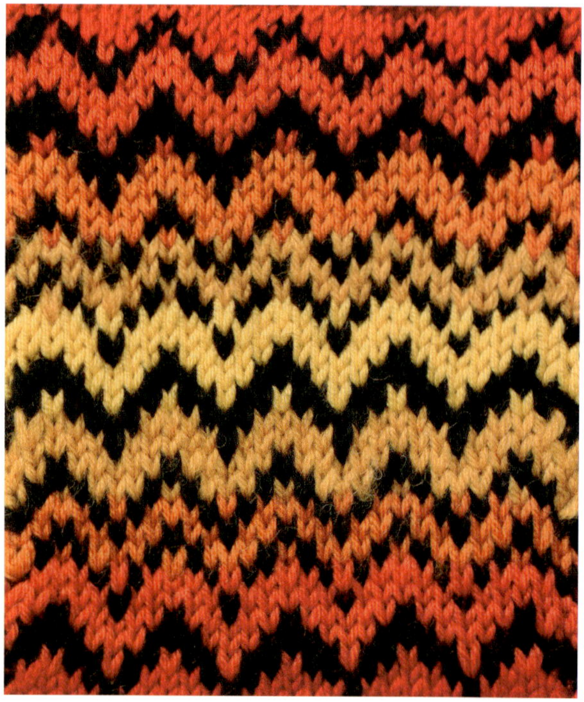

Dieses Muster, für das die Bargello-Stickereien Pate standen, zeigt einfache, schwarze Zickzacklinien auf einem in verschiedenen Schattierungen gestreiften Hintergrund. Die Streifen werden von Rot nach Gelb und zurück abschattiert, aber Sie können durchaus nach Belieben mit anderen Farben und Streifenbreiten experimentieren.

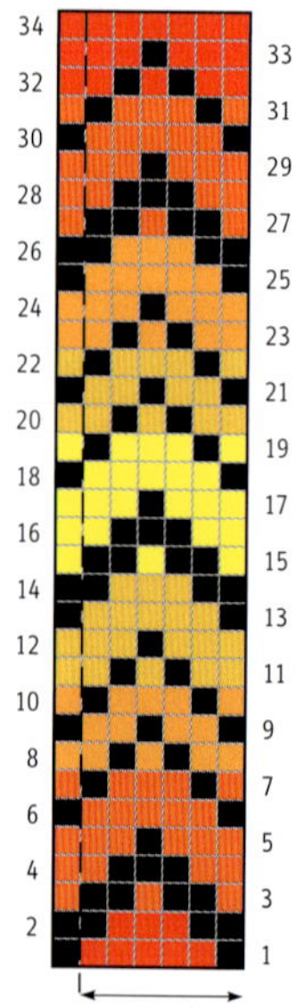

M-Zahl teilbar durch 6 + 1 M

Farbschlüssel

- Rot
- Schwarz
- Zinnober
- Orange
- Goldgelb
- Gelb

☐ = in Hin-R 1 M re, in Rück-R 1 M li

Muster 223

Teppich-Bordüren

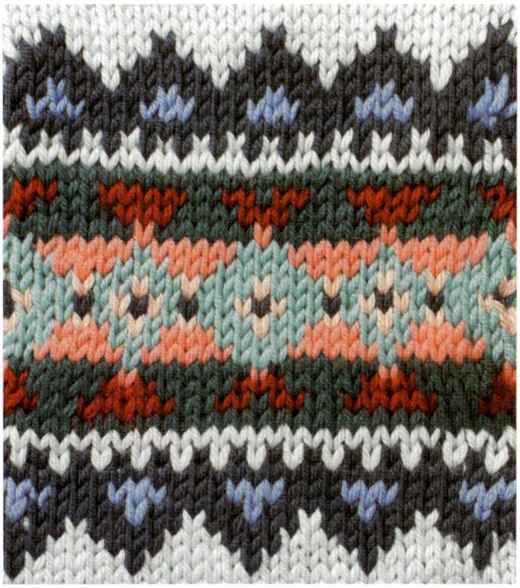

Dieses Muster basiert auf türkischen Teppichmustern. Außer der Mittelreihe werden alle Reihen nur mit 2 Farben gemustert, bei der mittleren Reihe sind es 3 Farben. Die Musterstreifen können separat oder gemeinsam verwendet werden. Wenn Sie die Muster miteinander einsetzen, müssen Sie jeweils 3 Rapporte des Stern-Motivs auf 7 Rapporte der gezackten Bordüren außen rechnen.

Zählmuster 2

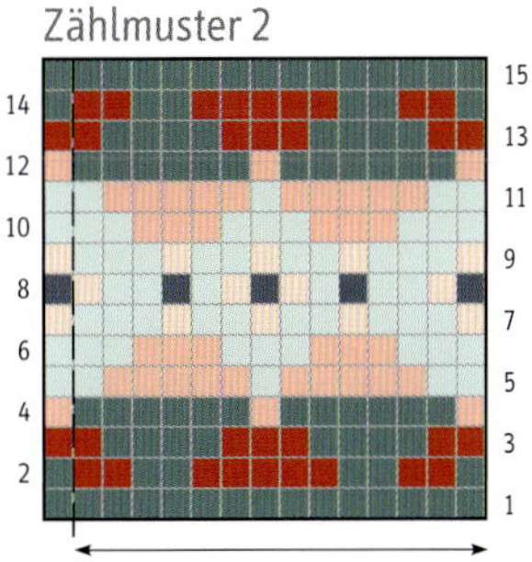

M-Zahl teilbar durch 14 + 1 M

Farbschlüssel

- Hellblau
- Graublau
- Leuchtendblau
- Graugrün
- Dunkelrot
- Türkis
- Korallenrosa
- Hellrosa

Zählmuster 3

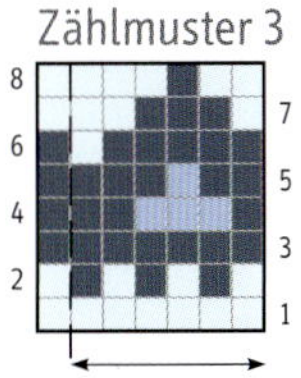

M-Zahl teilbar durch 6 + 1 M

Zählmuster 1

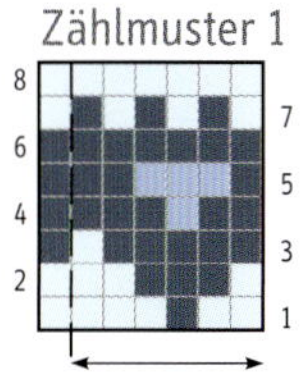

M-Zahl teilbar durch 6 + 1 M

Alle 3 Zählmuster zusammen ergeben eine Bordüre mit einer durch 42 teilbaren Maschenzahl + 1 Masche.

Muster 224

Japanische Blüten

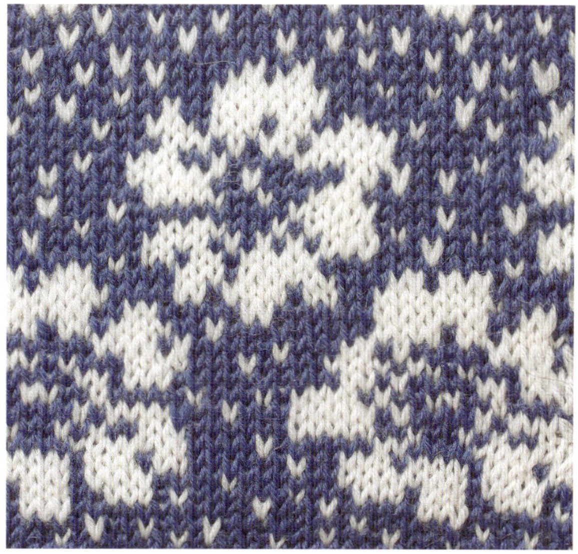

Für dieses Muster diente ein Schablonenmotiv mit verstreuten Blumen auf getupftem Hintergrund als Vorbild. Die frei fließenden Motive mit zufällig verstreuten Tupfen erfordern mehr Konzentration als das Stricken eines gleichmäßigen Rapports, aber weil nur 2 Farben verwendet werden, ist das Ganze nicht allzu schwierig. Wenn der weiße Faden mehr als 4 Maschen überspannt, sollten Sie ihn mit einer Masche derselben Farbe in der Vorreihe einweben.

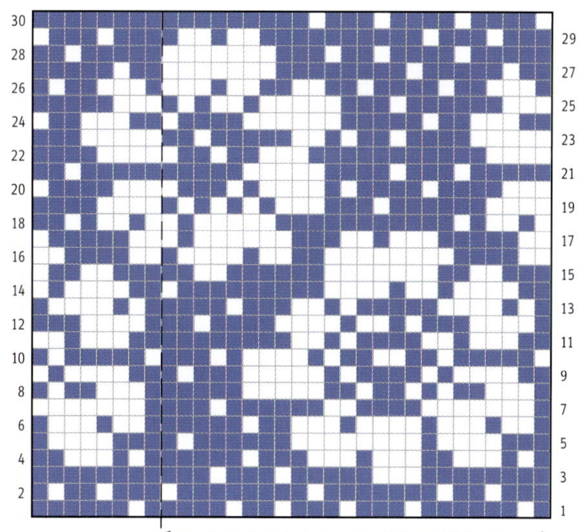

M-Zahl teilbar durch 24 + 8 M

Farbschlüssel

- Blau
- Weiß

Muster 225

Große Blüten und Wellen

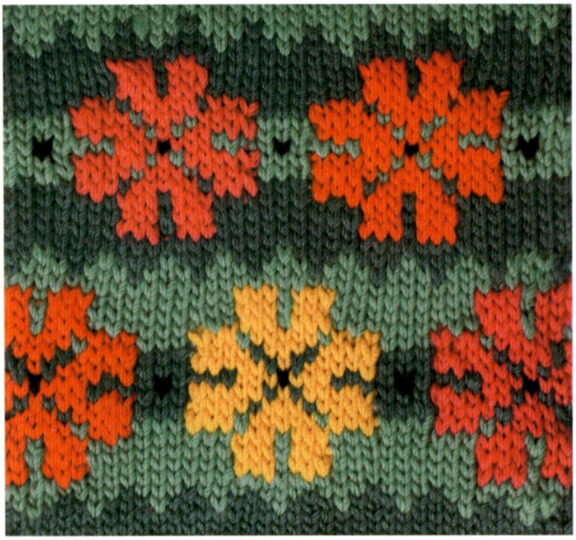

Dieses Muster bezieht sich auf ein Shetland-Vorbild, bekommt aber dadurch eine modernere Wirkung, dass die Wellen auf ein einfaches Band reduziert sind und das Blütenmotiv vergrößert wurde. Das Zählmuster zeigt lediglich 2 Farben für die Blüten, aber Sie könnten jede Blüte in einer anderen Farbe stricken (siehe Arbeitsprobe oben).

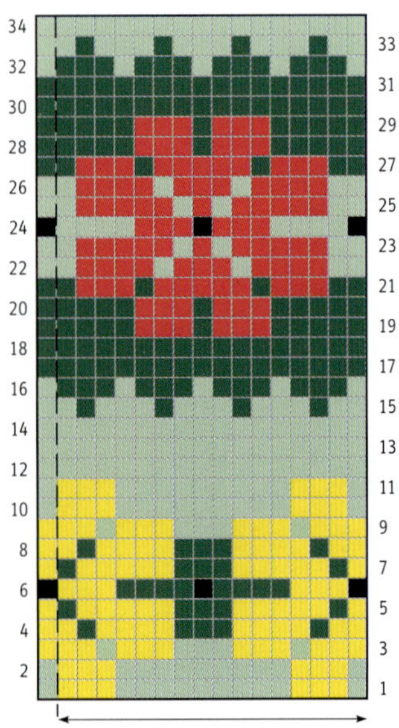

M-Zahl teilbar durch 16 +1 M

Farbschlüssel

- Helles Viridiangrün
- Gelb
- Graugrün
- Magenta
- Schwarz

Muster 226

Margeriten

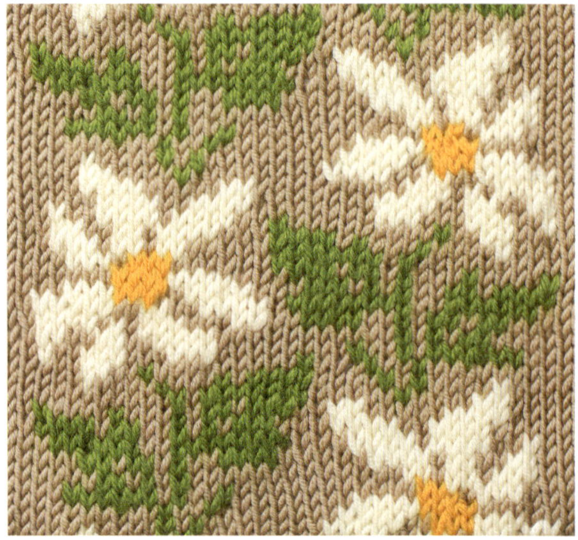

Dieses Blumenmuster basiert auf einem Stoffdruck aus den 1930er Jahren. Es wird in einer Kombination aus Jacquard- und Intarsientechnik gestrickt, wobei für die Blüten, Blütenzentren und Blätter jeweils eigene Garnstücke verwendet werden. Die Hintergrundfarbe wird hinter den Motiven mitgeführt.

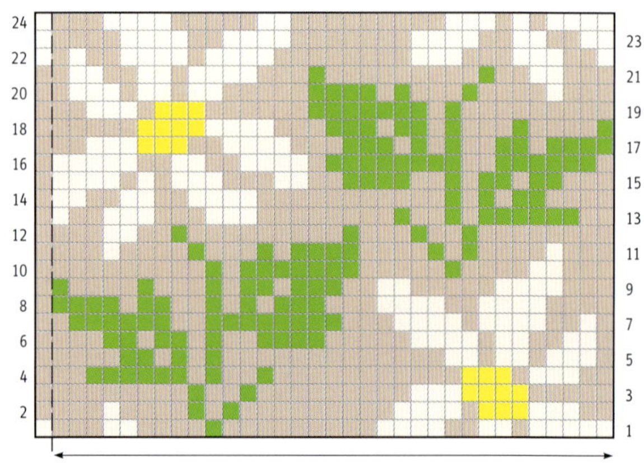

M-Zahl teilbar durch 33 + 1 M

Farbschlüssel

- Wollweiß
- Helles Taupe
- Grün
- Gelb

☐ = in Hin-R 1 M re, in Rück-R 1 M li

Muster 227

Blätter im Orientteppich-Stil

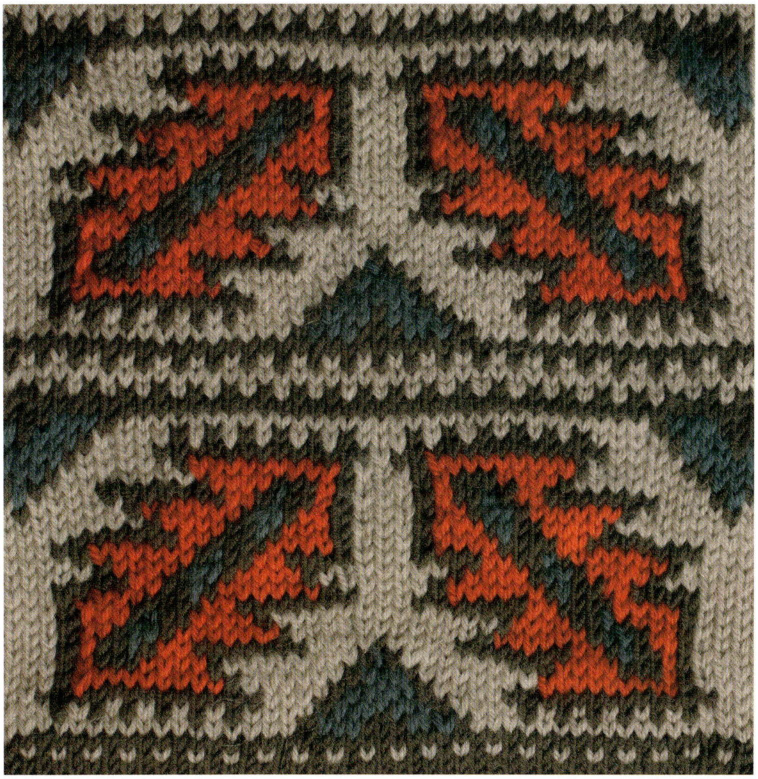

Dieses Muster mit stilisierten Blattmotiven verbindet zweifarbigen Jacquardstrick mit Flächen in Intarsientechnik. Verwenden Sie für jedes Blatt und für die kleinen Zacken jeweils eigene Garnstücke und führen Sie den Faden innerhalb jedes Motivs mit, jedoch nicht von einem Motiv zum anderen.

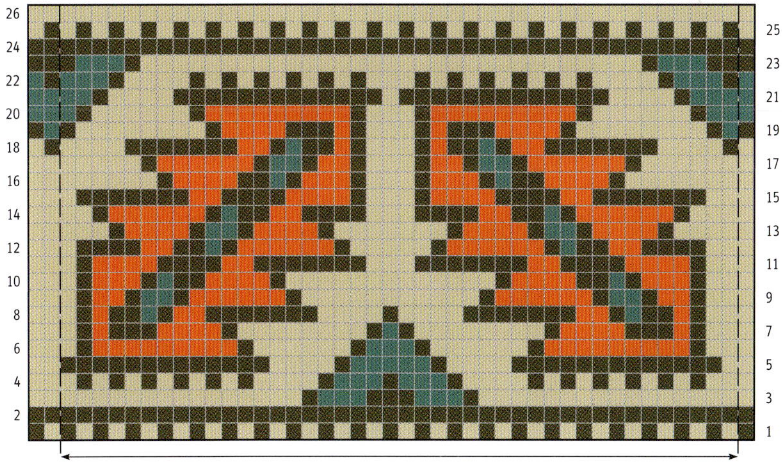

M-Zahl teilbar durch 42 + 3 M

Farbschlüssel

- Grau
- Helles Taupe
- Dunkles Türkis
- Dunkles Orange

Muster 228

Bordüre „Laufender Hund“

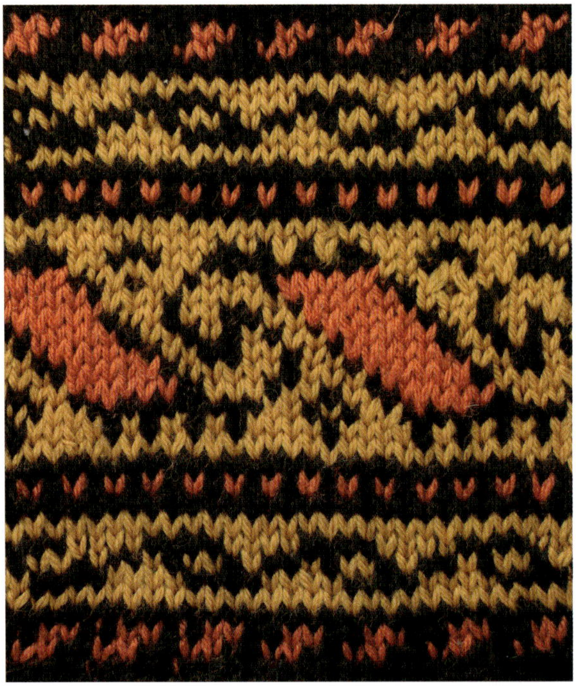

Teppiche aus Nordafrika lieferten die Inspiration für diese Bordürenmuster. Die meisten dieser Bordüren werden in Jacquardtechnik mit 2 Farben gestrickt, aber für die größeren Mittelmotive brauchen Sie einzelne Garnstücke, um die Parallelogramme in Dunkelorange auszu-füllen.

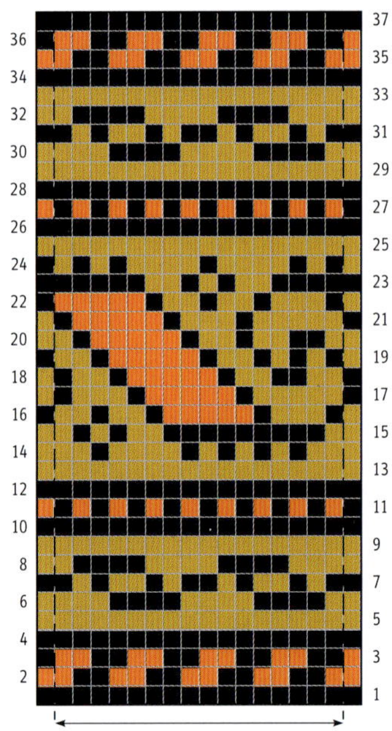

M-Zahl teilbar durch 16 + 2 M

Farbschlüssel

- Schwarz
- Dunkles Orange
- Ockergelb

Muster 229

Diagonale Dreiecke

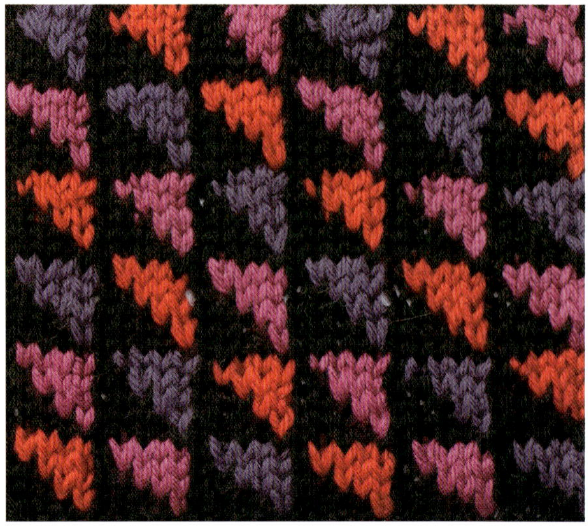

Patchworkmuster der Amish People mit ihrem starken Hell-Dunkel-Kontrast waren der Ausgangspunkt für dieses Muster. Führen Sie den schwarzen Faden für den Hintergrund stets mit und verwenden Sie für jedes der kontrastierenden Dreiecke einen separaten Faden. Wenn Sie den kontrastfarbenen Faden jeweils schräg nach oben zur nächsten Dreiecksreihe mitführen, ersparen Sie sich viel lästige Vernäh-Arbeit.

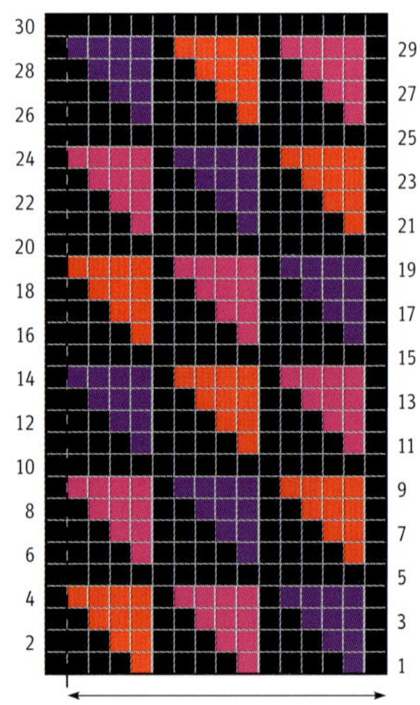

M-Zahl teilbar durch 15 + 1 M

Farbschlüssel

- Schwarz
- Violett
- Magenta
- Rot

☐ = in Hin-R 1 M re, in Rück-R 1 M li

Muster 230

Indische Bordüren

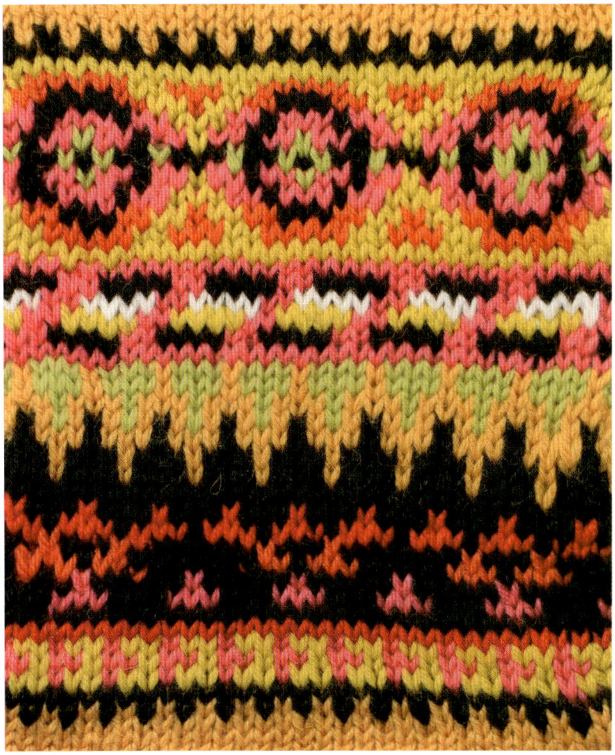

Aufwendige, dekorative Stickereien aus dem indischen Gujarat dienten als Inspiration für dieses Design. Die meisten Muster werden in Jacquardtechnik mit 2 Farben gestrickt; nur manchmal muss mit 3 oder 4 Farben in einer Reihe gearbeitet werden. Besonders authentisch wirkt das Muster, wenn Sie glänzende Garne und Metallicfäden kombinieren und das Gestrick zusätzlich mit Pailletten verzieren.

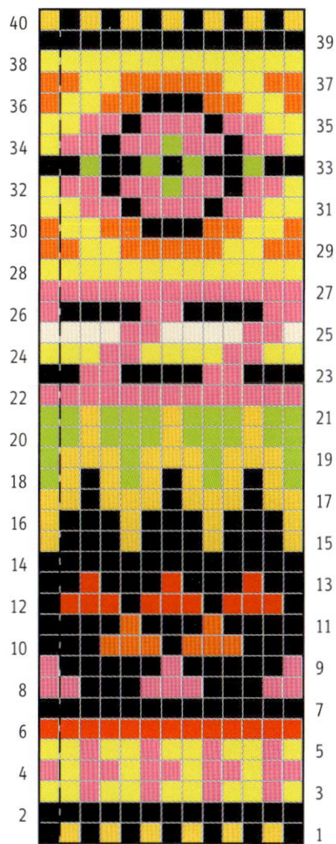

M-Zahl teilbar durch 12 + 1 M

Farbschlüssel

- Schwarz
- Goldgelb
- Zitronengelb
- Rosa
- Rot
- Orange
- Lindgrün
- Wollweiß

Muster 231

Paisley-Motiv mit Blüten

Bei diesem wunderschönen Paisley-Motiv führen Sie die Farben für den Hintergrund und die Bordüre in Jacquardtechnik mit, arbeiten das Paisley-Motiv und jede der Blüten jedoch in Intarsientechnik mit separaten Garnstücken. Besonders lebendig wirkt das Ergebnis, wenn Sie für jede Blüte einen anderen Violett-Ton verwenden. Wenn Sie nur ein Paisley-Motiv stricken wollen, lassen Sie die Bordüre und die äußeren Blüten weg. Das Motiv ist dann 30 Maschen breit und 47 Reihen hoch.

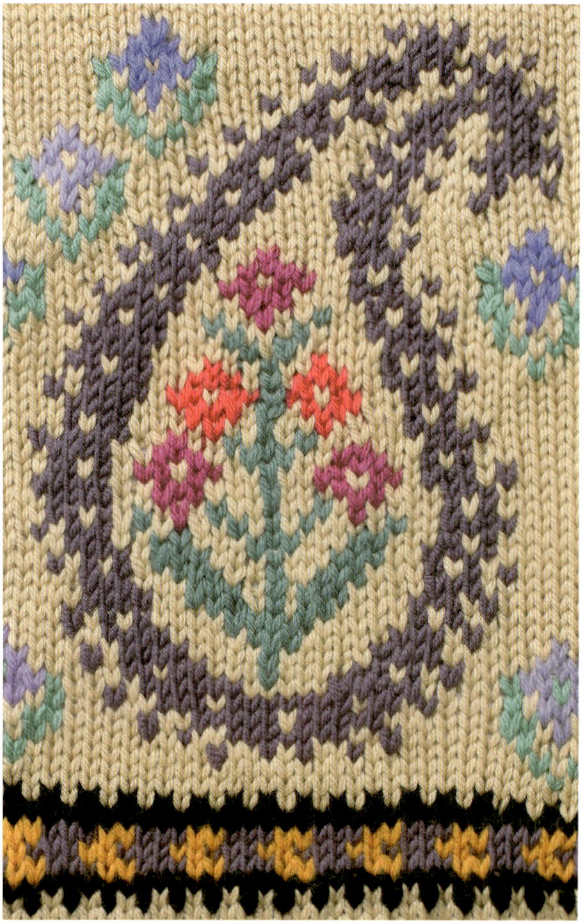

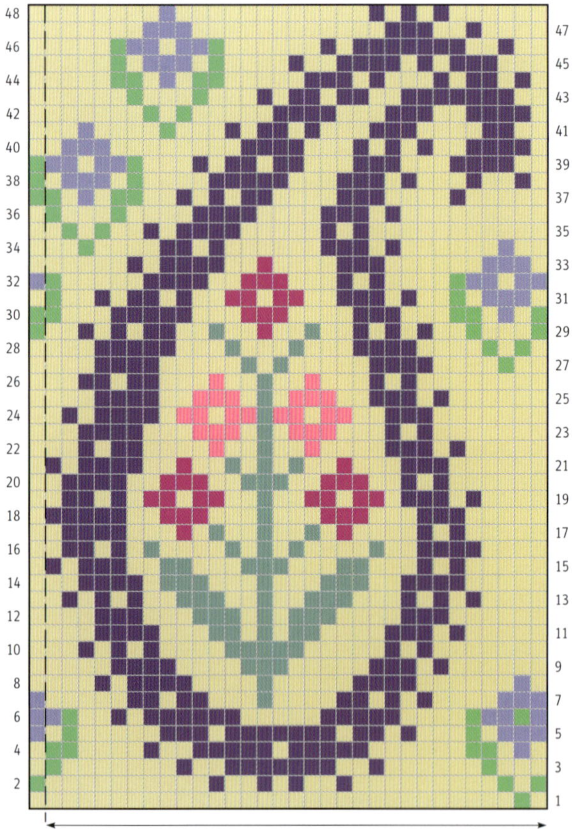

M-Zahl teilbar durch 31 + 1 M

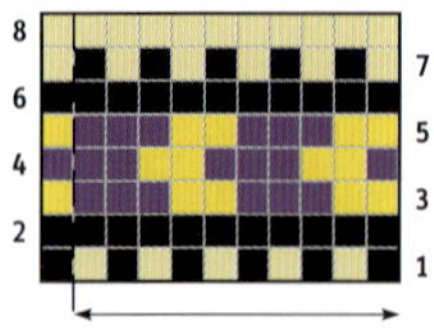

Bordüre: M-Zahl teilbar durch 10 + 1 M

Farbschlüssel

- Schwarz
- Camel
- Stumpfes Violett
- Gelb
- Lila
- Magenta
- Rosa
- Stumpfes Viridiangrün
- Helles Viridiangrün

☐ = in Hin-R 1 M re, in Rück-R 1 M li

Muster 232

Südamerikanische Drachenbordüre

Diese horizontalen Musterstreifen sind von den lebendigen geometrischen Mustern auf den riesigen Drachen beeinflusst, die man bei besonderen Anlässen in den Anden steigen lässt. Für das raffinierte Muster werden Jacquard- und Intarsientechnik kombiniert. Für noch mehr Abwechslung können Sie mehrere Schattierungen jeder Farbe verwenden.

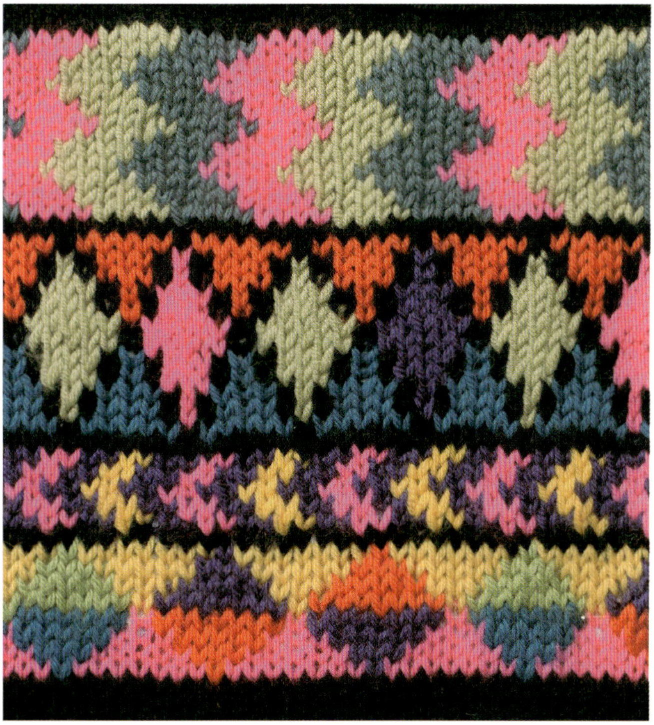

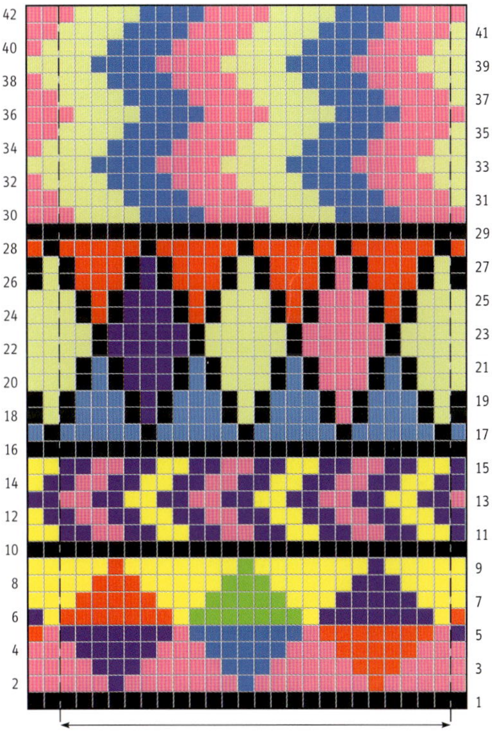

M-Zahl teilbar durch 24 + 3 M

Farbschlüssel

- Schwarz
- Rosa
- Rot
- Dunkles Türkis
- Violett
- Gelb
- Lindgrün
- Helles Lindgrün

Muster 233

Keltische Bordüre

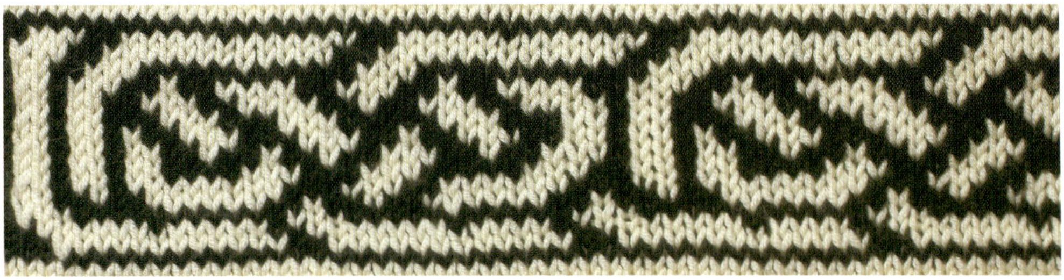

Diese Bordüre interpretiert die verschlungenen Knoten, die man auf keltischen Steinkreuzen findet. Obwohl der Rapport ziemlich groß ist, lässt sich das Muster leicht stricken, weil es ausschließlich in Jacquardtechnik mit 2 Farben gearbeitet wird. Am linken und rechten Rand des Zählmusters ist jeweils ein Endstück eingezeichnet. Für eine fortlaufende Bordüre wiederholen Sie die 28 Maschen des Rapports fortlaufend.

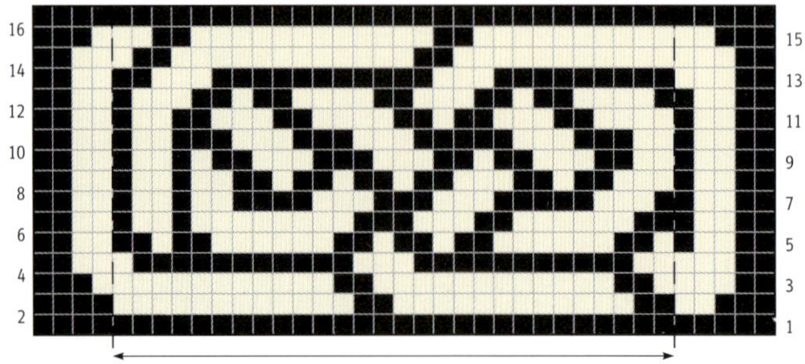

M-Zahl teilbar durch 28 + 9 M

Farbschlüssel

■ Schwarz

□ Wollweiß

Muster 234

Positiv-Negativ

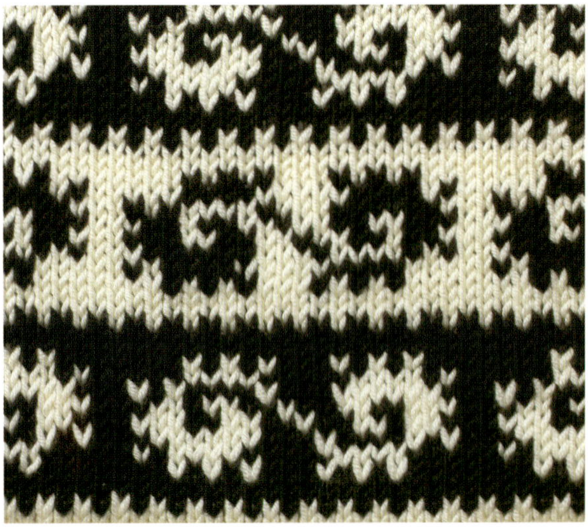

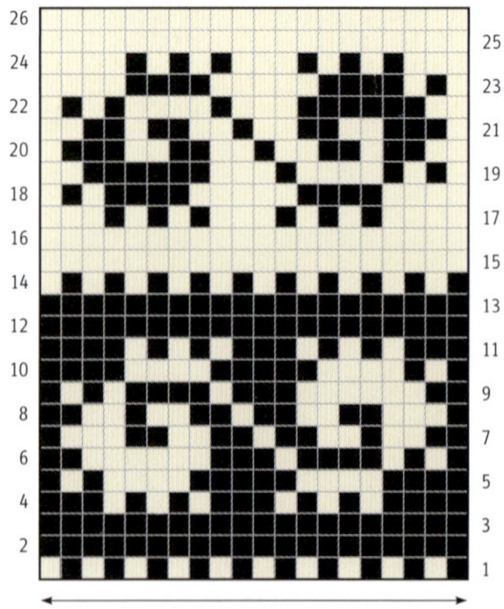

M-Zahl teilbar durch 20

Farbschlüssel

□ Wollweiß

■ Schwarz

Der schwarz-weiße Positiv-Negativ-Effekt ist ein bekanntes dekoratives Element. Hier verleiht er einem südamerikanischen Muster in Jacquardtechnik Pfiff.

□ = in Hin-R 1 M re, in Rück-R 1 M li

Muster 235

Keltischer Knoten

Auch dieses große Knotenmotiv geht auf keltische Steinkreuze zurück. Weil es komplett in Jacquardtechnik mit 2 Farben gearbeitet wird, ist es trotz seiner Größe nicht schwer zu stricken. Rahmen Sie es mit Zöpfen ein, die das Knotenmotiv wieder aufnehmen und die „keltische" Wirkung noch verstärken.

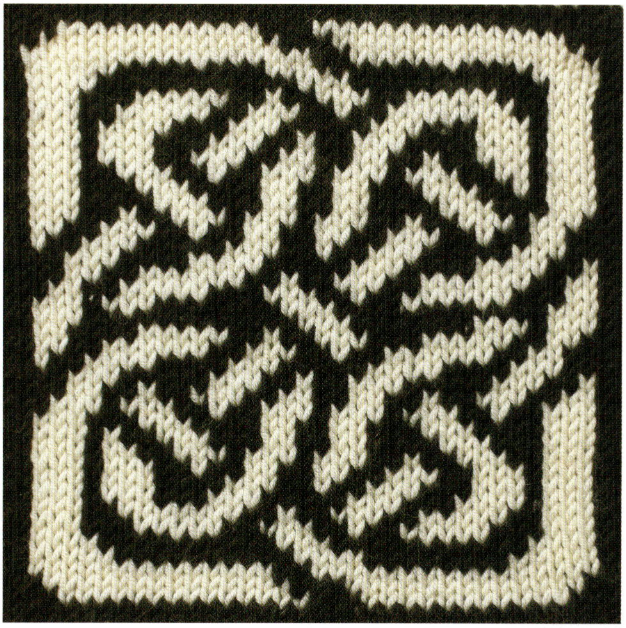

Farbschlüssel

- ■ Schwarz
- □ Wollweiß

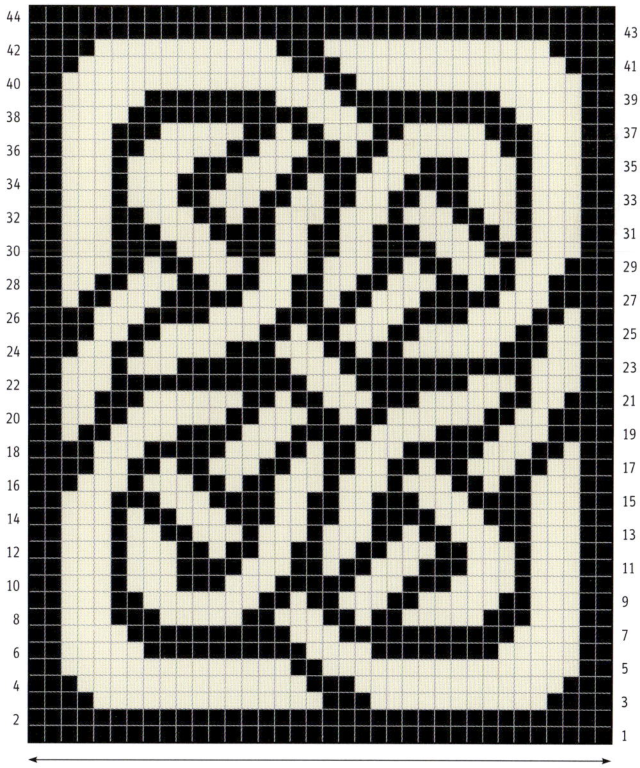

Motiv über 36 M

Muster 236

Schneeflocke

Diese große Schneeflocke im skandinavischen Stil wird hier als horizontaler Musterstreifen mit einer passenden Bordüre darunter und einem Flächenmuster darüber gezeigt, kann aber ebenso gut als Einzelmotiv gearbeitet werden. Gestrickt wird durchweg in Jacquardtechnik mit 2 Farben.

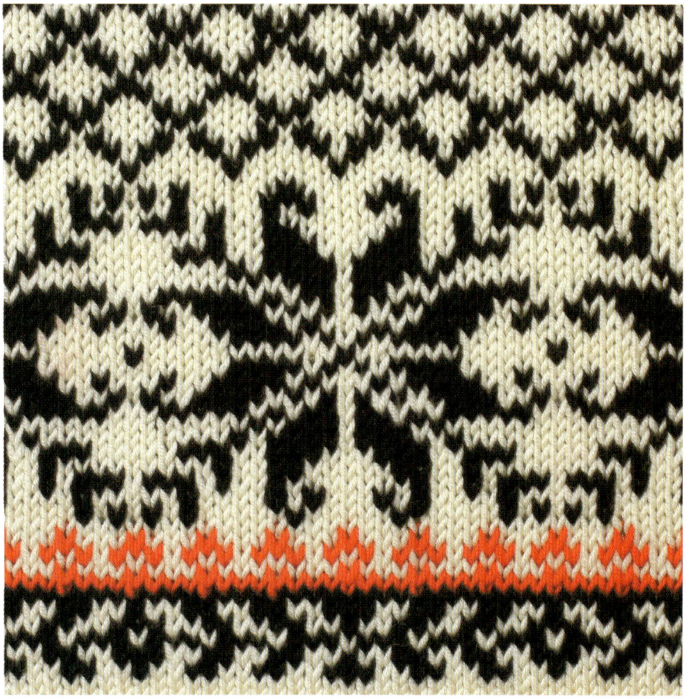

Farbschlüssel

- ■ Schwarz
- □ Wollweiß
- ■ Rot

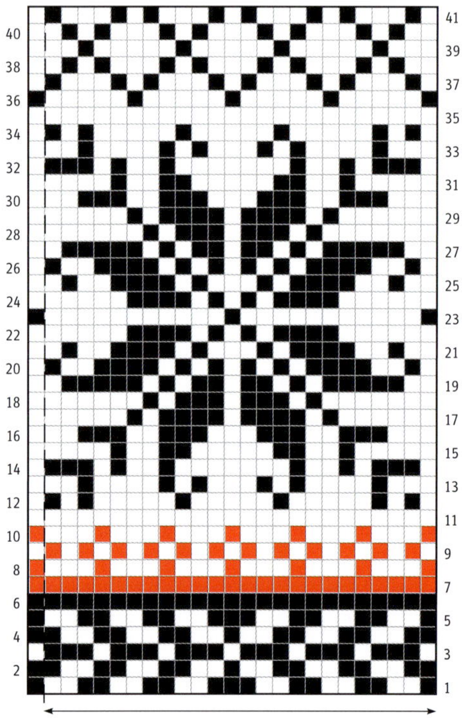

M-Zahl teilbar durch 24 + 1 M

□ = in Hin-R 1 M re, in Rück-R 1 M li

Muster 237

Afrikanische Sterne

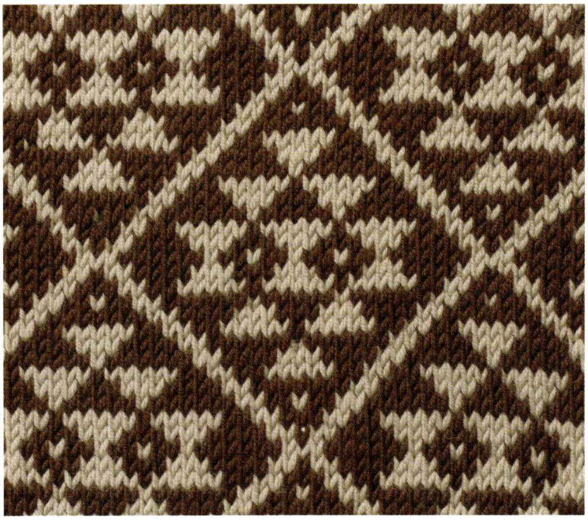

Die Inspiration zu diesem Muster geht zwar auf ein afrikanisches „Mud-cloth"-Muster zurück, doch erinnern die aus Dreiecken aufgebauten Sterne auch an jene der Teppichbordüren (siehe Muster 223). Der Rapport ist zwar recht groß, doch wird nur in Jacquardtechnik mit 2 Farben gestrickt.

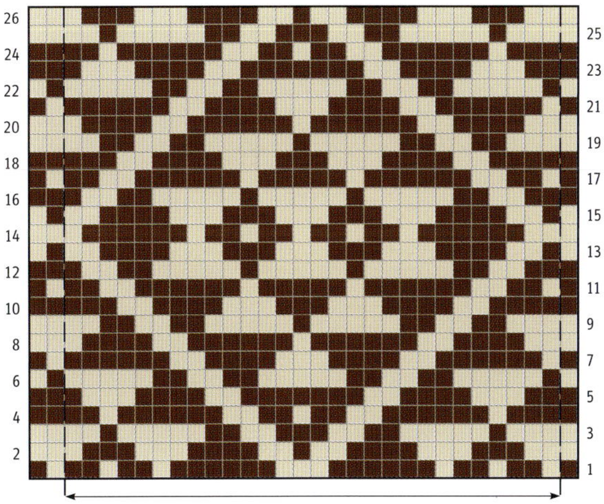

M-Zahl teilbar durch 28 + 3 M

Farbschlüssel

- Braun
- Natur

Muster 238

Glaube, Hoffnung, Liebe

Flächenmuster mit diagonalem Raster sind typisch für mehrfarbige Fair-Isle- und Norweger-Strickarbeiten. Bei dieser Variante sind die Rhombenreihen mit Kreuzen (Glaube), Ankern (Hoffnung) und Herzen (Liebe) ausgefüllt. Damit ließe sich beispielsweise die Passe eines Pullovers im Fischerstil verzieren.

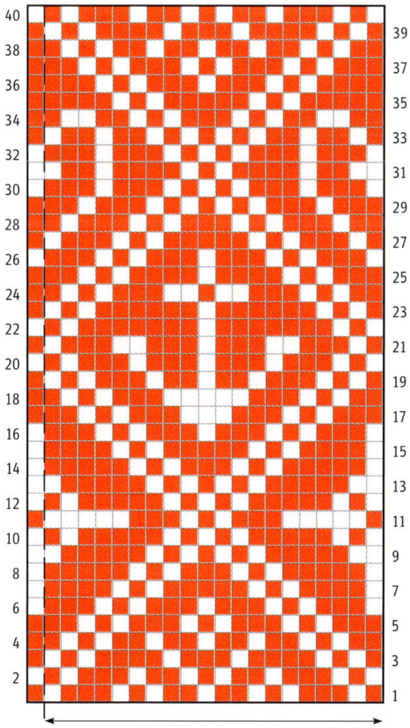

M-Zahl teilbar durch 20 + 1 M

Farbschlüssel

- Rot
- Weiß

MUSTER-ÜBERSICHT Außergewöhnliche Techniken

Diese Zusammenstellung ungewöhnlicher Muster und Techniken soll Sie zu eigenen Experimenten anregen. Viel Spaß beim Anpassen dieser Techniken an alle Arten von Modellen – von Kleidung und Accessoires bis hin zu Spielsachen und Kissen!

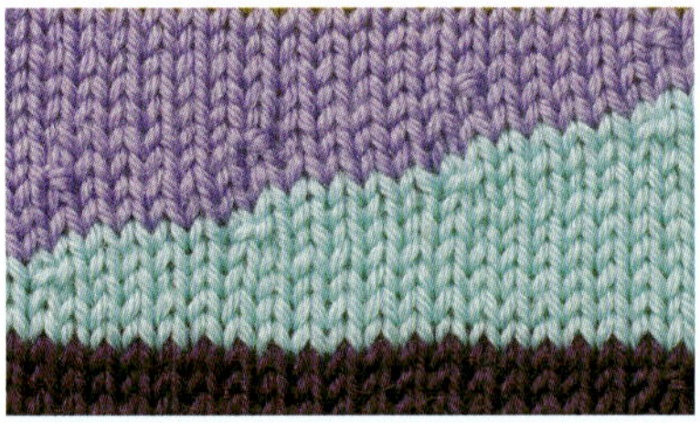

239 Streifen mit verkürzten Reihen

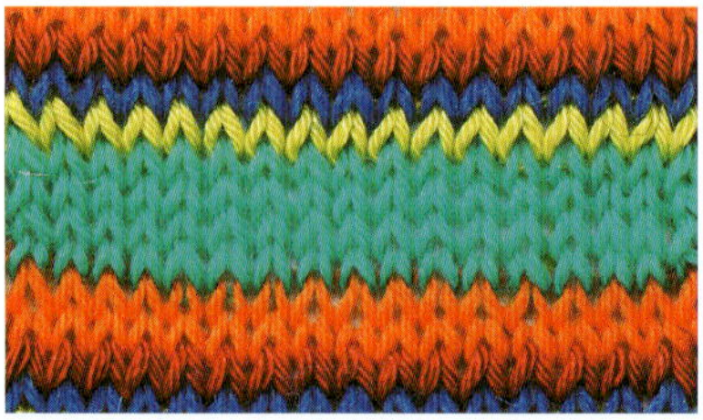

240 Streifen mit ungeraden Reihenzahlen

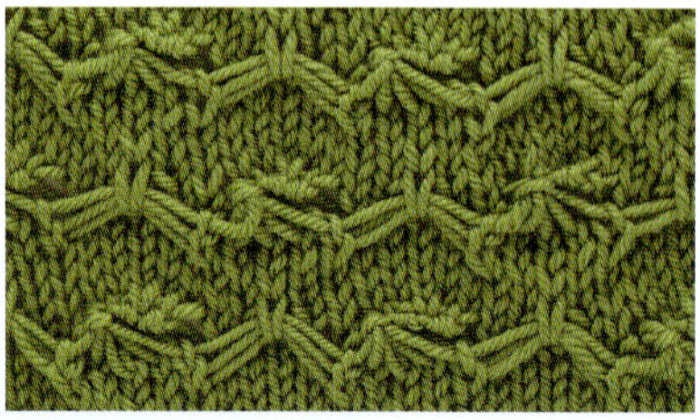

241 Sonnenstrahlen

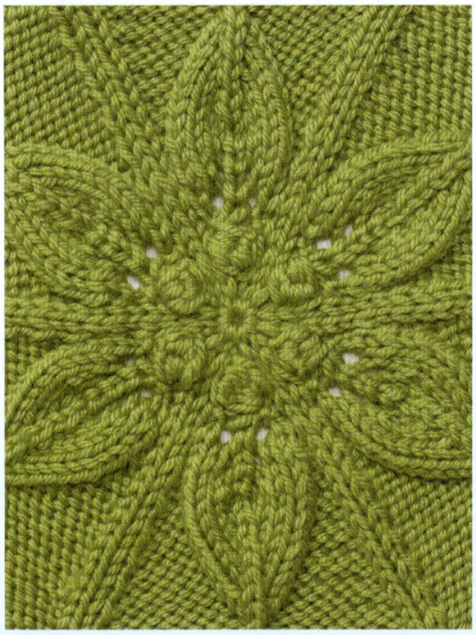

244 Sechseck-Motiv mit Blüte

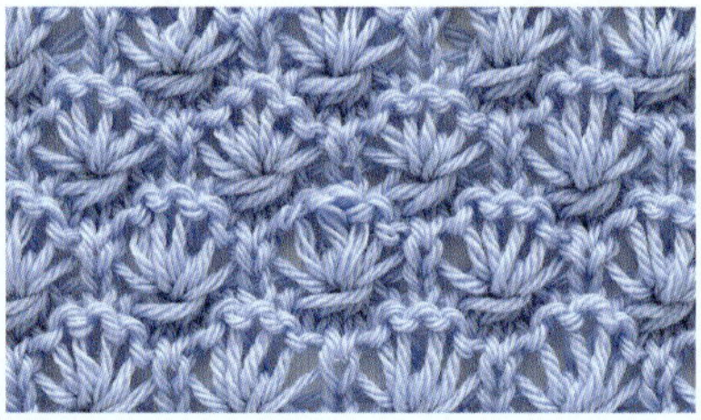

242 Muschelmuster

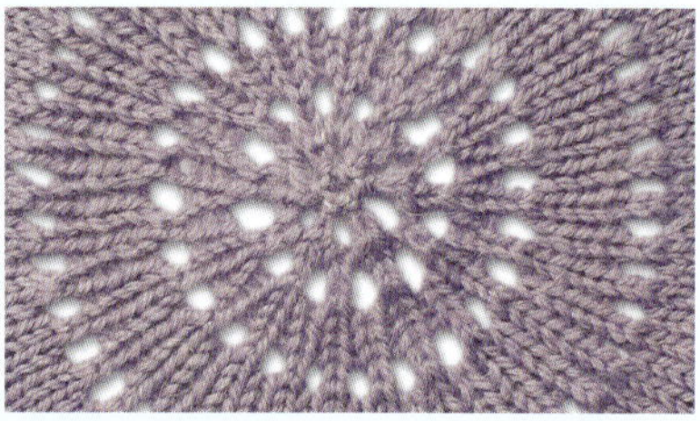

243 Kreismotiv

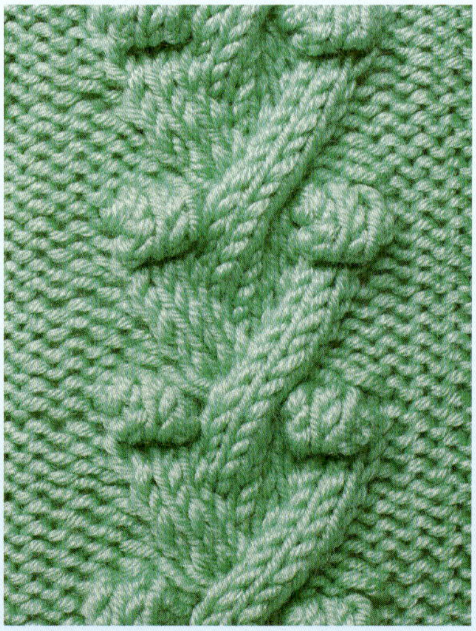

247 Biesen-Beeren

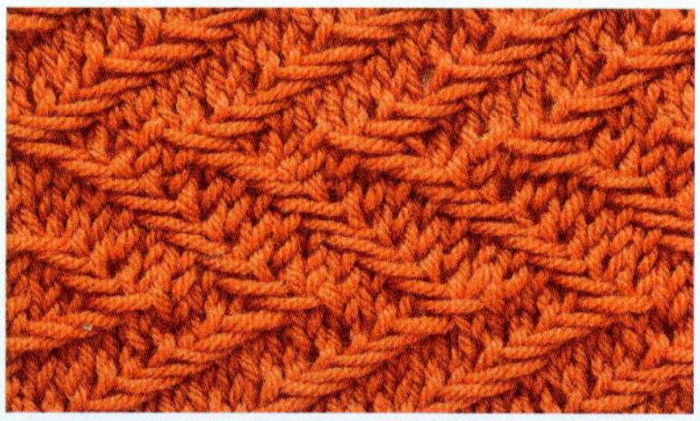

245 Horizontales Fischgrätmuster

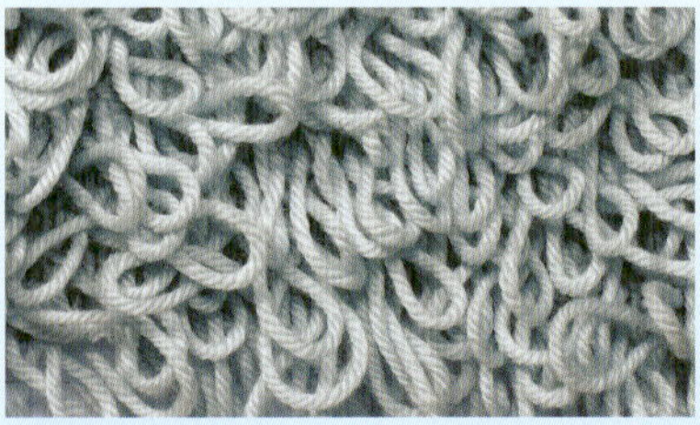

246 Schlingenflor

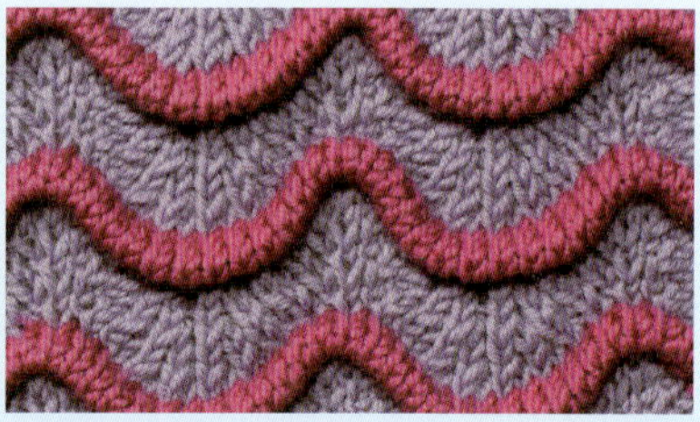

248 Zickzack-Biesen

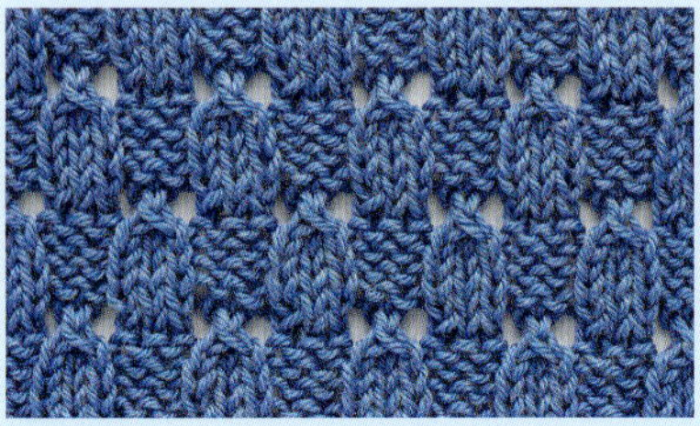

249 Spitzenmäßig verdrehte Blöcke

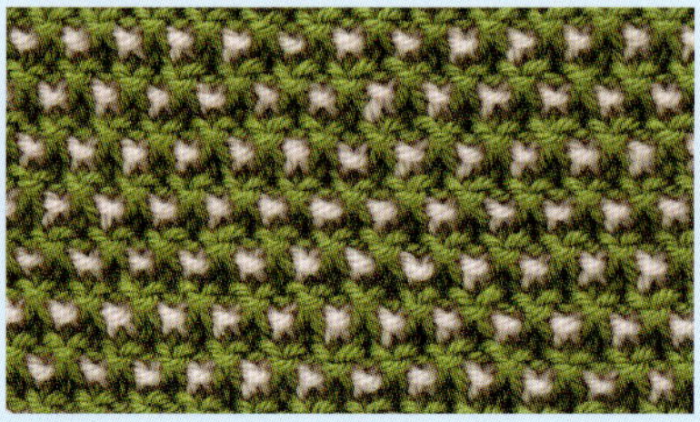

250 Verdrehte Pünktchen

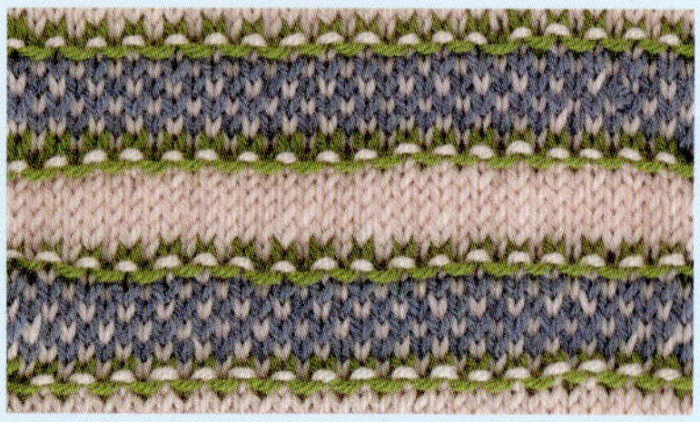

251 Verpixelt

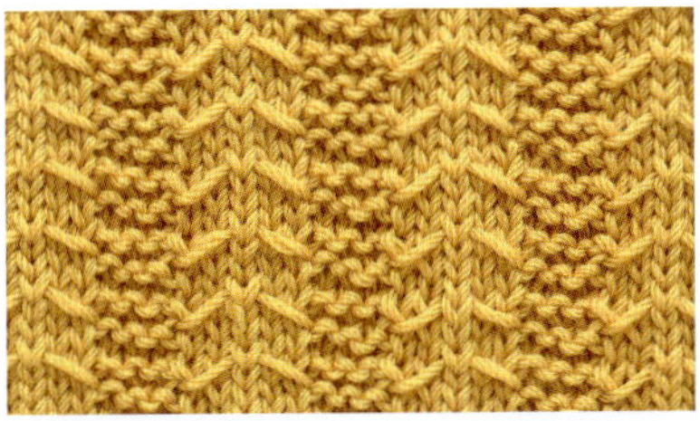

252 Kleine Zelte

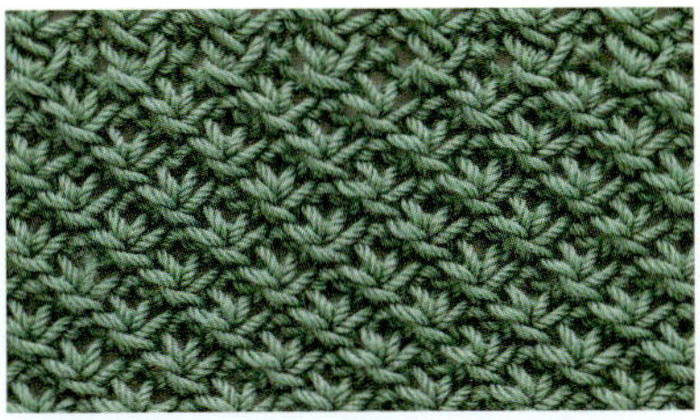

253 Margeritenstich

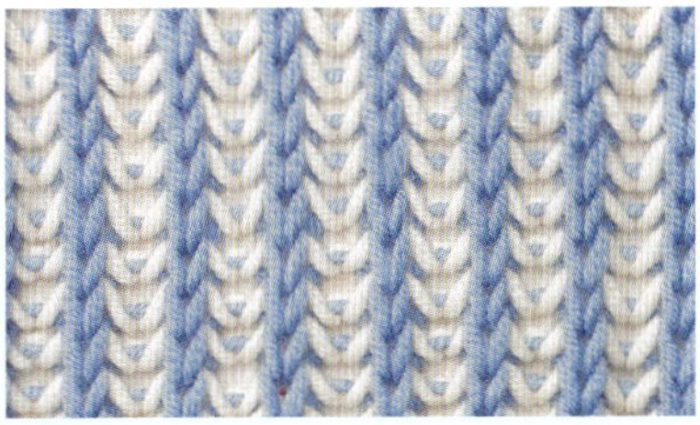

254 Zweifarbiges Patentmuster

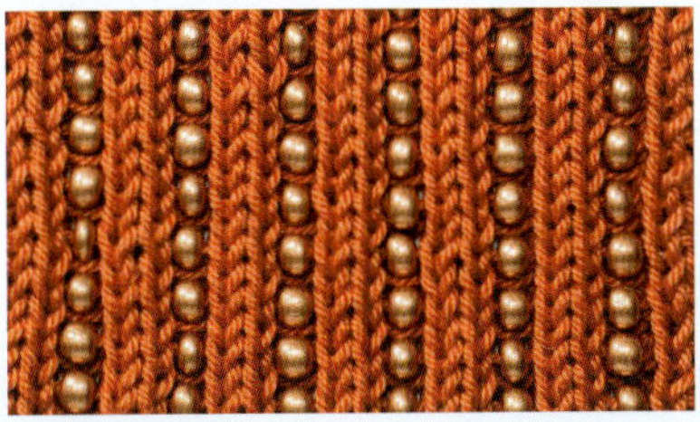

255 Perlrippen

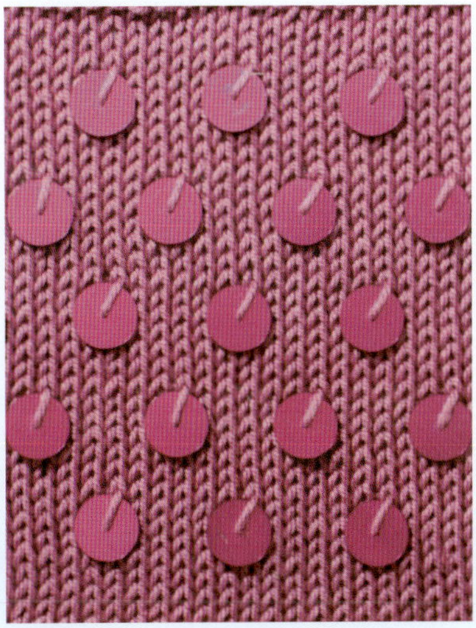

258 Paillettentupfen

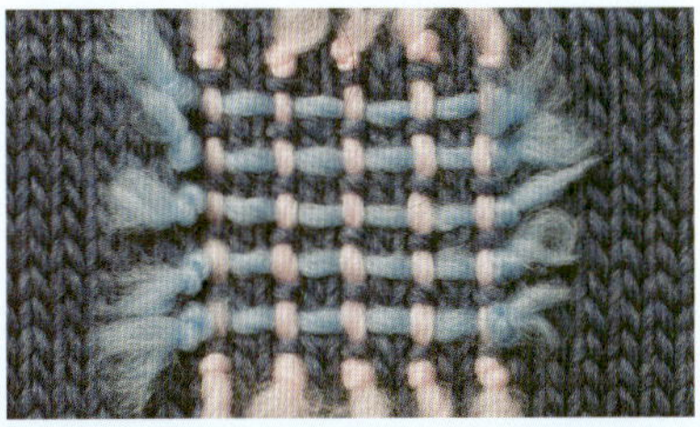

256 Zierflicken

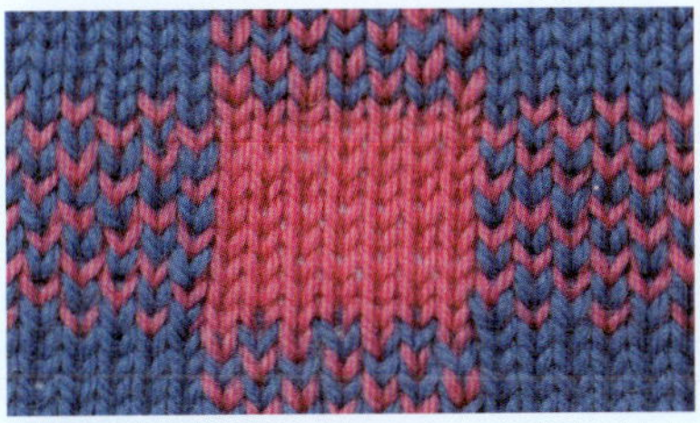

257 Einfaches Karomuster

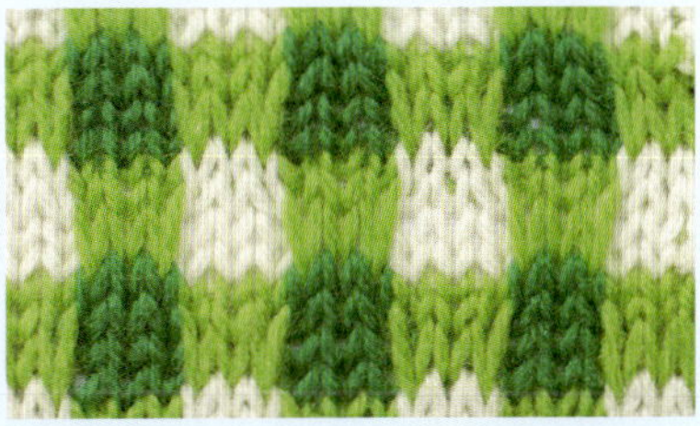

259 Hebemaschenkaro

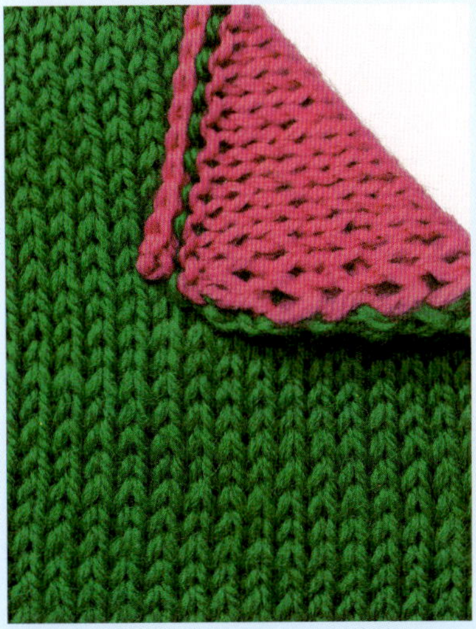

262 Zweifarbiges, doppellagiges Gestrick

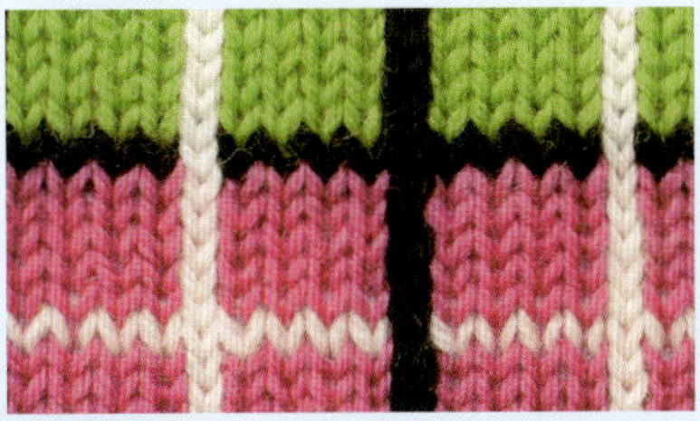

260 Überkaro

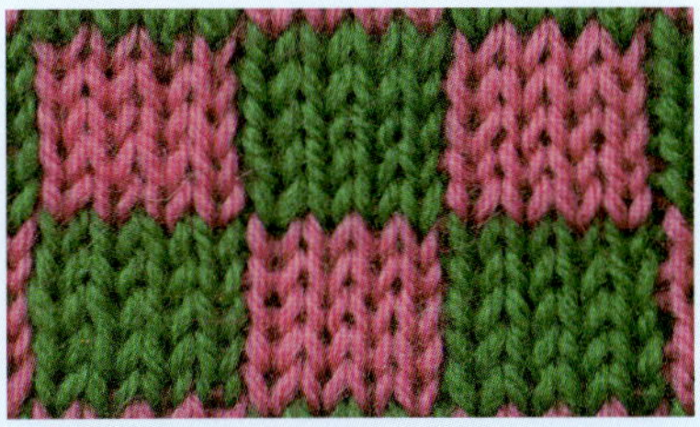

261 Doppelseites Karomuster

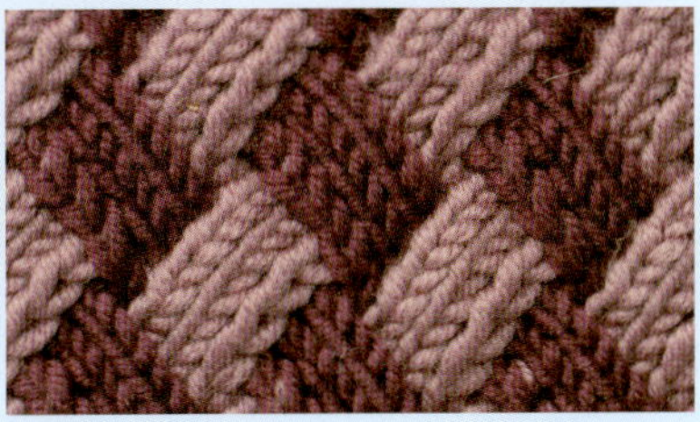

263 Flechtmuster

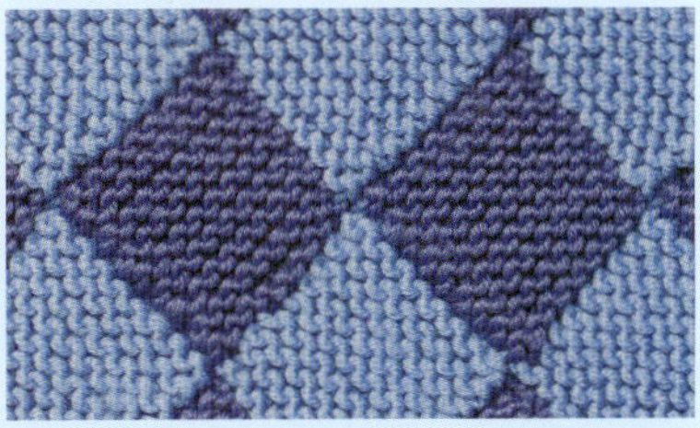

264 Krauses Flechtmuster

Muster 239

Streifen mit verkürzten Reihen

Es gibt verschiedene Möglichkeiten, Zickzack-Streifen mit verkürzten Reihen zu arbeiten. Eine davon besteht darin, innerhalb der Reihe zu wenden und dann die 1. Masche der Rückreihe abzuheben, wobei jedoch an der Wendestelle ein kleines Loch entsteht. Das lässt sich vermeiden, indem man den Faden um diese Masche wickelt, doch zeigt sich dann eine kleine Erhebung auf dem glatt rechten Gestrick. Verkürzte Reihen können gleichmäßig oder ungleichmäßig gearbeitet werden.

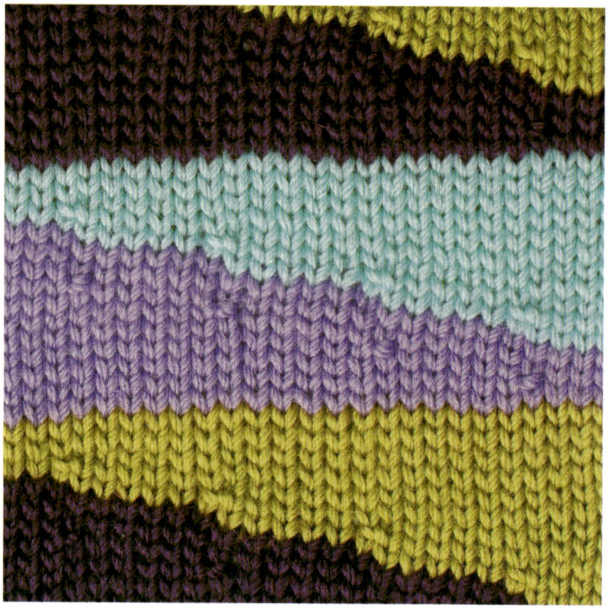

Anleitung

Beim abgebildeten Beispiel wurden die Streifen über 30 M in Abständen von 6 M gewendet.

1. Reihe (Hin-R; Fb A): Re M str.

2. Reihe: Li M str.

3. und 4. Reihe: 24 M re, w&w, li M str bis R-Ende.

5. und 6. Reihe: 18 M re, w&w, li M str bis R-Ende.

7. und 8. Reihe: 12 M re, w&w, li M str bis R-Ende.

9. und 10. Reihe: 6 M re, w&w, li M str bis R-Ende.

11. Reihe: Re M str.

12. Reihe (Fb B): Li M str.

13. Reihe: Re M str.

14. und 15. Reihe: 6 M li, w&w, re M str bis R-Ende.

16. und 17. Reihe: 12 M li, w&w, re M str bis R-Ende.

18. und 19. Reihe: 18 M li, w&w, re M str bis R-Ende.

20. und 21. Reihe: 24 M li, w&w, re M str bis R-Ende.

22. Reihe: Li M str.

Die 1.–22. R stets wdh, dabei beliebige Fb als Fb A und B einsetzen.

Hinweis

Die Abkürzung „w&w“ bedeutet „wickeln & wenden“. Um eine Masche zu umwickeln, den Faden zwischen den Nadeln zur anderen Seite der Arbeit legen, 1 Masche links abheben, den Faden wieder auf die ursprüngliche Seite der Arbeit legen, die abgehobene Masche zurück auf die linke Nadel legen und die Arbeit wenden, um mit der verkürzten Reihe zu beginnen. Diese Technik ist in Hin- und Rückreihen dieselbe.

Farbschlüssel

- Fb A
- Fb B

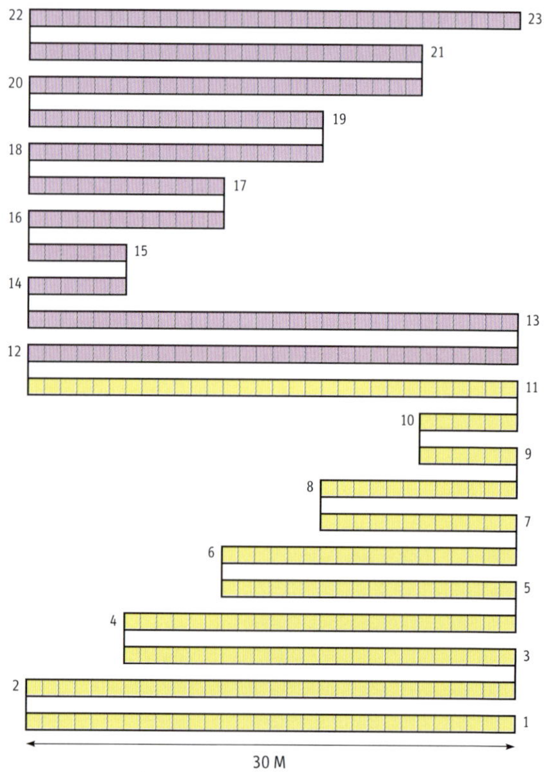

☐ = in Hin-R 1 M re, in Rück-R 1 M li ◺ = 2 M re zus-str ◣ = 2 M re übz zus-str ◯ = 1 U

Muster 240

Streifen mit ungeraden Reihenzahlen

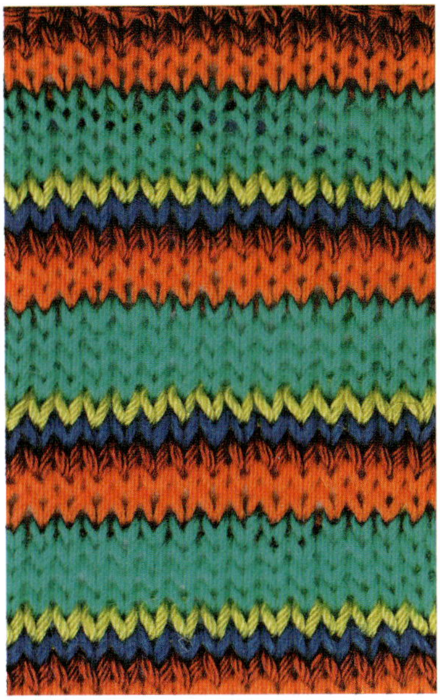

Bei glatt rechts gestrickten Streifenmustern mit ungeraden Reihenzahlen bleiben normalerweise viele Fadenenden an den Seiten hängen, weil der Faden abgeschnitten werden muss und nicht seitlich nach oben mitgeführt werden kann. Wenn Sie mit beidseitig spitzen Stricknadeln anstelle von Jacken- oder Schnellstricknadeln arbeiten, umgehen Sie dieses Problem.

Anleitung

Mit beidseitig spitzen Nadeln (Spielstricknadeln oder Rundstricknadel) die Streifenfolge wie gewohnt stricken: Hinreihen rechts, Rückreihen links. Wenn in der nächsten Reihe eine Farbe gebraucht wird, die am anderen Nadelende hängt, schieben Sie einfach alle Maschen auf die andere Seite der Nadel und stricken die Reihe von diesem Nadelende her rechts oder links.

Hinweis

Der 9-Reihen-Mustersatz dieser Streifenfolge ist mit der oben beschriebenen Schiebetechnik gearbeitet, sodass alle Farben seitlich mitgeführt werden können. Dieselbe Technik können Sie für frei kombinierte Streifen anwenden.

Muster 241

Sonnenstrahlen

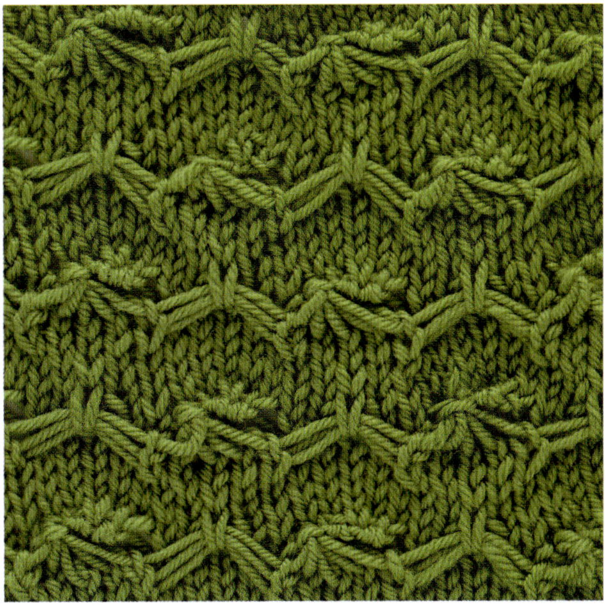

In diesem Muster sind über mehrere Maschen und Reihen nach oben gezogene Fäden kombiniert mit im estländischen Stil zusammengestrickten Maschen und ergeben zusammen ein stark strukturiertes, festes Gestrick. Dieses Muster sollte sorgfältig gespannt werden, da die einzelnen Musterelemente erst dann ihre volle Magie entfalten.

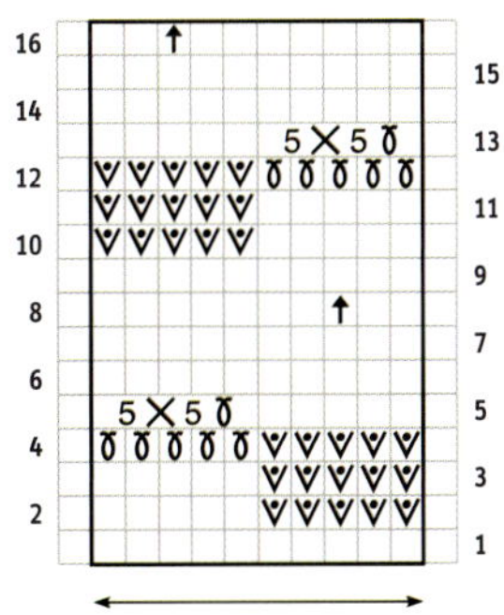

Musterrapport über 10 M

Besondere Stricksymbole

[5 X 5 Ծ] = Die nächsten 5 M auf die rechte Nd heben, dabei die zusätzlichen U fallen lassen. Die 5 M zurück auf die linke Nd heben und diese 5 M re verschr zus-str. Die M zurück auf die linke Nd legen und in diese M str wie folgt: 1 M re verschr, 1 M re, 1 M re verschr, 1 M re, 1 M re verschr (= 5 M aus 1 M herausgestrickt).

[V] = in Hin-R 1 M abh (Fv), in Rückr 1 M abh (Fh)

[Ծ] = 1 M li str, dabei den Faden 2x um die Nd legen

[↑] = Mit der li Nd von hinten die 3 losen Fäden aufnehmen, dann die Fäden mit der re Nd von vorn auf die re Nd herüberheben, ohne sie zu verdrehen. Die nächste M re str, dann die Fäden über die gestrickte M und von der Nd ziehen.

Muster 242

Muschelmuster

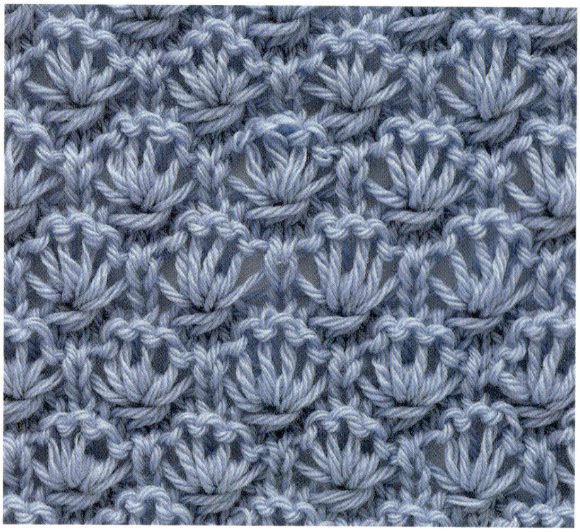

Dieses faszinierende Muster entsteht durch die Kombination aus langgezogenen Maschen, für die die Maschen jeweils mit zwei Umschlägen gestrickt werden, mit einer Reihe von Zu- und Abnahmen. Für eine etwas geradere untere Kante kann man vor der ersten Muschel-Reihe einige Reihen kraus rechts stricken.

Anleitung

M-Zahl teilbar durch 6 plus 7 M.

1. Reihe (Hin-R): Re M str.

2. Reihe (Rück-R): * 1 M li, 5 x [1 M li, dabei den Faden 2x um die Nd wickeln], ab * fortlfd wdh bis zur letzten M, 1 M li.

3. Reihe: 1 M re, * Muschel über 5 M, 1 M re, ab * fortlfd wdh bis zu den letzten 6 M, Muschel über 5 M, 1 M re.

4. Reihe: * 1 M li, 5 x [1 M re, dabei den zusätzliche U fallen lassen], ab * fortlfd wdh bis zur letzten M, 1 M li.

5. Reihe: Re M str.

6. Reihe: 3 M li, * 1 M li, 5 x [1 M li, dabei den Faden 2x um die Nd wickeln], ab * fortlfd wdh bis zu den letzten 4 M, 4 M li.

7. Reihe: 4 M re, * Muschel über 5 M, 1 M re, ab * fortlfd wdh bis zu den letzten 3 M, 3 M re.

8. Reihe: 3 M li, * 1 M li, 5 x [1 M re, dabei den zusätzliche U fallen lassen], ab * fortlfd wdh bis zu den letzten 4 M, 4 M li.

Besondere Stricksymbole

= Muschel über 5 M: 5 M auf die rechte Nd abh, dabei die zusätzlichen U fallen lassen, die 5 M zurück auf die linke Nd heben, in alle 5 M zusammen [2 x (1 M re, 1 M li), 1 M re] str, dabei bei jeder M den Faden 2x um die Nd wickeln.

= 1 M re, dabei den zusätzlichen U fallen lassen.

= 1 M li, dabei den Faden 2x um die Nd wickeln.

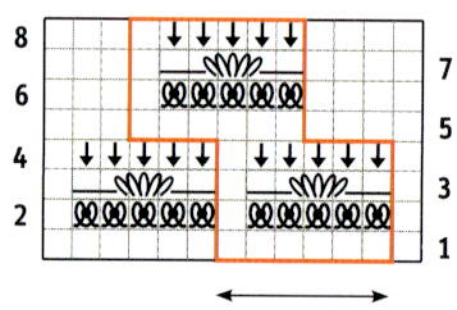

Musterrapport über 6 M

Muster 243

Kreismotiv

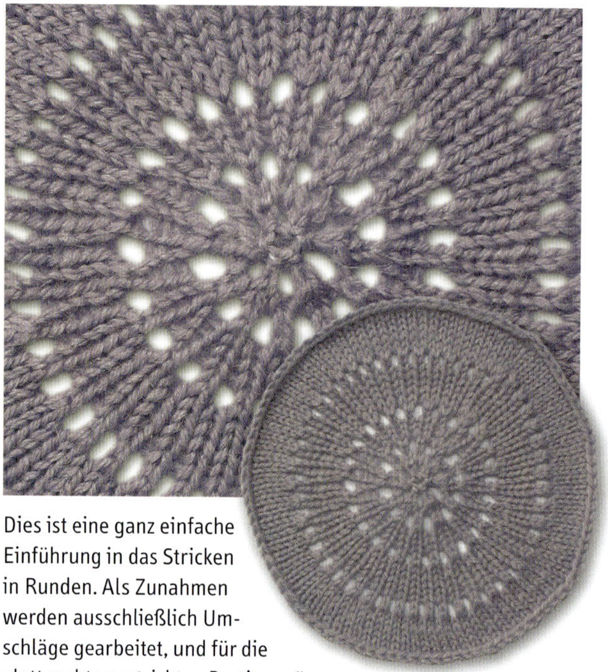

Dies ist eine ganz einfache Einführung in das Stricken in Runden. Als Zunahmen werden ausschließlich Umschläge gearbeitet, und für die glatt rechts gestrickten Partien müssen Sie immer nur rechte Maschen stricken.

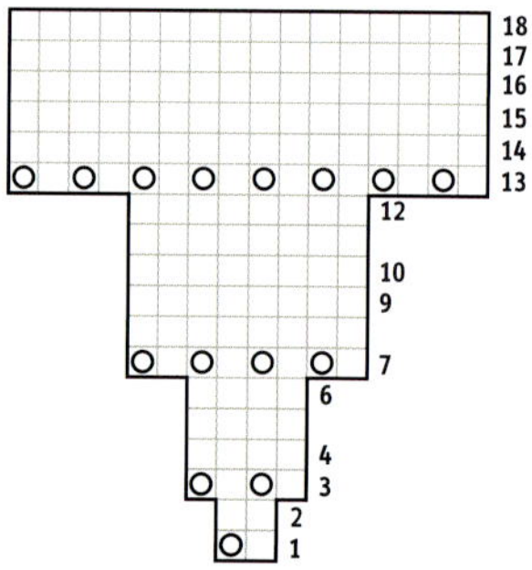

1/6 des Kreismotivs

Hinweise

- Stricken Sie mit 4 Nadeln eines Nadelspiels.
- Das Kreismotiv wird in Runden gearbeitet, sodass Sie immer die rechte Seite der Arbeit vor Augen haben. Die Strickschrift wird von rechts nach links gelesen.
- Zu Beginn schlagen Sie auf 3 Nadeln jeweils 2 Maschen an. Um die Arbeit zur Runde zu schließen, legen Sie den Faden nach vorne, heben die 1. Anschlagmasche auf die 3. Nadel, legen den Faden wieder nach hinten und heben die Masche zurück auf die 1. Nadel; wenden.

= in Hin-R 1 M re, in Rück-R 1 M li   = in Hin-R 1 M li, in Rück-R 1 M re   = 2 M re zus-str   = 2 M re übz zus-str

Muster 244

Sechseck-Motiv mit Blüte

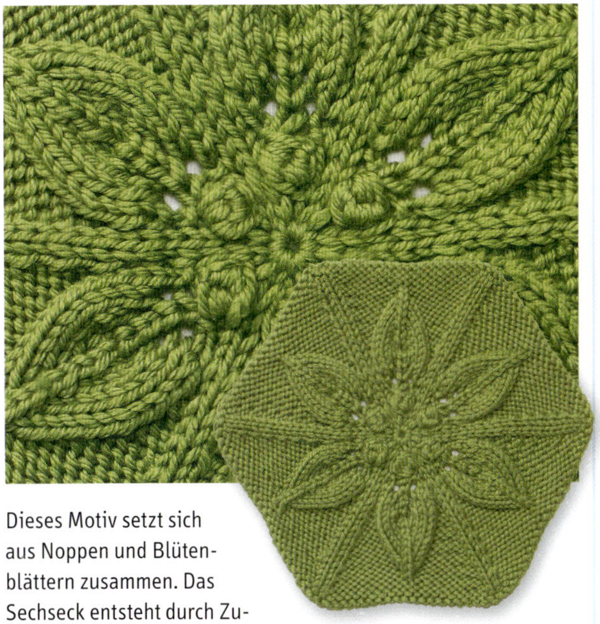

Dieses Motiv setzt sich aus Noppen und Blütenblättern zusammen. Das Sechseck entsteht durch Zunahmen, bei denen dieselbe Masche 2 x abgestrickt wird, am Beginn und durch 2 linke Maschen in 1 Masche der Vor-Rd am Ende jedes Abschnitts.

Besondere Stricksymbole

ΛO = [1 M re, 1 M re verschr] in 1 M str

ΛO = [1 M li, 1 M li verschr] in 1 M str

B = Noppe: [1 M re, 1 U, 1 M re, 1 U, 1 M re] in 1 M str, wenden, 5 M li, wenden, 5 M re, 4 der eben gestrickten M über die letzte M ziehen

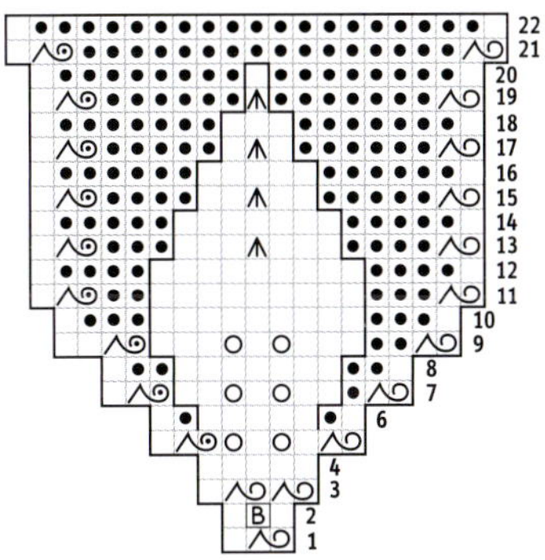

1/6 des Kreismotivs

Hinweise

- Stricken Sie mit 4 Nadeln eines Nadelspiels.
- Das Sechseck wird in Runden gearbeitet, sodass Sie immer die rechte Seite der Arbeit vor Augen haben. Die Strickschrift wird von rechts nach links gelesen.
- Zu beginn mit einer Häkelnadel 12 Maschen so anschlagen, wie beim Lochmusterquadrat (Muster 241) beschrieben, dann jeweils 4 Maschen auf jede der 3 Nadeln übertragen.
- Jede Reihe der Strickschrift 2 x pro Nadel arbeiten.
- Zum Abketten den Faden nach vorne legen, die 1. Masche der Runde auf die 4. Nadel abheben, den Faden nach hinten legen, die Masche wieder auf die 1. Nadel nehmen; wenden und alle Maschen von der linken Seite der Arbeit rechts abketten.

Muster 245

Horizontales Fischgrätmuster

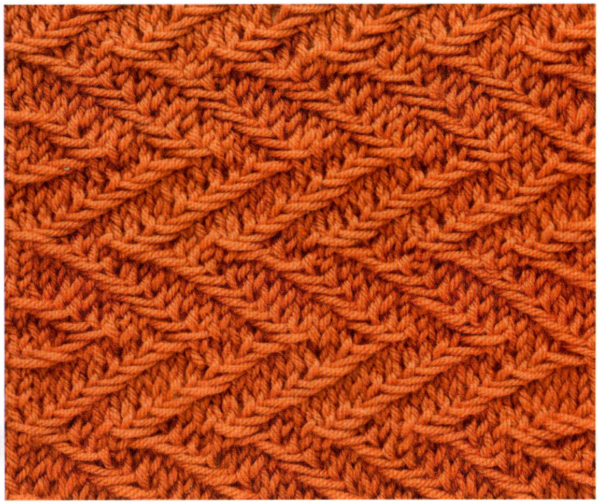

Hebemaschen auf einem glatt rechten Untergrund ergeben ein festes Gestrick mit einem auffallenden Zickzackmuster. Mit einem Rapport von nur 6 Maschen ist das einmal eingeteilte Muster einfach zu stricken.

Anleitung

M-Zahl teilbar durch 6 plus 8 M.

1. Reihe (Hin-R): 1 M re, 3 x 1 M abh (Fv), *3 M re, 3 x 1 M abh (Fv), ab* fortlfd wdh bis zu den letzten 4 M, 4 M re.

2. Reihe (Rück-R): 3 M li, 1 M abh (Fh), *2 x 1 M abh (Fh), 3 M li, 1 M abh (Fh), ab* fortlfd wdh bis zu den letzten 4 M, 2 x 1 M abh (Fh), 2 M li.

3. Reihe: 3 M re, 1 M abh (Fv), *2 x 1 M abh (Fv), 3 M re, 1 M abh (Fv), ab* fortlfd wdh bis zu den letzten 4 M, 2 x 1 M abh (Fv), 2 M re.

4. Reihe: 1 M li, 3 x 1 M abh (Fh), *3 M li, 3 x 1 M abh (Fh), ab* fortlfd wdh bis zu den letzten 4 M, 4 M li.

5. Reihe: 4 M re, *1 M re, 3 x 1 M abh (Fv), 2 M re, ab* fortlfd wdh bis zu den letzten 4 M, 4 M re.

6. Reihe: 4 M li, *1 M li, 3 x 1 M abh (Fh), 2 M li, ab* fortlfd wdh bis zu den letzten 4 M, 4 M li.

7.-10. Reihe: Die 1.-4. Reihe wdh.

11. Reihe: Die 3. Reihe wdh.

12. Reihe: Die 2. Reihe wdh.

13. Reihe: Die 1. Reihe wdh.

14. Reihe: Die 6. Reihe wdh.

15. Reihe: Die 5. Reihe wdh.

16. Reihe: Die 4. Reihe wdh.

17. Reihe: Die 3. Reihe wdh.

18. Reihe: Die 2. Reihe wdh.

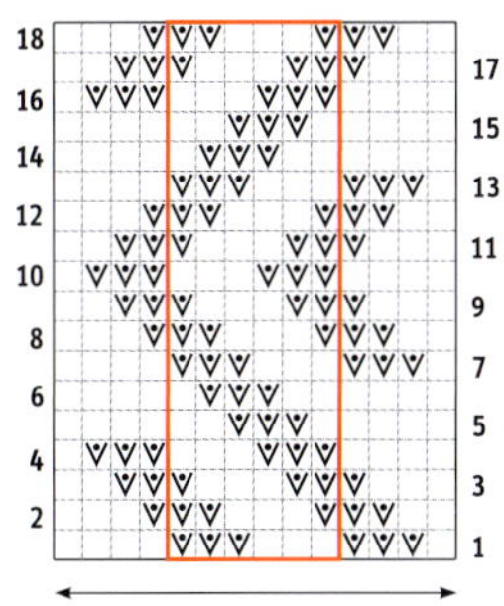

M-Zahl teilbar durch 6 plus 8 M

Λ = 2 M zus wie zum Rechtsstr abh, 1 M re, die 2 abgehobenen M überziehen O = 1 U V in Hin-R 1 M abh (Fv), in Rückr 1 M abh (Fh)

Muster 246

Schlingenflor

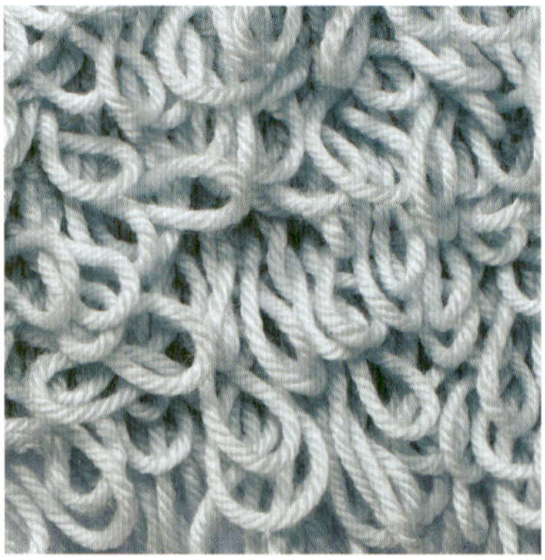

Bei dieser Methode, einen künstlichen Pelz zu stricken, werden einzelne Schlingen auf der rechten Seite eines glatt rechten Gestricks gearbeitet. Für einen Fransensaum können Sie nur ein paar Reihen Schlingen arbeiten, für einen dichteren Flor bei jeder Masche eine Schlinge bilden. Die Schlingen sind so fest, dass Sie sie aufschneiden können, wenn Sie möchten.

Anleitung

M-Zahl teilbar durch 2 + 3 M.

1. Reihe (Hin-R): 1 M re, [* die nächste M re str, aber noch auf der linken Nd lassen, den Faden zwischen den Nd zur Vorderseite der Arbeit legen, den Faden im Uhrzeigersinn um den linken Daumen wickeln und zwischen den Nd wieder nach hinten legen, dieselbe M re str und von der linken Nd gleiten lassen, die soeben gestrickten 2 M auf die linke Nd zurückheben und re verschr zus-str *, 1 M re]; die Arbeitsschritte in eckigen Klammern fortlfd wdh bis R-Ende.

2. und 4. Reihe: Li M str.

3. Reihe: 2 M re, [von * bis * arb, wie für die 1. R beschrieben, 1 M re]; die Arbeitsschritte in eckigen Klammern fortlfd wdh bis zur letzten M, 1 M re.

Die 1.–4. R stets wdh.

Hinweis

Die Schlingen können kleiner oder größer gearbeitet werden, je nachdem, wie fest oder auch wie oft Sie den Faden um den Daumen wickeln.

Muster 247

Biesen-Beeren

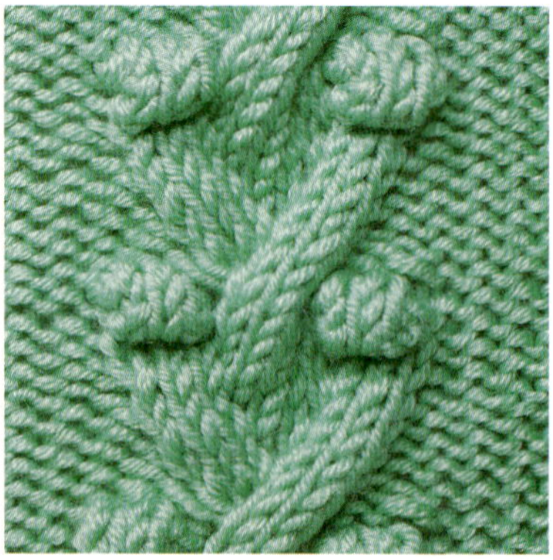

Die Beeren in diesem Muster sehen aus wie Noppen, sind aber in Wirklichkeit winzige Biesen über 3 Maschen. Ihr klares, eckiges Erscheinungsbild kontrastiert hübsch mit dem kräftigen, geschwungenen Zopf.

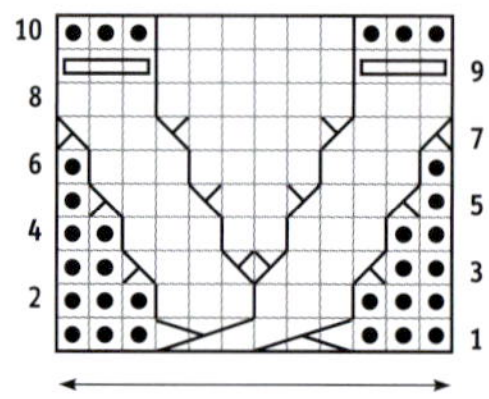

Musterstreifen über 12 M

Besondere Stricksymbole

= 3 x [3 M re, wenden, 3 M li, wenden], den eben gearbeiteten Streifen zur linken Seite der Arbeit falten, * die rechte Nd in die 1. M auf der linken Nd und in die hintere Schlinge der entsprechenden M der letzten R vor den Wende-R, einstechen beide M re zus-str; ab * noch 2 x wdh

= 1 M auf einer Zopf-Nd hinter die Arbeit legen, 3 M re, dann die M der Zopf-Nd re str

= 3 M auf einer Zopf-Nd vor die Arbeit legen, 1 M re, dann die 3 M der Zopf-Nd re str

Hinweis

Für dieses Muster ist eine Zopf-Nd erforderlich.

Muster 248

Zickzack-Biesen

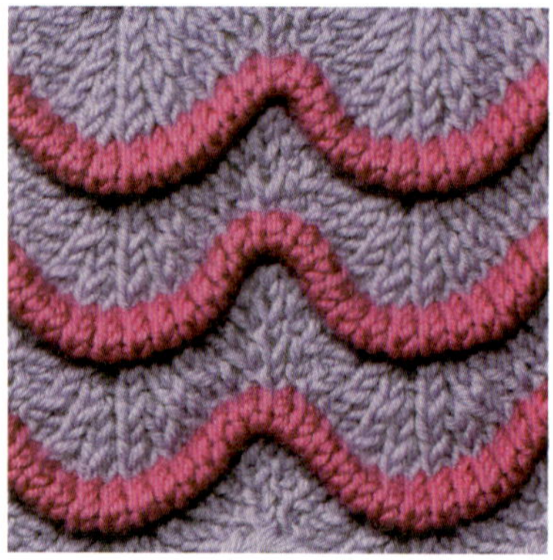

Durch den Zickzack-Hintergrund bilden diese Biesen weiche Wellen und ergeben an Ober- und Unterkante dekorative Bogenränder. Die Biesen selbst sind Streifen über 6 Reihen, die gefaltet und entlang der Reihe zusammengestrickt werden.

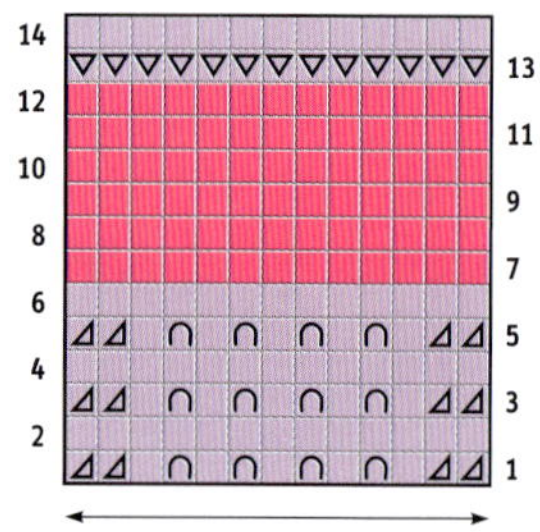

M-Zahl teilbar durch 13

Farbschlüssel

- Fb A
- Fb B

Besonderes Stricksymbol

= in Fb A die M auf der Nd mit der hinteren Schlinge der entsprechenden M der 6. R re zus-str

= in Hin-R 1 M re, in Rück-R 1 M li; = in Hin-R 1 M li, in Rück-R 1 M re; = 2 M re zus-str; = 6 M rvkr

Muster 249

Spitzenmäßig verdrehte Blöcke

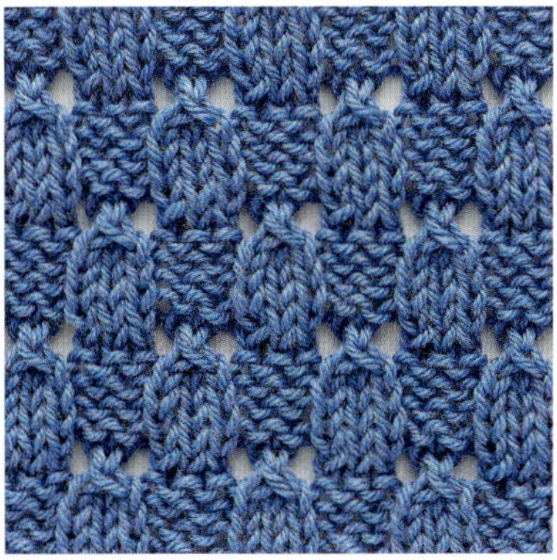

Durch die ebenso einfache wie effektvolle Kombination aus Umschlägen und zusammengestrickten Maschen sieht es aus, als ob Zöpfe gestrickt wurden, man benötigt aber weder eine Zopfnadel noch werden Maschen verkreuzt. Das Muster ist zart genug, dass man es über die ganze Fläche eines Modells stricken kann und sieht mit vielen verschiedenen Garnen gut aus.

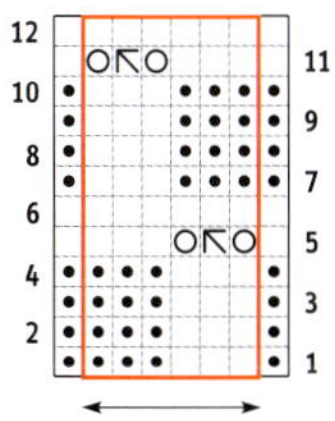

Musterrapport über 6 M

Muster 250

Verdrehte Pünktchen

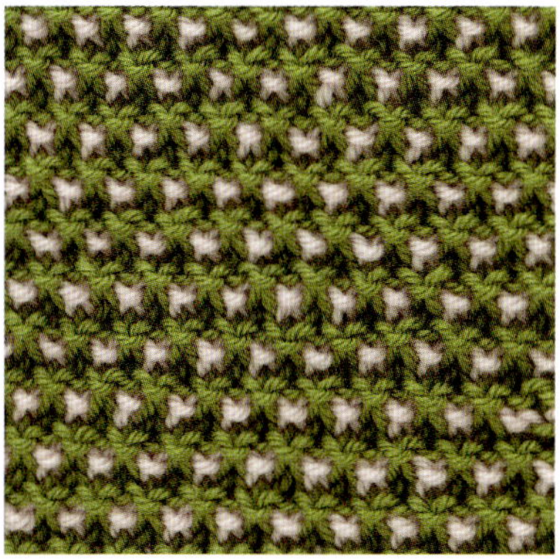

Dieses niedliche, gesprenkelte Muster sieht kompliziert aus, aber in jeder Reihe wird nur mit einer Farbe gestrickt. Es gibt also kein lästiges Mitführen von Fäden oder Verkreuzen von Maschen. Die Farbpunkte entstehen durch Hebemaschen, wodurch die Farbe von weiter unten hochgezogen wird. Damit entsteht ein plüschiges Gestrick.

Besonderes Stricksymbol

V = in Hin-R 1 M abh (Fh), in Rückr 1 M abh (Fv)
Graue Kästchen: keine M.

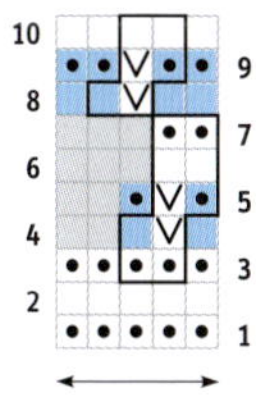

5 M

Muster 251

Verpixelt

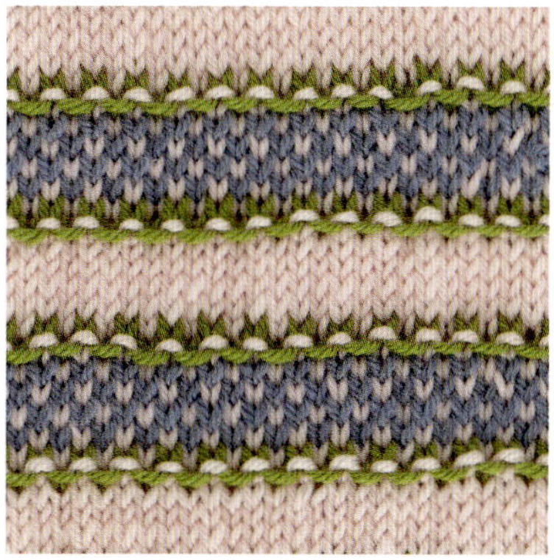

Dieses zarte Muster ist eine gute Einführung ins Stricken mit mehreren Farben. Hier werden einfach abwechselnd in zwei Farben glatt rechte Maschen für ein Schachbrettmuster oder abwechselnd rechte und linke Maschen gestrickt. Durch das Verändern der Reihenzahlen oder das Vertauschen der einzelnen Partien ergibt sich eine Vielzahl unterschiedlicher Muster.

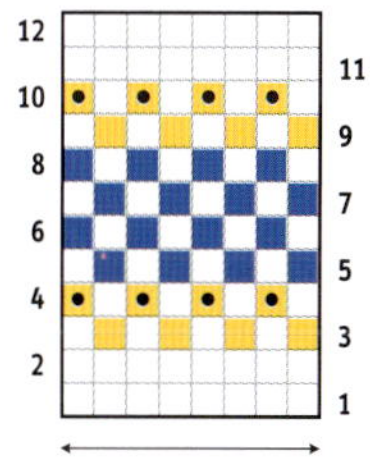

8 M

Muster 252

Kleine Zelte

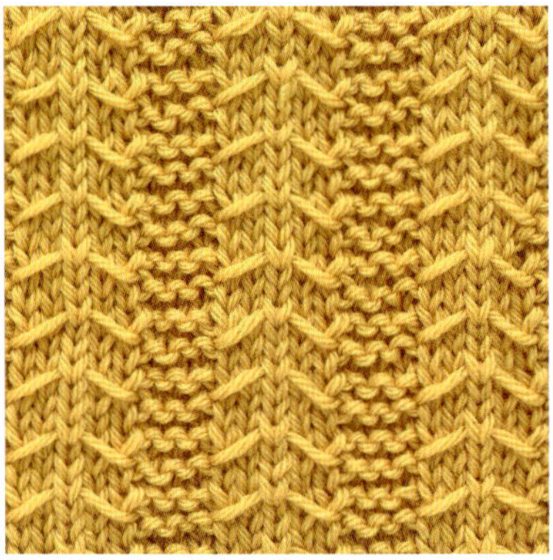

Dieses bezaubernde, gleichmäßige Muster kann als ungewöhnliches Rippenmuster oder als Teil eines Musterstreifens verwendet werden. Es ist einfach zu stricken, aber der Faden darf nicht zu fest über die abgehobenen Maschen gespannt werden.

Anleitung

M-Zahl teilbar durch 8 plus 1 M.

1. Reihe (Rück-R): 1 M re, * 1 M re, 5 M li, 2 M re, ab * fortlfd wdh bis R-Ende.

2. Reihe (Hin-R): * 2 M re, 5 x 1 M abh (Fv), 1 M re, ab * fortlfd wdh bis zur letzten M, 1 M re.

3. Reihe: Die 1. Reihe wdh.

4. Reihe: * 4 M re, den losen Faden anheben, 3 M re, ab * fortlfd wdh bis zur letzten M, 1 M re.

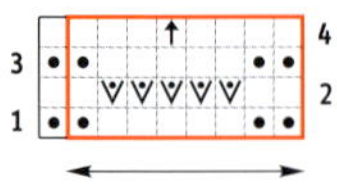

Musterrapport über 8 M

Besonderes Stricksymbol

[↑] = Den losen Faden anheben: Mit der rechten Nd den losen Faden von vorn aufnehmen, dann die nächste M re str und diese M unter dem Faden durchziehen.

Muster 253

Margeritenstich

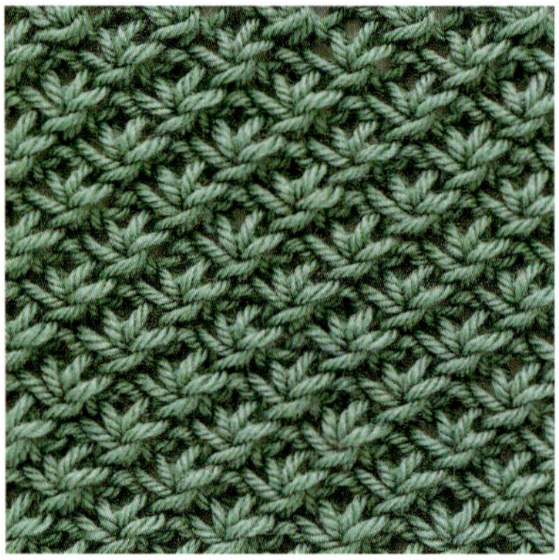

Wenn man einmal weiß, wie der Margeritenstich gestrickt wird, kann man dieses Muster für die unterschiedlichsten Projekte verwenden. Das Gestrick wird allerdings ziemlich fest, daher sollten Sie für einen schöneren Fall mit Nadeln stricken, die ca. 2 Stärken größer sind, als für die Wolle empfohlen.

Anleitung

M-Zahl teilbar durch 4 plus 3 M.

1. Reihe (Hin-R): Re M str,

2. Reihe (Rück-R): 3 M re, * Margeritenstich über 3 M, 1 M re, ab * fortlfd wdh bis R-Ende.

3. Reihe: Re M str,

4. Reihe: 1 M re, * Margeritenstich über 3 M, 1 M re, ab * fortlfd wdh bis zu den letzten 2 M, 2 M re.

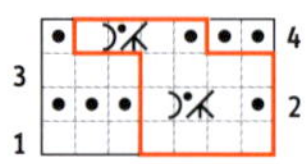

Musterrapport über 4 M

Besonderes Stricksymbol

[Symbol] = Margeritenstich über 3 M: 3 M li zus-str, die M jedoch nicht von der linken Nd gleiten lassen, 1 U, dann die selben 3 M nochmals li zus-str, danach die M von der linken Nd gleiten lassen.

Muster 254

Zweifarbiges Patentmuster

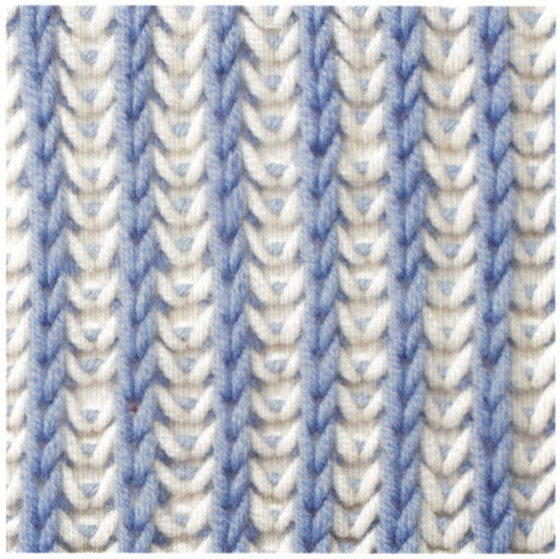

Diese Version des Patentmusters (Muster 253) ergibt vertikale Streifen in zwei Farben. Zunächst ist es nicht ganz einfach zu erkennen, wie das Muster aussehen wird, aber wenn Sie nach einigen Mustersätzen an der Unterkante des Gestricks ziehen, wird das Ganze klarer.

Anleitung

M-Zahl teilbar durch 2 + 1 M.

Die erforderliche M-Zahl mit Fb A anschl.

Grundreihe: 1 M li, * 1 M re, 1 M li; ab * fortlfd wdh bis R-Ende; schieben.

Diese Grund-R wird nicht wiederholt.

1. Reihe (Fb B): 1 M li, * 1 M re tg, 1 M li; ab * fortlfd wdh bis R-Ende; wenden.

2. Reihe (Fb A): * 1 M re tg, 1 M li; ab * fortlfd wdh bis zur letzten M, 1 M re tg; schieben.

3. Reihe (Fb B): 1 M re, * 1 M li tg, 1 M re; ab * fortlfd wdh bis R-Ende; wenden.

4. Reihe (Fb A): * 1 M li tg, 1 M re; ab * fortlfd wdh bis zur letzten M, 1 M li tg; schieben.

Die 1.–4. R stets wdh.

Hinweise

- Dieses Muster wird mit zwei Spielstricknadeln oder einer Rundstricknadel gearbeitet.
- „Schieben" bedeutet, dass die Maschen ans andere Nadelende geschoben werden, damit die nächste Reihe in der gleichen Richtung wie die Vorreihe gearbeitet werden kann.
- Das Muster wirkt in zwei kontrastierenden Farben besonders klar (hier: Blau = Farbe A, Wollweiß = Farbe B).

[ ] in Hin-R 1 M re, in Rückr 1 M li [•] in Hin-R 1 M li, in Rückr 1 M re [V] in Hin-R 1 M abh (Fv), in Rückr 1 M abh (Fh)

Muster 255

Perlrippen

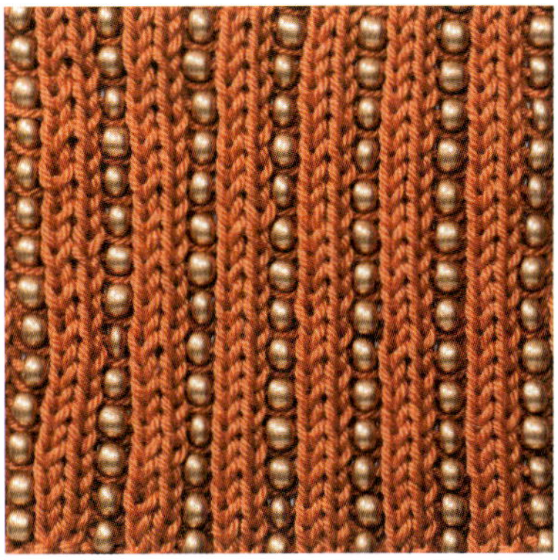

Dies ist die einfachste Methode, Strickarbeiten mit Perlen zu verzieren: Sie müssen nur eine Perle auf dem Arbeitsfaden so weit nach oben schieben, dass sie waagerecht zwischen 2 linken Maschen hängt. Die Technik funktioniert auch, wenn man einzelne größere Perlen oder ungewöhnlich geformte Perlen mit einem Loch am oberen Ende in glatt rechtes Gestrick einarbeiten möchte. Entscheiden Sie, wo die Perlen platziert werden sollen, und arbeiten Sie rechts und links davon jeweils eine linke Masche, damit die Perle auf der Vorderseite der Arbeit liegt.

Anleitung

M-Zahl teilbar durch 4 + 2 M.

1. Reihe (Hin-R): 2 M re, * 1 M li, 1 Perle (= P), 1 M li, 2 M re; ab * fortlfd wdh bis R-Ende.

2. Reihe: 2 M li, * 2 M re, 2 M li; ab * fortlfd wdh bis R-Ende.

Die 1. und 2. R stets wdh.

Hinweise

- Fädeln Sie alle Perlen auf das Garn auf, bevor Sie zu stricken beginnen.
- So gelingt das Auffädeln der Perlen am leichtesten: Fädeln Sie in eine Perlnadel oder eine dünne Nähnadel ein kurzes Stück Nähgarn ein, verknoten Sie die Enden und schieben Sie den Knoten dicht an das Nadelöhr. Hängen Sie das Ende des Strickgarns in die Fadenschlinge ein. Dann nehmen Sie die Perlen mit der Nadelspitze auf und schieben sie über die Fadenschlinge auf das Strickgarn.

Muster 256

Zierflicken

Für diesen pfiffigen Zierflicken brauchen Sie nicht mehrfarbig zu stricken. Das Quadrat wird lediglich im unterbrochenen Rippenmuster 1/1 (Muster 11) gestrickt und mit kontrastfarbenen Fäden durchwebt.

Anleitung

1. Reihe (Hin-R; Fb A): 1 M li, 4 x [1 M re, 1 M li].

2. Reihe: Li M str

Die 1. und 2. R noch 4 x wdh, dann die 1. R noch 1 x wdh.

Durchweben

Einen Faden in Farbe B in eine Sticknadel ohne Spitze einfädeln, das Ende verknoten und die Nadel unter jeder linken Masche der 1. Rippe durchstechen. Den Faden nicht zu fest anziehen, das Ende verknoten, zurückschneiden und beide Enden ausfransen.Bei jeder weiteren Links-Maschen-Rippe genauso verfahren. Dann einen Faden in Farbe C einfädeln, verknoten und unter der ersten horizontalen Reihe von Fäden in Farbe B durchziehen, das Fadenende abschneiden, verknoten und ausfransen wie zuvor. Bei den weiteren horizontalen Reihen in Farbe B genauso verfahren.

Hinweise

- Für dieses Muster brauchen Sie eine Wollnadel oder eine stumpfe Sticknadel.
- Beim abgebildeten Beispiel ist Graublau die Farbe A, Rosa die Farbe B und Hellblau die Farbe C.

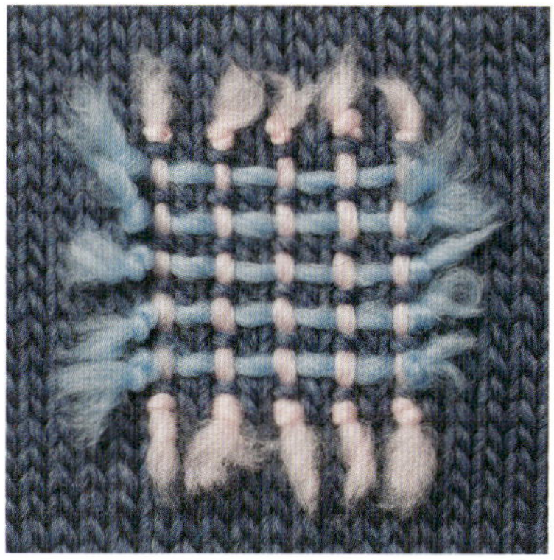

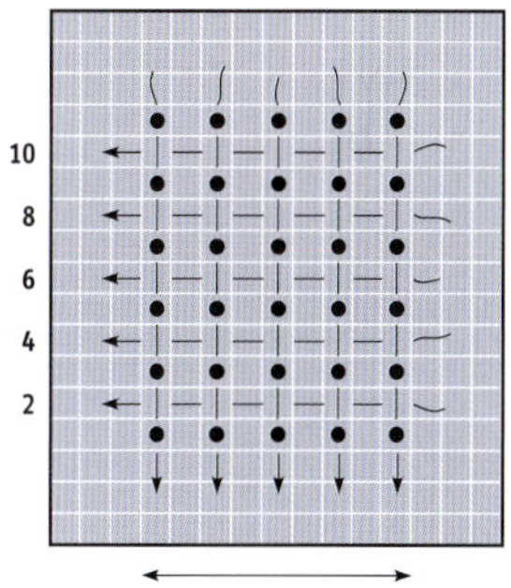

Das durchwebte Quadrat im unterbrochenen Rippenmuster 1/1 ist 9 M breit und 11 R hoch, kann aber auch in jeder anderen Größe gearbeitet werden.

Farbschlüssel

▢ = Fb A

Besondere Stricksymbole

↓ = Richtung der Fäden in Fb B

← = Richtung der Fäden in Fb C

Muster 257

Einfaches Karomuster

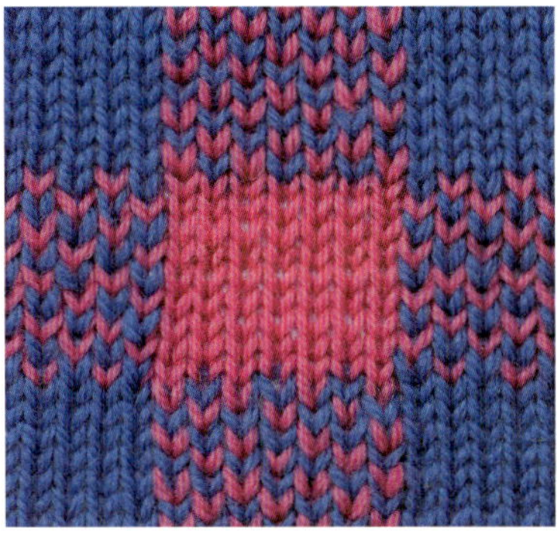

Für dieses sehr effektvolle Muster stricken Sie glatt rechte Streifen und ergänzen sie im Maschenstich zum Karomuster.

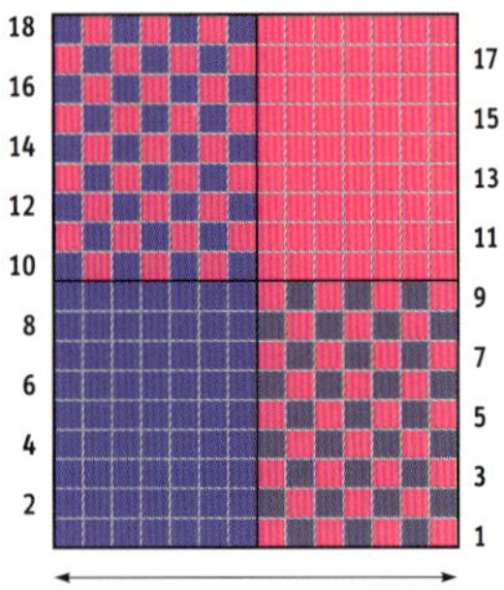

M-Zahl teilbar durch 14

Anleitung

Die erforderliche M-Zahl in Fb A (Blau) anschl.

9 R glatt re str (1. R = Hin-R re M).

Zu Fb B (Pink) wechseln.

9 R glatt re str.

Diese 18 R stets wdh.

Wenn die Arbeit die gewünschte Höhe erreicht hat, alle M abk, dann von der rechten Seite der Arbeit mit einer Sticknadel ohne Spitze gemäß Zählmuster Maschenstiche in Fb B auf den Streifen in Fb A arb und umgekehrt, sodass das Karomuster entsteht.

Hinweis

Für dieses Muster ist eine Wollnadel oder eine stumpfe Sticknadel zum Sticken der Maschenstiche erforderlich.

Muster 258

Paillettentupfen

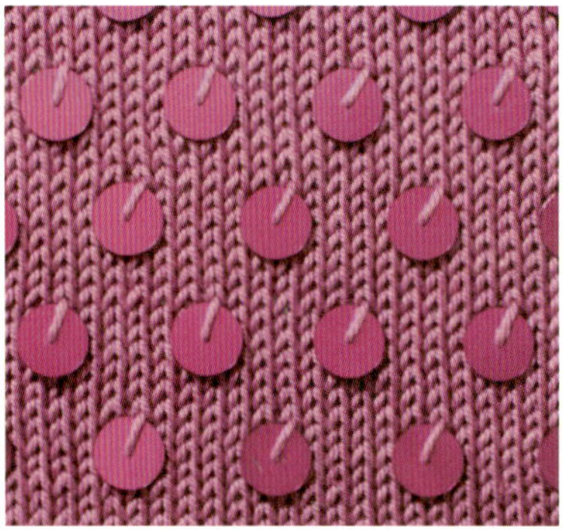

Damit die Pailletten flach auf der rechten Seite der Arbeit liegen, müssen Sie beim Stricken einer rechten Masche eine Paillette durch die Masche schieben. Beim abgebildeten Beispiel sind die Pailletten in einem gleichmäßigen Tupfenmuster verteilt; sie können aber nach Belieben auch in engeren Abständen oder zufällig verteilt eingestrickt werden.

Anleitung

M-Zahl teilbar durch 6 + 7 M.

1. Reihe (Hin-R): Re M str.

2. Reihe: Li M str.

3. Reihe: Re M str.

4. Reihe: Li M str.

5. Reihe: 3 M re, * 1 P, 5 M re; ab * fortlfd wdh bis zu den letzten 4 M, 1 P, 3 M re.

6., 8. und 10. Reihe: Li M str.

7. und 9. Reihe: Re M str.

11. Reihe: 6 M re, * 1 P, 5 M re; ab * fortlfd wdh bis zur letzten M, 1 M re.

12. Reihe: Li M str.

Die 1.–12. R stets wdh.

Hinweise

- Vor dem Anschlagen der Maschen die Pailletten auf das Strickgarn auffädeln, wie beim Muster 255 für die Perlen beschrieben. Für größere Projekte können sie Pailletten kaufen, die bereits auf einen Polyamidfaden aufgefädelt sind und nur noch auf das Strickgarn geschoben werden müssen.
- Pailletten niemals bügeln! Sie schmelzen sonst und wellen sich.

Muster 259

Hebemaschenkaro

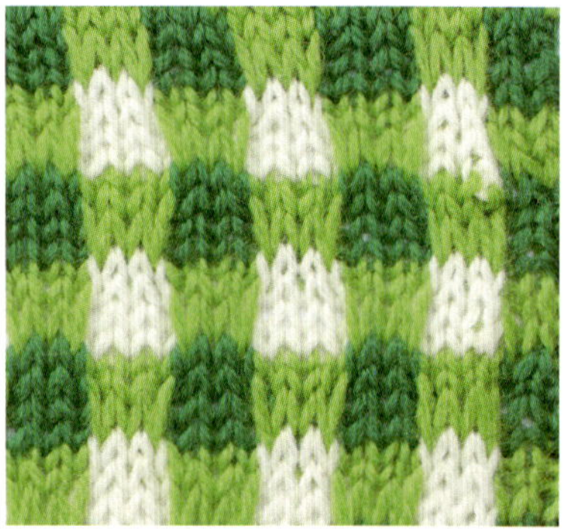

Dies ist ein dreifarbiges Muster, doch das Karomuster entsteht durch Hebemaschen, sodass Sie immer nur mit einer Farbe pro Reihe stricken.

Anleitung

M-Zahl teilbar durch 6 + 3 M.

Die erforderliche M-Zahl in Fb A anschl.

1. Reihe (Hin-R; Fb A): Re M str.

2. Reihe (Fb B): 3 M li, * 3 M li abh, 3 M li; ab * fortlfd wdh bis R-Ende.

3. Reihe (Fb B): 3 M re, * 3 M li abh, 3 M re; ab * fortlfd wdh bis R-Ende.

4. und 5. Reihe: Wie die 2. und 3. R str.

6. Reihe (Fb A): 3 M li abh, * 3 M li, 3 M li abh; ab * fortlfd wdh bis R-Ende.

7. Reihe (Fb A): Re M str.

8. Reihe (Fb C): 3 M li abh, * 3 M li, 3 M li abh; ab * fortlfd wdh bis R-Ende.

9. Reihe (Fb C): 3 M li abh, * 3 M re, 3 M li abh; ab * fortlfd wdh bis R-Ende.

10. und 11. Reihe: Wie die 8. und 9. R str.

12. Reihe (Fb A): 3 M li, * 3 M li abh, 3 M li; ab * fortlfd wdh bis R-Ende.

Die 1.–12. R stets wdh.

Hinweise

- Beim abgebildeten Beispiel ist Lindgrün die Farbe A, Smaragdgrün die Farbe B und Wollweiß die Farbe C. Wenn Sie Farben Ihrer Wahl zusammenstellen, verwenden Sie den mittleren Ton als Farbe A.
- Beim Abheben der Maschen führen Sie den Arbeitsfaden auf der linken Seite der Arbeit mit, um damit die nächste Maschengruppe zu stricken.

☐ = in Hin-R 1 M re, in Rück-R 1 M li ⊡ = in Hin-R 1 M li, in Rück-R 1 M re

Muster 260

Überkaro

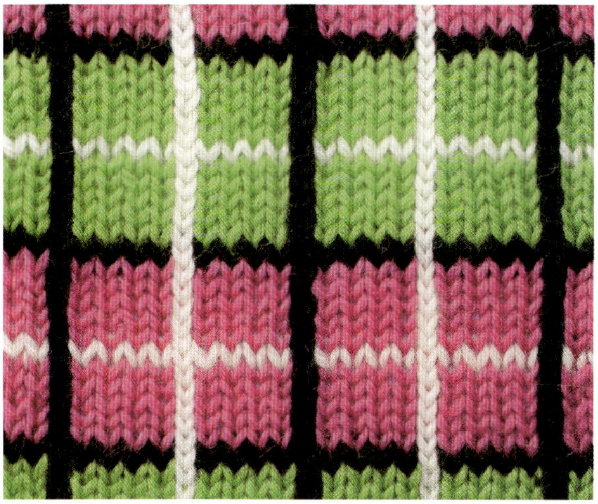

Um dieses wirklich effektvolle Muster zu arbeiten, müssen Sie nur ein Rippenmuster mit Farbstreifen stricken und anschließend die vertikalen Linien mithilfe einer Häkelnadel aufhäkeln

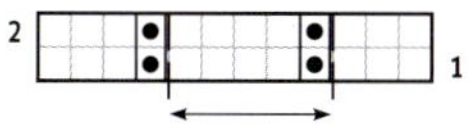

M-Zahl teilbar durch 5 + 7 M

Anleitung

Für das abgebildete Karomuster eine durch 10 teilbare M-Zahl + 7 M in Fb A anschl.

1. Reihe (Hin-R): 3 M re, * 1 M li, 4 M re; ab * fortlfd wdh bis zu den letzten 4 M, 1 M li, 3 M re.

2. Reihe: 3 M li, * 1 m re, 4 M li; ab * fortlfd wdh bis zu den letzten 4 M, 1 M re, 3 M li.

Diese 2 R teilen das in der Strickschrift dargestellte Rippenmuster ein.

In dieser Einteilung weiterstr in der Streifenfolge: weitere 3 R in Fb A, 1 R in Fb B, 5 R in Fb C, 1 R in Fb D, 5 R in Fb C, 1 R in Fb B, 5 R in Fb A, 1 R in Fb D.

Diese 24 R bilden die Streifenfolge.

Wenn die Arbeit die gewünschte Höhe erreicht hat, alle M abk. Von der rechten Seite der Arbeit die vertikalen Linksmaschenrippen mit einer Häkel-Nd mit Kett-M abwechselnd in Fb B und D behäkeln.

Hinweise

- Für dieses Muster ist eine Häkelnadel erforderlich, die 2 bis 3 Stärken dünner sein sollte als die Stricknadeln.
- Beim abgebildeten Beispiel ist Lindgrün die Farbe A, Schwarz die Farbe B, Pink die Farbe C und Wollweiß die Farbe D.

Muster 261

Doppelseitiges Karomuster

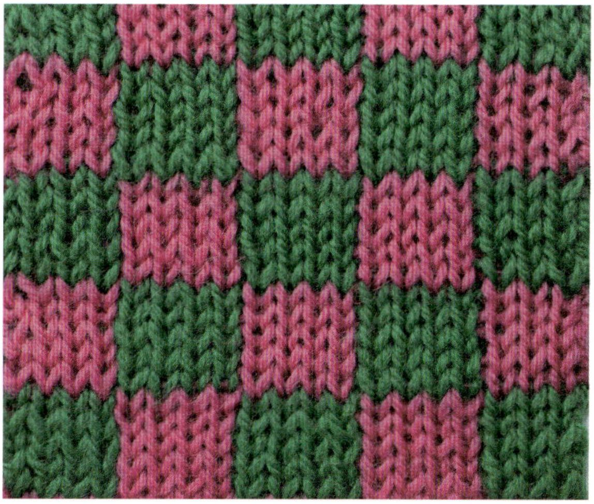

Dieses doppellagige Gestrick zeigt auf beiden Seiten glatt rechts gestrickte Karos, doch hat jedes Karo auf der Rückseite der Arbeit die jeweils andere Farbe als auf der Vorderseite.

Anleitung

M-Zahl teilbar durch 16 + 8 M.

Die erforderliche M-Zahl in Fb A anschl.

1. Karostreifen, 1. Reihe (Fb B): * 4 x [Fh, 1 M re, Fv, 1 M li abh], 4 x [Fh, 1 M li abh, Fv, 1 M li]; ab * fortlfd wdh bis zu den letzten 8 M, 4 x [Fh, 1 M re, Fv, 1 M li abh]; schieben.

2. Reihe (Fb B): * 4 x [Fh, 1 M li abh, Fv, 1 M li], 4 x [FH, 1 M re, Fv, 1 M li abh]; ab * fortlfd wdh bis zu den letzten 8 M, 4 x [Fh, 1 M li abh, Fv, 1 M li]; wenden.

3. Reihe (Fb): Wie die 1. R str.

4. Reihe (Fb B): Wie die 2. R str.

5.–10. Reihe: Die 1.–4. R noch 1 x wdh, dann die 1. und 2. R noch 1 x wdh.

2. Karostreifen: Die 1.–10. R noch 1 x str. Achtung! Die Farbstellung der Karos kehrt sich dabei um!

Die 1.–20. R teilen das Muster ein und werden stets wiederholt.

Um die Symmetrie zu wahren, mit einem 1. Karostreifen enden.

Vorbereitung zum Abketten (Fb A): * 2 x 1 M re abh, die M in dieser Richtung auf die linke Nd zurückheben (Achtung! Die Abfolge der Farben innerhalb der R kehrt sich um!), 2 M li zus-str; ab * fortlfd wdh bis R-Ende. Alle M li abk.

Hinweise

- Arbeiten Sie dieses Muster mit 2 Spielstricknadeln oder einer Rundstricknadel.
- „Schieben" bedeutet, dass alle Maschen ans andere Ende der Nadel geschoben werden, sodass die nächste Reihe in der gleichen Richtung gestrickt werden kann.
- Beim abgebildeten Beispiel ist Pink die Farbe A und Grün die Farbe B.
- Verkreuzen Sie beim Farbwechsel die Fäden auf der Rückseite der Arbeit.

Muster 262

Zweifarbiges, doppellagiges Gestrick

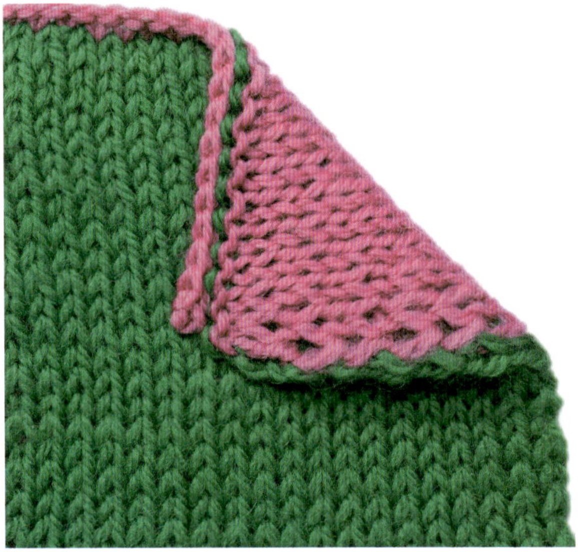

Diese raffinierte Stricktechnik ergibt einen doppelseitig verwendbaren Stoff mit zwei glatt rechts gestrickten Seiten in unterschiedlichen Farben.

Anleitung

Gerade M-Zahl.

Die erforderliche M-Zahl in Fb A anschl.

1. Reihe (Fb B): * Fh, 1 M re, Fv, 1 M li abh; ab * fortlfd wdh bis R-Ende; schieben.

2. Reihe (Fb A): * Fh, 1 M li abh, Fv, 1 M li; ab * fortlfd wdh bis R-Ende; wenden.

3. Reihe (Fb A): Wie die 1. R str.

4. Reihe (Fb B): Wie die 2. R str.

Die 1.–4. R stets wdh.

In der R vor der Abkett-R durchweg 2 M re zus-str, bis R-Ende, dann alle verbleibenden M wie gewohnt abk.

Hinweise

- Arbeiten Sie dieses Muster mit 2 Spielstricknadeln oder einer Rundstricknadel.
- „Schieben" bedeutet, dass alle Maschen ans andere Ende der Nadel geschoben werden, sodass die nächste Reihe in der gleichen Richtung gestrickt werden kann.
- Verkreuzen Sie beim Farbwechsel die Fäden auf der Rückseite der Arbeit.
- Beim abgebildeten Beispiel ist Pink die Farbe A und Grün die Farbe B.

Muster 263

Flechtmuster

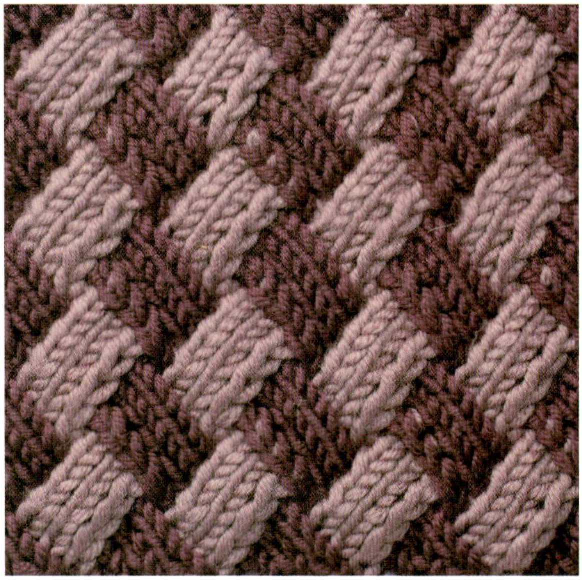

Diese Stricktechnik, bei der aus kleinen Strickflächen mithilfe aufgenommener Maschen ein täuschend echter Flecht-Effekt entsteht, wird auch „Entrelac" genannt. Die hier gezeigte Variante ist in winzigen Einzelblöcken glatt rechts gestrickt und imitiert überzeugend ein Gewebe.

Hinweise

- Beim abgebildeten Beispiel ist Weinrot die Farbe A und Rosa die Farbe B. Wenn Sie möchten, können Sie das gesamte Muster in einer einzigen Farbe oder aber in drei oder mehr Farben stricken.
- Beim Arbeiten der Streifen aus einzelnen Blöcken nehmen Sie jeweils 1 Masche aus 2 Reihenenden auf.
- Eine kleine Übungsarbeit kann auf geraden Stricknadeln gearbeitet werden. Wenn Sie aber für ein größeres Teil wie eine Kissenhülle oder eine Decke eine Rundstricknadel verwenden, können Sie die Maschen leichter auseinanderziehen, um zu sehen, wie die Blöcke ineinander greifen.
- Die folgende Anleitung bezieht sich auf Blöcke aus 4 Maschen und 11 Reihen – vermutlich die kleinste sinnvolle Größe, doch Sie können das Muster über ein Vielfaches einer beliebigen Maschenzahl arbeiten, um größere Farbblöcke zu erhalten.

Anleitung

Die erforderliche M-Zahl in Fb A anschl. In Fb A weiterstr.

Grunddreiecke

1. Reihe (Hin-R): 1 M re, wenden.

2. Reihe: 1 M li.

3. Reihe: 2 M re, wenden.

4. Reihe: 2 M li.

5. Reihe: 3 M re, wenden.

6. Reihe: 3 M li.

7. Reihe: 4 M re, wenden.

8. Reihe: 4 M li.

9. Reihe: 5 M re, wenden.

Diese 9 R bilden das 1. Grunddreieck. Die 9. R ist die 1. R für das 2. Grunddreieck. Die 2.–9. R stets wdh, bis die erforderliche Zahl von Basisdreiecken fertiggestellt ist; beim letzten Dreieck mit 4 M re enden.

1. Blockstreifen

Gestrickt wird in die R-Enden der Grunddreiecke. Zu Fb B wechseln.

1. SEITLICHES DREIECK

In die 4 M des 1. Grunddreiecks str.

1. Reihe: 1 M li, wenden.

2. Reihe: [1 M re, 1 M re verschr] in die M str (= 2 M).

3. Reihe: 1 M li, 2 M li zus-str, wenden.

4. Reihe: 1 M li abh, [1 M re, 1 M re verschr] in 1 M str (= 3 M).

5. Reihe: 2 M li, 2 M li zus-str, wenden.

6. Reihe: 1 M li abh, 1 M re, [1 M re, 1 M re verschr] in 1 M str (= 4 M).

7. Reihe: 3 M li, 2 M li zus-str; nicht wenden.

Diese 4 M auf der Nd lassen.

1. Block: In die 4 M des nächsten Grunddreiecks str.

4 M aus den R-Enden des 1. Grunddreiecks aufnehmen und li str, wenden.

1. Reihe (Hin-R): 4 M re, wenden.

2. Reihe: 3 M li, 2 M li zus-str, wenden.

3. Reihe: 1 M li abh, 3 M re.

4. Reihe: Wie die 2. R str.

Die 3. und 4. R noch 2 x wdh, bis alle M des Grunddreiecks aufgebraucht sind.

Auf diese Weise weiterstr; jeweils 4 M aus den R-Enden desselben Grunddreiecks aufnehmen und re str und in die M des nächsten Grunddreiecks str, bis alle Blöcke fertiggestellt sind.

2. SEITLICHES DREIECK

4 M aus den R-Enden des letzten Grunddreiecks aufnehmen und li str, wenden.

1. Reihe (Hin-R): 4 M re, wenden.

2. Reihe: 4 M li.

3. Reihe: 2 M re zus-str, 2 M re (= 3 M).

4. Reihe: 3 M li.

5. Reihe: 2 M re zus-str, 1 M re (= 2 M).

6. Reihe: 2 M li.

7. Reihe: 2 M re zus-str. Den Faden abschneiden und sichern.

Damit ist der 1. Blockstreifen fertiggestellt.

2. Blockstreifen

Gestrickt wird in den 1. Blockstreifen.

In Fb A 4 M aus den geraden R-Enden des 2. seitlichen Dreiecks aufnehmen und li str; wenden.

1. Reihe (Rück-R): 4 M li, wenden.

2. Reihe: 3 M re, 2 M re übz zus-str, wenden.

3. Reihe: 1 M li abh, 3 M li.

4. Reihe: Wie die 2. R str.

Die 3. und 4. R noch 2 x wdh, dabei alle 4 M des Blocks verwenden.

Auf diese Weise weiterstr, jeweils 4 M aus den R-Enden desselben Blocks aufnehmen und re str und in die M des jeweils nächsten Blocks str bis zum letzten Block. Den letzten Block in die M des 1. seitlichen Dreiecks arb.

Damit ist der 2. Blockstreifen fertiggestellt.

Wie für den 1. und 2. Blockstreifen beschrieben weiterstr, dabei die Fb wechseln und die weiteren 1. Blockstreifen in die 2. Blockstreifen statt der Grunddreiecke arb. Den 1. und 2. Blockstreifen bis zur gewünschten Höhe stets wdh; mit einem 1. Blockstreifen enden.

Abschlussdreiecke

In Fb A 4 M aus den R-Enden des 2. seitlichen Dreiecks aufnehmen und re str; wenden.

1. Reihe (Rück-R): 4 M li.

2. Reihe: 3 M re, 2 M re übz zus-str; wenden.

3. Reihe: 1 M li abh, 1 M li, 2 M li zus-str.

4. Reihe: 2 M re, 2 M re übz zus-str; wenden.

5. Reihe: 1 M li abh, 2 M li zus-str.

6. Reihe: 1 M re, 2 M re übz zus-str; wenden.

7. Reihe: 2 M li zus-str.

8. Reihe: 2 M re übz zus-str; nicht wenden.

Zu der verbleibenden 1 M auf der rechten Nd 3 M aus den R-Enden des Blocks aufnehmen und re str (= 4 M).

Auf diese Weise weiterstr, bis alle Abschlussdreiecke gestrickt sind. M abk.

Muster 264

Krauses Flechtmuster

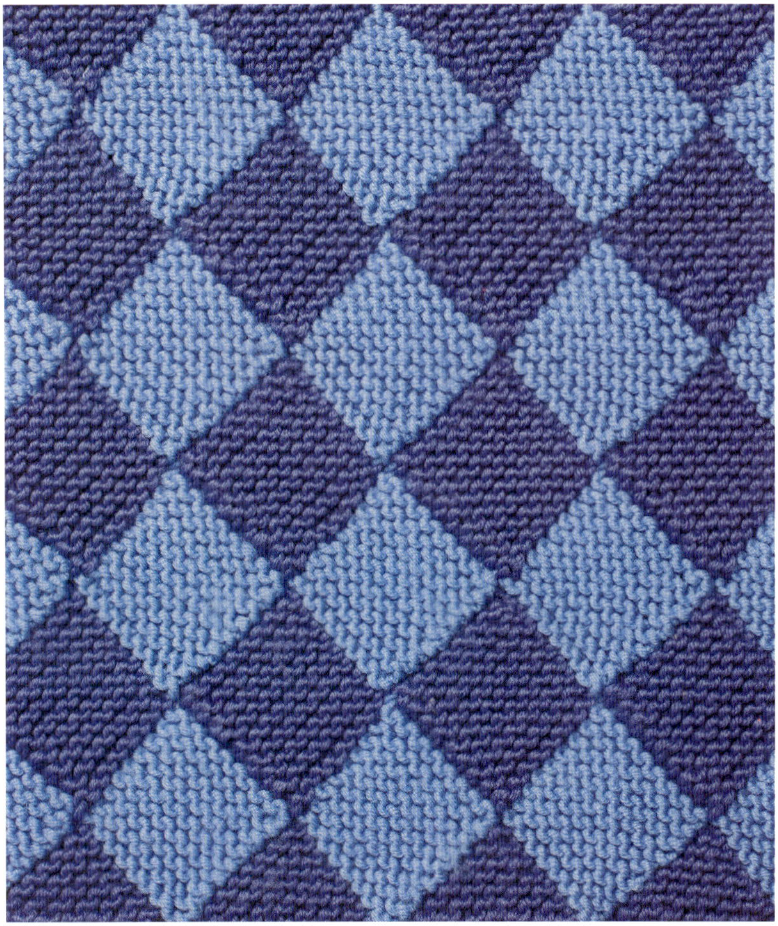

Dies ist eine Variante der Entrelac-Technik, bei der die Blockstreifen abwechselnd kraus rechts und kraus links gestrickt werden. Weil bei krausem Gestrick die Zahl der Reihen in der Höhe etwa der Maschenzahl in der Breite entspricht, sind die Blöcke quadratisch und liegen flach.

Hinweise

- Beim abgebildeten Beispiel ist Dunkelblau die Farbe A und Hellblau die Farbe B. Sie können aber beliebig viele Farben verwenden oder das Muster abändern, indem Sie es über ein Vielfaches einer kleineren oder größeren Maschenzahl arbeiten.
- Durch die Abnahmen in den Grunddreiecken zieht sich die Unterkante der Arbeit nicht zusammen.

Anleitung

M-Zahl teilbar durch 12.

Die M in Fb A anschl und in Fb A weiterstr.

Grunddreiecke

1. Reihe (Hin-R): 2 M re zus-str; wenden.

2. Reihe: 1 M re.

3. Reihe: 2 M re; wenden.

4. Reihe: 2 M re.

5. Reihe: 3 M re; wenden.

6. Reihe: 3 M re.

7. Reihe: 3 M re, 2 M re zus-str; wenden.

8. Reihe: 4 M re.

9. Reihe: 5 M re; wenden.

10. Reihe: 5 M re.

11. Reihe: 6 M re; wenden.

12. Reihe: 6 M re.

13. Reihe: 6 M re, 2 M re zus-str; wenden.

14. Reihe: 7 M re.

15. Reihe: 8 M re; wenden.

16. Reihe: 8 M re.

17. Reihe: 9 M re; wenden.

18. Reihe: 9 M re.

19. Reihe: 9 M re, 2 M re zus-str; wenden.

Die 1.–18. R bilden das 1. Grunddreieck.

Die 19. R ist die 1. R des 2. Grunddreiecks.

Die 2.–19. R stets wdh, bis das letzte Grunddreieck erreicht ist, dann die 2.–18. R noch 1 x str.

Letzte Reihe: 9 M re.

1. Blockstreifen

Gestrickt wird in die R-Enden der Grunddreiecke. Zu Fb B wechseln.

1. SEITLICHES DREIECK

In die 9 M des letzten Grunddreiecks str.

1. Reihe (Rück-R): 1 M li; wenden.

2. Reihe: 1 M li.

3. Reihe: 2 M li; wenden.

4. Reihe: 2 M li.

5. Reihe: [1 M li, 1 M li verschr] in 1 M, 2 M li zus-str; wenden.

6. Reihe: 3 M li.

7. Reihe: [1 M li, 1 M li verschr] in 1 M, 1 M li, 2 M li zus-str; wenden.

8. Reihe: 4 M li.

9. Reihe: [1 M li, 1 M li verschr] in 1 M, 2 M li, 2 M li zus-str; wenden.

10. Reihe: 5 M li.

11. Reihe: [1 M li, 1 M li verschr] in 1 M, 3 M li, 2 M li zus-str; wenden.

12. Reihe: 6 M li.

13. Reihe: [1 M li, 1 M li verschr] in 1 M, 4 M li, 2 M li zus-str; wenden.

14. Reihe: 7 M li.

15. Reihe: [1 M li, 1 M li verschr] in 1 M, 5 M li, 2 M li zus-str; wenden.

16. Reihe: 8 M li.

17. Reihe: [1 M li, 1 M li verschr] in 1 M, 6 M li, 2 M li zus-str; wenden.

18. Reihe: 9 M li.

19. Reihe: 9 M li; diese 9 M auf der Nd lassen.

1. BLOCK: 9 M aus den R-Enden desselben Grunddreiecks aufnehmen und li str; wenden.

1. Reihe (Hin-R): 9 M li.

2. Reihe: 8 M li, 2 M li zus-str; wenden.

Diese 2 R noch 8 x wdh, dabei alle M des Grunddreiecks verwenden. Diese 9 M auf der Nd lassen.

Weitere Blöcke auf diese Weise arb, dabei jeweils 9 M aus den R-Enden desselben Grunddreiecks aufnehmen und li str und in das nächste Grunddreieck str, bis alle Blöcke fertiggestellt sind.

2. SEITLICHES DREIECK

9 M aus den R-Enden des letzten Grunddreiecks aufnehmen und li str; wenden.

1. Reihe: 9 M li.

2. Reihe: 9 M li.

3. Reihe: 2 M li zus-str, 7 M li.

4. Reihe: 8 M li.

5. Reihe: 2 M li zus-str, 6 M li.

6. Reihe: 7 M li.

7. Reihe: 2 M li zus-str, 5 M li.

8. Reihe: 6 M li.

9. Reihe: 2 M li zus-str, 4 M li.

10. Reihe: 5 M li.

11. Reihe: 2 M li zus-str, 3 M li.

12. Reihe: 4 M li.

13. Reihe: 2 M li zus-str, 2 M li.

14. Reihe: 3 M li.

15. Reihe: 2 M li zus-str, 1 M li.

16. Reihe: 2 M li.

17. Reihe: 2 M li zus-str.

18. Reihe: 1 M li.

M abk.

2. Blockstreifen

Gestrickt wird in den 1. Blockstreifen.

Zu Fb A wechseln.

9 M aus den R-Enden des 2. seitlichen Dreiecks aufnehmen und re str.

1. Reihe (Rück-R): 9 M re.

2. Reihe: 8 M re, 2 M re übz zus-str; wenden.

Diese 2 R noch 8 x arb, sodass alle 9 M des Blocks verwendet werden. Am Ende der letzten R nicht wenden.

Auf diese Weise weiterstr; aus den R-Enden desselben Blocks 9 M aufnehmen und re str und in die M des nächsten Blocks str bis zum letzten Block; diesen letzten Block in die M des 1. seitlichen Dreiecks arb.

Den 1. und 2. Blockstreifen bis zur gewünschten Höhe stets wdh, dabei die folgenden 1. Blockstreifen in die Blöcke der 2. Blockstreifen arb, wie für das Arbeiten in die Grunddreiecke beschrieben; mit einem 1. Blockstreifen enden.

Abschlussdreiecke

1. ABSCHLUSSDREIECK

9 M aus den R-Enden des 2. seitlichen Dreiecks aufnehmen und re str; wenden.

1. Reihe (Rück-R): 9 M re.

2. Reihe: 8 M re, 2 M re übz zus-str; wenden.

3. Reihe: 7 M re, 2 M re zus-str.

4. Reihe: 7 M re, 2 M re übz zus-str; wenden.

5. Reihe: 6 M re, 2 M re zus-str.

6. Reihe: 6 M re, 2 M re übz zus-str; wenden.

7. Reihe: 5 M re, 2 M re zus-str.

8. Reihe: 5 M re, 2 M re zus-str.

9. Reihe: 4 M re, 2 M re zus-str.

10. Reihe: 4 M re, 2 M re übz zus-str; wenden.

11. Reihe: 3 M re, 2 M re zus-str.

12. Reihe: 3 M re, 2 M re übz zus-str; wenden.

13. Reihe: 2 M re, 2 M re zus-str.

14. Reihe: 2 M re, 2 M re übz zus-str; wenden.

15. Reihe: 1 M re, 2 M re zus-str.

16. Reihe: 1 M re, 2 M re übz zus-str; wenden.

17. Reihe: 2 M re zus-str.

18. Reihe: 2 M re übz zus-str.

NÄCHSTES ABSCHLUSSDREIECK

Zu der verbleibenden 1 M auf der rechten Nd 9 M aus den R-Enden des nächsten Blocks aufnehmen und re str; wenden.

1. Reihe (Rück-R): 8 M re, 2 M re zus-str.

Die 2.–18. R wdh, um das Dreieck fertigzustellen.

Auf diese Weise weiterstr, bis alle Abschlussdreiecke vollendet sind.

M abk.

MUSTER-ÜBERSICHT Buchstaben

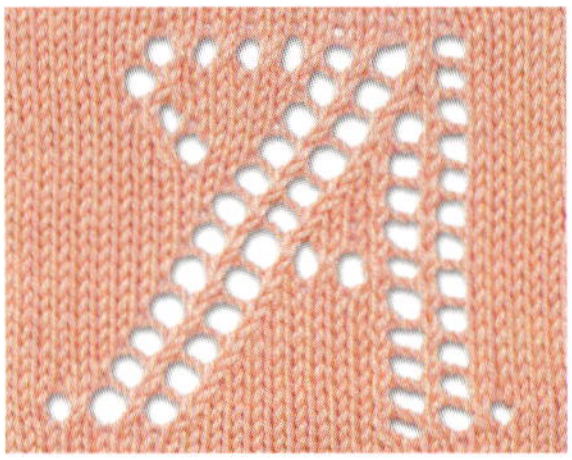
265

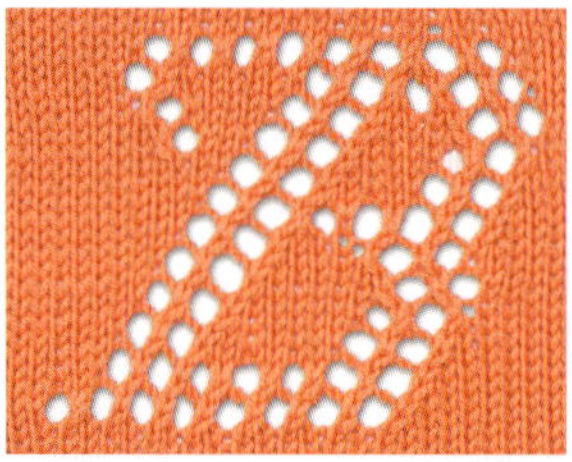
266

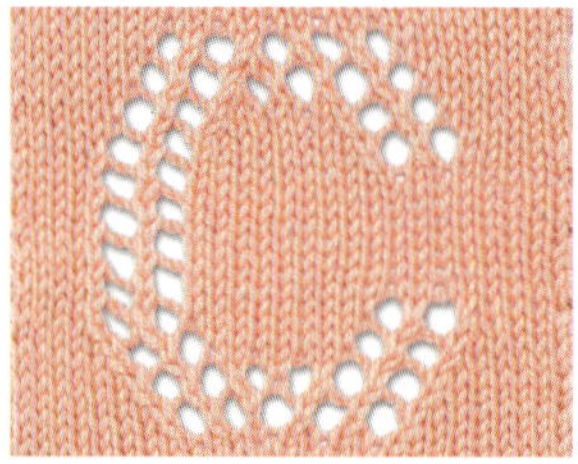
267

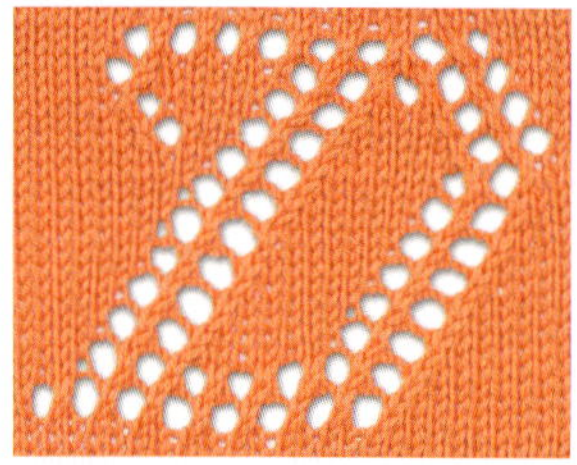
268

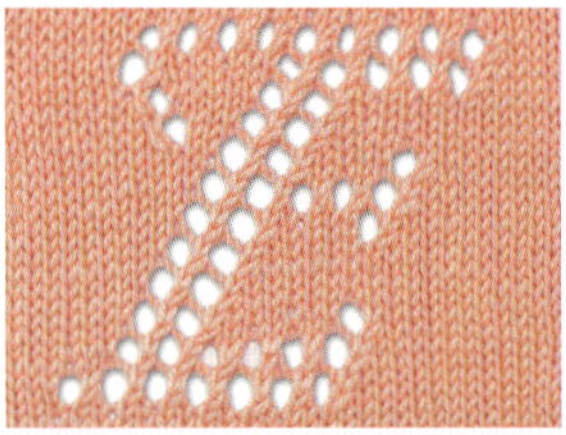
269

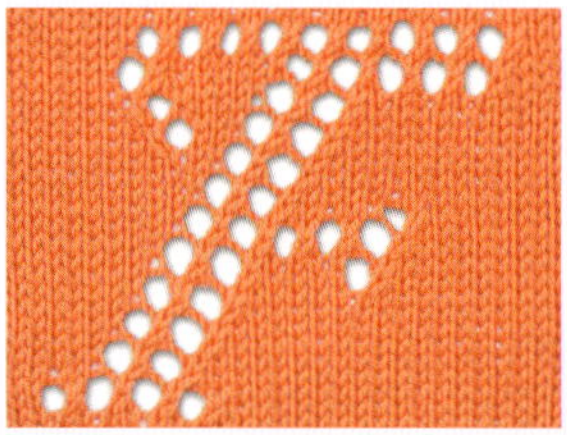
270

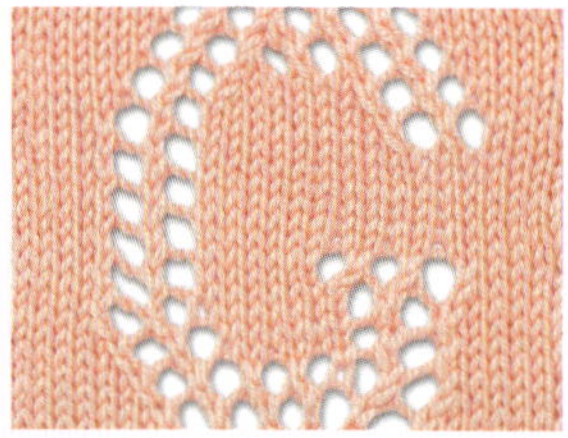
271

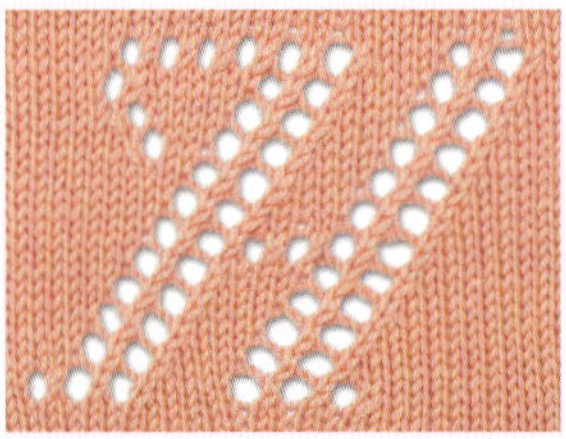
272

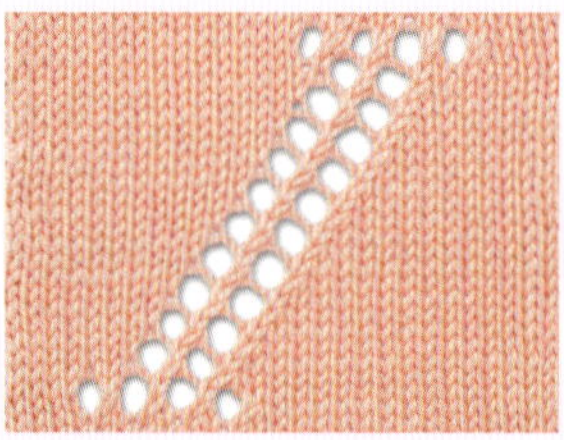
273

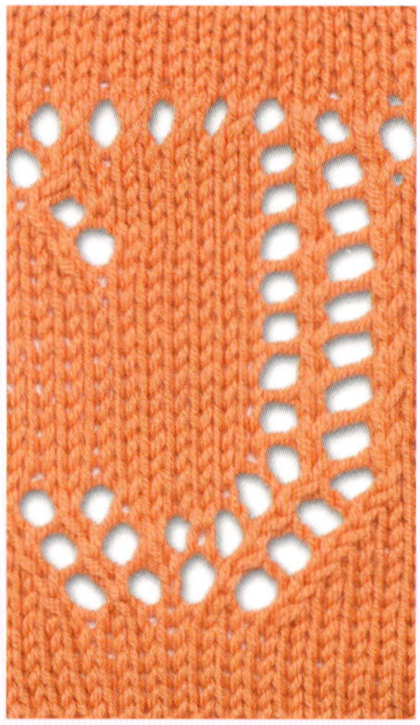
274

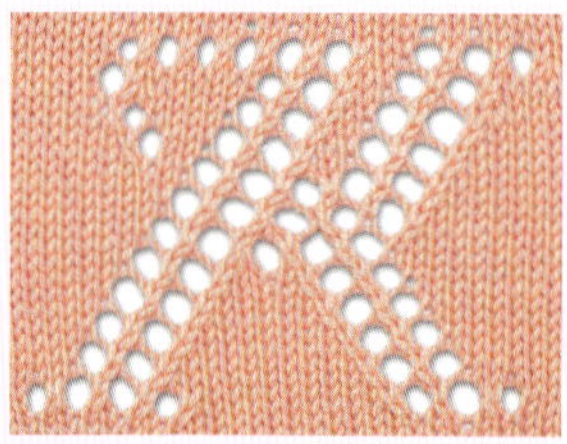
275

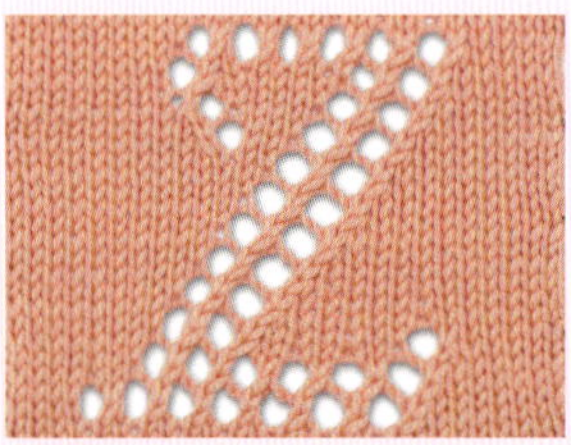
276

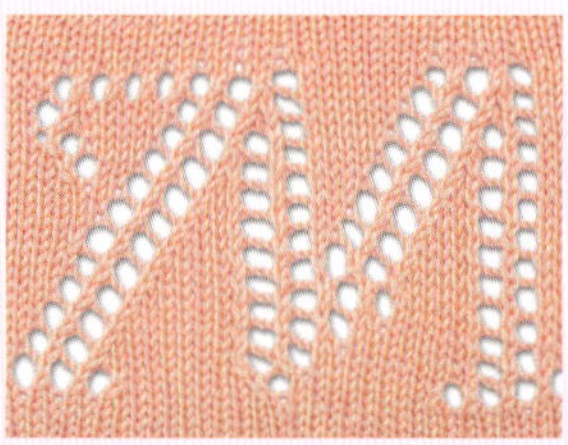
277

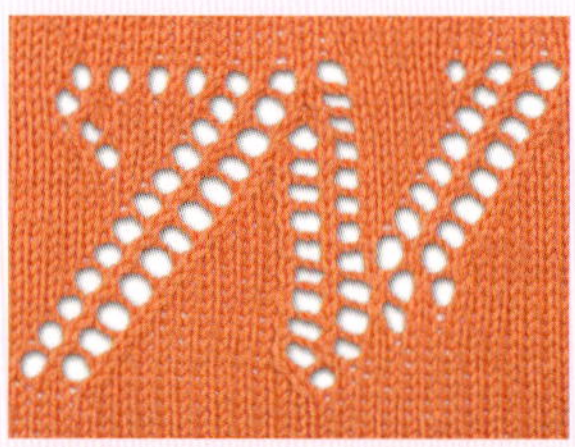
278

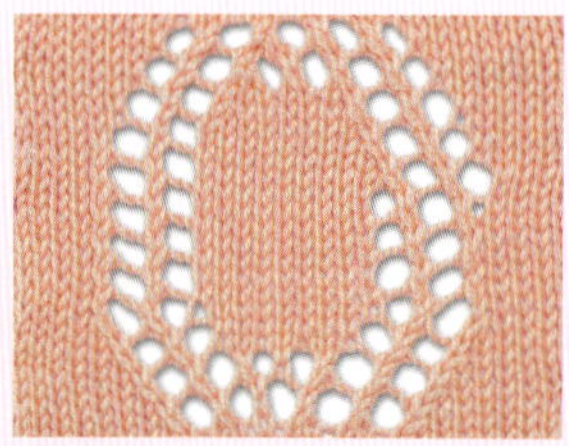
279

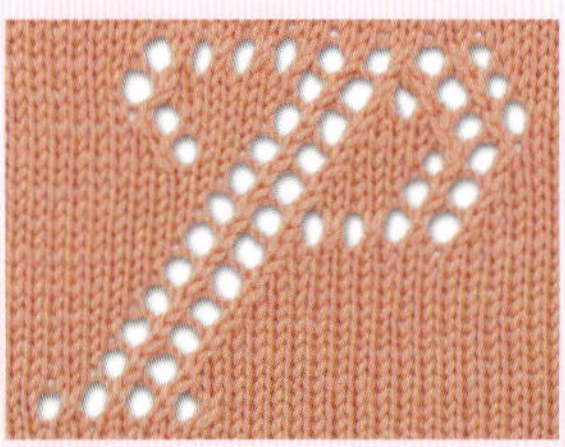
280

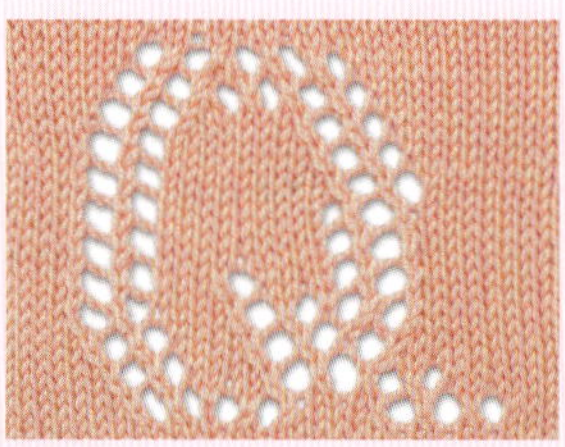
281

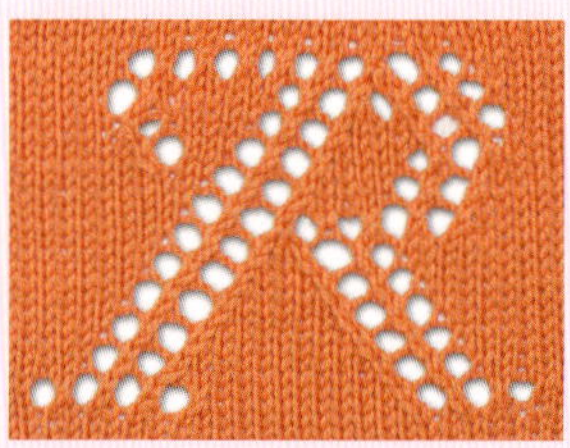
282

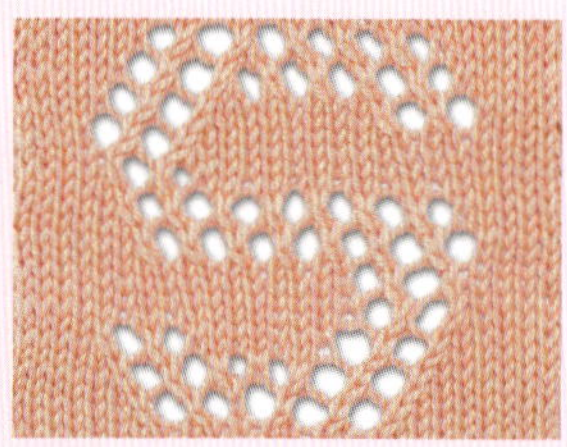
283

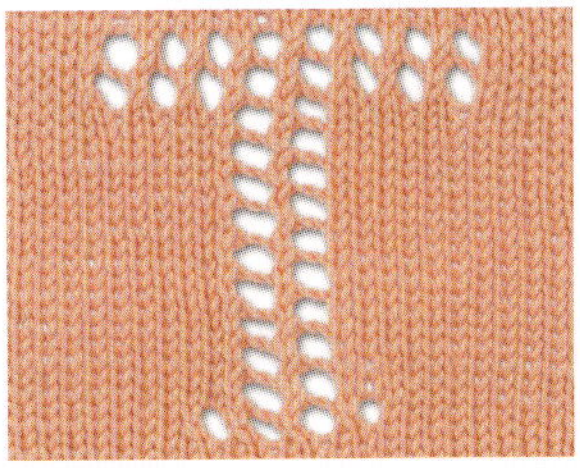

284

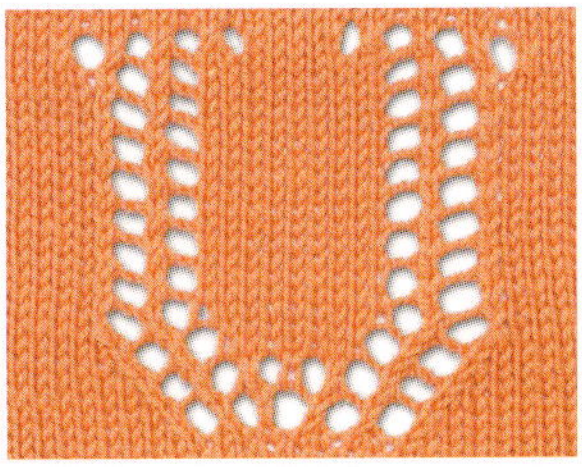

285

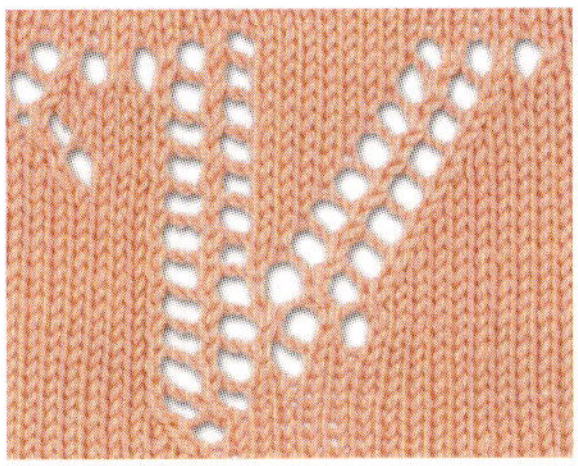

286

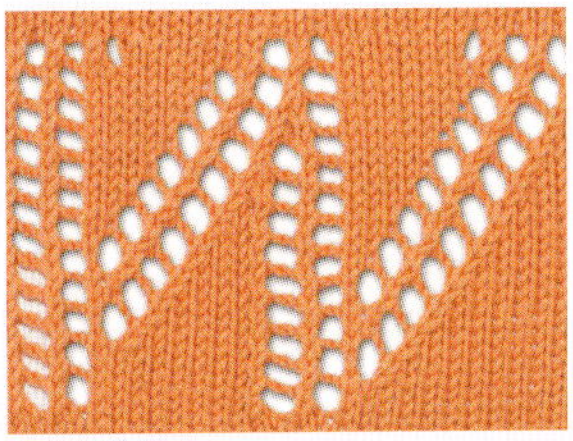

287

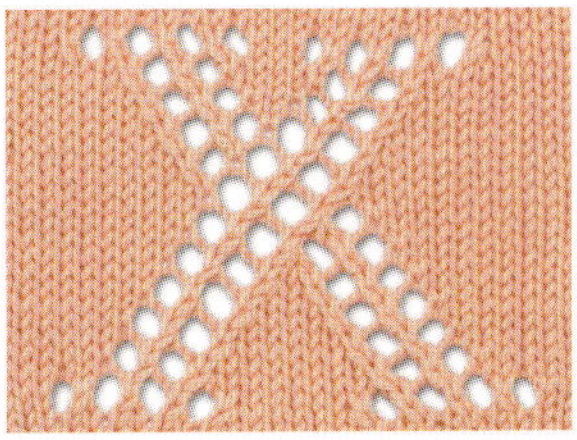

288

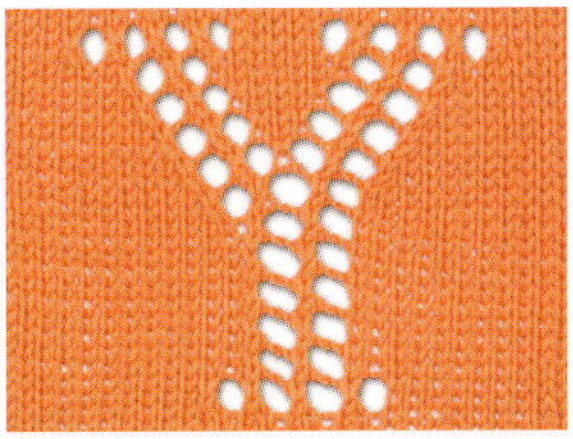

289

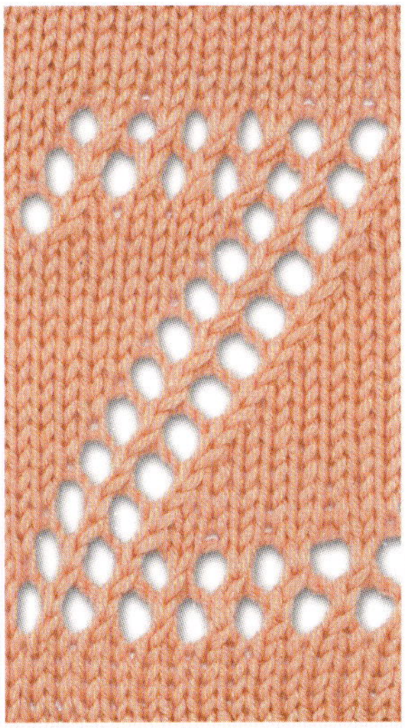

290

MUSTER-ÜBERSICHT Ziffern

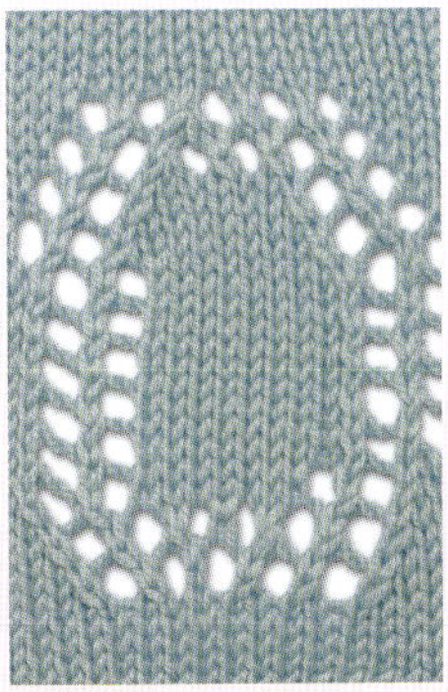

291

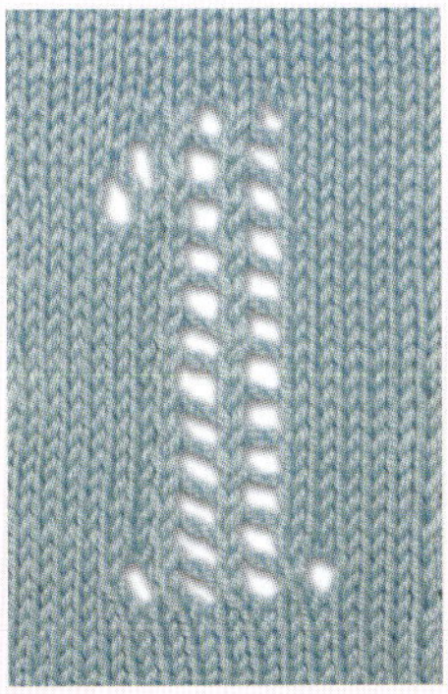

292

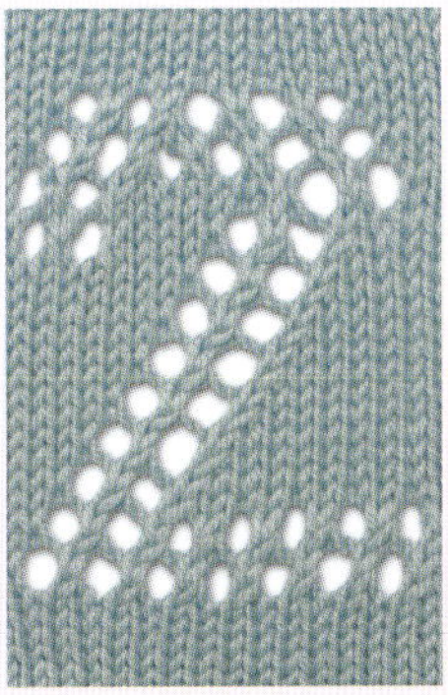

293

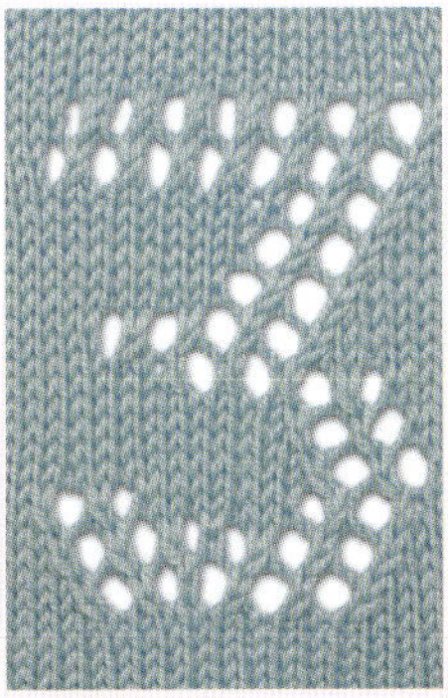

294

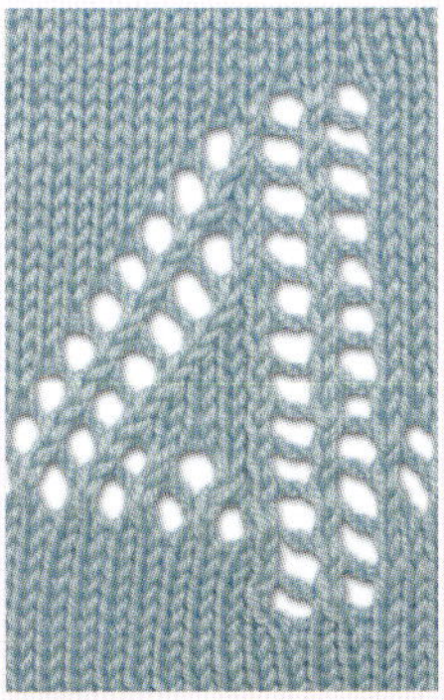

295

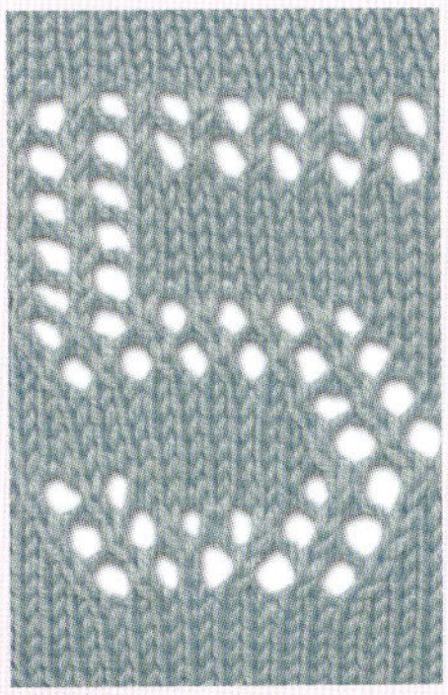

296

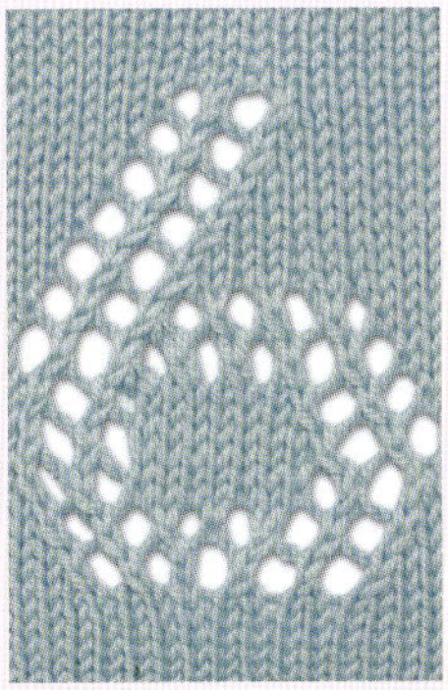

297

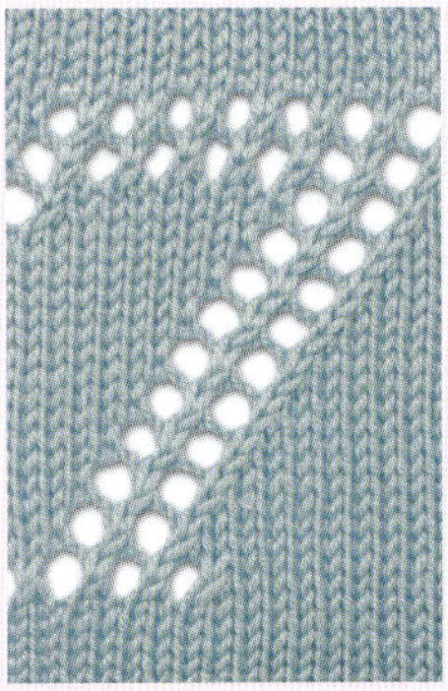

298

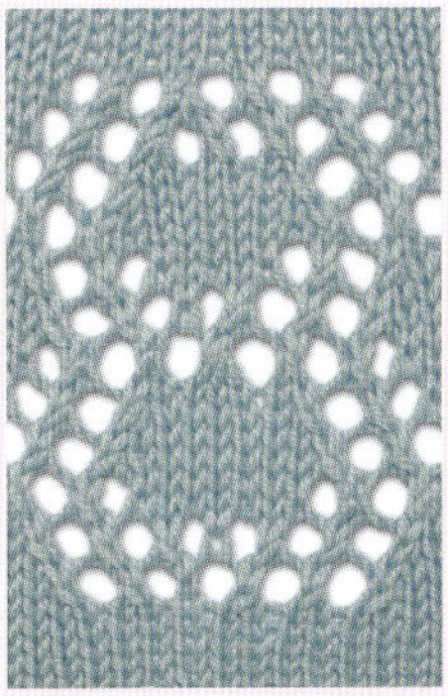

299

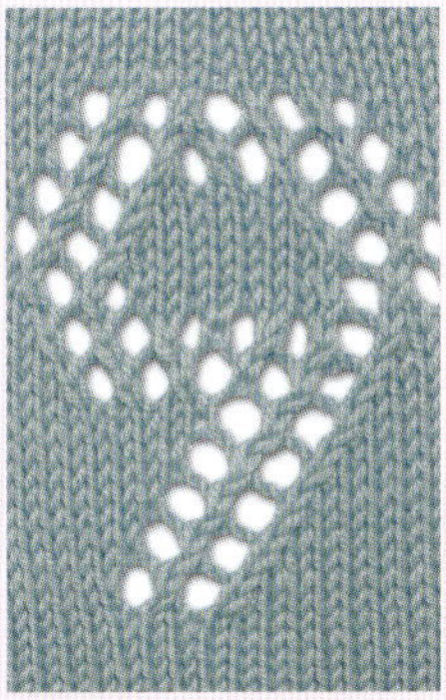

300

Muster 265–269

Buchstaben

Dieses reizvolle Alphabet können Sie für ein Mustertuch, zum Signieren Ihrer Strickarbeiten oder für eine gestrickte Botschaft nutzen. Die einzelnen Buchstaben sind leicht zu arbeiten, aber besonderen Spaß macht es, Einsatzmöglichkeiten für sie zu finden. Übertragen Sie die Strickschrift für die gewünschten Buchstaben auf Karopapier und experimentieren Sie mit unterschiedlichen Abständen, bis Sie mit dem Ergebnis zufrieden sind.

Hinweis

Alle Buchstaben sind 23 Reihen hoch und variieren in der Breite zwischen 16 und 33 Maschen.

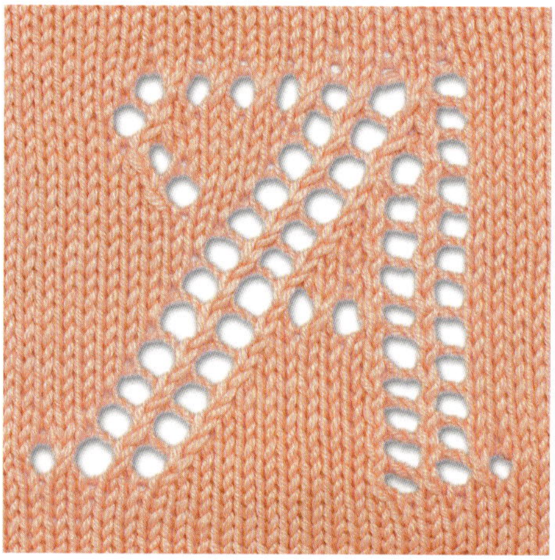

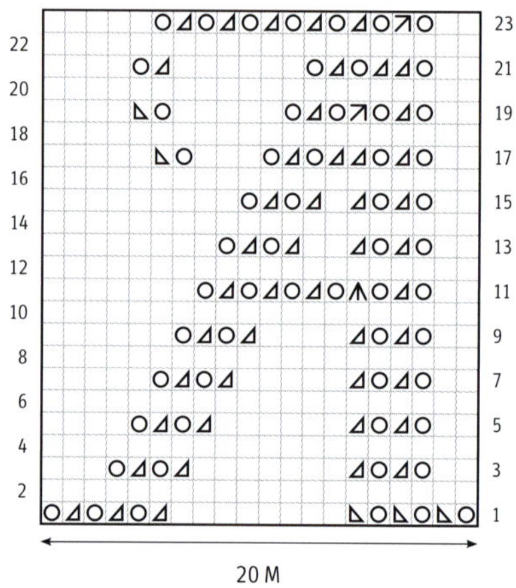

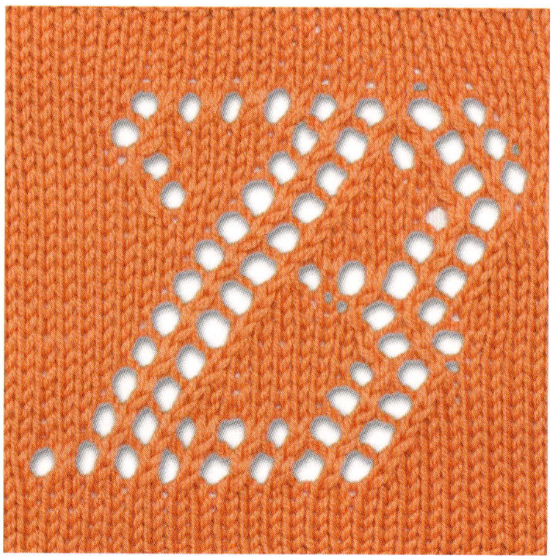

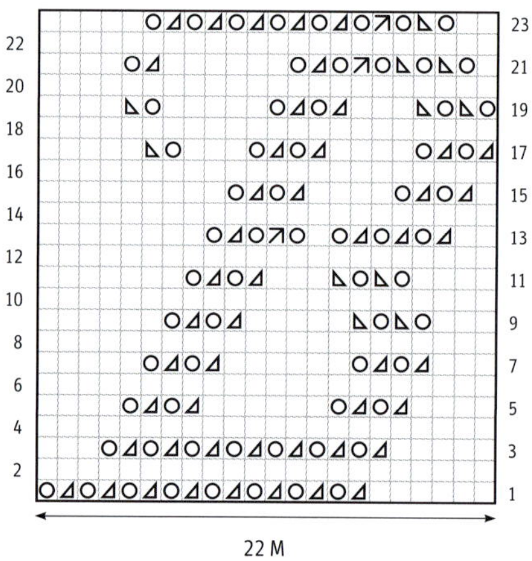

170–171 Allgemeine Stricksymbole

□ = in Hin-R 1 M re, in Rück-R 1 M li ◿ = 2 M re zus-str ◺ = 2 M re übz zus-str ↗ = 3 M re zus-str ○ = 1 U

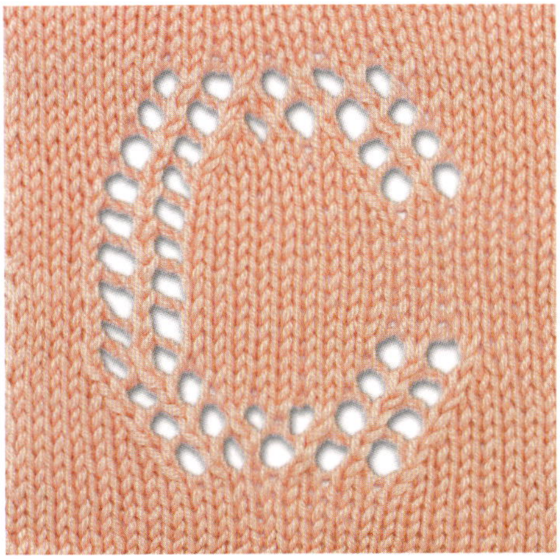

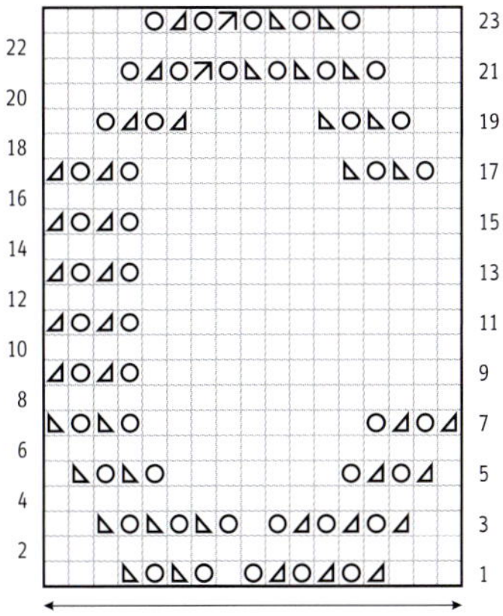

17 M

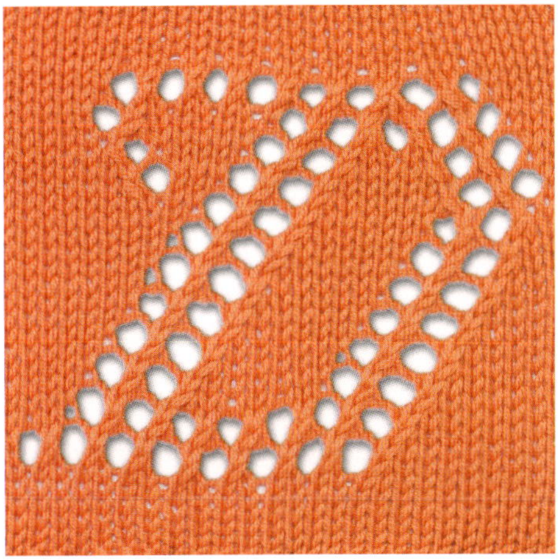

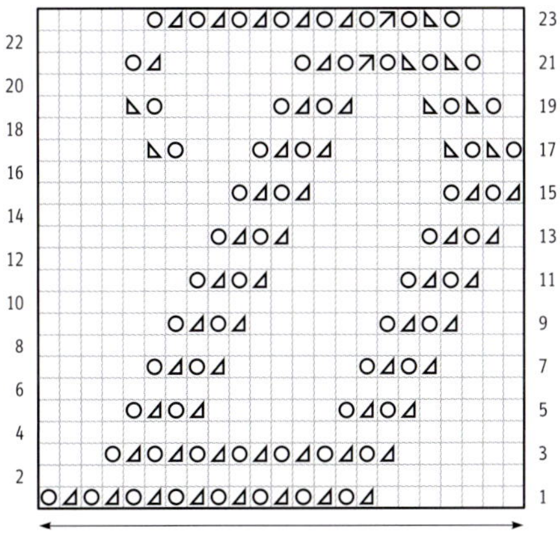

23 M

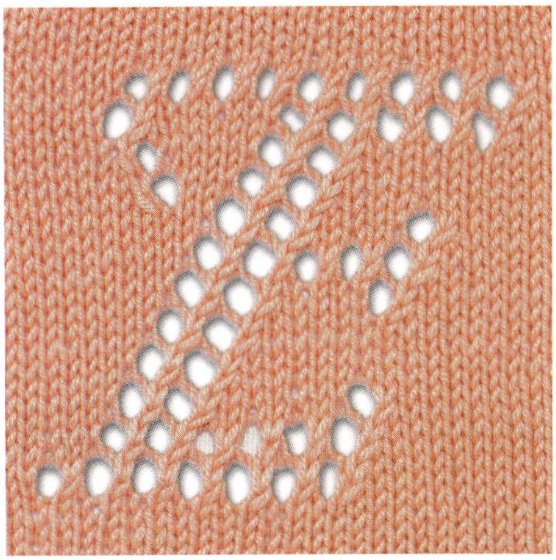

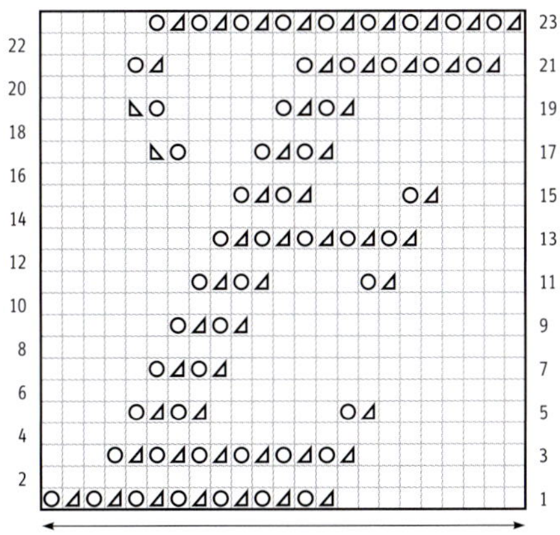

23 M

Muster 270–275

Buchstaben

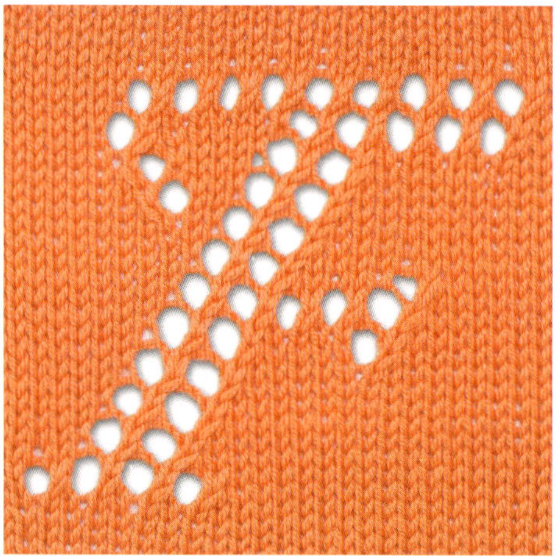

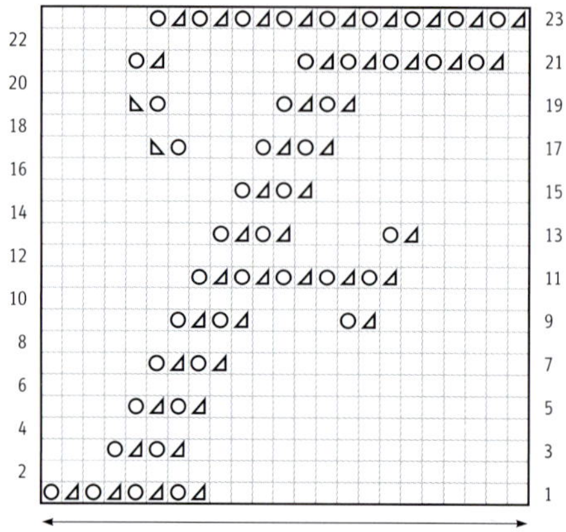

23 M

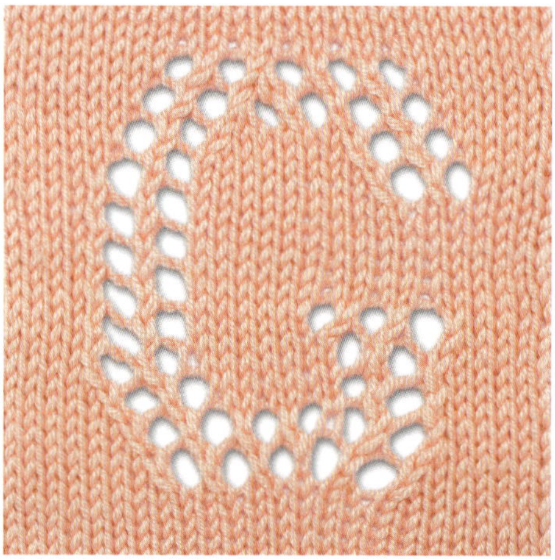

skpo

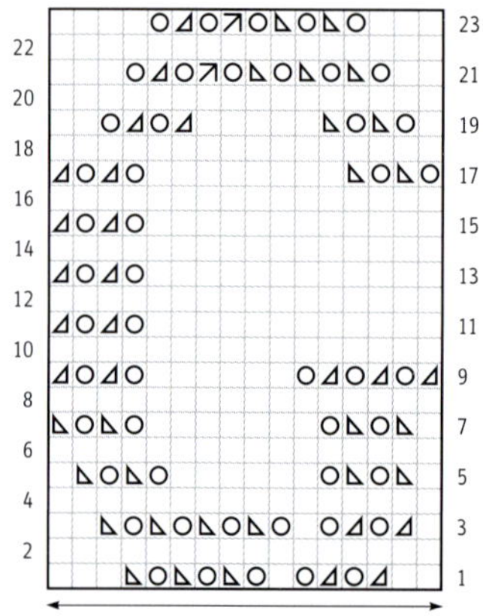

16 M

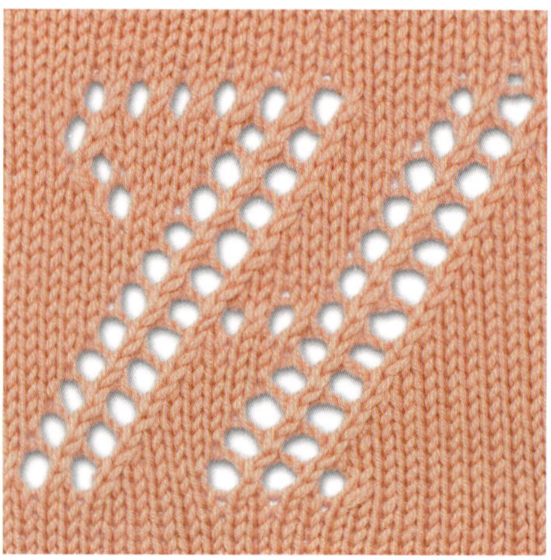

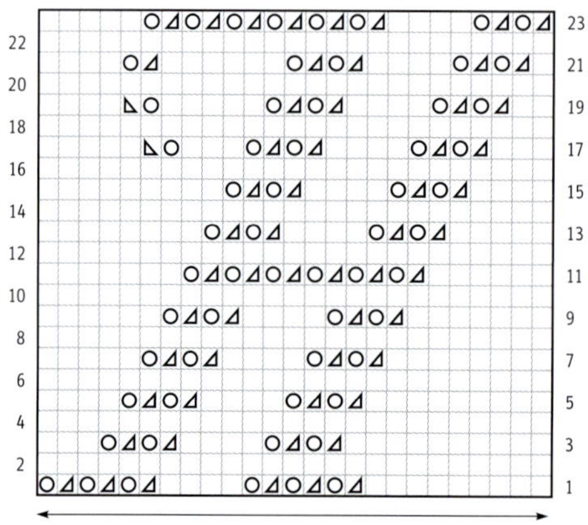

25 M

□ = in Hin-R 1 M re, in Rück-R 1 M li ◿ = 2 M re zus-str ◺ = 2 M re übz zus-str ◹ = 3 M re zus-str ○ = 1 U

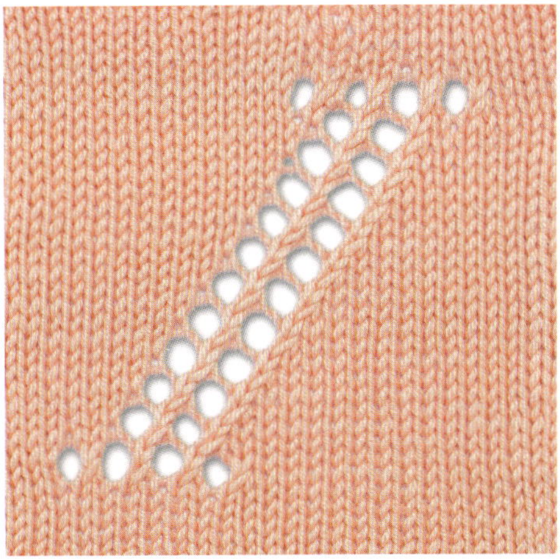

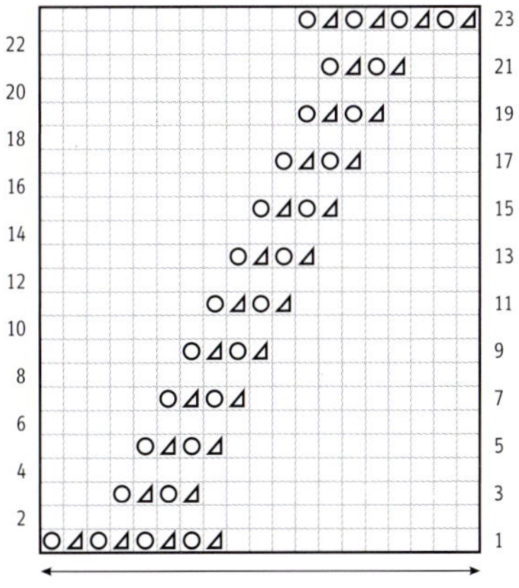
19 M

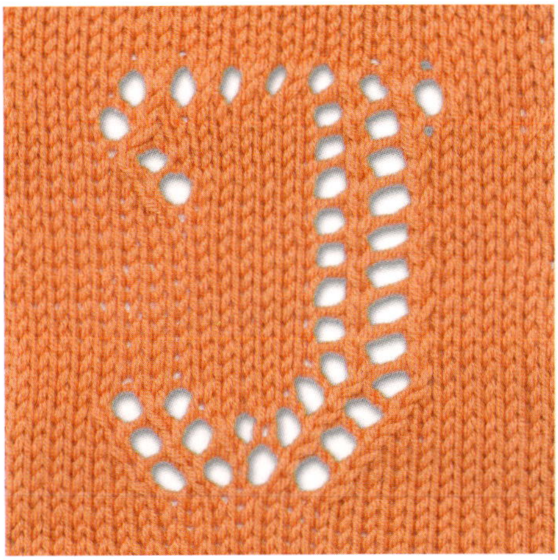

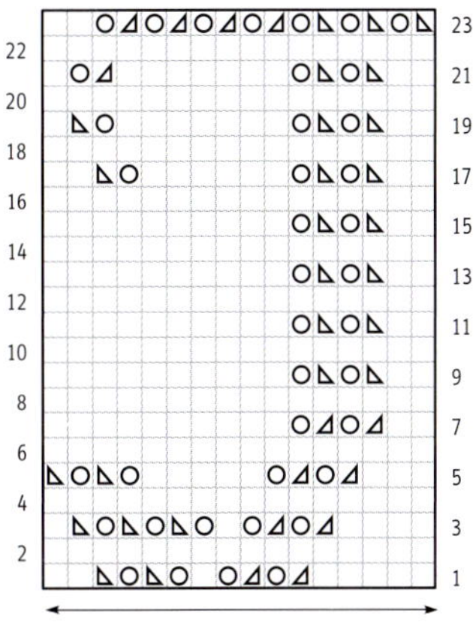
16 M

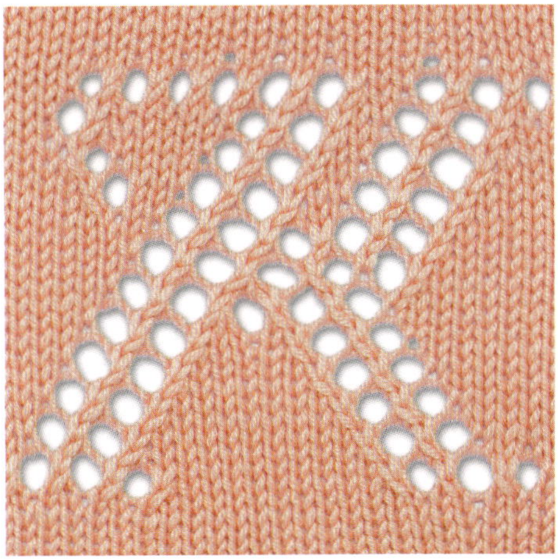

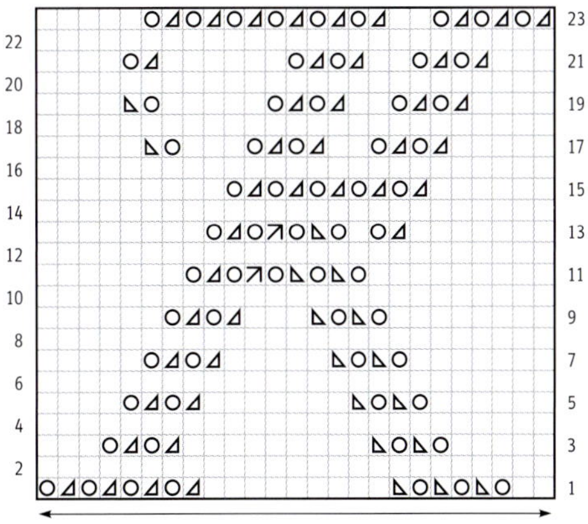
25 M

Muster 276–279

Buchstaben

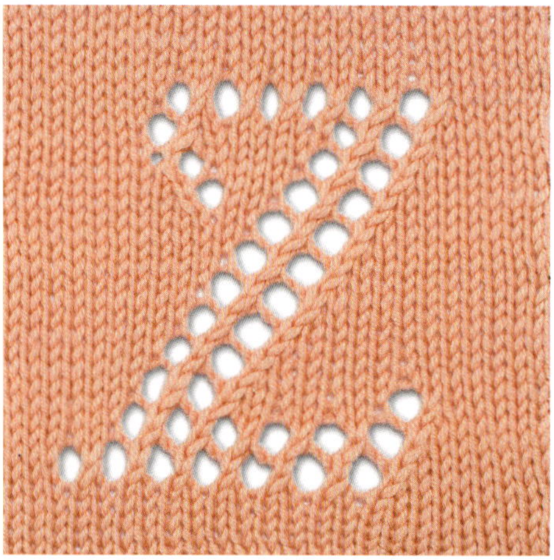

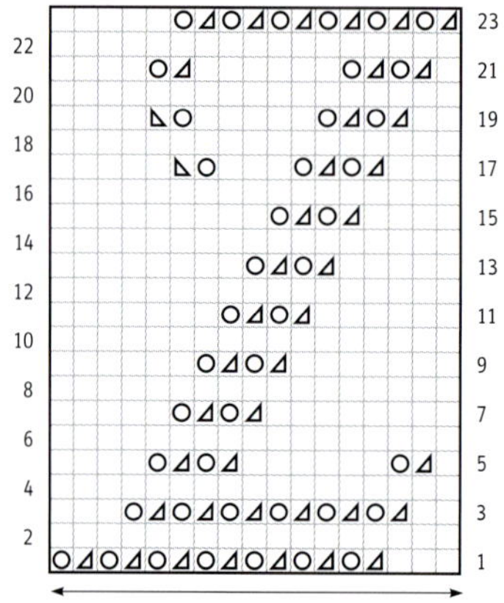

17 M

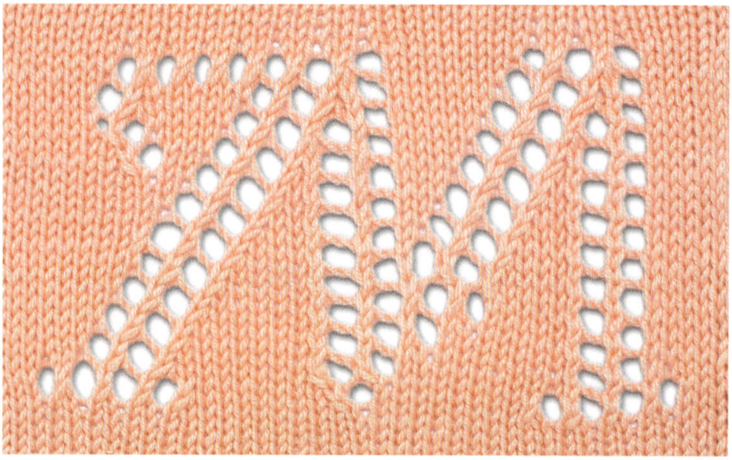

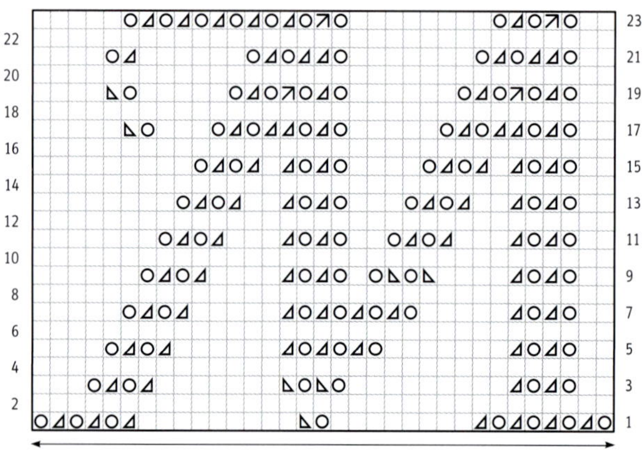

33 M

□ = in Hin-R 1 M re, in Rück-R 1 M li ◿ = 2 M re zus-str ◺ = 2 M re übz zus-str ↗ = 3 M re zus-str ○ = 1 U

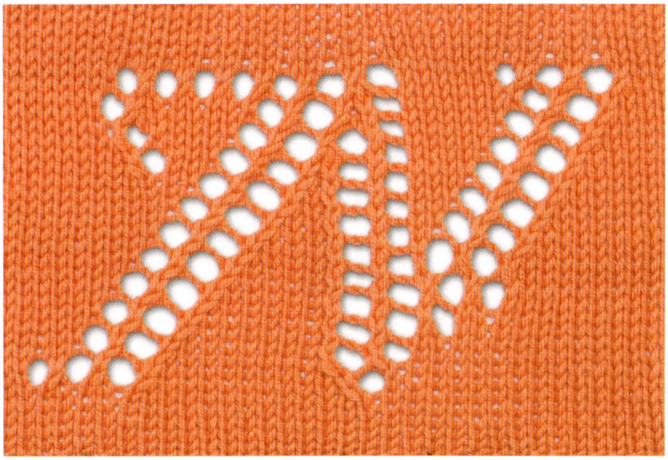

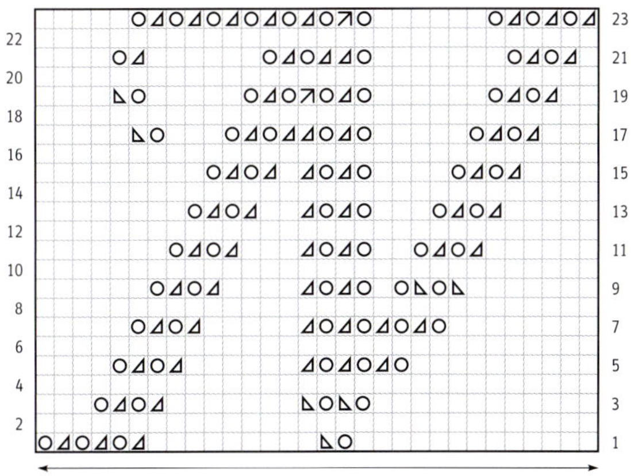

30 M

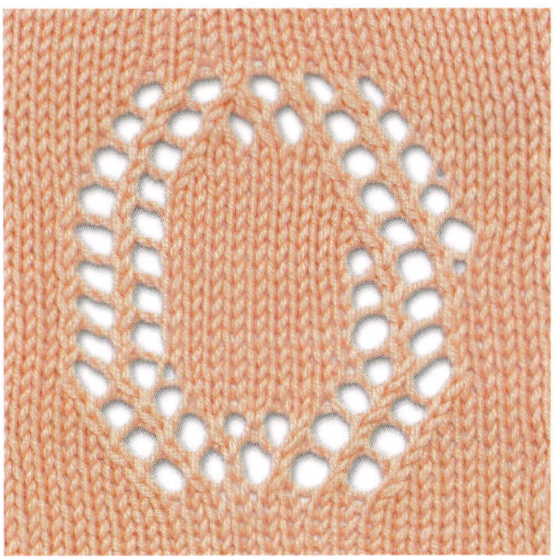

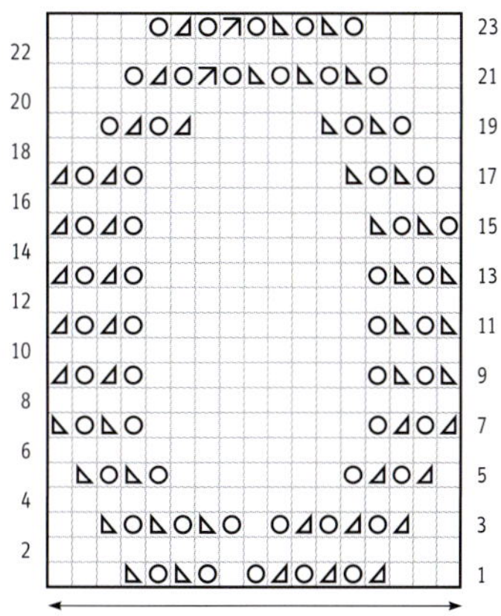

17 M

Muster 280–285

Buchstaben

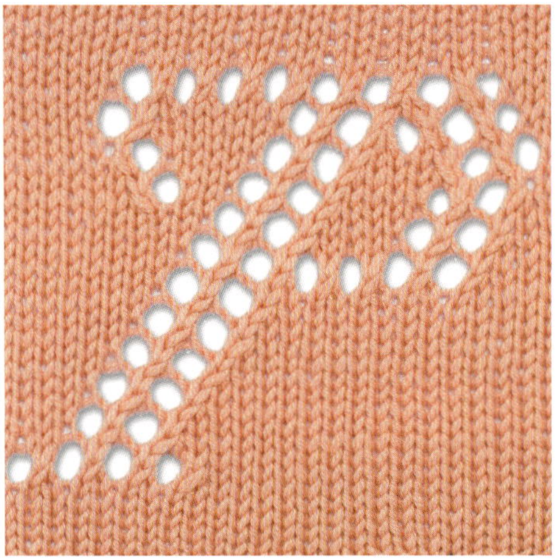

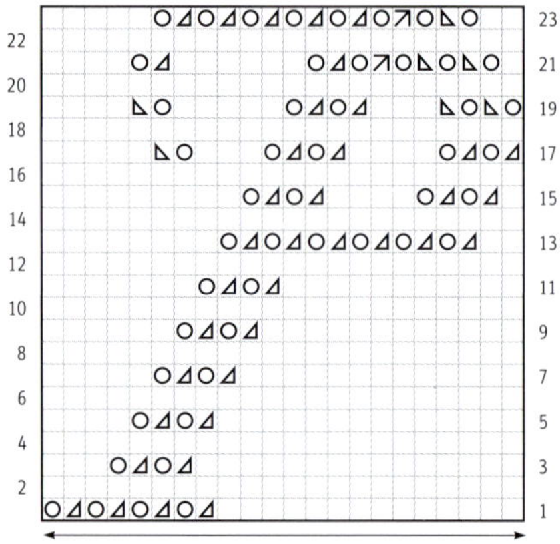

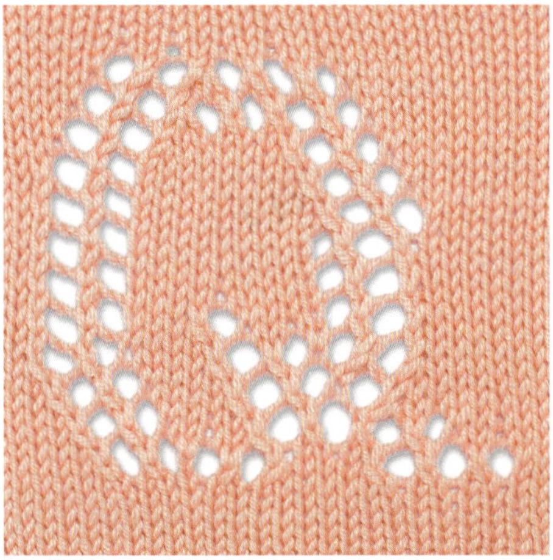

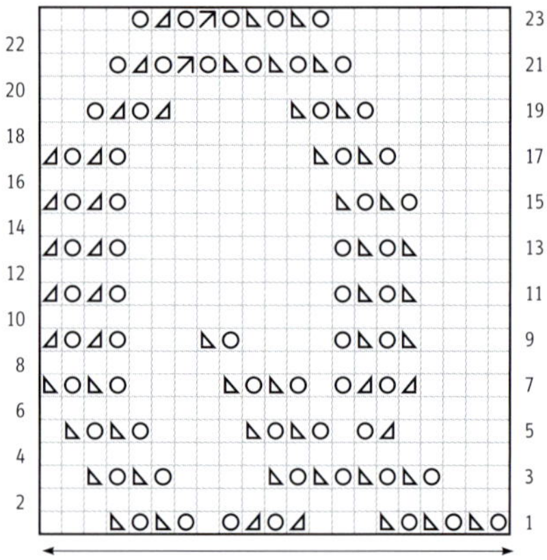

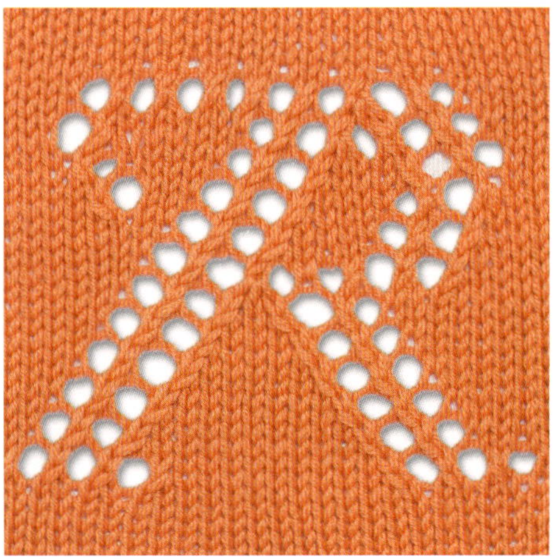

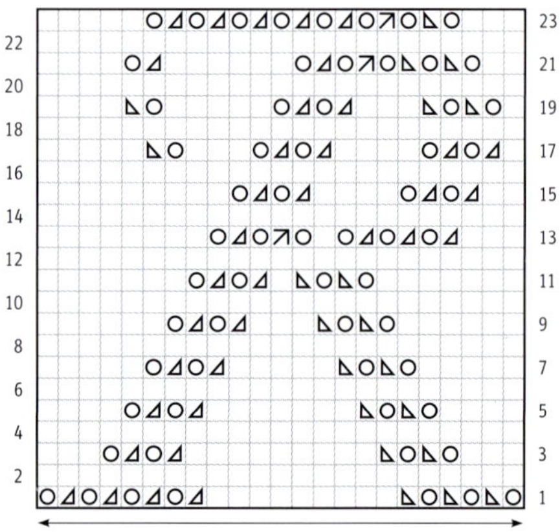

□ = in Hin-R 1 M re, in Rück-R 1 M li ◢ = 2 M re zus-str ◣ = 2 M re übz zus-str ↗ = 3 M re zus-str O = 1 U

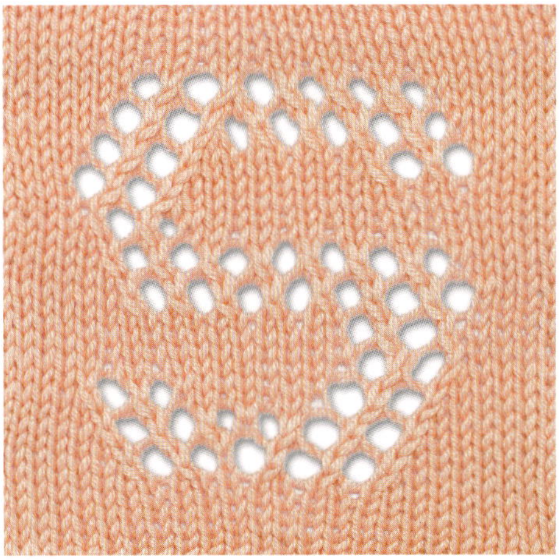

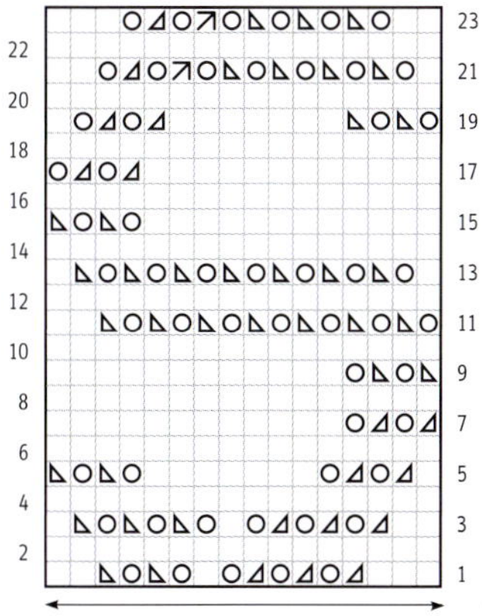

16 M

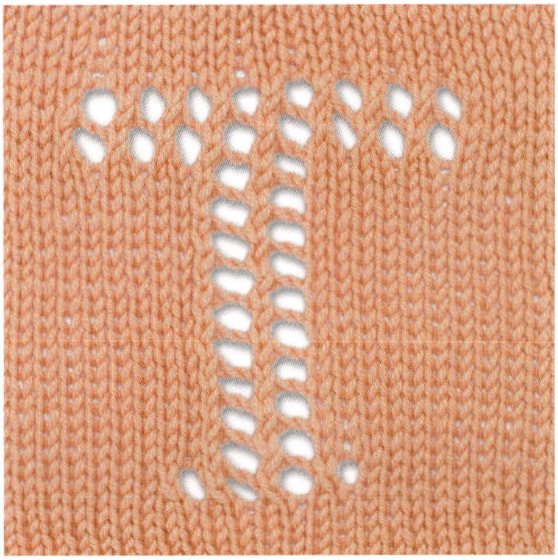

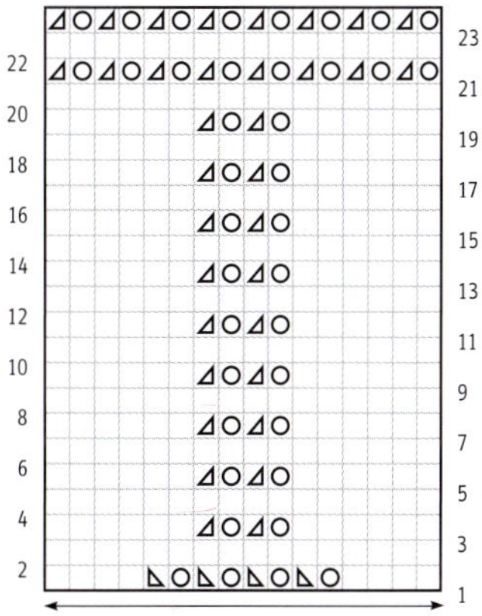

16 M

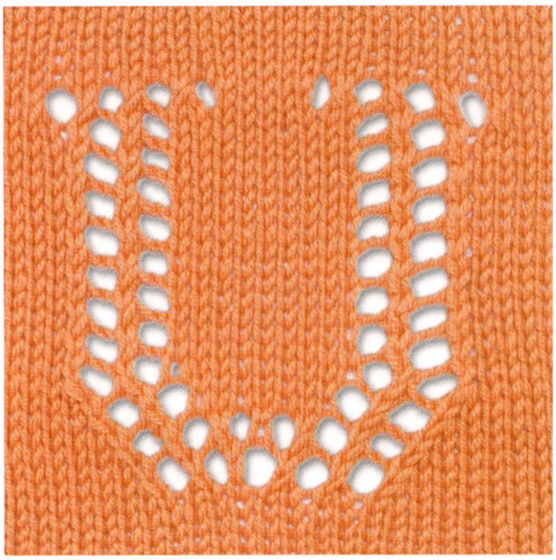

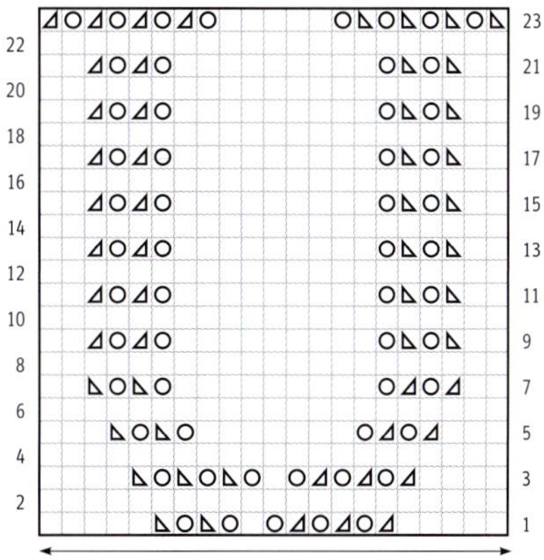

21 M

Muster 286–290

Buchstaben

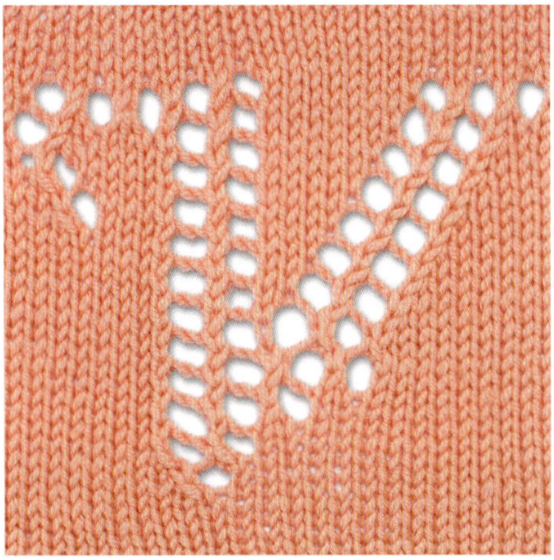

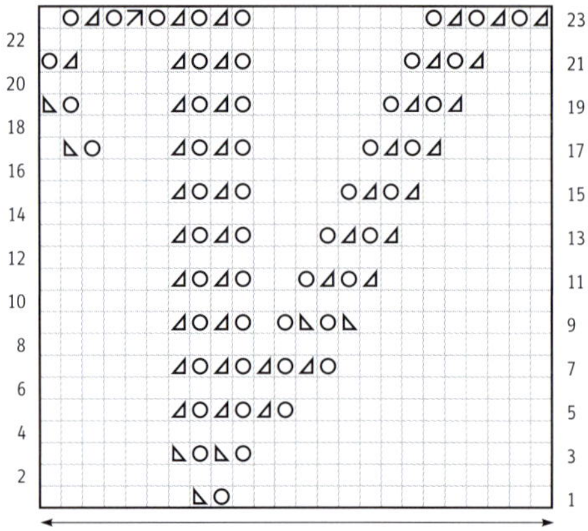

24 M

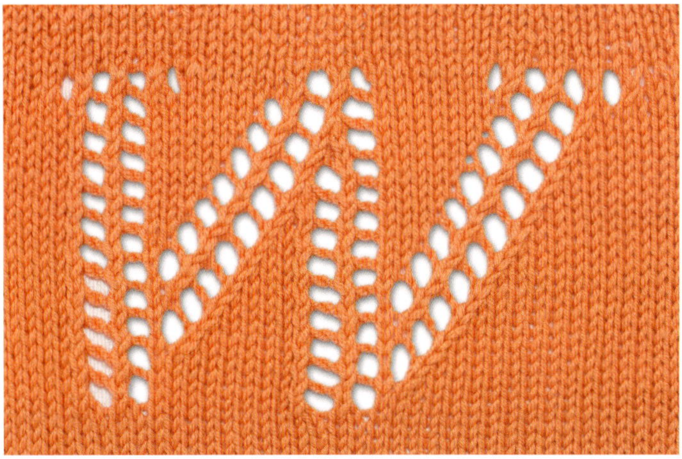

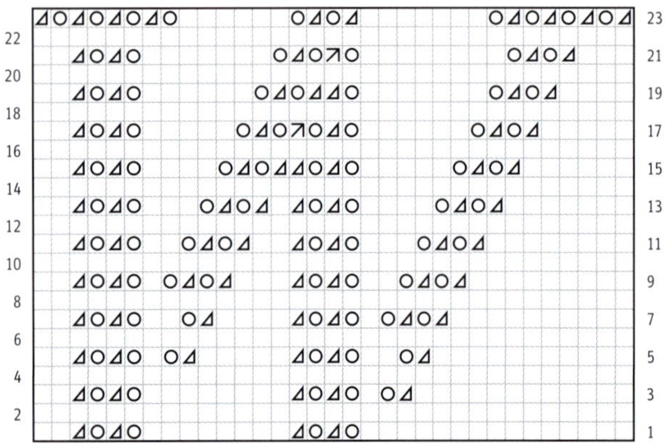

33 M

□ = in Hin-R 1 M re, in Rück-R 1 M li ◿ = 2 M re zus-str ◺ = 2 M re übz zus-str ↗ = 3 M re zus-str ○ = 1 U

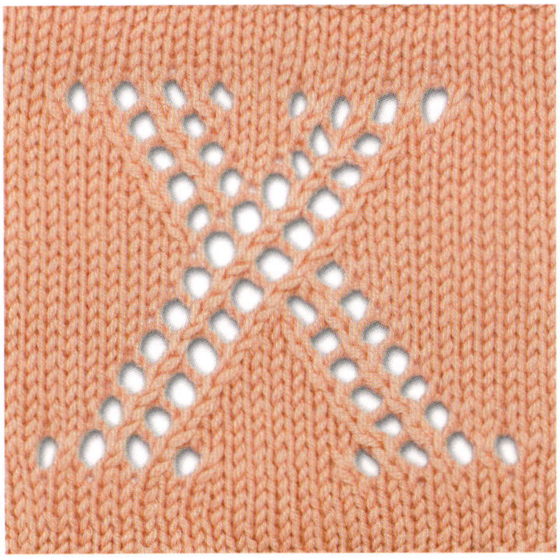

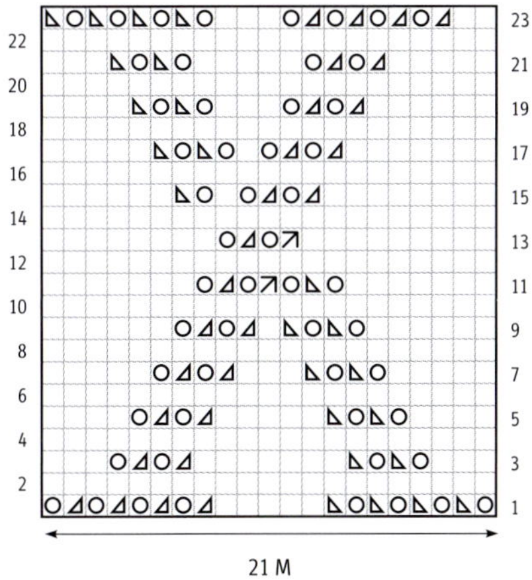
21 M

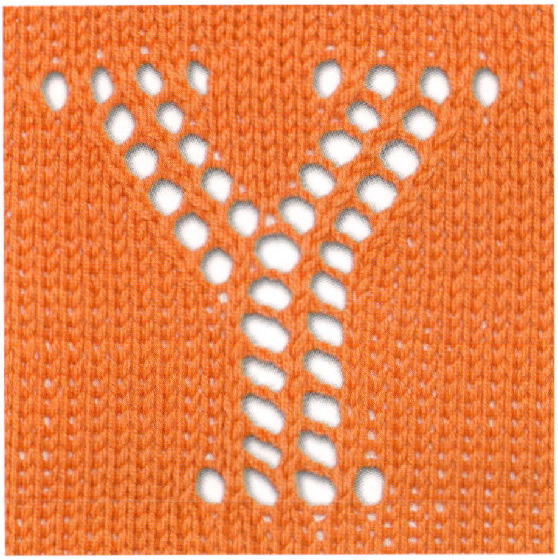

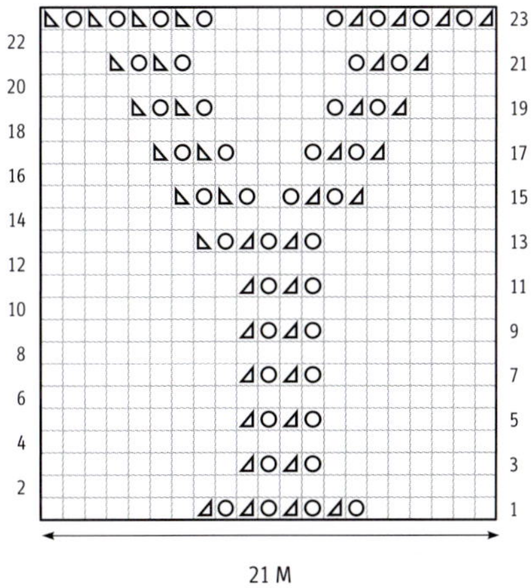
21 M

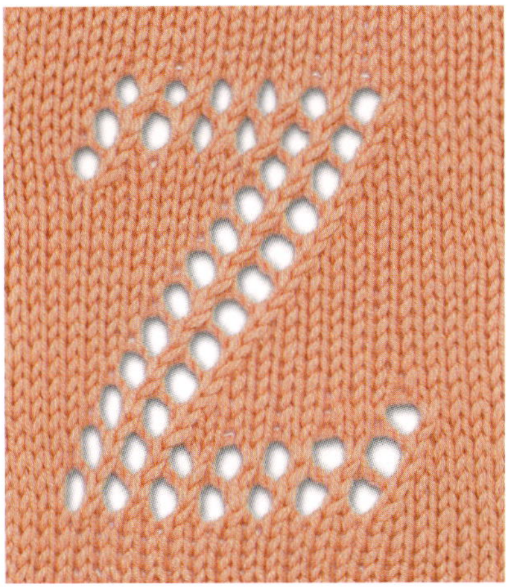

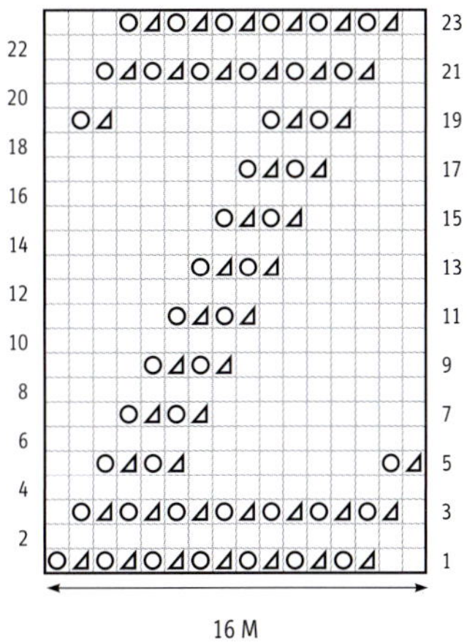
16 M

Muster 291–295

Ziffern

Diese Ziffern können Sie zum Datieren Ihrer Strickarbeiten verwenden oder sie mit den Buchstaben zu einem Mustertuch kombinieren. Die Lochmuster sind genauso aufgebaut wie bei den Buchstaben, doch sind die Ziffern schmaler und stehen gerade. Um selbst Zahlen und Daten zusammenzusetzen, übertragen Sie die gewünschten Ziffern auf Karopapier und experimentieren mit den Abständen, bis der gewünschte Effekt erzielt ist.

Hinweis

Alle Ziffern sind 23 Reihen hoch und variieren in der Breite zwischen 8 und 17 Maschen.

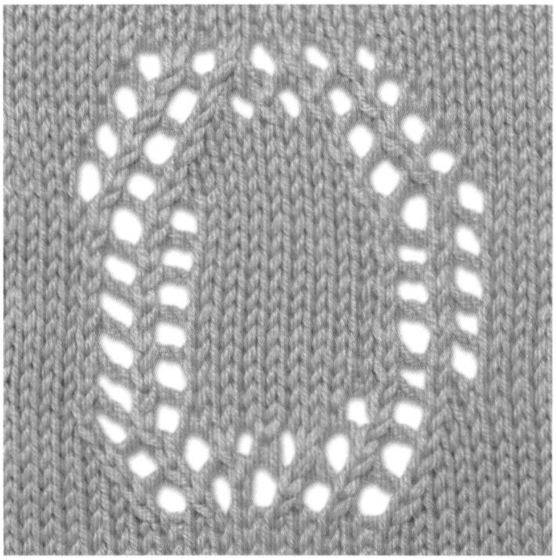

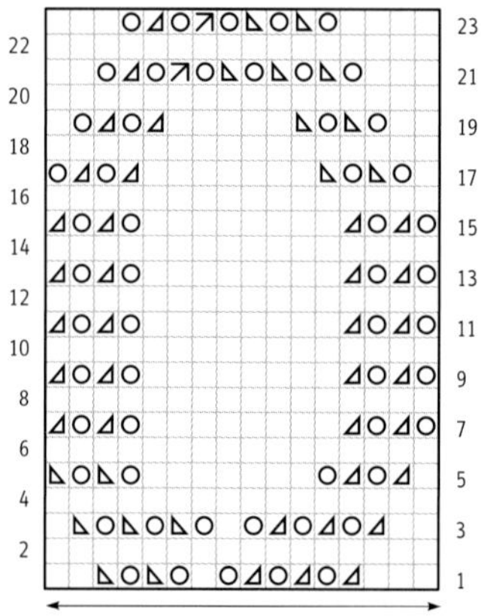

16 M

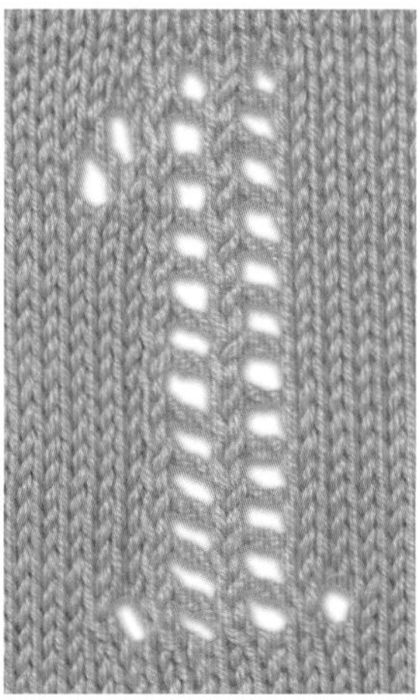

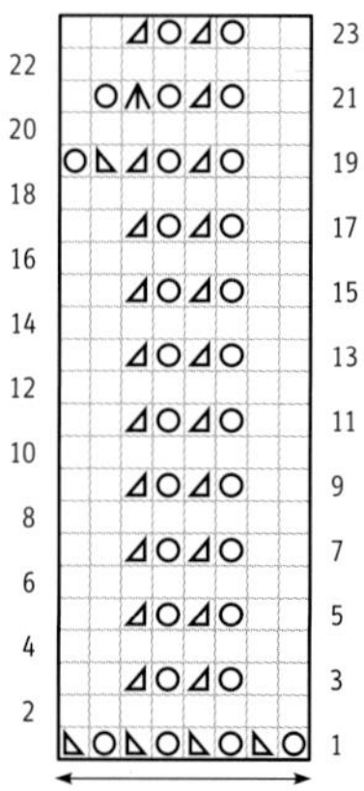

8 M

180–181 Allgemeine Stricksymbole

□ = in Hin-R 1 M re, in Rück-R 1 M li ◿ = 2 M re zus-str ◺ = 2 M re übz zus-str ⋀ = 3 M re zus-str

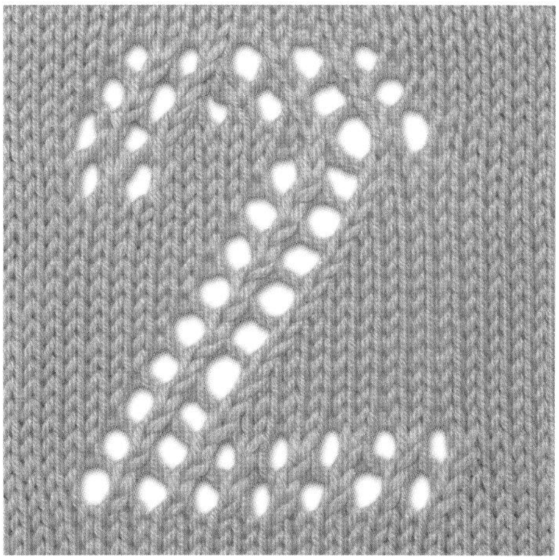

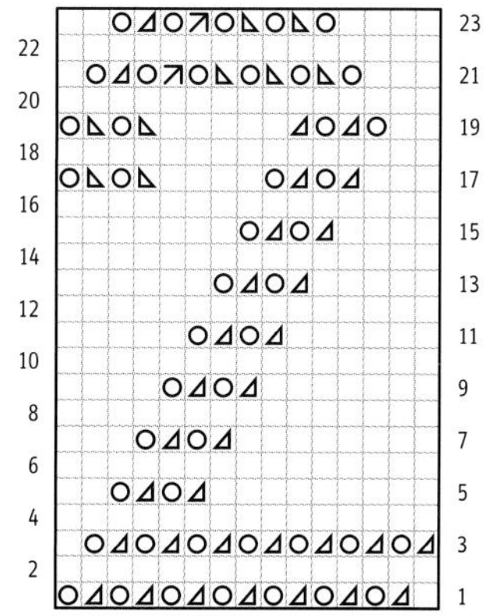

15 M

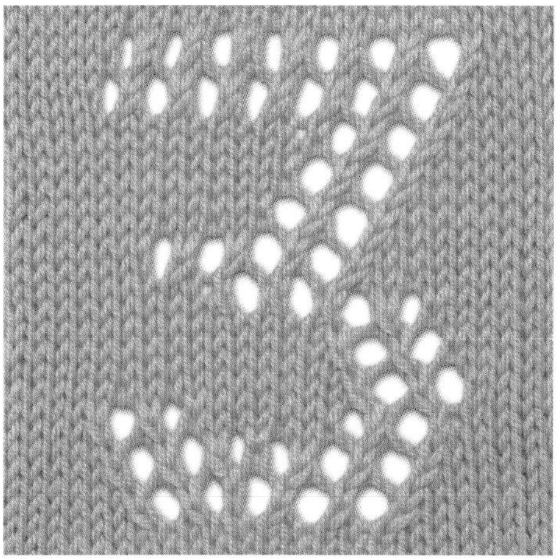

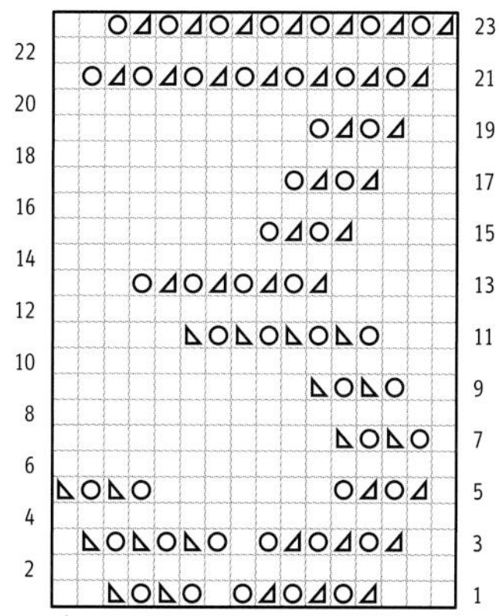

16 M

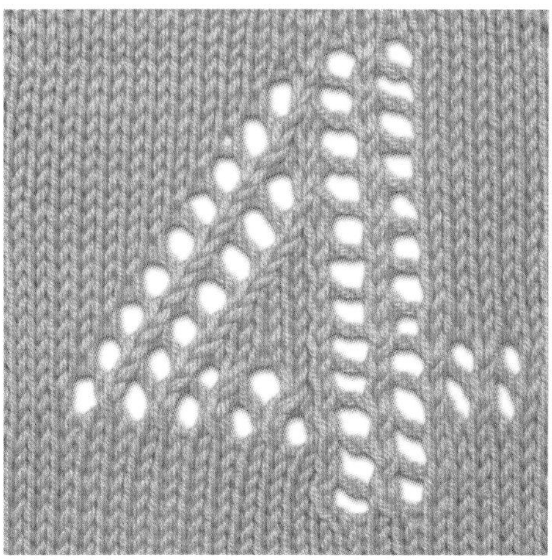

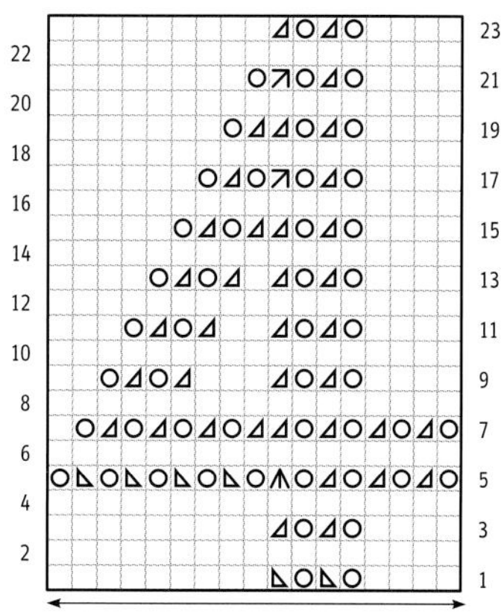

17 M

= 2 M zus wie zum Rechtsstr abh, 1 M re, die 2 abgehobenen M überziehen

= 1 U

Muster 296–300

Ziffern

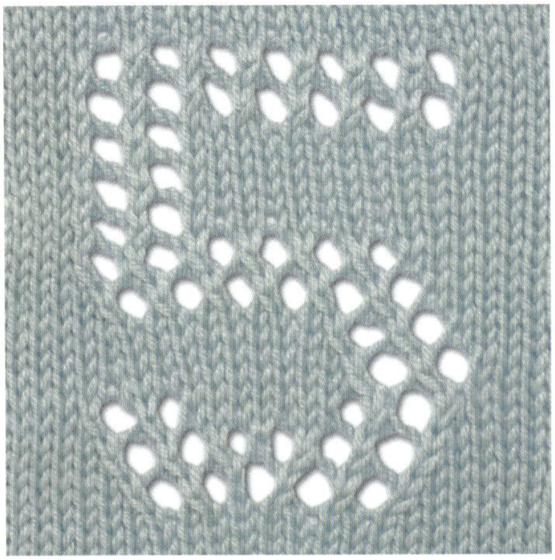

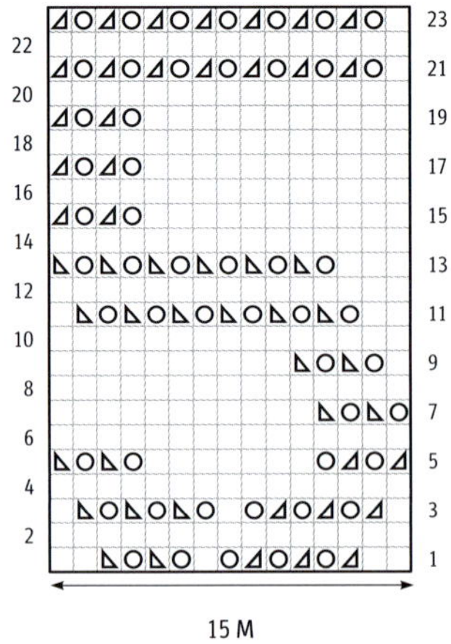

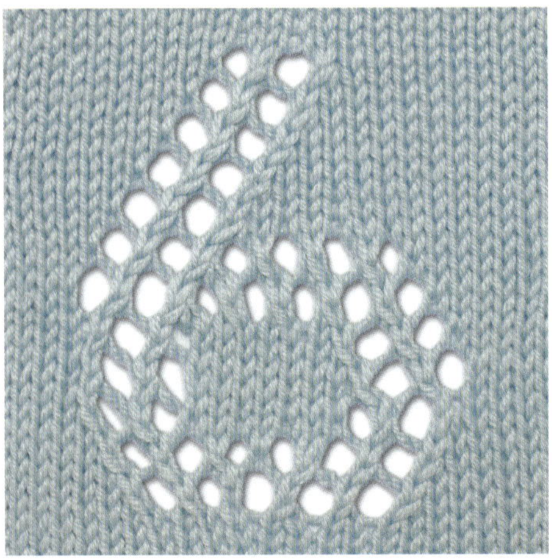

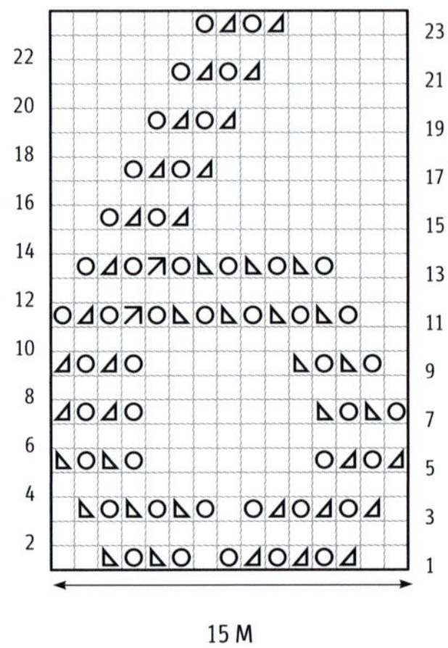

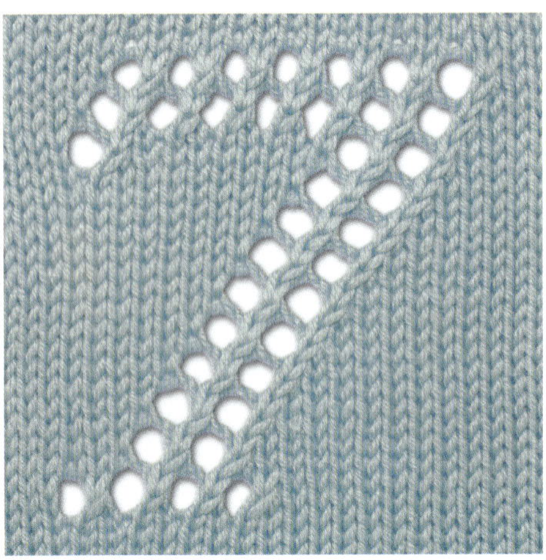

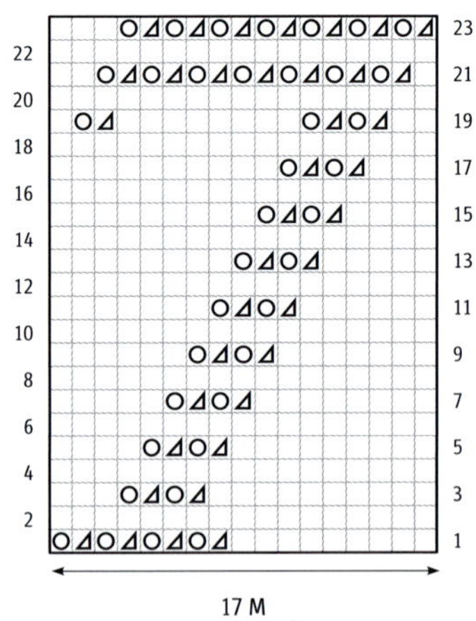

182–183 Allgemeine Stricksymbole

☐ = in Hin-R 1 M re, in Rück-R 1 M li ◿ = 2 M re zus-str ◺ = 2 M re übz zus-str ◹ = 3 M re zus-str ○ = 1 U

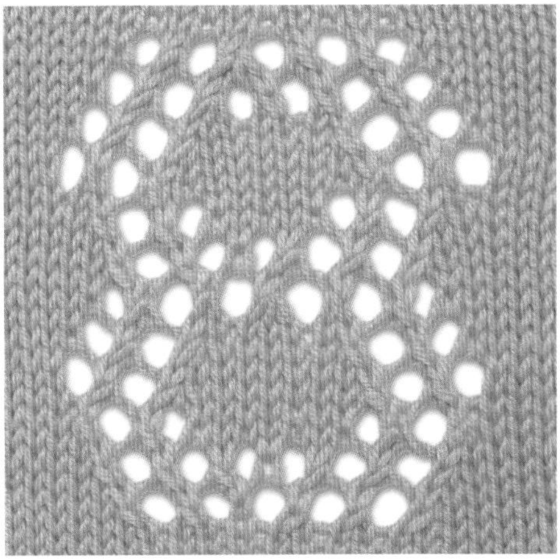

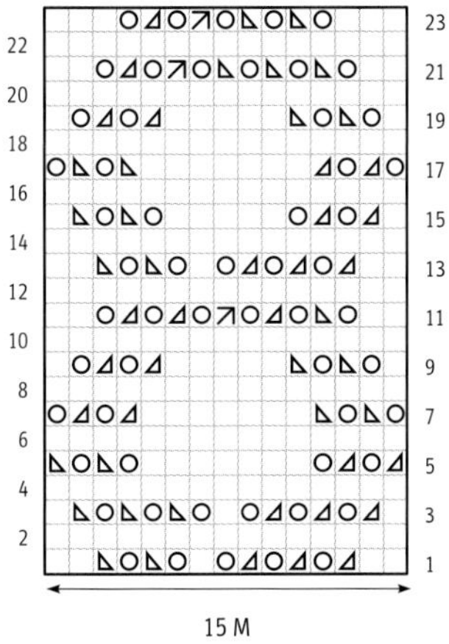
15 M

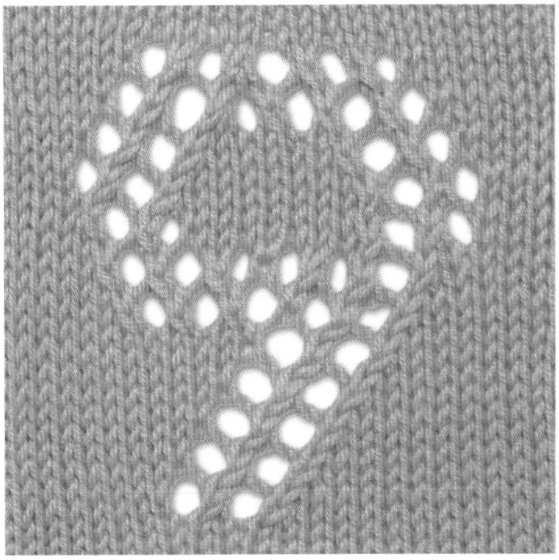

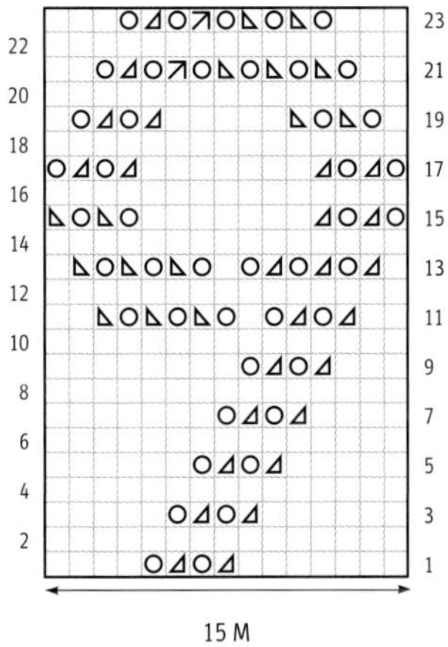
15 M

Strick-technik

Auf den folgenden Seiten finden Sie eine Fülle hilfreicher Informationen rund ums Stricken: Sie erfahren, wie Sie die Muster aus diesem Buch für Ihre eigenen Strickarbeiten verwenden können, bekommen die grundlegenden Techniken erklärt und lernen, Strickschriften und Zählmuster zu lesen. Den Abschluss bildet eine Liste aller in diesem Buch verwendeten Abkürzungen und Stricksymbole.

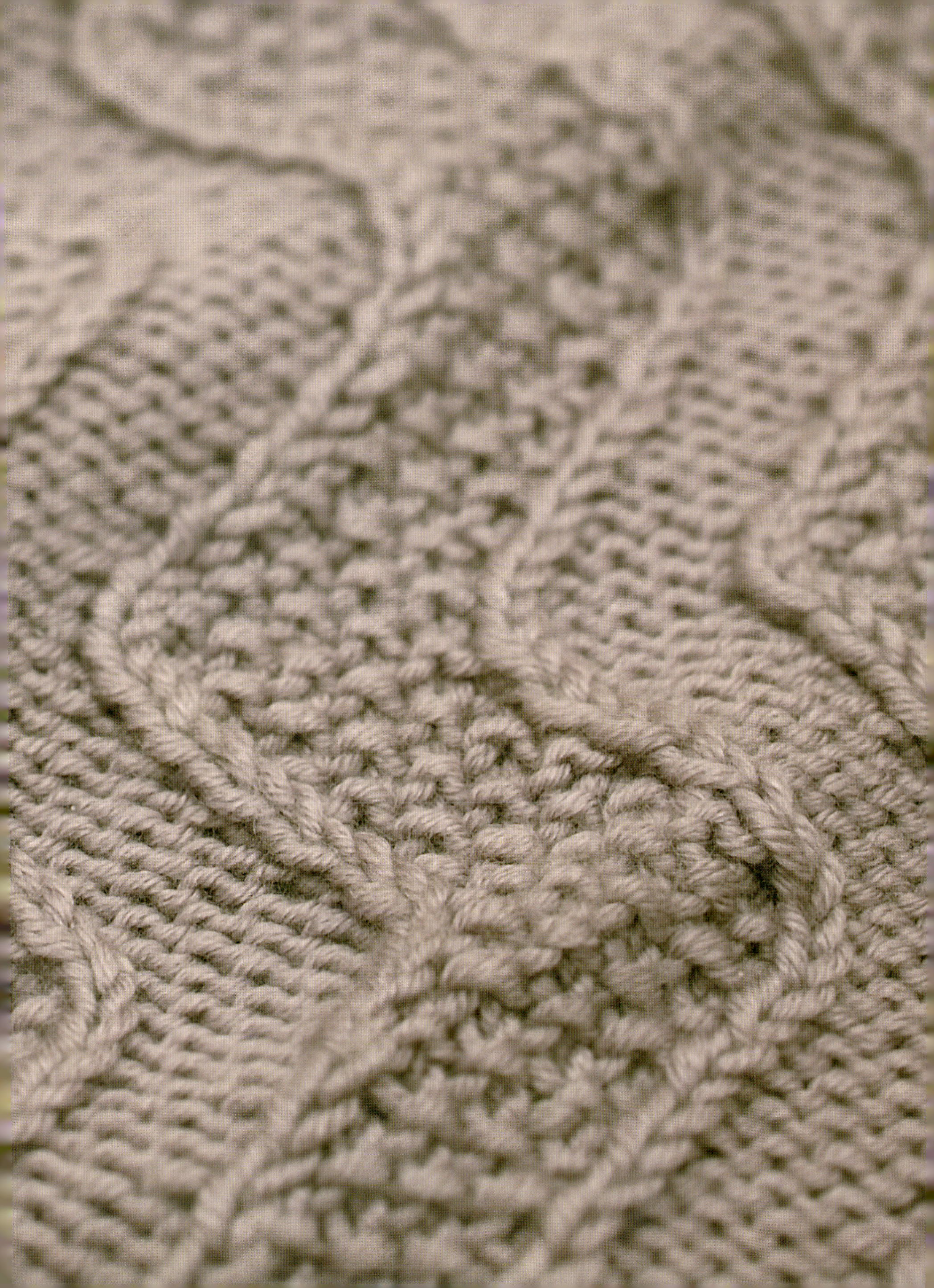

Verwendung der Muster

Wenn die Muster in diesem Buch Sie dazu angeregt haben, eigene Modelle zu entwerfen, erfahren Sie auf diesen Seiten, wie's geht. Zunächst müssen Sie entscheiden, was Sie stricken wollen, und eine einfache Schnittzeichnung skizzieren. Sobald Sie genau Maß genommen und Garn besorgt haben, können Sie losstricken.

SO ENTWERFEN SIE IHR EIGENES MODELL

Sie wissen nun zwar, was Sie stricken wollen, aber noch nicht, wie Sie das anfangen sollen. Egal, was Sie stricken möchten – ob Decke, Mütze oder Pullover: Skizzieren Sie Ihr Modell, auch wenn die Zeichnung nur sehr grob ist, und machen Sie sich Notizen. Wenn Ihr Modell wächst, kann es sein, dass Sie einzelne Faktoren anpassen oder ändern müssen, aber die Skizze hilft Ihnen, sich an Ihre ursprüngliche Idee zu erinnern. Betrachten Sie Ihre Zeichnung und denken Sie über den Aufbau Ihres Modells nach. Eine Decke lässt sich beispielsweise in Streifen oder Quadraten, eine Mütze besser in Runden stricken.

Teile und Maße

Was auch immer Sie planen: Zeichnen Sie die einzelnen Teile auf und tragen Sie die Maße ein. Für ein Kleidungsstück können Sie direkt am Körper Maß nehmen und je nach Kleidungsstil ein paar Zentimeter für den bequemen Sitz zugeben. Oder Sie nehmen Maß an einem vorhandenen Kleidungsstück, das in Stil, Sitz und Material Ihren Vorstellungen entspricht.

Bei Accessoires und Modellen fürs Haus sollten Sie Länge und Breite festlegen und eventuell etwas Bewegungsspielraum zugeben. Denken Sie daran, dass Gestrick sich normalerweise dehnen lässt. Kissenhüllen beispielsweise sehen deshalb fülliger aus, wenn sie etwas kleiner sind als die Kissenfüllung.

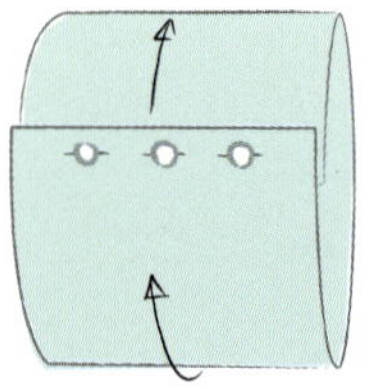

Kissenhülle
Eines der Modelle, die besonders einfach zu entwerfen sind, ist eine Kissenhülle, denn sie kann in einem Stück gearbeitet werden (in Pfeilrichtung), sodass Anschlag- und Abkettkante einander überlappen. Knopflöcher nahe der Abkettkante dienen als Verschluss für die Öffnung, wenn die Seitennähte erst einmal geschlossen sind.

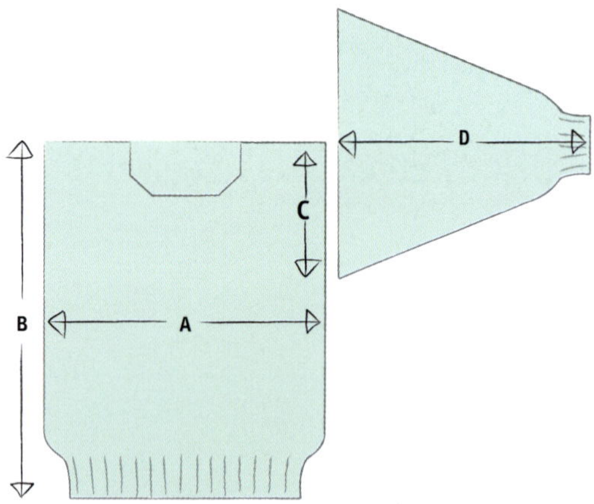

Pullover entwerfen: Vorderteil
Sie müssen nicht beide Ärmel aufzeichnen, weil beide gleich gestrickt werden. Die wichtigsten Maße sind Breite (A) und Länge (B). Mit diesen Proportionen im Hinterkopf müssen sie die Höhe des Armausschnitts (C) bestimmen, der genügend Bewegungsspielraum ermöglichen soll. Messen Sie die Ärmellänge immer gerade entlang der Linie D und nicht entlang der Ärmelschrägen. Bei diesem Stil ist es wichtig, daran zu denken, dass die Oberkante des Ärmels unterhalb der natürlichen Schulter liegt. Um die Ärmellänge grob berechnen zu können, messen Sie von Handgelenk zu Handgelenk, also A + 2 x D; dann ziehen Sie das Maß A ab und dividieren das Ergebnis durch 2. Das alles ist einfacher, als es klingt!

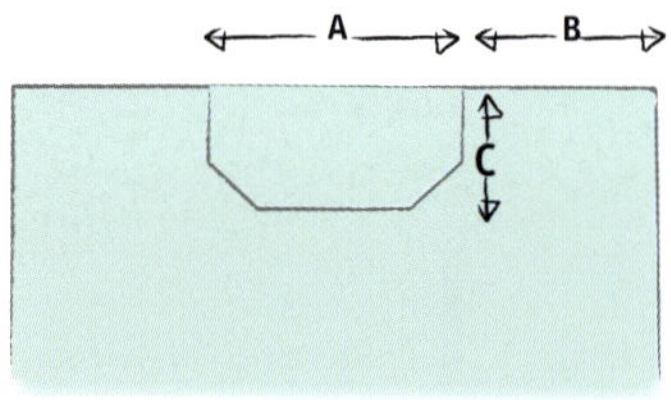

Pullover entwerfen: Halsausschnitt
Den Halsausschnitt zu planen ist ziemlich schwierig, aber wenn Sie sich verrechnet haben sollten, ist es auch keine unüberwindliche Hürde, die Arbeit bis zum Beginn des Halsausschnitts wieder aufzutrennen. Selbstverständlich muss der Halsausschnitt über den Kopf passen, aber egal, für welchen Stil Sie sich entscheiden: Wichtig ist das Verhältnis der Halsausschnittbreite (A) und der Schulterbreite (B). Die Höhe des Halsausschnitts wirkt sich sowohl auf die Passform als auch auf den Stil aus. Ein flacher rückwärtiger Ausschnitt sorgt für guten Sitz, ist aber nicht unbedingt nötig. Außerdem sollten Sie über Ausschnittblende oder Kragen nachdenken.

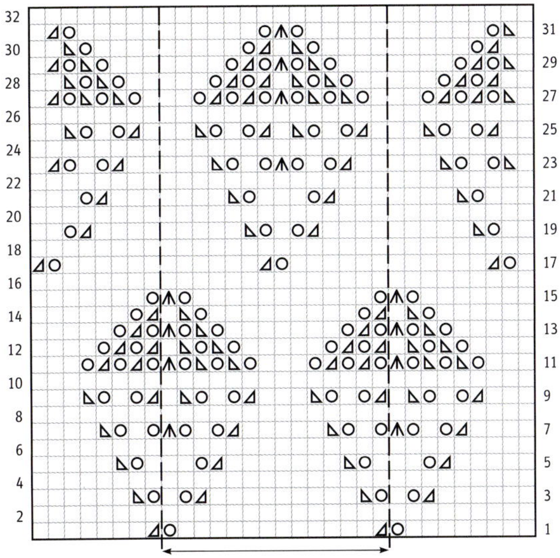

M-Zahl teilbar durch 14 + 17 M

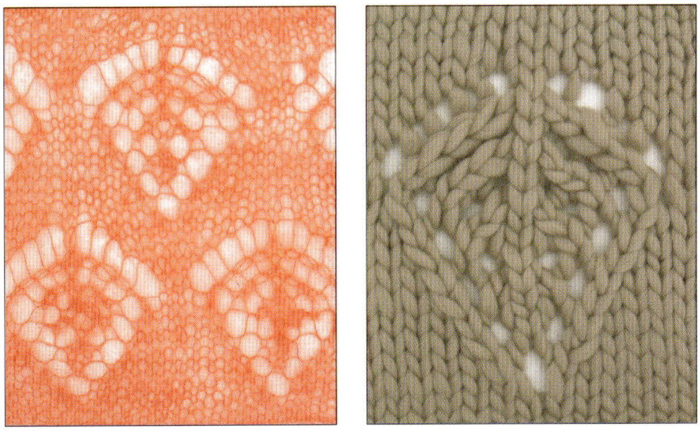

Unterschiedliche Garne
Diese beiden Arbeitsproben zeigen, wie unterschiedlich ein Strickmuster – in diesem Fall das Farnmuster (Nr. 159) – ausfallen kann, je nachdem, welches Garn man wählt. Mit dickem, weichem Garn gestrickt, wird das Motiv auf der rechten Seite ziemlich groß und auffallend, während feines Mohairgarn ein zartes, luftiges Gestrick ergibt und mehrere Rapporte erfordert, um die gleiche Fläche zu bedecken.

Am Anfang steht die Maschenprobe

Stricken Sie mit dem Garn Ihrer Wahl und der Nadelstärke, die Sie für geeignet halten, Probequadrate im gewünschten Strickmuster. Sie sollten ein wenig experimentieren, bis das Gestrick Ihren Vorstellungen für das geplante Modell entspricht. Das bedeutet, dass Sie möglicherweise mehrere unterschiedliche Nadelstärken ausprobieren müssen, bis Sie den vorgesehenen Effekt erzielen. Festes Gestrick, das sich gut für eine Kissenhülle eignet, ist womöglich zu rauh für Babykleidung; weiches Gestrick fällt bei einer Jacke gut, wäre für einen rustikalen Outdoor-Pullover aber fehl am Platze. Ein langfloriges Garn verschleiert das Muster, wenn es fest gestrickt wird, kann aber hinreißend wirken, wenn locker gestrickt wird. Die Informationen auf der Garnbanderole oder dem Einstecker können Ihnen als Anhaltspunkt für die Wahl der Nadelstärke dienen, doch zum Vergnügen am Entwerfen eigener Modelle gehört es, dass Sie mit der Nadelstärke arbeiten können, mit der Sie das gewünschte Maschenbild erzielen. Arbeiten Sie stets Maschenproben für alle Strickmuster, die Sie verwenden wollen – entweder in einem einzigen Probestück oder für jedes Muster separat.

Maschenprobe ausmessen

Wenn Sie mit dem Garn Ihrer Wahl zufrieden sind, müssen Sie das Probequadrat ausmessen, um festzustellen, wie viele Maschen und Reihen Sie für eine bestimmte Fläche – üblicherweise ein Quadrat von 10 x 10 cm – brauchen. Diese Angaben nennt man Maschenprobe, und die Maschenzahl auf 10 cm ist der Schlüssel zur Größenberechnung. Wenn Sie mehr oder weniger Maschen und Reihen auf 10 x 10 cm stricken wollen, müssen Sie versuchen, fester oder lockerer zu stricken; am besten probieren Sie einfach eine andere Nadelstärke aus.

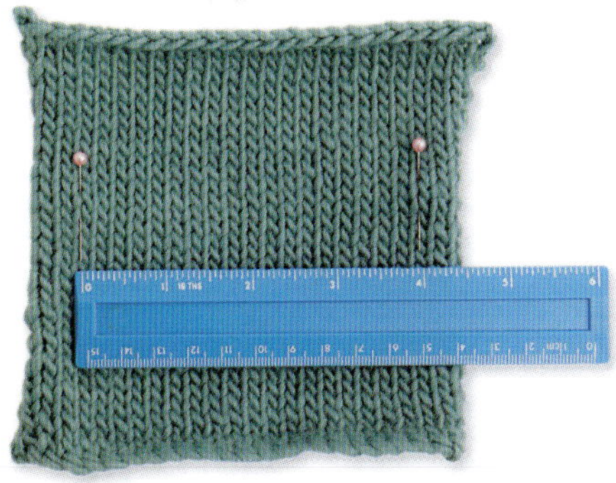

❶

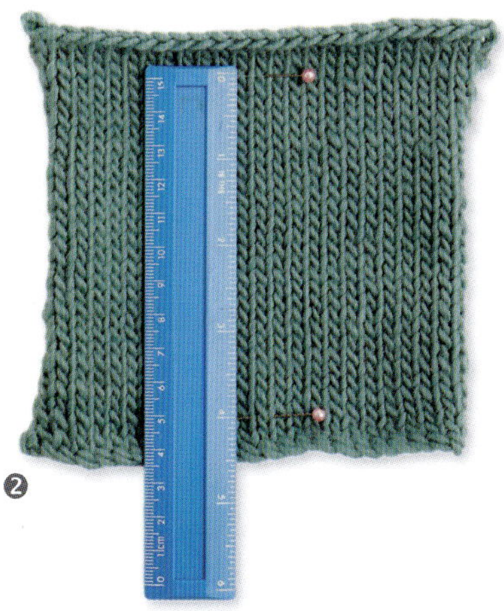

❷

Maschenprobe auszählen
Markieren Sie auf dem flach ausgebreiteten Probequadrat eine horizontale Strecke von 10 cm mit 2 Stecknadeln (Abb. 1). Zählen Sie die Maschen (inkl. halber Maschen) entlang der Reihe zwischen den Nadeln. Dann markieren Sie eine Strecke von 10 cm in der Höhe (Abb. 2) und zählen die Reihen entlang einer vertikalen Linie zwischen den Nadeln.

Verwendung der Muster – Fortsetzung

Maschenzahlen errechnen

Wenn Sie die Maße in Ihre Schnittzeichnung eingetragen und die Maschenprobe Ihrer Probequadrate notiert haben, müssen Sie beide Werte verbinden – am besten mithilfe eines Taschenrechners. Nehmen wir als Beispiel zunächst ein Modell mit einem einzigen Strickmuster.

Teilen Sie die Maschenzahl auf 10 cm durch 10 und multiplizieren Sie das Ergebnis mit der Zentimeterzahl für jedes Breitenmaß. Genauso verfahren Sie mit den Reihenzahlen und den Längenmaßen.

Durch diese Berechnung ermitteln Sie, wie viele Maschen Sie ungefähr brauchen, doch wenn nötig sollten Sie die Zahlen auf den nächsten Rapport auf- oder abrunden, damit Ihr Wunschmuster mit einem ganzen Rapport beginnt und endet.

Für ein Muster, bei dem Dekorstreifen mit einem Hintergrundmuster kombiniert werden, messen Sie die Breite der Musterstreifen aus und berechnen die Zahl der Hintergrundmaschen dazwischen.

Achten Sie darauf, dass keinerlei Zu- und Abnahmen das Muster beeinträchtigen. Und vergessen Sie nicht, einige Maschen als Nahtzugabe zuzugeben.

Musterrapporte aufeinander abstimmen
Strickmuster auszuwählen, die sich zu einem einzigen Rapport kombinieren lassen, ist der beste Weg, mit unterschiedlichen Rapporten zurechtzukommen. Bei diesem Beispiel wird das Krokus-Muster Nr. 139 (Rapport: 24 Reihen) von 6 Rapporten über 4 Reihen des asymmetrischen Zopfs (Muster 81) und 3 achtreihigen Rapporten des Musters Nr. 86, Zickzack-Zweige, flankiert, sodass ein kompletter Rapport über 24 Reihen entsteht

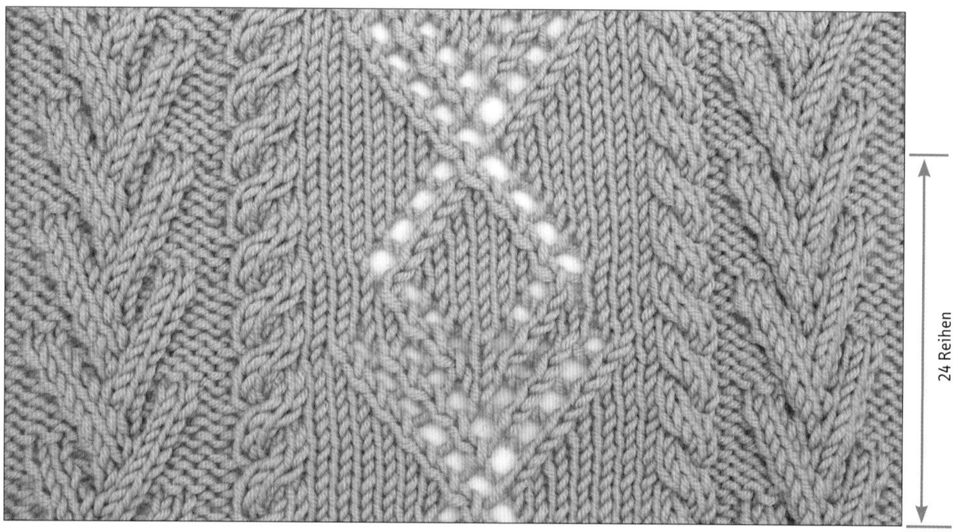

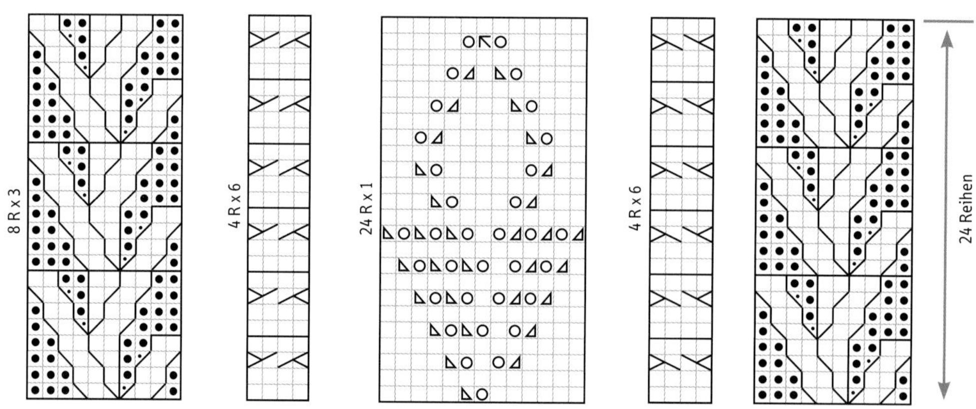

Zu- und Abnahmen bei Lochmustern

Das Zu- und Abnehmen von Maschen an den Seitenkanten kann etwas knifflig sein, weil sich die Zu- und Abnahmen für das Formen des Strickteils mit denen für das Muster mischen. In solchen Fällen kann es hilfreich sein, eine genaue Strickschrift aufzuzeichnen. Das Foto rechts zeigt eine Halsausschnittkante im Glockenblumen-Muster (Nr. 133), bei der das Muster so weit wie möglich an die Kante geführt wurde. An der Strickschrift sehen Sie, dass doppelte Abnahmen eingesetzt wurden, um das Muster beizubehalten und die Kante zu formen.

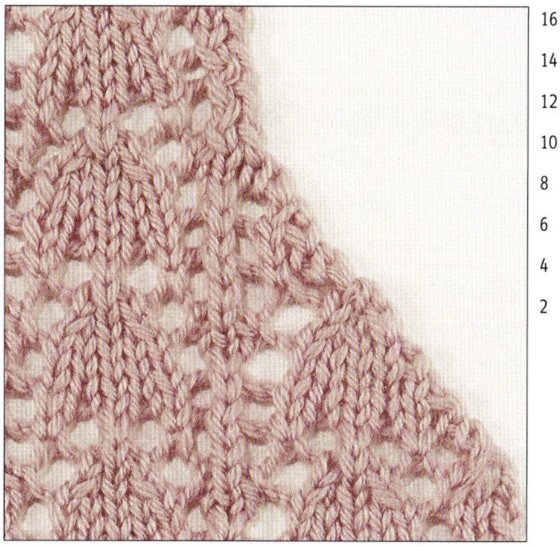

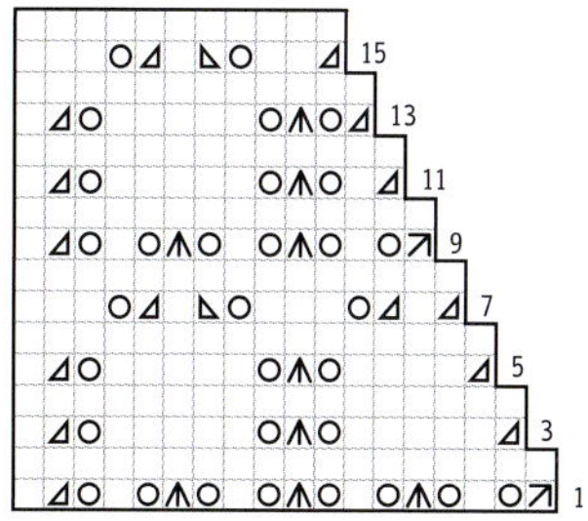

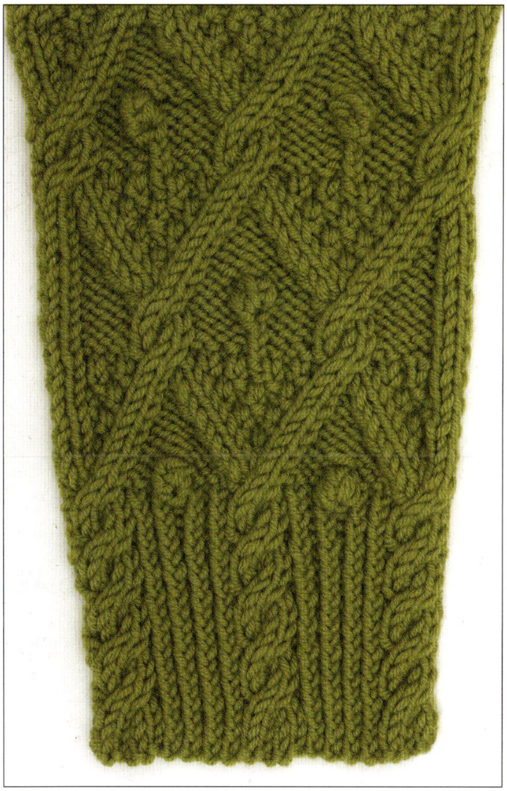

Strickmuster kombinieren

Eine Kombination aus Zöpfen und einem Rippenmuster mit verschränkten Maschen ergibt ein interessantes Bündchenmuster, das gut zum Schachtelteufel-Muster (Nr. 183) passt. Die Zöpfe für das Bündchen werden ebenso über 5 Maschen gestrickt wie die Zöpfe im Hauptteil, und das verschränkte Rippenmuster hat dieselbe Maschenzahl wie das Perlmuster im unteren Teil des Rhombengitters.

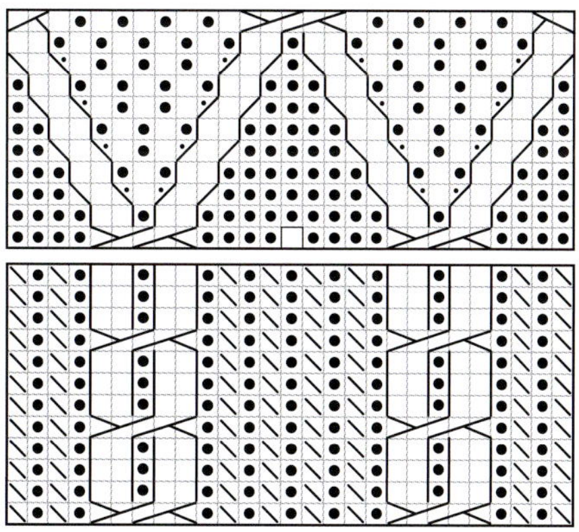

Verwendung der Muster – Fortsetzung

SO INTEGRIEREN SIE DIE MUSTER IN IHR MODELL

Sie können zahllose fantastische Modelle entwerfen, indem Sie Strickmuster miteinander kombinieren, aber es ist nicht immer ganz einfach, von einem Muster zum anderen zu wechseln. Daher sollten Sie einige Muster, die Sie sehr gut beherrschen, mit einem oder zwei anderen verbinden, die Ihnen noch nicht so vertraut sind, aber genau darauf achten, wie diese Muster miteinander reagieren. Passen Sie ruhig Maschen- und Reihenzahlen an, damit die Muster zusammenpassen, oder mischen Sie Muster mit unterschiedlichem Griff und Fall. Denken Sie daran, dass sowohl der Charakter eines Musters als auch die Materialzusammensetzung des Garns (siehe „Unterschiedliche Garne“, Seite 187) die Eigenschaften des fertigen Gestricks beeinflussen. Aber Sie haben viele Möglichkeiten einzugreifen. Hier lernen Sie einige Techniken kennen, aber Sie sollten durchaus selbst ein wenig experimentieren.

Einfache Muster einbauen

Wenn Sie dieselbe Maschenzahl für das Rippenmuster 2 Maschen rechts, 2 Maschen links im Wechsel verwenden wie für den glatt rechts gestrickten Teil, zieht sich das Gestrick im Rippenmuster zusammen und wird beim glatt rechts gestrickten Teil breiter (siehe Arbeitsprobe **1**). Um das zu verhindern und durchweg die gleiche Arbeitsbreite zu erzielen, schlagen Sie mehr Maschen an und nehmen Sie die überzähligen Maschen in der letzten Reihe des Rippenmusters ab. Bei der Arbeitsprobe **2** wurden in der letzten Hinreihe des Rippenmusters jeweils 2 Maschen rechts zusammengestrickt. Wenn weniger Abnahmen erforderlich sind, sollten die Abnahmen in der 1. Reihe des glatt rechten Teils gearbeitet werden.

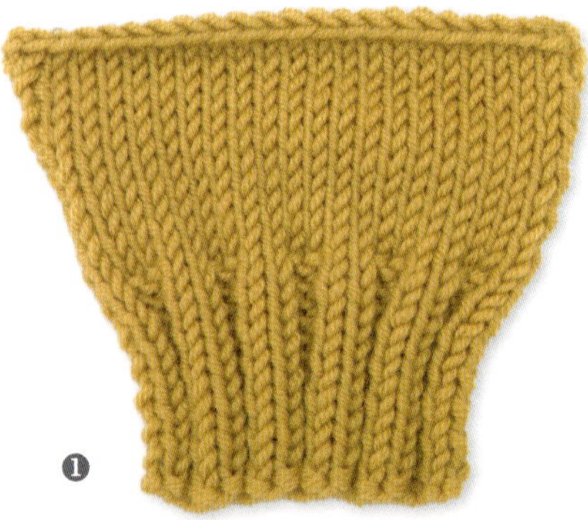

❶

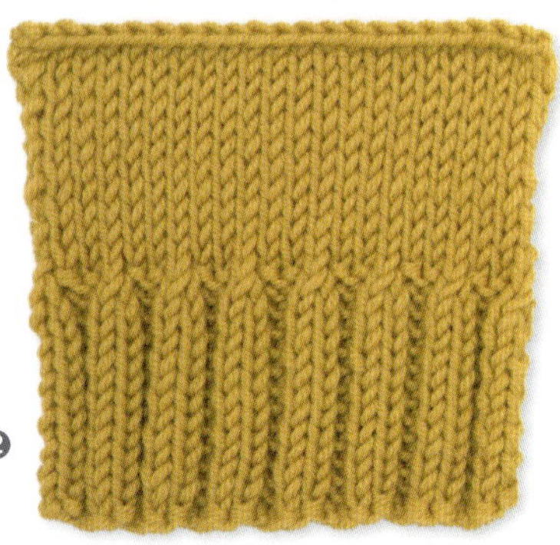

❷

Diagonal stricken

Kraus rechte Quadrate müssen nicht von einer Seite zur anderen gestrickt werden; sie können auch von Ecke zu Ecke gearbeitet werden, wie unten beschrieben. Das hat den Vorteil, dass alle Kanten exakt gleich lang sind.

1 M anschl.

1. Reihe (Hin-R): [1 M re, 1 M li, 1 M re] in die 1 M str (= 3 M).

2. Reihe und alle folgenden Rück-R: Re M str.

3. Reihe: 2 x [1 M re, 1 M re verschr] in 1 M str, 1 M re (= 5 M).

5. Reihe: [1 M re, 1 M re verschr] in 1 M , 2 M re, [1 M re, 1 M re verschr] in 1 M, 1 M re (= 7 M).

Weiter aus der 1. und der vorletzten Masche jeder Hinreihe 1 Masche zunehmen, bis die Kanten die gewünschte Länge haben.

Nächste Hinreihe: 2 M re zus-str, re M str bis zu den letzten 2 M, 2 M re übz zus-str.

Auf diese Weise weiter in jeder Hinreihe 2 Maschen abnehmen, bis nur noch 3 Maschen übrig sind.

Nächste Hinreihe: 2 M re übz zus-str. Faden abschneiden und sichern.

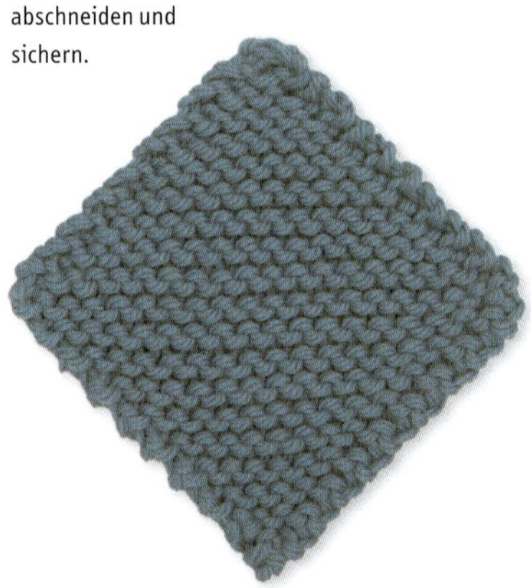

Anschlag- und Abkettkanten begradigen

Manche Muster, wie zum Beispiel Zöpfe, ziehen sich zusammen, sodass das Gestrick darüber und darunter breiter wird (siehe Arbeitsprobe **1**). Das lässt sich verhindern, indem man am unteren Ende der Zöpfe Maschen zunimmt und am oberen Ende Maschen abnimmt.Bei Arbeitprobe **2** wurden für jeden Zopf über 6 Maschen nur 5 Maschen angeschlagen. In der Rückreihe vor der ersten Zopfreihe wurde jede dieser 5-Maschen-Gruppen gestrickt wie folgt: 3 M li, 1 li M zun, 2 M li. Auf diese Weise verschwindet die Zunahme hinter der entsprechenden Verkreuzung. In der Rückreihe nach der letzten Verzopfung wurde jeder Zopf gestrickt wie folgt: 1 M li, 2 M li zus-str, 3 M li. So kommen Sie wieder auf die ursprünglichen 5 Maschen. Diese Methode lässt sich auf alle Zöpfe anwenden, doch sollten Sie die Zu- und Abnahmen so platzieren, dass sie nicht auffallen.

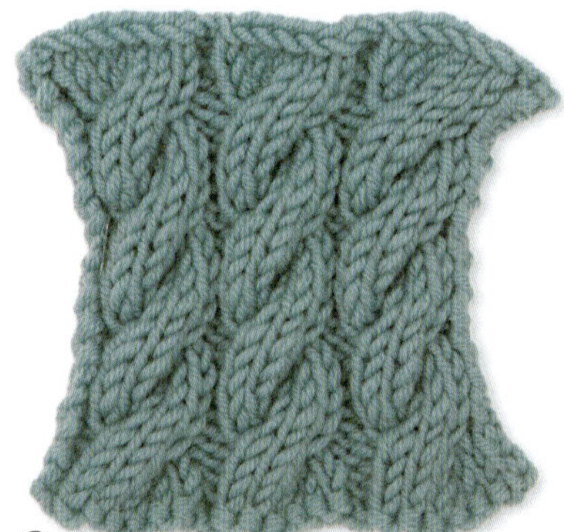

❶

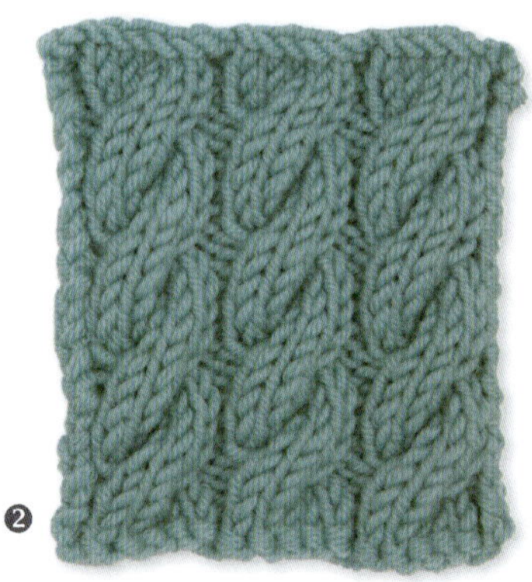

❷

Weite einhalten

Eine große Menge an Abnahmen reiht ein Strickteil ein, aber die Wirkung ist eleganter, wenn die Abnahmen ins Strickmuster integriert werden. Hier folgt auf zwei vierreihige Rapporte des Seegras-Musters (Nr. 166) eine Abnahmereihe: 1 M re, * 2 x 2 M re übz zus-str, 1 M li, 2 x 2 M re übz zus-str, 2 M re zus-str, 1 M li, 2 M re zus-str; ab * fortlfd wdh bis zur letzten M, 1 M re. Durch diese Reihe reduziert sich die Maschenzahl pro Rapport von 14 auf 8 Maschen, und die Linie der Rippen bleibt erhalten.

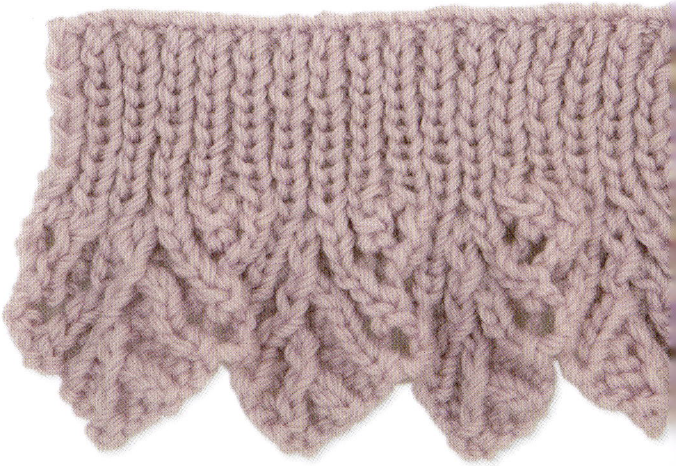

Ein einzelner Mustersatz als Randborte

Die 1.–16. Reihe des Musters „Kirschenbüschel" (Nr. 197) ergibt eine reizende Bogenkante für ein glatt rechts gestricktes Modell. Damit der glatt rechts gestrickte Teil nicht breiter wird, wurden in der 17. Reihe gleichmäßig verteilt doppelte Abnahmen gearbeitet, die den Musterrapport auf 8 Maschen reduzieren: * 9 M re, [2 M zus wie zum Rechtsstr abh, 1 M re, die 2 abgehobenen M überziehen], 8 M re; ab * fortlfd wdh bis zur letzten M, 1 M re. Anschließend glatt rechts weiterstricken (1. Reihe = Rückreihe links).

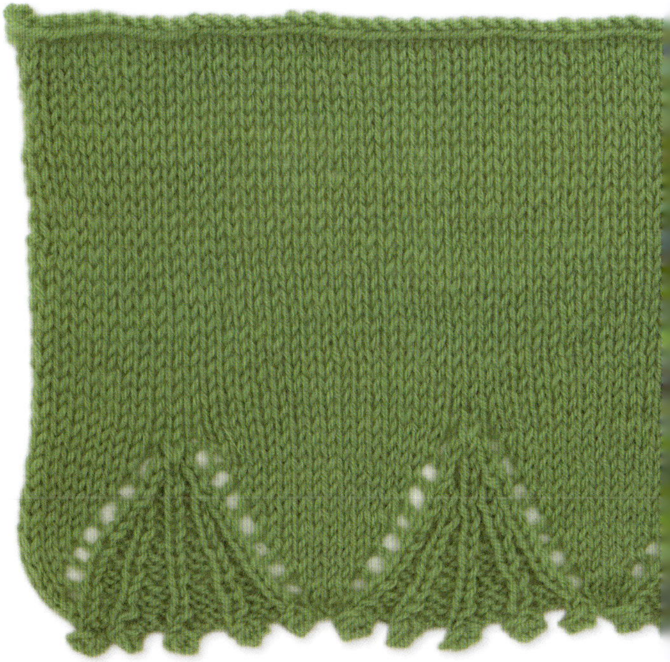

Nach einer Wellenkante glatt weiterstricken

Wenn Sie ein Zickzackmuster stricken, aber nicht möchten, dass die Abkettkante wellig wird, müssen Sie jede Vertiefung einzeln durch Abnahmen ausfüllen, statt an beiden Seiten zuzunehmen, während Sie in der Mitte nach wie vor abnehmen. Je nach Garn und Maschenprobe kann es sein, dass Sie auch in den Rückreihen Abnahmen arbeiten müssen.

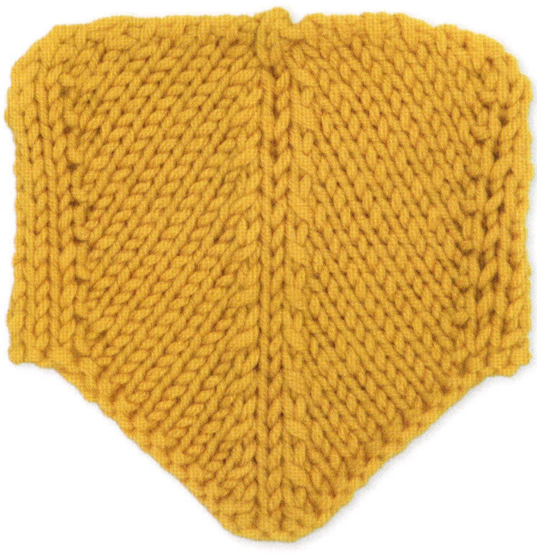

Galerie der Ideen

Hier sehen Sie einige Strick-Miniaturen, die Sie auf Ideen für eigene Modelle bringen sollen. Dabei handelt es sich um vereinfachte Illustrationen zu einigen wenigen Techniken, die Sie brauchen, um selbst Kleidungsstücke und Accessoires zu entwerfen.

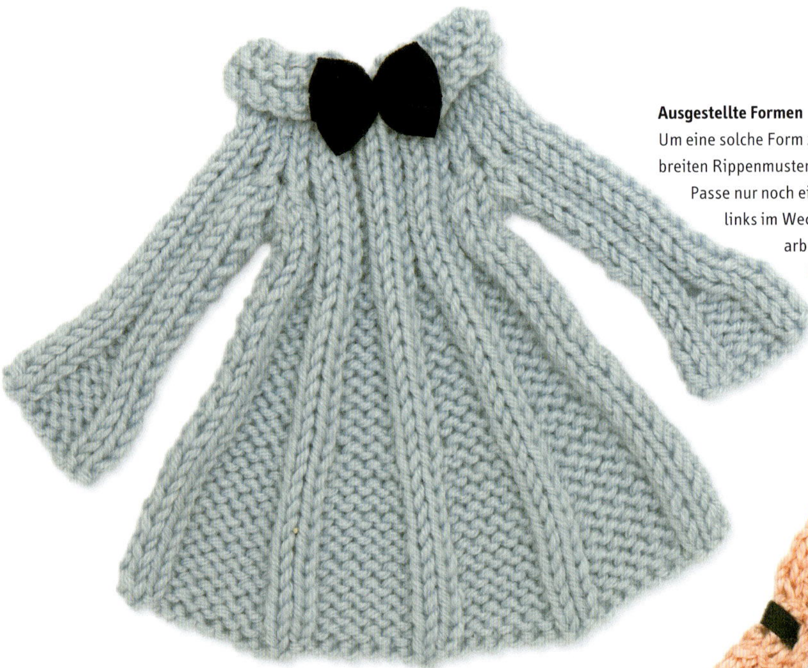

Ausgestellte Formen
Um eine solche Form zu erzielen, beginnen Sie an der Unterkante mit einem breiten Rippenmuster und nehmen kontinuierlich Maschen ab, bis bei der Passe nur noch ein Rippenmuster 2/2 (2 Maschen rechts, 2 Maschen links im Wechsel) übrig bleibt. Damit das Muster sauber aussieht, arbeiten Sie die Abnahmen in Rückreihen an den Seitenkanten der breiten Rippenstreifen – und zwar jeweils gegengleich 2 M re zus-str und 2 M re übz zus-str. So sind die Abnahmen auf der rechten Seite kaum zu sehen.

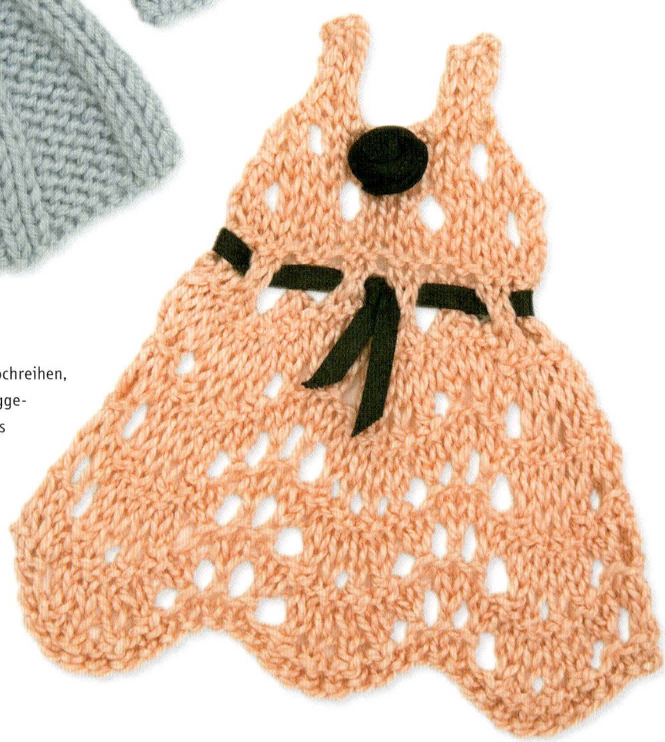

Teile mit Lochmuster formstricken
Bei diesem einfachen Lochmuster (Wellenmuster mit Lochreihen, Nr. 122) wurden in der letzten Reihe die Umschläge weggelassen. Dadurch reduziert sich die Maschenzahl, und das Kleidchen wird unterhalb der Brust enger. Um ein Lochmuster formzustricken, ist es wichtig, zwischen den Zu- und Abnahmen für das Muster und denen zu unterscheiden, die dem Strickteil seine Form geben.

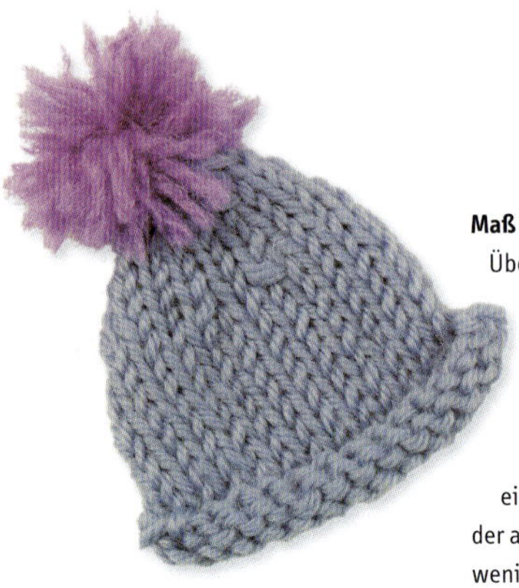

Maß nehmen für eine Mütze
Übersetzen Sie das Maß Ihres Kopfumfangs in Maschen. Runden Sie die Maschenzahl dabei lieber ab als auf, weil sich das Gestrick dehnt. Passen Sie die Maschenzahl dann so an, dass sie sich in vier Segmente für die Abnahmen im oberen Bereich unterteilen lässt, mit jeweils einer Masche zwischen den Segmenten. Bei jedem Segment werden dann auf der einen Seite 2 Maschen rechts überzogen zusammengestrickt, auf der anderen Seite 2 Maschen rechts zusammengestrickt. Die letzten wenigen Maschen in der oberen Mitte werden zusammengezogen.

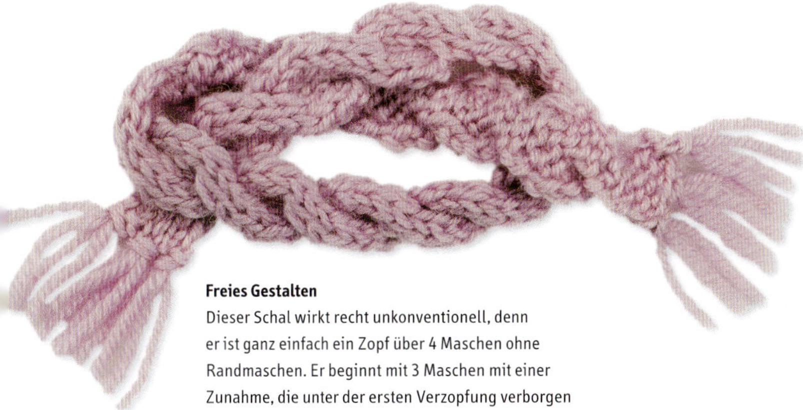

Freies Gestalten
Dieser Schal wirkt recht unkonventionell, denn er ist ganz einfach ein Zopf über 4 Maschen ohne Randmaschen. Er beginnt mit 3 Maschen mit einer Zunahme, die unter der ersten Verzopfung verborgen ist, und endet mit einer Abnahme nach der letzten Verzopfung. Wenn Sie diese Idee mit dickem Garn umsetzen, achten Sie darauf, dass sich das Garn bügeln lässt, denn der Zopf rollt sich leicht ein.

Formstricken mit Zu- und Abnahmen
Eine Handtasche kann sehr ausdrucksvoll sein. Bei diesem Exemplar werden in der ersten Reihe und anschließend an den Seiten Maschen zugenommen, damit die bauchige Form entsteht. Nachdem die große Noppe für die vordere Mitte gearbeitet worden ist, wird die Oberkante mit einigen wenigen Abnahmen eingehalten und die Klappe angestrickt. Eine Reihe aufgenommener bzw. neu angeschlagener und sofort wieder abgeketteter Maschen verstärkt die Seitenkanten und setzt sich als Henkel fort. Eine handgenähte Schlaufe dient zusammen mit der Noppe als Verschluss – eine Idee, die sich leicht für Kleidungsstücke übernehmen lässt.

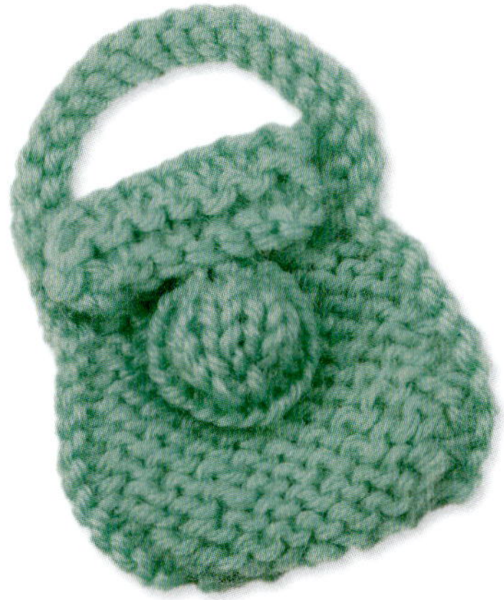

In Runden stricken
Socken werden traditionell in Runden gestrickt, um drückende Nähte zu vermeiden. Wenn Sie erst einmal das Prinzip verstanden haben, ist es gar nicht schwer, am Bündchen zu beginnen, die Ristmaschen stillzulegen, während Sie die Ferse stricken, dann aus den Seitenkanten Maschen aufzunehmen und den Fuß bis zur Spitze weiterzustricken. Für Ferse und Spitze gibt es viele verschiedene Techniken. Am besten suchen Sie sich eine leicht verständliche Anleitung, um Ihre ersten Socken zu stricken.

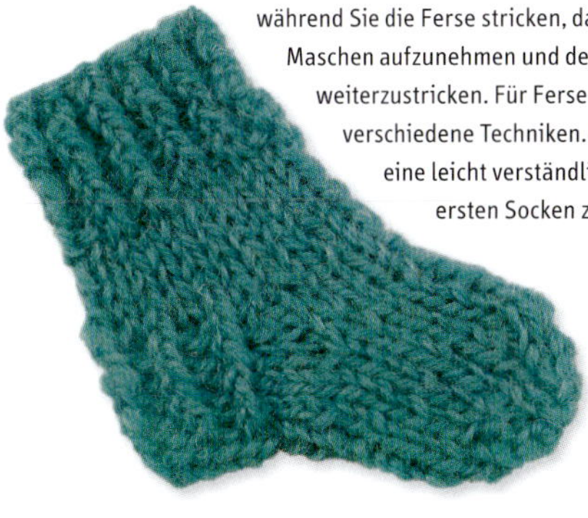

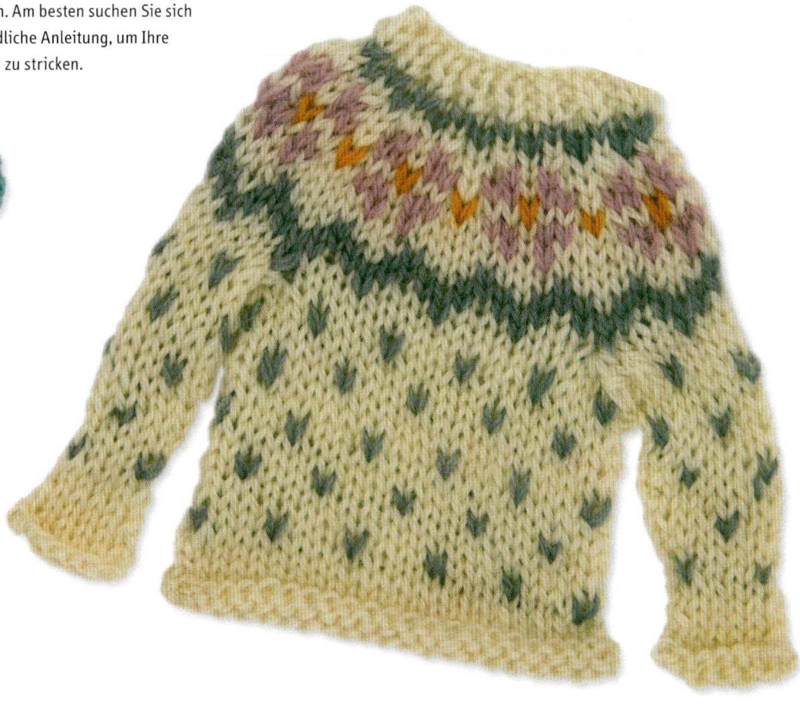

Farbige Einstrickmuster kombinieren
Wählen Sie Muster aus, deren Rapporte ein gemeinsames Vielfaches haben, so wie die Rapporte über 4 und 8 Maschen beim abgebildeten Beispiel. Um nach Zählmustern für farbige Einstrickmuster in Runden zu arbeiten, lassen Sie einfach die Randmaschen weg und lesen das Zählmuster in jeder Runde von rechts nach links. Für eine Rundpasse können Sie entweder zwischen den einzelnen Musterstreifen oder innerhalb der Musterstreifen zwischen den Motiven Maschen abnehmen.

Grundtechniken

Strick-Einsteiger finden hier alle notwendigen Informationen für den Anfang – und zusätzlich ein paar mehr, um bald auch anspruchsvollere Muster zu meistern.

Anfangsschlinge (Laufknoten)

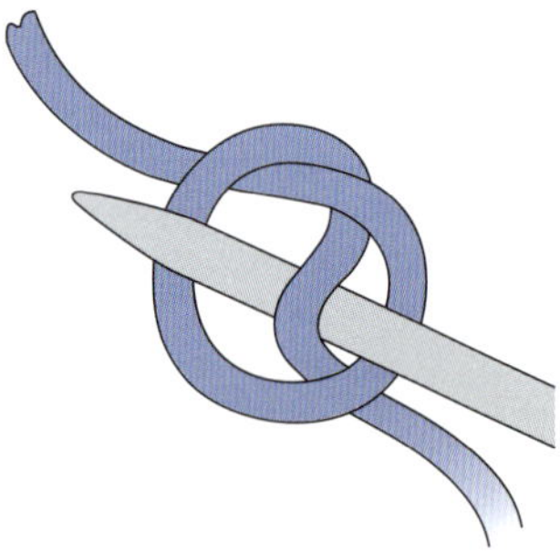

1 Eine Anfangsschlinge auf der Nadel dient als 1. Masche der Anschlagreihe. Legen Sie den Faden um 2 Finger der linken Hand. Der zum Knäuel führende Faden liegt oben. Eine Stricknadel in die Schlinge einstechen, den Knäuelfaden erfassen und durch die Schlinge ziehen.

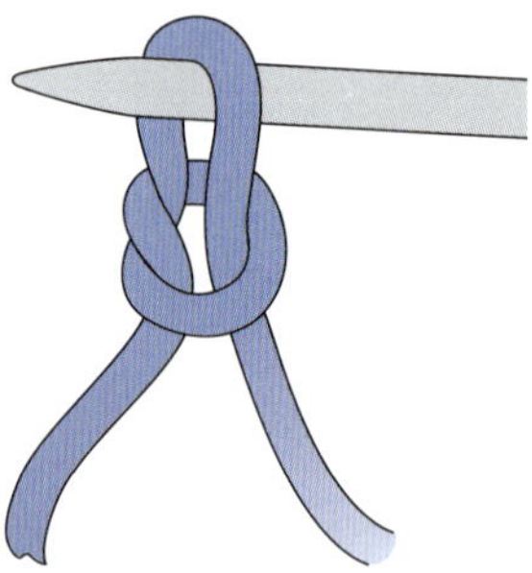

2 An beiden Fadenenden ziehen, um die Anfangsschlinge festzuziehen. Dann am Knäuelfaden ziehen, damit der Knoten dicht an der Nadel sitzt.

Fadenenden

Nach dem Anschlagen der Maschen sollte ein längeres Fadenende hängen bleiben, mit dem Sie zum Beispiel zwei Strickteile zusammennähen können. Dasselbe gilt für das Fadenende nach dem Abketten. Fadenenden, die beim Farbwechsel hängen bleiben, sollten auf der linken Seite der Arbeit in einer Naht oder in den Randmaschen vernäht werden und können dabei gut genutzt werden, um kleinere Ungenauigkeiten, z.B. beim Farbwechsel, zu kaschieren. Wenn beim Stricken eines Motivs in Intarsientechnik Fadenenden hängen bleiben, sollten sie auf der Rückseite dieses Motivs vernäht werden. Verwenden Sie zum Vernähen eine Sticknadel ohne Spitze.

Maschen anschlagen

Diese Technik, bei der die Maschen mit einer Nadel angeschlagen werden, ergibt eine elastische Kante, ähnlich einer kraus rechts gestrickten Reihe.

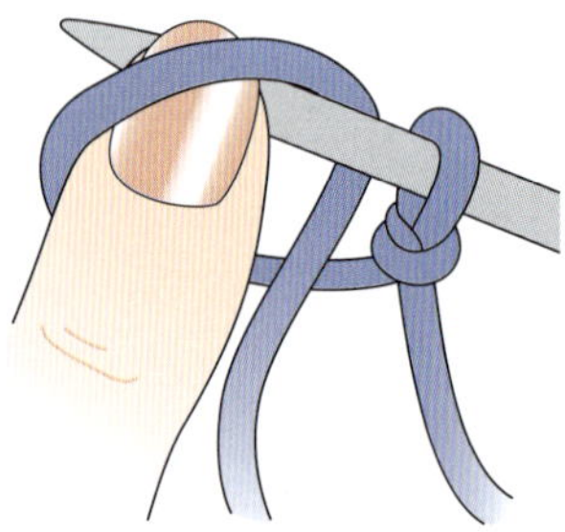

1 Lassen Sie das Fadenende etwa dreimal so lang hängen, wie die Anschlagkante breit werden soll, und legen Sie eine Anfangsschlinge auf die Nadel. Das Fadenende halten Sie in der linken Hand, schieben den linken Daumen unter den Faden und nach oben. Die Nadel in die so entstandene Daumenschlinge einstechen.

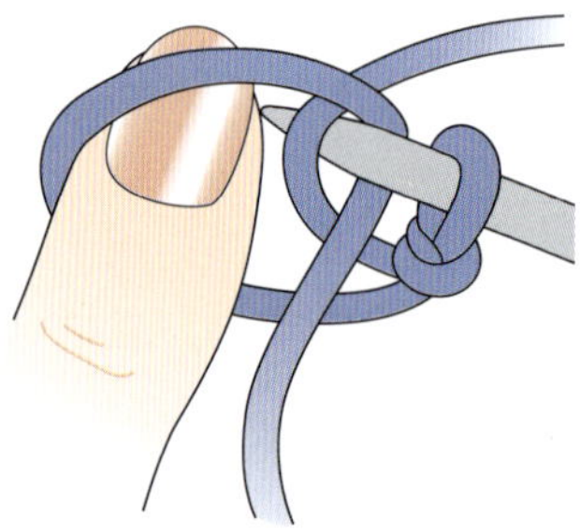

2 Ziehen Sie eine Schlinge des Knäuelfadens als Masche durch und lassen Sie die Schlinge vom Daumen gleiten. Den Faden anziehen, damit die Masche fest auf der Nadel sitzt. Auf diese Weise weitere Maschen anschlagen.

Maschen abketten

Bei den meisten Projekten genügt es, die Maschen einfach rechts abzuketten. Dazu 2 Maschen rechts stricken. * Mit der linken Nadelspitze die 1. Masche über die 2. ziehen. Die nächste Masche rechts stricken. Ab * fortlaufend wiederholen, bis nur noch 1 Masche übrig bleibt. Den Faden abschneiden, das Ende durch die letzte Masche führen und festziehen.

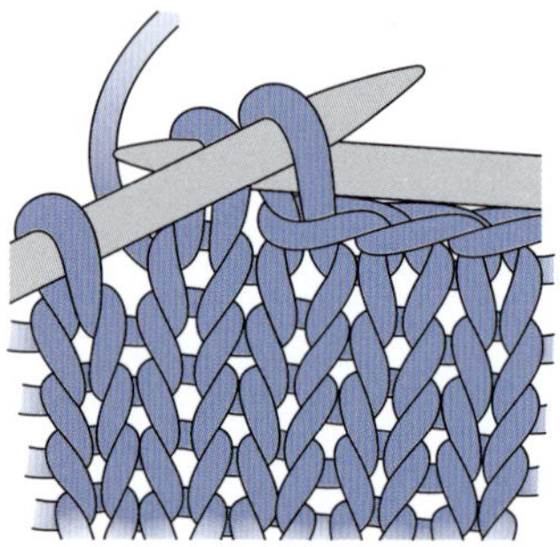

Um die Maschen im Muster abzuketten, stricken Sie die Maschen in der Abkettreihe, wie sie im Strickmuster erscheinen.

Rechte Masche (re M)

Halten Sie Garn und Nadeln so, wie es Ihnen am bequemsten ist. In Mitteleuropa legen die meisten Strickerinnen den Arbeitsfaden, der vom Knäuel kommt, über die Finger der linken Hand. Um die Fadenspannung zu kontrollieren und dafür zu sorgen, dass der Faden gleichmäßig läuft, müssen Sie ihn vermutlich zwischen den Fingern hindurchführen und um den kleinen Finger oder um den Zeigefinger der Hand wickeln, die den Faden hält. Wenn Sie jede Reihe Ihrer Arbeit rechts stricken, entsteht das Muster „kraus rechts".

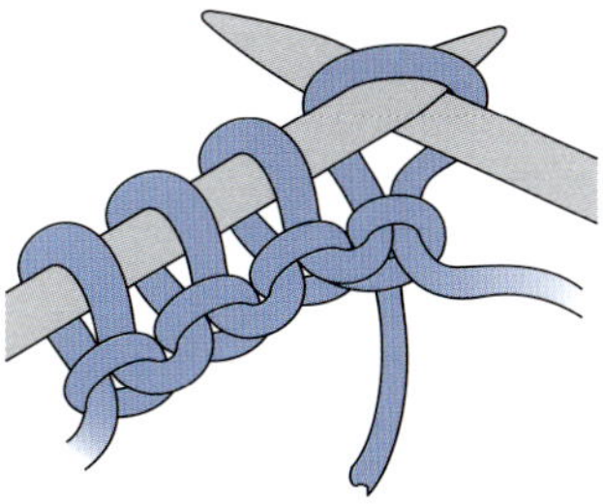

1 Die rechte Nadel in die 1. Masche auf der linken Nadel einstechen. Achten Sie darauf, die Nadel von links nach rechts unter dem vorderen Maschenglied durchzuführen.

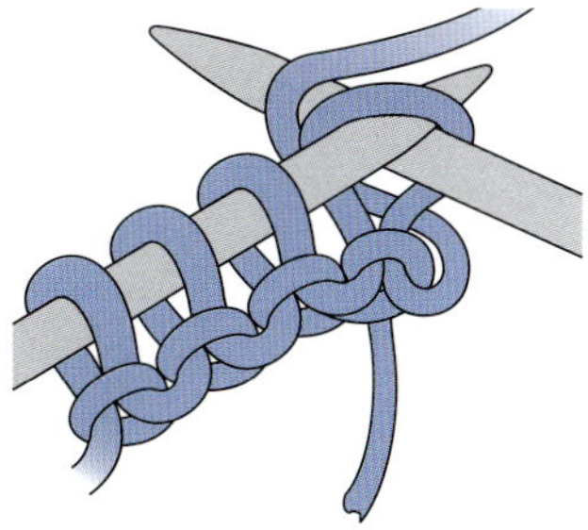

2 Den Faden, der hinter der Arbeit liegt, von unten nach oben um die rechte Nadel legen.

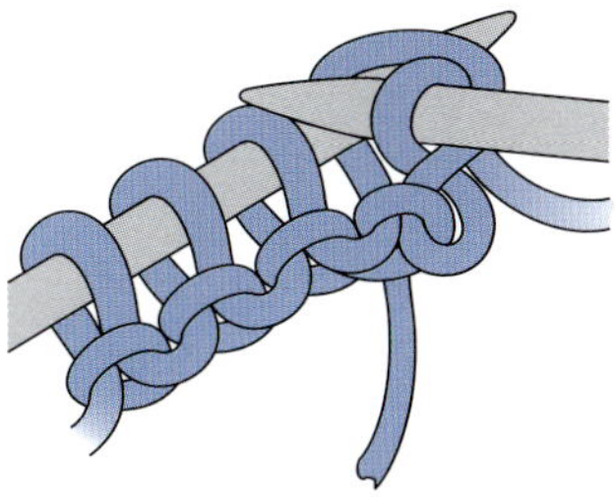

3 Mit der Spitze der rechten Nadel eine Fadenschlinge durch die Masche holen.

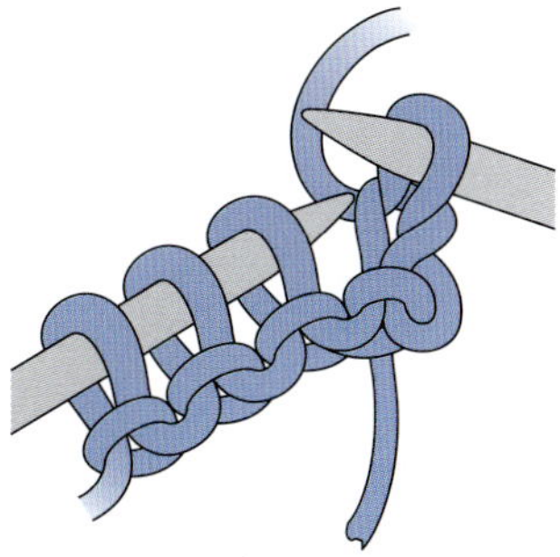

4 Die Masche von der linken Nadel gleiten lassen. Nun liegt eine neue Masche auf der rechten Nadel.

Linke Masche (li M)

Halten Sie Faden und Nadeln wie beim Stricken einer rechten Masche. Eine linke Masche ist das genaue Gegenstück zur rechten Masche und bildet einen typischen kleinen Buckel auf der rechten Seite und ein glattes V auf der linken Seite der Arbeit. Strickt man abwechselnd 1 Reihe rechte und 1 Reihe linke Maschen, so entsteht glatt rechtes Gestrick.

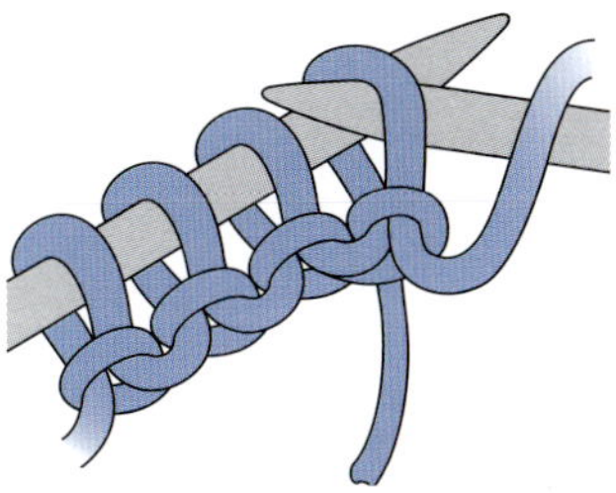

1 Die rechte Nadel in die 1. Masche auf der linken Nadel einstechen. Achten Sie darauf, die Nadel von rechts nach links einzustechen.

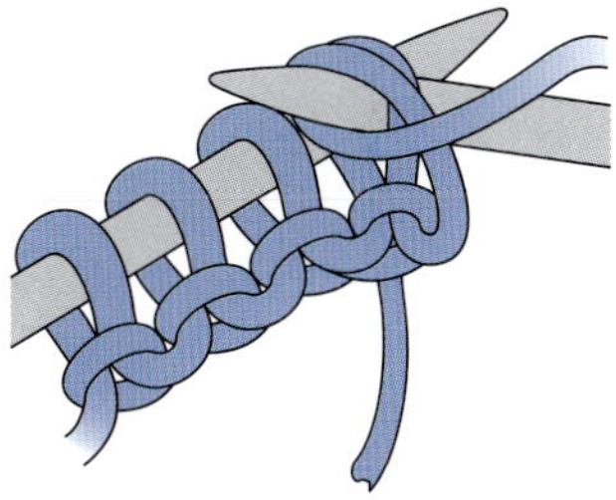

2 Den Faden, der vor der Arbeit liegt, als Schlinge um die rechte Nadel legen.

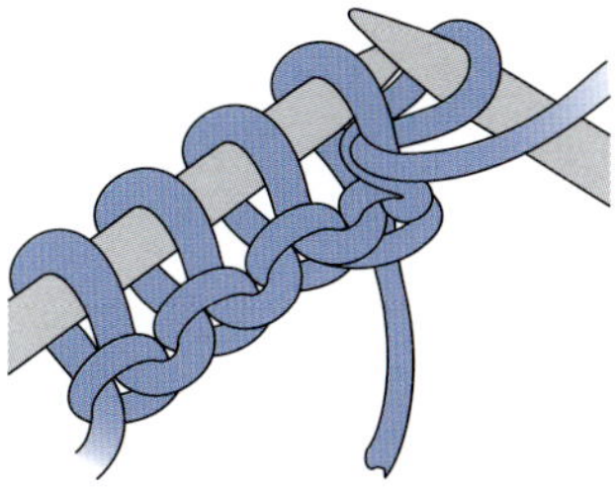

3 Die Spitze der rechten Nadel absenken und die Fadenschlinge durch die Masche ziehen.

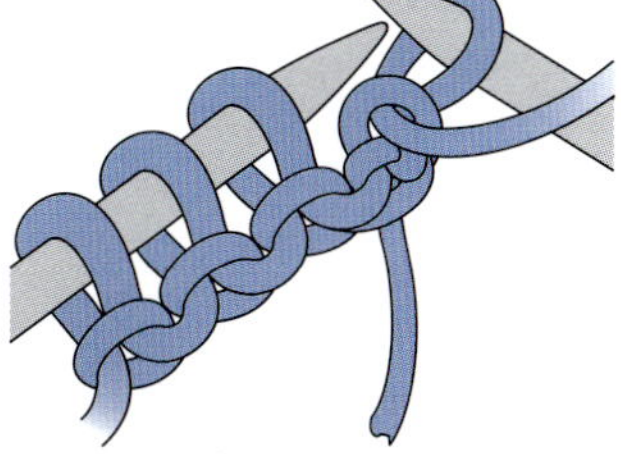

4 Die Masche von der linken Nadel gleiten lassen. Nun liegt eine neue Masche auf der rechten Nadel.

Grundtechniken – Fortsetzung

Abnahmen

Abnahmen haben zwei grundsätzliche Funktionen: Sie können eingesetzt werden, um die Maschenzahl innerhalb einer Reihe zu verringern – beispielsweise für Arm- oder Halsausschnitte, dienen aber in Kombination mit Zunahmen auch dazu, Muster zu bilden.

Nach rechts geneigte Abnahme (2 M re zus-str)

Strickt man 2 Maschen rechts zusammen, entsteht eine glatte Abnahme. Die 2. Masche liegt über der 1. Masche.

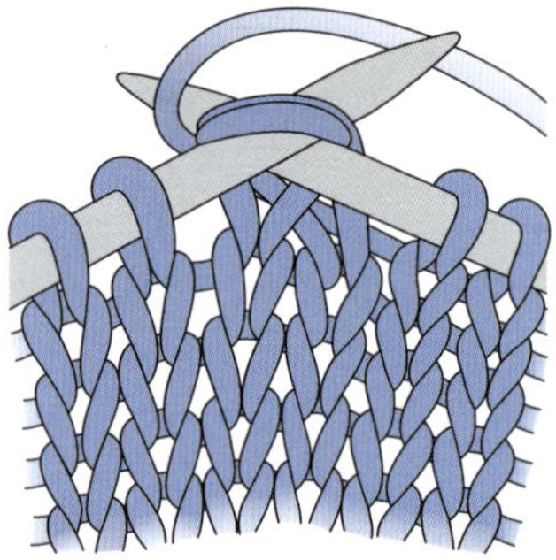

1 Die rechte Nadel unter den vorderen Maschengliedern der beiden ersten Maschen auf der linken Nadel einstechen. Den Faden um die Nadel legen.

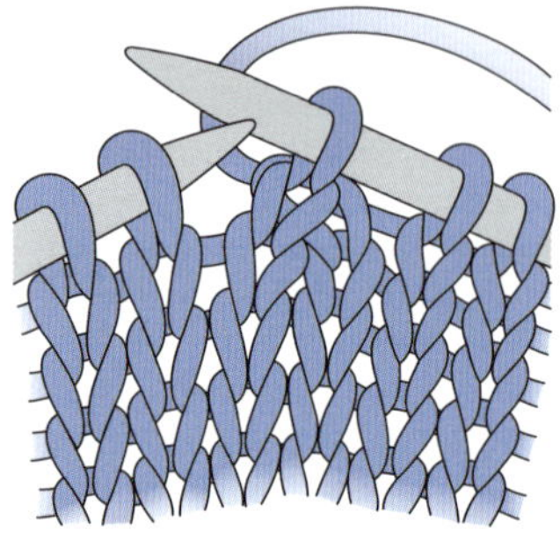

2 Die Schlinge durchziehen und die beiden ursprünglichen Maschen von der linken Nadel gleiten lassen.

Nach links geneigte Abnahme (2 M re übz zus-str)

Hebt man 1 Masche ab, strickt die nächste rechts und zieht die abgehobene über die gestrickte Masche, wird 1 Masche abgenommen, wobei die 1. Masche über der 2. Masche liegt.

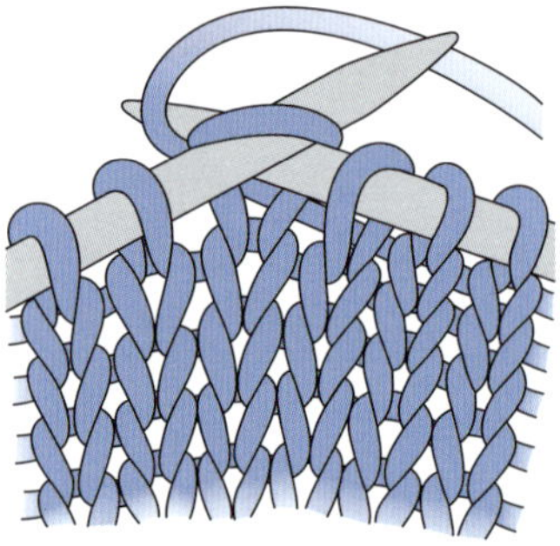

1 Die rechte Nadel wie zum Rechtsstricken unter dem vorderen Maschenglied der 1. Masche auf der linken Nadel einstechen und die Masche auf die rechte Nadel abheben. Die nächste Masche rechts stricken.

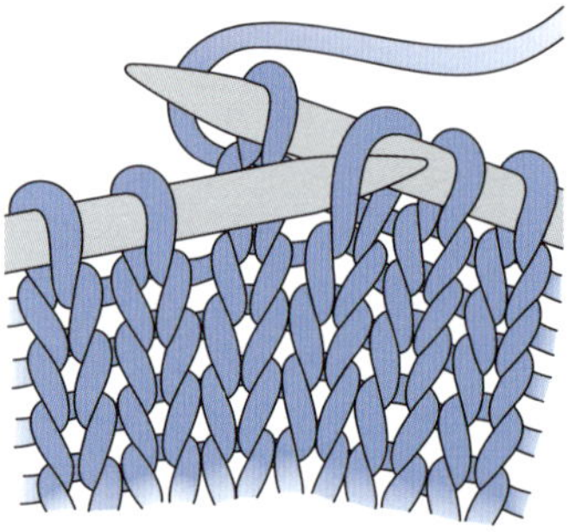

2 Mit der Spitze der linken Nadel die abgehobene über die gestrickte Masche und von der rechten Nadel ziehen.

Doppelte nach links geneigte Abnahme

Will man in einer Hinreihe mit einer nach links geneigten Abnahme 2 Maschen abnehmen, zieht man die 1. Masche über eine einfache Abnahme.

In Rückreihen erzielt man ein vergleichbares Ergebnis, indem man 3 Maschen links verschränkt zusammenstrickt.

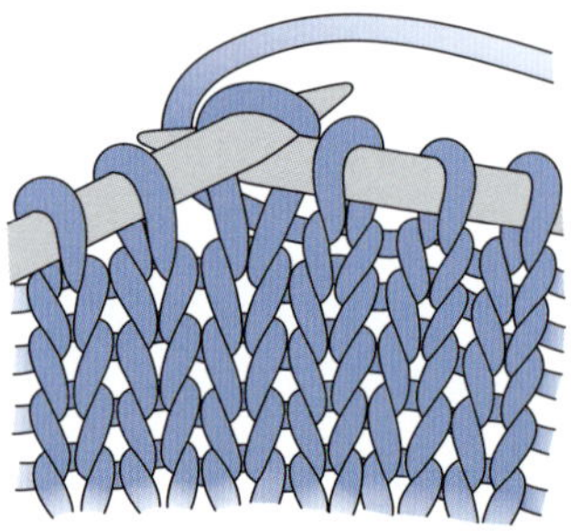

1 Die rechte Nadel wie zum Rechtsstricken unter dem vorderen Maschenglied der 1. Masche auf der linken Nadel einstechen und die Masche auf die rechte Nadel abheben.

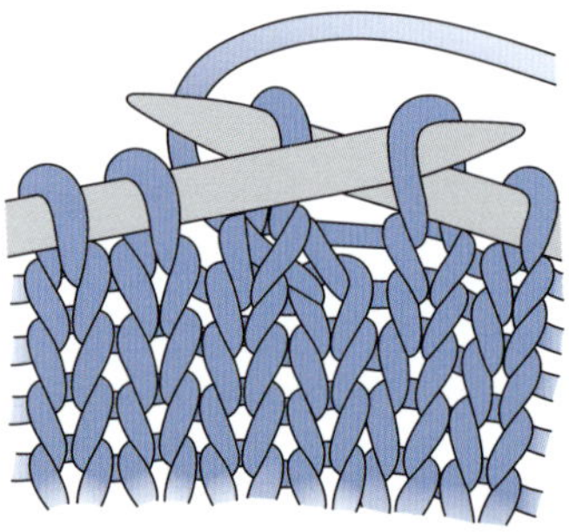

2 Die nächsten 2 Maschen rechts zusammenstricken und die zuvor abgehobene Masche darüberziehen. Für eine nach rechts geneigte doppelte Abnahme stricken Sie einfach 3 Maschen rechts zusammen.

Symmetrische doppelte Abnahme mit oben liegender Mittelmasche

Wenn man eine Abnahme arbeitet, die je 1 Masche zu beiden Seiten einer oben liegenden Mittelmasche abnimmt, ergeben sich vielfältige Möglichkeiten für reizvolle Strickmuster.

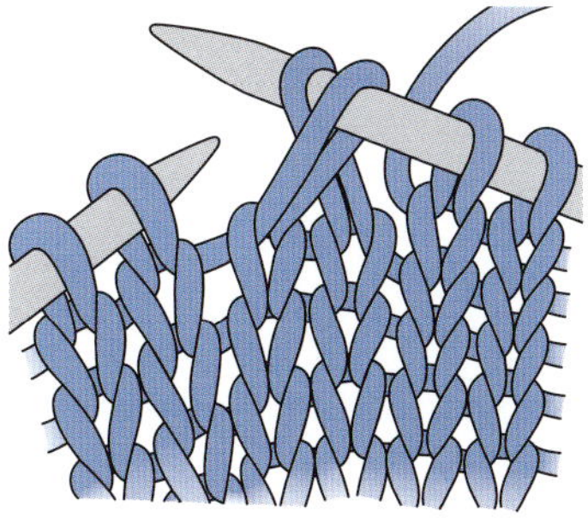

1 Die rechte Nadel in die ersten 2 Maschen auf der linken Nadel einstechen, als wolle man sie rechts zusammenstricken, und diese 2 Maschen auf die rechte Nadel abheben.

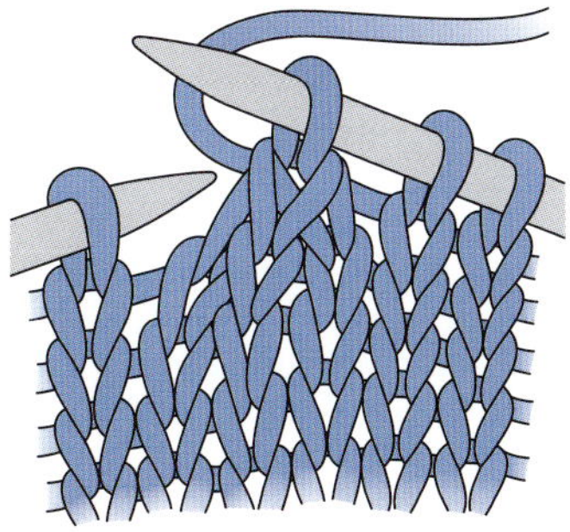

2 Die nächste Masche rechts stricken, dann die beiden abgehobenen Maschen darüberziehen.

Zöpfe

Wenn man Maschengruppen in einer anderen als der vorgegebenen Reihenfolge abstrickt, entstehen interessante Strickmuster. Für Zöpfe können 2 oder mehr Maschen vorne oder hinten verkreuzt werden, sodass sich der Zopf nach rechts oder links dreht.

Nach links gedrehter Zopf (4 M lvkr)

Die Maschen in diesem Beispiel sind rechts gestrickt und werden nach links verkreuzt. Das Verkreuzen nach rechts funktioniert genauso, doch wird die Zopfnadel mit den abgehobenen Maschen hinter die Arbeit gelegt.

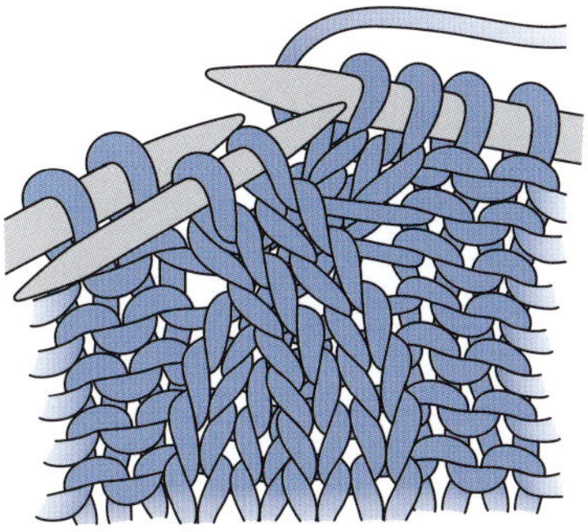

1 Die ersten 2 Maschen auf eine Zopfnadel abheben und vor die Arbeit legen, dann die nächsten 2 Maschen auf der linken Nadel rechts stricken.

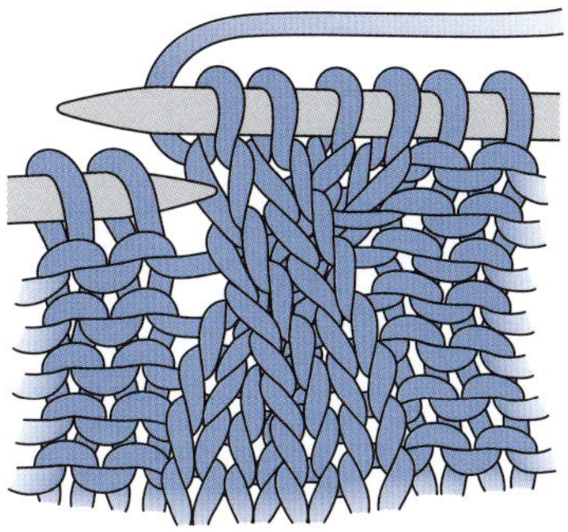

2 Die 2 Maschen der Zopfnadel rechts stricken.

Umschlag (U)

Entscheidend ist, den Faden so über die Nadel zu legen, dass er in derselben Richtung verläuft wie die übrigen Maschen. Strickt man diesen Faden in der nächsten Reihe normal ab, entsteht ein Löchlein; das lässt sich verhindern, indem man den Umschlag verschränkt abstrickt.

Wenn die Masche vor dem Umschlag links gestrickt wird, liegt der Faden bereits vor der Arbeit und muss nur über die Nadel nach hinten geführt werden.

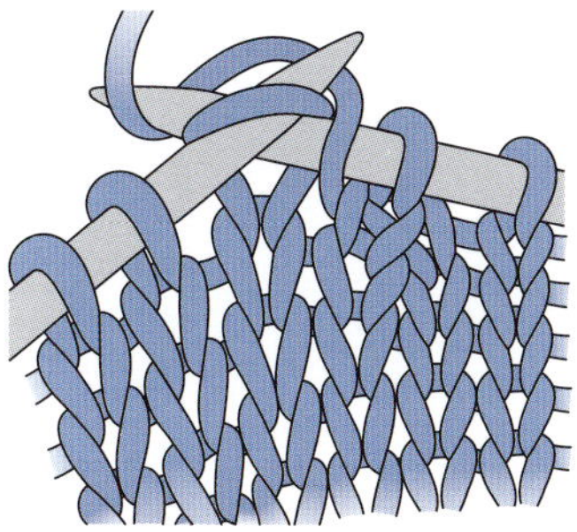

1 Um einen Umschlag zwischen 2 rechten Maschen zu arbeiten, den Faden wie zum Linksstricken nach vorne legen und über die Nadel wieder nach hinten führen, um die nächste Masche rechts stricken zu können.

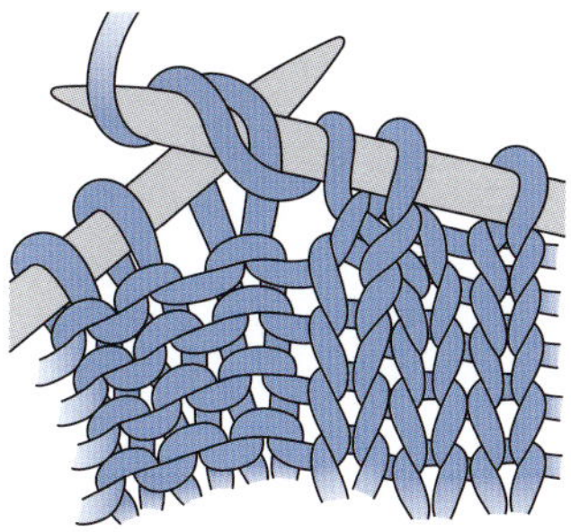

2 Um einen Umschlag zwischen einer rechten und einer linken Masche zu arbeiten, den Faden wie zum Linksstricken nach vorne legen, über die Nadel nach hinten führen und wieder nach vorne holen, um die nächste Masche links zu stricken.

Grundtechniken – Fortsetzung

Zunahmen

Hier lernen Sie zwei der grundlegenden Techniken zum Zunehmen einer einzelnen Masche kennen: das Herausstricken von 2 Maschen aus 1 Masche der Vorreihe und die Zunahme aus dem Querfaden.

Aus 1 Masche 2 Maschen herausstricken ([1 M re, 1 M re verschr] in 1 M str)

Besonders häufig nimmt man in rechts gestrickten Hinreihen 1 Masche zu, indem man 1 Masche der Vorreihe verdoppelt. Dazu strickt man sie je einmal rechts und rechts verschränkt ab. Dies ergibt eine saubere, feste Zunahme, bei der auf der rechten Seite der Arbeit ein kleiner Querfaden an der Basis der neuen Masche erscheint. Dadurch ist es besonders leicht, die Reihen zwischen den Zunahmen zu zählen. Außerdem entsteht bei dieser Technik kein Loch.

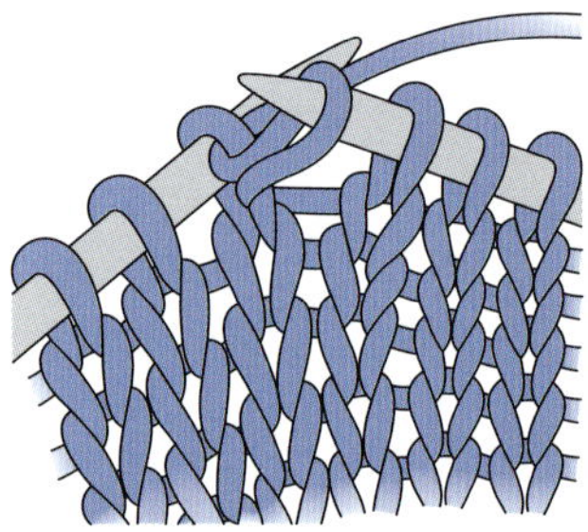

1 Die nächste Masche rechts stricken, dabei den Faden durchziehen, jedoch die alte Masche auf der linken Nadel lassen.

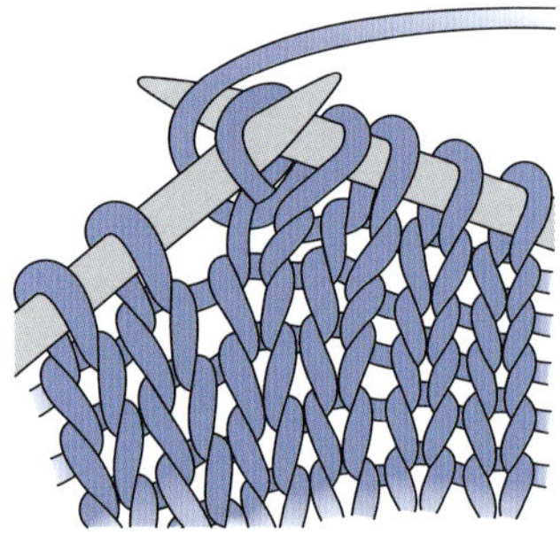

2 Die Masche auf der linken Nadel rechts verschränkt stricken.

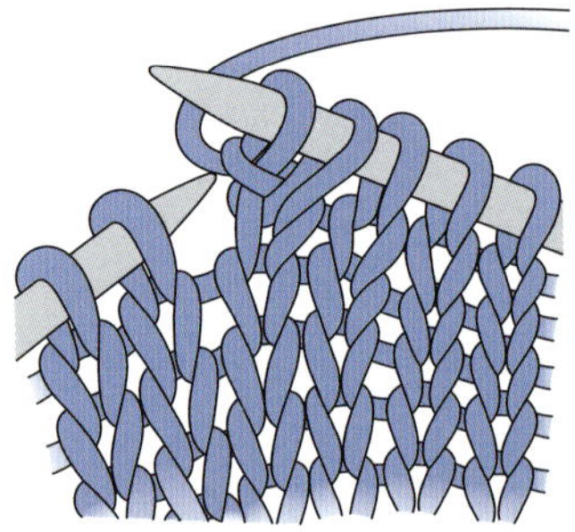

3 Erst jetzt die Masche von der linken Nadel gleiten lassen. Auf der rechten Nadel sind nun 2 Maschen aus 1 Masche der Vorreihe entstanden. Unter der linken dieser beiden Maschen liegt ein kleiner Querfaden.

Zunahme aus dem Querfaden mit Linksneigung (1 ML zun)

Den Querfaden zwischen 2 Maschen abzustricken ist eine sehr saubere Art der Zunahme.

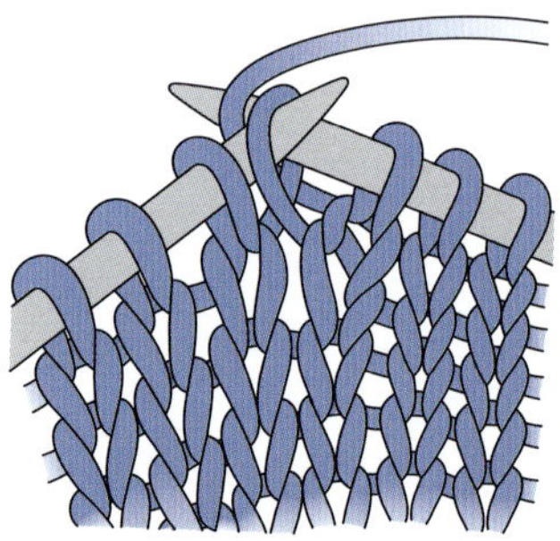

Die linke Nadel von hinten unter dem Querfaden zwischen den Maschen einstechen. Achten Sie darauf, dass der Querfaden in dieselbe Richtung weist wie die anderen Maschen. Dann den Querfaden rechts verschränkt abstricken.

Zunahme aus dem Querfaden mit Rechtsneigung (1 MR zun)

Diese Zunahme mit Rechtsneigung ist das exakte Gegenstück zur Zunahme aus dem Querfaden mit Linksneigung.

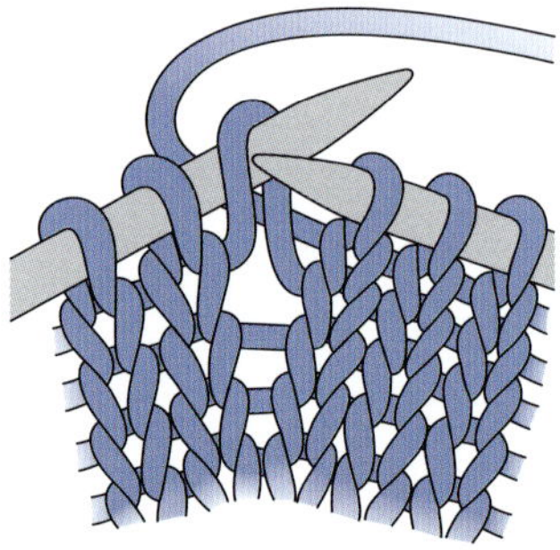

Die linke Nadel von vorne unter dem Querfaden zwischen den Maschen einstechen. Er weist nicht in dieselbe Richtung wie die übrigen Maschen; stricken Sie ihn daher rechts ab.

Doppelte Zunahme (2 M zun)

Dies ist eine der einfachsten Methoden, aus einer einzigen Masche 3 Maschen zu machen.

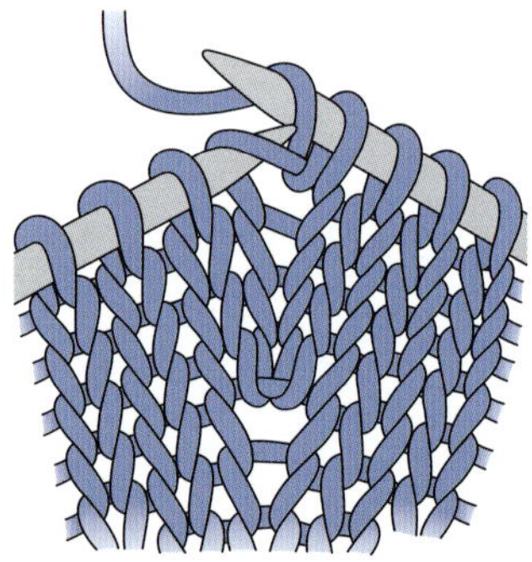

1 Masche rechts stricken, ohne sie von der Nadel gleiten zu lassen, den Faden von vorne nach hinten über die Nadel legen und dieselbe Masche noch einmal rechts stricken. Dabei entsteht ein kleines, aber dekoratives Loch im Gestrick.

Zugmaschen

Beim Verdrehen von Maschen ändern 2 oder 3 Maschen ihren Platz innerhalb der Reihe, jedoch ohne dass dafür eine Zopfnadel verwendet würde. Dies ist eine einfache Technik, um Muster zu entwerfen, bei denen Linien aus Maschen über die Strickfläche laufen.

2 Maschen nach links drehen (2 M ldr)

Diese Drehung wird in einer Hinreihe gearbeitet. Beim Platzwechsel der Maschen liegt die 1. Masche oben und neigt sich nach links, während die hintere Masche verschränkt gestrickt wird.

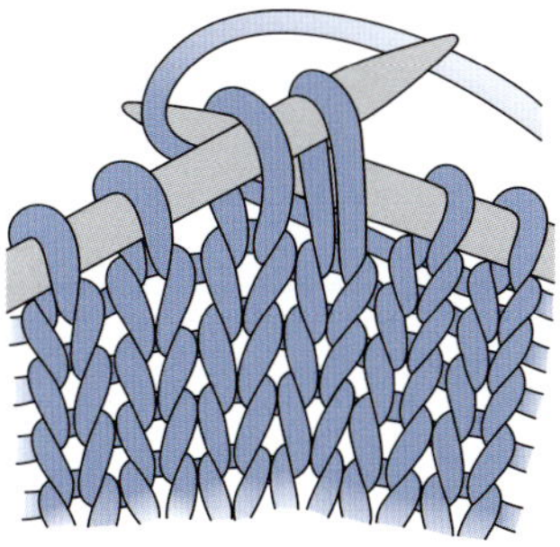

1 Die 2. Masche wie gewohnt rechts verschränkt stricken.

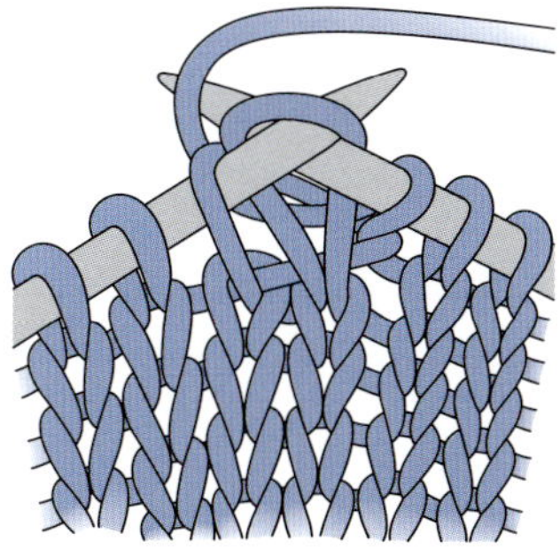

2 Die 1. Masche wie gewohnt rechts stricken.

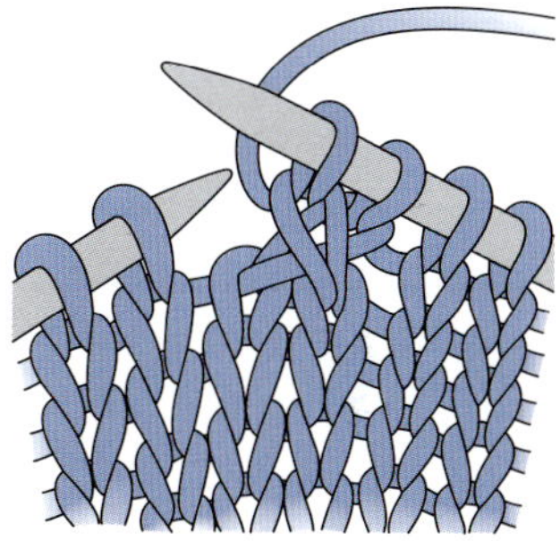

3 Beide Maschen zusammen von der linken Nadel gleiten lassen.

2 Maschen nach rechts drehen (2 M rdr)

Bei dieser Drehung in einer Hinreihe liegt die 2. Masche oben und neigt sich nach rechts. Die hintere Masche wird verschränkt gestrickt.

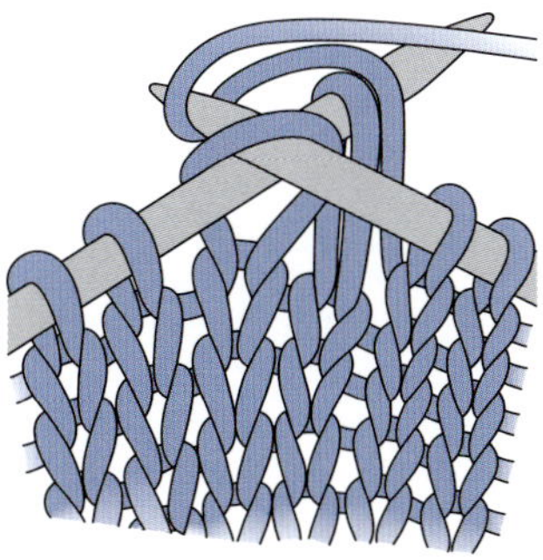

1 Die 2. Masche wie gewohnt rechts stricken.

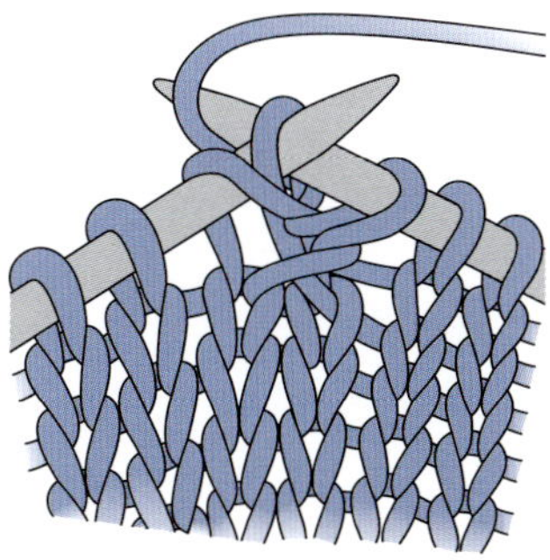

2 Die 1. Masche wie gewohnt rechts verschränkt stricken.

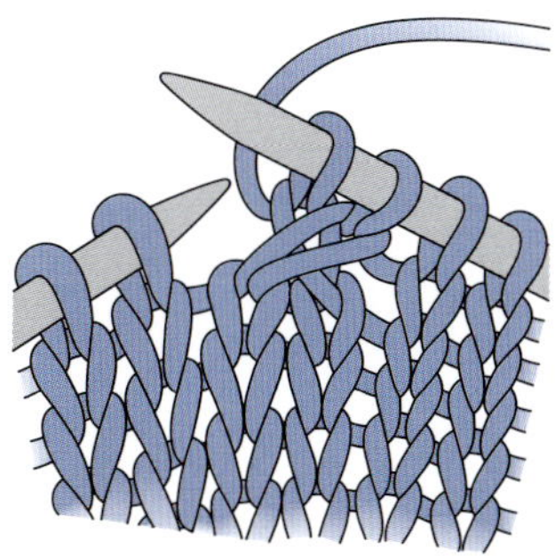

3 Beide Maschen zusammen von der linken Nadel gleiten lassen.

Stricken nach Strickschrift

Die Darstellung von Strickmustern in Form von Strickschriften ist eine grafische Strickanleitung, bei der Symbole zu einem stilisierten Bild angeordnet werden. Die meisten Kapitel mit Mustern in diesem Buch enthalten einige Beispiele mit Textanleitung und Strickschrift. So können Sie die Stricksymbole mit den Texten vergleichen, die diese Muster beschreiben. Einer der Vorteile von Strickschriften (oder Zählmustern für farbige Einstrickmuster) ist die Tatsache, dass sich auf diese Weise große Muster übersichtlich darstellen lassen, deren Textanleitung lang und umständlich zu verfolgen wäre.

Symbole mit doppelter Bedeutung

Weil die Strickmuster in diesem Buch für das Arbeiten in Reihen angelegt sind, haben manche Symbole zwei Bedeutungen. Ein leeres Kästchen beispielsweise steht in Hinreihen für eine rechte und in Rückreihen für eine linke Masche; ein Kästchen mit Punkt symbolisiert in Hinreihen eine linke, in Rückreihen eine rechte Masche. Die Strickschrift zeigt das Muster daher so, wie es auf der rechten Seite der Arbeit erscheint.

So lesen Sie die Strickschrift

Jede Strickschrift wird von der Unterkante nach oben gelesen – dem Fortschritt der Strickarbeit entsprechend. Jede Kästchenreihe der Strickschrift steht dabei für eine Strickreihe. Alle Hinreihen werden von rechts nach links, alle Rückreihen von links nach rechts gelesen. Die Reihen sind nummeriert, und in den meisten Fällen sind die ungeraden Reihen Hinreihen (beginnend mit der 1. Reihe). Gelegentlich beginnen Strickschriften mit einer Rückreihe; dann stehen die Nummer 1 und alle weiteren ungeraden Zahlen links. Wenn alle Reihen der Strickschrift gearbeitet sind, beginnen Sie wieder mit der 1. Reihe oder – falls das Muster mit einer oder mehreren Grundreihen beginnt – mit der angegebenen Reihe, um das Muster fortzusetzen.

Einfache Strickschrift

Die Strickschrift für dieses einfache Muster zeigt deutlich, dass rechte und linke Maschen in Hinreihen das Muster bilden, während alle Rückreihen links gestrickt werden.

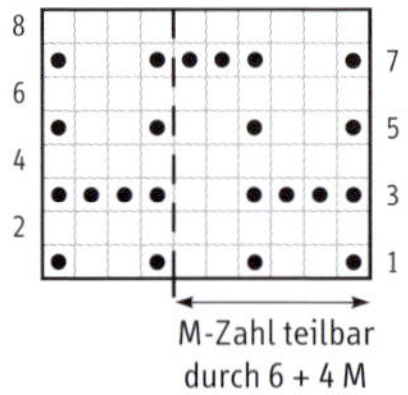

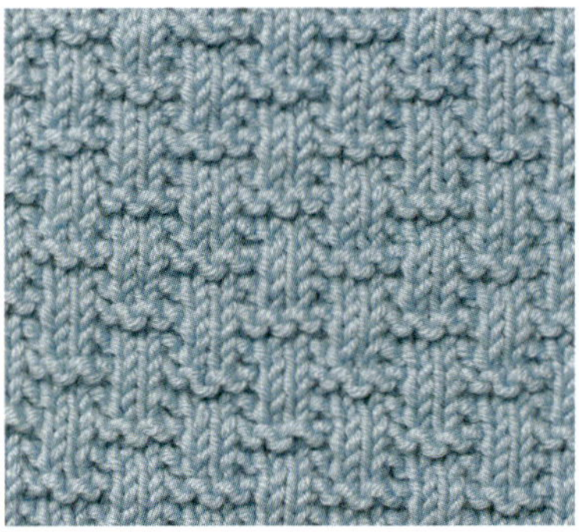

Von rechts nach links und von links nach rechts lesen

Nur wenn man die Hinreihen von rechts nach links und die Rückreihen von links nach rechts liest, entstehen bei diesem Muster diagonale Streifen.

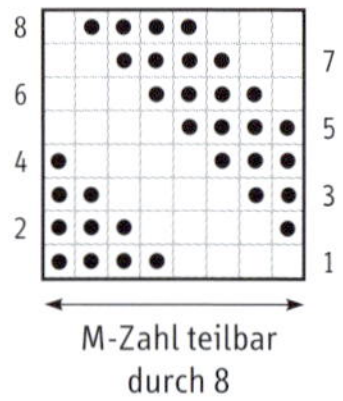

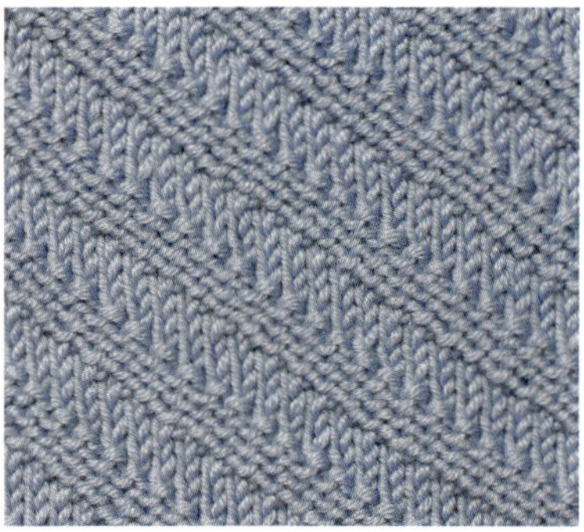

Erst lesen, dann stricken!

Gehen Sie die gewählten Muster Reihe für Reihe durch, bevor Sie zu stricken beginnen, denn Sie sollten sicher sein, dass Sie genau verstanden haben, wie die einzelnen Symbole für Ihr Muster zu verstehen sind. Überprüfen Sie auch, ob Sie alles haben, was Sie brauchen. Für alle Beispiele aus dem Kapitel „Zopfmuster“ ist beispielsweise eine Zopfnadel erforderlich (siehe Hinweise). Die am häufigsten verwendeten Symbole sind in der Fußzeile jeder Doppelseite erklärt. Symbole, die nur gelegentlich auftauchen oder bei einem bestimmten Muster auf eine spezielle Art gestrickt werden, sind bei der jeweiligen Strickschrift als „besondere Stricksymbole“ erläutert.

Variable Maschenzahlen

Bei manchen Strickmustern wechselt die Maschenzahl pro Reihe innerhalb eines Mustersatzes. Wenn in einer Strickschrift einzelne Karos oder größere Flächen grau unterlegt sind, zählen Sie für diese Bereiche keine Maschen; sie dienen nur dazu, Maschen grafisch auszugleichen, die im Verlauf des Musters dazukommen oder wegfallen. In der Zeichenerklärung wird das graue Quadrat nur als „keine Masche“ aufgeführt.

Zusätzliche Strickschriften

Zu manchen Strickschriften gehören zusätzliche Strickschriften, beispielsweise für Blätter (siehe Muster 186, „Blatt und Girlande“). Die Reihennummern der Zusatz-Strickschrift entsprechen den umrandeten Zahlen in der Haupt-Strickschrift, und jede Reihe muss an der angegebenen Stelle gearbeitet werden. Beim Anschlagen der Maschen für Muster mit variabler Maschenzahl beginnen Sie immer mit einem Vielfachen des genannten Rapports und ignorieren alle grau unterlegten Felder. Falls angegeben, fügen Sie weitere Maschen für die Zusatz-Strickschrift sowie eventuelle Maschen vor dem ersten und nach dem letzten Rapport hinzu.

Besondere Stricksymbole

Das spezielle Stricksymbol, ein Bogen mit Kreis, wird über 2 Maschen gearbeitet und bezieht sich nur auf diese Strickschrift.

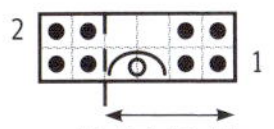

M-Zahl teilbar durch 4 + 2 M

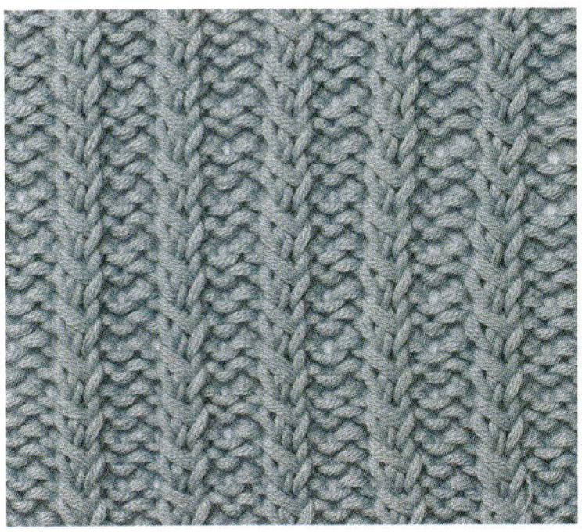

Symbol „Keine Masche“

Alle Reihen des Brombeermusters (Nr. 35) umfassen 4 Maschen pro Rapport, aber die doppelten Zu- und Abnahmen in der 2. und 4. Reihe erfordern grau unterlegte Flächen zum Ausgleich.

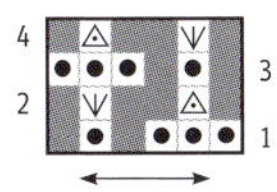

M-Zahl teilbar durch 4

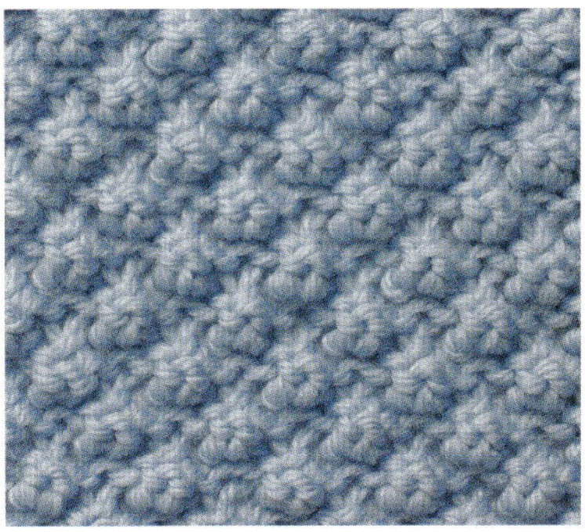

Stricken nach Zusatz-Strickschriften

Die umrandeten Maschen über 7 Reihen in der Mitte der Haupt-Strickschrift sind eigens nummeriert und entsprechen den 7 Reihen der Zusatz-Strickschrift für das Blatt.

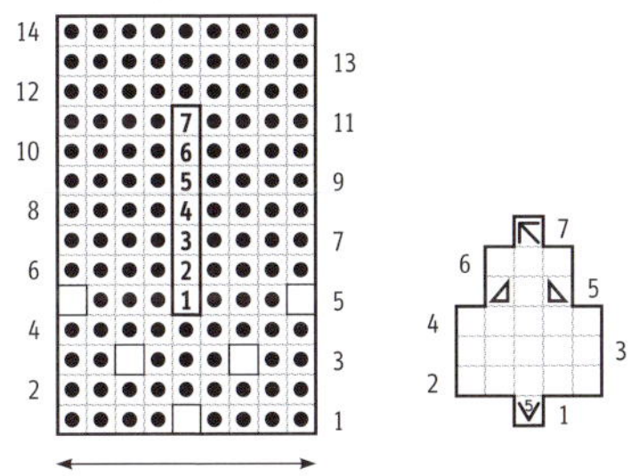

Musterstreifen über 9 M mit variabler M-Zahl

Stricken nach Strickschrift – Fortsetzung

Muster mit Rapport stricken

Bei Musterstreifen oder Einzelmotiven steht die Maschenzahl unter der Strickschrift. Bei Flächenmustern wird die Maschenzahl als Vielfaches des Rapports plus eine oder mehrere Maschen angegeben. Um ein Probequadrat zu stricken, multiplizieren Sie die Maschenzahl für den Rapport mit 2 oder einer anderen Zahl und fügen die zusätzlichen Maschen gemäß Anleitung hinzu. In der Strickschrift sind Maschen für den Rapport durch einen Pfeil unter der Grafik und durch gestrichelte vertikale Linien markiert. Existiert nur eine gestrichelte Linie, wiederholen Sie in einer Hinreihe den Rapport so oft wie nötig und arbeiten dann einmal die Masche(n) nach der gestrichelten Linie, um die Reihe zu vervollständigen. In einer Rückreihe stricken Sie die Masche(n) vor der gestrichelten Linie einmal und arbeiten dann die Rapport-Maschen so oft wie nötig bis zum Reihenende.

Eine Masche nach dem Rapport

Diese Strickschrift zeigt nur eine Masche links außerhalb des Rapports.

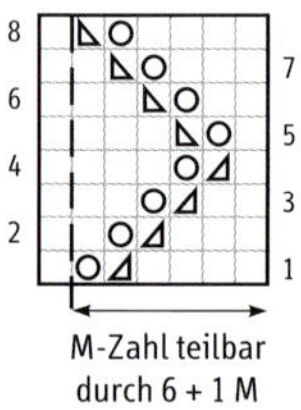

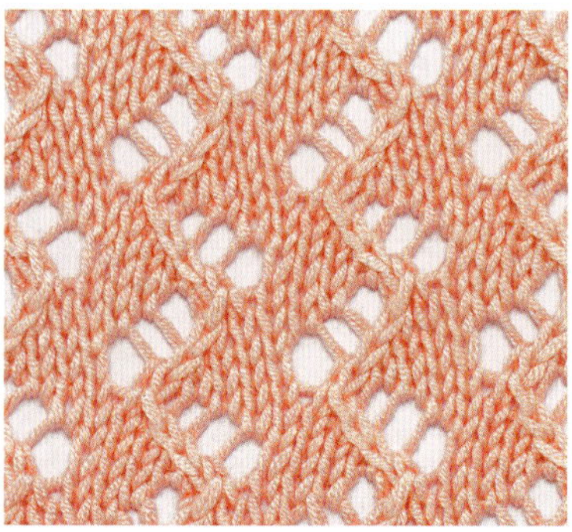

Gestrichelte Linien in Hin- und Rückreihen

Sind zwei gestrichelte Linien in die Strickschrift eingezeichnet, also je eine vor und nach dem Rapport, arbeiten Sie in Hin- und Rückreihen stets zuerst einmal die Maschen vor der ersten gestrichelten Linie, wiederholen dann den Rapport so oft wie nötig und beenden die Reihe mit den Maschen nach der zweiten gestrichelten Linie.

Gestrichelte Linien durch Maschengruppen

Wenn eine gestrichelte Linie durch eine gemeinsam gearbeitete Maschengruppe, etwa einen Zopf, gezeichnet ist, führen Sie den Arbeitsgang vor und nach der Linie fort und beenden die Reihe dann mit den restlichen Maschen nach dem Rapport.

Sauberer Abschluss

Die Maschen vor und nach dem Rapport sorgen bei diesem Muster mit einem Rapport von 4 Maschen für einen sauberen Randabschluss.

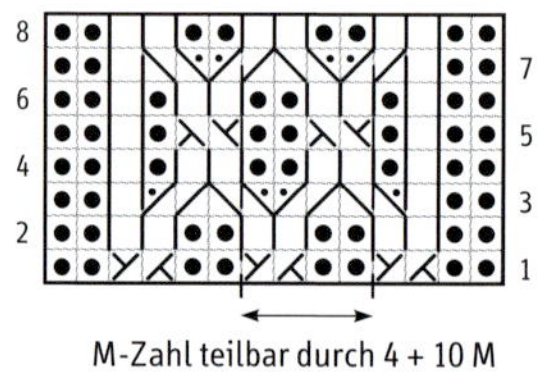

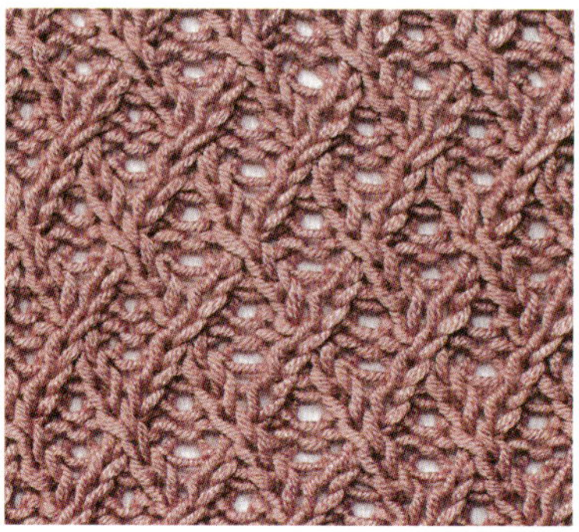

Verbindungslinien

Um die Strickschriften übersichtlicher zu gestalten, verbinden bisweilen zusätzliche Linien ein Symbol mit einem anderen, etwa bei Zopfmustern. Das hat aber keinen Einfluss auf die Arbeitsweise.

Verbindungslinien und Zöpfe

Zusätzliche vertikale Linien verbinden die Zöpfe über 4 Maschen, um diese Strickschrift leichter lesbar zu gestalten.

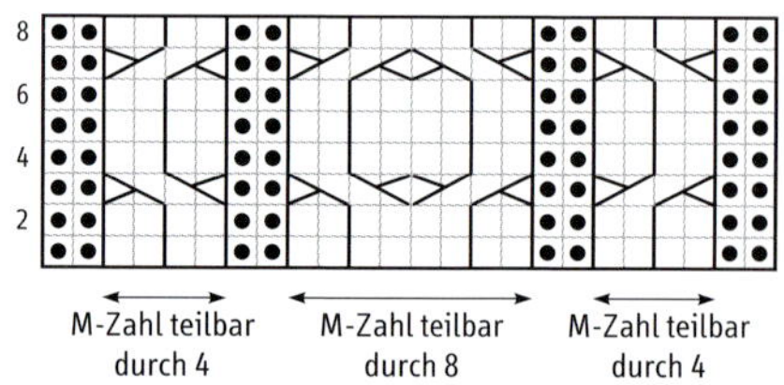

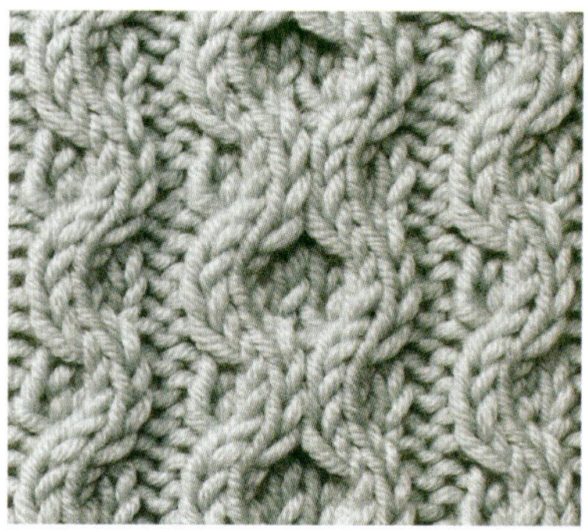

Mehrfarbige Muster

Zählmuster für mehrfarbige Strickmuster werden gelesen wie Strickschriften für glatt rechtes Gestrick, wobei die Farben gemäß Zählmuster gewechselt werden. Es gibt zwei Techniken des mehrfarbigen Strickens: die Jacquard- oder Norwegertechnik und die Intarsientechnik. Bei der Jacquardtechnik arbeitet man gleichzeitig mit mehreren Fäden, wobei die gerade nicht benötigten Farben auf der Rückseite der Arbeit mitgeführt werden. Diese Technik eignet sich für keine oder gleichmäßige Rapporte.

Jacquardtechnik

Beim Stricken dieser winzigen Muster muss man den nicht benötigten Faden nie über mehr als 3 Maschen hinweg mitführen.

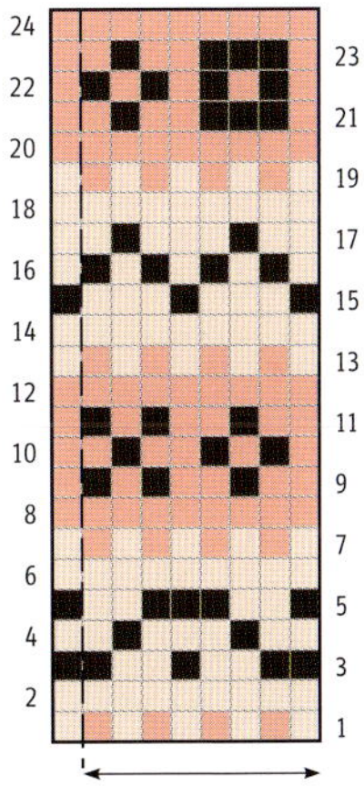

M-Zahl teilbar durch 8 + 1 M

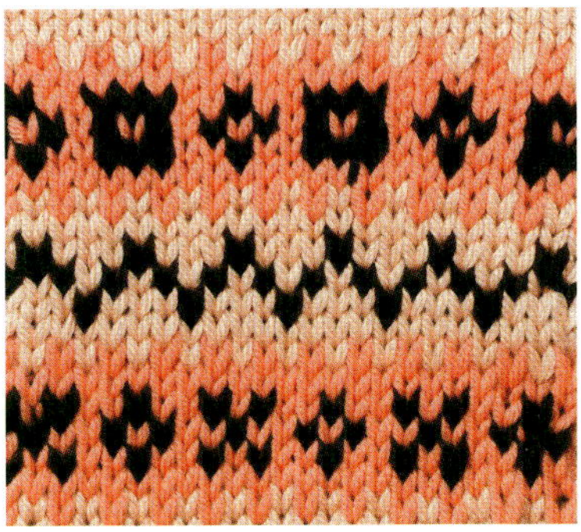

Die Wahl der richtigen Technik

In Intarsientechnik strickt man größere Farbflächen und verwendet dabei für jedes Farbfeld einen eigenen kleinen Garnknäuel. Beim Farbwechsel verkreuzt man die Fäden auf der Rückseite der Arbeit, um die Flächen miteinander zu verbinden. Wenn Sie den Faden über eine größere Strecke hinweg mitführen müssen, sollten Sie ihn auf der Rückseite einweben. Bedenken Sie aber, dass dadurch das Gestrick dicker wird. Manche Muster strickt man am besten in einer Kombination aus Jacquard- und Intarsientechnik.

Intarsientechnik

Rund um den Knoten der Schleife wird zwar in Jacquardtechnik gestrickt, der Hauptteil dieses Motivs ist jedoch in Intarsientechnik gearbeitet, weil die Farbflächen zu groß sind, um den nicht gebrauchten Faden mitzuführen.

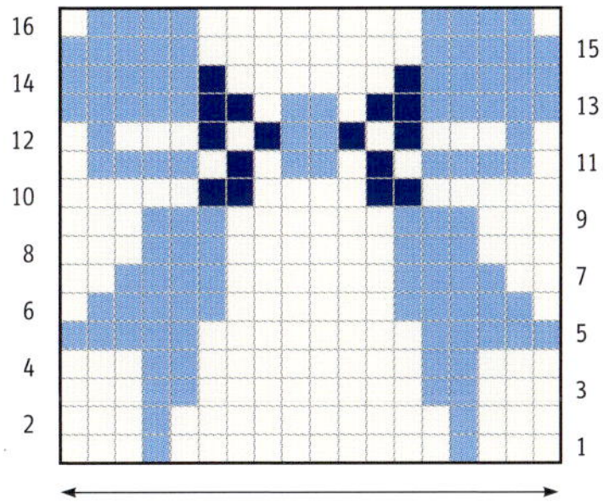

Motiv über 18 M

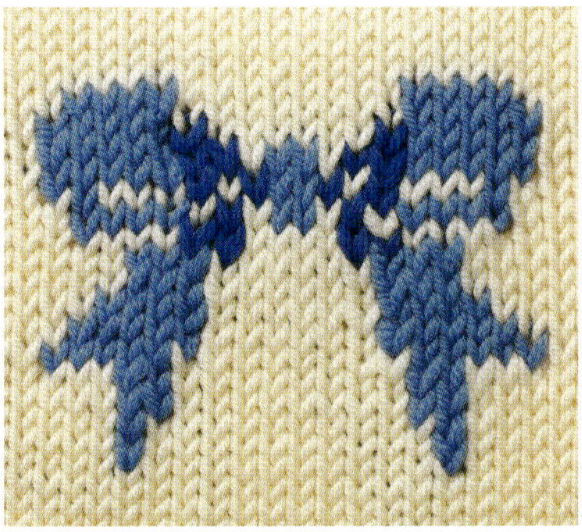

Tipps zum Arbeiten mit Strickschriften und Zählmustern

- Decken Sie beim Stricken nach einer Strickschrift oder einem Zählmuster die Reihe oberhalb derjenigen, an der Sie gerade arbeiten, ab: So erkennen Sie auf einen Blick, wo Sie gerade stricken und wie sich die Maschen, die Sie arbeiten, zu denen der Vorreihen verhalten, ohne dass Sie sich schon jetzt den Kopf darüber zerbrechen müssten, was als Nächstes kommt.
- Sehr nützlich sind Fotokopien! Eine vergrößerte Kopie der gewählten Strickschrift können Sie in den Strickkorb stecken und überallhin mitnehmen.
- Streichen Sie Reihen oder Mustersätze, die Sie bereits gestrickt haben, auf Ihrer Kopie durch. So behalten Sie den Überblick während der Arbeit, ohne das Buch zu verunstalten.
- Wenn Sie immer wieder überlegen müssen, in welcher Richtung Sie Zugmaschen drehen oder Zöpfe verkreuzen müssen, markieren Sie mit einem Leuchtstift die Richtung der oberen Maschen.
- Um zu sehen, wie ein Mustersatz an den anderen anschließt, können Sie mehrere Kopien anfertigen und sorgfältig zusammenkleben. Oder Sie übertragen die Strickschrift auf Karopapier und zeichnen beliebig viele weitere Rapporte dazu.

Abkürzungen und Stricksymbole

Auf dieser Doppelseite finden Sie die Erklärungen zu Strickbegriffen und -symbolen, die häufig vorkommen. Seltener verwendete Abkürzungen und Symbole werden als „besondere Symbole" bei der jeweiligen Strickschrift erläutert.

Abkürzungen

2 M rvkr	1 M auf einer Zopf-Nd hinter die Arbeit legen, 1 M re, dann die M der Zopf-Nd re str
2 M re/li rvkr	1 M auf einer Zopf-Nd hinter die Arbeit legen, 1 M re, dann die M der Zopf-Nd li str
2 M lvkr	1 M auf einer Zopf-Nd vor die Arbeit legen, 1 M re, dann die M der Zopf-Nd re str
2 M li/re lvkr	1 M auf einer Zopf-Nd vor die Arbeit legen, 1 M li, dann die M der Zopf-Nd re str
3 M rvkr	1 M auf einer Zopf-Nd hinter die Arbeit legen, 2 M re, dann die M der Zopf-Nd re str
3 M re/li rvkr	1 M auf einer Zopf-Nd hinter die Arbeit legen, 2 M re, dann die M der Zopf-Nd li str
3 M lvkr	2 M auf einer Zopf-Nd vor die Arbeit legen, 1 M re, dann die 2 M der Zopf-Nd re str
3 M li/re lvkr	2 M auf einer Zopf-Nd vor die Arbeit legen, 1 M li, dann die 2 M der Zopf-Nd re str
4 M rvkr	2 M auf einer Zopf-Nd hinter die Arbeit legen, 2 M re, dann die 2 M der Zopf-Nd re str
4 M re/li rvkr	2 M auf einer Zopf-Nd hinter die Arbeit legen, 2 M re, dann die 2 M der Zopf-Nd li str
4 M lvkr	2 M auf einer Zopf-Nd vor die Arbeit legen, 2 M re, dann die 2 M der Zopf-Nd re str
4 M li/re lvkr	2 M auf einer Zopf-Nd vor die Arbeit legen, 2 M li, dann die 2 M der Zopf-Nd re str
5 M re/li rvkr	2 M auf einer Zopf-Nd hinter die Arbeit legen, 3 M re, dann die 2 M der Zopf-Nd li str
5 M li/re lvkr	3 M auf einer Zopf-Nd vor die Arbeit legen, 2 M li, dann die 3 M der Zopf-Nd re str
6 M rvkr	3 M auf einer Zopf-Nd hinter die Arbeit legen, 3 M re, dann die 3 M der Zopf-Nd re str
6 M re/li rvkr	3 M auf einer Zopf-Nd hinter die Arbeit legen, 3 M re, dann die 3 M der Zopf-Nd li str
6 M lvkr	3 M auf einer Zopf-Nd vor die Arbeit legen, 3 M re, dann die 3 M der Zopf-Nd re str
6 M li/re lvkr	3 M auf einer Zopf-Nd vor die Arbeit legen, 3 M li, dann die 3 M der Zopf-Nd re str

abh	abheben
abk	abketten
abn	abnehmen
anschl	anschlagen
Fb	Farbe(n)
Fh	Faden hinter der Arbeit/Faden hinter die Arbeit legen
fortlfd	fortlaufend
Fv	Faden vor der Arbeit/Faden vor die Arbeit legen
glatt li	glatt links (Hin-R li, Rück-R re str)
glatt re	glatt rechts (Hin-R re, Rück-R li str)
Hin-R	Hinreihe
ldr	nach links drehen
li	links/linke
lvkr	nach links verkreuzen
M	Masche(n)
ML	Masche mit Linksneigung
MR	Masche mit Rechtsneigung
M-Zahl	Maschenzahl
N	Noppe
Nd	Nadel(n)
P	Perle/Paillette
R	Reihe(n)
rdr	nach rechts drehen
re	rechts/rechte
Rück-R	Rückreihe
rvkr	nach rechts verkreuzen
str	stricken

tg	tiefgestochen (= in die M der R unter der Vor-R einstechen)
U	Umschlag/Umschläge (siehe „Grundtechniken“, Seite 197)
übz	überzogen
verschr	verschränkt
wdh	wiederholen
Zopf-Nd	Zopfnadel
zun	zunehmen
zus	zusammen
zus-str	zusammenstricken

[ ]	Die Anweisungen in Klammern gehören zusammen und müssen entweder in ein und dieselbe Masche gestrickt oder so oft wie angegeben wiederholt werden.
*	Das Sternchen * markiert den Beginn einer Anweisung, die gemäß Anleitung wiederholt werden muss.

Schwierigkeitsgrad 1

Schwierigkeitsgrad 2

Schwierigkeitsgrad 3

Zeichenerklärung

in Hin-R 1 M re; in Rück-R 1 M li

in Hin-R 1 M li; in Rück-R 1 M re

in Hin-R 1 M re verschr; in Rück-R 1 M li verschr

2 M re zus-str

2 M re übz zus-str

2 M li zus-str

2 M zus wie zum Rechtsstr abh, 1 M re, die 2 abgehobenen M überziehen

3 M re zus-str

1 M re abh, 2 M re zus-str, die abgehobene M überziehen

1 M zun

1 li M zun

1 ML zun

1 MR zun

1 U (siehe „Grundtechniken“, Seite 197)

keine M (siehe „Stricken nach Strickschrift“, Seite 201)

[1 M re, 1 M re verschr] in 1 M str

[1 M li, 1 M li verschr] in 1 M str

2 M rdr oder 2 M rvkr

2 M re/li rdr oder 2 M re/li rvkr

2 M ldr oder 2 M lvkr

2 M li/re ldr oder 2 M li/re lvkr

3 M rvkr

3 M re/li rvkr

3 M lvkr

3 M li/re lvkr

4 M rvkr

4 M re/li rvkr

4 M lvkr

4 M li/re lvkr

5 M re/li rvkr

5 M li/re lvkr

6 M rvkr

6 M re/li rvkr

6 M lvkr

6 M li/re lvkr

in Hin-R 1 M abh (Fv), in Rückr 1 M abh (Fh)

Register

R

S

T

U

V

W

Z

Danksagung

Besonderer Dank gilt Susan Horan und Luise Roberts für ihren Beitrag zu diesem Buch sowie den Firmen Brown Sheep Company, Debbie Bliss und Sublime Yarns, die die wunderschönen Garne für dieses Buch zur Verfügung gestellt haben.

Brown Sheep Company, Inc.
100662 County Road 16
Mitchell, Nebraska 69357
www.brownsheep.com

Debbie Bliss
Designer Yarns Limited
Unit 8–10
Newbridge Industrial Estate
Pitt Street, Keighley
West Yorkshire, BD21 4PQ
www.designeryarns.uk.com

Sublime Yarns
Flanshaw Lane
Wakefield
West Yorkshire, WF2 9ND
contactus@sublimeyarns.com

In Memoriam: Melody Griffiths

Dieses Buch ist dem Andenken an die Autorin Melody Griffiths gewidmet, die während der Drucklegung verstorben ist. Melody Griffith war eine außergewöhnliche Designerin und Autorin, ein echter Profi und darüber hinaus eine wundervolle Freundin. Wir vermissen sie sehr.

abh	abheben
abk	abketten
abn	abnehmen
anschl	anschlagen
Fb	Farbe(n)
Fh	Faden hinter der Arbeit/ Faden hinter die Arbeit legen
fortlfd	fortlaufend
Fv	Faden vor der Arbeit/ Faden vor die Arbeit legen
glatt li	glatt links (Hin-R li, Rück-R re str)
glatt re	glatt rechts (Hin-R re, Rück-R li str)
Hin-R	Hinreihe
ldr	nach links drehen
li	links/linke
lvkr	nach links verkreuzen
M	Masche(n)
ML	Masche mit Linksneigung
MR	Masche mit Rechtsneigung
M-Zahl	Maschenzahl
N	Noppe
Nd	Nadel(n)
P	Perle/Paillette
R	Reihe(n)
rdr	nach rechts drehen
re	rechts/rechte
Rück-R	Rückreihe
rvkr	nach rechts verkreuzen
str	stricken
tg	tiefgestochen (= in die M der R unter der Vor-R einstechen)
U	Umschlag/Umschläge (siehe „Grundtechniken“, Seite 197)
übz	überzogen
verschr	verschränkt
wdh	wiederholen
Zopf-Nd	Zopfnadel
zun	zunehmen
zus	zusammen
zus-str	zusammenstricken
[ ]	Die Anweisungen in Klammern gehören zusammen und müssen entweder in ein und dieselbe Masche gestrickt oder so oft wie angegeben wiederholt werden.
*****	Das Sternchen * markiert den Beginn einer Anweisung, die gemäß Anleitung wiederholt werden muss.

Seite zum Ausklappen

Klappen Sie diese Seite während des Strickens aus, dann haben Sie auf einen Blick die in den Anleitungen verwendeten Abkürzungen vor Augen. Da weltweit die Nadelstärken unterschiedlich angegeben werden, finden Sie unten eine Tabelle mit den Nadelstärken für Europa (= Stärke in mm), Großbritannien/Kanada/Australien, die Vereinigten Staaten von Amerika sowie Japan/China.

nternationale Nadelstärken

Europa (mm)	USA	Großbritannien/Kanada/ Australien	Japan/ China
2.0	0	14	—
2,10	—	—	—
2,25	1	13	—
2,40	—	—	1
2,70	—	—	2
2,75	2	12	
3,0	—	11	3
3,25	3	10	—
3,30	—	—	4
3,5	4	—	—
3,60	—	—	5
3,75	5	9	—
3,90	—	—	—
4,0	6	8	—
4,20	—	—	7
4,5	7	7	8
4,80	—	—	9
5,0	8	6	—
5,10	—	—	10
5,40	—	—	11
5,5	9	5	—
5,70	—	—	12
6,0	10	4	13
6,30	—	—	14
6,5	10 1/2	3	—
6,60	—	—	15
7,0	—	2	—
7,5	—	1	—
8,0	11	0	—
9,0	13	00	—
10,0	15	000	—
12,75	17	—	—
15,0	19	—	—
19,0	35	—	—
25,0	50	—	—